普通高等教育精编法学教材

民事诉讼法教程

COURSE OF CIVIL PROCEDURE LAW

王学棉　蒲一苇　郭小冬　◎著

北京大学出版社
PEKING UNIVERSITY PRESS

图书在版编目（CIP）数据

民事诉讼法教程/王学棉，蒲一苇，郭小冬著. —北京：北京大学出版社，2016.7
（普通高等教育精编法学教材）
ISBN 978-7-301-27325-8

Ⅰ. ①民⋯　Ⅱ. ①王⋯ ②蒲⋯ ③郭⋯　Ⅲ. ①民事诉讼法—中国—高等学校—教材　Ⅳ. ①D925.1

中国版本图书馆 CIP 数据核字（2016）第 178558 号

书　　名	民事诉讼法教程
	MINSHI SUSONGFA JIAOCHENG
著作责任者	王学棉　蒲一苇　郭小冬　著
责任编辑	李　铎
标准书号	ISBN 978-7-301-27325-8
出版发行	北京大学出版社
地　　址	北京市海淀区成府路 205 号　100871
网　　址	http://www.pup.cn
电子信箱	law@pup.pku.edu.cn
新浪微博	@北京大学出版社　@北大出版社法律图书
电　　话	邮购部 62752015　发行部 62750672　编辑部 62752027
印　刷　者	北京宏伟双华印刷有限公司
经　销　者	新华书店
	730 毫米×980 毫米　16 开本　40 印张　784 千字
	2016 年 7 月第 1 版　2016 年 7 月第 1 次印刷
定　　价	79.00 元

未经许可，不得以任何方式复制或抄袭本书之部分或全部内容。
版权所有，侵权必究
举报电话：010-62752024　电子信箱：fd@pup.pku.edu.cn
图书如有印装质量问题，请与出版部联系，电话：010-62756370

内容简介

本书根据我国现行《民事诉讼法》、最高人民法院颁布的《关于适用〈中华人民共和国民事诉讼法〉若干问题的解释》以及其他与民事诉讼相关的法律、司法解释而编写,对民事诉讼的基本理论与制度作了全面详细的介绍。同时对民事诉讼中实践性特别强的内容,如诉讼管辖、证据、审理程序等内容开辟专节介绍实务技巧,以解决理论与实践相脱节的问题。另外,本书还附有大量经过精心挑选的司法考试真题,以便加深读者对知识点的理解,提高解题能力,应对司法考试。

本书可作为法律专业本科学生的教材,也可以作为法律工作者和法律爱好者学习、了解我国《民事诉讼法》的普法读本。

作者简介

王学棉，华北电力大学人文学院教授，硕士生导师，清华大学法学博士，美国纽约福特汉姆（Fordham）大学法学院访问学者（2009.8—2010.8），主要从事民事诉讼法和证据法学研究，在《政法论坛》《清华法学》《比较法研究》等学术刊物上发表论文30余篇，出版学术专著3本，主持省部级课题多项。荣获北京市第十届教学名师奖、"北京市优秀教师"称号等。

蒲一苇，宁波大学法学院教授，硕士生导师，清华大学法学博士，加拿大多伦多大学法学院访问学者（2007.9—2008.8），主要从事民事诉讼法、证据法、民法的教学和研究，在《现代法学》《法学评论》《浙江社会科学》等学术刊物上发表论文20余篇，出版《民事诉讼第三人制度研究》等学术著作多部，主持课题多项。

郭小冬，天津师范大学法学院教授，硕士生导师，清华大学法学博士，北京师范大学博士后。曾任职于西北政法（学院）大学。主要从事民事诉讼法、民事保全法与民事证据法研究。在《法学家》《法商研究》《法律科学》等学术刊物上发表学术论文20余篇，出版学术专著3部，主持国家社科基金等课题多项。

前　言

　　写教材,在中国是一件费力不讨好的事情。在擅长科研的同行看来,似乎只有不爱搞科研或搞不好科研的人才去写教材。在不少大学的科研处眼里,教材是最没有价值的东西,不能算作科研成果,因为上了一两年课就开始写教材的大有人在,"天下教材一大抄"。在学生眼里,教材的内容、结构大同小异,没有新意,甚至连缺陷都相同。在部分学者看来,教材应当是快要退休时才能写的东西,是对自己一生教学成果的总结,乳臭未干就开始写教材只能是误人子弟。如何理解这些观点,如何克服教材中确实存在的缺陷,确实是每一个准备写教材的人都需要认真思考的问题。

　　本教材试图从理论和实践上对上述问题进行解答。

　　第一,作者资历问题。登上讲台没几年就开始写教材确实有些不慎重,毕竟对学生认知心理、对教学规律不甚了解,对知识体系掌握不完善,不全面。但一定要等到退休才写教材也不妥。教学经验会随着时间的流逝不断地积累,专业知识会随时间的流逝不断更新,永远没有尽头。退休时总结出来的经验说不定已经过时,即使这些经验没有过时也可能因为没有及时出版,普及面窄,受益的人太少。本教材的三位作者均拥有博士学位、高级职称,主持过课题,撰写过专著,发表了大量的科研论文,有扎实的理论知识功底,且均已从事民事诉讼法教学达15年以上,教学效果良好,积累了较丰富的教学经验,对教学内容、教学规律、学生认知心理已有了较充分的了解和掌握。

　　第二,教材雷同问题。由于传授的知识大体相同,教材中的内容有所雷同在所难免。关键在于教材是否具有别的教材没有且对学生确实有实用价值的新知识和新内容。本教材具有两个非常突出的特色:其一是丰富的实务经验介绍。中国各大学法学院培养的学生普遍缺乏实践能力,上手能力差一直为实务界所诟病,究其原因在于没有解决好"最后一公里"的问题,即所学教材和任课教师都不重视实务。现有的教材对理论都非常重视,但却忘记了民事诉讼法是一门实践性极强的学科,一旦教材不介绍实务中具体怎么操作,再碰上一个没有实务经验的教师,学生的实践能力差是必然的。本教材的作者均具有从事兼职律师的经历,所总结的实务经验已被商业机构成功推向市场。故作者在本教材中对民事诉讼法中操作性极强的制度开辟专节介绍实务经验。这一举措必将在一定程度上解决学生动手能力差的问题。因为即使教师没有实务经验,学生看完教材后也知道在实务中该如何操作。

其二是有助于学生应对国家司法考试。根据司法部的规定,在校大学生可以参加司法考试。如何将平时的教学内容与司法考试相结合,帮助学生顺利通过司法考试也是编写本教材时作者特意加以考虑的问题。本教材在每章后面所附的经过精心挑选的司法考试真题,对于学生了解司法考试的考点所在、明晰学理观点与司考真题所持观点之间存在的分歧大有帮助。

第三,内容问题。教材的内容必须与时俱进,即与立法和科研同步前行。我国《民事诉讼法》自1991年颁布后,于2007年作了第一次修改,2012年作了第二次全面修改。此后,最高人民法院颁布了《关于适用〈中华人民共和国民事诉讼法〉若干问题的解释》《关于审理环境民事公益诉讼案件适用法律若干问题的解释》等一系列新的司法解释随之颁布。本教材系根据这些最新的立法内容和研究内容编写。

第四,教材内容编排问题。理论与实践是教材的两大编排标准。以往的教材都比较喜欢按理论标准进行编排,如把诉的理论、反诉、诉的变更与追加等与诉相关的内容都放在一章中。但在实践中,反诉只能发生在本诉提起后,诉的追加和变更也只能发生在本诉提起后。因此,本教材对那些不适合按理论标准编排的内容,改为按实践流程进行编排,如将反诉、诉的追加和变更等内容放在一审起诉之后。执行程序也是如此。按执行的前提、执行的启动、执行中的特殊问题、执行结束这样的流程安排。如此,有助于学生日后从事司法实践时与实务保持一致。

本书的具体分工如下:

蒲一苇:第一章、第二章、第七章、第八章、第九章、第二十二章、第二十三章、第二十四章、第二十五章。

王学棉:第三章、第四章、第五章、第六章、第十章、第十一章、第十二章、第十六章、第十七章、第十八章、第十九章、第二十章、第二十一章以及全书的统稿。

郭小冬:第十三章、第十四章、第十五章、第二十六章、第二十七章、第二十八章、第二十九章、第三十章、第三十一章、第三十二章、第三十三章。

由于作者水平有限,学科发展迅速,虽已尽力,不足之处仍在所难免,敬请广大读者及同仁批评指正。联系方式:xuemianw@ncepu.edu.cn。

2016年5月

法律、法规、司法解释缩略语

全称	缩略语
法律、法规及规章	
《中华人民共和国民事诉讼法(试行)》(1982)	《民诉法(试行)》
《中华人民共和国民事诉讼法》(1991)	1991年《民诉法》
《中华人民共和国民事诉讼法》(2007)	2007年《民诉法》
《中华人民共和国民事诉讼法》(2012)	《民诉法》
司法解释及其他规范性文件	
《关于适用〈中华人民共和国民事诉讼法〉若干问题的解释》(2015)	《民诉法解释》
《关于适用〈中华人民共和国民事诉讼法〉若干问题的意见》(1992)	《民诉法适用意见》
《海事诉讼特别程序法》(1999)	《海诉法》
《关于在经济审判工作中严格执行〈中华人民共和国民事诉讼法〉的若干规定》(1994)	《经济审判规定》
《关于民事经济审判方式改革问题的若干规定》(1998)	《审改规定》
《关于人民法院合议庭工作的若干规定》(2002)	《合议庭工作规定》
《民事案件案由规定》(2011)	《案由规定》
《关于审理涉及人民调解协议的民事案件的若干规定》(2002)	《人民调解协议规定》
《关于审判人员在诉讼活动中执行回避制度若干问题的规定》(2011)	《回避规定》
《关于贯彻执行〈中华人民共和国民法通则〉若干问题的意见(试行)》(1988)	《民通意见》
《关于审理民事级别管辖异议案件若干问题的规定》(2009)	《级别管辖异议规定》
《关于海事法院受理案件范围的若干规定》(2001)	《海事法院收案规定》
《关于民事诉讼证据的若干规定》(2002)	《证据规定》
《关于进一步发挥诉讼调解在构建社会主义和谐社会中积极作用的若干意见》(2007)	《诉讼调解意见》
《关于人民法院民事调解工作若干问题的规定》(2004)	《调解规定》
《关于以法院专递方式邮寄送达民事诉讼文书的若干规定》(2005)	《法院专递规定》

(续表)

全称	缩略语
《关于诉前财产保全几个问题的批复》(1998)	《诉前财产保全批复》
《关于诉前停止侵犯专利权行为适用法律问题的若干规定》(2001)	《专利诉前禁令》
《关于诉前停止侵犯注册商标专用权行为和保全证据适用法律问题的解释》(2002)	《商标诉前禁令》
《中华人民共和国专利法实施细则》(2010)	《专利法细则》
《民事诉讼收费办法(试行)》(1984)(试行)	《收费办法试行》
《人民法院诉讼收费办法》(1989)	《收费办法》
《〈人民法院诉讼收费办法〉补充规定》(1999)	《收费办法补充规定》
《诉讼费用交纳办法》(2007)	《交纳办法》
《关于适用简易程序审理民事案件的若干规定》(2003)	《简易程序规定》
《关于适用督促程序若干问题的规定》(2001)	《督促程序规定》
《关于适用〈中华人民共和国民事诉讼法〉审判监督程序若干问题的解释》(2008)	《审监解释》
《关于规范人民法院再审立案的若干意见(试行)》(2002)	《再审立案意见》
《关于人民法院对民事案件发回重审和指令再审有关问题的规定》(2002)	《发回重审和指令再审规定》
《关于涉外民商事案件诉讼管辖若干问题的规定》(2002)	《涉外管辖规定》
《关于内地与香港特别行政区法院相互委托送达民商事司法文书的安排》(1999)	《内地与香港送达安排》
《关于内地与澳门特别行政区法院就民商事案件相互委托送达司法文书和调取证据的安排》(2001)	《内地与澳门送达和取证安排》
《关于内地与香港特别行政区法院相互认可和执行当事人协议管辖的民商案件判决的安排》(2006)	《内地与香港执行判决安排》
《关于内地与澳门特别行政区相互认可和执行民商事判决的安排》(2006)	《内地与澳门执行判决安排》
《关于内地与香港特别行政区相互执行仲裁裁决的安排》(2000)	《内地与香港执行仲裁裁决安排》
《关于内地与澳门特别行政区相互认可和执行仲裁裁决的安排》(2008)	《内地与澳门执行仲裁裁决安排》
《关于涉台民事诉讼文书送达的若干规定》	《涉台送达规定》
《关于人民法院认可台湾地区有关法院民事判决的规定》(1998)	《认可台湾判决规定》
《关于认可和执行台湾地区法院民事判决的规定》(2015)	《认可和执行台湾地区判决规定》

(续表)

全称	缩略语
《关于认可和执行台湾地区仲裁裁决的规定》	《认可和执行台湾地区仲裁规定》
《关于适用〈中华人民共和国民事诉讼法〉执行程序若干问题的解释》(2008)	《执行程序解释》
《关于人民法院执行工作若干问题的规定(试行)》(1998)	《执行规定》
《关于加强和改进委托执行工作的若干规定》(2000)	《委托执行规定》
《关于正确适用暂缓执行措施若干问题的规定》(2002)	《缓执规定》
《关于人民法院民事执行中查封、扣押、冻结财产的规定》(2005)	《查封、扣押、冻结规定》
《关于人民法院民事执行中拍卖、变卖财产的规定》(2005)	《拍卖、变卖规定》
《关于严格执行案件审理期限制度的若干规定》(2000)	《执行期限规定》
《关于刑事裁判涉财产部分执行的若干规定》(2014)	《刑事裁判财产执行规定》
《关于人民法院办理执行异议和复议案件若干问题的规定》(2015)	《执行异议复议规定》
《关于公布失信被执行人名单信息的若干规定》(2013)	《公布失信名单规定》
《关于限制被执行人高消费的若干规定》(2010)	《限制高消费规定》
《关于限制被执行人高消费及有关消费的若干规定》(2015)	《限制高消费及有关消费规定》
《关于执行程序中计算迟延履行期间的债务利息适用法律若干问题的解释》(2014)	《迟延履行利息解释》
《关于执行案件立案、结案若干问题的意见》(2015)	《执行立案、结案意见》
《关于适用〈中华人民共和国合同法〉若干问题的解释(一)》(1999)	《合同法解释一》
《关于审理名誉权案件若干问题的解答》(1993)	《名誉权解答》
《关于审理人身损害赔偿案件适用法律若干问题的解释》(2004)	《人身赔偿解释》
《关于确定民事侵权精神损害赔偿责任若干问题的解释》(2001)	《精神损害赔偿解释》
《关于适用〈中华人民共和国婚姻法〉若干问题的解释(一)》(2001)	《婚姻法解释一》
《关于适用〈中华人民共和国婚姻法〉若干问题的解释(二)》(2004)	《婚姻法解释二》
《关于适用〈中华人民共和国公司法〉若干问题的规定(二)》(2006)	《公司法解释二》
《关于审理劳动争议案件适用法律若干问题的解释(二)》(2006)	《劳动争议解释二》
《关于审理著作权民事纠纷案件适用法律若干问题的解释》(2002)	《著作权解释》
《关于审理专利纠纷案件适用法律问题的若干规定》(2013)	《专利规定》

(续表)

全称	缩略语
《关于审理商标民事纠纷案件适用法律若干问题的解释》(2002)	《商标解释》
《关于审理证券市场因虚假陈述引发的民事赔偿案件的若干规定》(2003)	《证券虚假陈述规定》
《关于审理期货纠纷案件若干问题的规定》(2003)	《期货规定》
《关于审理侵害信息网络传播权民事纠纷案件适用法律若干问题的规定》(2012)	《侵害信息网络传播权规定》
《关于审理涉及计算机网络域名民事纠纷案件适用法律若干问题的解释》(2001)	《计算机网络域名解释》
《关于审理环境民事公益诉讼案件适用法律若干问题的解释》(2015)	《环境民事公益诉讼解释》

目　录

第一编　民事诉讼基础理论

第一章　民事诉讼与民事诉讼法 …………………………………… 1
第一节　民事纠纷及其解决机制 ……………………………… 3
一、民事纠纷　　　　　　　二、民事纠纷的解决机制
第二节　民事诉讼概述 ………………………………………… 6
一、民事诉讼的概念和特点
二、民事诉讼与非讼纠纷解决机制的衔接
第三节　民事诉讼的目的和价值目标 ………………………… 10
一、民事诉讼的目的　　　　二、民事诉讼的价值目标
第四节　民事诉讼模式 ………………………………………… 16
一、民事诉讼模式的含义　　二、民事诉讼的两种模式
三、我国民事诉讼的模式及其变革
第五节　民事诉讼法概述 ……………………………………… 19
一、民事诉讼法的概念和性质　二、我国民事诉讼法的历史发展
三、民事诉讼法的任务与效力范围

第二章　诉权与诉 …………………………………………………… 27
第一节　诉权 …………………………………………………… 29
一、诉权理论及其学说发展　二、诉权的含义和理解
第二节　诉 ……………………………………………………… 32
一、诉的概念　　　　　　　二、诉的种类
三、诉的要素

第二编　民事诉讼基本原则与基本制度

第三章　民事诉讼法基本原则 …… 41
第一节　民事诉讼法基本原则概述 …… 43
一、民事诉讼法基本原则的含义和特征　二、民事诉讼法基本原则的功能
三、民事诉讼法基本原则的体系

第二节　民事诉讼法基本原则（第一层次） …… 47
一、当事人平等原则　　　　　二、处分原则
三、诚实信用原则

第三节　民事诉讼法基本原则（第二层次） …… 51
一、辩论原则　　　　　　　　二、职权探知原则

第四章　民事诉讼法基本制度 …… 57
第一节　合议制度 …… 59
一、合议制度的概念　　　　　二、合议庭的组成
三、合议庭的职责和活动原则　四、合议庭与审判委员会的关系

第二节　回避制度 …… 62
一、回避制度的概念　　　　　二、回避主体和事由
三、回避的方式与程序

第三节　公开审判制度 …… 65
一、公开审判制度的概念和意义　二、公开审判的例外

第四节　两审终审制度 …… 67
一、民事审级制度的含义和功能　二、我国现行的审级制度
三、两审终审的例外

第三编　民事诉讼主体

第五章　法院 …… 71
第一节　我国法院的结构 …… 73
第二节　法院的审判权 …… 74
一、程序控制权　　　　　　　二、调查取证权
三、证据审查认证权　　　　　四、阐明权
五、事实认定权　　　　　　　六、法律适用权
七、实体判决权　　　　　　　八、纠纷调解权
九、程序裁决权

第六章 主管与管辖 ... 79

第一节 主管 ... 81
一、主管与人民法院民事诉讼主管　　二、主管的意义
三、人民法院民事诉讼主管的范围

第二节 管辖概述 ... 82
一、管辖的概念和意义　　二、确定管辖的因素
三、管辖恒定

第三节 管辖的法定种类 ... 84
一、级别管辖　　二、地域管辖
三、专属管辖　　四、共同管辖和选择管辖
五、合意管辖　　六、裁定管辖

第四节 管辖的理论分类 ... 102

第五节 管辖权异议 ... 103
一、管辖权异议的含义　　二、管辖权异议提起的条件
三、对管辖权异议处理的程序　　四、放弃管辖权异议的后果

第六节 确定管辖的实务技巧 ... 105
一、确定管辖的基本流程　　二、签订协议管辖的技巧
三、共同管辖时选择管辖法院的技巧

第七章 当事人 ... 113

第一节 当事人的界定 ... 115
一、当事人的概念　　二、当事人概念的发展和演变
三、当事人的特征

第二节 当事人的资格 ... 117
一、诉讼权利能力和诉讼行为能力　　二、当事人适格
三、当事人的变更　　四、当事人恒定

第三节 当事人的确定 ... 123
一、当事人确定的含义　　二、公民作为当事人的情形
三、法人作为当事人的情形　　四、其他组织作为当事人的情形

第八章 多数当事人制度 ... 131

第一节 共同诉讼 ... 133
一、共同诉讼概述　　二、必要共同诉讼
三、普通共同诉讼

第二节 代表人诉讼 ... 140
一、代表人诉讼概说　　二、诉讼代表人
三、人数确定的代表人诉讼　　四、人数不确定的代表人诉讼

第三节　诉讼第三人 …………………………………………………… 146
　　　　一、诉讼第三人概说　　　　　二、有独立请求权的第三人
　　　　三、无独立请求权的第三人

第九章　诉讼代理人 …………………………………………………………… 155
　　第一节　诉讼代理人概述 ………………………………………………… 157
　　　　一、诉讼代理人的概念和种类　二、诉讼代理制度的意义
　　　　三、诉讼代理人的权利与义务
　　第二节　法定诉讼代理人 ………………………………………………… 159
　　　　一、法定诉讼代理人概述　　　二、法定诉讼代理人的诉讼地位
　　　　三、法定诉讼代理权的取得和消灭
　　第三节　委托诉讼代理人 ………………………………………………… 161
　　　　一、委托诉讼代理人的概念　　二、委托诉讼代理人的范围
　　　　三、委托诉讼代理人的权限　　四、委托诉讼代理权的变更和消灭

第四编　民事诉讼证明

第十章　诉讼证明 ……………………………………………………………… 167
　　第一节　诉讼证明概述 …………………………………………………… 169
　　　　一、诉讼证明的含义　　　　　二、诉讼证明的特点
　　　　三、诉讼证明的种类
　　第二节　诉讼证明的理论基础 …………………………………………… 175
　　　　一、辩证唯物主义认识论基础　二、价值论基础
　　第三节　诉讼证明的构成要素 …………………………………………… 177

第十一章　诉讼证明之证据要素 ……………………………………………… 179
　　第一节　证据概述 ………………………………………………………… 181
　　　　一、民事诉讼证据与民事诉讼证据材料　二、证据的特征
　　　　三、证据能力与证明力
　　第二节　证据的种类 ……………………………………………………… 184
　　　　一、当事人陈述　　　　　　　二、书证
　　　　三、物证　　　　　　　　　　四、视听资料
　　　　五、电子数据　　　　　　　　六、证人证言
　　　　七、鉴定意见　　　　　　　　八、勘验笔录
　　第三节　证据的理论分类 ………………………………………………… 197
　　　　一、本证与反证　　　　　　　二、直接证据与间接证据
　　　　三、原始证据与传来证据　　　四、言词证据和实物证据

第四节　证据规则 ··· 199
　　一、证据规则的含义　　　　　　　二、我国民事诉讼证据规则

第十二章　诉讼证明之其他要素　205
　第一节　证明对象 ··· 207
　　一、民事诉讼证明对象的含义　　　二、证明对象的范围
　　三、免证事实
　第二节　证明标准 ··· 212
　　一、证明标准概述　　　　　　　　二、民事诉讼证明标准论争
　　三、我国立法规定的民事诉讼证明标准
　第三节　证明责任 ··· 218
　　一、证明责任的含义　　　　　　　二、证明责任的分配
　第四节　证明过程 ··· 224
　　一、证据的收集和提交　　　　　　二、证据保全
　　三、举证时限　　　　　　　　　　四、证据交换
　　五、质证　　　　　　　　　　　　六、认证
　第五节　诉讼证明实务技巧 ··· 236
　　一、证明对象之确定　　　　　　　二、证明顺序

第五编　民事诉讼保障措施

第十三章　保全与先予执行　243
　第一节　财产保全 ··· 245
　　一、财产保全的客观基础　　　　　二、财产保全的概念和种类
　　三、财产保全的范围和措施　　　　四、财产保全的裁定
　第二节　停止侵害行为的保全 ··· 251
　　一、停止侵害行为的保全的客观基础　二、停止侵害行为的保全的概念和种类
　　三、停止侵害行为的保全的申请条件　四、对停止侵害行为的保全的审查和裁定
　第三节　先予执行 ··· 257
　　一、先予执行的概念　　　　　　　二、先予执行的适用范围和条件
　　三、先予执行的裁定

第十四章　期间与送达　263
　第一节　期间 ··· 265
　　一、期间的概念　　　　　　　　　二、期间的种类
　　三、期间的计算　　　　　　　　　四、期间耽误
　第二节　送达 ··· 267
　　一、送达的概念和意义　　　　　　二、送达的方式

三、送达的效力和送达回证

第十五章　对妨害民事诉讼的强制措施 ································· 275
第一节　对妨害民事诉讼的强制措施的概述 ························· 277
一、对妨害民事诉讼强制措施的概念　　二、对妨害民事诉讼的强制措施的意义
第二节　妨害民事诉讼行为的构成要件和种类 ····················· 278
一、妨害民事诉讼行为的构成要件　　二、妨害民事诉讼行为的种类
第三节　对妨害民事诉讼强制措施的种类和适用 ················· 281
一、拘传　　二、训诫
三、责令退出法庭　　四、罚款
五、拘留　　六、刑事责任

第十六章　诉讼费用 ··· 285
第一节　诉讼费用概述 ·· 287
一、诉讼费用的概念　　二、征收诉讼费用的意义
三、我国诉讼费用征收制度的沿革
第二节　诉讼费用的种类及收费标准 ····································· 288
一、案件受理费及收费标准　　二、申请费及收费标准
三、其他诉讼费用及征收标准
第三节　诉讼费用的缴纳与管理 ·· 291
一、诉讼费用的预交　　二、征收币种和缴纳方式
三、诉讼费用的移交与退还
第四节　诉讼费用的负担与救济 ·· 293
一、诉讼费用的负担原则　　二、司法救助

第六编　诉　讼　程　序

第十七章　第一审普通程序 ·· 297
第一节　第一审普通程序概述 ··· 299
一、第一审普通程序的概念　　二、第一审普通程序的特征
第二节　起诉与受理 ·· 300
一、起诉　　二、起诉审查
三、审查后的处理
第三节　审理前的准备 ·· 306
第四节　开庭审理 ·· 307
一、开庭审理概述　　二、审理对象
三、开庭审理的程序　　四、法庭笔录
五、审理期限

第五节　法院调解 ······ 313
- 一、法院调解的概念、性质和历史发展
- 二、法院调解的优缺点
- 三、法院调解的种类
- 四、法院调解的原则
- 五、法院调解的适用范围
- 六、法院调解的程序
- 七、调解中的自认
- 八、调解书
- 九、法院调解的效力

第六节　特殊情形之处理 ······ 321
- 一、撤诉
- 二、缺席判决
- 三、延期审理、诉讼中止和诉讼终结
- 四、反诉
- 五、诉讼请求的变更
- 六、诉的合并

第七节　公益诉讼 ······ 331
- 一、公共利益与公益诉讼的含义与特点
- 二、公益诉讼的范围
- 三、公益诉讼的起诉条件
- 四、审前准备
- 五、审理
- 六、判决效力

第八节　一审诉讼实务技巧 ······ 336
- 一、诉前准备
- 二、撰写起诉状
- 三、起诉证据
- 四、起诉书的签名、份数与纸张
- 五、诉状的提交

第十八章　民事判决、裁定、决定和命令 ······ 347

第一节　判决 ······ 349
- 一、判决的概念
- 二、判决种类的划分
- 三、判决书的内容
- 四、判决的效力
- 五、既判力

第二节　裁定 ······ 357
- 一、民事裁定的概念
- 二、民事裁定适用的范围
- 三、民事裁定的效力

第三节　决定 ······ 359
- 一、民事决定的含义
- 二、民事决定适用的范围
- 三、决定的形式与效力

第四节　命令 ······ 359
- 一、命令的概念
- 二、命令的种类

第十九章　第一审简易程序与小额诉讼程序 ······ 363

第一节　简易程序的概念和意义 ······ 365
- 一、简易程序的含义
- 二、简易程序与普通程序的关系
- 三、简易程序的意义

第二节　简易程序的适用范围 ·················· 365
　　　　一、适用简易程序的人民法院　　二、适用简易程序的审级
　　　　三、适用简易程序的案件　　　　四、适用简易程序的决定主体及程序转换
　　第三节　简易程序的具体内容 ·················· 367
　　　　一、起诉与答辩　　　　　　　　二、审前准备
　　　　三、开庭审理　　　　　　　　　四、庭审笔录
　　　　五、宣判、判决书及其送达
　　第四节　小额诉讼程序 ························ 371

第二十章　第二审程序 ································ 375
　　第一节　第二审程序概述 ······················ 377
　　　　一、第二审程序的概念　　　　　二、第二审程序的作用
　　　　三、第二审程序的性质
　　第二节　上诉的提起与受理 ···················· 380
　　　　一、上诉的概念　　　　　　　　二、提起上诉的条件
　　　　三、提起上诉的程序　　　　　　四、上诉的撤回
　　第三节　上诉案件的审理 ······················ 384
　　　　一、审理前的准备　　　　　　　二、审理范围
　　　　三、审理方式　　　　　　　　　四、证据的提交
　　　　五、上诉案件的调解　　　　　　六、上诉案件的审理地点与期限
　　第四节　上诉案件的裁判 ······················ 387
　　　　一、对不服一审判决上诉案件的处理　二、对不服一审裁定上诉案件的裁判
　　　　三、二审裁判的法律效力
　　第五节　二审诉讼实务技巧 ···················· 391
　　　　一、不可上诉的情形　　　　　　二、常见的可以上诉的情形
　　　　三、上诉状的提交

第二十一章　再审程序 ······························ 399
　　第一节　再审程序概述 ························ 401
　　　　一、再审程序的概念　　　　　　二、再审程序的特征
　　第二节　再审的启动 ·························· 402
　　　　一、当事人申请再审　　　　　　二、检察院抗诉
　　　　三、法院裁定再审
　　第三节　再审的事由 ·························· 412
　　　　一、再审事由的概念
　　　　二、实行两审终审的判决、裁定的再审事由
　　　　三、实行一审终审判决、裁定的再审事由
　　　　四、调解书的再审事由

第四节　再审的审判 ·············· 415
　　一、再审案件的审理　　　　　　二、再审中的调解
　　三、撤回再审申请、撤回起诉和撤回抗诉　　四、再审终结
　　五、再审案件的裁判
第五节　再审诉讼实务技巧 ·············· 420
　　一、申请再审前的考量　　　　　二、申请再审需提交的材料
　　三、再审申请书

第二十二章　第三人撤销之诉 ·············· 427
第一节　第三人撤销之诉概述 ·············· 429
　　一、第三人撤销之诉的概念和性质　　二、第三人撤销之诉的适用范围
第二节　第三人撤销之诉的条件 ·············· 430
　　一、主体要件　　　　　　　　　二、实质要件
　　三、程序要件
第三节　第三人撤销之诉的审理和裁判 ·············· 433
　　一、起诉和受理　　　　　　　　二、审理
　　三、裁判
第四节　第三人撤销之诉与申请再审的关系 ·············· 436
　　一、第三人撤销之诉与当事人申请再审　　二、第三人撤销之诉与案外人申请再审

第七编　非 讼 程 序

第二十三章　特别程序 ·············· 439
第一节　特别程序概述 ·············· 441
　　一、特别程序的含义　　　　　　二、特别程序的范围
第二节　选民资格案件审理程序 ·············· 443
　　一、选民资格案件的含义　　　　二、选民资格案件审理程序的特点
　　三、审理选民资格案件的审理程序
第三节　宣告失踪、宣告死亡案件审理程序 ·············· 444
　　一、宣告失踪、宣告死亡案件的含义　　二、宣告失踪、宣告死亡案件的审理程序
　　三、宣告失踪、宣告死亡的法律后果　　四、宣告失踪、宣告死亡判决的撤销
第四节　认定公民无民事行为能力、限制民事行为能力案件审理程序 ······ 448
　　一、认定公民无民事行为能力、限制民事行为能力案件的含义
　　二、认定公民无民事行为能力、限制民事行为能力案件的审理程序
　　三、认定公民无民事行为能力、限制民事行为能力判决的撤销
第五节　认定财产无主案件审理程序 ·············· 451
　　一、认定财产无主案件的含义　　二、认定财产无主案件的条件
　　三、认定财产无主案件的审理程序　　四、认定财产无主判决的撤销

第六节　确认调解协议案件审理程序 452
　　一、确认调解协议案件的含义　　　　二、确认调解协议程序的适用范围
　　三、确认调解协议案件的审理程序　　四、确认调解协议案件的救济程序
第七节　实现担保物权案件审理程序 455
　　一、实现担保物权案件的含义　　　　二、申请实现担保物权的条件
　　三、实现担保物权案件的审理程序　　四、实现担保物权案件的救济程序

第二十四章　督促程序 459

第一节　督促程序概述 461
　　一、督促程序的含义　　　　　　　　二、督促程序的特点
第二节　督促程序的程序构造 462
　　一、支付令的申请与受理　　　　　　二、支付令的发出与效力
　　三、债务人对支付令的异议　　　　　四、督促程序的终结
第三节　督促程序实务运用问题 467
　　一、关于督促程序的适用范围　　　　二、关于支付令的送达方式
　　三、关于支付令申请的审查　　　　　四、关于债务人异议的审查
　　五、关于督促程序与诉讼程序的转化和对接

第二十五章　公示催告程序 473

第一节　公示催告程序概述 475
　　一、公示催告程序的概念　　　　　　二、公示催告程序的特点
　　三、公示催告程序的适用范围
第二节　公示催告的申请和审理 477
　　一、公示催告的申请和受理　　　　　二、发出停止支付通知和公示催告公告
　　三、利害关系人申报权利和审查处理
第三节　除权判决 479
　　一、除权判决的含义　　　　　　　　二、除权判决的作出
　　三、除权判决的效力　　　　　　　　四、对利害关系人的救济

第八编　涉外与涉港、澳、台民事诉讼

第二十六章　涉外民事诉讼概述及一般原则 485

第一节　涉外民事诉讼程序概述 487
　　一、涉外民事诉讼　　　　　　　　　二、涉外民事诉讼程序
第二节　涉外民事诉讼的一般原则 488
　　一、适用我国民事诉讼法原则
　　二、同等和对等原则
　　三、适用我国缔结或者参加的国际条约原则

四、司法豁免原则
　　　五、使用我国通用的语言文字原则
　　　六、委托中国律师代理诉讼原则

第二十七章　涉外民事诉讼管辖、送达和期间 ………………………… 493
第一节　涉外民事诉讼管辖 ………………………………………… 495
　　　一、涉外民事诉讼管辖的确定原则　　二、涉外民事诉讼管辖的种类
第二节　涉外民事诉讼的送达 ……………………………………… 498
第三节　涉外民事诉讼的期间 ……………………………………… 498

第二十八章　司法协助 ………………………………………………… 501
第一节　司法协助概述 ……………………………………………… 503
第二节　一般司法协助 ……………………………………………… 503
第三节　特殊司法协助 ……………………………………………… 504
　　　一、外国法院对中国生效裁判、仲裁裁决的承认和执行
　　　二、中国法院对国外生效裁判的承认和执行
　　　三、当事人申请中国法院承认和执行外国的仲裁裁决

第二十九章　涉港、澳、台民商事司法协助 …………………………… 507
第一节　涉港、澳、台民商事司法协助概述 ………………………… 509
　　　一、涉港、澳、台民商事案件
　　　二、处理涉港、澳、台民商事案件的程序规定
　　　三、涉港、澳、台民商事司法协助
第二节　涉香港特别行政区的民商事司法协助 …………………… 510
　　　一、司法文书的送达　　　　　　二、民商事案件中调取证据的协助
　　　三、民商事判决的认可与执行　　四、仲裁裁决的认可与执行
第三节　涉澳门特别行政区的民商事司法协助 …………………… 515
　　　一、司法文书的送达　　　　　　二、民商事案件中调取证据的协助
　　　三、民商事判决的认可与执行　　四、民商事仲裁裁决的认可与执行
第四节　涉台湾地区的民商事司法协助 …………………………… 521
　　　一、司法文书的送达　　　　　　二、民商事案件中调取证据的协助
　　　三、法院作出的法律文书的认可和执行　　四、仲裁裁决的承认和执行

第九编　执 行 程 序

第三十章　民事执行程序概述 ………………………………………… 529
第一节　民事执行和民事执行程序 ………………………………… 531
　　　一、民事执行的概念和特征　　　二、执行程序
　　　三、执行程序的法律渊源　　　　四、执行的分类

第二节　民事执行的基本原则 …………………………………………… 534
　　一、合法执行原则　　　　　　　二、执行标的有限原则
　　三、保护当事人合法权益原则　　四、及时执行原则
　　五、法院执行与协助执行相结合原则

第三十一章　民事执行法律关系 …………………………………………… 537
第一节　民事执行法律关系的主体 ………………………………………… 539
　　一、执行机构　　　　　　　　　二、执行当事人
　　三、执行参与人
第二节　执行标的 …………………………………………………………… 543
　　一、执行标的概述　　　　　　　二、执行标的的种类

第三十二章　民事执行程序 …………………………………………………… 547
第一节　执行根据和执行管辖 ……………………………………………… 549
　　一、执行根据　　　　　　　　　二、执行管辖
第二节　执行的开始 ………………………………………………………… 552
　　一、申请执行　　　　　　　　　二、移交执行
第三节　执行的进行 ………………………………………………………… 554
　　一、执行的准备工作　　　　　　二、执行措施的运用
第四节　执行的结束 ………………………………………………………… 571
　　一、执行结束概述　　　　　　　二、执行和解
　　三、终结本次执行程序　　　　　四、执行终结
　　五、裁定不予执行
第五节　执行中的特殊情况 ………………………………………………… 577
　　一、委托执行　　　　　　　　　二、执行担保
　　三、暂缓执行　　　　　　　　　四、执行中止
　　五、参与分配　　　　　　　　　六、执行竞合

第三十三章　民事执行救济 …………………………………………………… 595
第一节　程序性救济制度 …………………………………………………… 597
　　一、执行行为异议的概念和特点　二、执行行为异议的条件
　　三、对执行行为异议的审查程序　四、对执行行为异议的处理
　　五、对执行行为异议裁定的复议　六、执行行为异议的法律效果
第二节　实体性救济制度 …………………………………………………… 601
　　一、案外人异议　　　　　　　　二、执行异议之诉
　　三、执行分配方案异议之诉　　　四、执行回转

参考答案 …………………………………………………………………………… 617

第一编　民事诉讼基础理论

第一章　民事诉讼与民事诉讼法

要点提示

- 民事纠纷的解决机制
- 民事诉讼的含义和特征
- 民事诉讼的目的和价值目标
- 民事诉讼模式的含义和类型
- 民事诉讼法的性质
- 民事诉讼法的效力

第一节 民事纠纷及其解决机制

▶ 一、民事纠纷

人类社会总是充满了复杂的利益冲突，纠纷是人类社会中不可避免的现象。在不同的社会领域存在着不同的社会纠纷和冲突，包括宗教、经济、文化、伦理、法律等诸多方面，在这些社会纠纷中，最为常见的法律纠纷就是民事纠纷。民事纠纷，也称为民事争议，是指平等主体之间发生的，以民事权利义务为内容的争议。

从法律的角度来看，民事纠纷是民事法律纠纷，其主要特点是：(1)民事纠纷发生在平等主体之间。民事纠纷主体在民事实体法上处于平等的地位，相互之间不存在上下级和隶属关系，在民事纠纷中地位平等。(2)民事纠纷以民事权利义务关系为内容。民事纠纷的内容主要是有关民事权利、义务或者民事责任的争议，从而有别于刑事纠纷和行政纠纷。(3)民事纠纷以违反民事实体法的规定为形成原因。民事纠纷主体之间的法律关系是民事法律关系，民事纠纷一般是民事主体违反了民事法律义务规范而使他人民事权利受到侵害，由此而产生以民事权利义务为内容的民事争议。(4)民事纠纷具有可处分性。这是因为民事纠纷是有关民事实体法律关系的争议，基于民法的意思自治原则，纠纷主体对发生纠纷的民事权益通常享有处分权。

由于民法以平等主体间的人身关系和财产关系为调整对象，因而根据民事纠纷的内容，民事纠纷可以分为两种类型：(1)涉及人身关系的民事纠纷，如婚姻纠纷、侵害人格权的纠纷等；(2)涉及财产关系的民事纠纷，如继承纠纷、债权债务纠纷等。根据纠纷所涉及的民事法律规范的类型，民事纠纷还可以分为合同法纠纷、物权法纠纷、继承法纠纷、知识产权法纠纷、婚姻法纠纷，等等。

▶ 二、民事纠纷的解决机制

民事纠纷是一种消极的社会现象，一旦产生就必然使一定的交易关系或者法律秩序处于不正常状态，因而需要运用一定纠纷解决机制加以缓和和消解。所谓民事纠纷解决机制，就是指消解民事纠纷的方法或制度。纠纷的解决不仅是保护当事者权益的手段，也是恢复社会秩序的正常状态、维持社会稳定的重要途径。民事纠纷形态复杂，类型繁多，不同类型的民事纠纷要求不同的纠纷解决方式来解决，民事纠纷要在社会生活中得到有效解决，就需要采用能与民事纠纷的特点相适应的民事纠纷解决方式。在人类社会漫长的历史发展中，不同时期、不同国家分别形成了各种不同的纠纷解决方式，民事纠纷解决机制经历了由自力救济到公力救济的发展过程，其中也伴随着社会救济的发展。即使在现代社会，这三种纠纷解决机制也是并存着的。不同的纠纷解决机制特点不同,解决纠纷的方法、功能各有侧重,在适用的基础和所付出的代价方面也有所不同。

在我国,民事纠纷的解决主要有以下几种方式:

1. 私了

私了是指纠纷主体依靠自己力量没有第三者协助或主持下解决纠纷,属于自力救济,其典型方式是纠纷双方以平等协商、相互妥协的方式达成和解,从而和平解决纠纷。通过私了解决纠纷,其优点是方便快捷,而且具有最高的自治性,往往不伤害纠纷主体之间的感情,能够维持纠纷主体之间原有的关系。其缺点是没有强制力,由于是纠纷双方自行解决纠纷,所达成的解决纠纷的协议在性质上相当于契约,对于纠纷双方仅具有契约上的约束力,不具有强制执行力。

2. 调解

调解是指第三者依据一定的社会规范在纠纷主体之间进行沟通和斡旋,摆事实明道理,促使纠纷主体相互谅解和妥协,从而达成解决纠纷的协议。作为一种纠纷解决方式,调解在我国具有悠久的历史,被西方国家称为"东方经验"。其特点是强调主体的合意性,对于是否进行调解以及调解协议的内容等,均取决于纠纷主体的意愿,调解人只是以说服、协调等方式促成纠纷主体达成解决纠纷的合意。

在我国,根据调解主体的不同,调解可以分为诉讼调解(即法院调解)和诉讼外调解。诉讼外调解主要包括人民调解,即由村民委员会和居民委员会下设的人民调解委员会对民间纠纷进行的调解。人民调解制度是我国独具特色的民事纠纷解决制度。除人民调解外,诉讼外调解还有其他社会团体组织的调解,如行业协会调解、企业调解组织调解、行政调解。所谓行政调解,即行政机关在行使职权时附带地解决纠纷,比如,交警部门对于因交通事故而产生的损害赔偿纠纷的调解、土地管理部门对有关土地权属争议的调解,等等。

诉讼外调解的特点在于,程序灵活,能较充分地体现当事人的意愿,能从心理上化解主体间的冲突,有利于和睦、彻底地解决纠纷。其缺点是没有强制力,调解协议不能成为强制执行的根据,其实现有赖于当事人的自觉履行。一旦一方反悔,不履行调解协议,则对方的权益就难以实现。

3. 仲裁

仲裁是指纠纷双方自愿将争议提交仲裁机构进行裁决,以解决争议的一种方式。仲裁起源于古希腊和古罗马,最初是用来解决商人之间的商务纠纷。直到19世纪末20世纪初,随着商品经济和国际贸易的发展,仲裁制度逐渐普及于整个世界,适用范围也扩展到整个民商事纠纷。

仲裁的优越性表现为:(1)与诉讼相比,仲裁体现出当事人的高度意思自治和充分的程序选择权。进行仲裁需以纠纷双方间达成书面仲裁协议为前提,在仲裁员的确定、审理方式、开庭形式等方面均赋予当事人选择权。(2)程序相对规范。

仲裁请求的提起、证据的提出和调查、审理和裁决等均有较为严格的程序规范。(3)专业性强。仲裁员一般都是具有专业知识的人士,在解决某些涉及较强的专业知识的纠纷时具有相当的优势。(4)实行一裁终局,相对于诉讼而言效率更高。(5)具有一定强制性的仲裁裁决可以申请人民法院进行强制执行,其效力虽不及法院的裁判,但比之人民调解则要强得多。总之,仲裁由于其公正性、专业性、便捷性和低成本而赢得人们的青睐。

仲裁的局限性主要在于其适用范围有限,并不是所有的民事纠纷都可以用仲裁的方式解决。仲裁只适用于平等主体之间发生的合同纠纷和其他财产权益纠纷。涉及人身关系的纠纷,如有关婚姻、收养、监护、扶养、继承等纠纷不能仲裁。另外,根据《仲裁法》第77条的规定,劳动争议和农业集体经济内部的农业承包合同纠纷的仲裁另行规定,并不适用仲裁法。

4. 民事诉讼

民事诉讼,是指民事争议的当事人向法院提起诉讼,由法院根据案件事实和法律对纠纷予以调解或裁决。民事诉讼以国家的强制力为后盾,是国家利用公权力(审判权)解决私权纠纷,属于一种公共性的纠纷解决机制,因此相对于其他解决纠纷方式,表现出国家强制性和严格规范性,是解决民事纠纷最权威也是最公正的一种方式。但是,由于民事诉讼具有严格的规范性和程序性,诉讼规则复杂,法院、当事人以及诉讼参与人必须按照程序的序位和诉讼的阶段实施诉讼行为,使得诉讼表现出周期长、成本高、刚性化、形式化等弊病。

在多种民事纠纷解决方式中,民事诉讼处于最重要的地位,此乃司法最终解决原则的体现。所谓的司法最终解决原则,是指:"所有涉及个人自由、财产、隐私甚至生命的事项,不论是属于程序性的还是实体性的,都必须由司法机构通过亲自'听审'或者'聆讯',作出裁判,而且这种程序性裁判和实体性裁判具有最终的权威性"。① 就民事纠纷而言,司法最终解决原则表现在两个方面:(1)当社会生活中所产生的矛盾和冲突,用和解、调解和仲裁等途径无法解决时,由国家通过民事诉讼加以最终解决。(2)司法解决的效力具有终局性。其一方面表现为排斥其他主体对司法活动的干预,即除了法院自身或者另一个法院,其他任何机关、组织或个人都无权审查、撤销法院的裁决。另一方面,即便对司法机关自身而言,司法的终局性也表现出一定的约束,即司法机关对一纠纷作出生效裁决后,不得再将这一纠纷纳入司法裁判的范围。

---

① 陈瑞华:《刑事诉讼的前沿问题》,中国人民大学出版社2000年版,第225页。

第二节 民事诉讼概述

一、民事诉讼的概念和特点

民事诉讼,是指民事纠纷的当事人向法院提出诉讼请求,人民法院在双方当事人和其他诉讼参与人的参加下,依法进行审理和裁判的程序和制度。民事诉讼动态地表现为法院、当事人及其他诉讼参与人进行的各种诉讼活动,静态地则表现为人民法院与各诉讼参与人在诉讼活动中产生的各种权利义务关系。

民事诉讼具有以下特点:

(1) 解决的对象是有关民事权利义务的争议。民事诉讼审理和解决的是有关民事法律关系的争议,这是其区别于行政诉讼和刑事诉讼的显著特征。民事法律关系是法律确认的民事主体之间的民事权利和民事义务关系。在民事义务不履行或者不适当履行时,必然引起纠纷,当一方当事人诉诸法院要求解决时就成了民事诉讼。而民事诉讼要解决的,正是发生争议的民事法律关系是否存在,以及权利义务如何的问题。因此,法院审理和裁判民事案件时,原则上必须以民事实体法为依据。

(2) 依靠国家强制力来解决民事纠纷。民事诉讼不同于其他纠纷解决方式的一个显著特征是在国家审判权力介入之下,对民事纠纷进行解决,因而具有强制性。这种强制性既表现在案件的受理上,又反映在裁判的执行上。法院通过行使审判权来确定纠纷主体之间是否存在民事法律关系及民事法律责任的承担,并且以国家强制执行力确保其裁判结果付诸实现,其他国家机关、社会团体和公民均无权变更或撤销法院的民事裁判,当事人必须服从和履行裁判所确定的义务。

(3) 严格按照法定的程序和方式进行。民事诉讼活动是一种司法活动,为了保证诉讼的公正性,法律规定了严格的形式和程序。人民法院、人民检察院、当事人和其他诉讼参与人进行诉讼活动,必须严格遵守法律规定的程序,违反法定程序和方式的诉讼活动可能不具有法律效力。

(4) 民事诉讼具有阶段性。民事诉讼具有严格的程序规定性,诉讼活动全过程分为前后衔接、但任务各不相同的若干阶段。根据民事诉讼法的规定,民事诉讼分为一审、二审、执行和审判监督等不同程序阶段。每一个审理程序又可分为起诉和受理、审前准备、开庭审理、合议和宣告判决等阶段。各诉讼阶段独立存在,相互之间又有联系。一般而言,前一诉讼阶段是后一诉讼阶段的基础和前提,而后一诉讼阶段是前一诉讼阶段的继续和延伸。前一阶段没有完成,不能进入后一阶段。

二、民事诉讼与非讼纠纷解决机制的衔接

如前所述,民事纠纷的纷繁复杂决定了与之相适应的多种纠纷解决机制存在的必要性。尽管现今民事诉讼成为社会公认的最具权威性的民事纠纷解决方式,其他纠纷解决方式并未因此丧失其存在的价值。在世界各国,随着司法改革的发展,替代性纠纷解决方式(ADR)[①]被广泛运用,法院外的各种形形色色的非诉讼纠纷解决方式的利用和发展已经成为一种方兴未艾的时代潮流,成为与民事诉讼制度并行不悖、相互补充的重要纠纷解决机制。

我国改革开放以来,随着社会经济的快速发展,社会分层加剧,社会矛盾突出并趋于复杂化和多元化,这些矛盾纠纷如不能得到有效处理,将会对和谐社会的构建产生严重的负面影响。诉讼在处理社会矛盾纠纷方面虽然有着无可替代的优点,但其并不是万能的,并且存在着成本高、周期长、程序复杂、裁判刚性化等弊端。社会矛盾纠纷的复杂多元要求解决的途径也应多元,建立多元的纠纷解决机制在我国已成共识,实务中人民调解、仲裁等诉讼外纠纷解决机制发挥着重要作用,形成与民事诉讼相互衔接的多元纠纷解决机制。一般而言,多元纠纷解决机制通常是以诉讼为主导或核心而构成并且进行运作的。通过诉讼和非诉讼纠纷解决方式(主要是人民调解和仲裁)相互配合、相互衔接,为纠纷当事人提供多样化的选择,有效地化解社会矛盾纠纷,维护社会和谐稳定。

(一)民事诉讼与人民调解的衔接

人民调解制度是一种具有中国特色的司法辅助制度,作为一种民间的纠纷平息方法,人民调解因具有扎根基层、方便快捷、传承道德价值以及协调法律与公序良俗的特点,一直在维护社会稳定、协调社会矛盾方面具有重要作用。在1991《民诉法》施行以后,民事诉讼成为解决纠纷的主要途径,随后人民调解经历了一个被缓慢边缘化的过程。直到21世纪,随着社会主义市场经济的发展,由于民事案件的激增和社会纠纷的复杂多样,迫切需要建立多元纠纷解决机制,人民调解又重新被理论和实务界重视。

由于人民调解委员会是解决民间纠纷的群众自治组织,在过去很长一段时间,人民调解协议不具有任何约束力,其内容的实现有赖于当事人的自觉履行。双方当事人达成协议后,如果一方当事人反悔而不履行调解协议,则该调解协议就成为一纸空文,另一方当事人只能就民事纠纷另行向法院提起诉讼。理论研究和实践经验都表明,调解协议缺乏法律强制力是诉讼外调解功能弱化的关键原因。由于

[①] 代替性纠纷解决方式即 Alternative Dispute Resolution 或 ADR,也称为非诉讼纠纷解决方式,源于美国30年代劳动争议的解决,原指20世纪发展起来的各种诉讼外纠纷解决方式的总称,现在已引申为对世界各国普遍存在的、民事诉讼制度以外的非诉讼纠纷解决方式或机制的总称。

调解协议缺乏法律效力,纠纷当事人可以随意反悔或者不履行协议,大大影响了当事人选择人民调解的积极性,也损害了诉讼外调解的社会公信力,这在很大程度上限制了人民调解制度的适用。为此,我国有关司法解释和立法开始赋予人民调解协议一定的法律效力,《人民调解协议规定》赋予人民调解协议以民事合同的约束力,在一方不履行时,对方当事人可以就该调解协议向法院提起诉讼。其第1条规定:"经人民调解委员会调解达成的,有民事权利义务的内容,并由双方当事人签字或者盖章的调解协议,具有民事合同性质。当事人应当按照约定履行自己的义务,不得擅自变更或者解除调解协议。"其后,《人民调解法》第31条也规定:"经人民调解委员会调解达成的调解协议,具有法律约束力,当事人应当按照约定履行。"

不过,赋予人民调解协议以民事合同的效力,虽然加强了调解协议对双方当事人的约束力,但并未使调解协议获得强制执行力。为强化人民调解制度的作用,经过司法实务的长期实践后,《人民调解法》规定了司法确认制度,通过法院确认的形式,使得调解协议获得与司法调解相同的强制执行力。《民诉法》进一步规定了司法确认的程序。

根据我国现行法律及司法实践,民事诉讼与人民调解的衔接包括以下两种情形:

一是在民事纠纷的解决上,定位民事诉讼与人民调解关系的基本原则是司法最终解决原则,即人民调解不能解决的民事纠纷最终通过诉讼予以解决,人民调解协议可通过司法确认程序而间接获得强制执行力。具体表现为:

(1) 对民事纠纷,当事人不愿进行人民调解或者调解不成的,可以向人民法院起诉。

(2) 根据《人民调解法》第32条的规定,当事人对人民调解协议的履行或者内容发生争议的,可以向人民法院起诉。此时,当事人不是针对双方的民事纠纷提起诉讼,而是对双方达成的调解协议提起诉讼,法院直接对该协议进行审理和判决。

(3) 当事人可申请人民法院确认对调解协议的效力进行确认。根据《人民调解法》第33条和《民诉法》第194条、第195条的规定,经人民调解委员会调解达成调解协议后,双方当事人可自调解协议生效之日起30日内共同向调解组织所在地的基层人民法院申请司法确认。人民法院经审查后裁定调解协议有效的,一方当事人拒绝履行或者未全部履行的,对方当事人可以向人民法院申请执行。司法确认制度通过赋予诉讼外调解协议以强制执行力,实现了诉讼外调解与民事诉讼在效力上的对接,从而使诉讼外调解能够真正发挥化解纠纷的作用。

二是为了发挥人民调解化解纠纷的作用,缓解司法负担,法院通过案件管理和分流,建立民事诉讼与人民调解的对接机制。主要做法有两种:(1) 诉前调解。诉前调解,也叫先行调解,是指人民法院在收到诉状之后、正式立案之前,由中立的第三方(通常是人民调解员)对纠纷进行的调解。《民诉法》第122条规定:当事人起诉到人民法院的民事纠纷,适宜调解的,先行调解,但当事人拒绝调解的除外。实践中通常的做法是在法院内设人民调解室,在立案前经当事人同意后,将适宜进行调解的案件分流给人民调解室进行调解。调解达成协议后,当事人双方可申请司法确认。调解不成的,则立案受理。(2)委托调解或协助调解。人民法院在受理案件后,根据案件的情况可以进行调解的,可以委托有关的人民调解组织或者调解员进行调解,或者在认为需要人民调解组织等有关社会组织、个人给予协助时,邀请他们协助调解案件。

(二)民事诉讼与仲裁的衔接

仲裁是解决民商事纠纷的一种重要制度。仲裁不仅具有专门的仲裁机构和仲裁员,而且具有从案件受理到审理、裁决的一整套规范的仲裁程序,其程序性、规范性和专业性都是人民调解不可企及的,是一种"准司法程序",其在效力上也强于人民调解,仲裁裁决具有强制执行力。民事诉讼与仲裁的衔接关系主要表现为以下几个方面:

(1)定位民事诉讼和仲裁关系的基本规则为"或裁或审"、"裁审择一"。仲裁和民事诉讼原则上是并行的纠纷解决方式,当事人可以协商确定将可能发生的或者已经发生的纠纷提交仲裁或者提起民事诉讼,但只能选择其中一种。划分仲裁和民事诉讼受案范围的依据是当事人之间的仲裁协议。仲裁的申请以当事人具有仲裁协议为前提,即当事人的仲裁协议具有排除法院司法管辖的效力。当事人双方在纠纷发生前或者发生后达成仲裁协议的,应当提交仲裁,一方向法院起诉的,法院不予受理;双方没有达成仲裁协议的,应当提起诉讼,一方申请仲裁的,仲裁机构不予受理。但以下两种情况属于例外,人民法院可以受理:一是仲裁协议无效、失效、内容不明确的;二是当事人起诉时未申明,对方应诉答辩的。

(2)民事诉讼对仲裁的支持。为保障仲裁功能的实现,我国《仲裁法》和《民诉法》规定了一系列程序和制度,以实现民事诉讼对仲裁的支持,主要包括以下三个方面:其一,证据保全。根据《仲裁法》第46条的规定,在证据可能灭失或者以后难以取得的情况下,当事人可以申请证据保全,仲裁委员会应当将当事人的申请提交证据所在地的基层人民法院,由该法院根据民事诉讼法的有关规定予以办理。其二,财产保全。根据《仲裁法》第28条的规定,一方当事人因另一方当事人的行为或者其他原因,可能使裁决不能执行或者难以执行的,可以申请财产保全,仲裁委员会应当将当事人的申请提交被申请人住所地或者财产所在地的人民法院,由该法院根据民事诉讼法的有关规定予以办理。其三,仲裁裁决的强制执行。根据《仲裁法》第62条和《民诉法》第237条的规定,在一方当事人不履行仲裁裁决时,另一方当事人可以向有管辖权的人民法院申请执行,接受申请的人民法院应当执行。

(3)民事诉讼对仲裁的监督。民事诉讼对仲裁的监督包括开庭前的监督(即事前监督)和仲裁裁决后的监督(即事后监督)两个方面:其一,开庭前的监督,即对仲裁协议效力的审查与确认。根据《仲裁法》第 20 条的规定，当事人对仲裁协议的效力有异议的，可以请求仲裁委员会作出决定或者请求人民法院作出裁定。一方请求仲裁委员会作出决定，另一方请求人民法院作出裁定的，由人民法院裁定。根据《最高人民法院关于确认仲裁协议效力几个问题的批复》，对于双方分别向仲裁委员会和法院请求确认仲裁协议效力的，除仲裁委员会已经先于法院受理申请并作出决定的以外，均由法院裁定进行确认。其二，仲裁裁决后的监督，即对仲裁裁决的司法复审，包括以下两种制度：一是撤销仲裁裁决。《仲裁法》第 58 条、第 71 条规定，在仲裁裁决存在法定的可撤销事由时，经仲裁当事人申请，人民法院可以裁定撤销仲裁裁决。二是不予执行仲裁裁决。根据《仲裁法》第 63 条、第 72 条和《民诉法》第 237 条的规定，在被申请人提出证据证明裁决具有法定情形之一的，经人民法院组成合议庭审查核实后，可裁定不予执行。

第三节　民事诉讼的目的和价值目标

一、民事诉讼的目的

（一）民事诉讼目的的含义和意义

一切社会制度都是为了一定的目的而产生并存在的。目的是构建民事诉讼法学理论体系的基点和归宿，是民事诉讼实践的内在要素和终极目标。[①] 民事诉讼的目的，是国家进行民事诉讼所期望达到的目标或结果，它是立法者关于民事诉讼程序对社会及其成员的作用、意义的认识与评价的集中体现，是国家设立和进行民事诉讼的出发点和最终归宿，对法院及一切诉讼参与人的诉讼活动都具有羁束力。[②]国家设置民事诉讼，总是在一定的目的论的指导下进行的，目的不同，所设计的诉讼结构、诉讼制度、诉讼权利义务以及程序救济等均会出现差异。

民事诉讼的目的是民事诉讼法学的一个基本问题，研究民事诉讼目的的意义在于：其一，有利于明确民事诉讼的本质和立法宗旨，为民事诉讼法的贯彻实施和民事诉讼制度的建构奠定基础；其二，有利于丰富民事诉讼理论和研究方法，促进民事诉讼法学理论体系的发展和完善。

（二）民事诉讼目的的学说

与诉权理论的发展相对应，在大陆法系中，民事诉讼目的论形成了众多的学说，每一种民事诉讼目的论理论都是不同时代的产物，都带着一定历史时代的烙印，不可避免的、不同程度地受到了当时社会历史背景的影响和制约。

---

① 参见何文燕：《民事诉讼理论问题研究》，中南工业大学出版社 1996 年版，第 21 页。
② 参见李祖军：《民事诉讼目的论》，法律出版社 2000 年版，第 15 页。

(1) 私权保护说。私权保护说认为,民事诉讼的目的是从既定的实体法出发,通过确认当事人之间既存的权利关系来保护私权。这一学说产生于19世纪初期,由德国的历史法学派代表萨维尼所倡导,至今在德国仍具有相当的影响力。萨维尼认为既然国家建立民事诉讼制度是为了禁止自力救济,那么当民事主体的权利受到侵害或发生争议时,国家就有义务通过诉讼手段来保护当事人的权利。因此,国家设置民事诉讼制度的目的就是保护私人的权利,诉讼只是一种手段。① 私权保护说以实体法规范的实现为其着眼点,在事实审理上片面追求发现客观真实,容易造成程序上利益之损耗(人力、时间、费用的过分支出)。

(2) 私法秩序维持说。该学说将维护国家的整个私法秩序视作民事诉讼目的,认为国家设立民事诉讼制度,不是为了满足单个的个人权利,而是满足社会整体的需要,旨在维持其所制定的私法秩序并确保该秩序的实效性。私法秩序维持说是19世纪末德国学者在批判私权保护说的基础上提出的,很大程度上反映的是垄断资产阶级对社会生活干预的需要。把维持私法秩序列为民事诉讼的首要目的,与宪法保障国民享有自由权、诉讼权、财产权及生存权的基本原则是相悖的。

(3) 纠纷解决说。该学说认为,民事诉讼的目的是以国家权力解决和调整私人之间纠纷和利害冲突。按照该学说,民事诉讼的目的不在于私权的保护,而在于解决民事纠纷,私权的保护只是民事诉讼制度实施的结果与反射②,从而将诉讼目的由原告请求保护个人私权改变为当事人请求法院就私权纠纷为法律上的解决,以达到定纷止争的公益目的。纠纷解决说对近代普遍认为的"权利是由实体法预先予以规定,诉讼以及判决只不过是对之加以确认并付诸实现之手段"的观点持否定态度,认为即使在私法尚不发达的时代,以判决解决纠纷的诉讼和审判制度就已存在,因而将民事诉讼的目的视为维护私权或私法秩序实属本末倒置。纠纷解决说是二战后,以兼子一教授为代表的日本学者在日本新宪法和战后民主思想的影响下所提出,这一学说的产生显然深受利益法学的影响,反映了现代社会快速处理纠纷的客观需要。

(4) 程序保障说。该说从"正当程序"的观念出发,认为民事诉讼的正当性来自程序的正当,而不是结果的正当。民事诉讼程序并不是为了达到正确判断的手段,其过程本身就是民事诉讼的目的。国家设立民事诉讼制度是为了确保当事人双方在诉讼程序中法律地位平等,平等的享有应有的诉讼权利,平等地进行攻击和防御,各拥有主张、举证的机会。法院不应只注重结果,而应该更注重诉讼过程的程序运作本身。因此,民事诉讼制度的目的,在于为实现当事人的纷争解决提供程

---

① 参见邱联恭:《程序制度机能论》,台湾三民书局1996年版,第161页。
② 参见何勤华编著:《当代日本法学》,上海社会科学出版社1991年版,第278页。

序保障。

(5) 多元说。多元说认为,由于民事诉讼价值的多元性和相对性,以及民事诉讼主体的多元化等决定了民事诉讼目的的多元性。纠纷的解决、法律秩序的维护及权利的保护都应当视为民事诉讼制度的目的,至于应该将重点放在何者就要根据具体情况来作出选择。在现代社会任何试图将民事诉讼目的单一化的企图都将是不可取的,对民事诉讼目的的研究应该站在不同的角度,根据主体的不同需要进行。

(三) 对民事诉讼目的的理解

民事诉讼目的论在很长的一段时期内没有引起我国诉讼学界的重视,不仅缺乏专门论述,甚至连零星的探讨也十分鲜见。20世纪90年代开始有学者对此进行研究,并提出各种不同的见解。有的学者采"纠纷解决说",将解决民事纠纷作为民事诉讼的目的;有的学者主张"利益保障说",认为民事诉讼的目的就是利益(包括实体利益和程序利益)的提出、寻求、确认和实现;也有的学者倾向于"程序保障说",认为现代民事诉讼制度的一切功能都只有在程序的运作中才能得以发挥,因而只有程序保障才能作为指导民事诉讼制度设计的核心理念;还有不少学者青睐"诉讼目的多元论",将民事诉讼目的的建立在多种价值考量上,认为民事诉讼的目的包括私权保护、纠纷解决、维护统一的法律秩序、政策形成功能以及维护整个社会的政治秩序和国家权利的合法性等。

我们认为,对民事诉讼目的的认识应当立足两个基本点,即当事人利用民事诉讼的目的和期望以及国家设置民事诉讼制度的理想目标。而无论是从国家设置民事诉讼的目的还是从当事人行使诉权进行诉讼的目的来看,都是为了保护合法的民事权益和解决民事纠纷。尽管民事诉讼制度的任务以及作用可以有多方面的表现,但作为诉讼目的而言,包括两个基本内容,即保护实体权利(权利的实现)和解决纠纷。

首先,不能否认民事诉讼在保护实体权利和维护私法秩序方面的作用。任何纠纷的产生,往往都伴随着一方对他方合法权益的侵害,因而对受害者而言,则迫切需要国家通过民事诉讼对其合法权益予以保护。强调诉讼的纠纷解决目的,并不等于忽视诉讼在保护实体权利方面的作用,也不是说诉讼就可以完全脱离实体规范。事实上,如果当事人的合法权益得不到保护,纠纷就不可能真正地得以解决。

其次,应该承认诉讼的创造性和独立价值,确立民事诉讼解决纠纷的功能。实体法规则只有在诉讼的实际应用中才具有生命力,才能获得不断发展和完善的动力。实体法无法将包罗万象且千变万化的社会现象都纳入其中,纠纷的发生形态也并不会以实体法预先设定的规范为转移,即使是在实体法极为发达的今天,也常常会出现实体法未予规定的利益争议。如果过于恪守维护私权的诉讼目的,以实体法为出发点来把握民事诉讼和构造诉讼结构,就无法应对现代纠纷的发展趋势,也无法发挥民事诉讼在化解纠纷方面的应有作用。民事诉讼是随着国家的产生而产生的,国家通过建立一定的民事诉讼制度来解决纠纷,禁止私力对纠纷的解决。在国家的立场上而言,其对民事诉讼目的的理想追求是要在私法领域平息纠纷,维持社会的正常秩序。

二、民事诉讼的价值目标

民事诉讼是人类社会高度发达后所进行的一种特殊的理性行为,这种行为注定要服从一定的价值目标,即服从于实现民事诉讼目的所要求的行为的价值取向,这种价值取向是对实现民事诉讼目的的过程、方式提出的较为抽象的要求,也是民事诉讼立法和司法能够满足国家、社会及一般成员的特定需要而对其所具有的效用和意义。[①] 在现代法治国家,人们一般把公正和效率作为法律制度所追求的两大价值目标,在民事诉讼法领域,这两个价值目标即体现为诉讼公正和诉讼效率。

（一）诉讼公正

保障诉讼公正,是诉讼法永恒的出发点和归宿。公正作为诉讼制度得以存在的不变基础,历来都是人类社会追求和崇尚的理想目标。公正是一个历史的、相对的概念,它在不同的社会制度、经济条件和历史时期内具有不同的形式和内涵。诉讼公正具有实体公正和程序公正两方面的含义。实体公正是诉讼结果的公正,主要指立法在确认实体权利义务时所应遵循的标准和判决适用实体法的结果,是一种"结果价值",是评价程序结果的价值准则;而程序公正则是诉讼过程的公正,主要是指在司法程序运作过程中所应遵循的价值标准,是一种"过程价值",是评价程序本身正义与否的价值标准。[②] 按照其实质内容的要求,程序公正主要包含两个最基本要素:一是法官的独立性和公正性,即要求法官在诉讼中要处于中立的地位,并依据法律作出裁判,不受任何外来因素的干预;二是当事人的平等性,即要求当事人双方的人格平等、利益均等和权利对等,能获得平等的攻击和防御的机会。实体公正与程序公正各有不同的侧重点,实体公正追求的目标是使法律程序产生好的结果,而程序公正追求的目标是让所有受程序结果影响的人得到应有的待遇,但二者同等重要,缺一不可。一方面,实体公正是检验程序公正的重要尺度;另一方面,程序公正又是实体公正的重要保障,尽管人们进行民事诉讼的最原始的动机常常在于实现实体公正,但无数的历史教训表明,没有程序公正,实体公正是很难或者根本不能实现的。

由于司法审判有着特殊的运行规律和制度要求,不同于人们基于一般的道德

[①] 参见李祖军:《民事诉讼目的论》,法律出版社 2000 年版,第 52 页。
[②] 参见肖建国:《程序公正的理念及其实现》,载《法学研究》1993 年第 3 期。

情操和朴素的伦理标准而作出的价值判断。因此,诉讼公正具有相对性,表现为:(1)程序公正与实体公正之间的相对性。程序公正保障了诉讼过程的公平、公开和公正,是实体公正的前提条件和客观基点,但并非实体公正的唯一前提,也不一定必然地导致实体公正,这也是由实体公正的相对性所决定的。(2)法律事实和客观事实之间的相对性。由于诉讼证明的历史性、证明手段的局限性、诉讼规则的确定性以及认识能力的有限性,法院运用证据查明的事实只能是法律事实,而非原始状态的实际事实。法律事实与客观事实并非总是一致,二者既可能重合,也可能存在距离甚至冲突。(3)判决结果的相对性。由于当事人举证能力的限制、法律规定的疏密程度不同和法官自由裁量权的运用等多种因素的影响,使得裁判具有一定的不确定性,对相同性质的案件,不同法院、法官的裁判结果可能不一样,甚至相互矛盾,出现所谓"同案不同判"的现象。

(二)诉讼效率

诉讼效率是司法过程中无法回避的一个问题,因为只要人类还生存于一个资源稀缺的环境中,就不得不考虑自己行为的效率性。所谓诉讼效率,简单地说,是指要求以较少的司法资源投入而获得尽可能多的案件处理。效率原为一个经济学概念,是指用较少的人力、物力和时间获得较大的成果,自21世纪60年代以来逐渐被引入到诉讼领域。诉讼效率的提出在极大程度上与市场经济的发展、法律经济学的兴起以及司法现实的困境这三个因素有关。[1] 尤其在现代市场经济条件下,"人类所从事的任何社会活动都必须遵循经济性的原则,即力求以最小的消耗取得最大的效果"[2],效率的重要性日益突显。在这样的背景下,投入产出规律和资源必须公平分配并有效利用的观念逐渐渗透到司法领域,诉讼效率成为了民事诉讼制度发展的主要目标。以尽量少成本投入实现最大程度的公正,不仅成为民事诉讼制度的一个基本要求,更是每个纠纷主体和裁判者的行为目标。

诉讼成本的投入广义上即为整个社会为诉讼所耗费的资源,具体包括当事人的投入和法院的投入两方面。当事人的投入包括:向法院交纳的诉讼费用,聘请律师或委托其他诉讼代理人的代理费用,诉讼活动中的交通费、住宿、餐饮费等物质支出,以及当事人因参加诉讼活动所耗费的精力与时间。法院的投入主要是法院为办理案件所支出的全部费用,包括审判设施的建设、维护费用,审判设备的添置、保养费用以及审判人员的工资、福利费等,以及审判人员因办理案件所耗费的精力与时间。诉讼效率强调要尽可能地快速解决、多解决纠纷,尽可能地节省和充分利用各种诉讼资源,因而其考量的因素包括诉讼进行的快慢程度、解决纠纷数量的多

---

[1] 谭世贵、黄永锋:《诉讼效率研究》,中国民商法律网 http://www.civillaw.com.cn/article/default.asp?id=9690,2015年10月20日访问。

[2] 胡卫星:《论法律效率》,载《中国法学》1992年第3期。

少以及诉讼过程中人们对各种资源的利用和节省程度。

（三）诉讼公正与诉讼效率的关系

诉讼公正主要指向纯精神性的道德领域,而诉讼效率则更加贴近于物质性的经济功利领域,二者之间往往存在一定的紧张关系。一般而言,对诉讼公正性的注重,会直接导致诉讼效率的降低;而对诉讼效率的强烈追求,也会在一定程度上遏制诉讼公正的实现。因为诉讼公正的实现,必须借助于一套严格、复杂且专业化程度较高的程序,以保障当事人充分平等地行使诉讼权利并防止法官的任意专断,而严格的程序却意味着高昂的诉讼成本、漫长的诉讼进程和不确定的诉讼结果。与之相反,诉讼效率要求简化程序、缩短审理期限,这往往意味着法官对案件关注程度的降低而害及诉讼结果的公正性。因此,必须对诉讼公正和诉讼效率这两个价值目标进行正确定位。

首先,虽然诉讼效率与诉讼公正都是设计和评价诉讼程序的内在标准和尺度,但诉讼制度真正永恒的生命基础在于它的公正性,程序公正是所有程序法最基本也是最具普遍性的一种价值目标。任何诉讼程序都必须遵循最低限度的程序公正标准,这是程序设计的最低要求。正如美国学者约翰·罗尔斯所指出:"公正是社会制度的首要价值。正像真理是思想体系的首要价值一样。一种理论无论多么精致和简洁,只要它不真实,就必须加以拒绝或修正;同样,法律和制度不管它们如何有效率和有条理,只要它们不正义,就必须加以改造或废除。作为人类活动的首要价值,真理和正义是决不妥协的"。①

其次,诉讼效率与诉讼公正虽价值取向有异,但其实也具有相当的统一性,诉讼效率和诉讼公正在一定程度上也表现出相互渗透、相互作用的互动关系,尤其是在现代诉讼理念中,人们普遍认识到过于昂贵的正义和迟来的正义都是"非正义",故而诉讼效率成为诉讼公正的重要维度。正如美国学者波斯纳所指出:正义在法律中的第二种涵义是效率,因为在一个资源稀缺的世界里,浪费是一种不道德的行为。② 在民事诉讼中,尽管诉讼效率的配合可以使程序价值目标体系中的公正显得更加真实、合理而可信,但效率本身对速度和有效性的追求,使之具有较为浓厚的功利色彩,往往与极富伦理色彩的公正价值目标难以融合。③ 因而对诉讼效率的追求如果不把握一定的度,就容易导致诉讼公正的缺失。

---

① 〔美〕约翰·罗尔斯:《正义论》,何怀宏、何包钢、廖申白译,中国社会科学出版社1988年版,第1—2页。
② 参见〔美〕理查德·A.波斯纳:《法律的经济分析》,蒋兆康译,中国大百科全书出版社1997年版,第31—32页。
③ 参见李祖军:《民事诉讼目的论》,法律出版社2000年版,第83页。

第四节　民事诉讼模式

一、民事诉讼模式的含义

民事诉讼模式的核心问题是当事人与法院在民事诉讼中的权限关系问题。民事诉讼的模式，或者民事诉讼的体制，是指民事诉讼中法院和当事人关系的构造。

就本质而言，民事诉讼是一种在争议的主体双方平等对抗的基础上，由中立的裁判者运用国家赋予的审判权予以裁判的规则和制度。在民事诉讼中包含两层不同的诉讼主体结构：一是法院和当事人之间的关系，二是当事人相互之间的关系。其中，当事人和法院的关系构成了诉讼过程中的基本矛盾。根据当事人和法院在程序的启动和进行、案件事实的揭示和证据的提供方面的不同作用以及当事人主张对法院约束力的差异，民事诉讼的基本模式可以分为当事人主义和职权主义两种类型。这两种诉讼模式的根本区别在于对当事人权利和法院职权的划分和定位，主要反映在两个方面：第一，当事人和法院谁在诉讼程序的启动和运行中起主导作用；第二，裁判的对象以及主要证据资料由谁来予以确定。一般而言，在民事诉讼程序进行中，法院处于主导地位的，属于职权主义的诉讼模式；当事人居于主导地位的，则属于当事人主义的诉讼模式。

二、民事诉讼的两种模式

（一）当事人主义诉讼模式

所谓当事人主义，是指在民事诉讼中当事人居于主导地位，诉讼程序的发动和继续主要由当事人决定，诉讼请求的确定、事实主张以及证据的提出主要由当事人承担，法官充分尊重当事人的意思表示。

当事人主义是现代民事诉讼的基本模式，无论是英美法系还是大陆法系的民事诉讼，都以当事人主义为基本特征。[①] 按照日本学者兼子一教授的见解，当事人主义诉讼体制包括三个原则：(1) 对诉讼的开始和正在进行的诉讼是否终了，当事人有处分权，这叫处分权主义；(2) 由当事人确定审判的事项和争点并由当事人加以证明，而法院仅根据当事人主张的事实和提供的证据作出判决，这叫辩论主义；

[①] 我国在学理上对各国民事诉讼模式的分类存在不同看法，主要由两种见解，一种认为英美法系的民事诉讼属于当事人主义诉讼模式，而大陆法系的民事诉讼则属于职权主义诉讼模式（参见田平安：《我国民事诉讼模式构筑探析》，载《中外法学》1994年第5期）。另一种认为无论英美法系还是大陆法系，其民事诉讼体制都属于当事人主义，而原苏联、东欧国家和我国则属于职权主义模式（参见张卫平：《转换的逻辑——民事诉讼体制转型分析》，法律出版社2004年版，第二章）。我们赞同后一观点。

(3) 关于民事诉讼进行中的程序问题由法院依职权决定,这叫职权进行主义。① 由此可见,当事人主义诉讼体制最根本的特征就是充分尊重和突出当事人的主体地位,当事人在整个诉讼程序的展开和审理对象的形成方面具有主导权和决定权,这主要是通过处分原则和辩论原则来予以体现的。其中,辩论原则(或当事人主导原则)的作用表现在具体事实的主张和举证这一层次上,处分原则的作用表现在程序的展开和审理对象内容的确定层面上,即"民事诉讼起于何时、有何限度、持续到何时(即何时终结)方面,承认当事人有主导权"②。当事人不仅对自己的实体权利和诉讼权利具有自由处分权,而且对诉讼程序的启动、发展和终止具有主动权。当事人能够通过这些对自己权利的处分行为来规定程序的进行,而法院原则上必须受这些行为的拘束。

当事人主义诉讼模式为大陆法系和英美法系所共同采纳的主要原因在于这种诉讼模式符合民事诉讼的性质和特性。民事诉讼是民事主体之间的权利义务纠纷解决的过程,民事实体法所遵循的意思自治和自我责任原则也必然在民事纠纷的解决过程中得到体现和延伸,成为确立当事人主义诉讼模式的基本根据。一方面,就谁在诉讼过程中握有推动程序展开的主导权而言,这种诉讼模式把更多的诉讼行为作为诉讼权利赋予了当事人,而不是作为权力留给法官。另一方面,作为制度化的程序安排,放弃诉讼权利往往意味着败诉或者其他不利的后果,这可以促使当事人积极地参加诉讼,成为推动程序展开的主导力量。而双方当事人积极主动的攻击防御又使诉讼的过程和结果更容易被视为他们自己行为的产物。无论是哪一种情况,使诉讼、审判得以展开并对其得出的结论负主要责任的都是当事人而不是法官。这是当事人主义的诉讼结构,也是程序保障在逻辑上的一个归结。③ 不过,当事人主义虽然体现了对当事人的意志的尊重,但这种诉讼模式对诉讼主体的法律素养要求往往比较高,而且它的滥用也容易导致程序复杂、审判迟延以及成本上升等弊端。

(二)职权主义诉讼模式

所谓职权主义,是指法院在民事诉讼中拥有主导权,诉讼程序的发动和进行主要由法院制约,裁判的对象可以超出当事人的申请范围,并且证据的收集主要由法院依职权行使。

职权主义的诉讼模式,或称职权干预型诉讼模式,较之当事人主义的诉讼模式具有以下几个特征:(1)在案件事实方面,法院有权直接干预案件事实的揭示,主

---

① 参见白绿铉:《比较民事诉讼法研究的新视野》,载《外国法译丛》1998年第1期。
② 〔日〕三月章:《民事诉讼法》,日本弘文堂1986年版,第186页。转引自张卫平:《转换的逻辑——民事诉讼体制转型分析》,法律出版社2004年版,第34页。
③ 王亚新:《社会变革中的民事诉讼》,中国法制出版社2001年版,第42页。

要表现在法院调查核实的事实范围不受当事人对事实主张的限制和法院可以依职权主动调查收集证据两个方面。(2) 在审理和裁判的对象上,法院不受当事人主张事项的限制。对于当事人的诉讼主张,法院认为可以变更的,可以依职权进行变更。即使当事人没有提出的主张,法院也可以作为审理的对象并作出裁判。(3) 将国家干预作为处分原则的重要因素,法官有权对当事人的一切处分行为进行审查和干预。法院和检察机关不仅可以对诉讼程序的启动和终结进行干预,也可以对当事人处分自己诉讼权利的行为进行干预,诉讼请求的放弃、承认、和解等处分行为,只有经过法院认可后,才具有法律效力。①

职权主义以强调法官在诉讼中的主导地位为基本特质,侧重的是实体公正的实现,有利于促进案件事实的发现和诉讼效率的提高。但这种诉讼模式给予法官过大的权力,法官在每一个诉讼环节都享有主导权,在审理中操纵着每一个过程,不受当事人行为的约束,不仅使得诉讼程序空洞化,而且片面追求实体公正而不注重程序保障,忽视了程序公正的重要价值。

▶ 三、我国民事诉讼的模式及其变革

我国传统民事诉讼模式的基本特性是法院的职权干预,自 20 世纪 80 年代末期开始,我国展开了以弱化法院职权为基本导向的民事审判方式改革。1991《民诉法》较之《民诉法(试行)》,一个突出的特点就是表现出强化当事人主义而弱化职权主义的趋向。

尽管二十多年来的民事审判方式改革给民事诉讼注入了更多的当事人主义的因素,法院的职权有所弱化,当事人主义的观念也深入人心,但由于长期实行职权主义诉讼体制,法官的职权在诉讼中仍然处于十分显著的位置,法官在程序的开始、继续、终结、证据调查以及裁判的范围方面都享有相当的权力。应该承认,在我国的诉讼程序尚缺乏充分的专门技术化和浑厚的理论底蕴的现实情况下,这样的诉讼体制可以使当事人更容易得到保护,并有可能使纠纷得到更为实质性的解决。但是,由于轻视当事人的主体性、自律性和自我责任,这种诉讼体制极容易混入审判人员的主观随意性,在审判人员素质良莠不齐和司法腐败问题的双重影响下,诉讼制度运作的实际效果和个案裁判的公正性缺乏保障。

究其本质,当事人主义诉讼体制对当事人诉讼主导权的强调,是一种以权利制约权力、以权利主体制约权力主体的程序安排,使民事诉讼"由权力主体颐指气使的工具演变为防范权力滥用、引导权力主体理性行为的保障"②,符合现代人的主体性意识和权力制约的理念,充分体现了程序公正的价值追求。因而建立当事人

---

① 参见张卫平:《转换的逻辑——民事诉讼体制转型分析》,法律出版社 2004 年版,第 97—103 页。
② 参见章武生等:《司法现代化与民事诉讼制度的建构》,法律出版社 2000 年版,第 70 页。

主义的诉讼体制,不仅仅是要弱化法院的职权干预,更重要的是要突显当事人的诉讼主体地位,不但要从具体诉讼制度的设置和程序的构建上充分体现当事人的主体性,而且要在审判人员乃至立法者的内心真正确立尊重当事人主体地位的观念。因为当事人的诉讼主体地位是处分权主义和辩论主义得以确立和实现的基本依据和关键所在。

在我国司法改革的推进过程中,现有的以职权干预为特征的诉讼体制已经成为阻碍各项具体制度重构和改革的瓶颈。如果不对整个诉讼模式进行转换而仅仅只是进行局部性的调整,诉讼制度和程序的改革将处处捉襟见肘。

第五节　民事诉讼法概述

一、民事诉讼法的概念和性质

(一) 民事诉讼法的概念

民事诉讼法是指由国家制定或者认可的,规范民事诉讼程序和民事诉讼法律关系主体权利义务的法律规范的总称。

民事诉讼法有狭义和广义之分。狭义的民事诉讼法,即形式意义上的民事诉讼法,专指民事诉讼法典,即我国1991年4月9日颁布实施的《民诉法》。广义的民事诉讼法,即实质意义上的民事诉讼法,不仅包括民事诉讼法典,而且还包括宪法、其他法律法规中有关民事诉讼的规定,以及最高人民法院在适用民事诉讼法过程中作出的司法解释。最高人民法院的司法解释一般有以下几种形式:其一,解释,即关于如何应用某一法律或者对某一类案件、某一类问题如何适用法律所作的规定,如《民诉法解释》;其二,规定,即根据审判工作需要,对于审判工作提出的规范、意见,如《证据规定》《调解规定》;其三,批复,即针对各级人民法院就审判工作中具体应用法律问题的请示所作的答复,如《诉前财产保全批复》。这些司法解释是民事诉讼法条文的具体化,针对性强,经常适用。

(二) 民事诉讼法的性质

(1) 民事诉讼法是基本法。从在我国法律体系中的地位来看,民事诉讼法属于基本法。在效力层次上,基本法的效力仅低于宪法;在立法程序上,基本法由国家最高权力机关进行制定和修改。按照我国立法的规定,民事诉讼法和民法、刑法等均为国家基本法,其立法权属于全国人民代表大会。

(2) 民事诉讼法是部门法。从调整的社会关系看,民事诉讼法属于部门法。每一个部门法都有其特定的调整对象。民事诉讼法是调整民事诉讼关系的专门法律,故而是一个独立的法律部门。

(3) 民事诉讼法是程序法。从内容上看,民事诉讼法属于程序法。程序法是相对于实体法而言的,实体法规定的是主体的权利义务关系,而程序法规定的是主体实现其权利义务以及解决争议的程序和方式。民事诉讼法规定的程序主要有三种类型:其一,诉讼程序,主要包括第一审程序、第二审程序、审判监督程序;其二,非讼程序,如特别程序、督促程序、公示催告程序;其三,执行程序。

二、我国民事诉讼法的历史发展

(一)新中国成立前的民事诉讼法

在中国古代,民事诉讼和刑事诉讼是两个不同的概念。审理民事案件,称为"断讼";审理刑事案件,称为"折狱"。中国各朝代对于民事起诉、上诉、申诉、复审、判决等制度,都有规定,形成了较为完整的民事诉讼制度。不过,我国古代在立法上刑民不分、实体法与程序法不分,属于诸法合体,因此并无独立的民事诉讼法典,只是在法中包含有一些民事诉讼法律规范。

进入半殖民地半封建社会之后,大陆法系的制度和理论开始传入我国。清朝末年,修律大臣沈家本、伍廷芳以德国民事诉讼法为蓝本,于宣统二年(1910 年)拟定了《大清民事诉讼律(草案)》,该法共 4 篇 800 条,其中第一篇是审判衙门,第二篇是当事人,第三篇是通常诉讼程序,第四篇是特别诉讼程序。这是我国第一部独立的民事诉讼法,虽然因清政府的灭亡而未能颁行,但对后来的民事诉讼立法产生了重大影响。其后,1921 年广东军政府所颁行的《民事诉讼律》、1922 年北京政府颁行的《民事诉讼条例》以及 1935 年国民政府公布的《民诉法》,均效仿德国法例。其中,民国政府公布的《中华民国民事诉讼法》共 9 编 636 条,第一编总则,第二编第一审程序,第三编上诉审程序,第四编控告程序,第五编再审程序,第六编监督程序,第七编保全程序,第八编公示催告程序,第九编人事诉讼程序。该法于 1949 年新中国成立后被废除,仅在我国台湾地区得以延续适用。

与《中华民国民事诉讼法》并存的,是中国共产党领导的各革命根据地制定的一些民事诉讼法律规范,包括:在国内革命战争时期,苏维埃共和国政府于 1932 年颁布的《裁判部暂行组织及裁判条例》,1934 年颁布的《中华苏维埃共和国司法程序》;在抗日战争时期,各革命根据地制定的《晋冀鲁豫边区工作人员离婚程序》《陕甘宁边区军民诉讼暂行条例》等民事诉讼法律规范。这些法律规范基本确立了简易的起诉制度、公开审判制度、人民陪审制度、就地审判与巡回审判制度、两审终审制度、调解制度等诉讼和审判制度。

(二)新中国成立后的民事诉讼法

新中国成立后,制定了一些民事诉讼法律规范,例如:1950 年 12 月政务院法制委员会起草的《中国人民共和国诉讼程序试行通则(草案)》,1951 年颁布《中华人民共和国人民法院暂行组织条例》,1954 年颁布《中华人民共和国人民法院组织法》等,1956 年最高人民法院发布的《关于各级人民法院民事案件审判程序总结》,

1979年2月最高人民法院制定的《人民法院审判民事案件程序制度的规定(试行)》等,对民事诉讼的一些基本原则和制度作了明确规定。

1979年9月,全国人民代表大会常务委员会法制委员会成立了民事诉讼法起草小组,开始草拟民事诉讼法;1981年12月第五届全国人民代表大会第四次会议原则批准民事诉讼法草案;经过进一步修改,1982年3月8日第五届全国人民代表大会第二十二次会议审议通过了《民诉法(试行)》,该法于1982年10月1日起施行,这是我国第一部社会主义民事诉讼法。经过八年多的实践运行后,结合社会经济发展的需要,经过修改和完善,第七届全国人民代表大会第四次会议于1991年4月9日通过并颁布《民诉法》,即我国现行的民事诉讼法。该法分为四编,共270条,其中第一编总则,第二编审判程序,第三编执行程序,第四编涉外民事诉讼程序的特别规定。其后,《民诉法》于2007年进行了第一次修正,对审判监督程序、执行程序等问题作了局部修改;2012年进行了第二次修正,内容涉及民事诉讼的法律监督、公益诉讼、小额诉讼程序、举证时限、行为保全等诉讼制度,使我国的民事诉讼法得到进一步的发展和完善。

▶ 三、民事诉讼法的任务与效力范围

(一)民事诉讼法的任务

依照《民诉法》第2条的规定,我国民事诉讼法的任务包括以下四个方面:

(1)保护当事人行使诉讼权利。诉讼权利是当事人寻求司法救济,维护自身民事权益的方法和手段,是当事人程序主体地位的依托,也是当事人实施具体诉讼行为的根据,只有充分地保护当事人行使诉讼权利,才能保障实体权利的实现,才能实现民事诉讼的目的。因此,《民诉法》把保护当事人行使诉讼权利确定为人民法院的职责,作为民事诉讼法的首要任务。

(2)保证人民法院正确行使审判权。法院的审判权是国家主权的体现,法院的审判活动是民事诉讼一个极其重要的方面。民事诉讼法通过规范法院的审判行为,保证人民法院在查明事实、分清是非,正确适用民事实体法的基础上进行裁判,并且在规定的审限内及时审结案件,以实现司法的公正和效率。

(3)保护当事人的合法权益。民事诉讼是解决民事争议和保护民事权益的活动。无论是当事人进行诉讼活动,还是法院进行审判活动,目的都在于通过审判来重新确认发生争议的民事权利义务关系,通过判令违反民事义务的一方当事人承担责任来制裁民事违法行为,使合法的民事权益得到保护。

(4)教育公民自觉遵守法律。民事诉讼在解决纠纷的同时,还要充分发挥其教育功能。民事诉讼法的教育功能,是通过法院对具体案件的审判来实现的,通过民事审判,使当事人、其他诉讼参与人以及旁听的公民受到法制教育,增强法律意识和观念,自觉地遵守法律,运用法律保护自己的权益,预防纠纷的发生。

(二) 民事诉讼法的效力

民事诉讼法的效力,是指民事诉讼对什么人、什么事、在什么时间和空间范围内发生效力。这一问题直接关系到民事诉讼法的适用,所以民事诉讼法的效力也称民事诉讼法的适用范围。

具体而言,民事诉讼法的效力范围包括以下四个方面:

1. 对人的效力

民事诉讼法对人的效力,是指民事诉讼法适用于哪些人。《民诉法》第4条规定:"凡在中华人民共和国领域内进行民事诉讼,必须遵守本法。"根据这一规定,无论是中国的公民、法人或其他组织,还是外国人、无国籍人、外国的企业和组织,无论是否居住在我国领域内,只要在我国法院进行民事诉讼,就必须适用我国的民事诉讼法。具体包括:(1)中国公民和中国的企业、其他组织、事业单位、机关、团体;(2)居住在中华人民共和国领域内的外国人、无国籍人,以及外国企业事业组织和团体;(3)申请在我国进行民事诉讼的外国人、无国籍人,以及外国的企业事业组织和团体。

另外,根据《民诉法》第261条的规定,我国的民事诉讼法还适用于那些虽然享有外交特权和豁免权,但依照国际条约和我国法律的有关规定,其民事诉讼应受我国法院管辖的外国人、外国组织和国际组织。

2. 对事的效力

民事诉讼法对事的效力,是指民事诉讼法适用于哪些案件,也即是人民法院对民事案件的主管范围。依据《民诉法》第3条和其他相关条文的规定,适用民事诉讼法审理的案件有以下三类:(1)因合同法、物权法、婚姻法、继承法等民事实体法调整的平等主体之间的财产关系和人身关系发生的民事案件;(2)因劳动法所调整的劳动法律关系所发生的劳动纠纷案件;(3)法律规定按照民事诉讼法审理的其他案件,如适用特别程序审理的选民资格案件和宣告公民失踪、死亡等非讼案件,按照督促程序解决的债权债务案件,按照公示催告程序解决的宣告票据和有关事项无效的案件,等等。

3. 时间效力

民事诉讼法的时间效力,是指民事诉讼法的有效期间,即民事诉讼法生效和失效的时间。我国现行《民诉法》生效的时间是1991年4月9日。民事诉讼法具有溯及既往的效力,民事诉讼法生效后,法院无论是审理生效前受理的案件,还是审理生效后受理的案件,均应适用新法。但新法生效前对已受理案件适用旧法所进行的程序活动依然有效。

4. 空间效力

民事诉讼法的空间效力,是指适用民事诉讼法的地域范围,即民事诉讼法在哪些地域发生效力。根据《民诉法》第4条的规定,我国民事诉讼法的空间效力范围及于中华人民共和国的整个领域,包括领土、领海、领空,以及领土伸延部分,如中国的航空器、船舶和驻外使领馆。

【经典司考题】

1. 关于民事诉讼法的性质,下列哪一说法是正确的?(2011-3-35)

   A. 根据其调整的社会关系,民事诉讼法是程序法

   B. 根据其在法律体系中的地位,民事诉讼法是程序法

   C. 根据其规定的内容,民事诉讼法是程序法

   D. 根据公法与私法的划分标准,民事诉讼法是程序法

   考点:民事诉讼法的性质

2. 张某与李某产生邻里纠纷,张某将李某打伤。为解决赔偿问题,双方同意由人民调解委员会进行调解。经调解员黄某调解,双方达成赔偿协议。关于该纠纷的处理,下列哪一说法是正确的?(2010-3-35)

   A. 张某如反悔不履行协议,李某可就协议向法院提起诉讼

   B. 张某如反悔不履行协议,李某可向法院提起人身损害赔偿诉讼

   C. 张某如反悔不履行协议,李某可向法院申请强制执行调解协议

   D. 张某可以调解委员会未组成合议庭调解为由,向法院申请撤销调解协议

   考点:人民调解的效力

3. 甲、乙因遗产继承发生纠纷,双方书面约定由某仲裁委员会仲裁。后甲反悔,向遗产所在地法院起诉。法院受理后,乙向法院声明双方签订了仲裁协议。关于法院的做法,下列哪一选项是正确的?(2010-3-43)

   A. 裁定驳回起诉

   B. 裁定驳回诉讼请求

   C. 裁定将案件移送某仲裁委员会审理

   D. 法院裁定仲裁协议无效,对案件继续审理

   考点:仲裁的范围

4. 关于民事仲裁与民事诉讼的区别,下列哪一选项是正确的?(2011-3-36)

   A. 具有给付内容的生效判决书都具有执行力,具有给付内容的生效裁决书没有执行力

   B. 诉讼中当事人可以申请财产保全,在仲裁中不可以申请财产保全

   C. 仲裁不需对案件进行开庭审理,诉讼原则上要对案件进行开庭审理

   D. 仲裁机构是民间组织,法院是国家机关

   考点:民事诉讼与民事仲裁的区别

5. 民事诉讼与民商事仲裁都是解决民事纠纷的有效方式,但两者在制度上有所区别。下列哪些选项是正确的?(2008-3-88)

A. 民事诉讼可以解决各类民事纠纷,仲裁不适用与身份关系有关的民事纠纷

B. 民事诉讼实行两审终审,仲裁实行一裁终局

C. 民事诉讼判决书需要审理案件的全体审判人员签署,仲裁裁决则可由部分仲裁庭成员签署

D. 民事诉讼中财产保全由法院负责执行,而仲裁机构则不介入任何财产保全活动

考点:民事诉讼与仲裁的区别

6. 甲乙双方合同纠纷,经仲裁裁决,乙须偿付甲货款100万元,利息5万元,分5期偿还。乙未履行该裁决。甲据此向法院申请执行,在执行过程中,双方达成和解协议,约定乙一次性支付货款100万元,甲放弃利息5万元并撤回执行申请。和解协议生效后,乙反悔,未履行和解协议。关于本案,下列哪一说法是正确的?(2015-3-49)

A. 对甲撤回执行的申请,法院裁定中止执行

B. 甲可向法院申请执行和解协议

C. 甲可以乙违反和解协议为由提起诉讼

D. 甲可向法院申请执行原仲裁裁决,法院恢复执行

考点:民事诉讼与仲裁的衔接

7. 关于法院对仲裁的司法监督的说法,下列哪一选项是错误的?(2010-3-44)

A. 仲裁当事人申请财产保全,应当向仲裁机构申请,由仲裁机构将该申请移交给相关法院

B. 仲裁当事人申请撤销仲裁裁决被法院驳回,此后以相同理由申请不予执行,法院不予支持

C. 仲裁当事人在仲裁程序中没有提出对仲裁协议效力的异议,此后以仲裁协议无效为由申请撤销或不予执行,法院不予支持

D. 申请撤销仲裁裁决或申请不予执行仲裁裁决程序中,法院可通知仲裁机构在一定期限内重新仲裁

考点:司法对仲裁的监督

8. 大成公司与华泰公司签订投资合同,约定了仲裁条款:如因合同效力和合同履行发生争议,由A仲裁委员会仲裁。合作中双方发生争议,大成公司遂向A仲裁委员会提出仲裁申请,要求确认投资合同无效。A仲裁委员会受理。华泰公司提交答辩书称,如合同无效,仲裁条款当然无效,故A仲裁委员会无权受理本案。随即,华泰公司向法院申请确认仲裁协议无效,大成公司见状,向A仲裁委员会提出请求确认仲裁协议有效。关于本案,下列哪一说法是正确的?(2015-3-50)

A. A仲裁委员会无权确认投资合同是否有效
B. 投资合同无效,仲裁条款即无效
C. 仲裁条款是否有效,应由法院作出裁定
D. 仲裁条款是否有效,应由A仲裁委员会作出决定

考点:司法对仲裁的监督

第二章　诉权与诉

要点提示

- 诉权的含义
- 诉的概念
- 诉的种类
- 诉讼标的的识别标准

第一节 诉　　权

一、诉权理论及其学说发展

诉权理论在大陆法系民事诉讼理论中具有举足轻重的地位,不仅是大陆法系民事诉讼法学恒常的主题,更是整个大陆法系民事诉讼法学体系的基石。人们对诉权的认识极不统一,古往今来的研究者众说纷纭,其研究的难度常被人们称为民事诉讼法学领域中的"哥德巴赫猜想"。

一般认为,"诉权"一词最早存在于罗马法的诉(actio)的制度,在罗马法中,"诉权"和"诉讼"的含义基本相同,诉权只是类型化了的诉讼形式,一种诉权即为一种司法救济途径。由于实体法和诉讼法处于合体状态,现代意义的请求权和诉权也处于未分化状态,诉实际上具有现代实体法上的请求权和诉权的双重性质,因而诉权学说或理论在古罗马时代并未形成。直到19世纪的德国普通法时期,罗马法上的诉权制度才开始逐渐分化,与此相应,民事诉讼法也开始了与实体法相分离的独立体系化过程,从而为诉权学说的产生奠定了基础。历经了私法诉权说、公法诉权说等诸多学说的发展和更替,形成了大陆法系纷繁复杂的诉权论。这些学说在不同的历史时期、不同的国家和地区都对民事诉讼理论的发展发挥着不可替代的作用。

（一）私法诉权说

私法诉权说认为,诉权是私权(指民事权利)的产物,是私权被侵害后转换而生的权利。这种理论的实质在于,不承认诉权是独立于实体权利之外的程序性权利,并将享有实体权利作为行使诉权的前提。

私法诉权说是最早的诉权学说,产生于19世纪前半叶德国普通法时期。由于当时公法及其观念不甚发达而私法的观念和理论较为昌盛,并且诉讼法正处于与实体法相分离的过程中,在私法学的笼罩之下,人们很自然地将诉权看作是私法权利的延伸或变形,认为诉讼只是借助法院的力量实现实体法规定的手段。私法诉权说的产生顺应了诉讼法与实体法相分离的时代发展趋势和要求,反映了学者在学术上为分化罗马法上的诉权,将其实质性内容和程序性规定分别归入实体法体系和诉讼法体系所作的不懈努力,这一学说由此在当时德国法学界居于支配地位,不仅对1877年的德国《民事诉讼法》产生了直接的影响,而且给后世的诉讼法和诉讼法学的发展奠定了最基本的概念和框架。

但是,囿于诉讼法与实体法长期混为一体的历史背景,私法诉权说不可避免地带有明显的时代局限性,它否认了诉讼法的独立价值,未能使诉讼法脱离实体法的束缚而获得真正的独立。按照这一学说,民事诉讼法被视为民事实体法的延长或从属物,民事诉讼法学也被当作不具有独立性的、私法学理论笼罩下的"从属物"。

(二) 公法诉权说

公法诉权说是在否定私法诉权说的基础上产生的,认为法院和当事人在民事诉讼中发生的法律关系不是私法性质的关系,而是公法性质的关系,引起他们之间发生这种关系的依据是当事人对国家享有的公法上的请求权,即诉权。依此说,诉权不是由私法上的请求权所派生的权利,而是公法上的权利。公法诉权说的最大贡献在于,将民事诉讼法与民事实体法严格区分开,使民事诉讼法完全摆脱了民事实体法的附庸地位而成为一门独立的学科,并建立起了自己的理论体系。公法诉权说经历了抽象诉权说、具体诉权说、本案判决请求说和二元诉权论等几个发展阶段。

1. 抽象诉权说

抽象诉权说认为,诉权是人民向国家提出的公法上的请求权,是任何人都享有向法院起诉的一种抽象权利。抽象诉权说的实质在于,把诉权看成是一种单纯请求司法保护的抽象权利,不依赖于任何实体权利而独立存在。也就是说,任何公民和组织,不论其民事权利是否受到侵犯或者发生争议,也不管起诉的理由是否正当都有权请求法院进行审判。抽象诉权说在德国主要流行于19世纪后半期,由于该学说导致诉权与它所要保护的实体权利相脱节,这种学说没有多大价值。

2. 具体诉权说

具体诉权说也称为权利保护请求权说,这种学说将诉讼对象的实体关系纳入其理论中,认为诉权是请求法院为利己判决的权利,凡是具有应该受到审判保护的民事权利的人都享有诉权。这一学说从诉权和诉讼法具有实现实体法的目的的角度来探讨诉权问题,把诉权要件区分为一般诉讼要件和权利保护要件,使诉权和实体权利要件达到了统一,开创了民事诉讼法学领域独有的理论,不仅使诉讼的理论构造得以明确化,也进一步强化了保护私权的思想。私权保护说的观点经黑格尔、波拉克以及瓦哈等学者的倡导和完善,在后世大陆法系的民事诉讼理论中得到了进一步的发展,一度成为德国、日本民事诉讼理论中的通说。

3. 本案判决请求权说

本案判决请求权说认为,诉权是当事人要求法院为本案判决的权利,具体而言,是当事人要求法院就自己的请求是否正当作出判决的权利。这种学说产生于德国,在战后经日本著名学者兼子一倡导,在日本成为通说。兼子一、三月章等学者指出,抽象诉权说认为诉权是单纯地提起诉讼并请求法院作出任何判决的权利,既无要求也无内容,充其量只不过是起诉的自由而已,并非权利;而具体诉权说以保护私权的目的论为出发点,将请求利己判决作为诉权的内容或目的,实质上是私法诉权说的翻版。本案判决请求权说则居于两者之中。该学说不拘泥于原告的权利主张是否正当,将追求案件实质的判决视作诉权的目的,既扩张了权利保护请求权说的范围,又防止了抽象诉权说的缺陷进一步扩大,其本质涵盖了对权利关系纠纷的实质性解决及自身的正确认识。其后,在美国法律思潮的影响下,兼子一教授将本案判决请求权说进一步加以发展而称为"纠纷解决请求说",认为本案判决请求权说的诉权,实质上是指当事人要求法院在弄清是非曲直的基础上解决纠纷的权利,故而纠纷解决请求权始为诉权。①

4. 二元诉权论

二元诉权理论认为诉权具有程序意义和实体意义双重属性。实体意义上的诉权是指原告通过法院向被告提出实体请求的权利和被告反驳原告请求和提出反诉的权利;程序意义上的诉权是指原告的起诉权和被告的答辩权。这种理论是原苏联学者顾尔维奇和多勃罗沃里斯基等人所提出的,实际上是综合大陆法系三大诉权理论的结果。二元诉权论对我国民事诉讼理论产生了深远的影响。

我国民事诉讼法学界对诉权的研究起步较晚,而且在很长一段时期,基本上是依附于苏联的诉权理论而展开探索的。我国学者通过苏联的三元诉权说和二元诉权说形成了自己的二元诉权说,认为诉权包括程序意义上的诉权和实体意义上的诉权。程序意义上的诉权在原告方面表现为起诉权,在被告方面表现为应诉权和答辩权;实体意义上的诉权在原告方面表现为期待胜诉的权利,在被告方面表现为对原告的请求进行实质性答辩、提起反诉的权利。二元诉权说在我国长期处于支配地位,直至20世纪80年代以来,开始有学者对这一学说提出了批驳,认为二元诉权说仅仅在技术上对具体诉权说做糅合处理,缺乏合理性;同时诉权双重意义之内涵,也会使两者陷入矛盾;另外,在诉讼实践中,对这两种含义进行区分也无必要。学者们试图摆脱苏联二元诉权理论对我国诉权理论的束缚和影响,认为诉权应当具有确定的内涵,对诉权的概念应作统一和科学的表述,并对诉权的内涵提出各种阐释,力求建立具有中国特色的诉权理论。总体而言,我国目前对诉权理论进行研究的学者比较多,也形成了一些独自的见解,但尚未形成具有通说地位的学说。

▶ 二、诉权的含义和理解

如前所述,诉权的内涵非常广泛,是一个很难界定的概念。一般认为,诉权是请求国家对民事权益进行保护的权利,即当事人请求法院对民事纠纷进行裁判以保护其民事权益的权利。

对诉权的含义可以从以下几个方面进行理解:

(1)诉权在根本上是当事人请求国家给予司法救济的权利,是由宪法予以保障并由具体法律关系主体依据有关诉讼法律规范享有的基本权利。在法治国家

---

① 参见〔日〕兼子一、竹下守夫:《民事诉讼法》,白绿铉译,法律出版社1995年版,第4页。

里，诉权是人民享有的一项由宪法保障的基本性权利，人民享有请求国家履行司法救济义务的权利，即利用民事诉讼制度解决民事纠纷的权利。国家以强制力为后盾，诉讼为基本形式，给予受害者恢复正义的权利，即为诉权。

（2）诉权与实体请求权具有内在联系。实体权利是诉权的基础。没有实体权利，诉权便没有真实内容，便是空的权利。任何权利都包含对义务人的要求和请求法律保护的权利两个方面。实体请求权直接源于当事人的实体权利，是实体权利受侵害或产生纠纷的特殊形态，诉权是为实现实体上的请求权而进行诉讼的程序性权利。

（3）诉权是一种请求司法裁判的权利，对于审判权的启动和诉讼程序的运行有重大影响。审判权特有的属性是被动性，不能主动审理、解决民事纠纷，民事诉讼程序的启动只能依赖于当事人行使诉权，诉权作为桥梁和纽带将民事争议与获得国家司法保护、审判权之间连接起来。当事人行使诉权可以对行使审判权的法院产生的约束力，只要这种权利的行使不带瑕疵而符合法定条件，均应产生诉讼法上的法律效果。裁判者负有保证此效果发生的责任。

（4）诉权的行使贯穿于诉讼的全过程。诉权作为民事诉讼法的重要理论基石，指导整个诉讼程序的启动、设置、运作，体现在一审，二审乃至再审的整个诉讼过程的始终。当事人在各个诉讼阶段实施的诉讼行为，如起诉、上诉、申请再审等，均属于行使诉权的表现。

（5）诉权不同于诉讼权利。诉讼权利是诉权的实现形式，诉权是诉讼权利发生的根源，但诉权并不是当事人诉讼权利的简单相加或者集合。诉权具有一定的抽象性和宏观性，而诉讼权利是具体的，在不同的诉讼阶段，当事人享有的诉讼权利也会不同。

第二节　诉

▶ 一、诉的概念

民事诉讼中的诉，是指当事人向特定法院提出的对特定民事争议进行裁判的请求。我国民事诉讼学界对诉的概念有各种各样的表述，诸如"请求说"、"制度说"、"手段说"、"声明说"等。尽管在表述上有许多差异，但大都把诉理解为一种请求。

诉的制度是人类社会发展到国家社会阶段的产物，是当事人请求国家提供司法救济的法律依据。诉的特征有以下几个方面：

（1）诉是一种请求。诉是当事人向特定法院提出的请求，这种请求具有两方面的含义，一是要求法院启动审判程序，对双方当事人之间的纠纷进行审理；二是要求法院满足自己的诉讼请求,判决自己胜诉以保护民事权益。诉作为一种请求与诉讼请求不同,诉既是一种请求也是一种行为,而诉讼请求是具体的实体权利主张。

(2)诉的主体是当事人。诉的起因是当事人之间发生了民事权益的纠纷,是纠纷中的一方认为自己合法的民事权益受到了对方的侵害,因此,纠纷的当事人是诉的主体。没有当事人,诉无从提起。

(3)诉是向法院提出的请求。诉是当事人向法院提出的请求而不是针对另一方当事人的行为。尽管诉中的实体请求是指向被告的,但原告提起的请求是要求法院对其特定权利主张是否成立进行裁判,要求法院对自己的合法权益进行保护。

(4)诉的客体是当事人请求法院进行裁判的实体权利主张。当事人起诉的目的是要求法院对特定的实体争议进行审理、裁判,保护自己的合法权益,因而实体权利成为裁判的对象。

【特别提示】

诉讼主体与诉讼法律关系主体

在我国民事诉讼理论中,诉讼主体与诉讼法律关系主体是两个内涵与外延都不同的概念。

根据传统的民事诉讼法律关系理论,民事诉讼法律关系是民事诉讼法律法规所调整的人民法院、当事人及其他诉讼参与人之间的以诉讼权利和诉讼义务为内容的社会关系。民事诉讼法律关系的主体,即是在民事诉讼法律关系中享有诉讼权利承担诉讼义务的人。根据参加诉讼的目的、作用、诉讼地位、诉讼权利和义务的不同,民事诉讼法律关系主体分为四类:(1)人民法院;(2)人民检察院;(3)当事人(包括共同诉讼人、诉讼代表人、第三人);(4)其他诉讼参与人,比如诉讼代理人、证人、鉴定人、翻译人员等。诉讼主体并不是诉讼法律关系主体的简称。理论上一般认为,诉讼主体是在民事诉讼中除享有诉讼权利、承担诉讼义务外,还有权进行使诉讼程序发生、变化或消灭的行为的人,具体包括法院、当事人、特定情形下的人民检察院。诉讼主体具有两个不同于民事诉讼法律关系主体的特征:一是诉讼主体在民事诉讼中占有重要地位,没有其参加诉讼,诉讼将无法进行或失去进行诉讼的实际意义;二是诉讼主体的诉讼行为对诉讼的发生、变更、终结起着重要的甚至决定性的作用。基于以上两个基本特征,诉讼主体与诉讼法律关系主体之间系种属关系,诉讼主体,一定是诉讼法律关系主体,而诉讼法律关系主体则不一定是诉讼主体。

与此不同的是,在大陆法系的民事诉讼理论中,诉讼法律关系仅是指法院与当事人之间存在的法律关系,而诉讼法律关系主体实际上就是当事人与法院,并无这种诉讼主体与诉讼法律关系主体的区分。比如我国台湾学者指出:"诉讼程序一经开始后,法院与两造当事人及两造当事人之间,即生诉讼法之法律关系,而自始至终为进行程序之主体,因此,所谓诉讼主体,即指法院与两造当事人而言"。① 因此,我国民事诉讼理论实际上拓宽了民事诉讼法律关系主体的外延,将其范围扩至所有在民事诉讼法律关系中享有诉讼权利和承担诉讼义务的人。

二、诉的种类

根据原告诉讼请求的性质和内容,诉可以分为确认之诉、给付之诉和形成之诉。

(一)确认之诉

确认之诉,是指原告请求法院确认其与被告间存在或不存在某种民事法律关系的诉。原告要求确认某种民事法律关系存在的,是积极确认之诉;原告要求确认某种民事法律关系不存在的,是消极确认之诉。

确认之诉具有以下特征:(1)当事人提起确认之诉的目的,是请求法院对某一民事法律关系是否存在,以及存在的范围作出肯定或否定的裁判,并不要求判令另一方履行一定的民事义务;(2)在确认之诉中,当事人之间没有行使权利和履行义务之争,法院并不判令一方的当事人履行一定义务,因而法院的裁判不存在执行问题;(3)确认之诉须具有需要通过诉讼予以救济的法律利益,即所谓确认利益,表现为某种法律关系是否存在以及存在的范围处于不明确状态,当事人对此存有争议,需要裁判加以明确。

(二)给付之诉

给付之诉,是指原告请求法院判令被告为一定行为的诉。这里的给付,其内容不仅仅是金钱或者财产的交付,还包括要求被告为特定的行为(作为或者不作为)。

给付之诉具有以下特点:(1)当事人提起给付之诉的目的,是请求法院判令对方当事人履行一定的民事义务,即进行一定的给付。给付之诉以原告对被告主张给付请求权为基本特征,原告给付请求权的产生,是因为双方当事人之间存在一定的民事权利义务关系,在这个法律关系中,被告负有给付义务。(2)给付之诉中其实包含着确认请求。法院审理给付之诉,首先要对原告和被告之间是否存在以给付为内容的权利义务关系进行确认,因而确认之诉往往成为给付之诉的前提。(3)给付之诉具有执行性。法院作出的给付判决具有执行力,负有义务的当事人必须按照判决的要求履行义务,否则对方当事人可以申请法院进行强制执行。

---

① 李学灯:《法律学》,商务印书馆(台湾)1971年版,第317—318页。

给付之诉,按照不同的标准,可作不同的分类。以给付义务的履行期间在法庭辩论终结时是否截止为标准,给付之诉可分为现在给付之诉和将来给付之诉。现在给付之诉,是指在法庭辩论终结时,给付义务的履行期间已经截止的给付之诉。将来给付之诉,是指在法庭辩论终结时,给付义务的履行期间尚未截止的给付之诉,如给付抚养费、赡养费之诉。起诉时尚未届清偿期,至言词辩论终结时已届清偿期的,则已变成现在已付之诉,不再是将来给付之诉。

根据请求给付的内容不同,给付之诉可分为特定物给付之诉、种类物给付之诉和特定行为给付之诉。特定物给付之诉,是指原告请求给付的是不能代替的特定物。种类物给付之诉,是指原告要求给付的标的物是可以互相代替的种类物。特定行为给付之诉,是指原告提出的给付请求是要求被告为特定的行为(作为或者不作为),例如,要求对方提供一定的劳务等。

（三）形成之诉

形成之诉,也称变更之诉,是指原告请求法院变更或消灭其与对方当事人之间现存的民事法律关系的诉。例如,请求解除婚姻关系的诉讼、请求变更买卖合同的诉讼等。

根据请求变更或者消灭的法律状态的不同,形成之诉可分为实体法上的变更之诉与程序法上的变更之诉。实体法上的形成之诉,是指旨在变更或形成实体法律关系的诉讼,如离婚诉讼、解除收养关系的诉讼等。程序法(诉讼法)上的形成之诉,是指旨在变更或形成某种诉讼法上效果的诉讼,主要包括撤销判决之诉和再审之诉。在原告需要借助法院的判决来改变既存的法律关系时,才有必要提起形成之诉,如果可以通过民法上的形成权以单方的意思表示即使法律关系发生变更时,则无需提起形成之诉。

形成之诉具有以下特点:(1)当事人之间对某一民事法律关系的存在没有争议,只是对这一法律关系是否应该变更或如何变更有争议。这是形成之诉区别于确认之诉的关键所在。在确认之诉中,当事人之间对是否存在某种民事法律关系有争议,需要法院加以明确;而在形成之诉中,当事人之间对现存的民事法律关系无争议,而只是要求法院判决改变或者消灭这种民事法律关系。(2)单纯的形成之诉,双方当事人只是要求法院对某一法律关系加以变更或者消灭,而不要求解决权利或义务的承担问题,也即不具有给付内容。(3)在法院的形成判决生效以前,当事人之间的法律关系仍然保持不变。

三、诉的要素

诉的要素指构成一个诉所应具备的基本因素。对于诉的要素,国内外学者间一直存在争议,主要形成"二要素说"和"三要素说"两种观点。"二要素说"认为诉由诉讼标的和诉讼理由两个要素构成,而"三要素说"则主张诉由当事人、诉讼标的和诉讼理由三个要素构成。无论采是哪一种学说,在诉的构成上,都不能否认诉讼标的是诉的核心要素。

（一）当事人

当事人是就特定的民事争议向法院提起诉讼的人及相对人。民事诉讼实行"不告不理"原则,诉的发生以当事人向法院起诉为前提,当事人是诉的主体,任何诉讼都必须要有当事人。没有当事人,诉无从提起;当事人不同,诉自然也就不同。故而当事人是诉的要素之一。

（二）诉讼理由

诉讼理由是指当事人提起诉讼的依据,即当事人诉讼请求得以成立的根据,包括事实根据和法律依据。事实根据是指当事人提出诉讼请求所依据的具有法律意义的事实,包括争议的民事法律关系发生、变更和消灭的事实以及被侵害的事实。这些事实是当事人要求通过审判保护其合法权益的实体根据和原因,所以也称"原因事实"。事实根据是诉讼理由的核心。法律依据,是指当事人提起诉讼所依据的法律,包括程序法依据和实体法依据。关于法律依据,还应包括当事人的法律观点和看法。诉讼理由是法院审理案件、进行裁判的重要依据和基础。

（三）诉讼标的

1. 诉讼标的的含义

诉讼标的这一概念源自德国,其内涵十分复杂,最简单、最狭义的含义就是诉讼对象,是原告为了启动诉讼而提出的有关自己实体权益的主张。诉讼标的不仅是民事诉讼中法院裁判的对象,而且是裁判对象最小最基本的单位。我国立法上和实务中采传统诉讼标的理论,通常认为诉讼标的就是指当事人之间争议的、请求法院审判的民事实体法律关系或者民事实体权利。

【特别提示】

诉讼客体与诉讼法律关系的客体

在大陆法系民事诉讼理论中,诉讼标的也被称为"诉讼客体"、"诉讼对象",没有使用诉讼法律关系客体的概念,而有与诉讼主体相对的"诉讼客体"概念,诉讼客体即为诉讼标的。在我国的民事诉讼理论中,则通常没有使用"诉讼客体"这一概念,而存在"民事诉讼法律关系客体"的概念,而且诉讼法律关系客体与诉讼标的的含义截然不同,诉讼标的只是诉讼法律关系客体的一部分。因此,大陆法系的诉讼客体与我国的诉讼法律关系客体是完全不同的概念。

按照我国的诉讼理论,民事诉讼法律关系的客体,是指民事诉讼法律关系主体的诉讼权利义务所指向的对象,是诉讼法律关系主体通过行使诉讼权利和承担诉讼义务所欲实现的目标。关于什么是诉讼权利义务指向的对象,我国学界存有争议。传统民事诉讼法律关系认为包括案件事实和当事人之间争议的民事实体法律关系。并且认为,由于民事诉讼法律关系主体存在多种民事诉讼法律关系,各个主体所享有的诉讼权利和承担的诉讼义务也不尽相同,因而客体也存在差异。也即在不同的民事诉讼法律关系主体之间,具有不同的诉讼法律关系客体。具体而言,人民法院与当事人之间的诉讼权利义务所指向的对象是案件事实和实体权利请求;人民法院与其他诉讼参与人之间的诉讼权利义务所指向的对象是案件事实;人民法院与人民检察院之间的诉讼权利义务所指向的对象是人民法院生效裁判所认定的事实和适用的法律。

2. 诉讼标的的地位和意义

诉讼标的是民事诉讼法学领域的重要概念,作为诉的核心要素,在诉讼请求的特定、当事人的确定、诉的合并与变更、二重起诉的禁止、既判力范围的划定等方面发挥着不可替代的作用,由此被德国和日本的民事诉讼法学者称为诉讼理论得以成立的"脊梁"。

诉讼标的在民事诉讼中的地位体现为:

(1) 诉讼标的是当事人提出诉讼请求的必要基础,直接体现当事人诉讼目的和案件性质,也是双方当事人争议的焦点。当事人双方的诉讼活动是以诉讼标的为中心展开的。

(2) 诉讼标的是法院审判的对象,它决定了判决既判力的范围。法院的审理是围绕诉讼标的进行的,并针对原告提出的诉讼标的作出裁判。当事人没有主张的诉讼标的,不能成为法院裁判的对象。法院对诉讼标的的合法性判断,构成了判决主文,即既判力的客观范围。

(3) 民事诉讼奉行"一事不再理"原则,当事人不得对法院已作确定裁判的案件再行起诉。而判断当事人能否再行起诉根据,就是前诉的诉讼标的与后诉的诉讼标的是否同一,因为诉讼标的是诉的质的规定性,诉讼标的不同则是不同的诉。

(4) 诉讼标的是诉明确化、特定化的重要标志。作为诉的要素,诉讼标的是诉讼中最小也是最基本的单位,因此具有识别诉的功能。诉讼标的是诉与诉之间相区别的基本标志,是判断诉的合并、诉的变更、重复起诉的根据。

3. 诉讼标的的学说发展

诉讼标的是大陆法系民事诉讼法学的核心问题之一,德国、日本等大陆法系国家的民事诉讼学界曾对其作过规模空前的学术讨论,诉讼标的理论在长期争论中,大致形成了传统诉讼标的理论、新诉讼标的理论、新实体法理论等几种主要学说。各种诉讼标的理论争论的焦点,集中在诉讼标的识别标准问题上,不同的学说各有所长,又各有缺陷。这些争论至今仍然存在,诉的标的理论尚未统一。

(1) 传统诉讼标的理论,又称"旧实体法说",认为诉讼标的是原告在诉讼中提出的具体的实体法上的权利主张。按照该学说,区分诉讼标的,应以实体法所规定的权利为标准,也即诉讼标的的识别根据是实体法上的请求权,有多少个实体法上的请求权,就有多少个诉讼标的。因此,凡同一事实依据实体法上的权利构成要件,能产生多个不同请求权时,每一个请求权都能形成独立的诉讼标的。故而在请求权竞合的场合,由于原告的请求权为多个,其诉讼标的也就为多个,例如,某旅客乘坐电车时因电车突然刹车而受伤,能作为损害赔偿的实体请求权有两个,即基于侵权行为产生的请求权和基于债务不当履行产生的请求权,由于诉讼标的不同,原告就可以分别提起两个诉讼。显然,传统诉讼标的理论由于以实体法所规定的实体权利或法律关系为识别诉讼标的的标准,在遇到请求权竞合的场合无法作出合理的解释。

(2) 新诉讼标的理论,又称为诉讼法说,是诉讼学者为克服旧实体法说的缺陷,解决请求权竞合时诉讼标的的识别问题而提出的理论。其主要特点是把诉讼标的从实体法中分离出来,不再以实体请求权作为识别诉讼标的的依据,而是成为纯粹诉讼法上的概念。新诉讼标的理论又有两种不同的见解:一种是以原告陈述的事实理由和诉之声明为识别标准,即诉之声明与事实理由相结合,称为"二分肢"说。依"二分肢",诉之声明与事实理由均为多数时,诉讼标的为多数,从而发生诉之合并。在实体请求权竞合的场合,由于诉之声明和事实理由均为单一,因而诉讼标的也只有一个。例如前述"电车事件"中,尽管存在基于侵权的赔偿请求权和基于违约的赔偿请求权两个实体请求权,但诉之声明(即请求被告给付)和事实理由却只有一个,因而只有一个诉讼标的。第二种是以诉的声明为标准识别诉的标的的,称为"一分肢"说。按照"一分肢"说,以同一给付为目的的请求,即使存在不同的事实理由,也只有一个诉讼标的。"二分肢说"解决了同一事件发生请求权竞合的问题,但不能解决数个请求权发生在不同事实基础上而又为同一给付的问题,如票据支付。"一分肢说"虽可解决这个问题,但在识别诉的标的时不考虑事实理由因素,容易将不同的诉讼标的误认为同一,而且可能导致法院判决效力无限扩张,如多次借贷相同数额的金钱。

(3) 新实体法说。由于诉讼法说所存在的局限,一些学者提出新实体法说,认为诉讼标的的问题,根源出在实体法上的请求权竞合上,应该回到实体法上来研究解决。并认为数个请求权竞合发生在单一的事实关系的基础上,只是请求权基础竞合,因不同事实关系发生的竞合才是真正的请求权竞合。在"电车事件"中所发生的以同一给付为目的的数个实体请求权竞合的情形,并非真正的竞合,而是请求权基础的竞合,因为发生请求权的事实关系是单一的。在德国和日本等国的诉讼学界,新实体法说的支持者越来越多;但是在诉讼实务方面,德国主要采用诉讼法说,而日本主要采用传统诉讼标的理论。

4. 我国对诉讼标的理解与运用

我国传统诉讼标的理论和现行民事诉讼制度采取"旧诉讼标的说",即认为诉讼标的是当事人之间争议的请求法院裁判的民事实体权利义务关系。近些年来,越来越多的学者开始关注诉讼标的理论的研究,并提出各自不同的见解。

如前所述,任何一种理论学说都不能全面合理地处理诉讼标的的问题,但每个学说又能够合理解决一定类型或范围案件的诉讼标的问题。诉讼法说和新实体法说可以合理解决请求权竞合时诉讼标的的识别问题,但忽视了民事诉讼是民事实体法和民事诉讼法共同作用的"场";传统诉讼标的理论在解决请求权竞合时确实有着很大的弊端,但是在非请求权竞合情形中该理论具有适用上的合理性。鉴于此,我国目前有不少学者认为,期望以一种理论学说来解决复杂多样的民事纠纷案件的诉讼标的问题是不可能的,并主张从我国民事诉讼的实际情况出发,解决诉讼标的的问题的正确方法应是按照各种诉讼类型,分别确定不同的诉讼标的识别标准,而不追求诉讼标的的识别标准的统一性。也即根据诉的类型加以区分,诉的种类不同,诉讼标的及其识别标准也不同。具体而言,给付之诉的诉讼标的应当是当事人关于对方履行给付义务的诉讼请求,至于诉讼请求所依据的实体法律关系,仅仅是请求的法律依据,也即适用新诉讼标的的理论;确认之诉和形成之诉,因不存在请求权竞合所带来的问题,因此诉讼标的可以采传统诉讼标的理论,仍以当事人争议的实体法律关系作为诉讼标的的识别标准。

【经典司考题】

1. 关于诉的种类的表述,下列哪些选项是正确的?(2008-3-86)

A. 甲公司以乙公司违约为由,诉至法院要求解除合同,属于变更之诉

B. 甲公司以乙公司的履行不符合约定为由,诉至法院要求乙公司继续履行,属于给付之诉

C. 甲向法院起诉乙,要求返还借款 1000 元,乙称自己根本没有向甲借过钱,该诉讼属于确认之诉

D. 甲公司起诉乙公司,要求乙公司立即停止施工或采取有效措施降低噪音,属于变更之诉

考点:诉的种类

2. 甲的邻居乙买来建筑材料,准备在房后建一杂物间,甲认为会挡住自己出入的通道,坚决反对。乙不听。甲向法院起诉,请求法院禁止乙的行为。该诉讼属于哪类诉?(2007-3-41)

A. 确认之诉　　B. 形成之诉　　C. 给付之诉　　D. 变更之诉

考点:诉的种类

3. 下列哪一种民事诉讼请求属于给付之诉?(2004-3-36)

A. 甲起诉请求乙停止损害其名誉
B. 丙起诉丁请求撤销二人之间的房屋买卖合同
C. 男方起诉前妻,请求将二人之子判归前妻抚养
D. 王某起诉李某,请求解除收养关系

考点:诉的种类

4. 刘某习惯每晚将垃圾袋放在家门口,邻居王某认为会招引苍蝇并影响自己出入家门。王某为此与刘某多次交涉未果,遂向法院提起诉讼,要求刘某不得将垃圾袋放在家门口,以保证自家的正常通行和维护环境卫生。关于本案的诉讼标的,下列哪一选项是正确的?(2009-3-37)

A. 王某要求刘某不得将垃圾袋放在家门口的请求
B. 王某要求法院保障自家正常通行权的请求
C. 王某要求刘某维护环境卫生的请求
D. 王某和刘某之间的相邻关系

考点:诉讼标的

5. 王大明将房子租给刘大壮居住,月租金120元。现王大明因刘大壮拖欠了5个月的房租未缴,而诉诸法院,要求刘大壮给付6000元房租。现问,此案的诉讼标的指的是什么?(2002-3-28)

A. 王大明租给刘大壮的房子和刘大壮欠王大明的6000元钱
B. 王大明要求刘大壮支付的6000元租金
C. 王大明提出诉讼请求所依据的王大明与刘大壮之间存在的房屋租赁关系
D. 王大明、刘大壮与人民法院之间的诉讼法律关系

考点:诉讼标的

第二编 民事诉讼基本原则与基本制度

第三章 民事诉讼法基本原则

> **要点提示**
>
> - 民事诉讼法基本原则概述
> - 第一层次民事诉讼法基本原则
> - 第二层次民事诉讼法基本原则

第一节 民事诉讼法基本原则概述

一、民事诉讼法基本原则的含义和特征

民事诉讼法基本原则，是指贯穿于民事诉讼法的制定和实施过程，对整个民事诉讼活动起指导作用的根本准则。之所以要规定基本原则，是因为成文法都具有不合目的性、不周延性、模糊性等缺陷①，只有赋予法官自由裁量权才能及时解决这些缺陷。但又担心法官会滥用权力，于是通过设立基本原则的方法来限制法官的自由裁量权，以求在二者之间达到平衡。

民事诉讼法基本原则具有以下特点：

第一，表现为民事诉讼法中的具体条文。这一特征使其区别于民事诉讼的基本价值：公正与效率。后者比民事诉讼法基本原则具有更大的抽象性和模糊性。它是民事诉讼立法时的一个指导思想，可以通过各种具体的制度或规范设计体现出来，但其本身不会直接作为条款规定在民事诉讼法中。实际上，民事诉讼法基本原则就是民事诉讼基本价值的具体化。

第二，不确定性和模糊性。虽然民事诉讼法的基本原则比民事诉讼的基本价值具体，但其内涵仍然具有不确定性和模糊性。正是这不确定和模糊使得使用者有了极大的回旋余地，对民事诉讼中的不确定问题具有很强的涵盖性和指导性。当民事诉讼实践中出现民事诉讼法未作规定的具体问题时，人民法院和当事人以及其他诉讼参与人可以根据基本原则作出处置，以克服民事诉讼法的具体规定无法周延的局限性。因此，民事诉讼法就是由具有不确定性和模糊性的民事诉讼法基本原则与具有确定性和精确性的民事诉讼法具体制度共同构成。

第三，非规范性规定。基本原则不具体地规定民事审判主体、诉讼当事人和其他诉讼参与人在诉讼中的具体权利义务，也不具体规定没有履行义务应当承担的法律后果。这一特征使其区别于那些落实和具体化基本原则的基本制度和具体规范，后者对诉讼中各类主体的权利义务，如何进行诉讼都作出了直接和具体的规定，如规范法院审判组织的合议制度、规范当事人起诉的起诉制度等。

第四，它是宪法原则在民事诉讼领域中的具体落实。宪法原则是针对整个法律体系而言的，具有更高的抽象性和涵盖性。民事诉讼法基本原则反映的是本法域的基本特点，相对于宪法原则而言更具体化。例如，诉讼权利平等的原则就是宪法中法律面前人人平等原则在民事诉讼法领域的体现，但并不是宪法中所有有关

---

① 参见徐国栋：《民法基本原则解释—成文法局限性之克服》（增订本），中国政法大学出版社2001年版，第176—183页。

诉讼的规定都会成为民事诉讼法的基本原则。

第五，效力贯穿于民事诉讼法的始终。其一方面表现为对民事诉讼的全部规范具有导向作用。另一方面表现为其效力贯穿于整个民事诉讼程序，而不是其中的某一阶段。需要注意的是，当对民事诉讼法的范围做不同理解时，基本原则也会相应发生变动。

从逻辑上讲，既然有基本原则，就应当还有一般性原则。基本原则以外的一般性原则应当是其重要性和抽象性都低于基本原则的那些重要和抽象的规则。这些原则比基本原则更为具体和确定，但与明确规定权利义务的规范和制度相比又有较高的抽象度。而且这些原则主要在民事诉讼的某个方面或某个主要阶段上起着指导性作用。例如，管辖恒定原则、一事不再理原则等。

按照抽象性的不同，它们的位阶关系如下：民事诉讼基本价值（公正与效率）>基本原则>一般性原则>基本制度>具体规范。

▶ 二、民事诉讼法基本原则的功能

第一，指导民事诉讼立法或修改。民事诉讼法的基本原则既然是指导民事诉讼的根本性准则，那么，整个民事诉讼法的立法或修改都应当与其保持一致，不能偏离，也不能与之冲突。质言之，民事诉讼法的立法或修改都应当围绕基本原则展开，是对基本原则的具体化。比如，《证据规定》第36条规定：当事人在举证期限内提交证据材料确有困难的，应当在举证期限内向人民法院申请延期举证，经人民法院准许，可以适当延长举证期限。当事人在延长的举证期限内提交证据材料仍有困难的，可以再次提出延期申请，是否准许由人民法院决定。如果原告依据该条申请延长举证期限并获得了法院的许可，那延长的期限能否适用于没有提出延长举证期限申请的被告呢？最高人民法院在2008年12月颁布的《关于适用〈关于民事诉讼证据的若干规定〉中有关举证时限规定的通知》第6条规定：当事人申请延长举证期限经人民法院准许的，为平等保护双方当事人的诉讼权利，延长的举证期限适用于其他当事人。平等原则对立法的指导作用得以充分体现。《民诉法解释》第100条亦规定，延长的举证期限适用于其他当事人。

第二，指导诉讼主体正确理解和适用民事诉讼法的具体规定。由于民事诉讼法的具体规定体现的是民事诉讼法的基本原则，是对民事诉讼法基本原则的展开。因此，理解了民事诉讼法基本原则，就等于理解了民事诉讼法中各具体规定的实质。准确理解了民事诉讼法的具体规定当然有助于正确适用民事诉讼法。

第三，有利于克服既定民事诉讼法的有限性和防止法官滥用自由裁量权。由于立法者认识的局限性，立法总是无法完整，赋予法官自由裁量权也就在所难免，但绝对的权力会导致绝对的腐败。基本原则此时就可以充当防止法官滥用自由裁量权的防火墙。也就是说，当民事诉讼法对某些具体情况没有明确规定时，审判人

员必须根据民事诉讼法的基本原则作出处理。民事诉讼法基本原则一方面为审判人员发挥自己的主观能动性、克服立法的局限性提供了根据,另一方面又能防止法官滥用自由裁量权。

三、民事诉讼法基本原则的体系

我国民事诉讼法基本原则体系究竟应该如何构成一直是比较有争议的问题。早期的教科书多以我国《民诉法》第一章(任务、适用范围和基本原则)为依据,认为该章关于任务、适用范围规定以外的内容都应当是民事诉讼法的基本原则。因此,罗列出多达十几项的基本原则,如民事审判权由人民法院行使的原则、独立审判的原则、民事检察监督原则、两审终审原则、公开原则、使用民族语言文字原则、支持起诉原则等。[①] 这种确定民事诉讼法基本原则外延的方法由于违反了"内涵决定外延"的逻辑学原理,今日已被完全抛弃。

如今大多数学者认为,民事诉讼法的基本原则有两大类:一类是《宪法》《人民法院组织法》规定的原则;一类是民事诉讼法特有的原则。由于我国有三类诉讼:刑事诉讼、民事诉讼和行政诉讼,这三类诉讼都需要遵循《宪法》《人民法院组织法》规定的原则。因此,《宪法》《人民法院组织法》规定的原则也称为共有或共通原则。但关于共有原则和特有原则究竟有哪些,学者们的理解仍然不一样。

对于共有原则,有的认为包括四个:审判独立原则;以事实为根据,以法律为准绳原则;民事检察监督原则;民族语言文字原则。[②] 有的认为包括六个:民事审判权由人民法院行使原则;人民法院依法对民事案件独立进行审判原则;以事实为根据,以法律为准绳原则;适用本民族语言文字原则;人民检察院对民事审判活动进行法律监督原则;民族自治地方可以制定变通或补充规定原则。[③]

对于特有原则,有的认为包括六个:诉讼权利义务同等原则;诉讼权利义务对等原则;民事诉讼当事人有平等的诉讼权利原则;自愿和合法调解原则;辩论原则;处分原则。[④] 有的认为包括七个:同等原则;对等原则;当事人诉讼权利平等原则;法院调解原则;辩论原则;处分原则;人民法院指导、监督人民调解原则。[⑤]

本书认为,由于民事诉讼法的基本原则的效力要贯穿于民事诉讼法的始终,所以要确定民事诉讼法的基本原则具体包括哪些,首先要界定民事诉讼法的范围。我国现行的民事诉讼法包括三个主要程序:争讼程序、非讼程序和执行程序。其中

---

① 参见柴发邦主编:《民事诉讼法学》,法律出版社,1987年版,第65—100页;常怡主编:《民事诉讼法学》,中国政法大学出版社1994年版,第31—45页。
② 参见宋朝武主编:《民事诉讼法学》,中国政法大学出版社2008年版,第75页。
③ 参见常怡主编:《民事诉讼法学》,中国政法大学出版社2008年版,第54页。
④ 参见同上。
⑤ 参见宋朝武主编:《民事诉讼法学》,中国政法大学出版社2008年版,第75页。

争讼程序又可以细分为处理财产争议的争讼程序和处理人身关系的争讼程序。如果从应然的民事诉讼法范围出发,基本原则就应当能适用于这三大程序。如果从实然的民事诉讼法范围出发,由于传统意义上的民事诉讼仅指处理财产争议的争讼程序,基本原则仅需适用于处理财产争议争讼程序即可。鉴于不同的学者对民事诉讼法的范围理解有差异,确定的基本原则自然也会有差异。为解决这个问题,本书采用分层理论,将民事诉讼法分为两层:第一层是应然的、包括三大程序(即争讼程序、非讼程序和执行程序)的民事诉讼法。第二层是争讼程序、非讼程序和执行程序。基本原则相应地也分为两层:第一层次的民事诉讼法基本原则,能适用于三大程序;第二层次的基本原则就是各具体程序的基本原则,仅适用于该特定的程序。具体包括处理财产争议的争讼程序的基本原则、处理人身关系的争讼程序的基本原则、非讼程序的基本原则和执行程序的基本原则。当民事诉讼法的范围包括三大程序时,基本原则的效力就要贯穿于该三大程序;当民事诉讼法的范围仅指处理财产争议的争讼程序时,基本原则的效力就要贯穿于该程序;其他依次类推。

本章主要介绍第一层次民事诉讼法的基本原则和第二层次中处理财产争议的争讼程序的基本原则、处理人身关系的争讼程序和非讼程序的基本原则。执行程序的基本原则在执行部分再述。具体而言,本书认为就第一层次民事诉讼法而言,最主要的两对矛盾是:当事人与法院之间的矛盾以及当事人与当事人之间的矛盾。因此,能适用于三大程序的基本原则是:平等原则、处分原则和诚实信用原则。鉴于争讼程序中最基本的处理方式是判决,因此处理财产争议的争讼程序的基本原则是:辩论原则;处理人身关系的争讼程序的基本原则是:职权探知原则;非讼程序的基本原则是:职权探知原则。这样,民事诉讼法的基本原则就会随着其范围变动而变化。当民事诉讼法包括三大程序时,基本原则就只有三个:平等原则、处分原则和诚实信用原则。由于第一层次民事诉讼法的基本原则可以适用于第二层次,当民事诉讼法仅指处理财产争议的争讼程序时,基本原则就有四个:平等原则、处分原则、辩论原则和诚实信用原则。当民事诉讼法仅指处理人身争议的争讼程序和非讼程序时,基本原则也有四个:平等原则、处分原则、职权探知原则和诚实信用原则。依次类推。具体关系如下图:

第一层次	平等原则、处分原则、诚实信用			
第二层次	处理财产纠纷程序的基本原则:辩论原则	处理人身纠纷程序的基本原则:职权探知原则	非讼程序的基本原则:职权探知原则	执行程序基本原则:执行标的有限、说服与教育相结合等

第二节　民事诉讼法基本原则(第一层次)

一、当事人平等原则

(一)平等原则的含义

当事人平等原则,是指当事人在民事诉讼中的法律地位平等,即享有平等的诉讼权利,承担平等的诉讼义务,人民法院平等地保障当事人行使诉讼权利。我国《民诉法》第 8 条规定:"民事诉讼当事人有平等的诉讼权利。人民法院审理民事案件,应当保障和便利当事人行使诉讼权利,对当事人在适用法律上一律平等。"这是当事人平等原则的立法依据。

(二)平等原则的具体内容

平等原则包括以下两个方面的内容:

(1)当事人的诉讼地位平等。当事人在诉讼中的法律地位没有高低之分和优劣之别。由于诉讼中双方当事人处于对立地位,该原则也称武器平等原则。当事人双方平等地享有诉讼权利、平等地承担诉讼义务。当事人诉讼地位平等并不是说当事人双方的权利义务完全相同。比如,原告和被告由于身份的不同,他们之间既有相同的诉讼权利,如双方当事人都享有委托代理人、申请回避、提供证据、请求调解、进行辩论、提起上诉等权利;也有不同的诉讼权利,如原告享有提起诉讼的权利,被告则享有提起反诉、进行反驳的权利。同样,双方当事人承担的诉讼义务既有相同之处,如遵守法庭纪律、在法定期限内提交证据;也有不同之处,如原告负有不得滥诉的义务、预交案件受理费的义务。但这种差异并不会给当事人双方在诉讼中造成实质上的不平等。

(2)平等地保障当事人行使诉讼权利。立法上规定当事人诉讼地位平等并不表明当事人在实际的诉讼中地位也平等。要真正实现当事人平等原则,更需要实践中对当事人权利的平等保护,也就是人民法院在审理民事案件时应平等地保障当事人双方行使诉讼权利。所谓平等保护,即无差别对待。如法院在诉讼中给予双方当事人平等的辩论机会;对当事人双方提出的主张和证据予以平等的关注和考虑。显然,没有法院对当事人权利的平等保护,当事人平等原则就难以在诉讼中得到落实。

需要注意的是,平等保护并不完全否定基于合理立法目的采取的差别对待,对明显处于弱势的一方当事人提供积极的援助,如法官行使阐明权,使之与强势一方形成实质上的平等,也是当事人平等原则的要求。

(三)当事人平等原则的法理根据

(1)"法律面前人人平等"的宪法原则。诉讼当事人平等原则是该宪法原则在民事诉讼法中的具体化。也只有在诉讼当事人诉讼地位平等的情况下,才能真正实现"法律面前人人平等"的宪法要求。

(2) 民法的平等原则。民事诉讼法虽不是民法的下位法,但与民法存在密切关系,其主要任务之一就是公正解决民事纠纷。民法所调整的社会关系的性质决定了民法必须确立平等原则。民法中的平等原则必然会在民事纠纷解决领域中得到具体体现和延伸。

(3) 程序正义。诉讼不仅要求做到公正解决实体纠纷,还要求程序的设计和运行也公正,这就是程序正义。尽管学者们关于程序正义的具体内容观点不一,但都认同公正的程序必须确保当事人的参与、当事人之间平等地对话、当事人充分地陈述主张、平等对待当事人等基本内容。当事人诉讼地位平等并不仅仅是为了保障诉讼的实体公正,保证法院判决的正确性,也是实现程序正义的要求。

(4) 发现案件真实,做出公正裁决。在争讼程序中,民事诉讼一般都采对抗式结构。这种结构将裁判机关置于中立的地位,平等的当事人之间进行直接诉讼对抗。这种结构有助于当事人平等地收集证据,揭示案件真相;有助于裁判机构在诉讼中保持中立,平等对待双方当事人,不偏听偏信,最终作出公正裁决。

▶ 二、处分原则

(一) 处分原则的含义和种类

处分原则又称为处分权原则,是指民事诉讼当事人在法律规定的范围内自由支配自己的实体权利和诉讼权利。《民诉法》第 13 条第 2 款"当事人有权在法律规定的范围内处分自己的民事权利和诉讼权利"的规定,就是处分原则的法律依据。

当事人对实体权利和诉讼权利的处分可分为积极处分和消极处分。当事人主动地行使某种实体权利和诉讼权利为积极处分,例如,起诉、提起上诉、变更或追加诉讼请求等。当事人不行使某种实体权利和诉讼权利为消极处分,例如,放弃上诉等。

(二) 处分原则的表现

处分原则具体体现在以下几个方面:

(1) 各种程序原则上都只能由当事人启动。如争讼程序只能因当事人行使起诉权而开始,人民法院不能依职权开始民事争讼程序,这就是"不告不理"。上诉程序完全由当事人启动,再审程序原则上由当事人启动。非讼程序只能因当事人提出申请而开始。执行程序原则上也只能依当事人的申请而开始。

(2) 当事人可以自行决定结束各种程序。在争讼程序中,在当事人撤回起诉或撤回上诉并符合法定条件时,诉讼即告结束。在非讼程序和执行程序中,当事人撤回申请时,非讼程序和执行程序也随之结束。

(3) 各种程序中的审判范围或者执行范围由当事人决定。具体表现为三种情形:第一是在程序启动时,由当事人提出具体的实体权利要求。如在争讼程序中,诉讼请求的范围由当事人决定,当事人没有提出的诉讼请求法院不能进行裁判,即审判对象由当事人决定。当事人在一审起诉时没有提出的请求,人民法院不能判决,已经撤回的请求人民法院也不能判决。上诉人在上诉时没有提出的上诉请求,二审法院不能裁判,已经撤回的上诉请求,人民法院也不能裁判。在执行程序中,申请人没有提出的、要求法院执行的实体权利,法院不予执行。第二是在程序进行中,当事人可以变更先前提出的实体权利要求。如当事人可以在争讼程序中变更、撤回和追加诉讼请求。第三是原告可以放弃先前提出的实体权利要求,被告可以承认原告的诉讼请求,当事人双方可以在诉讼中就民事争议的解决达成和解或调解协议,当事人在执行程序中也可以达成和解协议。

在诉讼中,当事人对实体权利的处分总是通过处分诉讼权利来实现。当事人对损害赔偿权利的处分就可以通过放弃诉讼请求权来实现,或者通过和解或调解等积极处分诉讼权利的方式实现实体权利的全部放弃或部分放弃。

(三)国家对当事人处分权的干预

国家对当事人处分权的干预属于处分原则的例外,根据在于当事人行使处分权时有可能损害国家、社会和他人的合法利益。当出现这种情况时,代表国家行使审判权的人民法院和代表国家行使监督权的人民检察院就会对当事人的处分权进行干预,以确保当事人行使处分权的正确性。

▶ 三、诚实信用原则

(一)诚实信用原则的含义及发展

民事诉讼中的诚实信用原则是指诉讼当事人及其他诉讼参与人应当持有诚实的、善意的、不损害他人利益的心理,合理地实施诉讼行为,法官在诉讼过程中应维持双方当事人的利益平衡,在法律没有规定或现行法律会导致后果严重不公时应依职权对当事人的利益予以调整。

诚实信用原则最早属于私法上的概念。对于该原则能否适用公法领域,尽管各国仍争议不断,但越来越多的国家都将诚实信用原则作为民事诉讼法的基本原则。该原则之所以会被民事诉讼法确认源于真实义务被确立为法定义务。德国1933年修正的《民事诉讼法》第138条规定,当事人应就事实状况为完全而真实的陈述。在此基础上,逐渐有国家开始在立法中明确规定诚实信用原则。如韩国1990年修订的《民事诉讼法》第1条规定,法院应为诉讼程序公正、迅速以及经济地进行而努力,当事人及诉讼关系人应当遵从信义,诚实地予以协力。日本1996修订的《民事诉讼法》第2条规定,法院应为民事诉讼公正并迅速地进行而努力;当事人进行民事诉讼,应以诚实信用为之。我国《民诉法》第13条第1款也明确规定,民事诉讼应当遵循诚实信用原则。

（二）诚实信用与其他原则的关系

1. 诚实信用与平等原则

民事诉讼中的平等实际上是一种机会平等。传统的民事诉讼将法庭视为战场，平等是指当事人都可以利用这个场所阐述自己的观点，维护自己的权益，即纯粹的机会平等。这种平等虽然有助于调动当事人的积极性，但却是以所有当事人具有同等的智识或能力之假设为前提。遗憾的是，这一假设并不成立。机会平等并不能掩盖现实社会当事人能力有高低、对案件信息掌握有多有少等差异以及这些差异导致的实质不平等。诚实信用原则的引入，可以在一定程度上消除因自然因素和社会因素所带来的实质不平等。

2. 诚实信用与处分原则

处分原则的本意在于约束国家权力，防止国家意志对个人意志的强制，但处分原则却没有为自己设立界限。如果允许当事人毫无节制，随意行使处分权，必将损害国家、他人合法权益。如有的当事人明知受诉法院有管辖权却依然提出管辖权异议，在被驳回后还提起上诉，拖延诉讼，损害诉讼效益。诚实信用原则为处分原则设置了界限，要求当事人在处分权利时，不仅要考虑自身的利益，还要尊重他人利益和社会利益。

（三）诚实信用原则的适用对象

民事诉讼中的主体包括三大类：当事人、法院、其他诉讼参与人。诚实信用原则对他们都适用。该原则对当事人的规制表现为：（1）禁止恶意制造有利于自己的诉讼状态。如虚列被告以获得有利于自己的管辖。（2）禁止为矛盾的诉讼行为。如互相矛盾的陈述。（3）禁止滥用诉讼权利。如以骚扰为目的的起诉。（4）禁止妨碍他人为诉讼行为。如证明妨碍行为。（5）禁止虚构事实。对法院的规制表现为：（1）不滥用自由裁量权。（2）公开心证，即将心证过程、心证理由、心证结果均公开。（3）不得突袭裁判。突袭裁判是指在诉讼审理过程中，裁判者没有给予或没有充分给予当事人提出攻击或防御的机会和条件，便对案件作出了判决。突袭性裁判具体包括发现真实的突袭和促进诉讼的突袭两大类。前者又分为认定事实的突袭和推理过程的突袭。认定事实的突袭是指在当事人言词辩论终结前，未能使当事人充分认识、预测法院所要认定的事实或该事实的具体内容，以至于当事人不能就对自己不利的事实做充分的攻击及防御的情况下，受到法院的裁判。推理过程的突袭，是指在当事人未能充分提出诉讼资料或者作必要陈述的情况下，受到法院的裁判。促进诉讼的突袭是指未适时使当事人预测到法院的裁判内容或判断过程，使当事人来不及提出有利资料或意见，以避免程序上造成劳力、时间、费用的不必要支出或不该有的节省等情况下，受法院之裁判。对其他诉讼参与人的规制表现为:诚实地为诉讼行为。如证人不得作虚假证言;代理人不得滥用或超越代理权;鉴定人不得作与事实不符的鉴定意见。①

第三节 民事诉讼法基本原则(第二层次)

一、辩论原则

(一)辩论原则的含义

大陆法系的辩论原则是指:(1)直接决定法律效果发生或消灭的必要事实必须在当事人的辩论中出现,没有在当事人的辩论中出现的事实不能作为法院裁判的依据;(2)当事人一方提出的事实,对方当事人无争议的,法院应将其作为裁判的依据;(3)法院对案件证据的调查只限于当事人双方在辩论中所提出来的证据。由此可见,辩论原则的目的在于界定当事人与法院之间的关系,法院在事实与证据两个关键问题上要受当事人的约束。因此,辩论原则是一个对法院具有约束性的原则,也正是辩论原则的这一特点决定了辩论原则只适用于解决财产纠纷的争讼程序,而不能适用于解决人身纠纷的争讼程序、非讼程序和执行程序。

(二)我国的辩论原则

我国《民诉法》第 12 条规定:"人民法院审理民事案件时,当事人有权进行辩论。"一般认为该条是民事诉讼法对辩论原则的原则性规定,是辩论原则的法律依据。实际上,该条仅规定了当事人享有辩论权,并没有规定辩论原则。辩论权是指当事人在人民法院支持下,有权利就案件事实和法律适用等有争议的问题,陈述各自的主张和意见,相互进行反驳和答辩,维护自己的合法权益。

从该条规定可以看出:

(1)辩论权是当事人的一项重要的诉讼权利,包括当事人陈述己方诉讼请求、事实和理由、提出证据的权利;也包括对对方当事人陈述的诉讼请求、事实和理由、提出的证据进行反驳和答辩的权利。

(2)当事人辩论的对象包括案件的实体争议、法律适用争议和诉讼程序上的争议。在诉讼实践中,实体争议往往是争议的焦点。

(3)辩论的常见形式包括口头和书面两种形式。口头辩论又称"言辞辩论"或"言词辩论",主要在法庭审理阶段使用。书面辩论在诉讼的各个阶段均可使用,如提交起诉书、答辩状、代理词都是在行使辩论权。在当事人为哑巴的情况下,手语也是一种辩论形式。

---

① 关于诚实信用原则对各种主体规制的详细论述,可参见杜丹著:《诉讼诚信论》,法律出版社 2010 年版,第 4、第 5 章。

（4）辩论贯穿于诉讼的全过程。除特别程序以外，在第一审程序、第二审程序和审判监督程序中，当事人都可以行使辩论权。

（5）人民法院在诉讼过程中应当保障当事人充分行使辩论权。

由此可见，我国《民诉法》第12条规定的辩论权对法院并没有约束力，因而不是真正意义上的辩论原则。因此，有学者将这种形式上的辩论原则称之为"非约束性辩论原则"，并建议我国应当建立约束性辩论原则。约束性辩论原则的合理性在于：其一，由于要求法院必须以当事人在辩论过程中出现的事实作为裁判的依据，就使作为整个民事诉讼核心的辩论程序真正得以实在化，避免了目前我国民事诉讼中辩论程序空洞化的弊端，有效控制庭审前的隐性诉讼活动和审判过程中裁判者的"黑箱操作"，有效防止司法领域中的不正之风。其二，使当事人对自己实体权利和诉讼权利的处分能够得到完整和充分的体现。实体权利和诉讼权利的自由支配包含了对案件诉讼资料（案件事实）的处置。法院可以在当事人主张之外提出诉讼资料并作为裁判的依据，不仅违反不得"突袭裁判"的程序性公正的基本要求，也是对当事人处分权的干涉。其三，能够真正使法院置于中立的第三者的立场，从而保证其公正地裁判民事案件。并且能够使当事人的主体权（当事人权）得到体现，改变过去那种不自觉的将当事人客体化的非正常状态。①

在《证据规定》中，辩论原则得到了初步确立。该《规定》第8条规定："诉讼过程中，一方当事人对另一方当事人陈述的案件事实明确表示承认的，另一方当事人无需举证。但涉及身份关系的案件除外。"表明当事人对案件事实的自认在非身份关系案件中对法院有约束力。第2条规定："当事人对自己提出的诉讼请求所依据的事实或者反驳对方诉讼请求所依据的事实有责任提供证据加以证明。没有证据或者证据不足的，由负有举证责任的当事人承担不利后果"。第16条规定："除本规定第15条规定的情形外，人民法院调查收集证据，应当依当事人的申请进行。"② 表明法院原则上不依职权收集证据，证据都由当事人自行收集或申请法院收集。《民诉法解释》第92条对自认，第94条对当事人可以申请法院调取的证据作了进一步完善，辩论原则得到了进一步确立。

（三）辩论原则与处分原则的关系

处分原则与辩论原则有着密切的联系。二者是当事人主义诉讼模式的核心内容，两者集中地反映着当事人主义的主要特征。它们的区别在于：

（1）本质不同。辩论原则是把事实主张、提供证据资料的权能和责任赋予当

---

① 张卫平：《我国民事诉讼辩论原则重述》，载《法学研究》1996年第6期。

② 《证据规定》第15条内容为：《民诉法》第64条第2款规定的"人民法院认为审理案件需要的证据"，是指以下情形：(1)涉及可能有损国家利益、社会公共利益或者他人合法权益的事实；(2)涉及依职权追加当事人、中止诉讼、终结诉讼、回避等与实体争议无关的程序事项。

事人承担,承认当事人在事实主张、收集证据资料的主体性和程序参与性;而处分主义则是尊重当事人在诉讼的开始、终结、审理对象的确定等方面的自治权。

(2)适用范围及内容不同。辩论主义是与事实主张、证据资料支配相关的一个原则,其适用于事实主张和证据提供方面;而处分主义则是与程序启动和终结、裁判对象确定相关的一个原则,其内容不仅包括程序方面,还包括实体方面,如诉讼程序的启动始于当事人的起诉、诉讼程序开始后,当事人有权放弃诉讼请求、承认诉讼请求、法院只能相应地在原告诉讼请求的质和量的范围作出判决等。

(3)处分主义强调了当事人对诉讼权利和实体权利的自由处分,主要从权利的行使角度加以规范;而辩论主义则是从权能和责任双重角度加以规制。

二、职权探知原则

(一)职权探知原则的含义

职权探知原则,是指法院不限于当事人主张的事实和提供的证据,依职权主动收集事实和调取证据。与辩论原则相对应,职权探知原则的基本内涵也有三:(1)法院裁判之基础不以当事人主张的主要事实为限,当事人没有主张或已经撤回的主要事实,法院可以自行提出并作为判决的依据;(2)对于当事人之间没有争议的事实,法院仍需调查其真伪以决定是否采用,因此当事人在诉讼中对案件事实所做出的自认,并不构成"诉讼上的自认",对法院没有约束力;(3)法院除对当事人提出的证据进行调查外,还可依职权调查收集当事人没有提出的证据。

(二)职权探知原则的适用范围

职权探知原则适用于包含公共利益的民事案件和非讼案件。包含公共利益的民事案件包括:

(1)包含公共利益的民事争讼案件,大致包括传统民事公益案件和现代民事公益案件。传统民事公益案件如婚姻案件、亲权案件等人事诉讼案件。这些案件或关涉自然人的基本法律身份及婚姻家庭关系的稳定、或涉及未成年人的保护问题,所以许多国家和地区都将其作为公益案件而适用职权探知主义。比如,日本《人事诉讼程序法》第10条规定:"辩论主义、自认不适用于婚姻案件";第14条规定:"为了维持婚姻,法院依职权可进行调查证据,并对当事人未提出的事实加以考虑,但对于调查的事实及证据的结果,应询问当事人。"对于亲子关系案件,第31条第2款规定:"法院依职权调查证据,并对当事人未提出的事实加以考虑。但对调查事实及证据结果,应询问当事人。"

现代民事公益案件如公害诉讼案件、消费权诉讼案件、社会福利诉讼案件、反垄断诉讼案件等,与传统的诉讼案件不同的是,受害方常常是人数众多且处于弱势,从而在人数和利益等方面具有集团性或扩散性,并且往往关涉他们的基本权利、基本生活秩序或自由市场秩序,因而这类诉讼案件往往内含公益因素。国际社会普遍将它们看作公益案件而采行职权探知主义。

（2）包含公共利益的民事非讼案件。在大陆法系许多国家和地区，法院处理民事非讼案件，采行职权探知主义。比如，日本《非讼案件程序法》第11条规定："法院以职权探知事实，并认为必要时调查证据。"我国台湾地区2005年修正的"非讼事件法"第32条规定："法院应依职权调查事实及必要之证据。法院为调查事实，得命关系人或法定代理人本人到场。"但是，我国民事诉讼法对非讼案件并没有作如此规定。

我国在一定程度上是肯定职权探知原则的。具体表现为：（1）在身份关系案件中，当事人对案件事实的自认并不能约束法官。《证据规定》第8条规定："诉讼过程中，一方当事人对另一方当事人陈述的案件事实明确表示承认的，另一方当事人无需举证。但涉及身份关系的案件除外。"但是，《证据规定》并没有规定法院审理身份关系诉讼时可以考虑未经当事人主张的涉及身份关系的事实。（2）法院可以依职权收集部分证据。《证据规定》第15条规定："法院可依职权调查收集如下证据：涉及可能有损国家利益、公共利益或者他人合法权益的事实。"其中对"可能有损国家利益的事实"、"可能有损公共利益的事实"，法院依职权调查收集证据，表明职权探知原则可以适用于此类情形。"涉及他人合法权益的事实"因其并不必然涉及公益，应由当事人负责收集证据，不应适用职权探知原则。虽然《证据规定》并不是从案件类型的角度，而是从证据涉及的利益角度规定可以依职权收集证据的情形，但鉴于身份关系纠纷一般都会涉及国家利益或公共利益，因此职权探知原则是可以适用于身份关系案件的。

（三）职权探知原则的法理依据

在涉及公益的民事案件或非讼案件中采取法院职权探知主义，符合现代法治的原则。法院由国家财政或全体纳税人支持，是"国家"的司法机关，其职责是通过诉讼维护合法私权和公共利益。从现代法治的角度来说，通常不将"维护公益"作为积极的法律义务付诸于公民个人，但是"维护公益"是国家机关存在的根据，是其天然的或宪法上的职责。

在涉及公益的民事案件或非讼案件中不适用辩论原则，而适用职权探知原则，法院可以不受当事人主张的案件事实、自认、提供证据的约束，主要是防止当事人提供虚假的事实和证据、虚假自认。在纯私权诉讼中，当事人主张的案件事实、自认和提供的证据如系虚假，受损的仅是个人利益，与公益无关。但在涉及公益的案件中，法院基于虚假信息所做出的判决就无法保护公益。只有适用依职权探知原则，法院才易于发现真相并最终实现维护公益的目的。

【经典司考题】

1. 关于民事诉讼法基本原则在民事诉讼中的具体体现,下列哪一说法是正确的?(2011-3-38)

A. 当事人有权决定是否委托代理人代为进行诉讼,是诉讼权利平等原则的体现

B. 当事人均有权委托代理人代为进行诉讼,是处分原则的体现

C. 原告与被告在诉讼中有一些不同但相对等的权利,是同等原则的体现

D. 当事人达成调解协议不仅要自愿,内容也不得违法,是法院调解自愿和合法原则的体现

考点:基本原则的体现

2. 甲向法院起诉,要求判决乙返还借款本金 2 万元。在案件审理中,借款事实得以认定,同时,法院还查明乙逾期履行还款义务近一年,法院遂根据银行同期定期存款利息,判决乙还甲借款本金 2 万元,利息 520 元。关于法院对该案判决的评论,下列哪一选项是正确的?(2008-3-38)

A. 该判决符合法律规定,实事求是,全面保护了权利人的合法权益

B. 该判决不符合法律规定,违反了民事诉讼的处分原则

C. 该判决不符合法律规定,违反了民事诉讼的辩论原则

D. 该判决不符合法律规定,违反了民事诉讼的平等原则

考点:处分原则

3. 关于民事诉讼的基本原则,下列哪一选项是正确的?(四川 2008-3-36)

A. 当事人诉讼权利平等原则意味着当事人拥有相同的诉讼权利

B. 处分原则意味着法院无权干涉当事人诉讼权利的行使

C. 原告提起诉讼与被告进行答辩是辩论原则的表现

D. 调解原则适用于民事审判程序和民事执行程序

考点:基本原则的含义与表现

4. 关于民事诉讼基本原则的表述,下列哪一选项是正确的?(2013-3-45)

A. 外国人在我国进行民事诉讼时,与中国人享有同等的诉讼权利义务,体现了当事人诉讼权利平等原则

B. 法院未根据当事人的自认进行事实认定,违背了处分原则

C. 当事人主张的法律关系与法院根据案件事实作出的认定不一致时,根据处分原则,当事人可以变更诉讼请求

D. 环保组织向法院提起公益诉讼,体现了支持起诉原则

考点:基本原则的含义与表现

5. 根据我国《民诉法》规定的诚信原则的基本精神,下列哪一选项符合诚信原

则?(2014-3-37)

A. 当事人以欺骗的方法形成不正当诉讼状态
B. 证人故意提供虚假证言
C. 法院根据案件审理情况对当事人提供的证据不予采信
D. 法院对当事人提出的证据任意进行取舍或否定

考点:诚实信用原则

第四章 民事诉讼法基本制度

要点提示

- 合议制度的组成与适用
- 回避制度的适用主体与情形
- 公开审判的含义、例外情形与适用案件、环节
- 两审终审的功能与例外情形

民事审判基本制度是指，根据宪法和法院组织法的规定，从审判主体的角度对民事审判的基本方式和结构所作的规定，是人民法院审判民事案件所必须遵循的基本规程。

民事审判基本制度不同于民事诉讼法基本原则。其一，基本原则具有抽象性和宏观指导性。基本制度则是以民事诉讼法的基本原则为指导，对人民法院民事审判所作的更具体、更具有操作性的规定。其二，基本原则主要是用以规范法院与当事人以及当事人与当事人这两对主体。基本制度主要用以规范人民法院这一审判主体。例如，公开审判制度和合议制度，均是对人民法院审理民事案件提出的基本要求。其三，由于基本制度是对民事审判基本方式和结构的基本规定，所以，基本制度也就具有了界定民事审判自身特色的作用，具有将民事诉讼与其他纠纷解决制度区分开来的功能。如公开审判和两审终审的民事审判基本制度就使民事诉讼明显区别于仲裁制度。仲裁在方式和结构上实行不公开和一裁终局的基本制度。基本原则不具有这一功能。

根据我国《民诉法》的规定，民事审判的基本制度包括：合议制度、回避制度、公开审判制度、两审终审制度。

第一节 合议制度

一、合议制度的概念

合议制度，是指由3名或3名以上的奇数审判人员组成审判庭，以人民法院的名义，具体行使民事审判权，对民事案件进行审理并作出裁判的制度。

合议制度是人民法院审判民事案件的基本审判组织形式。所谓基本审判组织形式，是指除按规定应适用独任制审理的民事案件外，人民法院在审理其他民事案件时都应当组成合议庭进行审判。独任制，是指由一名审判员独立对民事案件进行审理裁判的制度。根据我国《民诉法》第39条第2款的规定，独任制只适用于按简易程序审理的简单民事案件。与合议制相比，独任制的适用面要小。

与独任制相比，合议制有利于发挥集体智慧，克服单个审判人员个人认识的片面性和知识的局限性，防止个人专断，有利于提高案件审判的质量，更能体现审判的形式公正。不足在于审理的成本较独任制高。

二、合议庭的组成

按照我国《民诉法》的规定，合议庭的构成因审理程序不同而有所不同。

（一）一审合议庭的组成

《民诉法》第39条第1款的规定："人民法院审理第一审民事案件，由审判员、陪审员共同组成合议庭或者由审判员组成合议庭。合议庭的成员人数,必须是单数。"根据该规定,从组成人员上看,一审程序合议庭的组成有两种方式:(1)由审判员和陪审员共同组成合议庭。陪审人员在合议庭中的人数比例,没有限制性规定,但不能全部由陪审员组成合议庭。根据《民诉法》第 39 条第 3 款的规定,陪审员在诉讼中与审判员有同等权利义务;(2)全部由审判员组成合议庭。具体采用哪一种组成方式,可以根据案件的实际情况而定。在审判实践中,对于那些涉及专门知识和技术的民事案件,如专利案件、技术转让合同纠纷案件等,最好邀请具有相应专门知识和技术的陪审员与审判员共同组成合议庭,以弥补法官专业知识的不足。

第二审人民法院发回重审的案件,原审人民法院应当按第一审程序另行组成合议庭。从组成形式上看,仍有两种方式。从组成人员上看,原来审判该案的审判人员不得再参加重审的合议庭。

(二)二审合议庭的组成

《民诉法》第 40 条第 1 款规定:"人民法院审理第二审民事案件,由审判员组成合议庭。合议庭的成员人数,必须是单数。"从组成人员上看,二审合议庭只有一种组成方式:由审判员组成。人民陪审员不能参加二审合议庭。这是因为二审程序作为上诉审程序除了对上诉请求进行审理作出判决外,还需对下一级人民法院的审判活动实施监督和指导。二审程序的性质和任务决定了只能由审判员组成合议庭。

(三)再审合议庭的组成

《民诉法》第 40 条第 3 款规定:"审理再审案件,原来是第一审的,按照第一审程序另行组成合议庭;原来是第二审的或者是上级人民法院提审的,按照第二审程序另行组成合议庭。"再审程序合议庭的组成在形式上与原审程序并没有区别,原审程序合议庭允许陪审员参加的,再审时,仍然允许陪审员参加。不能参加的,再审时也不能参加。不同之处在于再审的合议庭必须另行组成,即原来的审判人员一律不得参加再审的合议庭。

三、合议庭的职责和活动原则

根据《合议庭工作规定》第 5 条的规定,合议庭承担下列职责:(1)根据当事人的申请或者案件的具体情况,可以作出财产保全、证据保全、先予执行等裁定;(2)确定案件委托评估、委托鉴定等事项;(3)依法开庭审理第一审、第二审和再审案件;(4)评议案件;(5)提请院长决定将案件提交审判委员会讨论决定;(6)按照权限对案件及其有关程序性事项作出裁判或者提出裁判意见;(7)制作裁判文书;(8)执行审判委员会决定;(9)办理有关审判的其他事项。

合议庭作为一个审判集体,由审判长负责组织工作和对外代表合议庭。《民诉法》第41条规定:"合议庭的审判长由院长或者庭长指定审判员一人担任;院长或者庭长参加审判的,由院长或者庭长担任。"根据这一规定,陪审员不能担任审判长。

根据《合议庭工作规定》第6条的规定,审判长履行下列职责:(1)指导和安排审判辅助人员做好庭前调解、庭前准备及其他审判业务辅助性工作;(2)确定案件审理方案、庭审提纲、协调合议庭成员的庭审分工以及做好其他必要的庭审准备工作;(3)主持庭审活动;(4)主持合议庭对案件进行评议;(5)依照有关规定,提请院长决定将案件提交审判委员会讨论决定;(6)制作裁判文书,审核合议庭其他成员制作的裁判文书;(7)依照规定权限签发法律文书;(8)根据院长或者庭长的建议主持合议庭对案件复议;(9)对合议庭遵守案件审理期限制度的情况负责;(10)办理有关审判的其他事项。

合议庭按照民主集中制原则进行活动。合议庭成员在对案件进行评议和议决时,具有同等的权利。《民诉法》第42条规定:"合议庭评议案件,实行少数服从多数的原则。评议应当制作笔录,由合议庭成员签名。评议中的不同意见,必须如实记入笔录。"

▶ 四、合议庭与审判委员会的关系

《人民法院组织法》第10条规定:"审判委员会是人民法院设立的对审判工作进行领导和指导的机构。"它的任务是总结审判经验,讨论重大的或者疑难的案件和其他有关审判工作的问题。最高人民法院《关于改革和完善人民法院审判委员会制度的实施意见》进一步规定,地方各级人民法院审判委员会的职责是:(1)讨论疑难、复杂、重大案件;(2)结合本地区和本院实际,总结审判工作经验;(3)听取审判业务部门的工作汇报;(4)讨论决定对本院或者本辖区的审判工作具有参考意义的案例;(5)讨论其他有关审判工作的重大问题。最高人民法院审判委员会的职责在(1)、(2)、(3)、(5)四项上与地方法院审判委员会相同,不同有两个:一是制定司法解释和规范性文件;一是讨论决定对审判工作具有指导性意义的典型案例。

虽然审判委员会在审判业务上对合议庭实行指导和监督,但具体对案件进行审判的组织是合议庭,审判委员会并不直接参与对案件的审判,也不对合议庭实行行政上的领导。因此审判委员会与合议庭的基本关系是:指导与被指导,监督与被监督的关系。① 审判委员会对案件的处理决定合议庭必须执行,以合议庭的名义

---

① 学术界对于审判委员会的存废存在较大争议,主要有三种观点:一种观点建议废除审判委员会,因为审判委员会决定案件剥夺了合议庭的审判权,出现"判者不审,审者不判"的现象,有违程序正义。第二种观点认为审判委员会有利于提高审判质量,建议保留但需加强对审判委员会的监督。第三种观点是完善审判委员会,取消审判委员会审理案件的职能,仅保留总结审判工作经验的职能。

对外作出该决定。为理顺合议庭与审判委员会在案件审理上的关系,《关于改革和完善人民法院审判委员会制度的实施意见》在第8、9、10条对不同级别法院应当由审判委员会讨论决定的案件,在第11条对可以由审判委员会讨论决定的案件分别作了规定。第8条规定,最高人民法院审理的下列案件应当提交审判委员会讨论决定:(1)本院已经发生法律效力的判决、裁定确有错误需要再审的案件;(2)最高人民检察院依照审判监督程序提出抗诉的刑事案件。第9条规定,高级人民法院和中级人民法院审理的下列案件应当提交审判委员会讨论决定:(1)本院已经发生法律效力的判决、裁定确有错误需要再审的案件;(2)同级人民检察院依照审判监督程序提出抗诉的刑事案件;(3)拟判处死刑立即执行的案件;(4)拟在法定刑以下判处刑罚或者免于刑事处罚的案件;(5)拟宣告被告人无罪的案件;(6)拟就法律适用问题向上级人民法院请示的案件;(7)认为案情重大、复杂,需要报请移送上级人民法院审理的案件。第10条规定,基层人民法院审理的下列案件应当提交审判委员会讨论决定:(1)本院已经发生法律效力的判决、裁定确有错误需要再审的案件;(2)拟在法定刑以下判处刑罚或者免于刑事处罚的案件;(3)拟宣告被告人无罪的案件;(4)拟就法律适用问题向上级人民法院请示的案件;(5)认为应当判处无期徒刑、死刑,需要报请移送中级人民法院审理的刑事案件;(6)认为案情重大、复杂,需要报请移送上级人民法院审理的案件。第11条规定,人民法院审理下列案件时,合议庭可以提请院长决定提交审判委员会讨论:(1)合议庭意见有重大分歧,难以作出决定的案件;(2)法律规定不明确,存在法律适用疑难问题的案件;(3)案件处理结果可能产生重大社会影响的案件;(4)对审判工作具有指导意义的新类型案件;(5)其他需要提交审判委员会讨论的疑难、复杂、重大案件。合议庭没有建议提请审判委员会讨论的案件,院长、主管副院长或者庭长认为有必要的,得提请审判委员会讨论。

第二节 回避制度

一、回避制度的概念

民事诉讼中的回避制度,是指在民事诉讼中,审判人员以及其他可能影响案件公正审理的有关人员,在遇有法律规定的情形时,退出该案诉讼程序的制度。

回避制度是为了落实程序正义中裁判者要保持中立这一要求而设立的制度。它可以使与案件存在利益或感情关系的审判人员及其他有关人员合法地退出本案,以消除当事人的顾虑,实现形式正义。同时,通过防止审判人员在审判时受利益或情感的影响,有助于维持审判人员的职业道德水准,保证案件审判的公正性。

二、回避主体和事由

(一) 回避的主体

根据我国《民诉法》第 44 条和《民诉法解释》第 49 条的规定,民事诉讼中需要回避的主体有:审判人员、执行员、书记员、翻译人员、鉴定人、勘验人。审判人员包括参与本案审理的人民法院院长、副院长、审判委员会委员、庭长、副庭长、审判员、助理审判员和人民陪审员。根据《人民检察院民事诉讼监督规则(试行)》第 18 条的规定,检察人员也属于回避主体。因为这些主体的行为都有可能对民事诉讼的结果产生影响,在遇有法律规定的情形时,应当回避。

(二) 回避事由

根据我国《民诉法》第 44 条的规定,回避主体有下列情形之一时,必须回避。当事人有权用口头或者书面方式申请他们回避:

(1) 是本案当事人或者当事人、诉讼代理人的近亲属。如果回避主体系本案的当事人,应当回避。如果回避主体系本案的当事人、诉讼代理人的近亲属也应当回避。根据《民通意见》第 12 条的规定:"近亲属包括配偶、父母、子女、兄弟姐妹、祖父母、外祖父母、孙子女,外孙子女。"

(2) 与本案有利害关系。此规定是弹性条款,由法院根据具体情况把握。常见的利害关系就是经济关系。当回避主体与案件的一方当事人存在经济利益关系时,就可以认为存在利害关系。

(3) 与本案当事人、诉讼代理人有其他关系,可能影响对案件公正审理的。其他关系一般是指经济关系以外的关系,比如同事、同学、老乡、师生关系。但仅有这种其他关系并不足以导致回避,还需这种"其他关系"可能影响对案件的公正审理。

(4) 接受当事人、诉讼代理人请客送礼,或者违反规定会见当事人、诉讼代理人。

由于我国《民诉法》第 44 条规定过于笼统,不便于操作,为此,《回避规定》第 1 条对"与本案有利害关系"、"有其他关系,可能影响对案件的公正审理"作了进一步细化。《民诉法解释》第 43 条在参考《回避规定》第 1 条规定的基础上又作了一些修改。该条规定,审判人员具有下列情形之一的,应当自行回避,当事人有权要求他们回避:(1) 是本案当事人或者当事人近亲属的;(2) 本人或者其近亲属与本案有利害关系的;(3) 担任过本案的证人、鉴定人、辩护人、诉讼代理人、翻译人员的;(4) 是本案诉讼代理人近亲属的;(5) 本人或者其近亲属持有本案非上市公司当事人的股份或者股权的;(6) 与本案当事人或者诉讼代理人有其他利害关系,可能影响公正审理的。《民诉法解释》第 45 条还规定,在一个审判程序中参与过本案审判工作的审判人员,不得再参与该案其他程序的审判。但发回重审的案件,在一审法院作出裁判后又进入第二审程序的,原第二审程序中合议庭组成人员不用回避。

鉴于"接受当事人、诉讼代理人请客送礼,或者违反规定会见当事人、诉讼代理人"不甚清晰,《回避规定》第2条作了细化。在此基础上,《民诉法解释》第44条进一步完善,规定审判人员有下列情形之一的,当事人有权申请其回避:(1)接受本案当事人及其受托人宴请,或者参加由其支付费用的活动的;(2)索取、接受本案当事人及其受托人财物或者其他利益的;(3)违反规定会见本案当事人、诉讼代理人的;(4)为本案当事人推荐、介绍诉讼代理人,或者为律师、其他人员介绍代理本案的;(5)向本案当事人及其受托人借用款物的;(6)有其他不正当行为,可能影响公正审理的。

三、回避的方式与程序

(一)回避方式

自行回避,也称积极回避,是指应当回避的主体在遇到法定回避情形时主动申请退出审理或诉讼程序。

申请回避,也称消极回避,是指当事人及诉讼代理人根据民诉法的规定,申请回避主体退出本案审理或诉讼程序。

决定回避,也称指定回避,是指审判人员有应当回避的情形,没有自行回避,当事人也没有申请其回避的,由院长或者审判委员会决定其回避。

(二)申请回避的程序

回避的提出。自行回避的,回避主体应当在知晓回避原因后自动提出回避。申请回避的,当事人及其诉讼代理人申请应在案件开始审理时提出。回避事由在案件审理开始后知道的,也可以在法庭辩论终结前向人民法院提出回避的申请。当事人提出回避申请,应当说明理由。如果是根据《民诉法解释》第44条规定申请回避,需要提供相关证据材料。

回避的处理。根据我国《民诉法》第46条的规定,院长担任审判长时的回避,由审判委员会决定;审判人员的回避,由院长决定;其他人员的回避,由审判长决定。人民法院对当事人提出的回避申请,应当在申请提出的3日内,以口头或者书面形式作出决定。除需要采取紧急措施的案件外,被申请回避的人员在人民法院作出是否回避的决定前,应当暂停参与本案的工作。所谓的紧急措施,是指财产保全、证据保全等。申请人对决定不服的,可以在接到决定时申请复议一次。复议期间,被申请回避的人员,不停止参与本案的工作。人民法院对复议申请,应当在3日内作出复议决定,并通知复议申请人。

检察长的回避,由检察委员会讨论决定;检察人员和其他人员的回避,由检察长决定。检察委员会讨论检察长回避问题时,由副检察长主持,检察长不得参加。人民检察院对当事人提出的回避申请,应当在3日内作出决定,并通知申请人。申请人对决定不服的,可以在接到决定时向原决定机关申请复议一次。人民检察院应当在3日内作出复议决定,并通知复议申请人。复议期间,被申请回避的人员不停止参与本案工作。

第三节 公开审判制度

一、公开审判制度的概念和意义

（一）公开审判的含义

公开审判制度，是指除法律另有规定以外，人民法院的审判活动除合议庭评议案件外，向社会公开的制度。

公开审判制度的具体内容包括以下几个方面：（1）人民法院应当在案件开庭审理前公告当事人的姓名、案由和开庭审理的时间、地点；（2）在开庭审理期间，除了法律有规定的以外，公民可以旁听案件的审理，新闻记者可以对案件进行采访报道；（3）人民法院对案件的判决应当公开宣告。

（二）公开审判的意义

（1）恣意限制功能。从职业的角度看，法官是法律的代言人。但是生理学和社会学的角度看，法官也是一个会受到个人偏见、心理定势、外界压力、亲情关系、各种利益影响的凡人。法官在审理案件时，生理因素和社会因素都会对其产生影响。如果不对这些外在的影响加以消除的话，法官的恣意就会萌发并且泛滥。公开审判制度能帮助法官抵制外在影响，抑制自己的恣意。

（2）审判结果正当化功能。当事人不仅关心裁判的结果，也关心裁判的过程。正当程序的基本要求之一就是程序公开。审判公开就是对程序公开的具体落实。如果过程不公开，即使结果公正，当事人也不一定信服。由于审判程序不可能绝对的发现所有案件的真相，有些案件的判决结果肯定与真相不符。如何让当事人信服这部分案件的判决结果？审判公开具有这一功能。其一方面能够消除当事人对法官偏袒的担忧，对外界不当干预的顾虑；另一方面让当事人和社会公众亲眼看见审判如何进行，看见裁判结果如何得出，自然就能增强裁判结果的正当性，进而提高当事人对裁判结果的接受度。

（3）监督的功能。审判公开为社会监督提供了依据。社会监督的核心和基本表现形式是舆论监督。舆论监督中最有效、影响最大的又是新闻监督。新闻监督是通过新闻媒体向全社会报道案件的审理和裁判，实现对民事审判活动的制约。[1]

---

[1] 有学者认为法学学理监督是一种十分有效的社会监督方式。法学学理监督主要是通过从事法学研究或从事法律实务的人对判例的学理评析来制约将来的审判。因此，法学学理监督与新闻监督相比较具有事后性。

由于对判例的学理分析是以寻求法律适用的科学性为目的的，因此，这种学理评析无疑会促进审判质量的提高。参见张卫平：《民事诉讼法》（第2版），法律出版社2009年版，第74—75页。

(4) 宣传教育功能。通过公开审判,能够对旁听群众进行生动、形象的法制教育,增强他们的法治观念,提高广大人民遵守法律的自觉性。尤其是通过对一些影响大的案件进行现场直播,教育面更为宽广,影响的人群更多。

二、公开审判的例外

公开审判不是绝对的,真理有时再往前走一步就是谬误。有的案件一旦公开的话,带来的弊端会远远大于公开带来的好处,如泄露国家机密、个人隐私、商业秘密等。公开审判的例外包括两种情况:一是不公开审理的案件;一是不公开审理的环节。

(一) 不公开审理的案件

1. 应当不公开审理的案件

应当不公开审理的案件,也称法定不公开的案件。根据我国《民诉法》第 134 条的规定,应当不公开审理的案件包括:

(1) 涉及国家秘密的案件。国家秘密是关系国家安全和利益,依照法定程序确定,在一定时间内只限一定范围的人员知悉的事项。① 国家秘密包括:① 国家事务重大决策中的秘密事项;② 国防建设和武装力量活动中的秘密事项;③ 外交和外事活动中的秘密事项以及对外承担保密义务的秘密事项;④ 国民经济和社会发展中的秘密事项;⑤ 科学技术中的秘密事项;⑥ 维护国家安全活动和追查刑事犯罪中的秘密事项;⑦ 经国家保密行政管理部门确定的其他秘密事项。⑧ 政党的秘密事项中符合上述规定的,也属于国家秘密。国家秘密的密级分为绝密、机密、秘密三级。② 民事诉讼若涉及国家秘密级别以上的事项,一律不能公开审理。

(2) 个人隐私的案件。我国实体法学者认为隐私,又称私人生活秘密或私生活秘密,是指私人生活安宁不受他人非法干扰,私人信息保密不受他人非法搜集、刺探和公开。隐私包括私生活安宁和私生活秘密两个方面。民事诉讼是不是一旦涉及这两个方面都不能公开呢?不是。只有涉及私生活秘密时才不公开。比如,涉及个人生理、情感经历、性关系等。如果仅仅是涉及私生活安宁,可以公开。比如广告公司将某人的家里电话误登在广告上,该人起诉要求赔偿就可以公开审理。因为此时审理的重点在于确认广告公司有无误登的行为,公开审理也不会损害该人的其他利益。

2. 可以不公开审理的案件

可以不公开审理的案件,也叫相对不公开审理的案件,是指只有在当事人提出不公开审理的申请时,法院才会决定不公开审理。根据我国《民诉法》第 134 条第 2 款的规定,这类案件包括:

---

① 参见我国《保守国家秘密法》第 2 条。
② 参见我国《保守国家秘密法》第 8—10 条。

（1）离婚案件。有些人不希望他人知道自己离婚的原因,也不希望他人知道自己离婚的事实,为满足这部分人的需求,民事诉讼法允许这些人申请不公开审理。需要注意的是,由于离婚的原因很多,如果离婚原因涉及个人隐私,此时就满足了绝对不公开审理的条件,法院应当依职权决定不公开审理。

（2）涉及商业秘密的案件。根据《民诉法解释》第220条的规定,商业秘密,是指生产工艺、配方、贸易联系、购销渠道等当事人不愿公开的技术秘密、商业情报及信息。由于商业秘密具有重大的商业价值,一旦泄露,会给企业造成重大损失。某一信息是否属于商业秘密,当事人最清楚,因此民事诉讼法赋予了他们申请不公开审理的权利。

（二）不公开审理的环节

无论什么案件,合议庭的评议过程是不公开的。虽然我国法律对此没有直接加以规定,但实践中都是照此执行。初衷是希望借此激励合议庭成员大胆地、毫无保留地陈述自己对案件的看法,防止当事人在知晓合议庭成员的意见后打击、报复合议庭成员。

无论公开还是不公开审理的案件,宣判都应当公开进行。

第四节　两审终审制度

一、民事审级制度的含义和功能

（一）民事审级制度的含义

民事审级制度是指一个民事案件经过几个不同级别的法院审理以后,裁判就对当事人产生约束力的制度。若经过一级法院审理后裁判就生效的称为一审终审。经过两级法院审理以后裁判就生效的称为两审终审,依次类推。经两级或两级以上的法院审理后裁判才对当事人产生约束力的制度称为多重审级制度。

（二）民事多重审级制度的功能

（1）民事权利补救功能。当事人之所以提起民事诉讼,是希望通过法院的审理给予其权利以救济。但人都有可能犯错,法官也不例外。法官在审理案件有可能基于各种原因未能正确审理案件,未能给与当事人应有的权利救济。如有多种审级制度,当事人就可以再获得一次或两次审理机会,通过第二次或第三次审理,下级法院的审理错误就有可能得到纠正,其权利也就相应得到了救济。因此,审级能给当事人带来审级利益。

（2）法律适用统一功能。相同情况相同处理是基本的法治原则。但在诉讼事件中,经常出现相同情况却做出了不同处理的情形。除了法官错误地适用法律以外,最主要的原因是对法律存在不同的认识导致。即使法律的规定很明确,适用者也有可能受不同知识框架、个体认知背景、价值评价等影响而做出不同的理解。如果法律的规定不明确,就更容易引起不同的理解。在多重审级制度下,终审法院通过对案件的审理,可以统一下级法院对法律的不同理解。

二、我国现行的审级制度

具体采纳一审终审、二审终审还是三审终审,既取决于一国法院系统的纵向层级设计,也取决于对公正与效率的考虑。若一个国家从纵向上设置了四个层级的法院,就有可能采用三审终审。若只设置了三级,就只能采纳二审终审。一个国家即使在纵向上设置了四个层级的法院,也不见得一定就会采纳三审终审,或者不会在所有的案件上都采纳三审终审。审级越多,虽然有助于减少审判的错误,保障案件裁判的质量;有利于上级裁判机关对下级裁判机关的监督,保障法律实施的统一性和完整性,但也存在不少负面作用。如增加裁判机关和当事人的诉讼负担,提高诉讼成本;由于多级审理和裁判,诉讼时间必然增加,不利于纠纷的迅速解决。

新中国成立以前,我国曾实行过三审终审制度。新中国成立以后,立法者从我国地域辽阔,人口分布不均,交通不便的实际情况出发,同时考虑裁判机关的审级监督和裁判的公正,设计了具有中国特色的两审终审制度。

由于我国法院共分四级,除最高人民法院外,其他各级人民法院都有自己的上一级法院。根据两审终审的原则,当事人如果不服一审法院作出的裁决,依法可以向一审法院的上一级法院提起上诉。二审法院审理后作出的裁判为终审裁判,当事人不得再上诉。

从当事人的角度看,两审终审意味着当事人享有上诉权。既然是一种权利,除当事人自己可以放弃外,立法者、法院均不能剥夺。从诉讼请求的角度看,必须赋予每一个当事人、每一个诉讼请求享有两次审理的机会。《民诉法解释》的不少规定就是为落实两审终审而设。前者如第327条。该条规定必须参加诉讼的当事人或者有独立请求权的第三人,在第一审程序中未参加诉讼,第二审人民法院可以根据当事人自愿的原则予以调解;调解不成的,发回重审。后者如第326条。该条规定对当事人在一审中已经提出的诉讼请求,原审人民法院未作审理、判决的,第二审人民法院可以根据当事人自愿的原则进行调解,调解不成的,发回重审。

三、两审终审的例外

两审终审的例外是指一审终审。民事诉讼法规定实行一审终审的情形有:(1)最高人民法院作为一审法院时作出的裁判;(2)适用非诉程序(包括特别程序、督促程序和公示催告)作出的裁判;(3)适用小额诉讼程序作出的裁判。(4)对婚姻效力作出的判决。[①]

---

① 《婚姻法解释一》第9条。

【经典司考题】

1. 王某与钱某系夫妻,因感情不合王某提起离婚诉讼,一审法院经审理判决不准予离婚。王某不服提出上诉,二审法院经审理认为应当判决离婚,并对财产分割与子女抚养一并作出判决。关于二审法院的判决,下列哪些选项违反了我国《民诉法》的原则或制度?(2010-3-88)

　　A. 处分原则　　　B. 辩论原则　　　C. 两审终审制度　　D. 回避制度

考点:基本原则与基本制度

2. 关于民事诉讼中的公开审判制度,下列哪一选项是错误的?(2007-3-35)

　　A. 公开审判制度是指法院审理民事案件,除法律规定的情况外,审判过程及结果应当向群众、社会公开

　　B. 公开审判是指法院审理案件和宣告判决一律公开进行的制度

　　C. 涉及国家秘密的案件,属于法定不公开审理的案件

　　D. 离婚案件,属于当事人申请不公开审理,法院决定可以不公开审理的案件

考点:公开审判制度

3. 李大民(男)与张小丽(女)于1998年登记结婚。1999年张小丽由于做生意亏损、夫妻感情恶化等原因,患精神病,丧失民事行为能力。2000年2月,李大民向某市河海区人民法院提起诉讼,请求判决与张小丽离婚。张小丽的母亲马雨霞作为张小丽的法定代理人参加了诉讼。关于案件的审理是否公开,下列何种说法是正确的?(2005-4-97)

　　A. 依法只能公开审理

　　B. 依法只能不公开审理

　　C. 如果马雨霞申请不公开审理,可以不公开审理

　　D. 由双方协商决定是否公开审理

考点:公开审判制度

4. 关于回避,下列哪一说法是正确的?(2010-3-37)

　　A. 当事人申请担任审判长的审判人员回避的,应由审委会决定

　　B. 当事人申请陪审员回避的,应由审判长决定

　　C. 法院驳回当事人的回避申请,当事人不服而申请复议,复议期间被申请回避人不停止参与本案的审理工作

　　D. 如当事人申请法院翻译人员回避,可由合议庭决定

考点:公开审判制度

第三编 民事诉讼主体

第五章 法院

要点提示

- 法院结构
- 法院职权的构成

第一节　我国法院的结构

根据我国《法院组织法》第 2 条的规定,"民事审判权由法院行使。"从级别上讲,我国的法院分为四级:最高人民法院、高级人民法院、中级人民法院和基层人民法院。其中最高人民法院设有巡回法庭,相当于最高法院的派出机构,在审级上等同于最高法院。基层人民法院设有派出法庭,在审级上等同于基层人民法院。从种类上讲,我国的法院包括人民法院和专门人民法院。专门人民法院包括海事法院、铁路运输法院、军事法院。我国法院的组织体系图如下:

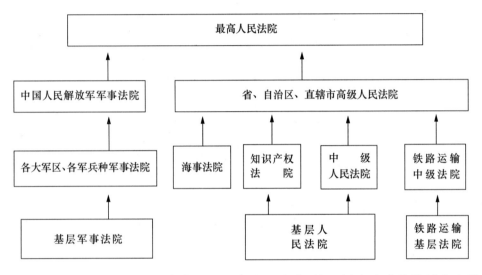

上述法院都可以从事民事审判。最高人民法院《关于军事法院管辖民事案件若干问题的规定》对军事法院的民事审判权范围作了明确规定。《海诉法》与《海事法院收案规定》对海事法院的民事审判权范围作了明确规定。最高人民法院《关于铁路运输法院案件管辖范围的若干规定》对铁路运输法院的民事审判权范围作了规定。① 最高人民法院《关于北京、上海、广州知识产权法院案件管辖的规定》对知识产权法院的管辖范围作了明确规定。

---

① 根据中央编办、最高人民法院和最高人民检察院联合签发的《关于铁路法院检察院管理体制改革若干问题的意见》,铁路运输法院需纳入国家司法管理体制,实行属地管理。该文件改变了铁路运输法院的管理体制,即由铁路局管理改为地方管理。

第二节　法院的审判权

我国的法院既是审判机关,也是执行机关。法院的职权自然包括审判权和执行权。法院作为民事诉讼法律关系的主体,诉讼活动或者是由法院实施,或者是针对法院实施,法院必须享有一定的职权才能确保民事诉讼顺利进行。作为职权,其不同于单纯的权力。当出现法定情形时,法院必须行使权力,而且必须正当地行使权力。不得滥用权力是法院的义务。法院行使权力的同时也是在履行自己的法定职责。法院的主要职权可以图示如下:

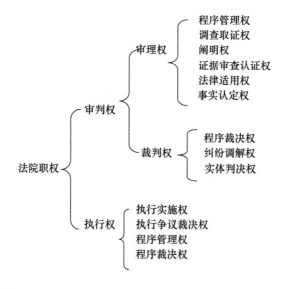

一、程序控制权

程序控制权,是指法院对民事诉讼程序、执行程序的发生、发展、终止以及程序进程的方式和节奏的决定权。

程序控制权具体体现在两个方面:一方面是法院对民事诉讼程序、执行程序发生、发展、终止的决定。根据民事诉讼的处分原则,民事诉讼程序原则上应当由当事人启动。但民事诉讼程序是否应当被启动,法院必须加以审查,看是否符合启动的基本条件。如对起诉的审查即是。程序的发展、终止也离不开法院的控制,如出现法定情形时,法院可以裁定诉讼中止、诉讼终结。另一方面法院可以通过对程序进程的方式和节奏的控制来提高诉讼效率。法院有权决定适当的时候进行证据交换、开庭审理时间、诉讼应否予以合并或分离、应否追加被告、是否同意变更诉讼请求,是否同意被告提起反诉等。

二、调查取证权

法院的调查取证权是指法院依职权或者依当事人的申请调查收集证据。无论是法院按照申请调查收集的证据，还是依据职权主动调查收集的证据都可以作为法院裁判的依据。

法院依职权调查收集证据主要限于程序性事项和损害国家利益、社会公共利益、他人合法权益等事项。《民诉法解释》第96条明确规定五种法院可依职权调查取证的情形。对于涉及当事人个人实体权利义务争议的事项，法院只有在当事人依据法定情形提出申请时方可调查收集证据。

三、证据审查认证权

法院的证据审查认证权是指法院对收集到的各种证据，组织当事人进行质证，并对经过质证或者当事人在证据交换中认可的各种证据材料作出判决和决定，确认其能否作为认定案件事实根据的权力。法院只有享有该权力，在对证据材料作出认证后，才能认定事实。

四、阐明权

阐明的原意是指使不明确的事项得以明确。阐明权是指在民事诉讼过程中，当法官发现当事人的诉讼请求不适当，或陈述事实不清楚、不完整，或提供证据资料不够却误以为已经足够，或其法律观点与法官不一致时，法官从探知当事人真意、查清案件事实、使当事人理解法官观点的角度出发，通过发问、晓喻和公开心证等方式，提醒和启发当事人，协助其厘清请求和事实、提供完备的证据、明了法官的观点，阐述或修正自己的观点，从而推动诉讼顺利进行的一种权能。阐明权最基本的含义可以简单地概括为法院向当事人发问的一种权利。《证据规定》第3条第1款和第35条第1款都是有关阐明权的规定。前者规定："人民法院应当向当事人说明举证的要求及法律后果，促使当事人在合理期限内积极、全面、正确、诚实地完成举证。"后者规定："诉讼过程中，当事人主张的法律关系的性质或者民事行为的效力与人民法院根据案件事实作出的认定不一致的，不受本规定第34条规定的限制，人民法院应当告知当事人可以变更诉讼请求。"

五、事实认定权

事实认定权是指法院在认证证据的基础上，对当事人提出的诉讼请求所必需的案件事实作出存在与否或真伪不明认定的权力。事实认定权是一种被动、消极的权力，因为法院需要根据当事人的主张，所提出的证据资料来认定事实。提出哪些事实，对哪些进行争执，提供哪些证据都在当事人自由处分的范围内。

▶ 六、法律适用权

法律适用权是指法院在认定案件事实的基础上,选择适当法律规范来裁决纠纷的权力,当法律规范不清楚时,对法律规范作出解释的权力,以及当不存在相应法律规范时对法律漏洞进行补充的权力。与事实认定权的消极、被动不同,法律适用权是一种积极、主动的权力。法官需根据所认定的事实,主动寻找应适用的法律。法官既不能因为当事人没有提出应适用的法律而不适用法律,也不能因为当事人要求适用某一不当的法律而迁就。

▶ 七、实体判决权

实体判决权是指法院对当事人争执的民事权利义务关系作出实体判定的权力。判决一旦生效,就意味着纠纷已经在法律上得到了解决。在当事人不愿意调解或调解不成时,法院就需要动用该项权力,对纠纷作出强制性解决。实体判决权的实质问题是法院如何适用实体法的问题。因此该项权力往往与事实认定权、法律适用权结合在一起行使。

▶ 八、纠纷调解权

法院调解权是指法院引导纠纷当事人通过调解解决纠纷的权力。调解虽然是建立在当事人自愿的基础上,但法院在法律有明确规定的情况下,有权主动启动调解程序。有权提出调解方案供当事人选用。对当事人自行达成的调解协议有权进行审查。

▶ 九、程序裁决权

程序裁决权是指法院对当事人提出的程序性异议作出裁判的权力。程序性异议是指当事人对法院在诉讼进行过程中实施的某些审理行为和对方当事人诉讼行为的异议。对审理行为的异议,如被告对法院管辖提起的管辖权异议、一方当事人对法院追加当事人的异议、被告对法院实施财产保全的异议、一方当事人对法院依职权收集证据的异议、一方当事人对法院依职权收集的证据合法性的异议等。

对对方当事人诉讼行为的异议,是指一方当事人在诉讼中对另一方当事人诉讼行为的合法性提出异议,要求法院裁决该当事人的诉讼行为无效。例如一方当事人主张对方当事人提出的证据、变更诉讼请求已经超过举证时限,要求法院认定该证据失权、不能变更诉讼请求。

案例分析题

北京市地铁五号线工程是北京市政府确定的重点工程之一。2003年,中铁三局集团有限公司(以下简称中铁三局公司)承包了该工程04标段后,转包给福建省海天建设工程有限公司(以下简称福建海天公司),双方签订了《施工协议》。福建海天公司在履行该协议过程中先期投入了大量资金。后双方就协议履行发生争议,中铁三局公司遂强行将福建海天公司驱逐出施工现场,致使福建海天公司无法继续履行《施工协议》。此后中铁三局公司同福建海天公司就解除该《施工协议》及赔偿福建海天公司损失的有关问题展开了协商。由于双方就赔偿损失的具体数额无法达成一致意见,中铁三局公司即先行向北京铁路运输法院提起诉讼,请求法院解除《施工协议》,判决福建海天公司返还预付工程款1685355元,并赔偿其损失744000元。福建海天公司遂即向合同履行地——北京市第二中级人民法院提起诉讼,请求法院判决中铁三局公司归还投资款并赔偿损失共计5107650元。问本案属于人民法院还是铁路法院管辖?

第六章 主管与管辖

要点提示

- 确定级别管辖的具体方法
- 一般地域管辖的特殊规定
- 特殊地域管辖中的连接因素与适用范围
- 协议管辖的有效条件
- 选择管辖的具体方法
- 管辖的理论分类与管辖体系
- 管辖权异议的应用

第一节 主 管

一、主管与人民法院民事诉讼主管

主管,从广义上讲是国家机关、社会团体之间的分工和权限。人民法院民事诉讼主管是指人民法院依照法律、法规受理一定范围内民商事纠纷的权限,也就是确定人民法院与其他国家机关、社会团体之间在民商事纠纷解决上的分工。如土地所有权侵权纠纷属于人民法院的民事诉讼主管,而土地所有权权属纠纷则属于行政机关主管。

人民法院民事诉讼的主管范围决定着人民法院民商事裁判权的行使范围。只有属于人民法院对民事案件的主管范围的纠纷,人民法院才能行使裁判权。否则,当事人即使提起诉讼,人民法院也会裁定不予受理;受理以后发现不应受理的,则裁定驳回起诉。

二、主管的意义

(1)明确了人民法院的民事诉讼主管,就划清了人民法院与其他国家机关、社会团体之间解决民商事纠纷的权限,有利于各纠纷解决主体各司其职,各尽其责,使民商事纠纷能够得到正确、合法、及时处理。

(2)明确了人民法院民事诉讼主管,便于当事人选择合适的纠纷解决主体解决自己的民商事纠纷。

三、人民法院民事诉讼主管的范围

我国《民诉法》第3条规定:"人民法院受理公民之间、法人之间、其他组织之间以及他们相互之间因财产关系和人身关系提起的民事诉讼,适用本法的规定。"该条规定是界定人民法院民事诉讼主管范围的基本依据。从该规定可以看出,民事诉讼主管的是民商事纠纷。确定民商事纠纷的标准是:

(1)主体标准,即纠纷主体只能是公民、法人、其他组织等平等主体,既包括我国的公民、法人、其他组织,也包括外国人、无国籍人和外国法人和其他组织。

(2)内容标准,即民商事纠纷的内容必须是财产关系争议或人身关系争议。所谓财产关系是指公民、法人、其他组织等主体在生产、交换、分配、消费物质财富过程中发生的社会关系。人身关系是指公民、法人、其他组织等主体基于人格和身份而发生的社会关系。

《民诉法》第3条有关民事诉讼主管范围的规定仅是一个原则性的概括规定,尚有例外情形。例外之一是该法第十五章规定的选民资格案件。严格说来,选民资格案件涉及的并不是民商事权利纠纷,而是政治权利纠纷。立法者将这种纠纷交给民事裁判机构处理,是一种特殊处理。例外之二是民事诉讼的主管范围因受到审判机构审判政策的影响会发生变动。在审判实务中,可能会出现人民法院不受理平等主体之间发生的某些民商事纠纷的情形。但总的趋势是在不断地扩大民商事裁判范围,向立法规定的范围靠拢。

我国人民法院民事诉讼主管的具体范围是:

(1) 因民法调整的财产关系和人身关系而发生纠纷的案件。如财产所有权、用益物权、担保物保、债权、知识产权、人格权、身份权等纠纷所发生的案件。

(2) 因婚姻法调整的婚姻家庭关系而发生纠纷的案件。如离婚、收养、赡养、扶养、抚养、继承等案件。

(3) 因商法调整的商事关系而发生纠纷的案件。如票据案件、股东权益案件、海事海商案件等。

(4) 因经济法调整的部分经济关系而发生纠纷的案件。如因不正当竞争行为引起的损害赔偿案件、环境污染所引起的损害赔偿案件等。

(5) 因劳动法调整的部分劳动关系而发生纠纷的案件。《劳动合同法》第77条规定:"劳动者合法权益受到侵害的,有权要求有关部门依法处理,或者依法申请仲裁、提起诉讼。"

(6) 法律规定人民法院适用民事诉讼法解决的其他案件,如非讼案件。这类案件有选民资格案件、宣告失踪或宣告死亡案件、认定公民无民事行为能力或限制民事行为能力案件、认定财产无主案件、申请支付令案件、公示催告案件、确认调解协议案件、实现担保物权案件。

第二节 管辖概述

一、管辖的概念和意义

民事诉讼中的管辖,是指各级人民法院之间以及同级人民法院之间受理第一审民事案件的分工和权限。各级人民法院之间以及同级人民法院之间在受理第一审民事案件上的分工和权限是一个问题的两个方面。只要确定了各级人民法院以及同级人民法院之间受理第一审民事案件的分工,它们各自的权限也就随之得以确定。

我国法院分为四级,首先需要划分的是不同级别的人民法院之间受理第一审民事案件的权限,即从纵向上进行权限划分,这就是级别管辖。除最高人民法院以外,由于各级人民法院均有多个,在级别管辖确定后,还需要在横向上划分同级人民法院之间受理第一审民事案件的权限,这就是地域管辖。

主管与管辖是两个不同的概念。主管解决的是法院外部问题,即某一民商事纠纷是由人民法院还是其他国家机关处理的问题。管辖解决的是法院内部问题,即在民商事纠纷确定由人民法院解决后,再进一步确定由法院系统内的哪一个法院处理。主管是管辖的前提。纠纷只有属于法院民事诉讼主管范围后,才需进一步确定其管辖。

正确确定管辖,首先有利于明确各个法院的权限,避免因为管辖不明出现法院之间推诿或者争抢民事案件的情况。其次有利于当事人及时起诉,避免因管辖不明出现当事人起诉无门的情形。再次有利于维护国家主权。对于涉外民事案件,合理规定部分民商事纠纷由我国法院管辖,有利于维护国家主权和社会利益。

二、确定管辖的因素

为合理、科学地在人民法院内部分配民事案件,我国《民诉法》主要遵循的是以下几项原则确定管辖:

(1)便于当事人进行诉讼原则。从数量上看,基层法院数量最大。从空间上看,基层法院距离当事人最近。显然,在基层法院诉讼对当事人来说最为便利。基于此,《民诉法》将绝大多数案件交由基层人民法院管辖。

(2)便于法院审理案件原则。这一原则实际上包括两个方面:一方面有利于法院开展审判活动,如便于法院送达、取证等。因此,案件应当由与当事人、诉讼标的、诉讼标的物、法律事实存在密切联系的法院管辖。另一方面应有利于促进法院保持公正司法,抵制不当的司法干预。例如,为了防止因地方保护主义出现的裁判不公,允许当事人协议选择案件的管辖法院。又如为了防止法院受到不当干预,《民诉法》规定了管辖权转移制度。

(3)均衡各级人民法院工作负担原则。各级人民法院的职能和数量是不同的。基层人民法院的职能最简单,就是审理一审案件,但数量最多。按照现行司法体制,上级法院对下级法院负有指导和监督的职责。中级以上的法院除审理第一审和第二审案件以外,还要负责指导和监督下级法院的审理工作。级别越高,职能越复杂,但数量却越来越少。因此,在确定管辖时就应当考虑不同级别的法院在职能和分工上的区别,均衡它们之间的工作负担。《民诉法》将绝大多数民事案件划归基层人民法院管辖,并且级别越高的法院审理的第一审民事案件越少,正是这一原则的体现。

(4)确定性与灵活性相结合原则。由于现实中会出现各种特殊情况,无法直接适用管辖规定,因此,应允许人民法院灵活、机动地处理管辖问题。

(5)维护国家主权原则。司法权是国家主权的重要组成部分。对涉外民事案件的管辖是国家主权的一种具体表现。因此对涉外民事案件,应合理规定我国法院的管辖权,以维护国家主权和社会利益。

三、管辖恒定

管辖恒定,是指法院对某个案件是否享有管辖权,以起诉时为准,法院在起诉时对案件享有管辖权的,在诉讼过程中不因确定管辖的因素发生变化而变化。

管辖恒定有助于保持诉讼的安定性,避免在管辖确定后,在诉讼中因确定管辖的因素发生变化导致法院丧失管辖权。这样可以减轻当事人的讼累,避免司法资源不必要的耗费。

管辖恒定体现为地域管辖恒定,是指起诉时按法定连接因素确定地域管辖后,不因为诉讼过程中该因素的变动而改变。《民诉法解释》第37条规定:"案件受理后,受诉人民法院的管辖权不受当事人住所地、经常居住地变更的影响。"第38条前半段规定:"有管辖权的人民法院受理案件后,不得以行政区域变更为由,将案件移送给变更后有管辖权的人民法院。"体现的就是地域管辖恒定的要求。级别管辖是否应当恒定,最高人民法院的态度由以前的原则肯定变为了否定。最高人民法院《关于执行级别管辖规定几个问题的批复》原则上认可级别管辖恒定。[①] 但由于级别管辖恒定容易刺激当事人通过提高或者降低请求金额来规避级别管辖,因此,《民诉法解释》第39条第1款予以了否定,改而规定:"人民法院对管辖异议审查后确定有管辖权的,不因当事人提起反诉、增加或者变更诉讼请求等改变管辖,但违反级别管辖、专属管辖规定的除外。"也就是说,如反诉的请求金额或者原告增加或减少诉讼请求金额导致超过或达不到受诉法院管辖标准的,应当调整级别管辖。

第三节 管辖的法定种类

按照我国《民诉法》第一编第二章对管辖所作的规定,通常可以将管辖分为级别管辖、地域管辖、移送管辖、指定管辖四大类。其中,地域管辖还可以进一步分为:一般地域管辖、特殊地域管辖、协议管辖、专属管辖、合并管辖和选择管辖六个小类。

一、级别管辖

(一)级别管辖的含义

级别管辖,是指按照一定的标准,划分各级人民法院之间受理第一审民事案件的分工和权限。

---

① 该《批复》规定:当事人在诉讼中增加诉讼请求从而加大诉讼标的额,致使诉讼标的额超过受诉法院级别管辖权限的,一般不再予以变动。但是当事人故意规避有关级别管辖等规定的除外。

对于一个具体的民事案件来讲,首先需要确定的就是该案件应当归哪一级法院管辖。我国人民法院分为四级,基层人民法院、中级人民法院、高级人民法院、最高人民法院。级别管辖就是在这四级人民法院之间分配第一审民事案件。

(二)确定级别管辖的标准

通常认为,我国《民诉法》是按照以下几个标准来确定民事案件的级别管辖:

(1)案件的性质。所谓案件的性质是指案件涉及的权利类型、有无涉外因素以及复杂程度。案件的性质不同,审理的难易程度就有所不同,对审理案件法院的要求也就不同。比如重大涉外案件的审理难度通常大于一般涉外案件,需要由级别较高的法院审理。而专利案件、海事、海商案件,由于涉及专门技术,也需要由级别较高的法院审理。

(2)案件的影响范围。案件的影响大小主要是指案件所涉及的主体范围和对社会的影响范围与程度。有的案件只涉及有限的人,仅在某一个县或区的范围内产生影响。有的案件则会涉及成千上万的人,在全国乃至国外都产生影响。影响越大的案件,对案件审理的要求也就越高,也就越需要由级别较高的法院审理。

上述标准虽然在理论上具有一定的合理性,但不具有可操作性,因为管辖需在案件审理前就确定,而案件的性质和影响大小只有在审理后才能知晓。因此在审判实务中,对于有请求金额的案件,主要还是根据请求金额或价额来确定级别管辖。

(三)各级人民法院管辖的第一审民事案件

1. 基层人民法院管辖的第一审民事案件

《民诉法》第17条规定:"基层人民法院管辖第一审民事案件,但本法另有规定的除外。"也就是说,除中级人民法院、高级人民法院和最高人民法院管辖的第一审民事案件以外的所有第一审民事案件,都由基层人民法院管辖。从数量上看,基层人民法院最多。从空间距离上看,基层法院离当事人住所地、纠纷发生地最近,因此第一审民事案件主要由基层人民法院管辖。

2. 中级人民法院管辖的第一审民事案件

根据《民诉法》第18条的规定,中级人民法院管辖以下三类第一审民事案件:

(1)重大涉外案件。根据《民诉法解释》第522条的规定,涉外民事案件是指具有下列之一涉外因素的案件:当事人一方或者双方是外国人、无国籍人、外国企业或者组织;当事人一方或者双方的经常居所地在中华人民共和国领域外的;标的物在中华人民共和国领域外;产生、变更或者消灭民事关系的法律事实发生在中华人民共和国领域外。基于此,《民诉法解释》第1条规定重大涉外案件,是指争议标的额大,或者案情复杂,或者居住在国外的当事人人数众多的涉外案件。一般涉外案件仍然由基层人民法院管辖。

为正确审理涉外民商事案件,依法保护中外当事人的合法权益,《涉外管辖规定》对部分涉外民商事案件实行集中管辖。根据《涉外管辖规定》第3条的规定，实行集中管辖的民商事案件包括以下五类：① 涉外合同和侵权纠纷案件；② 信用证纠纷案件；③ 申请撤销、承认与强制执行国际仲裁裁决的案件；④ 审查有关涉外民商事仲裁条款效力的案件；⑤ 申请承认和强制执行外国法院民商事判决、裁定的案件。但不包括发生在与外国接壤的边境省份的边境贸易纠纷案件，涉外房地产案件和涉外知识产权案件。

根据《涉外管辖规定》第1条的规定，可以审理上述民商事案件的第一审法院包括以下五类：① 国务院批准设立的经济技术开发区人民法院；② 省会、自治区首府、直辖市所在地的中级人民法院；③ 经济特区、计划单列市中级人民法院；④ 最高人民法院指定的其他中级人民法院；⑤ 高级人民法院。上述中级人民法院的区域管辖范围由所在地的高级人民法院确定。

从级别管辖的角度看，《涉外管辖规定》实际上已经部分地改变了涉外民商事案件的级别管辖。因为除国务院批准设立的经济技术开发区人民法院以外的其他基层人民法院，已经失去了对上述五类涉外民商事案件的管辖权。许多中级人民法院对发生在本辖区内的上述五类涉外民商事案件也失去了管辖权。

（2）在本辖区有重大影响的案件，即在中级人民法院辖区有重大影响的案件。

（3）最高人民法院确定由中级人民法院管辖的案件。目前这类案件主要包括：

① 海事、海商案件。根据《海诉法解释》第1条的规定，海事、海商案件，由海事法院专属管辖。海事、海商案件，是指在海上或者通海水域发生的与船舶或者运输、生产、作业相关的海事侵权纠纷、海商合同纠纷案件。

② 专利民事案件。专利纠纷案件主要分为两类：专利行政案件和专利民事案件。专利行政案件属于行政诉讼的受案范围。① 专利民事案件属于民事诉讼的受案范围。专利民事案件主要包括专利申请公布后、专利权授予前使用发明、实用新型、外观设计的费用纠纷案件；专利侵权纠纷案件；转让专利申请权或者专利权的合同纠纷案件；专利权权属纠纷案件；职务发明创造发明人、设计人奖励、报酬纠纷案件；发明人、设计人资格纠纷案件等。专利民事案件主要由省、自治区、直辖市人民政府所在地的中级人民法院，以及大连、青岛、各经济特区的中级人民法院管辖。②

③ 著作权民事案件。著作权纠纷案件主要分为两类：著作权行政案件和著作

---

① 如我国《专利法》第46条规定：对专利复审委员会宣告专利权无效或者维持专利权的决定不服的，可以自收到通知之日起3个月内向人民法院起诉。第58条规定："专利权人对国务院专利行政部门关于实施强制许可的决定不服的，专利权人和取得实施强制许可的单位或者个人对国务院专利行政部门关于实施强制许可的使用费的裁决不服的，可以自收到通知之日起3个月内向人民法院起诉。"

② 根据《专利规定》，部分基层法院也可以管辖第一审专利纠纷案件。

权民事案件。根据《著作权法解释》第 1 条的规定,著作权民事案件主要包括:著作权及与著作权有关权益、权属、侵权、合同纠纷案件;申请诉前停止侵犯著作权、与著作权有关权益行为;申请诉前财产保全、诉前证据保全案件;其他著作权、与著作权有关权益纠纷案件。著作权民事案件主要由中级人民法院管辖。①

④ 商标民事案件。著作权纠纷案件主要分为两类:商标权行政案件和商标权民事案件。商标权民事案件主要包括:商标专用权权属纠纷案件;侵犯商标专用权纠纷案件;商标专用权转让合同纠纷案件;商标许可使用合同纠纷案件;申请诉前停止侵犯商标专用权案件;申请诉前财产保全案件;申请诉前证据保全案件等。商标民事纠纷第一审案件主要由中级人民法院管辖。②

需要特别注意的是,根据《最高人民法院关于北京、上海、广州知识产权法院案件管辖的规定》,在北京、上海和广东省内发生的专利、植物新品种、集成电路布图设计、技术秘密、计算机软件民事案件以及涉及驰名商标认定的民事案件只能由相对应的北京、上海和广州知识产权法院实行专属管辖。北京市、上海市各中级人民法院和广州市中级人民法院不再受理知识产权民事案件。广东省其他中级人民法院不再受理上述两类有关知识产权的民事案件。

⑤ 虚假陈述证券民事赔偿案件和期货纠纷案件、与证券交易所监管职能相关的民事案件。虚假陈述证券民事赔偿案件,是指证券市场投资人以信息披露义务人违反法律规定,进行虚假陈述并致使其遭受损失为由,而向人民法院提起诉讼的民事赔偿案件。《证券虚假陈述规定》第 8 条规定,此类案件由省、直辖市、自治区人民政府所在的市、计划单列市和经济特区中级人民法院管辖。

对于期货纠纷,根据《期货规定》第 7 条规定,由中级人民法院管辖。③

对于与证券交易所监管职能相关的民事案件,由上海证券交易所和深圳证券交易所所所在地方中级人民法院分别管辖④。

⑥ 重大涉港、澳、台民事案件。⑤

⑦ 当事人请求人民法院对仲裁协议的效力作出裁决的案件。

⑧ 高级人民法院确定由中级人民法院受理的第一审环境民事公益诉讼案件。⑥

---

① 《著作权解释》第 2 条规定:各高级人民法院根据本辖区的实际情况,可以确定若干基层人民法院管辖第一审著作权民事纠纷案件,也就是说,部分基层法院也有管辖权。

② 《商标解释》第 2 规定:各高级人民法院根据本辖区的实际情况,经最高人民法院批准,可以在较大城市确定 1—2 个基层人民法院受理第一审商标民事纠纷案件。也就是说,部分基层法院也有管辖权。

③ 该条同时规定:高级人民法院根据需要可以确定部分基层人民法院受理期货纠纷案件。

④ 参见《最高人民法院关于对与证券交易所监管职能相关的诉讼案件管辖与受理问题的规定》第 1 条。

⑤ 参见《全国各省、自治区、直辖市高级人民法院和中级人民法院管辖第一审民商事案件标准》(2015)中的相关规定。

⑥ 参见最高人民法院《关于审理环境民事公益诉讼案件适用法律若干问题的解释》第 7 条。

⑨ 反不正当竞争、反垄断民事案件。《最高人民法院关于审理因垄断行为引发的民事纠纷案件应用法律若干问题的规定》第 3 条规定,第一审垄断民事纠纷案件,由省自治区、直辖市人民政府所在的地的市,计划单纠纷中级人民法院以及最高人民法院指定的中级人民法院管辖。《最高人民法院关于审理不正当竞争民事案件应用法律若干问题的解释》第 18 条规定,反不正竞争法第 5 条、第 9 条、第 10 条、第 14 条规定的不正当竞争民事第一审案件,一般由中级人民法院管辖。

3. 高级人民法院管辖的第一审民事案件

《民诉法》第 19 条规定:高级人民法院管辖在本辖区有重大影响的第一审民事案件。

4. 最高人民法院管辖的第一审民事案件

根据《民诉法》第 20 条的规定,最高人民法院管辖的第一审民事案件分为两类:其一,在全国有重大影响的案件;其二,认为应当由本院审理的案件。

▶ 二、地域管辖

(一)地域管辖概述

1. 地域管辖的概念

对于一个具体的民事案件,在确定了级别管辖以后,仍然不能确定具体的管辖法院。因为除最高人民法院以外,同一级的人民法院均有多个。因此还需要进一步确定地域管辖。地域管辖又称为区域管辖或者属地管辖,是指同级人民法院之间受理第一审民事案件的分工和权限,它是按照法院辖区和民事案件的隶属关系来划分的管辖。

2. 确定地域管辖的标准

确定案件与法院辖区之间隶属关系的标准主要有两个:(1)以当事人住所地与法院辖区之间的联系作为标准;(2)以诉讼标的、诉讼标的物、法律事实与法院辖区之间的联系作为标准。按照第一个标准确定的管辖,就是一般地域管辖。按照第二个标准确定的管辖,就是特殊地域管辖。除此以外,地域管辖还包括合意管辖、专属管辖、共同管辖和选择管辖。

(二)一般地域管辖

一般地域管辖,是指根据当事人所在地与法院辖区之间的关系所确定的管辖。一般地域管辖以"原告就被告"为原则,以"被告就原告"为例外。这样规定的目的,一方面是为了防止原告通过滥用诉权侵犯被告的合法权益,另一方面也是为了方便法院审理案件。

1. 一般地域管辖的原则:原告就被告

《民诉法》第 21 条确立的就是一般地域管辖的原则。根据诉讼主体的不同,有以下几种情形:

(1) 被告为公民的。被告为公民的,由被告住所地人民法院管辖。被告住所地与经常居住地不一致的,由经常居住地人民法院管辖。《民诉法解释》第 3 条规定,公民的住所地是指公民的户籍所在地。第 5 条规定,公民的经常居住地是指公民离开住所地至起诉时已连续居住一年以上的地方。但公民住院就医的地方除外。第 7 条规定,当事人的户籍迁出后尚未落户,有经常居住地的,由该地人民法院管辖;没有经常居住地的,由其原户籍所在地人民法院管辖。

《民诉法解释》第 6、8、12 条规定以下几种情形也适用"原告就被告"的一般地域管辖原则:① 原告、被告均被注销户籍的,由被告居住地人民法院管辖。② 双方当事人都被监禁或采取强制性教育措施的,由被告原住所地人民法院管辖。被告被监禁或被采取强制性教育措施一年以上的,由被告被监禁地或被采取强制性教育措施地人民法院管辖。③ 夫妻双方离开住所地超过一年,一方起诉离婚的案件,由被告经常居住地人民法院管辖;没有经常居住地的,原告起诉时被告居住地人民法院管辖。①

(2) 被告为法人或者其他组织的。被告为法人或者其他组织的,由被告住所地人民法院管辖。法人或者其他组织的住所地是指法人或者其他组织的主要办事机构所在地。法人或者其他组织的主要办事机构所在地不能确定的,法人或者其他组织的注册或者登记地为住所地。对没有办事机构的个人合伙、合伙型联营体提起的诉讼,由被告注册登记地人民法院管辖。没有注册登记,几个被告又不在同一辖区的,被告住所地的人民法院都有管辖权。

原告就被告的管辖规定是一个兜底条款,即当《民诉法》或司法解释对管辖没有特别规定时,就可以适用该管辖规定。如在《合同法解释一》颁布前,对代位权、撤销权诉讼的管辖并无特别规定,实际上就可以适用原告就被告的管辖规定。后《合同法解释一》第 14 条规定:债权人依据《合同法》第 73 条、第 74 条规定提起代位权、撤销权诉讼的,由被告住所地法院管辖,对此再次予以了确认。

2. 一般地域管辖的例外:被告就原告

在司法实践中,有时候按照"原告就被告"的原则确定管辖反而不利于诉讼的进行。对此《民诉法》第 22 条规定,下列民事诉讼,由原告住所地人民法院管辖;原告住所地与经常居住地不一致的,由原告经常居住地人民法院管辖,即"被告就原告"。

(1) 对不在中华人民共和国领域内居住的人提起的有关身份关系的诉讼。此类诉讼需要满足以下两个条件:① 原告在中华人民共和国领域内居住,被告不在中华人民共和国领域内居住;② 仅限与身份关系有关的诉讼。

(2) 对下落不明或者宣告失踪的人提起的有关身份关系的诉讼。此类诉讼需要满足以下两个条件:① 原告没有下落不明或失踪,只是被告下落不明或失踪;

---

① 这几种情形的共同特点是原、被告双方都存在特殊情形。

② 仅限与身份关系有关的诉讼。

(3) 对被采取强制性教育措施的人提起的诉讼。中共十八届三中全会通过的《中共中央关于全面深化改革若干重大问题的决定》建议废除劳动教养制度。2013年12月28日，全国人大常委会第六次会议决定废止劳动教养制度。劳动教养制度被废止后，强制性教育措施的具体种类包括哪些有待立法进一步明确。此条规定的是原告没有，仅被告被采取强制性教育措施。由于被告在被采取强制性教育措施期间，人身自由受到了限制，强制性教育机构所在地与被告的住所地经常不一致，此时允许原告向自己所在地的法院起诉。

(4) 对被监禁的人提起的诉讼。这种情形指的是原告没有被监禁，仅被告被监禁。包括正在服刑的已决犯和未决犯。被监禁的人在监禁期间人身自由受到了限制，监禁地一般距原告、被告的住所地较远，此时允许原告向自己所在地的法院起诉。

此外，《民诉法解释》还补充规定了以下情形适用"被告就原告"：

(1) 第9条规定，追索赡养费、抚育费、扶养费案件的几个被告住所地不在同一辖区的，可以由原告住所地人民法院管辖①；

(2) 第6条规定，被告一方被注销户籍的，由原告住所地人民法院管辖；

(3) 第12条规定，夫妻一方离开住所地超过一年，另一方起诉离婚的案件，可以由原告住所地人民法院管辖。②

3. 对涉外离婚案件管辖的特别规定

《民诉法解释》第13至16条对居住在国外的我国公民的离婚诉讼管辖作了如下特别规定：

(1) 在国内结婚并定居国外的华侨，如定居国法院以离婚诉讼须由婚姻缔结地法院管辖为由不予受理，当事人向人民法院提出离婚诉讼的，由婚姻缔结地或一方在国内的最后居住地人民法院管辖。

(2) 在国外结婚并定居国外的华侨，如定居国法院以离婚诉讼须由国籍所属国法院管辖为由不予受理，当事人向人民法院提出离婚诉讼的，由一方原住所地或在国内的最后居住地人民法院管辖。

(3) 中国公民一方居住在国外，一方居住在国内，不论哪一方向人民法院提起离婚诉讼，国内一方住所地的人民法院都有权管辖。如国外一方在居住国法院起诉，国内一方向人民法院起诉的，受诉人民法院有权管辖。

(4) 中国公民双方在国外但未定居，一方向人民法院起诉离婚的，应由原告或

---

① 被告住所地法院仍然有管辖权。

② (2)(3)(4)三种情形仅指被告具有特殊情形，原告不具有特殊情形。如第(2)种情形中，仅被告被注销了户口，原告没有。第(3)种情形中，仅被告是军人，原告不是军人。第(4)种情形中，仅被告离开住所地，原告没有。

者被告原住所地的人民法院管辖。

（三）特殊地域管辖

特殊地域管辖是指以诉讼标的、诉讼标的物和法律事实与法院之间的隶属关系为标准所确定的管辖。[①] 由于在特殊地域管辖中规定有多个确定管辖法院的因素，因此适用特殊地域管辖的各类纠纷都会形成共同管辖。

根据《民诉法》第23条至第32条的规定，以下几种情形适用特殊地域管辖：

1. 合同纠纷的一般管辖规则

因合同纠纷提起的诉讼，由被告住所地或者合同履行地人民法院管辖。根据《民诉法解释》第18条的规定，合同履行地按下列方法确定：

（1）合同约定履行地点的，以约定的履行地点为合同履行地。即使实际履行地与约定履行地不一致，也由约定履行地法院管辖，尊重当事人的意思自治。

（2）合同没有实际履行，当事人双方住所地都不在合同约定的履行地的，由被告住所地人民法院管辖。

（3）双务合同因义务内容不同，履行地也会有所不同。当合同对履行地点没有约定或者约定不明确时，只有先确定双方的争议标的是什么，然后才能根据当事人争议的合同项下的特定义务来确定履行地。也就是说，用作管辖的合同履行地不是根据合同的性质来确定，而是根据争议标的的性质来确定。鉴于《合同法》第62条第3项对某些合同义务的履行地点不明确时如何确定履行地作了规定，当争议的标的就是《合同法》第62条第3项规定的义务时，可以依据实体法规定的履行地来确定管辖，将实体法与程序法中的合同履行地统一起来。具体包括以下几种情形：第一是争议标的为给付货币的，接收货币一方所在地为合同履行地。给付货币是指实体合同中规定的给付货币义务，而非诉讼请求中的给付金钱。比如贷款合同中贷方没有及时交付贷款，借方起诉要求交付贷款，借方所在地为合同履行地。货物买卖合同中，如果是因卖方没有及时交付货物，买方起诉要求卖方支付违约金。此时争议的标的是卖方没有及时交付货物，而非接受货币，因此买方所在地并非合同履行地。如果买方没有及时支付货款，卖方起诉要求支付货款，卖方属于接受货币方，卖方所在地为合同履行地。第二是争议标的为交付不动产的，不动产所在地为合同履行地。第三是其他标的，履行义务一方所在地为合同履行地。比如买卖合同，买方起诉要求卖方交付货物，卖方所在地为合同履行地。

2. 特殊合同纠纷的管辖规则

（1）即时结清的合同，交易行为地为合同履行地。

（2）因保险合同纠纷提起的诉讼，由被告住所地或者保险标的物所在地人民

[①] 我国《民诉法》在规定特殊地域管辖时，对很多纠纷都规定了被告住所地法院享有管辖权。实际上根据被告住所地确定的管辖实际上并不是特殊地域管辖，而是一般地域管辖。

法院管辖。根据《民诉法解释》第 25 条的规定,如果保险标的物是运输工具或者运输中的货物,可以由被告住所地或者运输工具登记注册地、运输目的地、保险事故发生地的人民法院管辖。因人身保险合同纠纷提起的诉讼,可以由被保险人住所地人民法院管辖。

(3) 财产租赁合同、融资租赁合同以租赁物使用地为合同履行地。合同对履行地有约定的,从其约定。

(4) 以信息网络方式订立的买卖合同,通过信息网络交付标的的,以买受人住所地为合同履行地;通过其他方式交付标的的,收货地为合同履行地。合同对履行地有约定的,从其约定。

(5) 因铁路、公路、水上、航空运输和联合运输合同纠纷提起的诉讼,由运输始发地、目的地或者被告住所地人民法院管辖。运输合同包括客运合同和货运合同两大类。运输的始发地是指旅客或者货物的最初出发地。运输的目的地是指旅客或者货物的最终到达地。

3. 票据纠纷

因票据纠纷提起的诉讼,由票据支付地或者被告住所地人民法院管辖。票据一般是指商业上由出票人签发,无条件约定自己或要求他人支付一定金额,可流通转让的有价证券。根据我国《票据法》的规定,票据分为汇票、本票和支票三种。票据纠纷是指票据的发票人、承兑人、收款人和背书人之间因票据的签发、承兑、转让、贴现而发生的纠纷。票据支付地是指票据上载明的付款地,票据上未载明付款地的,汇票付款人或者代理付款人的营业场所、住所或者经常居住地,本票出票人的营业场所,支票付款人或者代理付款人的营业场所所在地为票据付款地。

4. 侵权行为纠纷

因侵权行为提起的诉讼,由侵权行为地或者被告住所地人民法院管辖。其中侵权行为地,包括侵权行为实施地和侵权结果发生地。如果侵权行为实施地、侵权结果发生地和被告住所地不在同一法院辖区时,各法院都有管辖权。

《民诉法解释》与相关的司法解释对于一些特殊的侵权行为,如何确定侵权行为地作了进一步的规定,主要有:

(1) 信息网络侵权行为实施地包括实施被诉侵权行为的计算机等信息设备所在地,侵权结果发生地包括被侵权人住所地。①

(2) 因产品、服务质量不合格造成他人财产、人身损害提起的诉讼,产品制造地、产品销售地、服务提供地、侵权行为地和被告住所地人民法院都有管辖权。②

(3) 当事人申请诉前保全后没有在法定期间起诉或者申请仲裁,给被申请人、

---

① 《民诉法解释》第 25 条。
② 《民诉法解释》第 26 条。

利害关系人造成损失引起的诉讼,由采取保全措施的人民法院管辖。当事人申请诉前保全后在法定期间内起诉或者申请仲裁,被申请人、利害关系人因保全受到损失提起的诉讼,由受理起诉的人民法院或者采取保全措施的人民法院管辖。①

(4) 因侵犯专利权行为提起的诉讼,由侵权行为地或者被告住所地人民法院管辖。侵权行为地包括:被控侵犯发明、实用新型专利权的产品的制造、使用、许诺销售、销售、进口等行为的实施地;专利方法使用行为的实施地,依照该专利方法直接获得的产品的使用、许诺销售、销售、进口等行为的实施地;外观设计专利产品的制造、销售、进口等行为的实施地;假冒他人专利的行为实施地。

原告仅对侵权产品制造者提起诉讼,未起诉销售者,侵权产品制造地与销售地不一致的,制造地人民法院有管辖权;以制造者与销售者为共同被告起诉的,销售地人民法院有管辖权。

销售者是制造者分支机构,原告在销售地起诉侵权产品制造者制造、销售行为的,销售地人民法院有管辖权。②

(5) 因侵犯注册商标专用权行为提起的民事诉讼,由《商标法》第 13 条、第 52 条所规定侵权行为的实施地、侵权商品的储藏地或者查封扣押地、被告住所地人民法院管辖。侵权商品的储藏地,是指大量或者经常性储存、隐匿侵权商品所在地;查封扣押地,是指海关、工商等行政机关依法查封、扣押侵权商品所在地。③

(6) 因侵犯著作权行为提起的民事诉讼,由《著作权法》第 46 条、第 47 条所规定侵权行为的实施地、侵权复制品储藏地或者查封扣押地、被告住所地人民法院管辖。侵权复制品储藏地,是指大量或者经常性储存、隐匿侵权复制品所在地;查封扣押地,是指海关、版权、工商等行政机关依法查封、扣押侵权复制品所在地。④

(7) 侵害信息网络传播权民事纠纷案件,由侵权行为地或者被告住所地人民法院管辖。侵权行为地包括实施被诉侵权行为的网络服务器、计算机终端等设备所在地。侵权行为地和被告住所地均难以确定或者在国外的,原告发现侵权内容的计算机终端等设备所在地可以视为侵权行为地。⑤

(8) 涉及计算机网络域名的侵权纠纷案件,由侵权行为地或者被告住所地的中级人民法院管辖。对难以确定侵权行为地和被告住所地的,原告发现该域名的计算机终端等设备所在地可以视为侵权行为地。⑥

5. 交通事故损害赔偿纠纷

因铁路、公路、水上和航空事故请求损害赔偿提起的诉讼,由事故发生地或者

---

① 《民诉法解释》第 27 条。
② 《专利规定》第 5、6 条。
③ 《商标解释》第 6 条。
④ 《著作权解释》第 4 条。
⑤ 《侵害信息网络传播权规定》第 15 条。
⑥ 《计算机网络域名解释》第 1 条。

车辆、船舶最先到达地、航空器最先降落地或者被告住所地人民法院管辖。

事故发生地是指事故发生以及造成损害结果的地点。车辆、船舶最先到达地是指车辆、船舶在事故发生以后第一次停靠的车站、码头和港口。航空器最先降落地是指航空器在事故发生以后第一次降落或者坠落的地点。

6. 海损事故损害赔偿纠纷

因船舶碰撞或者其他海事损害事故请求损害赔偿提起的诉讼，由碰撞发生地、碰撞船舶最先到达地、加害船舶被扣留地或者被告住所地人民法院管辖。

船舶碰撞是指船舶在航行过程中因为接触或者碰撞而引起的损害事故。其他海事损害事故是指船舶在航行过程中因为浪损、触礁、沉没、搁浅、失踪或者爆炸而引起的损害事故。

7. 海难救助费用纠纷

因海难救助费用提起的诉讼，由救助地或者被救助船舶最先到达地人民法院管辖。

海难救助是指对遭遇海难的船舶及船舶上的人员、货物给予的救助。救助行为实施后，救助人有权根据救助的事实和效果要求被救助方支付救助费用。

8. 共同海损承担纠纷

因共同海损提起的诉讼，由船舶最先到达地、共同海损理算地或者航程终止地的人民法院管辖。

共同海损，是指在同一海上航程中，船舶、货物和其他财产遭遇共同危险，为了共同安全，有意地合理地采取措施所直接造成的特殊牺牲、支付的特殊费用。共同海损应当根据一定的规则进行理算，并由受益各方分摊。目前国际上通用的理算规则是1974年《约克·安特卫普规则》。我国于1975年颁布了《中国国际贸易促进委员会共同海损理算暂行规则》（简称《北京理算规则》），并在北京设立了共同海损理算处。发生共同海损后，如在我国理算，理算地即为北京。航程终止地是指发生共同海损的船舶航程终止的地点。

9. 公司设立、确认股东资格、分配利润、解散等纠纷

2008年颁布的《公司法解释（二）》第24条对涉及公司组织的部分诉讼管辖做了初步规定：解散公司诉讼案件和公司清算案件由公司住所地人民法院管辖。公司住所地是指公司主要办事机构所在地。公司办事机构所在地不明确的，由其注册地人民法院管辖。为全面解决有关公司组织的诉讼，《民诉法》第26条规定，因公司设立、确认股东资格、分配利润、解散等纠纷提起的诉讼，由公司住所地人民法院管辖。《公司法》第10条规定：公司以其主要办事机构所在地为住所。本条规定对纠纷种类采取的是列举加兜底的方式，并不仅限于上述纠纷。《民诉法解释》第22条规定，因股东名册记载、请求变更公司登记、股东知情权、公司决议、公司合并、公司分立、公司减资、公司增资等纠纷提起的诉讼，由公司住所地人民法院管

辖。由于上述纠纷涉及的都是公司组织行为，一般将上述民事诉讼统称为公司组织诉讼。此类纠纷无论公司系原告还是被告都由公司住所地人民法院管辖。公司有住所地就意味着公司已经成立，故就公司设立纠纷而言，因公司未能设立，债权人请求全体或者部分发起人对设立公司行为所产生的费用和债务承担连带清偿责任的，不适用该条管辖规定。如果公司不是当事人，即使涉及公司利益，如股东与股东之间的出资违约纠纷、股权转让纠纷等也不能适用本条规定。①

10. 定居在国外的已经离婚的公民要求分割国内财产的纠纷

已经离婚的中国公民，双方均定居国外，仅就国内财产分割提起诉讼的，由主要财产所在地人民法院管辖。

▶ 三、专属管辖

专属管辖是指法律明确规定特定类型的案件只能由特定的法院管辖，其他法院均无权管辖，当事人也不得通过协议加以变更的管辖。专属管辖具有很强的排他性：第一，排除一般地域管辖和特殊地域管辖的适用。第二，排除协议管辖的适用。

根据我国《民诉法》第33条、《民诉法解释》第292条至第304条的规定，属于专属管辖的案件有以下几类：

（1）因不动产纠纷提起的诉讼，由不动产所在地人民法院管辖。

不动产是指不能移动或者移动后其性能或者价值会降低或者丧失的财产，主要包括房屋、土地、草原、河流、滩涂等。不动产纠纷是指因不动产的权利确认、分割、相邻关系等引起的物权纠纷。不动产已登记的，以不动产登记簿记载的所在地为不动产所在地；不动产未登记的，以不动产实际所在地为不动产所在地。有些涉及不动产的合同，如农村土地承包经营合同纠纷、房屋租赁合同纠纷、建设工程施工合同纠纷、政策性房屋买卖合同纠纷等，如果由不动产所在地人民法院管辖的话，有利于案件的审理与执行，有利于统一裁判尺度，有利于配合当地政府处理该类案件引起的群体性纠纷。因此《民诉法解释》第28条规定，农村土地承包经营合同纠纷、房屋租赁合同纠纷、建设工程施工合同纠纷、政策性房屋买卖合同纠纷，按照不动产纠纷确定管辖。其中建设工程施工合同纠纷包括最高人民法院《民事案件案由规定》第三级案由"建设工程合同纠纷"项下与建设工程施工相关的七个第四级案由：即建设工程施工合同纠纷、建设工程价款优先受偿权纠纷、建设工程分包合同纠纷、建设工程监理合同纠纷、装饰装修合同纠纷、铁路修建合同纠纷、农村建房施工合同纠纷。政策性房屋包括两限房、自住性商品房、经济适用房、廉租房、优惠价房、单位自管房、军产房、小产权房、农村房屋及公租房等享受国家税收、福

---

① 在10种特殊地域管辖中，只有海难救助、共同海损纠纷和公司组织诉讼没有规定被告住所地法院享有管辖权。

利、政策优惠等条件的房屋以及农村集体土地上的房屋。

不动产纠纷虽实行专属管辖，但不排斥当事人约定通过仲裁解决。

(2) 因港口作业中发生纠纷提起的诉讼，由港口所在地人民法院管辖。

港口作业中发生纠纷主要包括因为货物的装卸、仓储、港口的驳运、理货、货物保管，污染港口，损坏港口设施而发生的纠纷。不过，根据《海诉法》第7条的规定，因沿海港口作业纠纷提起的诉讼，由港口所在地海事法院，而不是人民法院管辖。[①]

(3) 因继承遗产纠纷提起的诉讼，由被继承人死亡时住所地或者主要遗产所在地人民法院管辖。

当被继承人死亡时的住所地与经常居住地不一致时，仍然由被继承人死亡时住所地法院管辖，并不适用由经常居住地法院管辖的规定，因为住所地与经常居住地不一致时，由经常居住地法院管辖的规定仅适用于当事人，但被继承人不是当事人。主要遗产所在地应当根据遗产的具体情况来判断。通常是以其中价值高的遗产所在地作为主要遗产所在地。例如遗产既有动产，又有不动产，通常是以不动产所在地作为主要遗产所在地。如果遗产是多项动产，通常是以价值高的动产所在地作为主要遗产所在地。

(4) 第三人撤销之诉，由作出该判决、裁定和调解书的人民法院管辖。

第三人撤销之诉是指与案件具有法律上利害关系的第三人，因不能归责于己的事由而未参加诉讼，但其民事权益因案件的处理结果而受到损害时，向法院提起的请求撤销或改变原生效裁判的诉讼。此类诉讼由作出该判决、裁定和调解书的人民法院管辖显然有利于查清案件真相，其他法院无权管辖此类案件。《民诉法解释》第292条规定，第三人撤销之诉由作出该判决、裁定和调解书的人民法院管辖。

(5) 执行异议之诉由执行法院管辖。

执行异议之诉是因为案外人对执行标的物主张权利以排除对其之执行，在执行法院作出裁定后，因执行异议与作为执行依据的原裁定、判决无关，案外人、当事人对执行异议裁定不服而提起的诉讼。《民诉法解释》第304条规定，执行异议之诉由执行法院管辖。

(6) 破产衍生诉讼只能向受理破产申请的人民法院提起。

破产衍生诉讼是指以破产企业为一方当事人，与破产程序相关的以实体民事权利义务为内容的民事诉讼。如债权确认诉讼、别除权诉讼、破产撤销权诉讼等。

---

① 我国《海诉法》第7条，下列海事诉讼，由本条规定的海事法院专属管辖：
(1) 因沿海港口作业纠纷提起的诉讼，由港口所在地海事法院管辖；
(2) 因船舶排放、泄漏、倾倒油类或者其他有害物质，海上生产、作业或者拆船、修船作业造成海域污染损害提起的诉讼，由污染发生地、损害结果地或者采取预防污染措施地海事法院管辖；
(3) 因在中华人民共和国领域和有管辖权的海域履行的海洋勘探开发合同纠纷提起的诉讼，由合同履行地海事法院管辖。

对于此类诉讼,我国《企业破产法》第 21 条规定,人民法院受理破产申请后,有关债务人的民事诉讼,只能向受理破产申请的人民法院提起。

四、共同管辖和选择管辖

共同管辖是指根据法律规定,两个或以上的法院对同一案件都有管辖权。选择管辖是指在两个或以上法院对同一案件都有管辖权的情况下,当事人可以选择向其中一个法院起诉。

共同管辖和选择管辖,实际上是同一个问题。只不过共同管辖是相对于法院而言的,选择管辖是相对于当事人而言的。共同管辖是选择管辖的前提和基础,只有当一个案件存在共同管辖时,当事人才需要从中选择一个法院起诉。

发生共同管辖常见的原因有:(1)案件中存在两个或以上的不在同一法院辖区的被告;(2)案件存在数个不在同一法院辖区内的联结因素,且数个联结因素所在地法院都有管辖权;(3)案件中的同一联结因素涉及两个以上法院的辖区。如侵权行为发生在两个法院辖区。

我国《民诉法》第 35 条规定:"原告向两个以上有管辖权的人民法院起诉的,由最先立案的人民法院管辖。"《民诉法解释》第 36 条规定:"两个以上人民法院都有管辖权的诉讼,先立案的人民法院不得将案件移送给另一个有管辖权的人民法院。人民法院在立案前发现其他有管辖权的人民法院已先立案的,不得重复立案;立案后发现其他有管辖权的人民法院已先立案的,裁定将案件移送至先立案的人民法院。"

五、合意管辖

合意管辖是指对于不属于专属管辖的案件,当事人可以通过书面协议或行为改变法律规定的管辖,具体包括协议管辖和应诉管辖。合意管辖体现的是对当事人处分权的尊重。

应诉管辖是指法院按照法律的规定本不享有管辖权,但因被告不在法定期限内提出管辖异议,而是应诉答辩,则视为其同意受诉法院之管辖,受诉法院因此而取得管辖权的一种管辖制度。我国《民诉法》第 127 条第 2 款规定:"当事人未提出管辖异议,并应诉答辩的,视为受诉人民法院有管辖权,但违反级别管辖和专属管辖规定的除外。"

由此可见,应诉管辖应满足两个条件:一是被告在提交答辩状期间没有提出管辖权异议,而是应诉答辩。应诉答辩是指被告就实体问题进行答辩陈述。反诉以本诉为前提,意在抵消、反驳、否定本诉,因而也是对本诉实体问题的一种答辩。二是不得违反级别管辖和专属管辖。

协议管辖,是指双方当事人在纠纷发生之前或之后,以书面协议的方式约定管辖法院的一种管辖制度。

我国《民诉法》第34条规定:"合同或者其他财产权益纠纷的当事人可以书面协议选择被告住所地、合同履行地、合同签订地、原告住所地、标的物所在地等与争议有实际联系的地点的人民法院管辖,但不得违反本法对级别管辖和专属管辖的规定。"根据上述规定,协议管辖应当具备以下条件:

(1) 协议管辖适用于合同纠纷案件和其他财产权益纠纷,前者如汽车买卖合同纠纷,后者如当事人因同居或者在解除婚姻、收养关系后发生财产争议。在《民诉法》2012年修正之前,只有在涉外民事诉讼中,当事人才可以对其他财产权益纠纷协议管辖。现在予以了统一,不再区分对待。

(2) 协议管辖只能对第一审管辖法院进行协议选择,对第二审管辖法院,当事人不得协议选择。

(3) 协议管辖必须采用书面形式。书面可以是当事人订立在合同中的协议管辖,该条款应被视为具有独立性的条款,即使合同被确认无效,协议管辖条款的效力亦不受影响。也可以是在合同纠纷或者其他财产权益纠纷发生后达成的书面管辖协议。

当经营者使用格式条款与消费者订立管辖协议时,由于经营者往往会约定对自己有利的管辖法院,因此应采取合理方式提请消费者注意,否则消费者可以主张管辖协议无效。如采用足以引起对方注意的文字、符号、字体等特别标示,并按照对方的要求对该格式条款予以说明便属于采取了合理方式提请消费者注意。

当订有管辖协议的合同转让时,合同中的管辖协议对合同受让人有效,但转让时受让人不知道有管辖协议,或者转让协议另有约定且原合同相对人同意的除外。

(4) 必须在法律规定的范围内进行选择。当事人选择的管辖法院应当与争议有实际联系,实践中,最常见的就是以下五个地方的法院:原告住所地、被告住所地、合同签订地、合同履行地、标的物所在地。

管辖协议约定由一方当事人住所地人民法院管辖,协议签订后当事人住所地变更的,由签订管辖协议时的住所地人民法院管辖,但当事人另有约定的除外。

(5) 选择必须明确、单一。"明确"是指当事人在起诉时能够确定管辖法院,不存在模棱两可的情形。如约定由守约方住所地法院管辖,就属于不确定,因为谁是守约方只有待审理后才能明确。"单一"是指当事人在起诉时只能从约定的与争议有实际联系的法院中选择一个法院作为管辖法院,不得选择两个或两个以上地方的法院作为管辖法院。因此,约定了两个以上与争议有实际联系的地点的人民法院作为管辖法院并不会导致管辖协议无效,因为判断"单一"的基准时是起诉时而不是约定时。

（6）协议管辖不得违反有关级别管辖和专属管辖的规定。级别管辖关系到各级人民法院的工作负荷，当事人不得协议变更，否则会造成审级关系的混乱。专属管辖是强制性管辖，当事人不得通过协议改变。

如果在起诉时不能根据管辖协议确定管辖法院，则依照民事诉讼法的相关规定确定管辖。

▶ 六、裁定管辖

裁定管辖是指根据法院的裁定所确定的管辖。裁定管辖是对法定管辖的补充。根据我国《民诉法》的规定，裁定管辖主要有三种情况：移送管辖、指定管辖和管辖权的转移。

（一）移送管辖

移送管辖是指人民法院在受理案件以后一审开庭之前，发现自己对案件并没有管辖权，依法裁定将该案件移送给有管辖权的人民法院。移送管辖，实际上是法院在错误受理案件之后所采取的一种补救措施。移送管辖可能发生在同级人民法院之间，以纠正地域管辖方面的错误。也可能发生在上下级人民法院之间，以纠正级别管辖错误。由于移送法院对案件没有管辖权，因此，移送管辖所移送的是案件，而不是案件的管辖权。

我国《民诉法》第36条规定："人民法院发现受理的案件不属于本院管辖的，应当移送有管辖权的人民法院，受移送的人民法院应当受理。受移送的人民法院认为受移送的案件依照规定不属于本院管辖的，应当报请上级人民法院指定管辖，不得再自行移送。"这一规定表明必须同时具备以下三个条件才能移送管辖：

（1）受移送案件已为移送法院受理且一审尚未开庭。如果在案件受理之前，法院就发现自己对案件没有管辖权，此时只需要裁定驳回不予受理或者告诉当事人向有管辖权的法院起诉即可，不发生移送问题。

（2）移送法院对该案件没有管辖权或者虽有管辖权但其他有管辖权的法院已经先立案。如果移送法院对案件有管辖权，就不得移送。根据《民诉法解释》第36条的规定，其他有管辖权的法院如果已经先受理了该案件，后立案的法院尽管也有管辖权，仍需将案件移送给先立案的法院。

（3）移送法院认为受移送法院对案件有管辖权。

根据我国《民诉法》第127条第2款、《民诉法解释》第36条至第39条的规定，以下四种情况不得移送：

（1）两个以上人民法院都有管辖权的诉讼，先立案的人民法院不得将案件移送给另一个有管辖权的人民法院。

(2) 有管辖权的人民法院受理案件后,不得以行政区域或当事人住所地与经常居住地发生变更为由,将案件移送给变更后有管辖权的人民法院。

(3) 受移送的人民法院即使认为移送过来的案件不属于本院管辖,也不得将案件移送给其他法院或者退回给移送法院,而只能报请上级人民法院指定管辖。

(4) 法院虽然没有管辖权,若被告在答辩期间应诉答辩的,且不违反级别管辖和专属管辖的,受诉法院根据应诉管辖就取得了管辖权,无需移送。

若当事人在答辩期间届满后未应诉答辩,人民法院在一审开庭前,发现案件不属于本院管辖的,应当裁定移送有管辖权的人民法院,因此法院移送管辖的最后时间点是开庭前。

(二) 指定管辖

指定管辖,是指上级法院以裁定的方式,指定其辖区内的下级法院对某一民事案件行使管辖权。

根据我国《民诉法》第36条、第37条的规定,指定管辖适用于以下三种情况:

(1) 受移送的人民法院认为自己对受移送的案件没有管辖权。

(2) 有管辖权的人民法院由于特殊原因,不能行使管辖权。特殊原因主要包括两种情形:其一是法律原因。如法院就是买卖合同纠纷的被告。其二是事实原因。如法院所在地发生了严重的地震、水灾等自然灾害,导致该法院在事实上无法行使管辖权。

(3) 人民法院之间因管辖权发生争议,无法通过协商解决。法院之间的管辖权争议包括积极争议和消极争议两类。前者是指两个或两个以上法院均认为自己对某一案件有管辖权,都要求受理该案件。后者是指两个或两个以上法院均认为自己对某一案件没有管辖权,都不愿意受理该案件。人民法院之间因管辖权发生争议,通常由争议双方协商解决。如果协商解决不了,则应当报请双方的共同上级人民法院指定管辖。根据《民诉法解释》第40条的规定,双方为同属一个地、市辖区的基层人民法院的,由该地、市的中级人民法院及时指定管辖;同属一个省、自治区、直辖市的两个人民法院的,由该省、自治区、直辖市的高级人民法院及时指定管辖;双方为跨省、自治区、直辖市的人民法院,高级人民法院协商不成的,由最高人民法院及时指定管辖。在报请上级人民法院指定管辖时,应当逐级进行。上级人民法院在指定管辖时,应当作出裁定。

对报请上级人民法院指定管辖的案件,下级人民法院应当中止审理。指定管辖裁定作出前,下级人民法院对案件作出判决、裁定的,上级人民法院应当在裁定指定管辖的同时,一并撤销下级人民法院的判决、裁定。

(三) 管辖权的转移

管辖权的转移,是指根据法律的规定将某个案件的管辖权在上下级法院之间进行转移,即从管辖权的法院转移到没有管辖权的法院。

根据我国《民诉法》第38条的规定,管辖权的转移包括以下两种情况:

(1) 向上转移。管辖权向上转移是指由下级人民法院管辖的第一审民事案件,在符合法定条件时交给上级人民法院审理。管辖权向上转移,有利于克服下级人民法院在审理某些案件时可能会遇到的不当干预。对于某些新型案件,由于上级法院通常比下级法院在审理案件方面的能力强,将管辖权向上转移,会更有利于这些案件的公正审判。

具体又包括两种情形:

一是上级法院决定转移。上级法院决定转移是指上级人民法院对下级人民法院管辖的第一审民事案件认为有必要由自己审理,主动决定将案件转移上来由自己审理。上级法院作出决定后,案件的管辖权就发生转移。

二是下级法院申请转移。下级法院申请转移是指下级人民法院认为自己有管辖权的案件需要由上级人民法院审理,可以报请上级人民法院审理,经上级法院同意后,案件的管辖权就转移至上级法院。

(2) 向下转移。管辖权向下转移是指受诉人民法院将自己管辖的第一审民事案件,在确有必要时并经自己的上级法院批准后交给下级人民法院审理。向下转移由于会损害当事人的审级利益,因而需要特别慎重。《民诉法》修订之前,由于对管辖权向下转移没有设置任何限制,实践中,受诉法院随意将案件下放,使之成为了部分案件规避级别管辖的手段。新法给管辖权向下转移设置了两个条件:第一是确有必要,如由下级法院审理更有利于勘验现场,大幅度节省费用。第二是应当报请其上级人民法院批准。只有满足了这两个条件,才能向下转移。

根据《民诉法解释》第42条的规定,对于下列案件,受诉法院在报请其上级人民法院批准后,应当裁定将案件交下级人民法院审理:其一,破产程序中有关债务人的诉讼案件。《企业破产法》第20条规定,人民法院受理破产申请后,已经开始而尚未终结的有关债务人的民事诉讼或者仲裁应当中止;在管理人接管债务人的财产后,该诉讼或者仲裁继续进行。第21条规定,人民法院受理破产申请后,有关债务人的民事诉讼,只能向受理破产申请的人民法院提起。按此规定,破产程序只负责程序问题,不解决实体问题,实体问题由各种衍生诉讼解决。因此在破产案件中,存在大量的衍生诉讼,如劳动诉讼、取回权诉讼、别除权诉讼、抵消权诉讼、撤销债务人财产处分行为诉讼等。这些衍生诉讼交给下级法院审理有利于当事人参加诉讼,节约诉讼成本和司法资源。其二,当事人人数众多且不方便诉讼的案件。此类案件往往需要依靠当地党委政府协助解决,下放管辖有利于矛盾的解决。其三,最高人民法院确定的其他类型案件。

管辖权转移和移送管辖是完全不同的两种制度,其区别主要体现在以下三个方面:

(1)性质不同。管辖权转移是将案件从有管辖权的法院转移至没有管辖权的法院,因而转移的是案件的管辖权,而不是案件。移送管辖则是将案件从没有管辖权的法院转移至有管辖权的法院,因而移送的是案件,而不是案件的管辖权。

(2)作用不同。管辖权转移是对级别管辖的调整,即根据案件审理的实际情况,将案件的管辖在上下级法院之间进行调整。移送管辖却是纠正法院错误行使级别管辖或地域管辖的方式。

(3)程序不同。管辖权转移既可以基于上级法院的单方决定行为发生,也可以基于双方行为发生,即下级法院的报请和上级法院的同意。移送管辖基于移送法院的单方移送行为发生,无需受移送法院的同意。

第四节 管辖的理论分类

我国民事诉讼理论主要从以下几个方面对管辖进行分类:

(1)法定管辖和裁定管辖。以管辖是由法律直接规定还是由法院裁定确定为标准,管辖可分为法定管辖和裁定管辖。法定管辖是指由法律直接规定的管辖。如地域管辖、级别管辖。裁定管辖是指不依据法律的直接规定,而是根据人民法院的意思通过裁定方式确定的管辖。如移送管辖、指定管辖和管辖权移送。法定管辖针对的是一般情形,体现的是管辖的确定性原则。裁定管辖针对的是特殊情形,体现的是管辖的灵活性原则。

(2)专属管辖和合意管辖。以管辖是由法律强制性规定还是由当事人协商确定为标准,管辖可以分为专属管辖和合意管辖。专属管辖是指法律明确规定某些类型的案件只能由特定的法院管辖,其他法院均无权管辖,当事人也不得通过协议加以变更。合意管辖是指法律对案件的管辖虽然有规定,但允许当事人通过书面协商或行为默示协商案件的管辖,包括协议管辖和应诉管辖。

(3)共同管辖和合并管辖。以管辖权是否来源于地域管辖,可以将管辖分为共同管辖和合并管辖。共同管辖是指对于同一案件,两个或两个以上法院都有管辖权。这些法院的管辖权或源于一般地域管辖,或源于特殊地域管辖。合并管辖,也被称为牵连管辖或者连带管辖,是指对某一案件有管辖权的法院,可以一并管辖与此案有牵连的,但又不能对其单独行使管辖权的其他案件。此时法院对其他案件的管辖权并不源于地域管辖,而是两个案件之间的牵连性。适用合并管辖的主要情形是原告增加新诉,被告提出反诉,第三人提出与本案有关的诉。

各种管辖之间的关系可以图示如下:

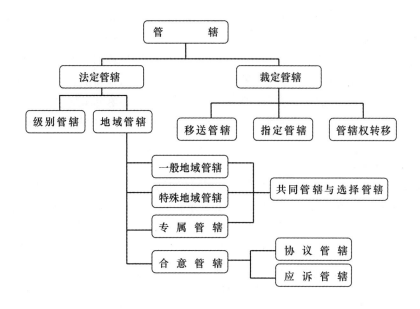

第五节 管辖权异议

一、管辖权异议的含义

所谓管辖权异议,是指在民事诉讼中,当事人对受诉法院的管辖权提出质疑的一种制度。由于管辖问题非常复杂,法院在判断自己是否享有管辖权时有可能出现错误。这种错误一方面有违法律规定,另一方面也有可能损害当事人的利益,因此应当给予当事人异议机会。《民诉法》第127条第1款规定:"人民法院受理案件后,当事人对管辖权有异议的,应当在提交答辩状期间提出。人民法院对当事人提出的异议,应当审查。异议成立的,裁定将案件移送有管辖权的人民法院;异议不成立的,裁定驳回。"

二、管辖权异议提起的条件

(一)管辖权异议的主体

管辖权异议提起的主体只能是本诉被告。原告不能提出管辖权异议,因为管辖法院是原告主动选择之结果。如果允许原告提出管辖权异议,无异于自己否定自己的选择,有违诚实信用原则。被追加的共同原告也不能提管辖权异议,因为原告的起诉对其他共同原告有法律效力,所以被追加的原告不能提管辖权异议。即使是法院移送管辖错误,原告也不能提出异议,此时受移送法院只能请求上级法院指定管辖。

有独立请求权的第三人主动参加他人已开始的诉讼,应视为承认和接受了受诉法院的管辖,因而不发生对管辖权提出异议的问题;如果是受诉法院依职权通知他参加诉讼,则他有权选择是以有独立请求权的第三人的身份参加诉讼,还是以原告身份向有管辖权的法院另行起诉。无独立请求权的第三人参加他人已开始的诉讼,是通过支持一方当事人的主张,维护自己的利益。由于他在诉讼中始终辅助一方当事人,并以一方当事人的主张为转移。所以,他无权对受诉法院的管辖权提出异议。①

(二) 管辖权异议的客体

管辖权异议的客体既可以是地域管辖,也可以是级别管辖。如果认为法院对某一案件没有主管权限,可以提出异议,但不属于管辖权异议。因此主管不属于管辖权异议的客体。

(三) 提出管辖权异议的时间

被告提出管辖权异议的时间原则上为提交答辩状期间届满之前,即被告收到起诉状副本之次日起15日之内。提交答辩状期间届满后,原告增加诉讼请求金额致使案件标的额超过受诉人民法院级别管辖标准的,被告可以提出管辖权异议,请求由上级人民法院管辖,人民法院应当进行审查并作出裁定。②

三、对管辖权异议处理的程序

受诉法院收到当事人提出的管辖权异议后,应当对异议进行审查。审查后,认为异议成立的,裁定将该案件移送给有管辖权的法院。认为异议不成立的,裁定驳回异议。当事人对裁定不服的,可以在10日内向上一级法院提起上诉。

四、放弃管辖权异议的后果

如果受诉法院是因为不符合地域管辖的规定而不享有管辖权,但并没有违反级别管辖和专属管辖的规定,若被告没有在异议期内提出异议,而是应诉答辩的,视为受诉人民法院有管辖权。我国《民诉法》第127条第2款规定:"当事人未提出管辖异议,并应诉答辩的,视为受诉人民法院有管辖权,但违反级别管辖和专属管辖规定的除外。"

作此规定的原因在于管辖是法院内部的分工,任何一个法院审理案件都是代表国家审理案件。除了基于特定利益(级别管辖就是基于审级利益)或政策(专属管辖就是基于政策考虑)的考虑,国家对管辖进行强制性规定外,其他对管辖的规定都是基于对当事人利益的考虑(如一般地域管辖和特殊地域管辖)。对这种利益

---

① 最高人民法院《关于第三人能否对管辖权提出异议问题的批复》。
② 《级别管辖异议规定》第2条。

当事人可以放弃。一旦当事人放弃了该利益,受诉法院就享有管辖权。推定当事人放弃管辖利益需要当事人同时具备两个行为:当事人没有在异议期内提出异议且应诉答辩,二者缺一不可。

第六节 确定管辖的实务技巧

一、确定管辖的基本流程

确定管辖是诉讼实务中非常重要的一环,也是诉讼的基本功。基本流程是:

确定主管→确定法院种类→确定级别管辖→确定地域管辖
地域管辖确定顺序:专属管辖→协议管辖→特殊地域管辖→一般地域管辖

纠纷发生后,首先要确定民事诉讼主管,即判断该纠纷是否是民事纠纷。审查的方法就是看当事人之间的纠纷是否属于平等主体之间的财产关系争议或人身关系争议。如果不是民事纠纷,如因单位内部管理而引发的争议,自然就不能提起民事诉讼。如果是,则要进一步审查:(1)法律对该纠纷是否有例外规定。如平等主体之间如对土地所有权权属发生争议,虽然是一个民事纠纷,但并不能提起民事诉讼,而只能申请行政机关处理。对行政机关的处理不服,提起行政诉讼。① (2)当事人之间是否签订有有效的仲裁协议。如果是,则不属于民事诉讼主管。(3)是否存在提起民事诉讼的前置程序。如劳动争议虽是民事纠纷,但应当先进行劳动仲裁,对劳动仲裁不服才能提起民事诉讼。② 事业单位的员工与单位之间发生人事争议时也应当先进行人事仲裁,对人事仲裁不服才能提起民事诉讼。如果纠纷属于民事纠纷,又不存在其他限制时则可以向人民法院起诉。

其次是决定向哪类法院起诉。我国的法院除了人民法院外,尚有海事法院、铁路运输法院、军事法院,它们都可以受理民事纠纷。有些纠纷只能诉到专门法院,如海商事纠纷只能诉到海事法院,双方当事人均为军人或者军队单位的民事案件,一般由军事法院管辖。有些纠纷多类法院都可以管辖。如当事人一方是军人的婚姻家庭纠纷案件,既可以诉到军事法院,也可以起诉到人民法院。

再次是确定级别管辖,即选择向哪一级法院起诉。在确定级别管辖时,除了参考前面所介绍的级别管辖知识以外,还需综合参考最高人民法院随着社会发展而不断更新的司法解释和各省、自治区、直辖市高级人民法院对级别管辖的规定。最高人民法院颁布的《全国各省、自治区、直辖市高级人民法院和中级人民法院管辖

---

① 参见我国《土地管理法》第16条。
② 例外是劳动者以用人单位的工资欠条为证据直接向人民法院起诉,诉讼请求不涉及劳动关系其他争议的,视为拖欠劳动报酬争议,可以直接提起民事诉讼。参见《劳动争议解释二》第3条。

第一审民商事案件标准》(2008年4月1日起实施)对各高级人民法院和中级人民法院的一审民商事案件标准作了明确规定。7年后,最高人民法院又颁布了《关于调整高级人民法院和中级人民法院管辖第一审民商事案件标准的通知》(2015年5月1日起实施)对各高级人民法院和中级人民法院的管辖标准作了调整。其中有关北京市的具体规定是:一、北京市高级人民法院管辖诉讼标的额在5亿元以上的第一审民商事案件,以及诉讼标的额在3亿元以上且当事人一方住所地不在本辖区或者涉外、涉港澳台的第一审民商事案件。二、中级人民法院、北京铁路运输中级法院管辖诉讼标的额在1亿元以上的第一审民商事案件,以及诉讼标的额在5000万元以上且当事人一方住所地不在本辖区或者涉外、涉港澳台的第一审民商事案件。

由于最高人民法院的上述司法解释不涉及各地基层法院的管辖,各地基层法院的管辖由各地高级人民法院自行规定。例如,北京市高级人民法院在最高人民法院司法解释的基础上,颁布了《关于调整北京市三级法院管辖第一审民商事案件标准及高院执行案件的通知》。这样,北京地区各级法院的管辖范围就都得以确定。其他各省、市、自治区的级别管辖依此类推。

最后是确定地域管辖。在确定地域管辖时,首先判断是否需要适用专属管辖。不适用的话就接着判断是否需要适用协议管辖。仍不适用的话,就判断能否适用特殊地域管辖。都不适用的话,就适用一般地域管辖。一般地域管辖中的"原告就被告"属于兜底条款。当各种地域管辖规定均不能适用时,就可以适用该规定。

需要特别指出的是,由于《民诉法解释》对管辖的规定可能仍有不清晰之处,地方高院有可能会做进一步解释,对此也需要予以关注,如北京市高级人民法院在2015年12月31日颁布了《关于民事诉讼管辖若干问题的规定》(试行)。

二、签订协议管辖的技巧

根据我国《民诉法》第34条的规定,就合同纠纷和其他财产权益纠纷,当事人可以在原告住所地、被告住所地、合同履行地、合同签订地、标的物所在地五个地点或其他有实际联系的地点中,协议选择管辖法院。需要注意的问题有:(1)不能直接约定由"与本合同有实际联系地方的法院管辖",对有实际联系的地点必须明确。(2)选择没有实际联系地方的法院无效。如加工承揽合同发生纠纷后,选择原材料采购地法院管辖就属于选择没有实际联系地方的法院。(3)要确保在起诉时能根据管辖协议确定具体的管辖法院,措辞不能过于含糊。如约定由守约方所在地法院管辖。一旦发生纠纷后,谁是守约方只有通过审理才能确定。管辖却是诉讼一开始就必须解决的问题。(4)选择由"原告住所地法院"或"被告住所地法院"管辖时要谨慎。协议管辖时一般都愿意选择距离自己较近的法院,以降低诉讼成本。如以"原告住所地法院管辖"或"被告住所地法院管辖"进行表述的话,虽然完全符合协议管辖的条件,但不一定能够达到当事人的目的。因为当合同双方当事人不在同一法院辖区且同时起诉对方的话,此时双方都是原告,双方所在地法院都有管辖权。这种情形在实践中虽不常见,但风险确定是存在的。建议采用如下表述:由合同甲方(或乙方)所在地法院管辖。当甲方起诉时,就是指由原告所在地法院管辖;当甲方被诉时,就是指由被告所在地法院管辖。这样就可以确保不让管辖法院处于变动之中。(5)在约定由合同签订地法院管辖时不能仅写大地名,如北京,而必须具体到某个特定地点,如北京市海淀区中关村。否则的话,发生纠纷后需由基层法院或中级法院(北京有多个中级法院)管辖时就无法确定由哪个法院管辖。

三、共同管辖时选择管辖法院的技巧

当出现共同管辖时,当事人就需要选择管辖法院。如因侵权行为提起的诉讼,由侵权行为地或者被告住所地人民法院管辖。不管是在被告住所地法院还是侵权行为地法院进行诉讼,虽然解决的是同一个纠纷,但对诉讼的实际影响却不同,甚至对诉讼的结果也会产生影响。

选择管辖时大致应考虑以下因素。第一,诉讼成本。应当选择能够最大限度降低诉讼成本的法院。如选择距离当事人住所地最近的法院就可以降低当事人的交通费,节省住宿费。如需要勘验现场的话,则选择距离纠纷现场最近的法院就可以降低勘验成本。第二,法官审判水平的高低。当两个法院的法官的审判水平存在显著差异时,应当尽可能选择法官审判水平高的法院。第三,当案件属于新型案件时,应当尽量选择审理过此类案件的法院。第四,在人身损害赔偿案件中,要尽量选择赔偿标准高的地方的法院。《人身赔偿解释》第 25 条规定,残疾赔偿金根据受害人丧失劳动能力程度或者伤残等级,按照受诉法院所在地上一年度城镇居民人均可支配收入或者农村居民人均纯收入标准,自定残之日起按 20 年计算。受诉法院不同,该地上一年度城镇居民人均可支配收入或者农村居民人均纯收入标准就会不同,最后的赔偿额度就会相差很大。选择赔偿标准高地方的法院,显然对原告有利。

【经典司考题】

1. 某省甲市 A 区法院受理一起保管合同纠纷案件,根据被告管辖权异议,A 区法院将案件移送该省乙市 B 区法院审理。乙市 B 区法院经审查认为,A 区法院移送错误,本案应归甲市 A 区法院管辖,发生争议。关于乙市 B 区法院的做法,下列哪一选项是正确的?(2010-3-39)

A. 将案件退回甲市 A 区法院

B. 将案件移送同级第三方法院管辖

C. 报请乙市中级法院指定管辖

D. 与甲市 A 区法院协商不成,报请该省高级法院指定管辖

考点:移送管辖与指定管辖

2. 关于民事案件的级别管辖,下列哪一选项是正确的?(2009-3-35)

A. 第一审民事案件原则上由基层法院管辖

B. 涉外案件的管辖权全部属于中级法院

C. 高级法院管辖的一审民事案件包括在本辖区内有重大影响的民事案件和它认为应当由自己理的案件

D. 最高法院仅管辖在全国有重大影响的民事案件

考点:级别管辖

3. 下列哪一类案件可以由被告住所地法院管辖?(四川 2008-3-39)

A. 专利侵权案件   B. 海难救助费用案件

C. 共同海损案件   D. 遗产继承案件

考点:一般地域管辖

4. 关于管辖制度的表述,下列哪些选项是不正确的?(2013-3-79)

A. 对下落不明或者宣告失踪的人提起的民事诉讼,均应由原告住所地法院管辖

B. 因共同海损或者其他海损事故请求损害赔偿提起的诉讼,被告住所地法院享有管辖权

C. 甲区法院受理某技术转让合同纠纷案后,发现自己没有级别管辖权,将案件移送至甲市中院审理,这属于管辖权的转移

D. 当事人可以书面约定纠纷的管辖法院,这属于选择管辖

考点:特殊地域管辖、移送管辖和选择管辖

5. 关于管辖权异议的表述,下列哪一选项是错误的?(2007-3-40)

A. 当事人对一审案件的地域管辖和级别管辖均可提出异议

B. 通常情况下,当事人只能在提交答辩状期间提出管辖异议

C. 管辖权异议成立的,法院应当裁定将案件移送有管辖权的法院;异议不成立的,裁定驳回

D. 对于生效的管辖权异议裁定,当事人可以申请复议一次,但不影响法院对案件的审理

考点:管辖权异议

6. 关于管辖,下列哪一表述是正确的?(2014-3-39)

A. 军人与非军人之间的民事诉讼,都应由军事法院管辖,体现了专门管辖的原则

B. 中外合资企业与外国公司之间的合同纠纷,应由中国法院管辖,体现了维护司法主权的原则

C. 最高人民法院通过司法解释授予部分基层法院专利纠纷案件初审管辖权,体现了平衡法院案件负担的原则

D. 不动产纠纷由不动产所在地法院管辖,体现了管辖恒定的原则

考点:专门管辖、地域管辖、级别管辖、专属管辖的综合考察

7. 住在甲市的吴某与居住在乙市的王某在丁市签订了一份协议,吴某将一幅名人字画以10万元的价格卖给王某,并约定双方在丙市一手交钱一手交货,后吴某翻悔并电告王某自己已将字画卖给他人。王若想追究吴的违约责任,应向何地法院起诉?(2003-3-25)

A. 甲市法院　　B. 乙市法院　　C. 丙市法院　　D. 丁市法院

考点:买卖(购销)合同的管辖

8. 依据我国民事诉讼法和相关司法解释的规定,下列关于管辖问题的哪一项表述是错误的?(2005-3-36)

A. 适用督促程序的案件只能由基层人民法院管辖

B. 按级别管辖权限,高级人民法院有权管辖其认为应当由其管辖的第一审案件

C. 协议管辖不可以变更级别管辖

D. 涉外民事诉讼中不动产纠纷由不动产所在地法院管辖

考点:级别管辖、协议管辖和专属管辖的综合考察

9. 2008年7月,家住A省的陈大因赡养纠纷,将家住B省甲县的儿子陈小诉至甲县法院,该法院受理了此案。2008年8月,经政府正式批准,陈小居住的甲县所属区域划归乙县管辖。甲县法院以管辖区域变化对该案不再具有管辖权为由,将该案移送至乙县法院。乙县法院则根据管辖恒定原则,将案件送还至甲县法院。下列哪些说法是正确的?(2009-3-80)

A. 乙县法院对该案没有管辖权

B. 甲县法院的移送管辖是错误的

C. 乙县法院不得将该案送还甲县法院

D. 甲县法院对该案没有管辖权

考点:管辖恒定与移送管辖

10. 李某在甲市A区新购一套住房,并请甲市B区的装修公司对其新房进行装修。在装修过程中,装修工人不慎将水管弄破,导致楼下住户的家具被淹毁。李某与该装修公司就赔偿问题交涉未果,遂向甲市B区法院起诉。B区法院认为该案应由A区法院审理,于是裁定将该案移送至A区法院,A区法院认为该案应由B区法院审理,不接受移送,又将案件退回B区法院。关于本案的管辖,下列哪些选项是正确的?(2008-3-82)

A. 甲市A、B区法院对该案都有管辖权

B. 李某有权向甲市B区法院起诉

C. 甲市B区法院的移送管辖是错误的

D. A区法院不接受移送,将案件退回B区法院是错误的

考点:侵权管辖与移送管辖

11. 甲县的电热毯厂生产了一批电热毯,与乙县的昌盛贸易公司在丙县签订了一份买卖该批电热毯的合同。丁县居民张三在出差到乙县时从昌盛贸易公司购买了一条该批次的电热毯,后在使用过程中电热毯由于质量问题引起火灾,烧毁了张三的房屋。张三欲以侵权损害为由诉请赔偿。下列哪些法院对该纠纷有管辖权?(2007-3-80)

A. 甲县法院　　　B. 乙县法院　　　C. 丙县法院　　　D. 丁县法院

考点:产品侵权管辖

12. 根据我国民事诉讼法的规定,下列哪些案件被告住所地法院有管辖权?(2005-3-71)

A. 某航班飞机延误,部分乘客对航空公司提出违约赔偿之诉

B. 某公共汽车因为违章行使而与其他车辆发生碰撞,受伤乘客向公交公司提出损害赔偿之诉

C. 原告对下落不明的被告提起的给付扶养费的诉讼

D. 货轮甲和客轮乙在我国领海上相撞,途经此海域的属于丙公司的客轮对甲乙两船人员进行了救助,后丙公司向我国法院提起诉讼,请求支付救助费

考点:一般地域管辖

13. 根据我国《民诉法》和相关司法解释的规定,法院的下列哪些做法是违法的?(2014-3-78)

A. 在一起借款纠纷中,原告张海起诉被告李河时,李河居住在甲市A区。A区法院受理案件后,李河搬到甲市D区居住,该法院知悉后将案件移送D区法院

B. 王丹在乙市B区被黄玫打伤,以为黄玫居住乙市B区,而向该区法院提起侵权诉讼。乙市B区法院受理后,查明黄玫的居住地是乙市C区,遂将案件移送乙市C区法院

C. 丙省高级人民法院规定,本省中院受理诉讼标的额1000万元至5000万元的财产案件。丙省E市中级人民法院受理一起标的额为5005万元的案件后,向丙省高级人民法院报请审理该案

D. 居住地为丁市H区的孙溪要求居住地为丁市G区的赵山依约在丁市K区履行合同。后因赵山下落不明,孙溪以赵山为被告向丁市H区法院提起违约诉讼,该法院以本院无管辖权为由裁定不予受理

考点:管辖恒定、移送管辖、管辖恒定、移送管辖

14. 孔某在A市甲区拥有住房二间,在孔某外出旅游期间,位于A市乙区的

建筑工程队对孔某隔莹李某房屋进行翻修;在翻修过程中,施工队不慎将孔某家的山墙砖块碰掉,砖块落入孔某家中,损坏电视机等家用物品。孔某旅游回来后发现此情,遂交涉,但未获结果。孔某向乙区法院起诉。乙区法院认为甲区法院审理更方便,故根据被告申请裁定移送至甲区法院,甲区法院却认为由乙区法院审理更便利,不同意接受移送。以下哪些说法是正确的?(2002-3-72)

  A. 甲、乙二区对本案都有管辖权

  B. 向何法院起诉,由原告选择决定

  C. 乙区法院的移送管辖是错误的

  D. 甲区法院不得再自行移送,如果认为无管辖权,应报 A 市中级法院指定管辖

  考点:移送管辖与指定管辖

15. 甲县的葛某和乙县的许某分别拥有位于丙县的云峰公司50%的股份。后由于二人经营理念不合,已连续四年未召开股东会,无法形成股东会决议。许某遂向法院请求解散公司,并在法院受理后申请保全公司的主要资产(位于丁县的一块土地的使用权)。依据法律,对本案享有管辖权的法院是?(2014-3-96)

  A. 甲县法院 B. 乙县法院 C. 丙县法院 D. 丁县法院

  考点:公司诉讼管辖

第七章 当事人

要点提示

- 当事人的概念
- 诉讼权利能力与诉讼行为能力的区别
- 当事人适格的判定标准
- 当事人的确定
- 当事人的变更

第一节　当事人的界定

一、当事人的概念

民事诉讼中的当事人,是指因民事权利义务发生争议,以自己的名义进行诉讼,要求人民法院行使民事裁判权的人以及相对人。要求法院行使民事裁判权的人就是提起诉讼的人即原告,其被诉的相对人即被告。

民事诉讼当事人分为狭义当事人和广义当事人。狭义上的当事人仅指原告和被告。广义上的当事人还包括共同诉讼人、诉讼代表人和第三人。其中,共同诉讼人包括必要共同诉讼人和普通共同诉讼人,第三人包括有独立请求权的第三人和无独立请求权的第三人。

当事人在不同的诉讼程序中有不同的称谓。在一审普通程序和简易程序中,称为原告和被告;在二审程序中,称为上诉人和被上诉人;在特别程序中,通常称为申请人(选民资格案件例外);在公示催告程序中,称为申请人和利害关系人;在执行程序中称为申请执行人和被执行人;等等。当事人的称谓不同,表明其所处的诉讼程序和阶段不同,也表明他们在不同的诉讼程序中具有不同的诉讼地位和诉讼权利义务。

二、当事人概念的发展和演变

对于当事人的概念,学界和立法看法不一,民事诉讼理论对当事人概念的界定沿着利害关系当事人说→权利保护当事人说→程序当事人说的轨迹,从实质上的当事人向着形式上的当事人的概念演变。随着当事人概念的变化,当事人的范围也随之不断扩大。

我国传统当事人诉讼理论采利害关系当事人说,认为当事人是指因民事上的权利义务关系发生争议,以自己的名义进行诉讼,并受人民法院裁判拘束的直接利害关系人。并由此归结出民事诉讼当事人的三个特征:(1)以自己的名义进行诉讼;(2)与案件有直接利害关系;(3)受人民法院裁判拘束。而所谓的"直接利害关系人",是指与作为诉讼标的的民事法律关系有直接利害关系的人,即民事法律关系的主体,他们系为保护自己的民事权益而参加诉讼。根据这一界定,只有争议的民事法律关系的主体才能成为具体案件的当事人,这就排除了其他与案件无直接利害关系的人作为当事人进行诉讼的可能性,使当事人的范围十分狭窄,必然导致某些合法民事权益得不到诉讼保护。为此,一些学者对当事人概念进行了修正,提出了权利保护当事人概念,认为当事人是指因民事权利义务发生纠纷,以自己的名义进行诉讼,旨在保护民事权益,并能引起民事诉讼程序发生、变更或消灭的人。

这一概念与利害关系当事人概念的根本区别是拓宽了当事人的范围,将那些为保护他人的民事权益而进行诉讼的非直接利害关系人也纳入其中。

然而,无论是利害关系当事人说还是权利保护当事人说,均属于实质上的当事人概念,其共通性是从实体法的角度来观察和界定诉讼当事人,未能对诉讼当事人概念与正当当事人概念进行区分,不仅无助于解决诉讼开始阶段的当事人的地位问题,而且也难以解释不符合条件的当事人也能进入诉讼的现象。鉴于此,在当前学界,基本上都是采纳形式上的当事人概念,将当事人界定为以自己的名义要求人民法院保护民事权利的人及其相对人。简言之,凡是以自己的名义进行诉讼,要求人民法院对民事争议进行裁判的人,均为民事诉讼当事人。这一概念将正当当事人和非正当当事人均涵括在内,不仅拓宽了当事人的范围,而且使诉讼当事人概念摆脱了实体法律关系的束缚,较之前两种当事人概念,更显合理。

【特别提示】

形式上的当事人与实质上的当事人

形式上的当事人是指以自己的名义提起民事诉讼的人以及相对人。形式上的当事人是一个纯粹诉讼上的概念,与实体法律关系没有联系,其确定当事人的根据不是看当事人是否是实体权利义务关系的主体,而是看在形式上是否向法院提起诉讼请求以及主观上以谁为相对人。实质上的当事人,也称为正当当事人,是指对特定的诉讼,有作为当事人进行诉讼的资格的人。实质上的当事人是从实体法的角度观察的结果,考虑的是当事人与诉讼标的关系,通常作为诉讼标的的民事法律关系的主体就是实质上的当事人。由于形式上的当事人仅仅是从程序上进行确定的,一般而言,其范围大于实质上的当事人。而诉讼应当在实质当事人之间进行才有实际意义,因而,开启诉讼程序的原告以及诉状中所指称的被告是否为正当当事人,系决定诉是否合法的要素之一。

三、当事人的特征

根据形式上当事人的概念,当事人具有以下特征:

(1)因民事权利和利益发生纠纷诉诸法院。民事权利义务发生争议或者被侵害,是当事人行使诉权,向人民法院提起诉讼的原因和前提。这里所指的民事权利义务争议,既可以是当事人自己的民事权益发生争议,也可以是当事人管理的他人的民事权益发生争议,如被宣告失踪的人的财产被侵害时,其财产代管人可以作为当事人提起诉讼。

(2)以自己的名义进行诉讼。这是当事人与诉讼代理人的区别所在。凡是不以自己的名义而是以他人的名义进行诉讼的,均不是当事人。

(3) 受人民法院裁判拘束。当事人进行诉讼的目的,就是请求人民法院对他们之间的民事权利义务关系作出裁判,故而人民法院的裁判对当事人当然具有约束力。那些虽然以自己的名义参与诉讼,但不受法院裁判约束的其他诉讼参与人,如证人、鉴定人、翻译人员等,均不是当事人。

第二节 当事人的资格

一、诉讼权利能力和诉讼行为能力

 引例

1992年10月27日晚10时左右,希旅公司驾驶员胡某某驾驶本单位三星牌小货车从成都返回眉山,因超速行驶,违章绕行,将横穿公路的叶某某撞伤,后叶某某经医治无效死亡。经交警队认定,希旅公司负主要事故责任,死者叶某某负次要责任。对此认定,叶某某的亲属及车方均无异议,希旅公司先支付了丧葬费800元和住院费320元。叶之妻黄甲从小患小儿麻痹症、痴呆症等残疾,不能完全辨别自己的行为,并长期丧失劳动能力。在叶某某死亡时,黄甲已怀孕8个月,并于当年12月生一女婴黄乙。在县交警队主持的调解中,希旅公司同意支付死者抢救期间的医疗费、误工费、护理费、交通费和丧葬费、死亡补偿费以及黄甲的生活费,但对黄乙却以其是叶某某死亡后出生、不是其生前抚养的人为由,拒绝支付黄乙的生活费,双方对此发生争议,调解未成。黄甲和黄乙遂向人民法院提起诉讼,要求被告希旅公司赔偿原告经济损失共计29443.60元(其中医疗费、误工费、护理费、死亡补偿费等8323.60元,黄甲生活费每月40元,20年共计9600元,黄乙生活费每月60元,16年共计11520元)中95%的份额。①

[问题] 本案在当事人问题上存在以下值得探讨的问题:(1) 黄甲作为限制民事行为能力人,是否具有诉讼权利能力,能否作为当事人进行诉讼?(2) 叶某某死亡时,黄乙尚是胎儿,她是否可成为诉讼当事人?(3) 黄甲、黄乙能否亲自提起诉讼?她们应当如何进行诉讼?

(一) 诉讼权利能力

诉讼权利能力,又称当事人能力,是指能够成为民事诉讼当事人,享有民事诉

---

① 案情参见《人民法院案例选(1992—1996年合订本)》(上),人民法院出版社1997年版,第659—660页。

讼权利和承担民事诉讼义务的能力或资格。诉讼权利能力是一种法律上的资格，有这种能力的主体才能成为诉讼当事人。没有诉讼权利能力，法院就不能对其行使民事审判权。因此，当事人必须具备诉讼权利能力就成为诉讼要件之一，起诉或者应诉的人如果没有诉讼权利能力，法院将驳回起诉。

诉讼权利能力与民事权利能力是两个既有密切联系又相互区别的概念。二者的联系在于，通常情况下，诉讼权利能力以民事权利能力为基础，凡有民事权利能力的人均具有诉讼权利能力，否则就不能对民事实体权利予以妥善周到的保护。二者的区别在于，在特定情况下，没有民事权利能力的人也可以享有诉讼权利能力，成为民事诉讼的当事人，因而有诉讼权利能力的人，未必具有民事权利能力。譬如非法人团体，虽然不具备独立的民事责任能力，不是完全独立的民事主体，但却具有诉讼权利能力，可以成为民事诉讼中的当事人。究其原因，在于诉讼权利能力是一个诉讼法问题，具有自己独立的、不依赖实体法而存在的特质，因而民事权利能力并不一定是诉讼权利能力存在的前提。

根据《民诉法》第48条的规定，在我国，公民、法人和其他组织都具有诉讼权利能力，但公民的当事人能力与法人和其他组织的当事人能力的起止有所不同。具体表现为：

(1) 公民的诉讼权利能力与民事权利能力一致，始于出生，终于死亡。即任何公民从出生到死亡为止，均具有民事诉讼当事人的资格。

(2) 法人的诉讼权利能力始于法人成立，终于其被撤消或解散之时。法人的民事权利能力具有一定的限定性，比如，受核准登记经营范围的限制；不能享有生命权、健康权等自然人固有的人身权等等。但法人的诉讼权利能力并无任何限制，只要与其他民事主体发生民事纠纷，均可作为当事人进行诉讼。

(3) 其他组织的诉讼权利能力也始于成立、终于其被撤消或解散之时。但是，并非所有的非法人组织都具有诉讼权利能力，根据《民诉法解释》第52条，其他组织具备诉讼当事人资格须满足以下条件：合法成立；有一定的组织机构和财产；不具备法人资格。不符合上述条件的组织，不具有诉讼权利能力，不能作为当事人进行诉讼。比如，法人非依法设立的分支机构，或者虽依法设立，但没有领取营业执照的分支机构，应当以设立该分支机构的法人为当事人。

（二）诉讼行为能力

诉讼行为能力，即诉讼能力，是指当事人可以自己实施诉讼行为，行使诉讼权利和承担诉讼义务所必要的诉讼法上的资格。具有当事人能力并不意味着当事人能亲自参加诉讼并实施行为。当事人要亲自进行诉讼活动，还必须具有诉讼行为能力，否则就不能自己进行诉讼，而只能通过其法定诉讼代理人代为实施诉讼行为。具有诉讼能力是诉讼行为有效的条件，没有诉讼能力的人所实施的诉讼行为或者对无诉讼能力的人所实施的诉讼行为是无效的。

有诉讼权利能力而没有诉讼行为能力的情形,其实只限于公民,因为公民的诉讼权利能力和诉讼行为能力在时间上会不一致,而法人和其他组织的诉讼权利能力与诉讼行为能力是同时产生、同时消灭的。

1. 公民的诉讼行为能力

公民的诉讼行为能力与其民事行为能力是相对应的,但二者又有所不同。按照我国《民法通则》的规定,以年龄和智力状况为标准,公民的民事行为能力分为完全民事行为能力、限制民事行为能力和无民事行为能力三种类型,而诉讼行为能力只存在有诉讼行为能力和无诉讼行为能力两种。只有完全民事行为能力人才具有诉讼行为能力,无民事行为能力和限制民事行为能力的人均无诉讼行为能力。这是由于诉讼活动具有相当的复杂性,因而法律对公民的诉讼行为能力限制较为严格。

外国人具有诉讼权利能力,可以作为当事人在我国进行民事诉讼。但是,我国《民诉法》对外国人的诉讼行为能力未作规定,那么应该如何认定判定其有无诉讼行为能力呢?是依照其本国法律的规定还是以我国法律的规定为准呢?对外国人而言,其民事行为能力一般应当依据其本国法律的规定来确定,因而其诉讼行为能力的有无,原则上也应依据其本国法律来认定。对于外国人在我国领域内进行民事活动或诉讼活动,而其本国法对民事行为能力或诉讼能力的规定与我国不一致的情形,最高人民法院《民法通则意见》第180条规定,外国人在我国领域内进行民事活动时,即使依照其本国法律为无民事行为能力,只要其依据我国法律为有民事行为能力,则也应当认定其为有民事行为能力。参照这一规定,此时也应当认定该外国人具有诉讼行为能力。故此,外国人在我国进行诉讼时,在以下两种情况下应当认定其具有诉讼行为能力,可以亲自实施诉讼行为:(1)按照其本国法有诉讼行为能力的,应认定其具有诉讼行为能力;(2)按照其本国法律无诉讼能力,而依照我国法律为有诉讼行为能力的,应视为其有诉讼行为能力。

2. 法人和其他组织的诉讼行为能力

法人和其他组织的诉讼行为能力,与其诉讼权利能力一样,始于成立、终于被撤销或解散。对法人和其他组织而言,有诉讼权利能力即有诉讼行为能力。

法人和其他组织进行民事诉讼与自然人具有很大不同,其本身不能亲自进行民事诉讼,只能由其法定代表人和主要负责人代表他们进行诉讼。根据我国《民诉法》第48条第2款,法人作为诉讼当事人时,由其法定代表人进行诉讼。所谓法定代表人,是指依照法律或者法人组织章程规定,代表法人行使职权的负责人。根据《民诉法解释》第50条,法人的法定代表人原则上以登记为准,具体包括两种情况:(1)需要办理登记的法人,其法定代表人以依法登记的为准,法律另有规定的除外。依据《民法通则》的规定,法人的类型包括企业法人、机关法人、事业单位法人和社会团体法人。《企业法人登记管理条例》第9条、《事业单位登记管理条例》第8

条和《社会团体登记管理条例》第 16 条等规定均将法定代表人作为登记事项之一。因此,上述法人的法定代表人均以登记为准。对于法人的法定代表人已经变更但尚未完成变更登记的情形,如果变更后的法定代表人要求代表法人参加诉讼,人民法院可以准许。(2) 无需办理登记的法人,如妇联、消费者保护协会等事业单位和社会团体,则以正职负责人为法定代表人;没有正职负责人的,以主持工作的副职负责人为法定代表人。其他组织作为诉讼当事人时,由其主要负责人为代表人进行诉讼。其他组织主要负责人的产生不像法人的法定代表人那样具有严格的程序,一般情况下,其他组织的主要负责人都是由主管机关任命产生或者经组织成员选举产生。

法定代表人和主要负责人的诉讼行为是以法人和其他组织的名义进行的,对法人和其他组织具有拘束力。在诉讼过程中法定代表人和主要负责人的更换,只是代表职务的具体人的更换,而不是诉讼当事人的更换,原法定代表人或者主要负责人已经进行的诉讼行为仍然有效。

▶ 二、当事人适格

(一) 当事人适格的含义

当事人适格,又称正当当事人,是指对于具体的诉讼有作为当事人起诉或应诉的资格。也即是说,当事人就特定的诉讼,有资格以自己的名义成为原告或被告,进而受本案判决拘束。

当事人适格理论起源于德国,这一概念多表述为诉讼追行权。日本和我国台湾学者称之为当事人适格,对这种以自己的名义作为当事人并受本案判决拘束的权能,则称为诉讼实施权。具有诉讼实施权的原告,称为正当原告;具有诉讼实施权的被告,称为正当被告。法律确立当事人适格的概念,是为了使诉讼能够在与诉讼标的有实体利益关系的法律主体间展开,以保障诉讼运行的合理性和实现解决纠纷的有效性,避免司法资源的浪费。

当事人适格不同于诉讼权利能力。诉讼权利能力是针对一般诉讼(抽象的诉讼)而言的一种资格,即可成为一般民事诉讼当事人的资格,它属于诉讼主体的抽象要件,通常取决于是否具有民事权利能力,与具体的诉讼无关。而当事人适格,是针对具体诉讼而言的,属于诉讼主体的具体要件,即对于具体的诉讼可作为当事人起诉或应诉的资格。这种资格是从当事人与争议的实体法律关系的实质联系来考察的,指明对于本案诉讼标的,谁应当有权要求法院作出判决和谁应当作为被请求的相对人。有诉讼权利能力的人未必是适格的当事人。

(二) 当事人适格的判断标准

当事人适格的判断标准,是判断形式上的当事人是否为正当当事人的依据。诉讼只有在适格的当事人之间进行,法院的裁判才具有实际意义。因而,在诉讼提起后,法院需要有一定的标准来判断原告或者被告是否系本案的正当当事人。

在大陆法系当事人适格理论中,诉讼实施权这一抽象概念为判断本案当事人是否适格提供了一般的标准,有诉讼实施权的人,才可以成为本案的正当当事人。诉讼实施权,就原告而言,是指对有关诉讼标的有提起诉讼并进而实施其他诉讼行为的权能;对被告而言,是指对原告就特定诉讼标的提起的诉讼有应诉的权能。诉讼实施权的基础是实体法上的管理权或处分权,实体法上的权利主体,只要对诉讼标的所涉及的权利或法律关系有管理权,就可成为本案的正当当事人。换言之,是否具有管理处分权是判断当事人是否适格的标准。①

根据当事人适格的理论,当事人是否适格,主要是看当事人对该诉讼的诉讼标的是否具有法定权益即管理处分权,因此,原则上是作为诉讼标的的法律关系主体即为适格的当事人。也就是说,一般情况下,本案争议的民事法律关系或者民事权利的双方主体,就是适格的当事人,此即我国民事诉讼理论中所谓"直接利害关系人"。

除此以外,还存在以下例外情况:

(1) 根据当事人的意思或者法律的规定,对他人的民事法律关系或者民事权利具有管理权的人,也是适格当事人。法律关系主体以外的第三人根据法律的特别规定,可以因职务上或其他特殊原因,对他人的民事权利义务实施管理处分权,并以自己的名义进行诉讼而成为当事人。这在民事诉讼理论中,称为法定诉讼担当。例如:遗产管理人、失踪人的财产代管人、死者的近亲属等。

(2) 在确认之诉中,对诉讼标的有确认利益的人。对此类诉讼正当当事人的判断,不是看该当事人是不是争议的实体法律关系的主体,而是看该当事人对争议的解决是否具有法律上的利益关系。比如在消极确认之诉中,原告只要对诉讼标的有确认利益,即为适格的原告。再比如,《婚姻法司法解释一》第7条规定,有权依据《婚姻法》第10条规定向人民法院就已办理结婚登记的婚姻申请宣告婚姻无效的主体,包括婚姻当事人及利害关系人。② 也就是说,由于利害关系人对诉讼标的有确认利益,因而属于适格的当事人。

▶ 三、当事人的变更

当事人的变更,是指在诉讼中,因法律的规定或者基于当事人的意思,将原诉

---

① 现在也有学者在对当事人适格的基础进行深入研究后,认为管理处分权理论并不能适用所有的诉讼情形,并主张应以主体的"诉的利益"作为诉讼实施权的基础。

② 利害关系人包括:(1) 以重婚为由申请宣告婚姻无效的,为当事人的近亲属及基层组织;(2) 以未到法定婚龄为由申请宣告婚姻无效的,为未达法定婚龄者的近亲属;(3) 以有禁止结婚的亲属关系为由申请宣告婚姻无效的,为当事人的近亲属;(4) 以婚前患有医学上认为不应当结婚的疾病,婚后尚未治愈为由申请宣告婚姻无效的,为与患病者共同生活的近亲属。

讼的当事人更换或变动为新的当事人的一种诉讼现象。当事人的变更包括法定的当事人变更和任意的当事人变更。

（一）法定的当事人变更

法定的当事人变更，是指在诉讼中出现某种情况，根据法律规定所发生的当事人变动。在我国民事诉讼理论中，法定的当事人变更一般称为"诉讼权利义务的承担"或者"诉讼继受"。具体包括两种情形：

（1）当事人在诉讼中死亡，发生诉讼继承的场合。在诉讼中，如果一方当事人死亡，其民事权利义务将转移给他的继承人，根据《民诉法解释》第55条，其诉讼也将转移给他的继承人承担，由此发生当事人变更。人民法院应当及时通知继承人作为当事人承担诉讼，如果需要等待继承人表明是否参加诉讼的，法院应当裁定中止诉讼。但如果该民事权利义务带有人身性质，则不发生当事人变更。

（2）因法人或其他组织分立或者合并所发生的当事人变更。在诉讼过程中，如果法人或其他组织发生合并或分立，其民事权利义务转由合并或分立后的法人或其他组织承受，其诉讼权利义务也只能由合并或分立后的法人或其他组织承担，由此发生的当事人变更，由合并或分立后的法人或者其他组织继续进行诉讼。

发生法定的当事人变更情况以后，新的当事人继续原当事人的诉讼程序，而不是重新开始诉讼程序。原当事人的诉讼权利义务由新的当事人承担，原当事人所实施的一切诉讼行为，对新的当事人有效。

（二）任意的当事人变更

任意的当事人变更，是指在诉讼中因原诉讼当事人不适格而发生的当事人更换，即在诉讼中，法院发现起诉或者应诉的当事人不符合条件，通知符合条件的当事人参加诉讼，而让不符合条件的当事人退出诉讼。任意的当事人变更是相对于法定的当事人变更而言的，在我国民事诉讼中一般称为"当事人的更换"，实质上是对当事人不适格情形的补救。

德国、日本等大陆法系国家虽然对任意的当事人变更的法律性质存在争议，但在判例和诉讼理论上都承认任意的当事人变更。我国《民诉法（试行）》第90条曾明确规定了当事人更换制度，最高人民法院当时的司法解释也进一步规定：通知更换后，不符合条件的原告不愿意退出诉讼的，以裁定驳回起诉；符合条件的原告全部不愿参加诉讼的，可终结案件的审理。被告不符合条件，原告不同意更换的，裁定驳回起诉。但上述规定因受到学界的普遍批评，最终在1991年《民诉法》中被删除。但司法实践中，一些法院仍然继续适用这一制度，学理上对此存有争议。

法院依职权进行任意的当事人变更缺乏法律依据，的确存在着程序正义的问题，尤其是进行原告的变更，有违处分权原则和不告不理的诉讼原理。而且，更换当事人后，仍需重新送达相关诉讼文书、重新确定举证期限、进行证据交换并重新开庭审理，于诉讼效率的提高而言并无明显优越性。另外，由于我国现行的《民诉法》中没有规定任意的当事人变更制度,法院进行任意的当事人变更也缺乏法律依据。

四、当事人恒定

由于诉讼的时间比较长,当事人有可能在诉讼中将自己的民事权利义务或者系争物转移给案外人第三人。此时,诉讼是在原当事人之间继续进行还是由受让人接替转让人进行就成为了问题。对此有两种解决方式:一是当事人恒定主义;一是当事人承继主义。

当事人恒定主义是指在诉讼过程中,在当事人将民事权利义务或者系争物转移于第三人后,转让人的诉讼当事人资格并不因此丧失,诉讼仍在原当事人之间进行,判决效力及于受让人的制度。该制度对于转让人的相对人保护比较周全,对于受让人的保护则欠充分。德国原则上采当事人恒定主义。当事人承继主义是指在诉讼过程中,在当事人将民事权利义务或者系争物转移于第三人后,转让人的诉讼当事人资格因此而丧失,并脱离诉讼,受让人取得诉讼资格,但转让人先前所为诉讼行为对受让人有效的制度。日本则采当事人承继主义。这种承继有别于因当事人死亡或终止而发生的承继,学理将其称为特别承继,将后者称为一般承继。承继主义有利于保护受让人,但对转让人的相对人之保护则欠充分。因此,两种方式各有优劣。

《民诉法解释》第249条在诉讼中,争议的民事权利义务转移的,不影响当事人的诉讼主体资格和诉讼地位。人民法院作出的发生法律效力的判决、裁定对受让人具有拘束力。受让人申请以无独立请求权的第三人身份参加诉讼的,人民法院可予准许。受让人申请替代当事人承担诉讼的,人民法院可以根据案件的具体情况决定是否准许;不予准许的,可以追加其为无独立请求权的第三人。由此可见,我国原则上采当事人恒定主义,例外采当事人承继主义。

第三节 当事人的确定

一、当事人确定的含义

当事人确定,是指法院对具体的诉讼中谁为当事人进行判断。

当事人作为诉讼主体在民事诉讼中有着重要的地位,诉讼从开始至判决确定前,整个程序都是以当事人为中心进行的,管辖、回避、当事人能力以及诉讼能力、诉讼权利等问题,均必须以当事人为基准来加以确定。而且,当事人是诉状与判决的必要记载事项,也是承受判决效力的人。鉴于各种诉讼法上的效果要归属于当事人,以及判决效力的主观范围的问题,民事诉讼中必须确定以谁为当事人。

对当事人的确定,是法院的判断行为。诉讼提起后,法院根据诉状的记载,结合案件的实际情况来对当事人进行确定。不过,基于民事诉讼处分原则,当事人的确定首先是依原告的意愿来予以认定的,也就是说,向法院提起诉讼要求审理和判决的人为原告,被原告提起诉讼的相对人为被告。有的情况下,以谁为被告,还须根据原告的意愿和选择来予以确定。比如,根据《名誉权解答》第6条的规定,因新闻报道或其他作品发生的名誉权纠纷,应根据原告的起诉确定被告。只诉作者的,列作者为被告;只诉新闻出版单位的,列新闻出版单位为被告;对作者和新闻出版单位都提起诉讼的,将作者和新闻出版单位均列为被告,但作者与新闻出版单位为隶属关系,作品系作者履行职务所形成的,只列单位为被告。故此,原告在诉状中有必要对当事人加以特定。

根据我国《民诉法》第48条的规定,公民、法人和其他组织都可以成为当事人,但实践中,各种主体是否系当事人的情况比较复杂,有关的司法解释专门对如何确定当事人进行了规定。

▶ 二、公民作为当事人的情形

公民通常是指具有一个国家国籍,并根据该国的宪法和法律规定享有权利并承担义务的人。应该注意的是,公民本身是公法范畴的概念,本条规定中的"公民"并非仅指中国公民,外国人和无国籍人也可以成为我国民事诉讼中的当事人。因此,应将之作扩张解释,即将之理解为"自然人",即基于自然出生而依法享有权利和承担义务的人,包括本国公民、外国公民和无国籍人。

在我国,根据《民诉法解释》,以下情形由公民作为当事人:

(1)个体工商户、农村承包经营户、个人合伙的诉讼主体资格。个体工商户、农村承包经营户、个人合伙是《民法通则》规定的公民民事主体的特殊形式,在民事诉讼中仍以公民为当事人。比如,个体工商户一般以营业执照上登记的经营者为当事人,营业执照上登记的经营者与实际经营者不一致的,以登记的经营者和实际经营者为共同诉讼人;有字号的个体工商户,则以营业执照上登记的字号为当事人,但应同时注明经营者的姓名、性别、出生日期、家庭住址等个人基本信息。未依法登记领取营业执照的个人合伙,以全体合伙人为当事人。①

(2)个人劳务侵权纠纷的当事人。根据《侵权责任法》第35条的规定,对于个人之间形成劳务关系,提供劳务一方因劳务造成他人损害的,由接受劳务一方承担侵权责任。因此,在劳务侵权纠纷中,应以"接受劳务一方"为当事人。

---

① 根据我国现行立法,合伙包括个人合伙和合伙企业。鉴于《合伙企业法》已经将依法登记成立并领取执照的、由普通合伙人组成的合伙组织确定为普通合伙企业,《民诉法司法解释》第60条明确将个人合伙限定为"未依法登记领取营业执照"的情形。

(3) 调解协议案件的当事人。当事人之间的纠纷经人民调解委员会调解达成协议后,一方当事人不履行调解协议,另一方向人民法院起诉的,应以对方当事人为被告。

(4) 死者人身权益侵害案件中的当事人。《民诉法解释》第 69 条规定,因侵害死者遗体、遗骨以及姓名、肖像、名誉、荣誉、隐私等而发生的诉讼,以死者的近亲属为当事人。在我国司法实务中,关于死者的人格利益经历了由不保护到保护的发展演变。由于死者人格利益保护本无法律明文规定,在实体法理论上,对于死者是否可以享有人身权利、保护死者人格利益的依据究竟为何争议很大,但在法律政策上对死者的某些人格利益须予以保护这一点上,却无分歧。那么,在死者的人格利益以及死者的遗体、遗骨等受到侵害而发生纠纷时,应当由谁提起诉讼,死者能否成为诉讼当事人?根据我国现行的法律规定,公民的民事权利能力始于出生,终于死亡。已经死亡的人并无民事权利能力,也不具有诉讼权利能力。因此,在死者人格利益被侵害时,死者不能成为诉讼当事人。对此,1989 年最高人民法院《关于死亡人的名誉权应受法律保护的函》、1990 年《关于范应莲诉敬永祥等侵害海灯法师名誉权一案有关诉讼程序问题的复函》中均肯定了死者的近亲属有权提起诉讼。其后,在 1993 年的《名誉权案件解答》第 5 条进一步明确规定:"死者名誉受到损害的,其近亲属有权向人民法院起诉。近亲属包括:配偶、父母、子女、兄弟姐妹、祖父母、外祖父母、孙子女、外孙子女。"《精神损害赔偿解释》第 3 条对侵害死者人格利益的责任进行了更为详尽的规定,并再次明确死者近亲属的诉讼主体资格。综上可知,在死者人格利益被侵害案件中当事人确定问题上,司法解释态度十分明确,即应以死者的近亲属作为当事人进行诉讼。

(5) 行为人作为当事人的情形。根据《民诉法解释》的规定,以行为人为当事人的情形包括三种:其一,法人或者其他组织应登记而未登记,行为人即以该法人或者其他组织名义进行民事活动的。应登记的法人而未登记的,不具备法人资格,不能作为当事人。应登记的其他组织未登记的,同样也不能作为当事人,也应以行为人作为当事人。其二,行为人没有代理权、超越代理权或者代理权终止后以被代理人名义进行民事活动的,但相对人有理由相信行为人有代理权的除外。根据《合同法》第 48 条的规定,无代理权的人以被代理人名义所为的行为,未经被代理人追认的,对被代理人不生效力,应由行为人承担责任,因而应以行为人为当事人。但是,如果相对人有理由相信行为人有代理权,则构成表见代理,该代理行为有效,应由被代理人作为当事人。其三,法人或者其他组织依法终止后,行为人仍以其名义进行民事活动的。法人终止即法人消灭,法人丧失民事主体资格,相当于自然人死亡,此时行为人若以法人的名义进行民事活动,即应以该行为人为当事人。

【经典案例】

"荷花女"名誉侵权案

原告陈秀琴系天津市解放前已故艺人吉文贞（艺名荷花女）之母。吉文贞自幼随父学艺，1940年以"荷花女"的艺名参加演出，从此在天津红极一时，1944年病故，年仅19岁。被告人魏锡林自1986年开始，以"荷花女"为主人公写小说，曾先后三次到原告陈秀琴了解"荷花女"的生平以及从艺情况，并索要了吉文贞的照片，但未将写小说之事告知原告及其家人。随后，魏锡林创造完成约11万字的小说《荷花女》，该小说使用了吉文贞的真实姓名和艺名，虚构了吉文贞从17岁到19岁病逝的两年间，先后同许扬、小麒麟、于人杰三人恋爱，并三次接受对方聘礼，其中，于人杰已婚，而吉文贞"百分之百地愿意"做于人杰的妾。小说还虚构了吉文贞先后被当时天津帮会头头、大恶霸袁文会和刘广奸污而忍气吞声、不予抗争的情节，影射吉文贞系患性病打错针致死。魏锡林在未征得原告同意的情况下，将该小说投稿于《今晚报》社。《今晚报》自1987年4月18日开始在副刊上连载该小说，每日一篇，共计连载56篇，刊登中并加了插图。在小说连载过程中，原告陈秀琴及其亲属以小说插图及虚构的情节有损吉文贞的名誉为由，先后两次到《今晚报》社要求停载。《今晚报》社以报纸要对读者负责为由，继续连载。

为此，原告陈秀琴于1987年6月向天津市中级人民法院提起诉讼，称被告魏锡林和《今晚报》社侵害了吉文贞和原告的名誉，要求两被告赔礼道歉、消除影响，并赔偿原告经济损失和精神损失。被告魏锡林和被告《今晚报》社在诉讼中辩称：吉文贞早已死亡，保护死者名誉权没有法律依据。原告陈秀琴与本案无直接利害关系，无权起诉。①

本案是我国人民法院审理的首例侵害死者名誉的案件，在一、二审中，原、被告就应否保护死者名誉权和原告有无诉权的问题进行了激烈的争论。为此，天津市高级人民法院向最高人民法院请示，最高人民法院于1989年4月12日复函："吉文贞（艺名荷花女）死后，其名誉权应受法律保护，其母陈秀琴亦有权向人民法院提起诉讼。"

▶ 三、法人作为当事人的情形

法人是指具有民事权利能力和民事行为能力，依法独立享有民事权利和承担

---

① 案情参见《人民法院案例选（1992—1996年合订本）》（上），人民法院出版社1997年版，第533—535页。

民事义务的组织。法人作为民事主体,在其民事权利义务发生争议时,可以自己的名义起诉或应诉,成为当事人。

根据《民诉法解释》的有关规定,以下情形由法人作为当事人:

(1)不具备诉讼主体资格的分支机构涉讼的情形。法人非依法设立的分支机构,或者虽然依法设立,但没有领取营业执照的分支机构,不具备其他组织的条件,不能作为当事人参加诉讼,而应以设立该分支机构的法人作为当事人。

(2)企业法人变更。企业法人分立、合并的,因分立、合并前的民事活动发生的纠纷,以分立、合并后的法人为当事人。

(3)企业法人解散。实践中,当作为债务人的企业法人出现被撤销、吊销、注销等特殊情形时,如何确定当事人是一个比较复杂的问题,司法实务中认识不一,做法也不统一。最高人民法院经济庭《关于企业歇业、撤销或被吊销营业执照后的诉讼问题》认为企业歇业、被撤销、吊销营业执照、注销的,企业法人不具备民事诉讼主体资格,由清算组织或清算主体参加诉讼。《民诉法适用意见》第51条也规定,企业法人未经清算即被撤销,有清算组织的,以该清算组织为当事人。而最高人民法院法经(2000)23号函,法经(2000)24号函则认为企业法人出现上述情况的,该企业法人仍应视为存续,因而具备民事诉讼主体资格,可以自己名义进行诉讼活动。《公司法解释(二)》也采取这种做法,其第10条规定:"公司依法清算结束并办理注销登记前,有关公司的诉讼,应当以公司的名义进行。公司成立清算组的,由清算组负责人代表公司参加诉讼;尚未成立清算组的,由原法定代表人代表公司参加诉讼。"鉴于此,《民诉法解释》以"注销登记"作为企业法人终止的时间点。具体而言,对于企业法人解散的情形,当事人的确定分为两种情况:一是在依法清算注销前,该企业法人的主体资格尚未终止,应以该企业法人为当事人;二是未依法清算即被注销的,由于该企业法人的主体资格已消灭,根据《公司法》等相关法律的规定,应以该企业法人的股东、发起人或者出资人为的当事人。

(4)职务侵权纠纷。法人的工作人员因执行工作任务致人损害的,该法人为当事人。

(5)劳务派遣侵权纠纷。劳务派遣是我国改革开放以来逐渐兴起的一种新型用工方式,是指劳务派遣机构和劳动者签订劳动合同,将其派遣到用工单位工作,其劳动过程由接受派遣的用工单位管理的一种特殊用工形式。劳务派遣最显著特征就是劳动者的劳动合同签订和工作相分离,劳动者与劳务派遣机构之间签订有劳动合同,但为用工单位工作,并接受用工单位的管理。根据《民诉法解释》第58条的规定,在劳务派遣中,被派遣的工作人员因职务致人损害时当事人的确定包括两种情况:一是以接受劳务派遣的用工单位为当事人。根据劳务派遣关系,被派遣人员系为用工单位执行工作任务,其劳动过程由用工单位管理。《侵权责任法》第34条第2款规定,劳务派遣期间,被派遣的工作人员因执行工作任务造成他人损害的,由接受劳务派遣的用工单位承担侵权责任。根据该规定,接受劳务派遣的用工单位为直接责任人,因而应以其为当事人。二是以劳务派遣单位和用工单位为共同诉讼人。劳务派遣是一种"用工单位用人,派遣机构管人"的用工模式,用工单位只对劳动者的工作进行管理,其他诸如人员的选任、工资薪酬的发放、合同的签订等一系列人事管理均由派遣机构负责。因此,《侵权责任法》第34条第2款规定,对被派遣工作人员的职务侵权,如果劳务派遣单位有过错,应承担相应的补充责任。根据该规定,如果受害人主张派遣单位承担责任的,则应将派遣单位和接受劳务派遣的用工单位列为共同被告,以便于纠纷的一并解决。

▶ 四、其他组织作为当事人的情形

其他组织,即所谓非法人团体,是指不具备法人条件,没有法人资格,但设有代表人或管理人的社会组织。其他组织虽然没有法人资格,不具备独立的民事责任能力,不是完全独立的民事主体,但在现实生活中却能以自己的名义开展活动,并可能由此产生各种民事争议。从维护公民、法人民事权益和便利诉讼的目的出发,民事诉讼法在其具备一定的条件时,允许其他组织作为当事人,以自己的名义进行诉讼。

根据《民诉法解释》第50条的规定,其他组织具体包括以下几种类型:(1)依法登记领取营业执照的个人独资企业;(2)依法登记领取营业执照的合伙企业;(3)依法登记领取我国营业执照的中外合作经营企业、外资企业;(4)依法成立的社会团体的分支机构、代表机构;(5)依法设立并领取营业执照的法人的分支机构;(6)依法设立并领取营业执照的商业银行、政策性银行和非银行金融机构的分支机构;(7)经依法登记领取营业执照的乡镇企业、街道企业;(8)其他符合规定条件的组织。

依据我国的国情和相关法律的规定,《民诉法解释》第68条明确承认了村民委员会和有独立财产的村民小组的诉讼当事人资格。不过,其规定没有指明村民委员会和村民小组具体属于哪一种当事人。鉴于村民委员会和村民小组并非公民的范畴,也不具备有法人资格,但符合其他组织依法设立、有一定组织机构和财产等条件,因而性质上应当归属于其他组织,即属于《民诉法解释》第52条第8项的"其他符合规定条件的组织"。

【经典司考题】

1. 依据我国现行法律的规定及相关诉讼理论,关于当事人诉讼权利能力,下列哪一选项是正确的?(2008-3-48)

A. 民事诉讼权利能力都是以民事权利能力为基础的

B. 民事诉讼权利能力都是以民事行为能力为基础的

C. 具有民事诉讼权利能力者在实体上就具有民事权利能力

D. 具有民事诉讼权利能力者在实体上不一定就具有民事权利能力

考点:当事人诉讼权利能力

2. 甲乙丙三人合伙开办电脑修理店,店名为"一通电脑行",依法登记。甲负责对外执行合伙事务。顾客丁进店送修电脑时,被该店修理人员戊的工具碰伤。丁拟向法院起诉。关于本案被告的确定,下列哪一选项是正确的?(2010-3-40)

A. "一通电脑行"为被告

B. 甲为被告

C. 甲、乙、丙三人为共同被告,并注明"一通电脑行"字号

D. 甲、乙、丙、戊四人为共同被告

考点:当事人的确定

3. 甲在丽都酒店就餐,顾客乙因地板湿滑不慎滑倒,将热汤洒到甲身上,甲被烫伤。甲拟向法院提起诉讼。关于本案当事人的确定,下列哪一说法是正确的?(2010年-3-46)

A. 甲起诉丽都酒店,乙是第三人

B. 甲起诉乙,丽都酒店是第三人

C. 甲起诉,只能以乙或丽都酒店为单一被告

D. 甲起诉丽都酒店,乙是共同被告

考点:当事人的确定

4. 徐某开设打印设计中心并以自己名义登记领取了个体工商户营业执照,该中心未起字号。不久,徐某应征入伍,将该中心转让给同学李某经营,未办理工商变更登记。后该中心承接广告公司业务,款项已收却未能按期交货,遭广告公司起诉。下列哪一选项是本案的适格被告?(2015-3-39)

A. 李某　　　　　　　　　B. 李某和徐某

C. 李某和该中心　　　　　D. 李某、徐某和该中心

考点:当事人的确定

5. 李某和张某到华美购物中心采购结婚物品。张某因购物中心打蜡地板太滑而摔倒,致使左臂骨折,住院治疗花费了大量医疗费,婚期也因而推迟。当时,购物中心负责地板打蜡的郑某目睹事情的发生经过。受害人认为购物中心存在过错,于是,起诉要求其赔偿经济损失以及精神损害赔偿。关于本案诉讼参与人,下列哪些选项是正确的?(2008-3-84)

A. 李某、张某应为本案的共同原告

B. 李某、郑某可以作为本案的证人

C. 华美购物中心为本案的被告

D. 华美购物中心与郑某为本案共同被告

考点:诉讼参与人

第八章　多数当事人制度

要点提示

- 必要共同诉讼与普通共同诉讼的区别
- 代表人诉讼的条件和特点
- 人数不确定的代表人诉讼的审理程序
- 有独立请求权当事人的诉讼地位
- 无独立请求权第三人的参诉根据和诉讼地位
- 第三人撤销之诉的条件

第一节　共同诉讼

一、共同诉讼概述

（一）共同诉讼的概念

共同诉讼，是指当事人一方或者双方为二人以上的诉讼。

在通常情况下，民事诉讼的原、被告双方是一对一，但有些民事诉讼的原告或被告一方或双方为二人或以上，由此形成了共同诉讼这种特殊的诉讼形态。在共同诉讼中，原告为二人以上的共同诉讼，称为共同原告。被告为二人以上的，称为共同被告。在民事诉讼理论上，原告为二人以上的共同诉讼，称为积极的共同诉讼；被告为二人以上的共同，称为消极的共同诉讼；当事人双方都为二人以上的，称为混合的共同诉讼。

共同诉讼是将一方或双方为二人以上的诉讼主体纳入同一诉讼过程，因而是诉的主体的合并，学理上也称诉的主观合并。其意义在于简化诉讼程序，节省诉讼费用，实现经济诉讼，并避免人民法院对同一案件作出相互矛盾的判决。

（二）共同诉讼的历史渊源

一个原告与一个被告之间进行诉讼是最基本的诉讼形态，共同诉讼并非与这种一对一的单独诉讼同时出现的，而是随着社会关系的日益复杂化和司法解决纠纷功能的扩大而逐渐发展起来的。纵观民事诉讼制度发展史，共同诉讼作为一个事实很早就已存在，在罗马法时代就有一种混合型诉讼，如共同财产分割之诉、遗产分割之诉。早期的罗马法从重视个人在私法上的利益出发，只承认一对一的单独诉讼，但并不禁止主观的诉的合并这种诉讼形式，是否合并委诸于法务官或负责审判的官吏自由裁量。早期的日耳曼法从团体本位出发，将有数个成员组成的团体视为是一个单一的权利义务主体，须以全体成员为诉讼主体，组成"一个诉讼团体"共同进行诉讼，从而形成了以全体成员为原告或被告的固有共同诉讼概念。

现代共同诉讼制度起源于德国。德国从普通法时代中期开始，逐渐形成了必要共同诉讼和普通共同诉讼这两种共同诉讼形态。在德国普通法初期，由于奉行书面审理主义和法定证据主义，法官的自由心证受到极大地限制和拘束，因而禁止主观的诉的合并。但因受其本土上原来实行的日耳曼法的影响，允许共同的团体诉讼，即承认团体成员作为一个整体有单一的诉讼主体地位，不允许团体的各成员享有各自独立的诉讼地位。进入19世纪后，随着诉讼制度发展和完善，在追求诉讼经济的要求之下，多数当事人诉讼的范围从初期被限定于权利义务共通的诉讼团体扩展为数人基于同一事实及法律上的原因而享有权利或承担义务的情形。只要具有共同的权利义务关系，就允许将多数权利义务关系主体在诉讼中加以合并，始形成现在的必要共同诉讼。后来又进一步允许在诉讼标的同种类时也可以将诉讼主体合并,由此形成普通共同诉讼制度。

由于在防止裁判矛盾、提高诉讼效率等方面具有不可替代的作用,共同诉讼是各国普遍存在的一种诉讼形式,现代各国的民事诉讼法都有关于共同诉讼的规定,允许利害关系人在与诉讼中的一方当事人之间存在某种法律或事实上关联的情况下,作为共同诉讼人参与诉讼。

(三)共同诉讼发生的情形

共同诉讼的发生包括两种情形。通常情况下,共同诉讼是在起诉时,由于有两个以上的原告起诉或者有两个以上的被告被诉而形成。但也有的共同诉讼是在诉讼进行过程中形成的,主要有以下几种情况:(1)因原告或被告死亡,诉讼由数个继承人或权利义务承担人承担而形成的共同诉讼;(2)因在诉讼中追加当事人而形成的共同诉讼;(3)因法院将分别提起的诉讼合并审理而形成的共同诉讼。

(四)共同诉讼的类型

根据我国《民诉法》第52条的规定,以共同诉讼人之间对诉讼标的的关系为依据,共同诉讼分为必要的共同诉讼和普通的共同诉讼。争议的标的是同一的共同诉讼,是必要共同诉讼;争议的标的是同一种类的共同诉讼,是普通共同诉讼。

二、必要共同诉讼

(一)必要共同诉讼的概念和特征

当事人一方或者双方为二人以上,其诉讼标的是共同的,为必要的共同诉讼。

必要共同诉讼最根本的特点在于,共同诉讼人之间诉讼标的具有共同性,即共同诉讼的一方当事人对诉讼标的有不可分的共同的权利义务,使得共同诉讼成为一种必要。因此,必要共同诉讼是一种不可分之诉,要求共同诉讼人须一并起诉或者应诉,法院进行合并审理和合一裁判,以避免分割实体权利义务的内在联系,并造成相互矛盾的判决。

必要共同诉讼具有以下特征:

(1)必要共同诉讼的诉讼标的是共同的。在我国,一般认为诉讼标的的共同性是由实体法律关系决定的。共同诉讼人在实体法律关系中存在着共同的利害关系,即享有共同的权利或者承担共同义务,在民事诉讼中其诉讼标的就是共同的。典型的例子是财产共同共有关系,包括合伙人对合伙财产的共有、夫妻双方对夫妻财产的共有、共同继承人对遗产的共有等。共有人对共有财产共同享有所有权,其中任何一人或数人均不能对共同财产独立进行处分。因此,因共有财产所发生的诉讼即为典型的必要共同诉讼,该财产的共同所有人应一同进行诉讼。

(2)必要共同诉讼是一种不可分之诉。诉讼标的的共同性,决定了共同诉讼人各自或对共同诉讼人的请求有合并的牵连性或共同性。共同诉讼人必须一同起诉或者应诉,法院必须适用同一个诉讼程序进行合并审理,并合一裁判。

在诉讼理论上,之所以必要共同诉讼人必须一同进行诉讼,是因为共同诉讼人不享有独立的诉讼实施权。由于实体上的处分权或管理权须由全体当事人共同享有和行使,因此诉讼实施权或者诉讼管理权也属于共同诉讼人全体。如果共同诉讼人中仅有一人或部分人行使诉讼实施权,就属于当事人不适格。

(二) 必要共同诉讼的认定

必要共同诉讼的本质特征,是共同诉讼人之间对诉讼标的具有共同的权利义务关系,因而认定必要共同诉讼的关键,是确定共同诉讼人是否存在实体权利义务的共同关系。在我国民事诉讼理论中,通常认为诉讼标的共同的形成主要有两种情形,并由此将必要共同诉讼分为两种类型:(1) 共同诉讼人之间针对诉讼标的原来就有共同的权利义务关系,从而形成的必要共同诉讼,有学者称之为"权利义务共同型必要共同诉讼"。例如,对共有财产的诉讼、对合伙组织的诉讼、对承担连带担保责任的保证人和被保证人的诉讼等。(2) 共同诉讼人之间原来没有共同的权利义务,由于同一事实或法律上的原因,才使他们之间产生了共同的权利义务关系,有学者将这种必要共同诉讼称为"原因共同型必要共同诉讼",例如,企业分立后产生的与他人之间的债权债务诉讼、因共同侵权所引起的损害赔偿诉讼等。

我国必要共同诉讼的范围十分宽泛,通常只要具有实体法律上的共同关系或者连带关系,均作为必要共同诉讼处理。根据有关的司法解释,主要包括以下情形:

(1) 以挂靠形式从事民事活动,当事人请求由挂靠人和被挂靠人依法承担民事责任的,该挂靠人和被挂靠人为共同诉讼人。

(2) 在劳务派遣期间,被派遣的工作人员因执行工作任务造成他人损害,当事人主张劳务派遣单位承担责任的,劳务派遣单位和接受劳务派遣的用工单位为共同被告。

(3) 个体工商户营业执照上登记的经营者与实际经营者不一致的,以登记的经营者和实际经营者为共同诉讼人。

(4) 未依法登记领取营业执照的个人合伙,全体合伙人为共同诉讼人。

(5) 企业法人分立的,因分立前的民事活动发生的纠纷,以分立后的企业为共同诉讼人。

(6) 借用业务介绍信、合同专用章、盖章的空白合同书或者银行账户的,出借单位和借用人为共同诉讼人。

(7) 因保证合同纠纷提起的诉讼,债权人向保证人和被保证人一并主张权利的,保证人和被保证人为共同被告。保证合同约定为一般保证,债权人仅起诉保证人的,应当将被保证人列为共同被告。

(8) 无民事行为能力人、限制民事行为能力人致人损害的,无民事行为能力人、限制民事行为能力人和其监护人为共同被告。

(9) 在继承遗产的诉讼中,部分继承人起诉的,其他继承人应作为共同原告参加诉讼。

(10) 原告起诉被代理人和代理人,要求承担连带责任的,被代理人和代理人为共同被告。

(11) 共有财产权受到他人侵害,部分共有权人起诉的,其他共有权人为共同诉讼人。

(三) 必要共同诉讼人的追加

必要的共同诉讼为不可分之诉,当事人须一同进行诉讼,否则当事人就不适格。而且,由于共同诉讼人对诉讼标的有共同的权利义务,其中一人不参加诉讼,争议的权利义务关系以及当事人之间的权利义务关系就难以确定,因此,在诉讼过程中,如果人民法院发现必须共同诉讼的当事人没有参加诉讼的,就需要追加当事人,通知未参加诉讼的共同诉讼人参加诉讼。

根据《民诉法解释》的规定,共同诉讼人的追加,可以由法院依职权进行,也可以由法院依当事人的申请进行。当事人向法院申请追加的,法院对当事人提出的申请应当进行审查,申请无理的,裁定驳回;申请有理的,书面通知被追加的当事人参加诉讼。法院追加共同诉讼人时,应通知其他当事人。应当追加的原告,已明确表示放弃实体权利的,可不予追加;既不愿意参加诉讼,又不放弃实体权利的,仍追加为共同原告,其不参加诉讼,不影响人民法院对案件的审理和依法作出判决。应当追加的被告,如果不愿意参加诉讼,且又不适用拘传的,可缺席判决。

【理论探讨】

必要共同诉讼人的追加与必要共同诉讼的类型划分

根据我国的司法解释和司法实践传统做法,我国的必要共同诉讼适用范围很广泛,通常只要具有实体法律上的共同关系或者连带关系,一概作为必要共同诉讼要求当事人必须一同起诉或者应诉。这种做法不仅给当事人进行诉讼带来很大不便和困难,而且使得法院依职权追加共同诉讼人与当事人处分权之间的矛盾比较突出,理论上对此多有批评和质疑。从《民诉法解释》和最高人民法院的权威意见来看,与以往司法实践中的理解和做法有所不同,并未将前述11种必要共同诉讼人均视为"必须共同进行诉讼的当事人",而是借鉴了大陆法系关于必要共同诉讼的类型划分,区别固有必要共同诉讼和类似必要共同诉讼,将追加必要共同诉讼人限定在固有必要共同诉讼的情形。比如,在关于《民诉法解释》第54条所规定的挂靠经营纠纷的解读中明确指出:"并不是说,实体法上规定承担连带责任的,在诉讼中就全部列为共同诉讼人。在学理上,《民诉法》第 132 条规定的必须共同进行诉讼的当事人应当是固有的必要共同诉讼……"①也即是说,并非所有作为必要共同诉讼处理的情形都需要追加当事人,只有属于固有必要共同诉讼的范畴、必须合一裁判的情形才应当追加共同诉讼人。

在大陆法系的民事诉讼理论和制度中,必要共同诉讼并非均为不可分之诉。这是因为,其必要共同诉讼又进一步被分为两类:固有的必要共同诉讼和类似的必要共同诉讼。固有的必要共同诉讼为不可分之诉,诉讼标的对全体共同诉讼人必须合一确定;而类似必要共同诉讼则非不可分之诉,共同诉讼人不必一同起诉和应诉。所谓类似必要共同诉讼,又称为非真正的必要共同诉讼,是指当事人对于作诉讼标的的法律关系不必一同起诉或者应诉,有选择单独诉讼或共同诉讼的权利;但数人若选择共同诉讼,则法院必须并案审理,合一确定的诉讼。据此可知,类似必要共同诉讼的特点在于:(1) 共同诉讼人各自具有独立实施诉讼的权能,可以单独起诉或者应诉;(2) 共同诉讼人的形成具有相对任意性,是否作为共同诉讼提起,由当事人自己决定;(3) 如果进行单独诉讼,法院对类似必要共同诉讼中一人的判决,对于其他共同诉讼人有拘束力;(4) 如果进行共同诉讼,则适用固有必要共同诉讼规则。

在大陆法系的民事诉讼中,由于有了类似必要共同诉讼的区分,大量的必要共同诉讼并不强制当事人共同进行诉讼,缓解了固有必要共同诉讼要求所有共同诉讼人必须一同进行诉讼所带来的强制和紧张。我国学界普遍对类似必要共同诉讼持肯定态度,但目前立法上无明确规定。因此,我国目前的必要共同诉讼,在原理上类似于大陆法系民事诉讼中的固有必要共同诉讼,是一种不可分之诉。从最高人民法院的意见来看,司法实践中已经开始对必要共同诉讼进行类型划分,并且缩小了追加必要共同诉讼人的范围。根据《民诉法解释》的规定,主要是将一些有关连带责任和补充责任的诉讼归属于类似必要共同诉讼,具体情形主要包括:

(1) 以挂靠形式从事民事活动的,当事人如果只主张挂靠人或者被挂靠人承担责任的,只列挂靠人或被挂靠人为当事人;当事人请求由挂靠人和被挂靠人依法承担民事责任的,挂靠人和被挂靠人为共同诉讼人。

(2) 在劳务派遣期间,被派遣的工作人员因执行工作任务造成他人损害,以接受劳务派遣的用工单位为当事人;当事人主张劳务派遣单位承担责任的,劳务派遣单位和接受劳务派遣的用工单位为共同被告。

(3) 因保证合同纠纷提起的诉讼,在连带责任保证的情形,债权人仅起诉保证人或者被保证人的,仅列保证人或者被保证人为被告;债权人向保证人和被保证

---

① 参见沈德咏主编:《最高人民法院民事诉讼法司法解释理解与适用》(上),人民法院出版社 2015 年版,第 231 页。

一并主张权利的,应当将保证人和被保证人列为共同被告。在一般保证的情形,债权人仅起诉被保证人的,只列被保证人为被告;债权人仅起诉保证人的,应将被保证人列为共同被告。

（4）代理关系中,在被代理人和代理人应承担连带责任的情形,原告仅起诉被代理人或者代理人的,仅列被代理人或者代理人为被告;原告起诉被代理人和代理人要求承担连带责任的,被代理人和代理人为共同被告。

（四）必要共同诉讼人的内部关系

必要共同诉讼的关系比一对一的诉讼更复杂。在必要共同诉讼中,除了原告和被告作为对立的双方之间的外部关系外,还存在着必要共同诉讼人之间的内部关系。在诉讼中,共同诉讼人都可以实施一定的诉讼行为,在各个共同诉讼人实施的诉讼行为不一致时,就产生了如何处理共同诉讼人内部不一致行为的效力问题。根据我国《民诉法》第52条第2款前段的规定,必要共同诉讼中,其中一人的诉讼行为经其他共同诉讼人承认,对其他共同诉讼人发生效力。这种承认包括明示承认和默示承认。只要共同诉讼人未对其他共同诉讼人实施的诉讼行为表示异议,即表明该共同诉讼人已经承认。共同诉讼人也可就分歧意见进行协商,形成一致意见。可见,立法上对必要共同诉讼人内部关系的处理采取的是"承认原则",或者说"协商一致的原则"。

在大陆法系民事诉讼中,对必要共同诉讼人的内部关系一般采"有利原则",共同诉讼人中一人的行为有利于全体共同诉讼人的,对全体共同诉讼人发生效力;不利于全体共同诉讼人的则对全体无效。而对是否有利的判断,是在行为实施时从形式上看是否有利于共同诉讼人,而不是从法院判决结果来看。较之于协商一致原则,有利原则的优点是省去了共同诉讼人认可程序,避免诉讼拖延。

▶ 三、普通共同诉讼

（一）普通共同诉讼的概念和特征

普通共同诉讼,是指当事人一方或者双方为二人以上,其诉讼标的为同一种类,人民法院认为可以合并审理并经当事人同意的诉讼。普通的共同诉讼的根本特点,在于共同诉讼人对诉讼标的没有共同的权利义务,因而并无共同诉讼的必要,只是因为他们的诉讼标的属于同一种类,人民法院为审理方便和提高效率,才将他们合并作为共同诉讼审理。例如,某房屋出租人对承租人甲、乙、丙三承租人提起支付欠租之诉,三承租人与房屋出租人分别订立租赁合同,他们欠租的情况和数额各不相同,相互之间也并无共同权利义务,只是由于他们与房屋出租人均发生欠租纠纷,出租人又都对他们提起诉讼,合并之后他们就成了共同被告。

普通共同诉讼具有以下特征:

（1）普通共同诉讼的诉讼标的是同种类的。所谓诉讼标的是同一种类的，是指各个共同诉讼人与对方当事人所争议的法律关系性质相同，即他们各自享有的权利或承担的义务属于同一类型。因此，普通共同诉讼中必然存在两个或两个以上的诉讼标的，属于诉讼客体的合并，并由诉讼客体的合并导致诉讼主体的合并。

在诉讼理论上，一般认为诉讼标的同种类的情形主要有以下三种：其一，基于同一事实或者同一个法律上的原因而形成，比如同一事故导致数人身体受到损害而产生的赔偿诉讼。其二，基于同类事实或者法律上的原因而形成，比如物业管理人针对数个业主提起的请求缴纳管理费的诉讼。其三，基于数人对同一权利义务的确认而形成，比如，数人分别对同一财产主张所有权时，其中一人对其他人提起的共同诉讼。

（2）普通共同诉讼是一种可分之诉。由于普通共同诉讼人之间的诉讼标的是同种类的，共同诉讼人之间没有共同的权利义务关系，所以普通共同诉讼是一种可分之诉。当事人可以单独起诉，也可以共同起诉，法院可以合并审理，也可以分别审理。

（3）法院对普通共同诉讼的各请求须分别裁判。由于普通共同诉讼人各自具有独立的诉讼标的，法院合并审理后须分别予以裁判。对其中一个诉讼标的所做的判决，效力并不及于其他诉讼标的。

（二）普通共同诉讼的适用条件

普通的共同诉讼，共同诉讼人之间没有共同的利害关系，法院可以将他们作为各自独立的诉讼分别审理，也可以作为共同诉讼合并审理。如果作为共同诉讼合并审理，必须符合以下条件：(1)有两个以上诉讼标的且种类相同；(2)属于同一法院管辖；(3)适用同一诉讼程序；(4)符合合并审理的目的，即合并审理可以简化程序，节省时间和费用，否则应当分别审理；(5)法院认为可以合并审理，并经当事人同意。如果当事人不同意作为共同诉讼合并审理的，人民法院应当将其与对方当事人的纠纷单独审理。

（三）普通共同诉讼人的内部关系

普通共同诉讼人之间关系表现出相互独立性和一定的联系性。

首先，普通共同诉讼是一种可分之诉，共同诉讼人各自具有独立性，共同诉讼人各自享有独立的诉讼实施权，即使合并进行审理，各共同诉讼人在诉讼中的地位仍然是相互独立的，每个共同诉讼人只能对自己的权利进行处分，比如调解、认诺、撤诉、上诉等。其中任何一个共同诉讼人的诉讼行为，对其他共同诉讼人均不发生效力。

其次，普通共同诉讼人之间的独立性对整个诉讼而言并不是绝对的，共同诉讼人之间也存在一定的联系，具体表现为共同诉讼人中一人在诉讼中的作为或不作为，对法院在认定其他共同诉讼人的请求或答辩内容时具有证明作用。

（四）普通共同诉讼与必要共同诉讼的区别

区分必要共同诉讼与普通共同诉讼，关键是看共同诉讼人在实体法上是否存在共同的权利义务关系。存在共同关系的一般是必要共同诉讼，反之，则是普通共同诉讼。

具体而言，普通的共同诉讼与必要的共同诉讼存在以下区别：

（1）诉讼标的的性质不同。必要共同诉讼的诉讼标的是共同的或同一的，共同诉讼人对诉讼标的享有共同的权利或承担共同的义务；而普通共同诉讼的诉讼标的是同一种类的。

（2）诉讼标的的数量不同，必要共同诉讼的诉讼标的是单一的，而普通共同诉讼有两个以上的诉讼标的。

（3）审理和裁判的方式不同。必要共同诉讼是一种不可分之诉，因此共同诉讼人必须一同起诉或者一同应诉，法院必须合并审理并作出合一判决。普通共同诉讼是一种可分之诉，共同诉讼人既可以一同起诉或者一同应诉，也可以分别起诉或应诉。法院既可以合并审理，也可以分开审理。合并审理时，也应对各共同诉讼的请求分别作出判决。

（4）共同诉讼人之间的关系不同。在普通的共同诉讼中，每个共同诉讼人都处于独立的地位，其诉讼行为对其他共同诉讼人不发生效力，而只对自己发生效力；在必要的共同诉讼中，采取承认的原则，视全体共同诉讼人为一个整体，其中一人的诉讼行为经其他共同诉讼人同意，对其他共同诉讼人发生效力。

第二节　代表人诉讼

一、代表人诉讼概说

（一）代表人诉讼的概念

代表人诉讼，是指当事人一方人数众多，由其中一人或数人作为代表进行诉讼，其他的当事人则不参加诉讼程序，人民法院所作判决的效力及于全体当事人的诉讼。

代表人诉讼是我国民事诉讼法为适应民事纠纷群体化这一现实所建立的一种诉讼制度。所谓群体性纠纷主要是指涉及人数众多的纠纷，在我国一般是指涉案人数众多（10人以上）的社会纠纷。我国社会发展正处于一个特定的历史时期，商品经济的高速发展拓宽了经济主体间的交往领域，导致经济活动中发生的冲突日益扩大化、复杂化，群体性纠纷日益增多。近几年我国群体纠纷主要集中于城市房屋拆迁安置、环境污染、产品责任、消费者权益保护、劳动争议、医疗事故以及集资投资领域等。

我国的代表人诉讼制度是在借鉴国外立法经验的基础上建立起来的一种独特群体性诉讼形式。群体诉讼制度最早产生于英国的衡平法院。18世纪末,由于工业革命后工业和农业都有相当规模的发展,经济活动影响的范围日益增大,相应地带来了同一或同类违法行为引起多个经济主体利益受损的纠纷。英国衡平法院因不受一对一的对抗制诉讼机制的制约,创设了代表人诉讼这种新的诉讼形式,并逐渐成为英国司法审判中所承认的常规诉讼形式。美国在19世纪初期,根据英国诉讼制度的原则,并加以丰富和发展使之演变为集团诉讼制度。此后,世界各国纷纷效仿,分别创设了类似的审判制度。

世界各国先后出现的具有代表性的群体诉讼模式,除了美国的集团诉讼,还有德国的团体诉讼,日本、我国台湾地区的选定当事人诉讼等。基于历史、社会经济以及诉讼制度的差异,如何建立解决众多当事人纠纷的诉讼制度,各国在解决群体性纠纷的诉讼制度上采取了不同的途径,呈现出鲜明的制度差异。美国的集团诉讼是将人数不确定但具有同一事实或法律关系的当事者拟制为一个"集团",集团中的一人或数人提起的诉讼视为代表整个集团提起诉讼,判决效力扩及于全体集团成员。日本和我国台湾地区的选定当事人制度,是扩大原有共同诉讼制度的适用,并通过当事人适格的扩张,在任意的诉讼担当理论基础上,由全体共同诉讼人选出能够代表他们的当事人,然后授权选定的当事人代表全体成员实施诉讼,判决在名义上是对选定当事人做出的,但效力及于所有当事人。德国的团体诉讼则是将具有共同利益的众多法律主体提起诉讼的权利"信托"给具有公益性质的社会团体,由该社会团体提起符合其章程、设立目的的诉讼。其特点在于形式上是由单一的法人,而不是多数当事人来充当原告,判决是针对该团体作出的,有利判决的效力间接地惠及于团体的成员,产生"事实上的既判力"。

由于历史条件的限制,我国《民诉法(试行)》没有涉及群体性诉讼的问题。随着商品经济的发展,社会经济关系日益复杂,由同一或同类违法事实引起的涉及众多利益的群体性纠纷日益增多,早在1983年人民法院就审理了我国首例代表人诉讼案件,即四川安岳县元坝乡、努力乡1596户稻种购买户诉安岳县种子公司水稻种购销合同纠纷一案。1991《民诉法》总结了我国的司法实践经验,在日本的选定当事人诉讼制度基础上,借鉴美国的集团诉讼的立法经验,确立了我国群体性诉讼的制度,即代表人诉讼制度。

(二)代表人诉讼的特点

我国的代表人诉讼制度以共同诉讼制度为基础,吸收了诉讼代理制度的机能,使众多诉讼主体的诉讼行为通过诉讼代表人来集中实施,拓展了诉讼空间和容量,既为人数众多的共同诉讼人进行诉讼提供了可能,又简化了程序,避免了因众多当事人直接参与诉讼所带来的诸多问题,从而扩大了司法解决纠纷的功能。具体而言,代表人诉讼具有以下几个特点:

(1) 当事人一方或者双方人数众多。根据《民诉法解释》第 75 条的规定,当事人一方的人数为 10 人以上的,方构成人数众多。

(2) 众多当事人之间有着共同的利害关系。这种共同的利害关系表现为众多的当事人一方的诉讼标的是共同的或者是同一种类的,从而使他们形成了一个处于相同地位、具有共同利益的群体。

(3) 由代表人代表众多的当事人进行诉讼。在推选出代表人后,诉讼由代表人实施,其他当事人不再参加诉讼程序。

(4) 人民法院的判决对全体当事人具有拘束力。法院就代表人诉讼所作的判决,其效力具有扩张性,不仅对诉讼代表人有效,而且对未参加诉讼的群体成员也有效。

(三) 代表人诉讼的类型

根据我国《民诉法》第 53 条、第 54 条的规定,以当事人的人数在起诉时是否确定为标准,代表人诉讼可分为两类:(1) 人数确定的代表人诉讼,即当事人一方人数众多的共同诉讼,其共同诉讼人人数在起诉就可以确定;(2) 人数不确定的代表人诉讼,即诉讼标的是同一种类,当事人人数在起诉时不能确定,需要法院受理案件后公告通知权利人进行登记予以确定。

▶ 二、诉讼代表人

(一) 诉讼代表人的概念

诉讼代表人,是指为了便于进行诉讼,由人数众多的一方当事人推选出来,代表其利益实施诉讼行为的人。

诉讼代表人具有当事人和代表人双重身份,与诉讼代理人存在明显的区别:(1) 与案件的利害关系不同。诉讼代表人本身是当事人,与本案的诉讼结果有直接的利害关系。诉讼代理人不是当事人,与本案没有利害关系。(2) 进行诉讼的目的不同。诉讼代表人实施诉讼不仅是为了被代表的当事人,同时也是为了自己的利益。而诉讼代理人不是为了自己的利益,而是为了被代理人的利益。(3) 产生的方式不同。诉讼代表人由人数众多的一方当事人推选或者由法院与人数众多的一方当事人协商产生。而诉讼代理人则是由法律规定或者当事人的委托产生。

(二) 诉讼代表人的产生

诉讼代表人的人数为 2 至 5 人,每位代表人可以委托 1 至 2 名诉讼代理人。诉讼代表人一般应具备以下基本条件:(1) 是本案人数众多的一方当事人;(2) 具有诉讼行为能力;(3) 具备与进行该诉讼相适应的能力;(4) 能够善意地履行诉讼代表人的职责。

在人数确定的代表人诉讼中,诉讼代表人由当事人推选产生,既可以由全体当事人推选共同的代表人,也可以由部分当事人推选自己的代表人。推选不出代表人的当事人,在必要共同诉讼中可自己参加诉讼,在普通共同诉讼中可以另行起诉。在人数不确定的代表人诉讼中,诉讼代表人的产生有三种方式,依次为:(1)当事人推选。即由向人民法院登记了权利的那部分当事人推选出诉讼代表人。(2)法院与当事人商定。在当事人推选不出诉讼代表人时,由人民法院提出人选与当事人协商确定。(3)法院指定。协商不成的,可以由人民法院在起诉的当事人中指定代表人。

在诉讼中,遇有诉讼代表人滥用代表权损害被代表人的权益,或者代表人因死亡、丧失诉讼行为能力等原因不能履行职责等情形时,可以更换代表人。在需要更换诉讼代表人时,应由被代表人向人民法院提出更换申请。人民法院认为申请有理由的,应裁定中止诉讼,然后召集全体被代表人,重新推选或者商定诉讼代表人。新的诉讼代表人产生后诉讼继续进行,原诉讼代表人实施的诉讼行为,对更换后的诉讼代表人有拘束力。

(三)诉讼代表人的法律地位

诉讼代表人本身是当事人,享有当事人的诉讼权利义务。同时,相对于被代表的当事人而言,诉讼代表人在诉讼中的权限相当于未被授予处分实体权利的诉讼代理人。具体而言,诉讼代表人有权实施诸如提出管辖权异议、提供证据、进行法庭辩论、申请证据保全等不涉及其他当事人实体权利的诉讼行为,其行为对所代表的当事人发生法律效力。但是,为了维护被代表人的利益,防止诉讼代表人滥用诉讼代表权,代表人实施涉及当事人实体权利的诉讼行为,包括变更、放弃诉讼请求或者承认对方当事人的诉讼请求,进行和解,必须经被代表的当事人同意。

【理论探讨】

是否应赋予诉讼代表人实体性处分权

按照我国民事诉讼理论通常的观点,诉讼代表人的权限相当于委托诉讼代理中的一般代理,因而我国《民诉法》规定诉讼代表人实施变更、放弃诉讼请求或者承认对方当事人的诉讼请求、进行和解等涉及处分实体权利的行为,必须经被代表人同意方为有效。这一规定虽然有利于保护被代表人的权益,但忽视了代表人的当事人身份,使代表人在诉讼中处分实体权利困难重重,与代表人诉讼制度的立法初衷相矛盾,从而遭致众多的批评。

从司法实践来看,代表人诉讼中当事人人数众多且居住分散,要求代表人进行处分实体权利须征求被代表人同意或授权的话,通常需要花费大量的时间、人力和物力,势必造成诉讼的延误,同时也造成不必要的诉讼成本耗费,尤其是在当事人一方人数特别多,分布特别广的情况下更是难以操作。而且,由于当事人人数众多,极易造成意见不统一,难以协商一致,而只要少数被代表人不同意,代表人就难以有效行使代表权,从而阻碍诉讼的进行。可见,由于诉讼代表人不享有实体性处分权,不能对实体问题独立做出让步和谅解,在诉讼中无法根据自己的意志和判断,自主地行使权利,维护己方合法权益。

从立法的本意来看,限制代表人的实体性处分权是为了防止因代表人的恶意行为而给其他当事人造成损失。但从根本上说,这种限制不符合群体性诉讼制度的内在机理及其宗旨。群体诉讼制度本来就是为解决大规模纠纷而设立的,其价值所在就是化繁为简,实现诉讼的效率性和经济性。要保证整个诉讼活动顺利进行,就必须赋予诉讼代表人充分而全面的诉讼权利,包括实体性处分权。而且,这种限制也忽视了代表人的当事人身份。诉讼代表人不同于诉讼代理人,作为当事人其本身与案件有着直接的利害关系。在代表人诉讼中,代表人所为的一切诉讼行为都与其利益密切相关,他对实体权利的处分实际上也影响本人的利益。受此利益驱动,代表人在诉讼中通常会尽职尽责,不会恶意实施处分行为。

故此,我们认为有必要借鉴美国集团诉讼的做法,赋予代表人在法院的监督下行使处分权的权利,以便代表人能充分行使代表权,使诉讼程序得以顺利进行,更好地维护当事人的合法利益。

三、人数确定的代表人诉讼

人数确定的代表人诉讼,是指当事人一方人数众多但起诉时人数已经确定,由他们推选出诉讼代表人,代表全体共同诉讼人进行诉讼的代表人诉讼。

人数确定的代表人诉讼具有以下几个特点:

(1) 当事人一方人数众多,即当事人一方人数为10人以上。

(2) 起诉时当事人人数已经确定。

(3) 人数众多的一方当事人之间具有同一的诉讼标的或具有同一种类的诉讼标的。因此人数确定的代表人诉讼,既可以是必要共同诉讼,也可以是普通共同诉讼。

(4) 由诉讼代表人代表人数众多的一方当事人进行诉讼。

四、人数不确定的代表人诉讼

(一) 人数不确定的代表人诉讼的概念和特点

人数不确定的代表人诉讼,是指一方当事人人数众多且在起诉时人数不能确定,则从已向法院登记的权利人中推选出诉讼代表人,代表全体共同诉讼人进行诉讼的代表人诉讼。

人数不确定的代表人诉讼具有以下几个特点:

（1）当事人一方人数众多，但具体人数在起诉时尚未确定。这是其与人数确定的代表人诉讼的根本区别。这种情形在现代社会中常见于各种大型的民事经济纠纷，如环境污染、消费者权益保护、产品责任、投资集资等领域发生的群体纷争，由于受害人的构成复杂、分布广泛，往往导致人数难以确定。

（2）诉讼标的同一种类。人数众多的当事人之间没有共同的权利义务关系，其诉讼标的不是共同的而是同一种类的。换言之，只有普通共同诉讼才能适用人数不确定的代表人诉讼。

（3）由诉讼代表人代表人数众多的当事人进行诉讼。

（二）人数不确定的代表人诉讼中的特殊程序

为使当事人的人数得以确定，与人数确定的代表人诉讼相比，人数不确定的代表人诉讼具有以下特殊程序：

1. 公告

人民法院受理人数不确定的代表人诉讼后，可以发出公告，在公告中说明案件情况和诉讼请求，通知尚未起诉的权利人在一定期间内向人民法院登记。公告的方式，可以根据纠纷涉及的范围具体确定，如在法院公告栏张贴公告，或在报纸、电视等媒体上发布。公告的期限，由法院根据具体案件的情况确定，但最少不得少于30日。

2. 登记

在公告期内，权利人应当向发布公告的法院进行登记。权利人在登记时应证明其与对方当事人的法律关系和所受到的损害。不能证明的，不予登记。由于登记只表明自己为案件当事人的身份，本身并非起诉行为，并不引起诉讼的发生和诉讼的系属，权利人未在公告期内登记的，仅表明他不作为本次诉讼的当事人，对他的实体权利并不会产生不利的影响。因此，没有参加登记或者不被登记的权利人，可以向人民法院另行提起诉讼。

登记的法律效果在于，已经登记的权利人有权推选诉讼代表人和被推选为诉讼代表人，人民法院所作的本案裁决对其直接发生效力。

（三）人数不确定的代表人诉讼的裁判效力

在人数不确定的代表人诉讼中，法院裁判的效力具有扩张性，其效力不仅及于登记的权利人，在一定条件下也及于未登记的权利人。具体表现为两个方面：（1）对已登记的全体权利人有拘束力；（2）对未参加登记的权利人有预决效力。只要未参加登记的权利人在诉讼时效期间内提起诉讼，人民法院认为其诉讼请求成立的，裁定适用人民法院已做出的判决、裁定，而不需要另行裁判。即可适用该判决、裁定，无需另行裁判。这即属于法院裁判效力的扩张。

第三节　诉讼第三人

一、诉讼第三人概说

（一）诉讼第三人的概念

诉讼第三人，是指为保护自己的民事权益而参加到他人之间业已开始的诉讼中去的人。

我国理论和实务中基本上是采用立法上的表述来对诉讼第三人进行阐释的，将民事诉讼的第三人定义为：对原告和被告所争议的诉讼标的认为有独立请求权，或者虽没有独立的请求权，但案件的处理结果与其有法律上的利害关系，而参加到正在进行的诉讼中去的人。这种定义方式在表述上显得过于具体而繁琐，缺乏严谨性和简洁性，也未能准确反映诉讼第三人的本质特征。

在多数当事人诉讼制度中，较之于共同诉讼和代表人诉讼，第三人的诉讼构造更具有特殊性。共同诉讼以及代表人诉讼只是由于一方或者双方当事人的人数为复数而改变了一对一的简单诉讼形态，其基本的诉讼结构仍然是原、被告两造对立形式。与此不同，诉讼第三人则涉及多方主体和多重民事法律关系，突破了两造对立的基本诉讼构造。民事诉讼制度的目的，在于解决有关私权的纷争。诉讼的提起和进行的常态系以讼争的实体法律关系为中心，以对立的两方当事人为诉讼主体，即所谓两造当事人主义。而诉讼第三人制度却允许第三方主体加入诉讼，无疑是两造当事人对立原则的例外。这一制度是在社会经济关系和民事纠纷形态日益多样复杂的社会条件下，顺应民事诉讼客观需要的产物，其产生和发展经历了一个漫长而曲折的过程。

在中世纪以前，囿于落后的生产力发展水平和自给自足的自然经济模式，纠纷的形态和涉及的主体范围比较简单和有限，民事诉讼以原告和被告的两造相对立为基本格局，诉讼程序和制度的设计也趋于简单化和形式化。16、17世纪以后，随着生产力的发展，商品经济逐渐取代了自然经济，各种主体之间的经济关系、民事关系也越来越密切和复杂，纠纷的范围往往因涉及多数或者多方主体而被扩大，对纠纷相对主体之外的第三人的利益保护成为民事诉讼中难以回避的问题。鉴于传统的两造对立诉讼格局无法适应这种涉及多方主体的复杂纠纷，各国逐渐确立了诉讼第三人制度，允许本诉当事人之外的与案件具有利害关系的人进入诉讼，从而打破了两造当事人对立的传统诉讼结构。尽管各国民事诉讼法普遍承认第三方主体参加诉讼的制度，但由于在法律传统、文化、诉讼制度以及审判方式上存在较大差异，各国在制度范围、类型、诉讼构造等方面也大相径庭。

(二) 诉讼第三人的特点

(1) 诉讼第三人须为本诉当事人以外的人。换言之,诉讼第三人自始至终都不是本诉的当事人,其之所以被称为"第三人",就是相对于本诉的原告和被告而言的。第三人参加诉讼后,既不取代原诉讼当事人的地位,也不与本诉讼一方当事人构成共同原告或共同被告,否则,就不是真正意义上的"诉讼第三人"。

(2) 以自己的名义参加诉讼并独立实施诉讼行为。诉讼第三人均以自己的名义参加诉讼,这一点与当事人一致而有别于诉讼代理人。即使是不具有独立当事人地位的无独立请求权第三人,在诉讼行为上虽受到一定的限制,但仍然是以自己的名义参加诉讼的,并且可以独立实施诉讼行为,故而属于广义上的当事人。

(3) 与他人间的诉讼具有一定的利害关系。这是诉讼第三人参加诉讼的根据,也是其不同于证人、鉴定人、翻译等人员之处。在我国,诉讼第三人与本诉之间的利害关系,具体表现为对本诉的诉讼标的具有独立的请求权,或者本诉的处理结果会影响其利益。

(4) 参加诉讼的目的是为了保护自己的权利或利益。诉讼第三人参加诉讼既不是为了维护原告的利益,也不是为了维护被告的利益,而是为了维护自己的利益。即使是处于支持一方当事人的辅助地位,其最终目的也是避免自己的利益受到不利影响。由于具有独立的利益,第三人的诉讼行为因而具有相当的独立性。

(5) 参加的是他人之间正在进行的诉讼。第三人参加诉讼是以本诉的存在作为其前提和基础的,如果诉讼尚未开始,自无参加可言;而如果诉讼已经终结,也无从进行参加。一般而言,第三人参加诉讼应该在一审程序终结前,否则就可能造成诉讼程序的反复和浪费,从而导致诉讼的迟延。关于第三人能否在第二审程序中参加诉讼,法律并无规定,学理上看法不一。根据《民诉法解释》第81条的规定,第一审程序中未参加诉讼的第三人,可以在第二审程序中申请参加,是否准许由法院决定。

(三) 诉讼第三人的类型

根据我国《民诉法》第56条的规定,依据参加诉讼的根据的不同,我国的诉讼第三人分为两种类型:一是有独立请求权的第三人,即因对当事人争议的诉讼标的具有独立的请求权而参加诉讼的人;二是无独立请求权的第三人,即虽无独立的请求权,但因与案件处理结果具有法律上的利害关系而参加诉讼的人。

二、有独立请求权的第三人

(一) 有独立请求权第三人的概念

有独立请求权第三人,是指对当事人争议的诉讼标的,主张自己享有全部或部分的实体权利,而参加到已经开始的诉讼中来的人。在大陆法系各国,有独立请求权的第三人被称为"主参加人",其参加的诉讼称为"主参加诉讼"。

(二)有独立请求权第三人参加诉讼的根据

有独立请求权第三人参加诉讼的根据,是对本诉的当事人争议的诉讼标的,主张独立的请求权。有独立请求权第三人参加诉讼的根据是对他人之间争议的诉讼标的的全部或部分具有独立的请求权,因而请求权的独立性是有独立请求权第三人的基本特征。立法和理论上对"独立请求权"少有明确的界定,一般解释为该第三人的请求主张既不同于原告,也不同于被告,而是对诉讼标的主张独立的实体权利。这种独立的请求权包括全部的独立请求权和部分的独立请求权。全部的请求权,一般是指请求的内容是全部否定原告和被告的实体权利;部分请求权,则是部分否定原告和被告的实体权利。

有独立请求权第三人在实务中并不常见,理论上的争论也不多,各种著述中所举案例多为三方主体间的不动产所有权归属纠纷,或者多个继承人间的财产继承纠纷。

(三)有独立请求权第三人参诉的方式和诉讼地位

由于主张独立的请求权,因而有独立请求权第三人是以起诉的方式参加诉讼的,在诉讼中的地位相当于原告,享有原告的诉讼权利,承担原告的诉讼义务。因此,有独立请求权的第三人参加诉讼后,经法院传票传唤,无正当理由拒不到庭,或者未经许可中途退庭的,可以按撤诉处理。

根据我国诉讼理论,有独立请求权第三人的主张既与原告的主张相冲突,也与被告的主张相冲突,因而有独立请求权第三人所提起的诉讼请求是针对本诉的原告和被告的,是以双方当事人为被告提起的参加之诉。因此,有独立请求权第三人参加诉讼后构成诉的合并,即原告对被告的本诉和有独立请求权第三人对本诉原告和被告的参加之诉的合并。人民法院应将这两个诉讼合并审理,以便于查明案情,彻底解决纠纷,同时也避免因将两个有关联的诉讼分别审理而可能作出相互矛盾的裁判。根据《民诉法解释》第237条,本诉原告申请撤诉后,并不影响第三人之诉的继续存在。有独立请求权第三人作为另案原告(即第三人之诉的原告),本诉的原告和被告作为另案被告,诉讼继续进行。

(四)有独立请求权的第三人与必要共同原告的区别

有独立请求权第三人与必要共同原告之间的区别主要表现为:

(1)争议的诉讼标的不同。必要共同原告之间只有一个诉讼标的,即与被告之间发生争议的民事法律关系,必要共同原告是该民事法律关系的一方主体,他们共同享有权利或者共同承担义务;而有独立请求权第三人参加诉讼构成诉的合并,有两个诉讼标的,有独立请求权第三人与本诉的任何一方当事人都不存在共同的权利或义务。

(2)争议的对象不同。必要共同原告之间具有共同的利害关系,在诉讼中只与被告发生争议;而有独立请求权第三人在参加之诉中既反对原告的主张,又反对被告的主张,与本诉的双方当事人均处于对立地位。

(3) 参加诉讼的方式不同。必要共同诉讼是不可分之诉,对于没有共同起诉的人,在诉讼程序开始后法院可以追加其进入诉讼;而有独立请求权第三人提起的参加之诉可以与本诉分开,第三人既可以在本诉开始后参加诉讼,也可以另行起诉。

(4) 诉讼行为的效力不同。由于必要共同原告对诉讼标的有共同的权利和义务,其中一人的诉讼行为经全体承认后,即对全体发生效力;而有独立请求权第三人具有独立的当事人地位,有权独立行使自己的权利和承担自己的诉讼义务,其诉讼行为对本诉双方当事人不发生效力。

三、无独立请求权的第三人

(一) 无独立请求权第三人

无独立请求权第三人,是指对他人之间的诉讼标的没有独立的请求权,但由于案件的处理结果与其有法律上的利害关系,因而参加到他人之间已经开始的诉讼中来的人。

理论上一般认为,无独立请求权第三人与本诉的诉讼标的没有直接的利害关系,他之所以参加诉讼,是因为与一方当事人有法律上的利害关系,如果该当事人败诉,他就可能在法律上负有某种义务。因此,他参加诉讼支持一方当事人的主张而反对另一方当事人的主张,在诉讼中不是独立的当事人而是处于辅助地位。

(二) 无独立请求权第三人参加诉讼的根据

无独立请求权第三人参加诉讼的根据,涉及关于无独立请求权第三人的确定,其实质是对"与案件的处理结果有法律上的利害关系"的理解。一般认为"法律上的利害关系"是指本诉的一方当事人和第三人之间存在着另一个民事法律关系,该法律关系与作为本诉当事人争议的诉讼标的的法律关系在事实上或者客体上有牵连,从而会导致该当事人因败诉而遭受的不利益向该第三人扩张。

对无独立请求权第三人与他人的诉讼结果存在的利害关系应当从以下几个方面进行理解:(1) 这种利害关系是法律上的利害关系,即第三人的权利义务及其法律上的地位有可能受到诉讼结果的影响,不能是单纯的事实上、思想上或者经济上等方面的利益。例如,在父亲因被他人打伤而提起请求损害赔偿的诉讼时,其儿子与诉讼的处理结果虽然具有一定的利害关系,但这种利害关系并非法律上的利害关系,因而其儿子不能作为第三人参加诉讼。(2) 这种利害关系是一种民事法律上的利害关系,包括财产权关系和人身权关系。对于法律上的利害关系是否包括公法关系,各国存有分歧,见解不一。如果利害关系不限于私法利益,则无独立请求权第三人的范围将牵连过广,超出了民事案件的主管范围。因此,应当将利害关系限定在民事法律关系的范围内。(3) 这种利害关系表现为本诉的处理结果可能会使第三人的利益受到不利影响。第三人与诉讼结果的利害关系,通常是指在当事人一方败诉时,依该判决的内容(包括法院就诉讼标的之判断以及判决理由中对某事实和法律关系存否的判断)将使第三人直接和间接地遭受不利益。

(三) 无独立请求权第三人参加诉讼的方式

无独立请求权第三人参加诉讼的方式有两种:(1) 申请参加,即案外第三人以书面或口头形式主动向法院申请参加诉讼或者案件当事人向法院申请追加案外第三人;(2) 法院通知参加,即人民法院依职权主动发出通知书,要求案外第三人参加诉讼。在通知参加的情况下,第三人负有参加诉讼的义务。由于可以判决第三人承担民事责任,我国实践中对无独立请求权第三人的适用往往是以追究第三人责任为目的的,这种目的性遏制了案外第三人申请参加诉讼的主动性,导致第三人申请参加诉讼的比较少,大多数是被当事人请求追加或由法院依职权追加为第三人的。实务中,当事人申请追加第三人比较常见,还有的原告直接在诉状中列出无独立请求权第三人。对此,《民诉法解释》第222条规定,如果原告在起诉状中列写第三人的,视为其申请人民法院追加该第三人参加诉讼。

(四) 无独立请求权第三人的诉讼地位

关于无独立请求权第三人的诉讼地位,尽管学理上存有诸多争议,但我国立法以及相关司法解释基本上维持了辅助参加的特点,将第三人的作用定位于辅助一方当事人进行诉讼。因而无独立请求权第三人不是独立的当事人,而是具有特殊地位的诉讼参加人,其诉讼地位具有独立性和从属性特点。一方面,无独立请求权第三人可以自己的名义参加诉讼和进行诉讼活动,其诉讼地位具有一定的独立性,有权实施为辅助一方当事人进行诉讼所必要的一切诉讼行为,包括委托诉讼代理人,提供证据,对涉及自己利益的事实和证据进行辩论等。另一方面,由于对诉讼标的没有独立请求权,无独立请求权第三人不能获得独立当事人的诉讼地位(至少在法院判决其承担民事责任前是如此),而是处于辅助地位,必须依附于原告或被告一方,通过支持一方当事人的主张来维护自己的利益。因而他不是真正的当事人而只具有从属于当事人的地位。基于其诉讼地位的从属性,无独立请求权第三人的诉讼行为须合乎于辅助参加的目的,其诉讼权利受到一定限制,表现为:(1) 无独立请求权第三人的诉讼行为不得与其所辅助的一方当事人的行为相抵触。第三人参加诉讼以辅助主当事人为目的,其行为原则上应与主当事人的行为保持一致,主当事人实施某诉讼行为后,第三人即不能再实施与之相抵触的行为。(2) 第三人不能实施非当事人不能实施的特定诉讼行为。比如,他无权提出管辖权异议,也无权实施放弃、变更诉讼请求或者撤诉等处分性诉讼行为,但被判决承担民事责任的第三人,有权提起上诉。

不过,根据我国《民诉法》第56条和最高人民法院的有关司法解释,由于允许判决无独立请求权第三人承担民事责任,它的诉讼地位实际上有两种情形:(1) 在一般情况下,无独立请求权第三人只是处于辅助地位的诉讼参加人,不具有独立当事人地位;(2)在被判决承担民事责任时,则具有独立当事人地位,有权提出上诉。由于无独立请求权第三人参加诉讼的情形比较复杂,是否会被法院判决承担责任具有不确定性,他可能自始至终都没有与一方当事人形成诉的关系,而仅仅是辅助一方当事人进行诉讼,也可能会因为被法院判决承担民事责任而成为诉的一方主体。

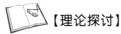【理论探讨】

无独立请求权第三人制度的结构性缺陷及其重构路径

我国《民诉法》对无独立请求权第三人的规范过于简单,并且在制度设计上存在内在缺陷,导致我国诉讼理论和实务对无独立请求权第三人的参诉根据、适用范围、诉讼地位、参诉方式等方面都存在分歧,这些相互矛盾的主张和见解都可以在法律和理论上找到一定的依据,但又都不能与现行制度调和而自圆其说,这种混乱状况是无独立请求权第三人制度本身所存在的内在矛盾的直接反映。由于立法和司法解释均允许法院判决无独立请求权第三人承担民事责任,这与其仅为"诉讼辅助人"而不享有独立当事人的诉讼地位显然是不相称的,因而我国无独立请求权第三人在制度设计上存在着结构性缺陷,这也是该制度在学理上存在诸多争论和诟病的根本原因所在。

尽管不是直接脱胎于大陆法系,但我国的无独立请求权第三人的基本构造与大陆法系的从参加制度具有同构性,而大陆法系从参加制度的本质特征是将第三人定位为一方当事人的诉讼辅助人,其整个制度设计(包括参诉条件、参诉方式、诉讼行为限制、判决效力等)都是以此为基点而展开的。与此不同的是,我国增加了法院可以判决无独立请求权第三人直接承担民事责任的规定,从而使得无独立请求权第三人制度具有了追究第三人责任的功能。由此导致我国的无独立请求权第三人制度陷入了难以克服的内在矛盾之中,在制度层面突出表现为责任承担和诉讼地位之间的不对应,而更深层次的原因,是责任追究功能与辅助参加制度原理是相互排斥、不能兼容的,这一功能的植入从根本上破坏了辅助参加的制度机理。这种不以诉为前提的责任追究方式,不仅与无独立请求权第三人的参诉根据、参诉方式、诉讼地位以及判决效力等方面均发生了不可调和的矛盾和碰撞,而且违背了"不告不理"和既判力等诉讼原理。

由于具有追究责任的功能,我国民事诉讼中的无独立请求权第三人通常是以可能承担民事责任为预设前提而被纳入诉讼的。当事人或法院之所以追加无独立请求权第三人,往往就是因为可以通过让第三人参加诉讼,将被告可能对原告承担的责任全部或部分地转移给第三人。在这种情况下，无独立请求权第三人实际上是被置于被告的诉讼地位。然而，尽管无独立请求权第三人往往是作为潜在的责任主体参加诉讼的，实际上在诉讼中扮演了被告的角色，在诉讼中却没有获得被告所应当具有的地位和程序保障。在这种诉讼结构下，法院判决第三人承担责任就明显地缺乏程序正当化的依据，背离了程序公正和程序保障的基本理念。

为了化解这种结构性的矛盾，不少学者对完善或者重构无独立请求权第三人制度的路径进行了探讨，其中一种比较有影响力的主张，是分别借鉴美国的引入第三人制度和大陆法系的从参加制度，将无独立请求权第三人解构为两种类型，即具有当事人地位的无独立请求权第三人和处于辅助地位的无独立请求权第三人。前者在诉讼中处于被告地位，可以被判决承担责任；后者在诉讼中只处于诉讼辅助人的地位。

（五）有独立请求权的第三人与无独立请求权的第三人的区别

（1）参加诉讼的根据不同。有独立请求权第三人参加诉讼，是基于对本诉原、被告间所争执的诉讼标的有所主张或请求，即由于本诉的诉讼标的与其有直接的利害关系，无论本诉是原告胜诉还是被告胜诉，都会使其合法权益受到损害，因而以本诉的原告和被告为共同被告提起新的诉讼，主张独立的实体权利。而无独立请求权第三人参加诉讼是因为本诉的诉讼结果与其有着法律上的利害关系，而不是对本诉原、被告间的诉讼标的有所请求。换言之，无独立请求权第三人与本诉的诉讼标的没有直接的利害关系。

（2）诉讼地位不同。有独立请求权第三人的诉讼主张既不同于原告也不同于被告的主张，实际上是以本诉的原、被告为被告提起了一个新的诉讼——参加之诉，故而其在诉讼中的地位相当于原告。而无独立请求权第三人无权对本诉的诉讼标的提出独立的请求和主张，尽管他为了维护自己的利益而参加到原、被告的诉讼中，并以自己的名义进行诉讼活动，但并未取得独立的当事人地位。除非以后被人民法院判决承担民事责任，否则其诉讼地位具有依附性，只是一方当事人的辅助人。

（3）参加诉讼的方式不同。有独立请求权第三人以起诉的方式参加诉讼，其是否参加诉讼完全出于自愿，不能强迫；而无独立请求权第三人参加诉讼的方式有两种：申请参加和由人民法院通知参加。在法院依职权通知时，无独立请求权第三人必须参加诉讼。

【经典司考题】

1. 张某将邻居李某和李某的父亲打伤，李某以张某为被告向法院提起诉讼。在法院受理该案时，李某的父亲也向法院起诉，对张某提出索赔请求。法院受理了李某父亲的起诉,在征得当事人同意的情况下决定将上述两案并案审理。在本案中,李某的父亲居于什么诉讼地位?(2008-3-42)

　　A. 必要共同诉讼的共同原告　　B. 有独立请求权的第三人
　　C. 普通共同诉讼的共同原告　　D. 无独立请求权的第三人

考点:普通共同诉讼

2. 关于必要共同诉讼与普通共同诉讼的区别,下列哪些选项是正确的?(2007-3-87)

　　A. 必要共同诉讼的诉讼标的是共同的,普通共同诉讼的诉讼标的是同种类的
　　B. 必要共同诉讼的诉讼标的只有一个,普通共同诉讼的诉讼标的有若干个
　　C. 必要共同诉讼的诉讼请求只有一个,普通共同诉讼的诉讼请求有若干个
　　D. 必要共同诉讼中共同诉讼人的诉讼行为必须一致,普通共同诉讼中共同诉讼人的诉讼行为不需要一致

考点:必要共同诉讼与普通共同诉讼的区别

3. 二审法院审理继承纠纷上诉案时,发现一审判决遗漏另一继承人甲。关于本案,下列哪些说法是正确的?(2010-3-80)

　　A. 为避免诉讼拖延,二审法院可依职权直接改判
　　B. 二审法院可根据自愿原则进行调解,调解不成的裁定撤销原判决发回重审
　　C. 甲应列为本案的有独立请求权第三人
　　D. 甲应是本案的共同原告

考点:必要共同诉讼人

4. 某企业使用霉变面粉加工馒头,潜在受害人不可确定。甲、乙、丙、丁等20多名受害者提起损害赔偿诉讼,但未能推选出诉讼代表人。法院建议由甲、乙作为诉讼代表人,但丙、丁等人反对。关于本案,下列哪一选项是正确的?(2011-3-48)

　　A. 丙、丁等人作为诉讼代表人参加诉讼
　　B. 丙、丁等人推选代表人参加诉讼
　　C. 诉讼代表人由法院指定
　　D. 在丙、丁等人不认可诉讼代表人情况下,本案裁判对丙、丁等人没有约束力

考点:代表人诉讼

5. A厂生产的一批酱油由于香精投放过多,对人体有损害。报纸披露此消息后,购买过该批酱油的消费者纷纷起诉A厂,要求赔偿损失。甲和乙被推选为诉讼代表人参加诉讼。下列哪一选项是正确的?(2008-3-48)

　　A. 甲和乙因故不能参加诉讼,法院可以指定另一名当事人为诉讼代表人代表当事人进行诉讼
　　B. 甲因病不能参加诉讼,可以委托一至两人作为诉讼代理人,而无需征得被代表的当事人的同意

C. 甲和乙可以自行决定变更诉讼请求,但事后应当及时告知其他当事人
D. 甲和乙经超过半数原告方当事人同意,可以和A厂签订和解协议

考点:诉讼代表人

6. 赵某与刘某将共有商铺出租给陈某。刘某瞒着赵某,与陈某签订房屋买卖合同,将商铺转让给陈某,后因该合同履行发生纠纷,刘某将陈某诉至法院。赵某得知后,坚决不同意刘某将商铺让与陈某。关于本案相关人的诉讼地位,下列哪一说法是正确的?(2015-3-38)

A. 法院应依职权追加赵某为共同原告
B. 赵某应以刘某侵权起诉,陈某为无独立请求权第三人
C. 赵某应作为无独立请求权第三人
D. 赵某应作为有独立请求权第三人

考点:有独立请求权第三人

7. 甲与乙对一古董所有权发生争议诉至法院。诉讼过程中,丙声称古董属自己所有,主张对古董的所有权。下列哪一说法是正确的?(2009-3-39)

A. 如丙没有起诉,法院可以依职权主动追加其作为有独立请求权第三人
B. 如丙起诉后认为受案法院无管辖权,可以提出管辖权异议
C. 如丙起诉后经法院传票传唤,无正当理由拒不到庭,应当视为撤诉
D. 如丙起诉后,甲与乙达成协议经法院同意而撤诉,应当驳回丙的起诉

考点:有独立请求权的第三人的诉讼地位

8. 关于无独立请求权第三人,下列哪些说法是错误的?(2011-3-80)

A. 无独立请求权第三人在诉讼中有自己独立的诉讼地位
B. 无独立请求权第三人有权提出管辖异议
C. 一审判决没有判决无独立请求权第三人承担民事责任的,无独立请求权的第三人不可以作为上诉人或被上诉人
D. 无独立请求权第三人有权申请参加诉讼和参加案件的调解活动,与案件原、被告达成调解协议

考点:无独立请求权第三人

9. 甲为有独立请求权第三人,乙为无独立请求权第三人,关于甲、乙诉讼权利和义务,下列哪一说法是正确的?(2010-3-41)

A. 甲只能以起诉的方式参加诉讼,乙以申请或经法院通知的方式参加诉讼
B. 甲具有当事人的诉讼地位,乙不具有当事人的诉讼地位
C. 甲的诉讼行为可对本诉的当事人发生效力,乙的诉讼行为对本诉的当事人不发生效力
D. 任何情况下,甲有上诉权,而乙无上诉权

考点:有独立请求权第三人和无独立请求权第三人的区别

第九章 诉讼代理人

要点提示

- 诉讼代理人的特点
- 法定诉讼代理人的诉讼地位
- 委托诉讼代理人的范围和权限

第一节 诉讼代理人概述

一、诉讼代理人的概念和种类

（一）诉讼代理人的概念和特点

诉讼代理人，是指根据法律规定或当事人的委托，以当事人的名义，代当事人进行民事诉讼活动的人。

在民事诉讼中，诉讼代理人代当事人进行诉讼活动的权限，称为诉讼代理权；代当事人实施诉讼活动的行为，称为诉讼代理行为；被代理的一方当事人称为被代理人。

诉讼代理人具有以下特点：

（1）具有诉讼行为能力。诉讼代理人的职责是代当事人实施诉讼行为，必须具有诉讼行为能力。没有诉讼行为能力的人，不能亲自实施诉讼，故而不能成为诉讼代理人。在诉讼代理过程中，代理人若丧失诉讼行为能力，即丧失了诉讼代理人的资格。

（2）以被代理人的名义进行诉讼活动。诉讼代理人本身并非案件的当事人，与案件没有直接或者间接的利害关系，因此诉讼代理人只能以被代理人的名义进行诉讼，而不能以自己名义进行诉讼。

（3）在代理权限内实施诉讼行为。诉讼代理人的代理权限，来源于法律规定或当事人的授权。诉讼代理人所实施的诉讼行为是否有效，取决于其是否具有相应的代理权限，凡是没有代理权或者超越代理权所实施的诉讼行为，均为无效，不能产生诉讼代理的法律效果。

（4）诉讼代理的法律后果由被代理人承担。诉讼代理人只是代被代理人实施诉讼行为，被代理人才是案件的当事人，因而代理人依法代理所产生的诉讼后果，不论是程序性的后果还是实体性的后果，均直接归属于被代理人。

（二）诉讼代理人的种类

根据代理权发生原因的不同，我国《民诉法》将诉讼代理人区分为两种类型：法定诉讼代理人和委托诉讼代理人。前者是根据法律的规定，代无诉讼能力的当事人实施诉讼行为的担任；后者是基于当事人或者当事人的法定代理人的委托，代当事人实施诉讼行为的人。

二、诉讼代理制度的意义

诉讼代理制度是民事诉讼中一项重要制度，这一制度以补充或者扩张当事人的诉讼行为能力为目的，对保护当事人的权益具有重要意义，主要表现为：

（1）补充当事人诉讼行为能力。在民事诉讼中，无诉讼行为能力的当事人必须由法定代理人代替其实施诉讼行为，诉讼代理制度能够弥补当事人诉讼行为能力的不足，从而使其合法权益能够通过诉讼得以保护。

（2）扩张当事人诉讼行为能力。有诉讼行为能力的当事人虽然可以实施诉讼行为，但未必具有实施诉讼的专业能力，其时间、精力也可能有限，委托诉讼代理能够补充当事人（包括无诉讼行为能力当事人的法定代理人）诉讼知识和技能的不足，为其进行诉讼提供便利和帮助。

（3）有利于法院正确审理民事案件。诉讼代理人通常具备诉讼专业知识或者知晓案件情况，能够帮助法院查清案件事实和正确适用法律，从而维护当事人的合法权益。

▶ 三、诉讼代理人的权利与义务

（一）诉讼代理人的权利

代理人依法代理当事人实施诉讼，为保证诉讼的顺利进行，维护当事人的合法权益，必须赋予诉讼代理人一定的诉讼权利。

（1）有权行使被代理人在诉讼中的权利。诉讼代理人在法定或是当事人委托的权限范围内，有权行使被代理的当事人在诉讼中享有的权利，处分被代理人的诉讼权利和实体权利。

（2）有权调查收集证据。诉讼代理人的调查取证权是当事人调查取证权的派生权利。根据民诉法的规定，当事人对自己的主张，有责任提供证据并加以证明，没有证据或者证据不足以证明其诉讼主张时，就可能承担不利的诉讼后果。为了使当事人更好地承担提供证据的责任，民事诉讼法赋予了诉讼代理人调查收集证据的权利，必要时代理人可申请人民法院调查收集证据。

（3）有权查阅本案有关材料。查阅本案材料的具体范围和方法由最高人民法院规定。根据 2002 年最高人民法院《关于诉讼代理人查阅民事案件材料的规定》，诉讼代理人查阅民事案件材料的范围，限于案件审判卷和执行卷的正卷，不可查阅案件的副卷。根据《人民法院诉讼文书立卷归档办法》的规定，正卷分一审、二审，其诉讼文书包括起诉书，上诉书、立案（受理）通知书、答辩状、证据材料、调解笔录、开庭通知、开庭审判笔录、裁判文书正本等。副卷中的诉讼文书包括阅卷笔录、承办人与有关部门内部交换意见的材料或笔录、有关本案的内部请示及批复、合议庭评议案件笔录、审判委员会讨论记录、判文书原本、审判监督表或发回重审意见书等不宜对外公开的材料。

（二）诉讼代理人的义务

（1）为被代理人的利益实施代理的义务。诉讼代理人在实施诉讼代理行为时，以维护被代理人的权益，实现被代理人的最大利益为基本出发点。由于在同一诉讼中,双方当事人的利益是对立的,因而诉讼代理人只能代理一方当事人进行诉讼。

(2) 亲自代理的义务。诉讼代理人应当亲自处理当事人委托的诉讼事务,除非经被代理人同意,不得将代理事务转托他人代理。

(3) 报告义务。在被代理人要求或者代理人自己认为有必要时,诉讼代理人应将处理诉讼事务的一切重要情况告知被代理人。

(4) 保密义务。诉讼代理人对被代理人负有保密义务。在诉讼代理关系存在的期间,或者代理终止后,均不得把在诉讼代理过程了解的被代理人和案件情况向第三人泄露。

第二节　法定诉讼代理人

一、法定诉讼代理人概述

(一) 法定诉讼代理人的概念

法定诉讼代理人,是指根据法律规定,代理无诉讼行为能力的当事人进行民事诉讼的人。

法定诉讼代理人制度是为补充无民事行为能力人和限制民事行为能力人在诉讼行为能力上的欠缺而设置的,具有以下特点:(1) 诉讼代理权是基于法律的直接规定而产生,而不是基于当事人的意思表示,这是法定诉讼代理人最基本的特征;(2) 法定诉讼代理的被代理人,只限于无民事行为能力人和限制民事行为能力人,如未成年人、精神病人,均无诉讼行为能力,不能亲自进行诉讼活动,须由法定代理人代为进行;(3) 法定诉讼代理人与被代理人具有特定的身份关系,一般即是被代理人的监护人。因此,法定诉讼代理人一般与实体法上的监护人范围一致。

(二) 法定诉讼代理人的范围

我国《民诉法》第 57 条规定,无诉讼行为能力人由他的监护人作为法定代理人代为诉讼。因此,我国法定诉讼代理人的范围和顺序需适用《民法通则》关于监护人的规定。

(1) 未成年人的法定诉讼代理人。根据《民法通则》第 16 条的规定,未成年人的父母是未成年的监护人。未成年人的父母已经死亡或者没有监护能力的,由下列人员中有监护能力的人担任监护人:祖父母、外祖父母;兄、姐;关系密切的其他亲属、朋友愿意承担监护责任,并经有关单位、基层组织同意。没有上述监护人的,由未成年人父母所在单位或者未成年人住所地的居民委员会、村民委员会或者民政部门担任监护人。

(2) 精神病人的法定诉讼代理人。根据《民法通则》第 17 条的规定,无民事行为为能力或者限制民事行为能力的精神病人,由下列人员担任监护人:配偶;父母;成年子女;其他近亲属;关系密切的其他亲属、朋友愿意承担监护责任,并经有关单位、基层组织同意。没有上述监护人的,由精神病人的所在单位或者住所地的居民委员会、村民委员会或者民政部门担任监护人。

(三)法定诉讼代理人的指定

法定诉讼代理人的代理权源于法律的直接规定,其参加诉讼、维护无诉讼行为能力人的合法权益,既是一项诉讼权利,也是一项法定义务。在通常情况下,法定诉讼代理人根据民事实体法规定的监护人范围和顺序确定,无需人民法院指定。但在下面两种情况下,则需要人民法院指定法定代理人:(1)法定代理人相互推诿时。当存在多个法定代理人时,如果他们相互推诿代理诉讼的义务,不仅会影响诉讼的顺利进行,也会损害被代理人的合法权益。根据《民诉法》第57条的规定,可由人民法院指定其中一人代为诉讼。(2)事先没有确定监护人的。根据《民诉法解释》第83条,事先没有确定监护人的,可以由有监护资格的人协商确定;协商不成的,由人民法院在他们之间指定法定代理人。人民法院在指定诉讼代理人时,应当考虑监护人的法定顺序、监护人的监护能力以及监护人与被监护人的关系等因素。[①]

二、法定诉讼代理人的诉讼地位

法定诉讼代理人可自由处分被代理人的诉讼权利和实体权利,无需被代理人授权。法定代理人在诉讼中的行为视为是当事人的行为,与当事人的行为具有同等效力。因此,法定诉讼代理人可以按照自己的意志代被代理人行使属于当事人所享有的诉讼权利,包括起诉、应诉、委托诉讼代理人、放弃或变更诉讼请求、进行和解、提起反诉等;并且应代被代理人履行当事人的一切诉讼义务。

法定诉讼代理人虽然具有类似当事人的诉讼地位和诉讼权利,但他毕竟不是当事人,因此只能以被代理人的名义进行诉讼,受法院裁判拘束的也是被代理人,而不是法定诉讼代理人。为防止被代理人的权益受到损害,人民法院应对法定诉讼代理人的行为进行必要的监督。

三、法定诉讼代理权的取得和消灭

法定诉讼代理权产生的基础是民法上的监护权,无民事行为能力或者限制民事行为能力的人的监护人通常就是其法定诉讼代理人。法定诉讼代理人参加诉讼不需要提交委托书,只要证明自己的身份及其与被代理人间的监护关系即可,人民法院应对法定诉讼代理人的身份进行核实。

---

① 奚晓明、张卫平主编:《新民事诉讼法条文精释》,人民法院出版社2012年版,第130页。

法定诉讼代理权消灭的原因在于诉讼事务完成以及监护权消灭。具体表现为：

（1）诉讼结束。诉讼一旦终结，即代理事务完成，诉讼代理权因目的达到而归于消灭。

（2）监护权消灭。在诉讼过程中，监护权消灭，法定诉讼代理权因存在的基础丧失而随之归于消灭，具体包括以下情形：其一，无诉讼行为能力的被代理人具有或恢复了诉讼行为能力，如未成年人成年、精神病人恢复了健康。其二，法定诉讼代理人死亡或者丧失诉讼行为能力。其三，法定代理人丧失或者被撤销了监护人资格。比如，基于收养或婚姻关系而发生的监护权，因收养或婚姻关系的解除而导致法定诉讼代理权消灭。其四，被代理人死亡。如果法定诉讼代理人的监护权消灭的，应当及时告知人民法院，并退出诉讼。

第三节　委托诉讼代理人

一、委托诉讼代理人的概念

委托诉讼代理人，是指根据当事人、诉讼代表人或法定代理人的委托和授权，代为进行诉讼活动的人。

委托诉讼代理是民事诉讼代理中最主要、最常见的代理方式，与法定代理相比，委托代理具有如下特点：(1) 诉讼代理权的产生基础是被代理人（当事人、法定代理人或诉讼代表人）的委托和授权。被代理人出具的授权委托书是诉讼代理人取得代理权的依据。(2) 诉讼代理的权限和事项由被代理人确定。在委托诉讼代理中，代理权限、事项均取决于被代理人的意思表示，被代理人有权自行决定委托代理的事项和代理权限的范围，代理人只能根据被代理人的授权进行诉讼代理活动，因此委托诉讼代理也被称为约定代理或意定代理。(3) 代理人和被代理人都应具有诉讼行为能力。

二、委托诉讼代理人的范围

为维护被代理人的合法权益和保证诉讼顺利进行，法律通常会对委托诉讼代理人的范围予以限制。从各国的立法来看，主要有两种立法模式：一种是律师强制主义，即原则上只能由律师担任委托诉讼代理人；另一种则对诉讼代理人的范围规定比较宽泛，并不强制要求由律师充当诉讼代理人。[1]

我国采用的是第二种立法模式，根据《民诉法》第58条以及司法解释的规定，

---

[1] 张卫平著：《民事诉讼法》，法律出版社2009年版，第177页。

委托诉讼代理人的范围比较宽泛,具体包括:

(1) 律师、基层法律服务工作者。律师,是指依法取得律师执业证书,为社会提供法律服务的执业人员。律师具有专门的法律知识和诉讼技能,是担任委托诉讼代理人的主要主体。法律服务工作者是指经核准执业登记,领取法律服务工作者执业证,在基层法律服务所执业,为社会提供法律服务的人员。基层法律服务所是在乡镇和城市街道依法设立的法律服务组织,是基层法律服务工作者的执业机构。① 基层法律服务工作者与律师相比主要有两个区别:一是业务范围,法律服务工作者不能办理刑事案件,其他与律师相同。二是服务对象,法律服务工作者只能代理一方当事人在其法律服务所辖区内的案子。一方当事人既包括所代理的一方当事人,也包括对方当事人。法律服务所的辖区是指其设立时所服务的街道或乡镇区域。设立时为区县服务的,则以区县为辖区。因此,法律服务工作者在代理时除了提交当事人的授权委托书、法律服务者工作证和基层法律服务所出具的介绍信外,还需提交当事人一方位于本辖区内的证明材料。

(2) 当事人的近亲属或者工作人员。当事人的近亲属包括与当事人有夫妻、直系血亲、三代以内旁系血亲、近姻亲关系以及其他有抚养、赡养关系的亲属。法人和其他组织作为当事人时,由其法定代表人进行诉讼,实践中法定代表人常常委托其工作人员作为代理人来具体实施诉讼行为。故此,2012年修改的《民诉法》在委托诉讼代理人的范围上增加规定了当事人的工作人员。

(3) 当事人所在社区、单位以及有关社会团体推荐的公民。"社区"通常是指以一定地理区域为基础的社会群体。按照一般理解,当事人所在社区是指当事人住所地的居民委员会或者村民委员会。当事人所在的单位,是指当事人涉讼时所就职的机构。社区可以为居住在本社区的当事人、单位可以为本单位的当事人推荐诉讼代理人。被推荐的人可以是本社区、本单位的人,也可以是本社区、本单位以外的人。

有关社会团体一般是指工会、共青团、妇联、残联等依法登记设立或者依法免予登记设立的非营利性法人组织。有关社团推荐公民担任诉讼代理人时,需满足下列条件:其一,社会团体属于依法登记设立或者依法免予登记设立的非营利性法人组织;其二,被代理人属于该社会团体的成员,或者当事人一方住所地位于该社会团体的活动地域;其三,代理事务属于该社会团体章程载明的业务范围;其四,被推荐的公民是该社会团体的负责人或者与该社会团体有合法劳动人事关系的工作人员。但中华全国专利代理人协会推荐专利代理人在专利纠纷案件中担任诉讼代理人不受上述条件的限制。这是因为专利代理人此前一直在专利纠纷中担任诉讼代理人,如果全部予以禁止的话,不能保证律师能够完全满足专利市场的需要,基

---

① 《基层法律服务所管理办法》第2条。

于对历史的尊重和现实的需要因此予以了保留。

在我国,司法实践长期以来对于公民代理诉讼一直持宽松的态度。公民诉讼代理在一定程度上适应了司法制度和司法实践的需要,对弥补专业律师数量不足、满足当事人对于诉讼帮助的需求以及帮助弱势群体进行诉讼方面发挥了积极的作。但是,公民代理在实践中也产生了弊端。一些不具有律师执业资格的人员成为以代理诉讼为业的"黑律师"、"土律师"群体,他们胡乱收费、骗取钱财、干扰司法审判,损害当事人利益。而且,公民代理人的有偿法律服务破坏了法律服务市场严格准入的制度,造成法律服务市场竞争的无序状态。为此,司法部曾于1990—1992年间几次发文明确规定只有律师事务所和基层法律服务所才能向社会提供有偿的诉讼代理服务。随着律师行业的发展壮大以及基层法律服务工作者的补充,当事人获得诉讼帮助的需求矛盾大大缓解。尽管目前还不具备完全取消公民代理诉讼的条件,但可以逐步限制那些与当事人没有任何联系的公民担任诉讼代理人。因此,《民诉法》删除了"经法院许可的其他公民"。

▶ 三、委托诉讼代理人的权限

(一) 委托代理权的取得

委托诉讼代理人的代理权限,来源于当事人、诉讼代表人或法定代理人的授权,诉讼代理人只能在授权范围内实施诉讼活动。只有在被代理人授权范围内实施诉讼代理行为,其行为的法律后果才能由被代理人承担。代理人超越代理权限所实施的诉讼行为,除非得到被代理人的事后追认,否则便属于无效诉讼行为,由其自行承担相应的法律后果。

委托他人代为诉讼,应在开庭审理前向受诉人民法院提交授权委托书,授权委托书必须记明委托事项和权限。在我国,当事人、法定代理人可以委托1—2人作为诉讼代理人。如果当事人委托两人作为诉讼代理人,应在授权委托书中载明各自的代理事项和代理权限。

除了授权委托书外,委托诉讼代理人还应当向人民法院提交以下材料:(1)律师应当提交律师执业证、律师事务所证明材料,即出庭函;(2)基层法律服务工作者应当提交法律服务工作者执业证、基层法律服务所出具的介绍信以及当事人一方位于本辖区内的证明材料;(3)当事人的近亲属应当提交身份证件和与委托人有近亲属关系的证明材料;(4)当事人的工作人员应当提交身份证件和与当事人有合法劳动人事关系的证明材料;(5)当事人所在社区、单位推荐的公民应当提交身份证件、推荐材料和当事人属于该社区、单位的证明材料;(6)有关社会团体推荐的公民应当提交身份证件和与该社会团体有合法劳动人事关系、当事人属于该社会团体成员等证明材料。

(二) 委托诉讼代理人的代理权限

当事人的诉讼权利主要包括两种类型,一种是涉及实体性权利的诉讼权利,一种是纯粹的诉讼权利。涉及实体权利的诉讼权利直接关系到当事人实体权益,对当事人影响至巨,诉讼代理人行使此类诉讼权利,须经被代理人的特别授权。因此,被代理人对委托诉讼代理人的授权分为一般授权和特别授权两种,委托诉讼代理由此也可分为两种。

(1) 一般代理。即委托诉讼代理人仅是代当事人实施一般的诉讼行为,比如提出证据、进行答辩、申请回避等,不能实施涉及实体性处分的诉讼行为。

(2) 特别授权代理。诉讼代理人如果获得当事人的特别授权,就可以代当事人实施特定的实体性处分行为,比如代为承认、放弃、变更诉讼请求,进行和解,提起反诉、上诉、代领法律文书、代领退还的诉讼费用和执行款项等。

在司法实务中,为方便起见,委托代理人最好要求委托人将一般授权和所有特别授权全部授予。比如调解中一方当事人当场履行时,委托代理人就可以代为接受执行款项。对特别授权,有的委托书授权范围不明确,没有具体写明授予何种实体性处分权利,而只是笼统地写"代理诉讼"、"全权代理"等。对此,根据《民诉法解释》第 89 条的规定,授权委托书仅写"全权代理"而无具体授权的,视为一般授权。

被代理人委托诉讼代理人代为进行诉讼后,自己仍然可以实施诉讼行为。当被代理人的诉讼行为与委托诉讼代理人的诉讼行为不一致时,一般应以被代理人的诉讼行为为准。

(三) 关于代理离婚案件的特别规定

一般情况下,当事人委托了诉讼代理人后,本人既可以出庭,也可以不出庭,但离婚案件除外。离婚案件涉及的是身份关系,跟结婚一样,不能代理。而且离婚案件的核心问题是确认双方是否已经具备解除婚姻关系的条件,即婚姻关系是否破裂,只有双方当事人都出庭陈述,法院才便于进行正确判断,同时也便于法院进行调解。因此,我国《民诉法》第 62 条规定:离婚案件有诉讼代理人的,本人除不能表达意志的以外,仍应出庭。如果确因特殊情况无法出庭的,必须对是否同意离婚、子女抚养、财产分割等问题向人民法院提交关于书面意见。

▶ 四、委托诉讼代理权的变更和消灭

(一) 委托诉讼代理权的变更

在诉讼存续期间,基于一定的原因,被代理人可以变更代理权限,扩大和缩小授权范围。由于诉讼代理权的变更关系到诉讼行为的效力以及对方当事人的利益,因此被代理人变更诉讼代理权限的,应及时书面告知人民法院,并通知对方当事人或法定代理人。

委托诉讼代理人在接受当事人委托后,能否再委托他人代为进行诉讼,民事诉

讼法未作规定。由于诉讼代理关系是以委托诉讼代理人与被代理人之间的信任为基础的,具有严格的人身性质,因此,在未经被代理人同意的情况下,不能进行转委托。

（二）委托诉讼代理权的消灭

委托诉讼代理权消灭的原因有:(1)诉讼终结,诉讼代理人已经履行完毕诉讼代理职责;(2)诉讼代理人死亡或者丧失诉讼行为能力;(3)被代理人死亡或者作为被代理人的法人终止;(4)被代理人和诉讼代理人双方解除委托代理关系。委托代理权限解除时,当事人或者法定代理人须将解除代理权的情况通知人民法院和对方当事人。如果没有通知,委托代理人依照原来的代理权限所为的行为,委托人应当承担。

【经典司考题】

1. 关于法定诉讼代理人,下列哪些认识是正确的?（2011-3-82）

A. 代理权的取得不是根据其所代理的当事人的委托授权

B. 在诉讼中可以按照自己的意志代理被代理人实施所有诉讼行为

C. 在诉讼中死亡的,产生与当事人死亡同样的法律后果

D. 所代理的当事人在诉讼中取得行为能力的,法定诉讼代理人则自动转化为委托代理人

考点:法定诉讼代理人

2. 关于民事诉讼中的法定代理人,下列哪些选项是正确的?（2007-3-86）

A. 法定代理人的被代理人都是无诉讼行为能力或限制行为能力的人

B. 法定代理人与诉讼当事人在诉讼上具有相同的诉讼地位

C. 法定代理人在诉讼中所实施的行为和发生的诉讼事件的法律后果与当事人所实施的行为和发生的诉讼事件的法律后果相同

D. 法定代理人与当事人都属于诉讼参加人的范畴

考点:法定诉讼代理人

3. 下列关于民事诉讼中的法定代理人与委托代理人的表述,哪些是正确的?（2004-3-73）

A. 委托代理人的诉讼权利不可能多于法定代理人

B. 法定代理人可以是委托代理人的委托人

C. 法定代理人的被代理人是无诉讼行为能力的当事人

D. 委托代理人的被代理人是有诉讼行为能力的当事人

考点:法定诉讼代理人与委托诉讼代理人的区别

4. 律师作为委托诉讼代理人参加诉讼,应向法院提交下列哪些材料?（2015-3-78）

A. 律师所在的律师事务所与当事人签订的协议书
B. 当事人的授权委托书
C. 律师的执业证
D. 律师事务所的证明

考点：委托诉讼代理人的证明材料

第四编　民事诉讼证明

第十章　诉讼证明

要点提示

- 诉讼证明的概念、特征与种类
- 诉讼证明的认识论与价值论基础
- 诉讼证明的构成要素

第一节　诉讼证明概述

一、诉讼证明的含义

诉讼作为一种纠纷解决方法,其基本思路是先查清案件事实,再适用法律进而解决纠纷。之所以要先查清案件事实,源于两个原因:其一是法律规范的结构;其二是当事人对判决的信服度。按照传统理论,法律规范由假定、处理和制裁三部分构成。其中假定是指某一个法律规范中关于适用该规范的条件的部分。只有当假定成就后,该法律规范才能被适用。假定成就与否,取决于现实生活是否发生了与假定相符的事实。只要查明生活中发生了与假定相符的事实,就可以将法律规范适用于当事人。因此,"查明真相,并不是其本身有何目的,而是为了将规则和原则正确地适用于争执。"① 从另一方面看,在某些情况下,应当说即使没有查清案件事实也可以解决纠纷,如根据证明责任解决纠纷,但当事人对这种在没有查清案件事实基础上作出的判决难以从内心真正接受。因而这种判决很有可能不仅无法消弥当事人之间的纠纷,反而有可能在当事人之间、当事人与法官之间产生新的对抗。因此,查明案件事实在诉讼中处于一种基础性的地位。

查清案件事实包括两个部分:一是查清哪些案件事实;二是如何查清案件事实。查清哪些案件事实一般可以根据实体法所规定的构成要件加以确定。比如,根据一般侵权归责原则,有四个构成要件:过错、损害事实、因果关系以及违法行为。因此,在一般侵权诉讼中只需查清这四个事实即可。对于其他的事实,如侵权行为发生时的天气、侵权人的身高、侵权的方式等无须调查。

如何查清案件事实则相对复杂。一般说来,纠纷都发生在提起诉讼之前,处理纠纷的法官并没有目睹纠纷的全貌,自然对案件事实一无所知。因此,案件事实相对于法官来说是"过去完成时"。但是让法官了解案件事实又是法官解决纠纷的前提,这一矛盾该如何解决呢?由于时光不能倒流,指望再重演一遍纠纷以便法官了解真相的设想没有任何的可行性。那通过当事人有无可能让法官了解纠纷真相呢?从理论上讲完全有可能,因为当事人作为纠纷的参与者,对案件事实了如指掌,如果双方能够原原本本地将案件事实陈述出来的话,法官就能全面了解案件事实。但由于双方当事人存在利益冲突,在陈述案件事实时,往往总是陈述对自己有利的事实,而回避对自己不利的事实。由此导致双方当事人的陈述不但不能全面客观再现案件事实,其中存在的各种矛盾或冲突反而常令法官无所适从。因而企图仅仅通过当事人的陈述来再现案件事实的设想同样不具有可行性。能够担此重

---

① 〔美〕麦克尔·D.贝勒斯:《法律的原则》,张文显等译,中国大百科全书出版社1996年版,第22页。

任的就是诉讼证明。

我国学者对诉讼证明的理解有以下几个特点:第一,将诉讼证明主要理解为一种活动。如下列观点:(1)"证明是指司法机关或当事人依法运用证据证明案情真实情况的诉讼活动。在我国民事诉讼中,证明是指人民法院、当事人、第三人和代理人依法运用证据证明案情真实情况的诉讼活动。"①(2)"证明就是用证据来明确、说明或表明,而司法活动中的证明,就是司法人员或司法活动参与者用证据说明和表明案件事实存在与否的活动。"②(3)"在证据法或者诉讼领域中,证明有特定的含义,它是指诉讼主体按照法定的程序和标准,运用已知的证据和事实来认定案件事实的活动"。③

第二,认为收集、审查判断证据也是诉讼证明的含义之一。"刑事诉讼中的人民法院、人民检察院和公安机关,民事诉讼和行政诉讼中的人民法院,都必须依法收集和审查证据,并根据证据查明案件事实。……诉讼中的证明,是由法律所调整的诉讼活动,它的证明主体,证据(证明根据),证明对象,证明任务,证明责任,收集、审查判断证据的规则和程序等,均不同于其他证明活动,而具有诉讼的特定性。"④由于该教材自20世纪90年代以来一直作为我国高等学校证据法学的指定教科书,其所持观点对后来的法学教材、著作产生了深远影响。其后不少教材也持同样观点。"民事诉讼证明是指人民法院、诉讼参加人及证人、鉴定人等诉讼参与人,依照法定程序,提供、收集证据,审查核实判断证据,运用证据查明民事案件事实的诉讼活动。"⑤

诉讼证明应否包括收集、审查判断证据的内容呢?本书认为,诉讼证明作为证明的下位概念,它必须具备证明的基本特性。证明的特征之一就是说服。因此,诉讼证明无疑也应当具有说服的特性,应当具有说服法官的特性。毫无疑问,收集、审查判断证据本身并不具有说服法官的特性。它充其量只能说是为说服法官作准备而已。因此,将收集、审查判断证据也纳入到了诉讼证明的内涵之中,存在着将诉讼证明泛化解释的缺陷。

这一缺陷在1996年以后出版的教材中,得到了部分改正。有关证据收集、审查判断的内容已明显减少,甚至不再提及。⑥虽然有部分学者仍然认为证明的过程包括证据的收集阶段、审查判断阶段和提出证据阶段,但在定义诉讼证明时,并

---

① 柴发邦主编:《诉讼法学大辞典》,四川人民出版社1989年版,第422页。
② 何家弘:《论司法证明的目的和标准》,载《法学研究》2001年第6期。
③ 樊崇义主编:《证据法学》,法律出版社2001年版,第173页。
④ 陈一云主编:《证据学》,中国人民大学出版社2000年第2版,第114页。
⑤ 杨荣新主编:《民事诉讼法学》,中国政法大学出版社1997年版,第276页。
⑥ 参见徐静村主编:《刑事诉讼法学》,法律出版社1997年版;陈光中主编:《刑事诉讼法学》,中国政法大学出版社1999年版;樊崇义主编:《刑事诉讼法学》,中国政法大学出版社1999年修订版。

没有将其包括在内,而是认为:"在诉讼领域,证明就是国家公诉机关和诉讼当事人在法庭审理中依照法律规定的程序和要求向审判机关提出证据,运用证据阐明系争事实,论证诉讼主张的活动",并明确指出:"诉讼证明只发生在审判阶段,法庭审理前的收集提取证据只是为在法庭上进行诉讼证明打下基础,创造条件"。① 更多的强调诉讼证明作为一种认知案件事实方法的特性,认为"证明在近、现代的诉讼制度中,指的是证明主体在证明责任的作用和支配下,运用证据这个证明方法,求证或探知客体的抽象思维活动和具体诉讼行为,简单地说,证明就是认知案件事实的理念运动和具体过程的统一。"②

第三,尽管学术界越来越多的人已经将收集、审查判断证据置之于诉讼证明定义之外,但很少有人强调诉讼证明对法官的说服作用,强调诉讼证明在促使法官形成心证方面的作用。③ 这一点是我国学术界与国外学术界在诉讼证明理解上的重大区别。考察一下其他国家或地区对诉讼证明的理解,就可以发现他们认为诉讼证明不仅指一种行为,更指一种结果,即法官对案件事实是否形成心证。如我国台湾地区的学者认为:"证明是指当事人所提出之证据方法,使法院完全确信其主张之事实为真实之行为。"④"法院为判决之初,必须就判决之基础事实的存否,依当事人所提之证据及参酌一切诉讼资料,形成心证,确定该事实。如此形成心证,确定事实为目标之审理过程,称之为证明。"⑤"当事人为得有利于己之裁判提出证据,使法院得生强固之心证,认为普通经验上确系如此之行为,谓之证明。"⑥ 日本学者也认为:"要作出裁判,法官必须对认定为判决基础的事项取得确信,这是一个原则。而要达到这种确信状态,就叫做该事项被证明。"⑦

基于此,本书认为,诉讼证明就是诉讼当事人利用证据向事实审理者证明自己的主张、说服事实审理者相信自己主张、使事实审理者对案件事实形成心证的活动。

二、诉讼证明的特点

诉讼证明相对于日常生活中的证明,如一般辩论赛中的证明,具有以下特点:
第一,诉讼证明是一种他向证明。从事证明的人或者是确实知道案件的真实

---

① 卞建林主编:《证据法学》,中国政法大学出版社 2000 年版,第 271 页。
② 江伟主编:《证据法学》,法律出版社 1999 年版,第 49 页。
③ 只有极少部分学者谈及证明对法官心证的影响。如王锡三教授就认为:"证明,就是负证明责任的当事人使审判员确信某事实存在或不存在的举证行为"。参见王锡三著:《民事诉讼法研究》,重庆大学出版社 1996 年版,第 222 页。
④ 陈计男著:《民事诉讼法论》(上),台湾三民书局 1994 年版,第 430 页。
⑤ 雷万来:《民事证据法论》,台湾瑞兴图书股份有限公司 1997 年版,第 87 页。
⑥ 黄栋培:《民事诉讼法释论》,台湾五南图书公司 1982 年版,第 465 页。
⑦ 〔日〕兼子一、竹下守夫著:《民事诉讼法》,白绿铉译,法律出版社 1995 年版,第 101 页。

情况，或者是自认为知道案件的真实情况，不知道案件的真实情况的是裁判者。诉讼证明的目的是当事人要让裁判者了解真实情况，以支持自己的主张。

第二，诉讼证明中的证明者和被说服者只能是特定的人，即符合法律规定的人。其中证明者只能是当事人，而被说服者只能是特定的人。在民事诉讼中，当事人只能是就特定的争议以自己名义向人民法院提起诉讼的人以及相对人。除此以外的人并不能成为诉讼证明的主体。这一点使得诉讼证明与一般辩论赛中的证明、生活中的证明或者科学研究中的证明区分开来。在一般辩论赛中，对谁作证明者、谁作被说服者并不作硬性规定，可随意确定。生活中的证明或者科学研究中的证明主体更是如此。任何人都可以成为歌德巴赫猜想的证明主体、任何人也都可以成为四色图的证明主体。诉讼证明中的被说服者，在大陆法系国家，只能是法官或陪审员；在英美法系，实行陪审团审判时只能是陪审团，不实行陪审团审判时是法官。除此之外，任何人都不能成为被说服者。而一般的证明对被说服者没有硬性要求。

第三，根据诉讼直接审理原则，诉讼证明是一种证明者与被说服者必须同时在场、处于同一时空的证明。直接审理原则是指："由参与裁判该诉讼事件之法官，直接参与辩论，耳听目睹两造之陈述及各项诉讼资料，作为裁判之基础。"① 该原则要求：(1) 在法庭审判时，各证明者，即诉讼主体应当亲自出席法庭，自始至终参与案件的全部审判活动。(2) 参与案件裁判的法官必须亲自参与案件的审理，没有亲自参与案件审理的法官无权作出裁判。(3) 诉讼证明中利用的证据应当尽可能是原始证据。物证应当提供原物、证人应当亲自出庭作证。(4) 只有法官在审理过程中直接调查的证据才能作为定案根据。

第四，在诉讼证明中，被说服者必须与证明者之间没有任何利害关系。在诉讼中，被说服者就是裁判者。根据程序正义的要求，裁判者保持中立是程序正义的基本要求之一。中立性原则是"程序的基础"。② 裁判者保持中立是指裁判者与双方当事人保持相等的司法距离，对案件结果保持超然的态度。裁判者应当像足球场上的裁判，只负责维护双方按照既定的规则进行比赛，并宣布最终的获胜者，其本人并不参与比赛。具体而言，在诉讼证明中，第一，被说服者必须同需要证明的案件事实或争议没有任何的关联性。第二，被说服者不能对任何一方证明者存有歧视或偏见。

第五，诉讼证明是一种必须在法定期限内完成的证明。一般证明并没有期限限制，证明者花费一年或几年，乃至一生来证明某一论题也无不可。但在诉讼中出于对效益的追求，诉讼证明必须在法定期限内完成，因为迟来的公正就是不公正。

---

① 杨建华著：《民事诉讼法要论》，台湾三民书局1998年版，第11页。
② 季卫东：《程序比较论》，载《比较法研究》1993年第1期。

为此我国《民诉法》第149条规定:"人民法院按照普通程序审理的案件,应当在立案之日起6个月内审结。有特殊情况需要延长的,由本院院长批准,可以延长6个月;还需要延长的,报请上级人民法院批准"。第176条规定:"人民法院审理对判决的上诉案件,应当在第二审立案之日起3个月内审结"。既然法院必须在规定期限内审结案件,毫无疑问,作为案件审理一部分的诉讼证明也必须在该期限内完成。

第六,诉讼证明是一种能给证明者带来严重法律后果的证明。一般的证明,无论证明是否成立均不会对证明者带来不利后果,哪怕是辩论大赛中的证明。即使一方论辩者的证明不能成立,充其量就是判其输了这场比赛,绝不会给证明者带来人身或财产方面的不利后果。但在诉讼证明中却不是如此,因为特定命题的真伪关系着当事人之间权利义务的再分配。也就是说,证明者如果未能证明其主张为真,那么,他将承担一定的有关人身或财产方面的不利后果。比如,如果受害人证明了损害就是被告所致的话,那被告就将承担赔偿责任。反过来,如果受害人未能证明损害是由被告所致的话,则只能自行承担损失。

第七,在诉讼证明中,同样是由于特定命题的真伪关系着当事人之间权利义务的再分配,因而在一方当事人积极证明某一命题为真的同时,对方当事人则会积极证明该命题为假。也就是说,在诉讼证明中,证真与证伪交替进行,而不是单维的证真或证伪。相对于特定的论题而言,证明者可以分为利益对立的两派:对特定命题进行证真的论证者和对特定命题进行证伪的论证者。当然,特定当事人具体是证真者还是证伪者将随着论题的变化而变化。比如,在一般侵权诉讼中,针对侵权人是否存在过错这一论题,原告是证真者,被告是证伪者。若论题是受害人本人是否存在过错,能否适用过错相抵时,被告就成为了证真者,原告则成为了证伪者。诉讼证明的结构也因此变得复杂起来。用图表示的话为:

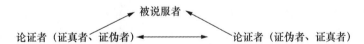

第八,诉讼证明同历史证明一样,是一种无法直接加以检验的证明。通说认为,诉讼证明的主要证明对象是案件事实。但由于案件事实发生在过去,已经成为了不可再现的历史。因此,无法拿已经是历史的案件事实来验证当事人对案件事实的证明,进而判断当事人的证明是否成立。

第九,诉讼证明是一种对论据有特殊要求的证明。任何一种证明都离不开论据,但一般的证明不论是对论据的形式、论据的收集还是论据的内容并没有什么特殊的要求。比如,为证明人性本恶,各种名人名言、成语典故、典型案例、神话传说等均可以作为论据。在诉讼证明中,论据实际上就是证据。诉讼证明对证据从宏观上有三性的要求:关联性、客观性和合法性;在微观上则对证据的内容、形式和收集方式等方面均有要求。比如,根据我国《民诉法》第 63 条的规定,证据在形式上必须符合下列八种之一:书证、物证、证人证言、视听资料、当事人陈述、勘验笔录、电子数据和鉴定意见。在内容上证据必须与待证事实有关联性。在收集方式方面证据必须按法律规定的程序和方式收集,不能违法收集证据。

第十,诉讼证明具有相对性。"证明相对性是指,在民事诉讼中,证明主体对证明对象通过一定的证明程序,遵循一定的证明规则,依据一定的证明标准,所得出的证明结果与案件客观事实不一定是一致的,即证明结果与案件客观事实合二为一只有相对的意义。换句话说,在许多情况下,证明结果与案件客观事实是不一致的。"①

第十一,诉讼证明是以回溯推理作为主要论证方式的证明。所谓"回溯推理,是一种从结果推测导致其发生原因或条件的非演绎推理"②。诉讼证明是利用证据来证明案件事实,就证据与案件事实之间的关系而言,前者是后者的产物,或者说,案件事实是原因,证据是结果。通过证据再现案件事实,实际上就是通过结果来推测导致其发生的原因或条件。而非演绎推理是指从真前提并不能保证一定能推出真结论的推理。实际上,这也是导致诉讼证明是一种相对性证明的原因之一。

三、诉讼证明的种类

(一)行为意义上的证明和结果意义上的证明

这是根据证明的表现形态所作的分类。行为意义上的证明就是证明行为,指证明主体根据已知事实向裁判者论证案件事实的活动,基本上等同于当事人的主张、举证、质证等诉讼活动。结果意义上的证明是指运用已知事实查明案件事实的结果,特别是指司法人员对案件事实形成确信的心态。

(二)证明(狭义)和阐明

这是根据法官确信程度的不同所作的分类。德国学者认为:"证明乃指,是法官对所指陈之事实产生确信。相对的,阐明则使人相信其具有可能性即可,例如对法官之回避、恢复原状之申请中理由之阐明及对拒绝证言时理由之阐明。"③日本及我国台湾地区学者也持类似观点。"证明,本有广狭二义。前者,包括狭义之证明及阐明而言;后者,则除阐明外之证明。证明与阐明,二者在法律上所要求之心证程度并不相同。盖证明,乃裁判官因而就某种事实得有确信之心证;而阐明,则以裁判官得从而推定之程度为已足。一般所谓证明,系指狭义之证明而言。"④

---

① 潘剑锋:《论证明的相对性》,载《法学评论》2000 年第 4 期。
② 黄菊丽、王洪主编:《逻辑引论》,华文出版社 1998 年版,第 282 页。
③ 〔德〕Clauss Roxin:《德国刑事诉讼法》,吴丽琪译,台湾三民书局 1998 年版,第 236 页。
④ 陈朴生:《刑事证据法》,台湾三民书局 1979 年版,第 156 页。

(三) 严格证明和自由证明

这是根据立法对证明手段及程序的要求是否严格所作的分类。"关于民事诉讼法规定的证据方法(证人、当事人本人、鉴定人、文书、勘验目的物),经过法律规定的证据调查程序进行的证明叫'严格证明';除此以外的证据方法,不受法定程序约束而进行的证明叫'自由证明'。"①

第二节 诉讼证明的理论基础

一、辩证唯物主义认识论基础

关于证据制度理论基础是不是辩证唯物主义认识论的问题,在学术界有不同的看法。辩证唯物主义认识论作为指导认识活动的基础理论,能不能作为诉讼证明的理论基础,取决于"人类运用证据进行诉讼或仲裁活动,究竟是不是一种认识活动呢?答案如果完全是肯定的,那么将辩证唯物主义认识论视为这种活动的指导思想和制定证据法的理论基础,确实是无可厚非的。相反,如果诉讼活动不是认识活动,或者在一定程度上不属于认识活动,那么将认识论作为证据法的理论基础,就显得不科学了。"②

实际上,诉讼证明完全是一种认识活动。只不过认识的主体不是当事人,是法官而已。当事人作为纠纷的参与者,完全了解案件事实,无需认识。只有法官没有亲眼目睹案件事实,故需要认识它,以便作出判决。因此,辩证唯物主义认识论是诉讼证明的理论基础。

不过,诉讼证明虽是一种认识活动,但又是一种独特的认识活动。认识活动作为主体对客体的一种反映,由认识主体、认识客体、认识媒介三个环节构成。一般的认识活动是认识主体对客体的一种直接的认识,一种认识主体能够自主地、能动地选择认识方式和路径,选择认识客体的认识。从认识活动是主体对客体的一种反映这一角度来看,诉讼证明无疑也是一种认识活动,是一种裁判者对案件事实的认识活动。但从认识主体能否自主地、能动地选择认识方式和路径的角度来看,诉讼证明是一种特殊的认识活动。因为裁判者对案件事实的认识并不是一种直接的认识,也不是一种能够自主地、能动地选择认识方式和路径,选择认识客体的认识,也就是说,裁判者的认识活动是一种受限制的认识活动。裁判者的认识客体受制于当事人的主张、认识的过程受制于法定的程序、认识手段受制于证据。离开了这些,裁判者的认识活动都将无法进行。因此,裁判者的认识活动受制于诉讼证明,

---
① 〔日〕中村英朗:《新民事诉讼法讲义》,陈刚、林剑锋、郭美松译,法律出版社 2001 年版,第 198 页。
② 陈瑞华:《刑事诉讼法的前沿问题》,中国人民大学出版社 2000 年版,第 196—197 页。

是一种特殊的认识活动。裁判者有时能够认识清楚案件事实,有时又不能认识清楚案件事实。

二、价值论基础

"诉讼和仲裁中的证据运用即使算作一种认识活动,也只能属于极为特殊并受到程序法严格限制的认识活动。""这种认识活动与那种以纯粹探求未知事物和知识的认识活动相比,有着明显的区别。"① 哲学上所指的认识是一般的认识,是不考虑个性,只考虑共性的认识。而诉讼证明中的认识则是不仅具有认识的共性,同时还具有其独特的,有别于其他领域中认识的个性。

辩证唯物主义认识论是诉讼证明的理论基础,但不是唯一的理论基础。诉讼证明的另一理论基础是价值论。诉讼证明要按照特定的程序进行。程序的设计自然要以认识论为基础,力求发现案件真相。这也正是证明方法两次发生重大转化的原因。第一次是从以"神证"为主的证明方法向以人证为主的证明方法转化;第二次是从以人证为主的证明方法向以物证为主的证明方法转化。② 因为以人证为主的证明方法较之以"神证"为主的证明方法能发现案件真相,而以物证为主的证明方法较之人证为主的证明方法更能发现案件真相。但是,程序的设计不能仅以认识论为基础,它还需以价值论作为基础。正如贝勒斯所言:"与纯科学不同,法律的目的并不在于发现真相,并不在于发现全部真相,并不纯粹在于发现真相。"③ "的确,法律,尤其是程序法,不仅与真理相关,而且还与人类社会的价值、人性的尊严以及人权的保障等问题密切相关。"④

大致说来,诉讼证明也要受下列价值的制约:第一,程序正义。用来发现案件真相的程序本身必须是公正的。通说认为,一个公正的程序至少应当满足下列最低标准:(1) 裁判者中立,即裁判者同争议的事实和利益没有关连性,裁判者不得对任何一方当事人存在歧视或偏见;(2) 当事人平等,即当事人享有平等的诉讼权利,法院应平等地保护当事人诉讼权利的行使;(3) 程序参与,即赋予当事人参与诉讼过程的机会以影响裁判结果的形成,并且这种参与是自主的、自愿的,而非强制的、被迫的;(4) 程序公开,即程序的每一阶段和步骤都应当以当事人和社会公众看得见的方式进行,因为"正义不但要伸张,而且必须眼见着被伸张"(justice must not only to be done, but must be seen to be done);(5) 程序维持,即诉讼行为一旦生效之后要尽量维持其效力,不要轻易否定其既定内容。⑤

---

① 何家弘主编:《新编证据法学》,法律出版社 2000 年版,第 28 页。
② 参见何家弘主编:《新编证据法学》,法律出版社 2000 年版,第 48 页。
③ 〔美〕麦克尔·D.贝勒斯:《法律的原则》,张文显等译,中国大百科全书出版社 1996 年版,第 23 页。
④ 李文健:《刑事诉讼效益论》,中国政法大学出版社 1999 年版,第 4 页。
⑤ 参见肖建国:《民事诉讼程序价值论》,中国人民大学出版社 2000 年版,第 172 页以下。

第二,效益原则。效益作为经济学术语,其含义是指投入与产出之比。比值越大,效益越高。诉讼证明是需要消耗一定成本的活动,如财力资源、时间资源和人力资源等。因此应当尽量减少各种成本消耗,力求以最少的资源投入来达到效率的最大化;或者在保持成本不变的情况下,通过改进程序和合理配置资源来使效率最大化。"我们应当使法律程序的经济成本最小化。"[1]

第三,保障人权。这在刑事诉讼中尤其明显。控制犯罪和保障人权是现代刑事诉讼追求的两个目的。人权保障重在保证被追诉者的基本权利不被侵犯。在诉讼过程中应当保护当事人的人权。比如,现代刑事诉讼就规定了无罪推定、被告人享有沉默权、非法证据应当排除等制度。

诉讼证明的两个理论基础——认识论与价值论——之间既有协调的一面,也有冲突的一面。在大多数情况下,认识论与价值论不会发生冲突。比如,当事人平等就有利于发现案件真相。"英国人认为获得真相的最好方法是让各方寻找能够证实真相的各种事实,然后双方展示他们所获得的所有材料……两个带有偏见的寻找者从田地的两端开始寻找,他们漏掉的东西要比一个公正无私的寻找者从地中间开始寻找所漏掉的东西少得多。"[2]再如,裁判者中立显然也有助于发现案件真相。因为中立的裁判者不容易产生主观偏见,因而能够较客观地分析判断当事人所提供的证据,从而发现案件真相。如果法官本人就是当事人的话,为追求个人利益,难以做到客观公正地分析双方所提供的证据,很有可能只采信自己提供的证据,而置对方当事人所提供的证据于不顾,从而导致无法发现案件真相。

但是有时二者也会发生冲突。比如为了提高诉讼效率,有必要规定举证期限,要求当事人在举证期限内提供证据,故意不在举证期限内提供的证据将失去效力。这一规定无疑会导致某些能够揭示案件真相的证据无法进入诉讼,无法被裁判者采纳,进而妨碍裁判者发现案件真相。再如,非法证据排除等制度,有助于保障当事人的人权,但在一定程度上确实也影响到对案件真相的发现。

第三节　诉讼证明的构成要素

诉讼证明包括如下要素:
(1)证明主体。诉讼证明不会自动实现,需要人,即证明主体来证明。证明主体就是当事人,法官及诉讼代理人不是证明主体。法官即使根据当事人的申请或者依职权收集证据,那也是替当事人而为。诉讼代理人在诉讼中虽然也需要代替

---

[1] 〔美〕麦克尔·D.贝勒斯:《法律的原则》,张文显等译,中国大百科全书出版社1996年版,第27页。
[2] 〔英〕迈克·麦考韦利:《对抗制的价值和审前刑事诉讼程序》,载《英国法律周专辑》,法律出版社、博慧出版社1999年版。转引自陈光中等:《刑事证据制度与认识论》,载《中国法学》2001年第1期。

当事人收集、提供证据,但他也是替当事人而为。不管是哪种情况,法律后果均由当事人承担。因此只有当事人才是证明主体。

(2) 证明手段——证据。任何证明都需要论据,证据就是当事人的论据。诉讼证明史早已从神明裁判迈入了证据裁判。所谓证据裁判是指对事实问题的裁判必须依靠证据,没有证据不得认定事实。裁判所依据的证据必须是具有证据资格的证据且必须是经法庭调查的证据。①

(3) 证据规则。证据包括证据资格和证明力两部分。因此,证据规则主要是指规范证据资格和证据证明力的规范。对于证据资格,历史上,大陆法系由于实行职业法官审理,证据材料是否具有证据资格由法官自由裁量,很少制定规范证据资格的规则。英美法系由于实行陪审团审理,为了防止陪审团受到不当证据影响,设置了大量规范证据资格的规则。时至今日,这种差别在不断缩小。大陆法系也在不断制定证据规则以规范证据资格。英美法系则在不断赋予法官以自由裁量权。对于证据的证明力,虽然大陆法系和英美法系都实行自由心证,原则上由法官自由判断,但由于法官自由裁量权并非绝对没有弊端,现在也制定有少量的规范证据证明力的规范。

(4) 证明对象。任何证明都需要论题,否定证明就会没有靶心。证明对象就是诉讼证明中的论题。

(5) 证明标准。当事人通过证据需要将证明对象证明到何种程度便是证明标准。如没有证明标准,当事人不知道将证明进行到何种程度,法官也不知在何时可以根据证据认定案件事实。

(6) 证明责任。如当事人提供的证据势均力敌,有可能导致案件事实陷入真伪不明。根据法官不能拒绝裁判的原则,就是在这种情况下,法官也要作出裁判。证明责任就是法官在案件事实真伪不明时作出裁判的规范。

【思考题】

1. 价值论对诉讼证明产生了哪些影响?
2. 认识论与价值论之间的冲突如何协调?

---

① 详细论述,可以参见吴宏耀、魏晓娜:《诉讼证明原理》,法律出版社2002年版,第110—113页。

第十一章　诉讼证明之证据要素

要点提示

- 民事证据的三性、证据能力与证明力
- 民事证据种类
- 民事证据的理论分类及相互之间的关系
- 我国的证据规则

第一节 证据概述

一、民事诉讼证据与民事诉讼证据材料

民事诉讼中的证据,是指法院在民事诉讼中用来认定案件事实、作出裁判的根据。需要注意的是证据与证据材料实际上是既有联系又有区别的一对概念。证据材料是当事人向法院提供的或法院依申请或依职权收集的用以证明案件事实的各种材料。二者的联系是:证据来源于证据材料。经过质证后,符合法定条件并被法院采纳的就成为了证据。二者的区别是:首先,二者的目的不同。证据材料是当事人为证明自己主张而提出的各种材料。证据是法院认定案件事实、作出裁判的依据。证据材料不一定都能成为证据。只有符合法定条件并被法院采纳的才能成为证据。其次,出现的时间不同。证据材料出现在诉讼的早期阶段,如起诉阶段、答辩阶段、举证期或开庭审理初期。证据形成于诉讼后期,需经过质证和认证。因此,《证据规定》第1条规定:"原告向人民法院起诉或者被告提出反诉应当附有符合起诉条件的相应的证据材料。"但由于我国立法早已习惯用"证据"一词指称前述两个概念,再加上区分会造成行文累赘,如无特别需要,本书仍使用"证据"一词指称前述两个概念,请读者根据语境自行区分。

证据是内容与形式的统一体。证据的形式是指证据信息的物质载体,表现为书证、物证、视听资料、证人证言、当事人陈述、鉴定意见、电子数据、勘验笔录这八种形式。证据的内容是指证据反映出来的,对案件事实具有证明作用的信息。

二、证据的特征

按照我国目前的通说,民事诉讼证据具有客观性、关联性和合法性三大特征。

(一)客观性

民事诉讼证据的客观性是指民事诉讼证据本身必须是客观的、真实的,具体表现在两个方面:

(1)证据形式的客观性是指证据的载体必须客观存在,能够以某种方式为人感知。证据只有以特定的物质载体表现出来才能为人感知,才能对待证事实起到证明作用。

(2)证据内容的客观性是指证据所能证明的事实应当是曾经真正发生过、存在过的事实。证据的内容之所以具有客观性是因为任何发生过的事实都会在客观的自然界或精神世界留下这样或那样的印记或痕迹。这种联系是客观的,是不以人的意志为转移的。

证据具有客观性并不意味着证据不是主观性的产物。在诉讼中，无论是证据的收集、提供，还是质证、认证都离不开人的活动，只要是人的活动就难免带有主观成分，甚至难免会出现错误。诉讼实践中，时常出现一些将具有客观性应当认定的证据予以舍弃，却将一些伪造的、虚假的证据予以采纳，作为认定案件事实的依据的情形，但这并不表明证据不具有客观性的属性。属性与对属性的认识是完全不同的两码事。

（二）关联性

民事证据的关联性是指民事证据必须与待证对象之间存在内在的联系。这一联系可以是直接的，也可以是间接的；可以是肯定的联系，也可以是否定的联系。证据与案件事实的关联性有强弱之分，并表现为证据证明力的大小。关联性强，证明力大；关联性弱，证明力小；无关联性，无证明力。关联性是一个事实问题，而不是法律问题，因此对是否存在关联性应该按照经验法则与科学规律进行判断。

（三）合法性

合法性是指只有在收集、提供、质证等方面均符合法定条件的证据材料才能成为证据。合法性主要包括以下四个方面：

（1）证据主体合法。证据主体合法，是指形成证据的主体须符合法律的要求。法律对有些证据的形成主体有特殊要求。比如，鉴定意见一般需委托给具有鉴定资格的单位，由该单位中具有鉴定资格的人员出具。否则就是不合法的证据。再如，我国《民诉法》第72条第2款规定："不能正确表达意思的人，不能作证。"如果证人的年龄、智力状况或者精神健康状况与待证事实不相适应，就属于不能正确表达意思的人，其所作的证人证言就不具有合法性。

（2）取证方法合法。无论当事人、诉讼代理人还是法院取证，都不得违反法律的强制性规定。如《民诉法解释》第106条规定："对以严重侵害他人合法权益、违反法律禁止性规定或者严重违背公序良俗的方法形成或者获取的证据，不得作为认定案件事实的根据。"再如，《民诉法解释》第97条规定："人民法院调查收集证据，应当由两人以上共同进行。调查材料要由调查人、被调查人、记录人签名、捺印或者盖章。"

（3）证据形式合法。当法律对证据形式有要求时，还必须符合法律规定的要求。例如，《民诉法解释》第115条规定，单位向人民法院提出的证明材料，应当由单位负责人及制作证明材料的人员签名或者盖章，并加盖单位印章。婚姻状况必须用民政部门颁发的结婚证、离婚证来证明。

（4）转化程序合法。证据材料要转化为证据必须经过一定的诉讼程序，没有经过法律规定的程序该证据仍然不能作为认定案件的根据。这一程序就是质证程序。《民诉法解释》第103条规定："证据应当在法庭上出示，由当事人互相质证。未经当事人质证的证据,不得作为认定案件事实的根据。当事人在审理前的准备阶段认可的证据,经审判人员在庭审中说明后,视为质证过的证据。涉及国家秘密、商业秘密、个人隐私或者法律规定应当保密的证据,不得公开质证。"

三、证据能力与证明力

证据能力与证明力是大陆法系证据理论概念。证据能力,又称证据资格,是指在诉讼中可以用来作为严格证明之依据的法律资格。[①] 严格证明是指使用有证据能力的证据,并且经过正式的证据调查程序作出的证明。具体说来严格证明必须满足两个条件:第一,严格证明中使用的证据必须具有证据能力;第二,严格证明必须依照正式的证据调查程序进行。也就是说,只有具有证据能力,才有资格接受法庭的调查。普通法系与证据能力相对应的概念是可采性。"可采性是涉及何种事实或材料允许陪审团听、看、读甚至可能是摸或闻的一种决定。"[②]

证明力是指证据证明案件事实的能力。不同的证据,其证明力的大小存在区别。就原始证据与传来证据而言,原始证据的证明力要明显大于传来证据的证明力。

证据能力与证明力既有联系又有区别。二者的区别在于:(1)证据能力是证明力的前提。只有先具备了证据能力,才能接受法庭调查,通过了法庭调查,才会有证明力。(2)证据能力是法律对证据能否接受法庭调查的限制,有无证据能力主要依法律确立的规则,如根据非法证据排除规则来判断,辅之以法官的自由判断。有无证明力以及证明力的大小主要以法官的自由判断为主,辅之以法律规定。(3)证据能力是一个法律问题,证明力是一个事实问题。

二者的联系在于:(1)最后作为认定案件事实的证据,必须具有证据资格与证明力,缺一不可。(2)许多证据能力的问题都是证明力问题转化而来的。比如,英美法系的传闻证据规则,就是因为传闻证据的可靠性差,证明力弱,才将其排除在外,原则上不能进入庭审接受审查。

我国立法没有采用证据能力概念,但采纳了证明力概念。在我国,当事人提供的任何证据材料都能进入庭审,接受审查。法院在审理中,再以客观性、关联性、合法性作为标准,将不符合三性标准的证据材料排除在外,对于符合条件的证据材料再综合考虑其证明力,并最后决定采纳哪些证据作为定案依据。

我国立法虽然有一些关于证据能否采纳的规定,如《民诉法解释》第 103 条"未经质证的证据"、第 106 条"非法收集的证据",但这些规定并非是针对大陆法系意

---

① 孙远著:《刑事证据能力导论》,人民法院出版社 2007 年版,第 7 页。
② 〔美〕乔恩·R.华尔兹:《刑事证据大全》,何家弘译,中国人民公安大学出版社 2004 年版,第 13 页。

义上证据能力的规定。《证据规定》中关于证明力的规定倒有不少,如第72条、第77条。①

第二节 证据的种类

根据我国《民诉法》第63条的规定,民事证据有以下八种:当事人陈述、书证、物证、视听资料、电子数据、证人证言、鉴定意见、勘验笔录。这里所指的证据种类是指作为证据资料的不同表现形式,准确地说应当是八种证据方法。

一、当事人陈述②

（一）当事人陈述的概念与特征

当事人陈述,是指当事人在诉讼中为证明案件事实而向法院所作的事实陈述。当事人在诉讼中向法院所作的陈述包含多方面的内容,如关于诉讼请求的陈述、关于诉讼请求或反驳诉讼请求根据的陈述、反驳对方证据的陈述、关于其他程序事项和法律问题的陈述等。在各种陈述中,只有为证明案件事实而作的事实陈述才是当事人陈述。

当事人陈述的显著特征是:虚实并存、真伪同在。当事人作为争议法律关系主体,对整个案件事实的来龙去脉了解最清楚、最详细、最全面。如真实陈述,完全可以揭示案件真相。但基于趋利避害的人性特点,当事人往往只会主动陈述对自己有利的事实,而不陈述对自己不利的事实。为解决这个问题,很多国家都规定了法院询问当事人制度。我国的《民诉法解释》第110条也采纳了该制度。为确保当事人能如实回答法院的询问,还规定了保证书制度,对当事人拒绝接受询问或拒绝签署保证书的后果均作了规定。该条规定:人民法院认为有必要的,可以要求当事

---

① 第72条 一方当事人提出的证据,另一方当事人认可或者提出的相反证据不足以反驳的,人民法院可以确认其证明力。

一方当事人提出的证据,另一方当事人有异议并提出反驳证据,对方当事人对反驳证据认可的,可以确认反驳证据的证明力。

第77条 人民法院就数个证据对同一事实的证明力,可以依照下列原则认定:
（一）国家机关、社会团体依职权制作的公文书证的证明力一般大于其他书证;
（二）物证、档案、鉴定结论、勘验笔录或者经过公证、登记的书证,其证明力一般大于其他书证、视听资料和证人证言;
（三）原始证据的证明力一般大于传来证据;
（四）直接证据的证明力一般大于间接证据;
（五）证人提供的对与其有亲属或者其他密切关系的当事人有利的证言,其证明力一般小于其他证人证言。

② 我国《民诉法》改变了原来证据种类的排序,将当事人陈述放在第一位,与《刑诉法》完全不同。为何做此调整,立法机关未予说明。究其原因大概是为与诉讼实践中一开始就由当事人进行陈述保持一致。不过,诉讼开始时的当事人陈述仅是宣读起诉书,并不是作为证据使用。

本人到庭，就案件有关事实接受询问。在询问当事人之前，可以要求其签署保证书。保证书应当载明据实陈述、如有虚假陈述愿意接受处罚等内容。当事人应当在保证书上签名或者捺印。负有举证证明责任的当事人拒绝到庭、拒绝接受询问或者拒绝签署保证书，待证事实又欠缺其他证据证明的，人民法院对其主张的事实不予认定。

即使当事人出庭接受询问，也签署了保证书，也不能保证当事人的陈述一定就是真实的，故我国《民诉法》第75条规定，人民法院对当事人的陈述，应当结合本案的其他证据，审查确定能否作为认定事实的根据。当事人拒绝陈述的，不影响人民法院根据证据认定案件事实。但这并不意味当事人陈述相对于其他证据种类而言就处于补充地位。

【相关立法例】

德国将当事人陈述作为补充性的证据。德国《民事诉讼法》第445条规定，一方当事人对于应由他证明的事项，不能通过其他证据方法得到完全证明或者未提出其他证据方法时，可以申请就应证明的事实申请询问对方当事人。之所以把询问当事人作为一种补充性的证据方法，德国学界的主要理由是，尽管当事人最了解待证事实，但他们与案件裁判结果具有最大的利益，因此在一般情况下，最好不要让当事人作为自己案件的证人，争议事实尽可能运用书证、证人等证据方法去证明，但有些案件却根本找不到别的证据，而在此情况下又不应当直接判决寻求法律救济的当事人败诉，与其排除询问当事人直接判决当事人败诉，还不如把通过询问获得的当事人的陈述作为证据方法。①

（二）当事人陈述的证明力

当事人陈述在不同的情况下具有不同的证明力。具体而言，分为两种情况：

（1）具有证据效力。当事人所作的对自己有利的陈述，经其他证据证明为真后，法院可以将其作为认定案件事实的依据。

（2）不具有证明力。当事人所作的对自己有利的陈述，未经其他证据证实的，法院不得将其作为认定案件事实的依据。《证据规定》第76条规定，当事人对自己的主张，只有本人陈述而不能提出其他相关证据的，除对方当事人认可外，其主张不予支持。

---

① 〔德〕尧厄尼希：《民事诉讼法》，周翠译，法律出版社2003年版，第296页。

二、书证

（一）书证的概念与特征

书证是指以文字、符号、图形等形式所记载的内容或表达的思想来证明案件事实的证据。书证最常见的载体是纸质材料，主要表现形式是各种书面文件，如合同文本、各种信函、电报、传真、图纸、图表、文件等。但书证的载体并不限于纸质材料，非纸质类的物质亦可成为载体，有时也会表现为某种物品，如写有文字的手帕、衣服、竹简等。

书证具有以下特征：(1) 书证以其表达的思想内容证明案件的事实，而不是以其外形、质量等来证明案件的事实。(2) 书证往往能够直接证明案件的主要事实。有相当一部分的书证就是在实施民事法律行为的过程中形成的，是对民事法律关系的客观记载。(3) 书证的真实性较强，不易伪造。一旦被篡改或伪造的话，也容易发现。

（二）书证的种类

书证的种类繁多，形式多样。根据不同的标准，对其可以作不同的分类：

(1) 公书证和私书证。这是以制作者的身份作为分类标准。公书证通常是指国家公务人员在其职权范围内制作的书证。企事业单位、社会团体在其权限范围内制作的书证也属于公书证。私书证是指公民个人制作的书证。区分公书证和私书证的意义主要在于判断各自真实性的方法有所不同。对公书证真实性，主要看该书证是否系有关单位及其公职人员在其职权范围内制作。而对私书证的真实性，则主要看书证制作人本人是否在上面签名或盖章。对公书证的真实性存有疑问时，可向制作单位进行核实。《民诉法解释》第115条规定，人民法院就单位出具的证明材料，可以向单位及制作证明材料的人员进行调查核实。必要时，可以要求制作证明材料的人员出庭作证。对私书证的真实性存有疑问时，则需通过核对笔迹、印章或者进行书证鉴定予以核实。

理论上，提出公书证作为书证的人无需对该公书证的真实性加以证明。而提出私书证的人则应当对该私书证的真实性加以证明，对方无异议的除外。因此，《民诉法解释》第114条规定："国家机关或者其他依法具有社会管理职能的组织，在其职权范围内制作的文书所记载的事项推定为真实，但有相反证据足以推翻的除外。必要时，人民法院可以要求制作文书的机关或者组织对文书的真实性予以说明。"

(2) 处分性书证与报道性书证。这是以书证的内容和所产生的法律效果作为标准进行的分类。处分性书证是指记载以设立、变更或终止一定民事法律关系为目的的书证。如合同、变更合同的协议书、遗嘱、授权委托书等。报道性书证是指仅记载某事实，不以产生一定民事法律关系目的的书证。如记载案件事实的信件、日记、新闻报道等。处分性书证能够直接证明有争议的民事权利义务关系,因而通常具有较强的证明力。报道性书证虽然对案件事实也有一定的证明作用,但只能起间接的证明作用。

(3) 普通书证与特别书证。这是以书证的制作是否必须采用特定的形式或者履行特定的手续作为分类标准。普通书证仅要求其记载有一定的案件事实即可,在制作方式和程序方面没有特别的要求。如信件、日记、借据、收条等。特别书证是指法律规定必须采用特定形式或履行特定手续制作的书证。如土地使用权证、房产证、经公证证明的合同书证等。特别书证的制作由于必须采用特定的形式或者履行特定的手续,记载的内容比较完善,真实性较高,因此具有更强的证明力。

(4) 原本、正本、副本、影印本、节录本、译本。这是以书证的制作方式作为分类标准。原本是指由书证制作人最初制作的原始书证。正本是指按照原本全部内容制作,对外具有与原本同样效力的书证。副本是依照原本全文抄录、印制,与正本具有同样效力的文本。正本与副本的区别在于,正本是给主收件人保存和使用的。副本是给主收件人以外的其他有必要了解原本内容的相关单位或个人。影印本是指采用复印、摄影等方式对原本进行复制而形成的书证。节录本是指摘录原本部分内容的书证。译本是指将原本翻译为另外一种文字的书证。

在诉讼中,原本、正本、副本、影印本、节录本及译本的真实可靠性各不相同,法院需采用不同的审查方法。如译本主要审查翻译是否准确,节录本主要审查节录的内容是否与原本相符。

(四) 书证的提出

当书证为提出证据的一方当事人持有时,该当事人将其直接提交给法院即可。当书证为对方当事人或第三人持有时,各国有不同的作法。德国、日本的作法是当事人可以向法院提出申请,请求法院命令书证持有人交出。我国《民诉法解释》第112条作了同样规定,书证在对方当事人控制之下的,承担举证证明责任的当事人可以在举证期限届满前书面申请人民法院责令对方当事人提交。申请理由成立的,人民法院应当责令对方当事人提交,因提交书证所产生的费用,由申请人负担。对方当事人无正当理由拒不提交的,人民法院可以认定申请人所主张的书证内容为真实。

(4) 书证的证据力

书证要具有证据力,必须满足两个基本条件:其一,书证是真实的;其二,书证所反映的内容对待证事实能起到证明的作用。据此,根据这两个方面的要求,可以把书证的证据力分为形式上的证据力和实质上的证据力。书证形式上的证据力是指该书证中所表达的意思或思想的确系制作该书证的人所为。是否具有形式上的证据力涉及书证的真伪问题。所谓实质上的证据力是指该书证的内容有证明待证事实真伪的作用。书证要有实质上的证据力,首先必须具有形式上的证据力,没有形式上的证据力,不可能存在实质上的证据力,而仅有形式上的证据力未必一定有实质上的证据力。

三、物证

物证是以外部特征、存在形式、内在属性等物理属性来证明案件事实的证据。物证的外部特征是指实体物的形状、大小、痕迹、颜色、新旧破损程度等。物证的存在形式是指实体物和痕迹所处位置、环境、状态、与其他证据的相互关系等。物证的内在属性是指实体物的各种物理化学性质、质量、成分、结构、功能等。

物证具有以下特点:(1)有较强的客观性。物证的物理属性一般难以人为改变,一旦被改变,也可轻易识别。(2)有较好的稳定性。除小部分物证,如水果等容易腐烂外,大部分物证都能长时间保存。(3)能否采纳,易于判断。物证被称为"哑巴证人",只要举证人对物证与待证事实之间关系作出说明,与案件事实是否有关联,能否证实案件事实,易于判断。

物证与书证的区别在于:(1)证明手段不同。书证是以记载和反映的思想内容来证明案件事实,物证则是以其物理特性等来证明案件事实的。(2)形式要求不同。法律对某些书证的形式有特殊要求,如代书遗嘱,但对物证的形式没有任何要求。(3)制作主体不同。法律对某些书证的制作主体有要求,如公文书,但对物证的制作主体没有任何要求。

二者之间也有紧密联系,有些书证同时也是物证。如借条,当用其内容来证明存在借贷关系时则属于书证,当用借条上的不同笔迹来证明借条已被篡改时则属于物证。

四、视听资料

(一)视听资料的概念与特征

视听资料,是指利用录音、录像等技术手段记载的声音、图像来证明案件事实的证据。从物理学上看,录音、录像是以硬磁性材料为载体,利用磁性材料的剩磁特性将声音信号或者电视信号(既有声音信号还有图像信号)记录在载体,然后通过特定设备将其重放出来。常见的视听资料如录像带、录音带、胶卷等。

与传统证据相比,视听资料具有以下特点:(1)易于制作,便于保管。随着微型录音机、录音笔、摄像机的普及,视听资料易于制作。只要会操作,就可以录制视听资料。视听资料由于体积小,重量轻,便于保存。(2)生动逼真,便于理解。视听资料能事无巨细地将一切内容都连续记录下来,如人的动作、语言、表情、声音等。一经重放,就能直观生动、形象逼真地再现案件发生过程。(3)容易被篡改或伪造。视听资料可以轻松地被伪造,真实制作的视听资料也可以通过技术轻松地毁灭或改变其内容。基于此,我国《民诉法》第71条规定,人民法院对视听资料,应当辨别真伪,并结合本案的其他证据,审查确定能否作为认定事实的根据。《证据规定》第 69 条也规定,存有疑点的视听资料不能单独作为认定案件事实的依据。

(二)私录资料在诉讼中的运用

视听资料由于可以在他人不知情的情况下进行录制,人们俗称"偷录偷拍资料"。学理上称其为私录资料,即指未经对方同意所录制的音像资料。偷录偷拍的视听资料能否作为证据使用,我国经历了一个转折。最高人民法院在 1995 年 3 月 6 日作出的《未经对方当事人同意私自录音的资料能否作为证据使用问题的批复》认为,未经对方当事人同意私自录制其谈话,系不合法行为,以这种手段取得的录音资料,不能作为证据使用。对此种情况,批复采取的是一刀切的判定方式,只要取证手段不合法,证据就不合法。按照该《批复》的规定,当事人要录音的话,必须在录音前明确告知对方,效果无疑会到影响,一是对方根本不愿意和你谈有关内容,二是不同意录音。这样权利人或者不能录音,自己的权利得不到保护,或者私录。而私录的资料又不能作为证据使用,最终的结果就只能是当事人的合法权益无法得到保护。显然,该《批复》对权利人合法权益之保护极其不利。

我国《民诉法解释》第 106 条规定:"对以严重侵害他人合法权益、违反法律禁止性规定或者严重违背公序良俗的方法形成或者获取的证据,不得作为认定案件事实的根据。"该规定改变了批复将一切私录证据全部予以排除的做法,改为仅排除三类私录证据,一是以违反法律禁止性规定的方法形成或获取的证据。违反法律禁止性规定是指违反一切实体法上的规范,不限于民事实体法律规范。毫无疑问,目前并没有法律明文规定禁止私自录制自己与对方当事人的谈话。即使对方当事人与他人之间的谈话,如果录制时并不违反法律的禁止性规定,也可以作为证据适用,如在公共场合的私录。二是以严重侵害他人的合法权益的方法形成或获取的证据。通过这种方法形成或取得证据必须达到"严重"损害他人的合法权益方在排除之列,比如在他人卧室安装窃听装置,私录他人谈话。这种取证方法显然严重损害他人的隐私权。三是以严重违背公序良俗的方法形成或获取的证据。严重违背公序良俗是指证据在形成和获取过程中并没有对他人的合法权益构成严重损害,但形成或取得本身违反公序良俗。

▶ **五、电子数据**

(一)电子数据的概念与特征

电子数据是指通过电子邮件、电子数据交换、网上聊天记录、博客、微博客、手机短信、电子签名、域名等形成或者存储在电子介质中的信息。主要包括三类:一类是以计算机技术为基础,在计算机中形成的数据库、文字处理文件、图形处理文件、程序文件信息;一类是以网络技术应用为基础而形成的信息,如电子邮件、电子数据交换、电子聊天记录、电子公告牌记录、电子签名、博客等都属于电子数据。还有一类是通过转化技术将非电子数据信息转化为电子数据信息,如将纸质信息或者相片扫描成电子信息。为此,《民诉法解释》第116条规定,存储在电子介质中的录音资料和影像资料,适用电子数据的规定。

电子数据具有以下特点:(1)技术性强。电子数据的科学基础是计算机的二进制,其必须用特定的二进制编码表示,存储于磁性介质中,实质上就是一堆按编码规则处理成的"0"和"1"。(2)无形性。电子数据本身看不见,摸不着,只有借助一定的设备,如电脑、手机、数码产品等才能再现,并可反复再现。(3)外在表现形式多样。它不仅可体现为文本形式,还可以图形、图像、动画、音频及视频等多媒体形式出现。(4)易于销毁、复制与传播。电子数字可以轻松地从存储介质中删除。复制也非常容易。借助互联网可以大范围、快速传播。(5)存储方便。易于保存,占用空间少。(6)在传递过程中容易被篡改。虽然电子数据在形成之时具有客观性,不能被篡改。但它存在于虚拟空间中,只有将其提取出来,才能作证据使用,提取的过程就是传递的过程,在该过程中容易被篡改。

(二)电子数据的运用

基于电子数据容易被删除、修改的特点,故需要及时收集。基于在提取的过程中容易被篡改,要严格规范提取程序。在实践中,大多都利用公证提取电子数据,虽然能确保真实性,但成本过于高昂。如何确保提取规范又能降低成本是日后需重点研究的课题。电子数据的产生、修改、删除、传输等都需要一定的人来完成,但其与完成人的对应关系难以确认。网络环境的虚拟身份与现实身份也难以准确对应,若无其他证据补证,很难形成对应关系。

(三)电子数据与视听资料的关系

电子数据是我国《民诉法》在2012年修正时新增的证据种类,以前都是将其归为视听资料。原因之一就是二者有很多共同之处。如都需要依赖一定的载体存在并需借助一定的技术手段才能再现,都可以表现为声音和图像,都可以复制、反复再现等。如何区分二者是不可回避的一个问题。由于电子数据也能表现为声音和图像,因此不能以是否包含声音与图像来区分二者。二者的区别在于:(1)视听资料利用的是磁性材料的剩磁特性记录声音或图像。电子数据则是以二进制编码为基础而形成。由于表现为电子数据形式的声音与图像较传统的视听资料更为方便,基于磁性材料的剩磁特性而形成的视听资料将会越来越少。(2)电子数据不存在提交原件一说,一经提取出来就是复制件。视听资料则可以提交原件。(3)电子数据的外化形式比视听资料多。视听资料的外化形式只有声音和图像。电子数据除了声音和图像,还包括文本、图片、数据等。从外化形式上看,二者有交叉之处;若从形成原理上看,则完全不同。

六、证人证言

(一)证人证言的概念与特征

证人是指了解案件情况并向法院提供口头证言或书面证词的人。证言是指证人将其了解的案件事实向法院所作的口头陈述或书面证词。

证人证言具有以下特点:(1)形式上包括口头证言和书面证言。(2)内容上仅限证人对案件事实所做的陈述。证人就案件事实所作的评价、推测、分析均不属于证人证言。证人对案件应当适用的法律发表看法,也不属于证人证言。《证据规定》第57条明确规定,证人作证时,不得使用猜测、推断或者评论性的语言。(3)真实性、可靠性易受影响。一方面会受到证人的生理影响。证人证言需要经过感知、记忆、回想、叙述等多个环节。每一个环节都会对证言造成影响。如感知不全面、记忆不清、回想不起来,描述时措辞不当等。另一方面会受证人的心理影响。证人与当事人之间的朋友关系或仇恨关系都会影响其真实性。(4)不可替代。"需亲自了解案件事实"限定了其他不了解案件事实的人不能替代知情人作证。即使有多个人了解案件事实,由于受每个人生理和心理的影响,也不能相互替代。基于此,当证人身份与诉讼代理人、法官、书记员、鉴定人、翻译人员等身份发生冲突时,应当辞去其他身份而作证人。(5)多用于证明突发性和非持续性民事法律事实,如民事侵权行为。

(二)证人的范围

根据我国《民诉法》第72条规定,证人需满足两个条件:一是知道案件情况。二是能正确表达意思的人。只要满足了这两个条件,就具备证人资格。因此,证人系未成年人、与当事人有近亲属关系、有无民事行为能力或诉讼行为能力等都不影响证人的资格,只会影响证言的证明力。

在我国,证人包括了两类:一类是单位证人,另一类是作为自然人的证人。单位作为证人要出庭作证时,应当由单位的法定代表人、负责人或经其授权的人代表单位作证。

(三)作证的程序与方式

根据我国《民诉法解释》第117条规定,当事人需要证人出庭作证的,应当在举证期限届满前向法院提出申请。对于符合《民诉法解释》第96条第1款规定情形的①,人民法院可以依职权通知证人出庭作证。未经人民法院通知,证人不得出庭

---

① 根据我国《民诉法解释》第96条的规定,《民诉法》第64条第2款规定的人民法院认为审理案件需要的证据包括:(1)涉及可能损害国家利益、社会公共利益的;(2)涉及身份关系的;(3)涉及《民诉法》第55条规定诉讼的;(4)当事人有恶意串通损害他人合法权益可能的;(5)涉及依职权追加当事人、中止诉讼、终结诉讼、回避等程序性事项的。

作证,但双方当事人同意并经人民法院准许的除外。

作证前,人民法院应当核实证人的身份。为确保证人能如实作证,人民法院在证人出庭作证前应当告知其如实作证的义务以及作伪证的法律后果,并责令其签署保证书,但无民事行为能力人和限制民事行为能力人除外。保证书应当载明据实陈述、如有虚假陈述愿意接受处罚等内容。证人应当在保证书上签名或者捺印。证人拒绝签署保证书的,不得作证,并自行承担相关费用。

证人原则上应当出庭口头作证。这样既有利于当事人、审判人员就不清楚的地方直接询问证人,便利质证,也有利于审判人员直接观察证人的作证表现,如证人作证时的语速、表情、目光等,以帮助分析证言是否受到证人生理或心理的影响,为最终判断证言的真实性奠定基础。根据《证据规定》第69条规定,无正当理由未出庭作证的证人证言,不能单独作为认定案件事实的依据。

询问证人时,应当由当事人先行对证人进行询问。然后,审判人员认为有必要的,再向证人询问。为了防止受法庭审理的干扰,证人不得旁听法庭审理。询问证人时,其他证人不得在场。人民法院认为有必要的,可以让证人进行对质。

在下列情况下,也可以书面作证或视听传输技术或者视听资料等方式作证:(1)因健康原因不能出庭的;(2)因路途遥远,交通不便不能出庭的;(3)因自然灾害等不可抗力不能出庭的;(4)其他有正当理由不能出庭的。

(四)证人权利与义务

证人的权利包括:(1)依法作证的权利。我国《民诉法》第111条规定,严禁以暴力、威胁、贿买方法阻止证人作证或者指使、贿买、胁迫他人作伪证。(2)作证时受尊重和不受误导的权利。《证据规定》第60条明确规定,询问证人不得使用威胁、侮辱及不适当引导证人的言语和方式。(3)受保护权。由于证人证言难以对双方当事人都有利,证人容易遭到受到不利影响一方当事人的打击报复。实践中,打击报复证人也时有发生。我国《民诉法》第111条规定,对证人进行侮辱、诽谤、诬陷、殴打或者打击报复的,人民法院可根据情节轻重予以罚款、拘留,构成犯罪的,依法追究刑事责任。(4)补充、更正权。证人出庭作证时,书记员需将证人陈述如实记入笔录。证人如认为有误记或遗漏的,有权要求补正。(5)损失补偿权。证人因履行出庭作证义务而支出的交通、住宿、就餐等必要费用以及误工损失,有权要求给与补偿。其标准按照机关事业单位工作人员差旅费用和补贴标准计算;误工损失按照国家上年度职工日平均工资标准计算。

证人的义务包括:(1)出庭作证义务。证人如果不出庭作证,当事人就无法对其进行质询,其真实性不易判断。如果证人在人民法院组织双方当事人交换证据时出席陈述证言的,可视为出庭作证。但我国法律没有规定证人不出庭需承担何种责任,导致实践中证人出庭率很低。(2)如实作证的义务。证人应当如实向法庭陈述所了解的案件情况,如实回答审判人员、当事人及其代理人的询问。但我国

《民诉法》并没有规定作伪证需要承担何种责任,刑法中规定的伪证罪仅适用于刑事诉讼,而不适用于民事诉讼。

七、鉴定意见

(一) 鉴定意见的概念与特征

鉴定意见是鉴定人运用专业知识、专门技术对诉讼中的专业性问题进行检测、分析、鉴别后得出的意见。民事诉讼中常见的鉴定有文书鉴定、工程质量鉴定、医疗事故鉴定、产品质量鉴定、伤残等级鉴定等。

鉴定意见一般以鉴定书的形式体现,根据我国《证据规定》第29条的规定,鉴定书的内容须包括:(1) 委托人姓名或者名称、委托鉴定的内容;(2) 委托鉴定的材料;(3) 鉴定的依据及使用的科学技术手段;(4) 对鉴定过程的说明;(5) 明确的鉴定结论;(6) 对鉴定人鉴定资格的说明;(7) 鉴定人员及鉴定机构签名盖章。

鉴定意见具有以下特征:(1) 专业性强。鉴定的对象是超出了审判人员知识范围,不为他们所了解的专业问题。鉴定的主体是对专业问题具有专业知识的人。鉴定意见的获得需鉴定主体运用本专业公认的方法或设备对检材进行分析;(2) 主观性强。鉴定意见依赖的是鉴定人的个人知识和技能,反映的是鉴定人个人的见解和看法。不同的鉴定人对同一检材有可能得出不同的结论。故鉴定意见具有很强的主观性。我国《民诉法》将"鉴定结论"改为"鉴定意见"就是为了突出它的主观性,防止审判人员过于迷信"鉴定结论",见"鉴定结论"就采纳。鉴定意见与其他证据一样,只有经过质证才能作为认定案件事实的依据。

(二) 鉴定的分类

根据鉴定委托主体的不同,鉴定可分为法院委托鉴定和自行委托鉴定。法院委托鉴定是指在诉讼过程中,经当事人申请或者法院依职权委托专门的鉴定机构或具有专门知识的人对诉讼中争议的专业性问题所进行的鉴定。自行委托鉴定,当事人自行委托鉴定人所进行的鉴定。自行委托鉴定,一般难以为对方当事人信服。我国《民诉法》规定的鉴定是法院委托鉴定。

根据鉴定主体的不同,可以分为公鉴定和私鉴定。公鉴定是由经批准设立的鉴定机构中具有鉴定资质的人进行的鉴定。针对的是常见的、频发的、类型化的鉴定事项,例如,医疗事故鉴定、工程质量鉴定、书证鉴定、产品质量鉴定、会计鉴定等。私鉴定是由自然人利用自己独有的知识或经验进行鉴定。此类鉴定对鉴定人没有特定资质要求,只要具有相应的专门知识就可以。例如对字画真伪的鉴定、特定物品特征的鉴定等。此种鉴定通常发生在非类型化鉴定领域。不论是公鉴定还是私鉴定,具体的鉴定工作都是由自然人负责。

(三) 鉴定申请与鉴定人的确定

根据我国《民诉法解释》第121条规定,当事人申请鉴定,可以在举证期限届满前提出。申请鉴定的事项与待证事实无关联,或者对证明待证事实无意义的,人民法院不予准许。人民法院准许当事人鉴定申请的,应当组织双方当事人协商确定具备相应资格的鉴定人。当事人协商不成的,由人民法院指定。符合依职权调查收集证据条件的,人民法院应依职权委托鉴定,在询问当事人的意见后,指定具备相应资格的鉴定人。

按此规定,申请鉴定的人一般是对鉴定事项负有证明责任的当事人。申请鉴定的时间通常是在举证期限届满前提出。倘若在诉讼进程中出现了需要鉴定的事项时,可不受举证期限的限制。例如,在诉讼中,需要通过鉴定证明其反驳主张成立或将鉴定意见作为反证时,适时提出的鉴定请求。申请鉴定的事项需与待证事实有关联或者对证明待证事实有意义。在法院指定的期限内无正当理由不提出鉴定申请或者不预交鉴定费用或者拒不提供相关材料,致使对案件争议的事实无法进行鉴定的,应当对该事实承担举证不能的法律后果。这意味着如果在指定的期限内没有进行鉴定的,以后将有可能不再进行鉴定。

根据我国《民诉法》第76条和《民诉法解释》第121条的规定,鉴定人的确定方法有两种:当事人双方协商确定;协商不成的,由法院指定。

(四) 重新鉴定

在我国诉讼实践中,由于一方当事人不认可鉴定意见,往往要求重复鉴定,导致出现多个甚至相互矛盾的鉴定意见并存的现象。为了解决这一问题,《证据规定》第27条和第28条规定,只有存在以下情形之一,并经法院准许才能够申请重新鉴定。(1)鉴定机构或者鉴定人员不具备相关的鉴定资格的;(2)鉴定程序严重违法的;(3)鉴定意见明显依据不足的;(4)经过质证认定不能作为证据使用的其他情形;(5)一方当事人自行委托有关部门作出的鉴定结论,另一方当事人有证据足以反驳并申请重新鉴定的,人民法院应予准许。

对于有缺陷的鉴定意见,可以通过补充鉴定、重新质证或者补充质证等方法解决的,不予重新鉴定。

(五) 对鉴定意见的质证

鉴定意见作为证据的一种,同样需要在庭审中接受质证,只有经过质证后才能作为认定案件事实的依据。对于鉴定人是否需要出庭接受质询,不出庭如何处置的问题,我国《证据规定》第59条仅对前一问题作了规定:"鉴定人应当出庭接受当事人质询。鉴定人确因特殊原因无法出庭的,经人民法院准许,可以书面答复当事人的质询。"对后一问题没有规定。相较于《证据规定》,对第一个问题,我国《民诉法》第78条有所缓和,对鉴定人出庭接受质询附加了前提条件,即当事人对鉴定意见有异议或者人民法院认为鉴定人有必要出庭的,鉴定人应当出庭作证。对第二个问题,该条规定:经人民法院通知,鉴定人拒不出庭作证的,鉴定意见不得作为认定事实的根据;支付鉴定费用的当事人可以要求返还鉴定费用。因此,鉴定人员如不履行出庭接受质询的义务就需要承担法律责任。

（六）专家辅助人

专家辅助人是当事人聘请,经人民法院允许,帮助当事人对鉴定意见进行质证或者对案件事实所涉及的专业问题提出意见的人。这是考虑到鉴定意见有时涉及专业知识,仅凭自己的知识难以对鉴定意见进行有效质证。聘请专家辅助人后,通过"内行对内行",真正发挥质证的作用。我国《民诉法》第 79 条规定,当事人可以申请人民法院通知有专门知识的人出庭,就鉴定人作出的鉴定意见或者专业问题提出意见。《民诉法解释》第 122 条进一步规定,当事人可以依照《民诉法》第 79 条的规定,在举证期限届满前申请一至二名具有专门知识的人出庭,代表当事人对鉴定意见进行质证,或者对案件事实所涉及的专业问题提出意见。具有专门知识的人在法庭上就专业问题提出的意见,视为当事人的陈述。

专家辅助人在庭审中如何发挥作用,我国《民诉法解释》第 123 条作有规定,人民法院可以对出庭的具有专门知识的人进行询问。经法庭准许,当事人可以对出庭的具有专门知识的人进行询问,当事人各自申请的具有专门知识的人可以就案件中的有关问题进行对质。由于专家辅助人的任务就是对鉴定意见进行质证或者对专业性提出意见,因此不得参与专业问题之外的法庭审理活动。

专家辅助人不同于鉴定人。尽管二者都是利用其专业知识对诉讼中专业性问题的提出自己的意见和看法,但两者之间存在明显区别:(1) 产生方式不同。鉴定人由当事人双方协商确定或由法院指定。专家辅助人虽然需要法院同意,但系各自聘请。(2) 性质和形式不同。鉴定人作出的鉴定意见是一种证据,在庭外通过书面表达。专家辅助人对鉴定意见的质证本身不是证据,通常是在庭上口头表达。只有在法庭上就专业问题提出的意见,方视为当事人的陈述。(3) 作用不同。鉴定人的鉴定意见是为了揭示案件真相。专家辅助人的意见是为了质证鉴定意见或者说明专业性问题。(4) 费用负担不同。鉴定费用作为诉讼费用,最终由败诉一方当事人承担,专家辅助人的费用由聘请方承担。

（七）鉴定人的权利与义务

鉴定人享有以下基本权利:(1) 了解和查阅鉴定所需材料的权利,以及要求补充鉴定材料的权利。《民诉法》第 77 条第 1 款规定:"鉴定人有权了解进行鉴定所需要的案件材料,必要时可以询问当事人、证人。"(2) 自主鉴定权。当一个案件有几个鉴定人共同鉴定时,他们可以相互讨论,意见一致时,可以共同作出鉴定结论,意见不一时,可以各自发表鉴定意见。(3) 拒绝鉴定权。特定情况下,如检材不够时,特别是当事人对鉴定人有非法要求时可以拒绝鉴定。(4) 报酬请求权。(5) 人身安全保护请求权。

鉴定人承担的义务有:(1) 按时鉴定义务。鉴定人应当根据法院的委托要求按时出具鉴定意见。(2) 公正鉴定义务。鉴定人在鉴定过程中,应当严格遵循专业方法进行鉴定,不得接受当事人的请托或贿赂,作不科学的、不公平的鉴定。(3)出庭接受质询的义务。必要时,鉴定人应当依据法院的通知出庭,接受审判人员、当事人、代理人的询问。(4)回避义务。当鉴定人满足我国《民诉法》规定的回避条件时,应当自行回避。当事人也可以申请他们回避。(5)保守秘密的义务。

▶ 八、勘验笔录

(一)勘验笔录的概念与特征

勘验笔录,是法院审判人员在诉讼中对于与案件有关的现场、物品等亲自或委派其他司法工作人员进行勘查、测量、拍照后所制作的实况记录。在有些纠纷中,如相邻权纠纷、土地上林木权属纠纷、宅基地纠纷等,常常会遇到与案件有关的物证或者现场,不便或根本不可能拿到法庭上来,为了解事实真相,审判人员就必须到现场进行勘验。常见的勘验笔录包括现场勘验笔录、物证勘验笔录和人身检查笔录。

勘验笔录是以书面形式反映现场或物品的客观情况,而不是以物品本身的形状、特征直接证明案件事实,所以它既非书证,也非物证。

(二)勘验笔录的制作

勘验笔录的制作,一是法院依据当事人的申请制作;一是法院依职权制作。不管是何种情形,都需要严格按法定程序进行。尤其是应当保护他人的隐私和尊严。司法实践中,勘验笔录一般是由审判人员负责制作。必要时,审判人员也可以委托本院或其他法院有资质的工作人员代为勘验。勘验时,勘验人必须出示人民法院的证件。并邀请当地基层组织或者当事人所在单位派人参加。当事人或者当事人的成年家属应当到场,拒不到场的,不影响勘验的进行。必要时,人民法院可以通知有关单位和个人保护现场,协助勘验。

勘验笔录应记载勘验的时间、地点、和场所,勘验人、记录人的基本情况,在场的当事人或成年家属(如拒不到场也记入笔录)、被邀请参加人,勘验对象,勘验情况和勘验结果。勘验笔录由勘验人、当事人和被邀参加人签名或者盖章。

勘验笔录以文字记载为主,以绘图拍照为辅,一般由现场文字记录、现场绘图和现场照片三部分组成。现场文字记录是指记载现场实地勘验结果的文字材料。现场绘图是运用制图学的原理和方法,固定和反映现场情况,现场绘图可以分为平面图、平面展开图、立体图、现场立面图、剖视图、综合图、分析图等。现场照片包括现场方位照片、现场全貌照片、现场重点部位照片和现场细目照片等。

有时候,鉴定和勘验可以结合进行,人民法院可以要求鉴定人参与勘验。必要时,可以要求鉴定人在勘验中进行鉴定。

第三节　证据的理论分类

学理上一般对民事诉讼证据作如下分类：

一、本证与反证

根据证据是否由证明责任承担者提出，将证据分为本证和反证。本证，是指由负有证明责任的一方当事人提出的用于证明自己所主张的案件事实的证据。反证，是指不负证明责任的一方当事人提出的，以证明对方所主张的案件事实不真实或不存在的证据。因此，本证和反证跟当事人在诉讼中是原告还是被告没有关系，原告与被告均可以提出本证，也可以提出反证。例如，原告诉被告借款不还，提出被告书写的借据为凭，该借据属于本证。被告则认为该款项在自己结婚时被原告作为贺礼赠与给了自己，提出证人证言予以证实，该证据就是反证。

反证有别于为反驳对方证据而提出的反驳性证据。反驳性证据是一方当事人针对对方所提证据而提出的，以证明该证据不具有三性的证据。反证针对的是对方当事人主张的事实。因此，二者针对的对象不同。不过，不论是反证还是反驳性证据，一旦成立，对方主张的案件事实都不会成立。

区别本证与反证的意义在于：（1）二者适用的证明标准不同。由于本证的作用在于使法院对待证事实的存在与否予以确信，并加以认定，而反证的作用则是使法院对本证欲证明之事实的确信发生动摇，不予认可。因此，本证只有达到证明标准，其欲证明的案件事实才能为法官确认。反证则不同，只要能动摇法官的心证，让案件事实陷入真伪不明即可。（2）调查顺序不同。在本证与反证同时提出的情况下，应当先调查本证。如果本证没有达到证明标准，就无需对反证进行调查。

二、直接证据与间接证据

根据民事诉讼证据能否直接证明要件事实，证据可以分为直接证据与间接证据。直接证据是指能够直接、独立证明要件事实的证据。由于案件事实被分为一个一个的要件事实，很少有能够直接证明全部案件事实的证据，因此，只有证据能直接证明某一要件事实，就属于直接证据。例如，在离婚诉讼中，结婚证虽不能直接证明应该离婚这一事实，但可以直接证明当事人之间存在夫妻关系这一要件事实，故属于直接证据。间接证据是不能直接，需要与其他证据相结合才能证明要件事实的证据。例如，甲主张自己通过 ATM 机转账借给了乙 1 万元钱，手上有 ATM 机吐出的转账凭条一张。但仅凭该凭条并不能证明甲借给了乙 1 万元钱，尚需结合转出卡与转入卡的开户资料才能证明甲乙之间存在借贷关系，转账凭条就是间接证据。

区分直接证据与间接证据的意义在于:(1)使诉讼主体认识到不同证据具有不同的证明力,应当尽可能收集和运用直接证据来证明案件事实;(2)在无法获得直接证据时,将多个间接证据结合起来,也能证明案件事实。

运用间接证据证明案件事实时,须遵循以下证明规则:(1)间接证据本身必须真实;(2)间接证据间必须能形成完整的证据链;(3)间接证据之间相互一致,不存在矛盾或冲突。

三、原始证据与传来证据

按照民事诉讼证据是否直接来源于案件事实,可以将证据分为原始证据和传来证据。原始证据是直接来源于案件事实的证据,也叫第一手证据。例如目击证人的证言、原始合同等,都属于原始证据。传来证据是衍生于原始证据,经过对原始证据的转述、传抄、复制等中间环节而形成的证据,也叫派生证据或衍生证据。如合同的复印件就属于传来证据。

原始证据与传来证据的意义在于:(1)二者的证明力不同。原始证据由于没有经过中间环节,证明力要大于传来证据。传来证据处于补充地位。当事人应当尽力收集和提供原始证据,只有在提供原始证据有困难时,才提供传来证据。我国《民诉法》第70条第1款规定,书证应当提交原件。物证应当提交原物。提交原件或者原物确有困难的,可以提交复制品、照片、副本、节录本。(2)传来证据虽然在中间环节上有可能失真,但并非绝对不可使用,只是要加强审查而已。《证据规定》第22条规定,调查人员调查收集计算机数据或者录音、录像等视听资料的,应当要求被调查人提供有关资料的原始载体。提供原始载体确有困难的,可以提供复制件。提供复制件的,调查人员应当在调查笔录中说明其来源和制作经过。

需要特别指出的是,上述分类依据的是三个不同的标准,三者之间不存在一一对应关系,即本证不等于直接证据,直接证据也不等于原始证据。如前述的转账凭证,它属于本证、原始证据、间接证据。

四、言词证据和实物证据

根据证据表现形式的不同,可以将证据分为言词证据与实物证据。言词证据,是指以人的陈述为表现形式的证据,包括证人证言、当事人陈述、鉴定意见等。言词证据由于需要依赖陈述人对案件事实的理解、记忆和再叙述,因而真实性容易受到干扰。实物证据,是指以客观存在的物体为表现形式的证据。这类证据,或者以物体的外部特征、性质、位置等证明案情,如物证,或者以其记载的内容对查明案件具有意义,如书证。对有关现场、人身、物品、痕迹等与案件有关的实物证据予以固定和反映的书面记录或视听资料亦属于实物证据。

第四节 证 据 规 则

一、证据规则的含义

我国对证据规则的理解存在较大差异。第一种观点认为证据规则是指在收集证据、采用证据、核实证据、运用证据时必须遵守的一系列准则。[①] 第二种观点认为证据规则是指规范证据资格的规则。[②] 第三种观点认为证据规则是指规范证据资格和证据证明力的规则。第一种观点过于宽泛，根据该观点，《证据规定》就是民事诉讼证据规则。第二种观点过于狭隘，仅以英美法系的证据规则为参照物，完全忽视大陆法系的证据规则。由于两大法系传统不同，证据规则存在较大差别，根源在于英美法系适用陪审团制。陪审团由挑选出来的普通民众组成，且系一次性参加案件审理，与职业法官相比，其法律知识，尤其是证据知识缺乏，再加上审理时间短暂，为防止陪审团被有缺陷的证据误导，英美法系确立一系列的证据规则以规范证据的资格，确保提交给陪审团的证据都是合格的证据。证据规则的规范重点是证据的资格（证据能力）问题。主要有关联性规则、非法证据排除规则、自白规则、传闻排除规则、品格证据规则、意见规则、特权规则等。大陆法系实行职业法官裁判制度，证据的取舍及其证明力的大小均由法官依其人格、能力、知识和经验自由判断，基本不存在证据规则。后鉴于法官自由裁量存在的一些弊端，才开始设立一些证据规则。如规范证据能力的非法证据排除规则、规范证据证明力的补强证据规则。

二、我国民事诉讼证据规则

根据我国《民诉法》和相关司法解释的规定，目前为我国立法明确认可的规范证据能力的证据规则有：非法证据排除规则、意见证据规则。规范证据证明力审查方式和证明力大小的证据规则有：自由心证规则、最佳证据规则、完全证明力规则、补强证据规则。

（一）规范证据资格的规则

1. 非法证据排除规则

民事诉讼中的非法证据是指当事人采用违法手段取得的证据。非法证据排除规则是指通过违法手段取得的证据不能作为认定案件事实依据的规则。《民诉法解释》第106条规定："对以严重侵害他人合法权益、违反法律禁止性规定或者严重

[①] 刘善春、毕玉谦、郑旭：《诉讼证据规则研究》，中国法制出版社2000年版，第5页。
[②] 吴宏耀、魏晓娜：《诉讼证明原理》，法律出版社2002年版，第131页。

违背公序良俗的方法形成或者获取的证据,不得作为认定案件事实的根据。"该条确立的判断非法证据的标准是:取证手段侵害他人合法权益或者违反法律禁止性规定的方法,除此以外属于合法证据。

2. 意见证据规则

意见证据规则是指证人只应就他曾经亲身经历、感知的事实提供证言,而不得依据这些事实进行推论。在英美证据法上,证人被分为两类:普通证人(lay witness)和专家证人(expert witness)。普通证人只能陈述他们亲身体验、感知的事实,不得提供意见、推论或结论。专家证人则可以提供意见证据。普通证人的意见证据不可采主要是基于以下理由:第一,证人发表的意见并非是自己亲身感知的事实而是对事实的看法或观点,这样的看法或观点有可能是一种主观猜测,容易发生错误。第二,证人职能与裁判职能的区分。英美证据法理论将证人视为一种证据方法,其作用在于将其亲自体验的事实如实地提出于法庭;依据一定的证据材料作出推断或结论,则属于裁判职能,应当由陪审团(或法官)负责。

《证据规定》第 57 条规定:"证人作证时,不得使用猜测、推断或者评论性的语言。"体现的就是意见证据规则。

(二) 规范证据证明力的规则

1. 自由心证规则

自由心证规则是指"证据之证明力,通常不以法律加以拘束,听任裁判官之自由裁量"[①]。证据包括证据资格和证明力两部分,允许心证者,不是证据的能力即何种资料具有证据的资格,而是证据的证明力。这里的"自由"是指法官凭借"良心"和"理性"判断证据证明力的有无及大小,对证据的选择、取舍允许法官自由判断,法律不设任何约束和限制。法官通过对证据证明力的审查判断所形成的那种内心信念为"心证",当这种"心证"达至深信不疑或者排除任何合理怀疑的程度,便成为"确信"。这种由自由判断证据所形成的"内心确信"是法官认定案件事实的依据。可见,自由心证证据制度在内容上包括两个方面:其一是证据的证明力强弱及其取舍、斟酌,全部凭借法官的自我理性的启迪和良心的感受,在无拘无缚的情形下自由判断;其二是法官对案件事实的认定,必须建立在内心深处对自己的主观判断是真实无疑的基础之上。

《民诉法》第 64 条第 3 款规定:"人民法院应当依照法定程序,全面地,客观地审查核实证据"。这种规定过于粗疏,法官在审查判断证据时容易产生裁量权过大的问题。学界通说认为这种证据审查方法既不是法定主义证据制度,也不是自由心证主义证据制度,而是实事求是的证据制度。[②]《民诉法解释》第 105 条规定:"人

[①] 陈朴生著:《刑事证据法》,台湾三民书局 1979 年版,第 66 页。
[②] 常怡主编:《比较民事诉讼法》,中国政法大学出版社 2003 年版,第 443 页。

民法院应当按照法定程序,全面、客观地审核证据,依照法律规定,运用逻辑推理和日常生活经验法则,对证据有无证明力和证明力大小进行判断,并公开判断的理由和结果。"该条既强调审判人员审查判断证据应当遵循法定程序(即法律精神),逻辑规律及经验法则(即理性)对证据进行独立(即自由)地判断,并公开判断的理由和结果。足见,该规定吸收了自由心证的合理因素。

2. 最佳证据规则

最佳证据规则的最初含义是指对某一特定的案件事实只能采用最令人信服或最有说服力的方式证明,既适用于文书证据也适用于实物证据。随着历史的发展,今日的最佳证据规则仅适用于书证,是指文书原件的证明力原则上要大于复制件。《民诉法》第70条第1款规定,书证应当提交原件。物证应当提交原物。提交原件或者原物确有困难的,可以提交复制品、照片、副本、节录本,体现的就是最佳证据规则精神。但这并不是说复制件就绝对没有证明力,不能采纳。《证据规定》第70条规定,与书证原件核对无误的复印件、照片、副本、节录本可以认定。复制件一旦被采纳,就具有与原件同样的证明力。

3. 证明力大小规则

原则上,证据证明力的大小由法官依自由心证规则确定。但并不排除法律对某些特定情形下证据证明力的大小作出规定。《证据规定》第77条规定,人民法院就数个证据对同一事实的证明力,可以依照下列原则认定:(1)国家机关、社会团体依职权制作的公文书证的证明力一般大于其他书证;(2)物证、档案、鉴定结论、勘验笔录或者经过公证、登记的书证,其证明力一般大于其他书证、视听资料和证人证言;(3)原始证据的证明力一般大于传来证据;(4)直接证据的证明力一般大于间接证据;(5)证人提供的对与其有亲属或者其他密切关系的当事人有利的证言,其证明力一般小于其他证人证言。

4. 补强证据规则

补强规则,是指某一证据由于其本身在某些方面存有瑕疵或弱点,证明力较低,只有在其他证据的佐证补强下,才能作为定案根据的规则。换句话说就是,有待补强的证据在没有被补强之前,不能单独作为认定案件事实的依据。

《证据规定》第69条规定:下列证据不能单独作为认定案件事实的依据:(1)未成年人所作的与其年龄和智力状况不相当的证言;(2)与一方当事人或者其代理人有利害关系的证人出具的证言;(3)存有疑点的视听资料;(4)无法与原件、原物核对的复印件、复制品;(5)无正当理由未出庭作证的证人证言。

【经典司考题】

1. 原告诉请被告返还借款5万元,为证明这一事实,原告向法院提交了被告书写的"借据";被告则主张"借款已经清偿",并向法院出示了原告交给他的"收

据"。关于原、被告双方的证据,下列哪些选项是正确的?(2007-3-81)

A. "借据"是本证,"收据"是反证

B. "借据"是本证,"收据"也是本证

C. "借据"是直接证据,"收据"是间接证据

D. "借据"是直接证据,"收据"也是直接证据

考点:民事证据的理论分类

2. 关于证人的表述,下列哪一选项是正确的?(2008-3-45)

A. 王某是未成年人,因此,王某没有证人资格,不能作为证人

B. 原告如果要在诉讼中申请证人出庭作证,应当在举证期限届满前提出,并经法院许可

C. 甲公司的诉讼代理人乙律师是目击案件情况发生的人,对方当事人丙可以向法院申请乙作为证人出庭作证,如法院准许,则乙不得再作为甲公司的诉讼代理人

D. 李某在法庭上宣读未到庭的证人的书面证言,该书面证言能够代替证人出庭作证

考点:证人特点

3. 周某与某书店因十几本工具书损毁发生纠纷,书店向法院起诉,并向法院提交了被损毁图书以证明遭受的损失。关于本案被损毁图书,属于下列哪些类型的证据?(2010-3-83)

A. 直接证据　　B. 间接证据　　C. 书证　　D. 物证

考点:证据的理论分类和证据种类

4. 关于证据理论分类的表述,下列哪一选项是正确的?(2009-3-40)

A. 传来证据有可能是直接证据

B. 诉讼中原告提出的证据都是本证,被告提出的证据都是反证

C. 证人转述他人所见的案件事实都属于间接证据

D. 一个客观与合法的间接证据可以单独作为认定案件事实的依据

考点:民事证据学理上的分类

5. 根据证据理论和我国《民诉法》以及相关司法解释,关于证人证言,下列哪些选项是正确的?(2011-3-83)

A. 限制行为能力的未成年人可以附条件地作为证人

B. 证人因出庭作证而支出的合理费用,由提供证人的一方当事人承担

C. 证人在法院组织双方当事人交换证据时出席陈述证言的,可视为出庭作证

D. "未成年人所作的与其年龄和智力状况不相当的证言不能单独作为认定案件事实的依据",是关于证人证言证明力的规定

考点：证人证言的特点

6. 在一起侵权诉讼中，原告申请由其弟袁某（某大学计算机系教授）作为专家辅助人出庭对专业技术问题予以说明。下列哪一表述是正确的？（2014-3-38）

A. 被告以袁某是原告的近亲属为由申请其回避，法院应批准

B. 袁某在庭上的陈述是一种法定证据

C. 被告可对袁某进行询问

D. 袁某出庭的费用，由败诉方当事人承担

考点：专家辅助人

7. 甲公司诉乙公司专利侵权，乙公司是否侵权成为焦点。经法院委托，丙鉴定中心出具了鉴定意见书，认定侵权。乙公司提出异议，并申请某大学燕教授出庭说明专业意见。关于鉴定的说法，下列哪一选项是正确的？（2013-3-50）

A. 丙鉴定中心在鉴定过程中可以询问当事人

B. 丙鉴定中心应当派员出庭，但有正当理由不能出庭的除外

C. 如果燕教授出庭，其诉讼地位是鉴定人

D. 燕教授出庭费用由乙公司垫付，最终由败诉方承担

考点：鉴定人和专家辅助人

8. 张某驾车与李某发生碰撞，交警赶到现场后用数码相机拍摄了碰撞情况，后李某提起诉讼，要求张某赔偿损失，并向法院提交了一张光盘，内附交警拍摄的照片。该照片属于下列哪一种证据？（2014-3-48）

A. 书证　　　　B. 鉴定意见　　　C. 勘验笔录　　　D. 电子数据

考点：证据种类

第十二章　诉讼证明之其他要素

要点提示

- 证明对象之范围
- 我国采纳的证明标准
- 证明责任之分配
- 证据的保全、提交、质证与认证

第一节 证 明 对 象

一、民事诉讼证明对象的含义

民事诉讼证明对象亦称民事诉讼证明客体,是指对于解决当事人之间的纠纷具有法律上的意义,在民事诉讼过程中需要运用证据加以证明的事实。要成为民事诉讼的证明对象,需满足三个条件。(1)当事人之间对该事实存在分歧、存在争执。没有分歧,没有争执的话,也就不存在当事人说服法官的问题。不需要说服法官,就不存在证明,不存在证明,就不存在证明对象。比如根据民事诉讼中的辩论主义原则,对于当事人之间没有争议的自认的案件事实,法官必须作为裁判的依据。(2)该事实对民事纠纷的解决具有法律上的意义。对解决纠纷具有法律意义的事实是指在纠纷的解决过程中不可缺少的事实。鉴于生活事实很宽泛,其中只有部分对于纠纷的解决有实际意义,法律对于这些事实都会作出明确的规定。法律没有要求的事实就不是证明对象。比如,甲依据借款协议在一个下雨天把钱交付给乙。后乙到期不还钱,甲起诉。上述事实中借款协议、钱已交付给乙的事实对于纠纷的解决具有法律意义。交钱时天正下雨就没有法律意义,即使当事人之间对天是否下雨存在分歧也不是证明对象。(3)该事实不属于免证对象。对于解决民事纠纷具有法律意义的事实,只要当事人存在争议就需要加以证明的话,将会导致诉讼成本居高不下,诉讼效率也会低下。为此,有必要规定一些免证对象。对于免证对象,即使一方当事人存在异议,对方当事人也无需证明。

明确民事诉讼证明对象使当事人的收集证据、提供证据和人民法院的查证、质证和认证更具有针对性,防止诉讼拖延,节约司法资源。同时也使证明责任和证明标准制度有了坚实的基础。

二、证明对象的范围

(一)实体法要件事实

引发当事人之间实体权利义务争议的事实就是实体事实,也称法律要件事实。如无过错侵权时,侵害行为、损害结果和二者之间的因果关系就是法律要件事实。一方当事人主张的实体法要件事实为另一方当事人争执时,就成为了证明对象。这种事实是当事人主张实体权利的依据,是整个诉讼中最重要的证明对象。

(二)用来推导要件事实是否存在的间接事实

证明主要事实的事实称为间接事实。在某些情况下,要件事实本身难以直接证明,需要用间接事实来推导要件事实。当间接事实本身也需要证据证明时,其也就成了证明对象。如事实推定存在两个事实:基础事实和推定事实。基础事实是用来推导推定事实的,因而是间接事实。当基础事实需要证据证明时就是一个证明对象。

（三）程序性事实

程序性事实是指能够引起民事诉讼法律关系发生、变更或消灭的事实。其虽然不直接涉及当事人的实体权利,但会影响到诉讼活动的进行,甚至影响实体问题的解决。根据法院能否依职权认定程序性事实,可以将其分为两大类:一类是法院只能根据当事人提供的证据进行认定的程序性事实。如案件依法需经前置程序处理才能向法院起诉的,是否经过前置程序处理的事实;当事人之间是否签有仲裁协议的事实;是否存在需要先予执行的事实等。此类事实属于证明对象。一类是法院依职权可以认定的程序性事实。这类事实虽然也需要证据证明,但是由法院依职权收集证据,因此不是证明对象。如主管和管辖、回避、诉讼程序中止、终结,追加当事人等。

（四）证据事实

证据是否属于证明对象取决于对证据的认识。如果采"事实说"[①],证据当然不是证明对象。如果采"证明手段和定案依据"说,证据就是证明对象。这是因为在诉讼开始时,当事人提交给法院的证据材料是真伪混杂。是否具有证据能力、有无证明力以及证明力大小可能需要经过证明才能确定。就是证据材料被法官采纳为定案根据后,也有可能在再审中被新的证据推翻。此时,证据无疑是证明对象。

（五）外国法律和地方性法规

作为法律专家的法官应当知晓案件所适用的法律,即使不知,也可以依职权进行调查了解。因此,一般情况下,案件所适用的法律是否存在及其内容是什么,并不需要当事人加以证明。但对外国法律、地方性法规法官则未必了解,因此就需要当事人对此加以证明。

（六）特殊经验法则

经验法则,是指人们从生活经验中获知的有关事物因果关系或属性状态的知识。其分为一般经验法则和特殊经验法则。前者是指一般人都可以从日常生活经验中获知的有关事物因果关系或属性状态的知识。既然为一般人都知晓,就无须证明。特殊经验法则是指基于特定领域的经验或体验而获知的关事物因果关系或属性状态的知识。由于一般人并不知晓,因而需要证明。最高人民法院《证据规定》第 64 条规定:"审判人员应当依照法定程序,全面、客观地审核证据,依据法律的规定,遵循法官职业道德,运用逻辑推理和日常生活经验,对证据有无证明力和证明力大小独立进行判断,并公开判断的理由和结果。"该规定表明法官只可以采

[①] 所谓事实说,是指认为证据是用来证明案件真实情况的一切事实。这种观点曾在我国证据法学中长期占据统治地位。

用日常生活经验判断证据的证明力及其大小,因此只有日常生活经验无需证明,不包括特殊经验法则。

三、免证事实

免证事实是指对于解决纠纷具有法律上的意义,当事人之间即使存在争议,但绝对不要求或在一定条件下不要求当事人证明的事实。

根据我国《民诉法解释》第93条的规定,免证事实包括:(1)自然规律以及定理、定律;(2)众所周知的事实;(3)根据法律规定推定的事实;(4)根据已知的事实和日常生活经验法则推定出的另一事实;(5)已为人民法院发生法律效力的裁判所确认的事实;(6)已为仲裁机构生效裁决所确认的事实;(7)已为有效公证文书所证明的事实。根据以上免证事实是否可以永远不用证明,可以分为:绝对免证的事实和相对免证的事实。

(一)绝对免证的事实

自然规律及定理。所谓自然规律是指客观事物自身运动、变化和发展的内在必然联系。如树木长一年就增加一个年轮。所谓定理是指经证明具有正确性、可作为原则或规律的命题或公式。如几何定理。因为自然规律和定理已经为人们所认识并反复验证,所以无需加以证明。由于其不可能被反证加以推翻,因而是绝对免证。

(二)相对免证的事实

相对免证的事实是指如果不存在相反的证据对该事实进行反驳或者推翻,就不用证明,否则就需要证明的事实。具体包括:

1. 众所周知的事实

众所周知的事实,是指在一定时间内、一定范围内为审理案件的法官和一般社会公众所知晓的事实。如2008年四川发生大地震。既然法官已经知道,也就无需加以证明。但法官和特定范围内的社会公众都知道的事实并不一定都是真实的,当对方当事人提出相反的证据证明一方当事人主张的众所周知的事实不真实时,主张方当事人仍须举证证明。

2. 推定的事实

推定可以分为两类:事实推定和法律推定。所谓事实推定是指当两种事实之间存在一种或然关系时,而证据只能证明其中某一事实,无法证明另一事实时,法官发挥主观能动性对两种事实之间的或然关系作出选择,并以此选择作为推理前提进行推理,进而对另一事实予以认定的一种方法。[①]《民诉法解释》第93条规定的根据已知事实和日常生活经验法则所进行的推定指的就是事实推定。在事实推

---

① 参见王学棉:《事实推定:事实认定困境克服之手段》,载《清华法学》2009年第4期。

定中,只有基础事实是证明对象,推定事实不是。

事实推定包括以下要素:第一,两个事实:能为证据直接证明的基础事实和从基础事实中推导出来的推定事实。第二,这两个事实之间存在一种或然联系。因为这两个事实之间如果存在必然联系的话,就无需法官发挥主观能动性去人为构建推理前提,直接进行推理即可。第三,鉴于基础事实存在时,推定事实有可能存在也有可能不存在,因此,需要法官发挥主观能动性,依据经验法则选择或然联系中的常态联系作为推理前提。第四,以所选择的常态联系作为推理前提进行推理,推导出要件事实。由于事实推定建立在高度盖然性的基础上,当有相反证据推翻推定事实时,推定事实将重新成为证明对象。

法律上的推定又分为两类:法律上的事实推定和法律上的权利推定。所谓法律上的事实推定是指当法律规定的某一基础事实存在时,可以直接根据该事实认定推定事实存在与否。由于法律上的事实推定对基础事实与推定事实之间的联系作出了选择,如果法律没有规定允许反证的话,就属于绝对免证的事实。实体法和程序法都规定有法律上的推定。前者如《著作权法》第11条:"如无相反证明,在作品上署名的公民、法人或者其他组织为作者。"后者如《证据规定》第75条规定:"有证据证明一方当事人持有证据无正当理由拒不提供,如果对方当事人主张该证据的内容不利于证据持有人,可以推定该主张成立。"这两个规定显然都可以通过反证推翻。因此,属于相对免证的事实。

所谓法律上的权利推定,是指法律对某种权利或法律关系是否存在直接予以推论的情形。如《德国民法典》第891条规定:"在土地登记簿中为了某人登记一项权利的,应推定此人享有该项权利。"但法律上的权利推定并不属于免证事实,因为能作为证明对象的必须是事实,而不是权利。

3. 已为人民法院发生法律效力的裁判所确认的事实

已为人民法院发生法律效力的裁判所确认的事实也称预决事实。其他案件中的预决事实对民事案件是否具有预决效力,需具体情况具体分析。一般认为,民事、行政诉讼中的预决事实对于后续的民事诉讼具有预决的效力。当前后两诉的当事人相同时,因为当事人参加了前诉,对前诉中的案件事实进行攻击防御,前诉中的预决事实对后诉有约束力符合程序正义,并无不公平之处。但是当一方当事人没有参加前诉时,若要其受前诉中认定的对其不利的事实之约束,则不符合程序正义的要求,故应允许其提供证据进行反驳。若其主张前诉中对其有利的事实认定,因另一方面当事人参加了前诉,享受了程序正义,无需再给予其反驳机会。因此,《环境民事公益诉讼解释》第30条第1款规定,已为环境民事公益诉讼生效裁判认定的事实,因同一污染环境、破坏生态行为依据《民诉法》第119条规定提起诉讼的原告、被告均无需举证证明,但原告对该事实有异议并有相反证据足以推翻的除外。

刑事诉讼分为有罪判决和无罪判决两种。有罪判决中认定的案件对后续的民事诉讼具有预决的效力。无罪判决中认定的事实对民事诉讼不具有预决的效力。这是因为刑事诉讼适用的证明标准高于民事诉讼所致。达不到刑事诉讼排除合理怀疑的证明标准就只能认定被告人不构成犯罪。但相同的证据有可能达到民事诉讼的证明标准,刑事诉讼中没有认定的事实在民事诉讼中却可以认定。

4. 已为仲裁机构的生效裁决所确认的事实

仲裁机构的生效裁决与法院生效裁判具有同样的法律效力,因此,已为仲裁机构生效裁决确认的事实对民事诉讼中的待证事实具有预决效力。

5. 已为有效公证文书所证明的事实

公证文书是公证机关依照法定程序对有关法律行为的合法性、法律事实以及文书的真实性加以证明的法律文书。《民诉法》第69条规定:"经过法定程序公证证明的法律行为、法律事实和文书,人民法院应当作为认定事实的根据。但有相反证据足以推翻公证证明的除外。"

6. 诉讼上自认的事实

自认,是指一方当事人对另一方当事人主张的于己不利的要件事实予以承认。当事人所承认的事实就是自认的事实。根据自认的场合,自认可以分为诉讼上的自认和诉讼外的自认。最高人民法院《证据规定》第8条规定的就是诉讼上的自认。诉讼上的自认是指在诉讼中,一方当事人对另一方当事人主张的于己不利的要件事实予以认可,从而产生相应法律后果的行为。

构成诉讼上的自认,需满足以下条件:

(1) 自认的时间。自认必须在诉讼过程中做出。诉讼过程是指从起诉开始到法庭辩论结束。因此,当事人在起诉状、答辩状、陈述及其委托代理人的代理词中承认的对己方不利的事实都属于自认,但当事人反悔并有相反证据足以推翻的除外。

(2) 自认的对象。自认的对象仅限于对己不利的要件事实。法律法规、经验法则、诉讼请求、证据、涉及身份关系的案件事实都不是自认的对象。对诉讼请求的承认在诉讼理论上称为认诺。承认诉讼请求虽然也会导致无需对诉讼请求成立所需要的要件事实进行证明,但二者的差异非常明显。自认并不一定会导致对方的诉讼请求一定成立。但承认对方的诉讼请求则一定会导致自己败诉。自认制度的主要根据是辩论主义,对于实行职权探知主义的事实不适用自认。因此,《民诉法解释》第92条第2款规定,对于涉及身份关系、国家利益、社会公共利益等应当由人民法院依职权调查的事实,不适用前款自认的规定。

(3) 自认的形式。《证据规定》规定了两种自认形式:明示和默示。明示的自认是指当事人以口头或书面形式作出的自认。在起诉状、答辩状、代理词或庭审中作出的自认即属于此种。这是最主要的自认方式。默示的自认是指当事人对于对方主张于己不利的事实保持沉默,不加争辩,经法官询问后仍保持沉默的话,就视为自认该于己不利的事实。《证据规定》第 8 条规定:"对一方当事人陈述的事实,另一方当事人既未表示承认也未否认,经审判人员充分说明并询问后,其仍不明确表示肯定或者否定的,视为对该项事实的承认。"

(4) 自认的主体。当事人除自己进行自认外,还可以通过诉讼代理人进行自认。获得一般授权的诉讼代理人可以对不会导致承认对方诉讼请求的事实进行自认。如在还款诉讼中,仅获得被告一般授权的委托代理人自认原、被告之间存在借贷合同即是。因为承认存在借贷合同并不一定会导致被告要还款。有可能原告在借贷合同成立后并没有交付借款给被告。会导致承认对方诉讼请求的事实只能由经过特别授权的代理人进行自认。当事人在场但对其代理人的承认不作否认表示的,视为当事人的承认。

诉讼上自认的效力。对于自认方而言,效力在于免除了对方当事人对该事实的证明义务。承认方当事人要受自己承认行为的约束,自认一经作出非依法定原因不得撤回。对于法院而言,法院应当以当事人自认的事实作为裁判的依据。这种约束力不仅表现在一审中,也表现在二审中,二审法院仍然应当以一审中当事人自认的事实为作为裁判依据。自认有利于提供诉讼效率,但不能以损害公平为代价,因此当事人的自认对法院的约束力不是绝对的。根据《民诉法解释》第 92 条规定,对于涉及身份关系、国家利益、社会公共利益等应当由人民法院依职权调查的事实,不适用前款自认的规定。自认的事实与查明的事实不符的,人民法院也不受其约束。

诉讼上自认的撤回。通常情况下,自认一经作出是不允许撤回的。这是诉讼上禁反言规则的体现。但对于一些特殊情形,如不允许当事人撤回自认,则不甚合理。根据《证据规定》第 8 条的规定,以下情形允许撤回自认:作出自认的当事人在法庭辩论终结以前撤回承认,对方当事人同意的;有充分的证据证明自认行为是在受胁迫下作出的且与事实不符;自认是在重大误解情况下作出的且与事实不符。自认撤回后,对方当事人的举证责任自行恢复。

第二节 证 明 标 准

一、证明标准概述

所谓证明标准,又称证明尺度、证明度,是指当事人为说服裁判者相信其主张,对其主张形成心证而必须达到的最低证明程度。所谓最低证明程度是指当事人的证明只有在达到了该程度之后,裁判者才可以认定该方当事人的主张。如果当事人的证明超过该程度,其对该当事人有利无害,因而也无需禁止,即所谓的可以过之,但不可不及。①

证明标准具有无形性、客观性、法律性、模糊性、最低性等特征。② 无形性是指证明标准无形地存在于诉讼之中,它看不见,摸不着,人们虽然可以感觉它、分析它、研究它、根据司法实践的经验和不同诉讼的性质从理论上描述它,但无论如何都无法将其有形化,它存在于法官、陪审员、检察官、律师的心中,靠标准的适用者用心智去把握,靠法律职业共同体的从业人员所形成的共识来维系。

客观性是指证明标准的形成与存在有其客观基础。它一方面来源于人们对诉讼活动中证明规律的认识。诉讼中的证明是当事人通过证据来说服法官相信自己所主张的案件事实为真的活动。说服活动肯定有一个程度问题。在此程度之上,就能说服他人;在此程度之下,则无法说服他人。另一方面证明标准来源于审判实践,是依据审判实践经验形成的。诉讼活动是最具有实践性的活动,法官在日常的审判活动中,积累了大量的关于证明标准的经验,并从这些经验中归纳、抽象出关于证明标准的知识。全体法官从审判活动中获得的关于证明标准的共同经验知识已不再是主观的产物,而是具有坚实客观基础的知识。

法定性是指证明标准须由法律直接加以规定。关于证明标准的立法体例,大致有两种情形。大陆法系国家实行自由心证原则,证明标准属于对证据自由评价的范畴,因而在诉讼法中并不对证明标准作出原则性规定,而把这一问题留给判例和学说来解决。不过,大陆法系国家的实体法和程序法中常常就一些具体事实的证明设定标准。例如,在德国民法典和其他民事实体法、德国民事诉讼法中,就有这样的规定,如《德国民法典》中用"可期待的盖然性"、"如果有证据表明"、"重大疑问",《联邦救济法》中用"大概"、"如果有可采纳的理由"、"可能性高"等表明证明标准。这些规定往往具体化了诉讼中的原则性证明标准。③ 另一种情形是在法律中直接规定原则的证明标准,如 1995 年澳大利亚《联邦证据法》第 140 条和第 141 条分别规定了民事诉讼和刑事诉讼的证明标准,前者为"或然性权衡(balance of probabilities),证明案件达到或然性权衡时,法院应裁判当事人的案件已得到了证明;后者为"按情理无可置疑的证明(beyond reasonable doubt),证明起诉按情理无可置疑的,法院才得确认对被告的起诉成立。④ 我国《证据规定》第 73 条要求法官在一方提供证据的证明力明显大于另一方证据的证明力时,应对证明力较大的证据予以确认。这一规定表明我国对证明标准采纳的是法律直接予以规定的方式。

模糊性是指证明标准无论用什么措词来表达,也无论如何进行解释,都无法达

---

① 参见王学棉:《证明标准研究——以民事诉讼为中心》,人民法院出版社 2007 年版,第 41 页。
② 参见李浩:《证明标准新探》,载《中国法学》2002 年第 4 期。
③ 参见〔德〕汉斯·普维庭:《现代证明责任问题》,吴越译,法律出版社 2000 年版,第 119—125 页。
④ 参见何家弘、张卫平主编:《外国证据法选译》(上卷),人民法院出版社 2000 年版,第 276 页以下。

到完全清晰、精确、明了的程度。它不可能像天平和尺子那样提供精确的度量标准。模糊性是人类认识活动中特有的一种状态,它普遍存在于人类的认识活动中,并非证明标准所独有,只是证明标准的模糊性表现得较为突出而已。

最低性是指证明标准系法官在诉讼中认定事实的底线。若一方证据的证明力达到或高出这条底线,即便还未形成百分之百的确信,就可以认定负举证方当事人所主张事实为真实。如果远低于这一底线,就认为举证方主张的事实不存在。如果双方证据的证明力势均力敌,事实就陷入真伪不明状态。

证明标准的作用在于:对当事人来讲,证明标准有助于承担证明责任的当事人判断需收集多少证据才能起诉,有助于预测自己胜诉的几率,有助于判断应将证明进行到什么程度。对于相对方而言,有助于了解何时该提出反证,即当本证方的证明达到证明标准时应提出反证,以避免反证的盲目性。对于法官而言,证明标准有助于正确判断待证事实是否得到证明还是处于真伪不明的状态,并进而决定是否要求当事人进一步补充证据或主动调查收集证据。

二、民事诉讼证明标准论争

关于我国民事诉讼应当采纳什么样的证明标准,主要有以下三种观点:

(一) 客观真实证明标准

在2001年《证据规定》颁布之前,"客观真实证明标准"是我国证据理论中的主流观点。这种观点认为,无论是民事诉讼还是刑事诉讼,都要求查明案件客观真实。法院在认定案件事实时,要达到"事实清楚,证据确实充分"的程度。因此,当事人对案件事实的证明也应当满足这一要求。所谓"确实充分"既包括对案件证据质的要求,也包括对案件证据量的要求,其标志是:(1) 据以定案的证据均已查证属实;(2) 案件事实均有必要的证据加以证明;(3) 证据之间、证据与案件事实之间的矛盾得到合理排除;(4) 得出的结论是唯一的,排除了其他的可能性。[①] 由于这一证明标准被适用于民事、刑事、行政诉讼,因此也称为"一元制证明标准"。

"客观真实说"后来不断受到质疑。质疑者认为:(1) 民事诉讼与刑事诉讼不应当采用相同的证明标准,而应采用不同的证明标准。诉讼性质上的重大区别是实行差别证明要求的理论依据。刑事诉讼要解决的问题是被告人的行为是否构成犯罪和是否应受到刑事处罚的问题。惩罚犯罪分子与保障无罪的人不受刑事追究在诉讼中同等重要。一旦认定被告有罪并处以刑罚,就会给他带来极其严重的后果,被告人的人身自由会受到限制或被剥夺,其财产可能会被没收,政治权利也可能会丧失,有的甚至会被剥夺生命。民事诉讼主要是为了解决当事人之间发生的民事权利义务争议,处理婚姻、继承、合同、侵权赔偿等纠纷。民事责任主要是财产

---

① 参见王圣扬:《论诉讼证明标准的二元制》,载《中国法学》1999年第3期。

责任。①(2)一味追求过高的证明标准会导致诉讼效益的低下,产生的后果是审判期限的不断延长。② (3)已经发生的案件事实在客观上留下的各种物质、痕迹,包括通过经历者感官所形成的某些感知、印象,为恢复并再现原来的事实过程的主要内容提供了事实材料和根据,但是时间的不可逆性决定了任何案件事实都无法原封不动的恢复到原始状态。③ 由于客观真实说存在难以克服的内在矛盾,如今已被抛弃。

(二)法律真实证明标准

法律真实证明标准认为应将法律真实作为民、刑事案件的证明标准。法律真实是指公、检、法机关在诉讼证明过程中,对案件事实的认定应当符合实体法和程序法的规定,应当达到从法律的角度可以认定为真实的程度。无论是民事诉讼还是刑事诉讼,对证据的收集与审查判断,最终的价值目标,都要实现民、刑事实体法所规定的构成要件,才算完成了证明任务。④

部分学者认为我国应当采纳法律真实证明标准的主要理由是:

(1)法官的主观判断对案件事实形成的最终结果具有决定性意义。在诉讼过程中所呈现的冲突事实,实际上不过是法官凭借相关证据材料所形成的主体性认识。再现案件事实的真实程度,取决于法官这种主体性认识与证据本身的感触和理解上的准确性、合理性。案件事实的最终确定是法官源自于证据而形成的法律真实。

(2)通过审查判断证据借以发现案件真实的真相是一个程序的过程,程序的正当性对诉讼的结果具有决定性意义。依照程序公正要求,诉讼中所再现的冲突事实必须符合法律的形式规定,并且受制于法律的评价。在此基础上所认定的法律上"真实"的事实,才是程序公正所依赖的冲突事实。

(3)诉讼中案件事实的形成要受到法律的规制。在此场景下,再现于法庭上的只是那些具有特定法律意义的冲突过程中的部分事实,而绝非一切客观事实。

(4)由于民事权利属于私权性质,国家不加任意干预,由此而导致在证据法中包括举证责任在内的功能运作决定取决于当事人私力救济的能力。在实际中,当事人的证明能力受制于多种客观条件和因素的限制,一旦发生其证明能力与法律上应负的证明责任之间的失落,即便为其主张的事实确属客观存在,但不为法官所认可。可见,程序上的正当无法保证事实上的绝对公正。⑤

由于法律真实证明标准并没有揭示证明应当达到的具体程度,对法律真实的

---

① 参见李浩:《差别证明要求和优势证据证明要求》,载《法学研究》1995年第5期。
② 参见陈响荣等:《诉讼效益与证明要求》,载《法学研究》1995年第5期。
③ 参见毕玉谦:《民事证据法及其程序功能》,法律出版社1997年版,第72—73页。
④ 参见韩象乾:《民、刑事诉讼比较论》,载《政法论坛》1996年第2期。
⑤ 参见毕玉谦:《民事证据法及其程序功能》,法律出版社1997年版,第76至78页。

理解存在含混,采用法律真实会重现一元制证明标准局面等缺陷①,现也被抛弃。

(三)高度盖然性证明标准

盖然性,也称或然性、概然性,是指当事人主张的案件事实与客观案件事实之间所存在的吻合可能性。② 这种可能性可以分为低盖然性、较高盖然性和高度盖然性。低盖然性无法使法官对当事人主张的案件事实形成确信。较高盖然性是指当事人的证明已经达到了使法官确信所主张的事实有较大可能性的程度。高度盖然性是指一项事实的主张具备非常大的可能性,一个理性的人不再怀疑或者其他的可能性都被排除了,这种情况足以形成法官的心证。高度盖然性证明标准适用于民事诉讼的一般情形,即一般情形下应当满足高度盖然性的要求,但在个别情形下,对于举证特别困难的案件,为减轻当事人的举证负担,有利于权利维护,仅要求较高的盖然性即可。

刑事诉讼的证明标准与民事诉讼有所不同,刑事诉讼的证明标准一般要求达到"排除一切合理怀疑"的程度。刑事诉讼的证明标准要高于民事诉讼是由于两种诉讼不同的性质决定的。民事诉讼中,证据一般由当事人自己收集,如果民事诉讼也要求很高的证明标准这会使民事权利很难得以维护和实现,且民事诉讼涉及的一般是财产权利,不同于涉及人身权利的刑事案件。

大陆法系和英美法系的证明标准都建立在盖然性的基础上。高度盖然性是大陆法系民事诉讼证明标准。因为大陆法系明确规定证据判断的原则是自由心证原则,按照自由心证原则,法官对证明的接纳应当是当事人的证明使其达到内心确信。因此,证明标准与法官内心确信的形成或固定有直接关系。当事人的证明只有达到使法官能对待证事实的认定形成"内心确信"时,证明就是成功的。1885年德国帝国法院指出:"由于人们的认识方法受到若干限制,无法就要件事实获得确实真实的认识。因此,若以彻底的良心尽其所能利用实际生活中现有的认识方法已获得高度盖然性时,即视为真实。将这样获得的高度盖然性称之为获得了真实的确信就是十分妥当的。"③在日本,凡是作为判决基础的有关案件实体的事实都必须达到"接近真实的高度盖然性"或者"由充分的证据所支持的法官内心确信"。所谓"接近真实的高度盖然性"这一表达来自德国法的判例和学说,可以说这是日本民事诉讼制度继受大陆法系德国法传统的一个重要内容。④

英美法系民事诉讼证明标准大致可以分为两大类:一般证明标准与例外证明标准。英美法系学者用来描述一般民事诉讼证明标准的术语比较多,常见的术语

---

① 参见王学棉:《证明标准研究—以民事诉讼为中心》,人民法院出版社2007年版,第220—223页。
② 参见同上书,第117页。
③ Entscheidungen des Reichsgerichts in Zivilsachen (RGZ) 95, S. 294 = Juristche Wochenschrift (JW)1919, S. 572。转引自雷万来:《民事证据法论》,台湾瑞兴图书股份有限公司1997年版,第88页。
④ 参见王亚新著:《对抗与判定》,清华大学出版社2002年版,第214页。

有:盖然性占优(preponderance of probability)、盖然性权衡(proof on a balance of probabilities)、证据优势(preponderance of evidence)等。这三个概念虽然字面不同,但它们表达的意思都是一个:原告无需将其案件证明至非常可能的境地,只需将其证明至存在的可能性大于不存在的可能性即可。①

美国模范证据起草委员会摩根教授对上述概念的解释是:"凡于特定之存在有说服负担之当事人,必须以证据之优势确立其存在。法官通常解释说所谓证据之优势与证人之多寡或证据的数量无关,证据之优势乃在使人信服的力量。有时并建议陪审团,其心如秤,以双方当事人之证据置于其左右之秤盘,并从而权衡何者有较大的重量。"②按照我国台湾学者李学灯先生的理解:"所谓证据之优势,亦即为盖然性之优势。所谓优势,依法院之意见,须使审理事实之人真正置信于事实之真实,亦即高度的盖然性。"③

三、我国立法规定的民事诉讼证明标准

盖然性可以分为排除合理怀疑的盖然性、高度盖然性、中度盖然性和低度盖然性。我国立法对民事诉讼证明标准采纳的是多元化模式,即针对不同的证明方式和证明对象确立不同的证明标准。

诉讼中对同一对象的证明可以分为本证和反证。本证由负有证明责任的人来承担。反证由不承担证明责任的人来承担。本证和反证都需要根据证明标准来判断是否已达到最低限度,是否可以解除证明负担。本证的目的是必须让人信服,只有被证明的对象达到高度盖然性时,才能让人相信。反证则不一样,如能达到高度盖然性,当然能让人不相信;如能让证明对象陷入证伪不明,也能达到让人不相信之目的。因此,本证与反证需要达到的证明标准是不一样的。本证应适用高度盖然性证明标准,反证应适用中度盖然性的证明标准。根据我国《民诉法解释》第108条规定,对负有举证证明责任的当事人提供的证据,人民法院经审查并结合相关事实,确信待证事实的存在具有高度可能性的,应当认定该事实存在。对一方当事人为反驳负有举证证明责任的当事人所主张事实而提供的证据,人民法院经审查并结合相关事实,认为待证事实真伪不明的,应当认定该事实不存在。

民事诉讼虽然仅涉及财产,不涉及人的生命,但有些事实对当事人的影响仍然很重大,如欺诈、胁迫、恶意串通等。很多实体法都规定了这些事实属于证明对象,如我国《合同法》第52条规定,一方以欺诈、胁迫的手段订立合同,损害国家利益的

---

① Mike Redmayne, standards of proof in civil litigation, *The Modern Law Review*, Vol. 62, No. 2, March 1999, p. 168.
② 〔美〕摩根:《证据法之基本问题》,李学灯译,台湾世界书局1982年版,第48—49页。
③ 李学灯著:《证据法比较研究》,台湾五南图书公司1992年版,第393页。

合同无效;恶意串通,损害国家、集体或者第三人利益的合同无效。我国《消费者权益保护法》第 55 条规定,经营者提供商品或者服务有欺诈行为的,应当按照消费者的要求增加赔偿其受到的损失,增加赔偿的金额为消费者购买商品的价款或者接受服务的费用的 3 倍;增加赔偿的金额不足 500 元的,为 500 元。法律另有规定的,依照其规定。对这些事实的证明一旦出错不但会导致对当事人的社会评价降低、名誉受损,还有可能给当事人带来严重的经济损失。因此对于这些事实应当适用排除合理怀疑的证明标准。

另外一些事实如口头遗嘱和赠与,属于没有对价的民事法律行为,如果采高度盖然性证明标准的话,取得财产的一方可以较轻松地获得财产。一旦出错的话,对于立遗嘱方和赠与方将造成严重损失,因此也应当适用排除合理怀疑的证明标准。

基于此,我国《民诉法解释》第 109 条规定,当事人对欺诈、胁迫、恶意串通事实的证明,以及对口头遗嘱或者赠与事实的证明,人民法院确信该待证事实存在的可能性能够排除合理怀疑的,应当认定该事实存在。

第三节 证明责任

一、证明责任的含义

证明责任,又称举证责任,具有双重含义。其一是指主观上的举证责任,也称行为意义上的举证责任、形式上的举证责任、证据提出责任,是指当事人在诉讼中为了避免败诉的危险,向法院提出证据证明其主张的一种行为责任。我国《民诉法解释》第 90 条第 1 款规定:"当事人对自己提出的诉讼请求所依据的事实或者反驳对方诉讼请求所依据的事实,应当提供证据加以证明,但法律另有规定的除外",指的就是行为责任。其二是指客观的证明责任,也称实质的证明责任、结果意义上的证明责任,是指当法庭辩论结束后,作为裁判基础的法律要件事实处于真伪不明的状态,一方当事人需要承担败诉后果。

在证明责任的双重含义中,客观证明责任才是证明责任的核心。这是因为法官在裁判案件时,首先应确定作为裁判基础的事实是否存在,然后适用相应的法律作出裁判。但有时由于当事人所提供证据的证明力势均力敌,导致无法认定当事人所主张的要件事实是否存在,即案件事实陷入真伪不明状态。在这种情况下,由于法官不能拒绝裁判,在此情形下裁判的依据就是客观证明责任。因此客观证明责任的主要作用就在于当要件事实陷入真伪不明时指导法官如何作出裁判。我国《民诉法解释》第 90 条第 2 款"在作出判决前,当事人未能提供证据或者证据不足以证明其事实主张的,由负有举证证明责任的当事人承担不利的后果"的规定,指的就是客观的证明责任。

主观上的证明责任与客观的证明责任的区别是：

（1）性质不同。前者名为一种行为责任，实为权利。当事人提出证据对自己的主张加以证明是当事人的一项权利，即使当事人对特定要件事实不承担证明责任，当事人也可以对该特定的要件事实提出证据加以证明。后者是一种不利后果，是一种结果责任。当条件成就时承担该责任的当事人肯定败诉。

（2）发生的前提不同。前者的前提是当事人向法院提出了各种主张，对这些主张当事人有权提供证据进行证明。后者的基础是作为裁判基础的要件事实陷入真伪不明，即法官既不能确信待证事实存在，也不能确信待证事实不存在。

（3）针对的对象不同。前者针对的是当事人提出的各种主张，包括主要事实、间接事实和辅助事实。后者针对的是作为裁判依据的主要事实，不涉及间接事实和辅助事实。尽管间接事实和辅助事实也存在真伪不明的问题，但对间接事实和辅助事实不适用证明责任，因为主要事实的真伪不明吸收了间接事实和辅助事实的真伪不明。

（4）能否由法院协助不同。前者可以由法院协助，当事人因客观原因不能收集提交证据时，可以申请法院取证。后者则不能由法院协助承担，只能由当事人承担。

（5）能否在当事人之间移转不同。前者在诉讼过程中会在当事人之间发生移转，即双方当事人都有可能承担，一方当事人提供证据完毕后，改由另一方当事人提供证据。后者是一种固化的责任，在诉讼过程中不会在当事人之间来回移转，只能由一方当事人承担。

（6）能否由法律预先对承担者作出规定不同。法律不能对前者的承担者预先作出规定，后者的承担者则需要法律预先作出规定。

主观上的证明责任与客观的证明责任的联系是：

（1）后者是前者存在的原因，即承担客观证明责任的人总要承担主观的证明责任。

（2）主观的证明责任对客观证明责任的承担会产生影响。比如不负客观证明责任的当事人提供的证据如果让要件事实陷入真伪不明，对方当事人就要承担客观的证明责任。

如无特别说明，本书中的证明责任指的是客观证明责任。

二、证明责任的分配

（一）证明责任分配的含义

所谓证明责任的分配，是指依照法律规定或者法官按照一定规范或标准，将要件事实真伪不明时所要承担的不利后果在双方当事人之间进行划分。当作为裁判基础的要件事实处于真伪不明时，必须得有一方当事人来承担此不利后果，由哪一方当事人来承担这一后果就是证明责任分配所要解决的问题。

(二) 国外证明责任分配理论[①]

自古至今,大陆法系证明责任分配理论学说层出不穷。各种学说大致可以分为三大类,一类是待证事实分类说,它是法律要件分类说问世之前各种学说的统称。该类学说的共同特点是以待证事实的性质作为证明责任的分配标准。这类学说依据不同的标准对待证事实进行分类,如有的将其划分为外界事实和内界事实,有的划分为积极事实和消极事实。然后根据待证事实的性质将证明责任分配给特定的当事人。例如消极事实说和外界事实说即是。根据消极事实说,主张消极事实者不承担证明责任。根据外界事实说,则主张外界事实者不承担证明责任。但由于外界事实和内界事实、积极事实和消极事实不存在泾渭分明的界限,仅仅因为表达方式的变化就可以改变待证事实的性质,如"不在某地"应当属于消极性事实,主张者不承担证明责任。如主张"在甲地",则属于积极性事实,应当承担证明责任。同一事实仅仅因为表达方式不同,证明责任的分配就会改变,显然不符合法律的可预见性和稳定性,该标准因而被放弃。

第二类是法律要件分类说。该类学说完全有别于待证事实分类说,它不是从待证事实的性质出发,而是从法律规范中蕴含的构成要件出发,以各种构成要件导致的法律后果为标准对其进行分类,然后将与这些规范相对应事实的证明责任分配给不同的当事人。由于各自的划分标准不同,对法律要件划分后的结果也就各不相同,因此形成了各种不同学说。其中具有代表性的有因果关系说、通常事实说(或称通常发生事实说)、最低限度事实说、特别要件说、规范说等。其中最重要的,已成为大陆法系国家通说的是规范说。

规范说由德国学者罗森贝克(Rosenberg)提出。他的分配理论建立在纯粹的实体法规结构的分析之上。他将所有的实体规范分为彼此对立的两大类:一类是权利产生规范。另一类是权利对立规范。对后者又将其分为三种:权利妨碍规范、权利消灭规范和权利制约规范。能够发生一定权利的规范就是权利发生规范。如我国《合同法》第65条:"当事人约定由第三人向债权人履行债务的,第三人不履行债务或者履行债务不符合约定,债务人应当向债权人承担违约责任。"权利妨碍规范是指在权利发生之时,对权利的发生进行阻碍使其不能发生的规范。如我国《合同法》第52条规定:"有下列情形之一的,合同无效:(一)一方以欺诈、胁迫的手段订立合同,损害国家利益;(二)恶意串通,损害国家、集体或者第三人利益;(三)以合法形式掩盖非法目的;(四)损害社会公共利益;(五)违反法律、行政法规的强制性规定。"权利消灭规范是指权利发生之后,使已经存在的权利归于消灭的规范。

---

① 关于各种证明责任分配学说的详细介绍以及具体演进过程,可参见陈刚:《证明责任法研究》,中国人民大学出版社2000年版;李浩:《民事证明责任研究》,法律出版社2003年版;毕玉谦:《民事证明责任研究》,法律出版社2007年版。

如我国《合同法》第91条规定:"有下列情形之一的,合同的权利义务终止:(一)债务已经按照约定履行;(二)合同解除;(三)债务相互抵销;(四)债务人依法将标的物提存;(五)债权人免除债务;(六)债权债务同归于一人;(七)法律规定或者当事人约定终止的其他情形。"权利制约规范是指在权利发生之后准备行使之时,对该权利具有遏制和排除效力,使其不能行使的法律规范。如果我国《合同法》第75条规定:"撤销权自债权人知道或者应当知道撤销事由之日起1年内行使。自债务人的行为发生之日起5年内没有行使撤销权的,该撤销权消灭。"

基于此,罗氏认为:(1)主张权利存在的人,应就权利产生所需要的法律要件事实承担证明责任。例如,依据过错原则主张损害赔偿请求权的人,必须就损害赔偿请求权需要的法律要件承担证明责任。这些要件是:① 损害事实的存在;② 加害人有主观上的过错;③ 损害事实与行为人的行为有因果关系;④ 加害人实施了加害行为。如果这些要件中的某一个或多个陷入真伪不明,赔偿请求权人就要承担不利后果,不能适用关于损害赔偿的法律规范,请求权也就不能成立。(2)否认权利存在的人,应就权利妨碍、权利消灭或权利制约所需要的法律要件事实承担证明责任。

规范说因其预见性强,便于理解和操作,逐渐成为通说。

第三类是"规范修正说"与"规范否定说"。"规范修正说"是针对罗森贝克的规范说存在的一些缺陷,为完善规范说而提出的学说。比如在规范说中的四类规范中,权利发生规范与权利妨碍规范就不容易区分。因为二者同时存在,而且权利妨碍事实的不存在就属于权利发生事实的一种。规范说过于注重法条的结构形式,并不考虑当事人证据收集的难易,不利于实现实质公平。规范说也无法对付今日出现的一些特殊纠纷,如公害纠纷、产品责任纠纷、医疗事故纠纷等。典型代表就是"危险领域说"。

"危险领域说"并不主张重新设立一个全新的证明责任分配标准,而是主张在一定的民事诉讼领域,尤其是积极性债权侵害与侵权损害赔偿诉讼中,应当以危险领域作为证明责任的分配标准,以修正规范说的不足。根据该学说,当损害原因处于债务人或加害方控制的危险领域时,由请求人相对方的债务人或加害人对故意、过失或因果关系的不存在承担证明责任。如果以规范说作为参照物的话,"危险领域说"将证明责任的承担者由请求人"倒置"为其相对人。

"规范否定说"则是全面否定规范说,提出各种完全不同于规范说的新的分配标准。如盖然性说、损害归属说、利益衡量说等。盖然性说主张以待证事实发生的盖然性高低作为分配标准。如果某事实的发生率高,则主张该事实的当事人不承担证明责任,而由对方当事人承担证明责任。损害归属说主张以实体法确定的责任归属或损害归属作为分配标准,即通过对实体法各条文进行对比、分析,寻找出实体法关于某一问题的损害归属原则,然后由依实体法应当承担责任的人承担证明责任。利益衡量说则主张以举证的难易、与证据的距离、诚实信用三个因素作为分配证明责任的标准。规范否定说因其提出的分配标准不具有确定性,无法预测,且其中的合理因素已为规范说吸收,因而无法成为通说。

(三) 我国的证明责任分配标准

我国《民诉法》第 64 条第 1 款规定:"当事人对自己提出的主张,有责任提供证据。"学界一度将该规定概括为"谁主张,谁举证",并认为这就是我国立法对证明责任的分配原则。按照今日证明责任是一种结果责任的理解,"谁主张,谁举证"并没有涉及不利结果、败诉风险的负担问题,指的是行为责任,并非证明责任的分配标准。此外,由于主张可以分为肯定的主张和否定的主张,同一法律要件事实完全可能因为当事人的角度不同同时属于肯定的主张和否定的主张。比如原告主张被告没有归还拖欠的货款,就属于否定的主张;被告则主张已经归还拖欠的货款就属于肯定的主张。当货款是否归还陷入真伪不明时,依据"谁主张,谁举证"就会出现双方当事人都需要承担证明责任。但这显然与证明责任只能由一方当事人承担的规定不合。

为弥补《民诉法》在证明责任分配方面存在的缺陷,《民诉法解释》第 91 条对证明责任的分配作了一般性的规定。此外,《侵权责任法》第 66 条、第 71 条、第 73 条、第 78 条、第 85 条;《合同法》第 152 条、第 231 条;《专利法》第 57 条第 2 款;《著作权法》第 52 条;《海商法》第 52 条、第 59 条等实体法也对证明责任作有规定。这样,我国初步形成了证明责任分配的规则体系。这一体系主要以罗森贝克的规范说作为基本分配准则,并适当借鉴了危险领域说等证明责任分配学说。

1. 证明责任分配的基本准则:规范说

《民诉法解释》第 91 条就是对规范说的直接体现。该条规定:主张法律关系存在的当事人,应当对产生该法律关系的基本事实承担举证证明责任;主张法律关系变更、消灭或者权利受到妨害的当事人,应当对该法律关系变更、消灭或者权利受到妨害的基本事实承担举证证明责任。《证据规定》第 5 条和第 6 条以及第 4 条中的部分规定是规范说分配原则在具体诉讼领域的体现。第 4 条是对几类特殊的侵权纠纷案件中某些法律要件事实根据规范说进行的分配。"高度危险作业致人损害的侵权诉讼,由加害人就受害人故意造成损害的事实承担举证责任";"因环境污染引起的损害赔偿诉讼,由加害人就法律规定的免责事由承担举证责任";"饲养动物致人损害的侵权诉讼,由动物饲养人或者管理人就受害人有过错或者第三人有过错承担举证责任";"因缺陷产品致人损害的侵权诉讼,由产品的生产者就法律规定的免责事由承担举证责任"。

第 5 条是按照规范说对合同纠纷案件的证明责任进行的分配:"在合同纠纷案件中,主张合同关系成立并生效的一方当事人对合同订立和生效的事实承担举证责任;主张合同关系变更、解除、终止、撤销的一方当事人对引起合同关系变动的事实承担举证责任。对合同是否履行发生争议的,由负有履行义务的当事人承担举证责任。对代理权发生争议的,由主张有代理权一方当事人承担举证责任。"

第 6 条是按照规范说对劳动争议案件的证明责任进行的分配:"在劳动争议纠纷案件中,因用人单位作出开除、除名、辞退、解除劳动合同、减少劳动报酬、计算劳动者工作年限等决定而发生劳动争议的,由用人单位负举证责任。"

2. 证明责任分配的倒置

规范说作为证明责任分配的一般原则总体上是公平的,但仍不能保证在所有的案件中都是公平的。因此,在某些特定的案件中,需要根据当事人之间证明的难易、盖然性的高低、距离证据的远近以及谁承担证明责任更有利于权利保护和实现等因素来进行证明责任的分配。因此尚需要在一般原则之外作一些例外规定。证明责任倒置就是为了弥补证明责任一般分配原则的不足,针对一些特殊的案件,将按照规范说原本由一方当事人承担某一法律要件事实的证明责任,改为由对方当事人承担的一种做法。因此,证明责任的倒置是相对于证明责任分配的原则,即规范说这一"正置"而言的。倒置的也仅是一个或两个法律要件事实,并非所有的要件事实都倒置。鉴于证明责任倒置是对分配原则的修正,因此,证明责任倒置必须有法律的规定,法官不可以在诉讼中任意将证明责任分配加以倒置。

《证据规定》第 4 条中的下列规定属于证明责任倒置:

(1) 因新产品制造方法发明专利引起的专利侵权诉讼,由制造同样产品的单位或者个人对其产品制造方法不同于专利方法承担举证责任。"违法行为"这一要件事实被倒置为由侵权人承担证明责任。

(2) 因环境污染引起的损害赔偿诉讼,由加害人就其行为与损害结果之间不存在因果关系承担举证责任。"因果关系"这一要件事实被倒置为由排污人承担证明责任。

(3) 建筑物或者其他设施以及建筑物上的搁置、悬挂物发生倒塌、脱落、坠落致人损害的侵权诉讼,由所有人或者管理人对其无过错承担举证责任。"过错"要件事实的证明责任被倒置为由行为人承担。

(4) 因共同危险行为致人损害的侵权诉讼,由实施危险行为的人就其行为与损害结果之间不存在因果关系承担举证责任。"因果关系"要件事实的证明责任被倒置为由实施危险行为的人承担。

(5) 因医疗行为引起的侵权诉讼,由医疗机构就医疗行为与损害结果之间不存在因果关系及不存在医疗过错承担举证责任。"过错"和"因果关系"这两个要件事实的证明责任均被倒置为由医院承担。①

以上五种情况,如果按照规范说的分配原则,受害人本应当对侵权诉讼中的前述特定要件事实承担证明责任,但从举证难易的角度看,由侵权人来证明这些特定事实的证明责任更为公平,于是立法就改变规范说的分配结果。以规范说的分配结果作为参照物的话,这一改变就是一种"倒置"。从以上规定也可以看出,证明责任倒置并非将全部要件事实的证明责任都加以倒置,而是根据具体情况对部分要件事实的证明责任予以倒置。关于损害事实的证明就没有倒置,仍然由权利人即受害人加以证明。

3. 法官自由裁量

一般说来,证明责任的分配应当由实体法或程序法预先作出分配,法官不能自由裁量。鉴于立法的局限性,无法预见到所有可能出现的情形。一旦出现立法没有规定证明责任分配的情形,法官又不能拒绝裁判,不赋予法官一定的证明责任分配自由裁量权显然是不妥当的。在《证据规定》颁布前,有些法官在医疗损害纠纷的诉讼实践中将因果关系倒置给医院就是自由裁量的结果。为此,《证据规定》第7条规定:"在法律没有具体规定,依本规定及其他司法解释无法确定举证责任承担时,人民法院可以根据公平原则和诚实信用原则,综合当事人举证能力等因素确定举证责任的承担。"

作为一种权利,法官在证明责任分配上的自由裁量权并不是毫无限制。首先,只有在法律没有具体规定,依《证据规定》及其他司法解释无法确定举证责任承担时才能自由裁量证明责任的分配;其次,法官在自由裁量时必须综合考虑公平原则和诚实信用原则,综合当事人举证能力等因素来确定;最后,要受上级法院的监督。

第四节 证 明 过 程

一、证据的收集和提交

(一)证据的收集

辩论原则要求法院对案件证据的调查只限于当事人双方在辩论中所提出来的证据。这就意味着在民事诉讼中,主要由当事人提供证据。要提供证据,前提是先要把证据收集起来。为保持中立,法官不会主动帮助任何一方当事人收集证据。

我国1991年《民诉法》第64条虽然规定:"当事人对自己提出的主张,有责任提供证据。当事人及其诉讼代理人因客观原因不能自行收集的证据,或者人民法

---

① 需要注意的是,我国《侵权责任法》第54条对于医疗损害纠纷原则实行一般过错规则。只有在第58条规定的三种情形下才实行过错推定。这就意味着除第58条规定的三种情形外,对于"过错"这一要件事实的证明责任并不实行倒置。

院认为审理案件需要的证据,人民法院应当调查收集。"但由于没有明确"客观原因"和"人民法院认为审理案件需要的证据"的具体所指,法院与当事人在证据收集上的分工不是十分明确。最高人民法院通过《民诉法适用意见》《审改规定》《证据规定》不断完善。《民诉法适用意见》第73条列明了法院负责调查收集的证据种类;《审改规定》第3条除重申了《民诉法适用意见》第73条的内容外,还规定上述证据经人民法院调查,未能收集到的,仍由负有举证责任的当事人承担举证不能的后果。《证据规定》则明确规定了以当事人为主、法院为辅的证据收集模式。《民诉法解释》第96条在吸收以前合理规定的基础上,根据新情况对此作了进一步完善。该条规定,《民诉法》第64条第2款规定的人民法院认为审理案件需要的证据包括:(1)涉及可能损害国家利益、社会公共利益的;(2)涉及身份关系的;(3)涉及《民诉法》第55条规定诉讼的;(4)当事人有恶意串通损害他人合法权益可能的;(5)涉及依职权追加当事人、中止诉讼、终结诉讼、回避等程序性事项。除前款规定外,人民法院调查收集证据,应当依照当事人的申请进行。

(1)当事人为主原则。具体表现为两种情形:一是当事人自己应主动收集提供证据。《民诉法解释》第90条规定:"当事人对自己提出的诉讼请求所依据的事实或者反驳对方诉讼请求所依据的事实,应当提供证据加以证明,但法律另有规定的除外。在作出判决前,当事人未能提供证据或者证据不足以证明其事实主张的,由负有举证证明责任的当事人承担不利的后果。"

一是在法定情形下可申请法院收集证据。申请法院取证实际上还是当事人自己收集提供证据。《民诉法解释》第94条和第95条的规定,申请法院调查收集证据必须满足下列两个条件:第一,必须是法律明确规定的可以申请法院收集的证据,具体包括:证据由国家有关部门保存,当事人及其诉讼代理人无权查阅调取的;涉及国家秘密、商业秘密或者个人隐私的;当事人及其诉讼代理人因客观原因不能自行收集的其他证据。如证据在对方当事人的控制之下。① 当事人及其诉讼代理人因客观原因不能自行收集的证据,可以在举证期限届满前书面申请人民法院调查收集。第二是当事人申请法院调查收集的证据,不属于与待证事实无关联、对证明待证事实无意义或者其他无调查收集必要。

当事人及其诉讼代理人申请人民法院调查收集证据,应当提交书面申请,应当载明被调查人的姓名或者单位名称、住所地等基本情况、所要调查收集的证据的内容、需要由人民法院调查收集证据的原因及其要证明的事实。人民法院对当事人

---

① 《民诉法解释》第112条规定:书证在对方当事人控制之下的,承担举证证明责任的当事人可以在举证期限届满前书面申请人民法院责令对方当事人提交。

申请理由成立的,人民法院应当责令对方当事人提交,因提交书证所产生的费用,由申请人负担。对方当事人无正当理由拒不提交的,人民法院可以认定申请人所主张的书证内容为真实。

及其诉讼代理人的申请不予准许的,应当向当事人或其诉讼代理人送达通知书。当事人及其诉讼代理人可以在收到通知书的次日起3日内向受理申请的人民法院书面申请复议一次。人民法院应当在收到复议申请之日起5日内作出答复。

(2)法院为辅原则。人民法院仅在法有明文规定的情形下才依职权收集证据。《民诉法解释》第96条规定:"民事诉讼法第64条第2款规定的人民法院认为审理案件需要的证据包括:(一)涉及可能损害国家利益、社会公共利益的;(二)涉及身份关系的;(三)涉及民事诉讼法第55条规定诉讼的;(四)当事人有恶意串通损害他人合法权益可能的;(五)涉及依职权追加当事人、中止诉讼、终结诉讼、回避等程序性事项的。除前款规定外,人民法院调查收集证据,应当依照当事人的申请进行。"

(二)证据的提交方式

当当事人将证据收集齐全后,可以在提交起诉书时一并提交给法院,也可以在举证期限内提交给法院。对于能实际提交的证据,如物证、书证、视听资料,如有原物或原件,则应提交原物或原件。如提供原物、原件有困难的,或者自己必须保留原物、原件的,可以提交与原件、原物核对无误的复制件或复制品,照片、副本、节录本。提交外文书证,必须附有中文译本。根据《民诉法解释》第111条的规定,提交书证原件确有困难,包括下列情形:(1)书证原件遗失、灭失或者毁损的;(2)原件在对方当事人控制之下,经合法通知提交而拒不提交的;(3)原件在他人控制之下,而其有权不提交的;(4)原件因篇幅或者体积过大而不便提交的;(5)承担举证证明责任的当事人通过申请人民法院调查收集或者其他方式无法获得书证原件的。

对于无法实际提交的证据,如证人证言,则编制证人名单,并说明拟证明的事实。提交证人的相关信息,包括证人的姓名、年龄、性别、文化程度、职业、工作单位、详细地址、证明事项、证明目的等。提交证据如果很多的话,尚需要编制证据清单,对证据材料逐一分类编号,表明各证据的名称、内容、证明对象、来源、数量等。根据我国《民诉法》第66条的规定,对当事人提供的证据材料,人民法院应当出具收据,写明证据名称、页数、份数、原件或者复印件以及收到时间等,并由经办人员签名或者盖章。

二、证据保全

(一)证据保全的概念

证据保全是指在证据可能毁损、灭失或以后难以取得的情况下,法院根据申请人的申请或依职权,对证据加以固定和保护的制度。广义的证据保全还包括公证证据保全。公证证据保全,是指公证机构根据公民、法人或其他组织的申请,在诉讼发生之前,依法对日后可能灭失或难以提取的证据加以验证提取、收存和固定的活动。狭义的证据保全仅指人民法院对证据的固定和保护行为。

由于从纠纷的发生到开庭审理需要经历一定的时间间隔,在这段时间内,某些证据由于自然原因或人为原因,可能会毁损、灭失或者难以取得。一旦出现这类情况,必将给当事人的举证和法院的审理带来困难,进而损害当事人的合法权益。证据保全制度则可以避免出现这种情况。

(二)证据保全的种类

根据证据保全的主体,证据保全可以分为法院证据保全和公证证据保全。法院证据保全是指人民法院根据当事人的申请或依职权对证据进行保全。公证证据保全是指公证机关根据当事人的申请对证据进行的保全。

根据保全的时间,法院证据保全还可分为诉前证据保全和诉讼中的证据保全。诉讼中的证据保全是指在诉讼进行中,人民法院根据当事人的申请或者依职权对证据加以固定和保护。

诉前证据保全是指当事人在提起诉讼之前,人民法院根据当事人的申请对证据加以固定和保护的行为。诉前证据保全只能依当事人的申请启动,法院不能依职权启动。根据我国《民诉法》第81条第2款规定,因情况紧急,在证据可能灭失或者以后难以取得的情况下,利害关系人可以在提起诉讼或者申请仲裁前向证据所在地、被申请人住所地或者对案件有管辖权的人民法院申请保全证据。

(三)证据保全的条件

证据保全应符合以下条件:

(1)证据可能灭失或以后难以取得。"证据可能灭失"是指证据将不复存在。如证人因病将死亡、作为物证的苹果将彻底腐烂、书证上的字迹将消失殆尽。所谓证据"以后难以取得",是指证据虽然暂时不会灭失,但如果不采取保全措施,以后取得该证据的成本可能会很高或者难度很大,如证人出国定居或留学。造成证据可能灭失或者以后难以取得,有可能是自然原因,也有可能是人为原因。前者如物证的腐烂,后者如当事人将书证烧毁。

(2)诉讼证据保全应在开庭审理前提出。开庭后,由于已经进入证据调查阶段,已没有实施证据保全的必要,因此证据保全必须开庭审理前提出。随着证据提出随时主义向适时主义的转变,我国《民诉法解释》第98条规定:"当事人根据民事诉讼法律第81条第1款规定申请证据保全的,可以在举证期限届满前书面提出。"

(四)证据保全的程序

1. 启动

证据保全的启动方式有两种:(1)因申请人申请而启动。适用于诉前证据保全和诉讼中的证据保全。申请采取证据保全措施的人,一般是当事人,但在某些情况下,也可以是利害关系人。如我国《商标诉前禁令》第1条规定:"商标注册人或者利害关系人可以向人民法院提出保全证据的申请。"我国《民诉法》第81条规定:

"申请诉前证据保全的管辖法院为证据所在地、被申请人住所地或者对案件有管辖权的人民法院。"申请人向法院申请证据保全,应当提交申请书,该申请书应当载明:① 当事人及其基本情况;② 申请保全证据的具体内容、范围、所在地点;③ 请求保全的证据能够证明的对象;④ 申请的理由,包括证据可能灭失或者以后难以取得,且当事人及其诉讼代理人因客观原因不能自行收集的具体说明。(2)法院依职权主动启动。该方式仅适用于诉讼中的证据保全。

2. 审查

法院收到申请后,如果认为符合采取证据保全措施条件的,必须在48小时内作出裁定,裁定采取证据保全措施的,应当立即开始执行。如果认为不符合条件的,应裁定驳回。证据保全可能对他人造成损失的,人民法院应当责令申请人提供相应的担保。申请人拒不提供担保,可以裁定驳回当事人的申请。

3. 保全的范围和措施

证据保全的范围,应当限于申请人申请的范围。具体采取何种证据保全措施,应当根据不同证据的特点分别确定。保全证人证言,应当采取作笔录或录音的方法;保全书证,应当采取拍照、复制的方法;保全物证,可以采取通过现场勘验、制作笔录、绘图、拍照、录像、保存原物的方法等。无论采取何种方法,都应当尽力客观真实地反映证据。

4. 逾期不起诉的处理

申请诉前保全的申请人在人民法院采取保全证据措施后30日内不起诉的,人民法院应当解除裁定采取的措施。

▶ 三、举证时限

(一)举证时限的含义

所谓举证时限,是指当事人必须在法律规定或法院指定的期限内向法院提交证据,否则就需要承担不利法律后果的制度。

举证时限包括两个要素:

1. 一定的期间

举证时限的存在必须依赖于一定的期间,如15天。期间一旦确定,对当事人和法院均有约束力。

2. 逾期之认定及其法律后果

我国《证据规定》认为只要超过举证期限提供证据就属于逾期举证,不考虑当事人的主观心态。对其法律后果需要平衡考虑发现真相、实现公正与提高诉讼效率等价值取向。我国《证据规定》采"原则失权,例外不失权"的立场,其第34条规定:"当事人应当在举证期限内向人民法院提交证据材料,当事人在举证期限内不提交的,视为放弃举证权利。对于当事人逾期提交的证据材料,人民法院审理时不组织质证。但对方当事人同意质证的除外。"这种规定由于没有考虑当事人没有及时提供证据的各种情形，比如当事人因客观原因而没有及时提交，一律令其失权，显然对当事人的惩罚过重，不利于发现案件真相，也不利于当事人信服法院的裁判，极易遭到当事人的抵制。

为克服上述缺陷，我国《民诉法解释》第101条首先是规定一个审查当事人逾期举证原因的程序，即当事人逾期提供证据的，人民法院应当责令其说明理由，必要时可以要求其提供相应的证据。其次是缩小了逾期举证的范围。该条同时规定当事人因客观原因逾期提供证据，或者对方当事人对逾期提供证据未提出异议的，视为未逾期。对于逾期的法律后果，我国《民诉法》第65条和《民诉法解释》第102条采取的是"原则不失权，例外失权"的立场，针对不同情形规定了不同的法律后果：(1)当事人因故意或者重大过失逾期提供的证据不是用来证明案件基本事实的，人民法院不应采纳；(2)当事人因故意或者重大过失逾期提供的证据是用来证明案件基本事实的，人民法院应当采纳，但要对该当事人予以训诫、罚款；(3)当事人非因故意或者重大过失逾期提供的证据，人民法院应当采纳，但应对当事人予以训诫；(4)无论当事人逾期提供证据基于何种主观过错，均不能免除向对方当事人赔偿相应损失的责任。当事人一方要求另一方赔偿因逾期提供证据致使其增加的交通、住宿、就餐、误工、证人出庭作证等必要费用的，人民法院可予支持。

(二) 设立举证期限的根据与原因

我国1991年《民诉法》没有规定举证时限，实行"随时举证主义"。当事人不仅可以在一审庭审中提出证据，还可以在二审甚至再审中提出证据。随着《证据规定》对举证时限的确立，标志着我国完成了从"随时举证主义"向"适时举证主义"的转变。在此基础上，我国《民诉法》第65条明确规定，当事人对自己提出的主张应当及时提供证据。

建立举证时限制度的主要根据是民事诉讼诚实信用原则。就举证而言，根据诚实信用原则，当事人不应故意迟延提出证据，进行诉讼上的"突然袭击"或者拖延诉讼。举证时限制度就是落实诚实信用原则的手段之一。

设立举证时限制度主要是基于以下一些原因：(1)促使当事人积极及时举证，提高庭审效率，降低诉讼成本，进而提高诉讼效率。当事人如果可以随时提出证据的话，就会造成反复开庭，导致诉讼效率低下。(2)有利于防止证据上的"突然袭击"。若当事人及时将证据提交给法院，再辅以证据交换，当事人就可以在开庭前了解对方的证据。证据的突然袭击也就无法得逞。(3)有利于法院整理证据争点和事实争点。当事人在开庭前了解对方持有的证据的话，就可以决定对哪些证据提出异议，对哪些证据不提异议。法院也就能在开庭前确定双方当事人关于证据的争点，进而确定双方关于案件事实的争点，为围绕争点开庭做好准备。

（三）举证期限的确定

我国举证期限的确定有两种方式：

（1）当事人协商。为充分尊重当事人的意愿和落实程序选择权，举证期限可以由双方当事人协商确定，但需经人民法院认可。适用普通程序审理的案件，举证期限的长短法律没有硬性规定，全由双方当事人协商确定。但《简易程序规定》第22条规定："适用简易程序审理的案件，当事人当庭举证有困难的，举证的期限由当事人协商决定，但最长不得超过15日。"

（2）法院指定。在诉讼实践中，举证时限主要由法院指定。《证据规定》第33条第1款规定，人民法院应当在送达案件受理通知书和应诉通知书的同时送达举证通知书，在举证通知书中明确举证期限及逾期举证的后果，即在受理诉讼的阶段确定举证期限。由于给原被告送达案件受理通知书和应诉通知书的时间不一样，导致原被告举证时限的起算点不相同。证据交换又要求双方举证时限的届满点一样，从而造成原被告双方实际享有的举证时限不相同。为解决这一问题，《民诉法解释》第99条改变了《证据规定》的做法，将确定举证期限的时间修改为审理前准备阶段。由于审前准备阶段在被告的答辩期届满之后，此时确定举证期限，能保证原、被告双方举证期限的起算点相同，从而确保双方享有的举证期限也相同。具体期限为第一审普通程序案件不得少于15日，当事人提供新的证据的第二审案件不得少于10日。原因在于原被告双方在答辩期间仍可以举证，享有的总举证期限不少于30天。

（四）举证时限的延长和重新指定

既然举证期限可以由当事人协商或由法院指定，因此不同于立案期间、答辩期间、上诉期间、申诉期间等法定期间，而属于指定期间、任意期间。二者的区别在于法定期间只有在满足法定条件下才能变更，举证期限则不是。当事人如果在举证期限内举证有困难，可以申请延期。我国《民诉法解释》第100条规定："当事人申请延长举证期限的，应当在举证期限届满前向人民法院提出书面申请。申请理由成立的，人民法院应当准许，适当延长举证期限，并通知其他当事人。延长的举证期限适用于其他当事人。"

举证期限的重新指定是指法院在指定举证期限后，因出现特殊情形，法院重新为当事人指定举证期限。与申请延长举证期限需在举证期限届满前提出不同，重新指定举证期限发生在第一次指定的举证期限届满之后。根据我国《证据规定》第35条和《民诉法解释》第99条的规定，诉讼过程中，如出现以下三种情形，法院则需为当事人重新指定举证期限：(1)当事人因人民法院认定的法律关系性质与自己主张的不一致而申请变更诉讼请求。(2)当事人因人民法院认定的民事行为的效力与自己主张的不一致而申请变更诉讼请求。诉讼请求一旦变更，双方当事人需要的证据就会与原来有所不同，因此，需要重新为他们指定举证时限。(3)举证期限届满后,当事人对已经提供的证据,申请提供反驳证据或者对证据来源、形式等方面的瑕疵进行补正的,人民法院可以酌情再次确定举证期限,该期限不受一审普通程序不少于 15 日,提供新的证据的二审案件不少于 10 日的限制。

（五）新的证据

新的证据是指当事人基于客观原因在举证期限届满后才提出的证据。由于新的证据在形式上也属于逾期提供的证据,能否采纳,关键在于判断其是否具有客观原因。因此,根据我国《民诉法解释》第 231 条、第 387 规定,当事人在法庭上和申请再审时提出新的证据的,人民法院应当依照《民诉法》第 65 条第 2 款规定和本解释第 101 条的规定处理,即人民法院应当责令当事人说明理由,必要时可以要求其提供相应的证据。当事人因客观原因逾期提供证据,属于新的证据,视为未逾期,可以采纳。

我国《证据规定》第 41 条和《民诉法解释》第 388 条对一审和二审、再审中新的证据分别作了详细规定。第 41 条规定,一审中的新的证据具体包括:(1) 当事人在一审举证期限届满后新发现的证据;(2) 当事人确因客观原因无法在举证期限内提供,经人民法院准许,在延长的期限内仍无法提供的证据。二审中的新的证据具体包括:(1) 一审庭审结束后新发现的证据;(2) 当事人在一审举证期限届满前申请人民法院调查取证未获准许,二审法院经审查认为应当准许并依当事人申请调取的证据。《民诉法解释》第 388 条规定,再审申请人证明其提交的新的证据符合下列情形之一的,可以认定逾期提供证据的理由成立:(1) 在原审庭审结束前已经存在,因客观原因于庭审结束后才发现的;(2) 在原审庭审结束前已经发现,但因客观原因无法取得或者在规定的期限内不能提供的;(3) 在原审庭审结束后形成,无法据此另行提起诉讼的;(4) 再审申请人提交的证据在原审中已经提供,原审人民法院未组织质证且未作为裁判根据的,视为逾期提供证据的理由成立,但原审人民法院依照《民事诉讼法》第 65 条规定不予采纳的除外。

四、证据交换

（一）证据交换的含义与功能

证据交换,是指人民法院在开庭审理前,组织当事人相互交换其所持有证据的行为或过程。举证时限仅是要求当事人及时将证据交给法院,若无证据交换制度的话,一方当事人仍然无法知晓对方当事人手上持有什么证据,仍然无法提高庭审效率,因此证据交换往往与举证时限相配套使用。

这两个制度结合后的作用主要体现在四个方面:

(1) 有助于明确、整理诉讼争点。在诉讼实践中,仅仅通过交换起诉状和答辩状难以明确争点,对争点进行整理。因为争点能否真正形成取决于是否有证据支持。只有在充分地交换证据后,当事人才能清楚对方的观点是否有证据支持、支持的力度如何、自己是否需要继续争执。

(2) 有助于进行证据整理。证据整理就是当事人和法院三方对用以证明案件事实的证据资料的种类、证明对象、证据的来源等等进行清理。区分双方当事人已达成共识的证据和尚存分歧的证据,以便当事人为质证做准备。

(3) 有利于防止"证据突袭"。一些当事人或诉讼代理人为了对对方当事人实施突然打击,以收到出奇制胜的效果,往往在庭审中才提出关键证据,试图"证据突袭"。由于该行为有违诚实信用而被认为有损程序正义。举证时限和证据交换制度就可以使当事人能够充分了解对方的证据,更好地进行证据抗辩准备。

(4) 有助于促进当事人在庭前进行和解,提高纠纷的解决效率。举证时限和证据交换能够使当事人及时了解对方请求和抗辩所依赖的证据,然后对胜诉的可能性进行估量。一旦证据难以确保胜诉时,就有可能选择和解,节约诉讼成本。

(二) 证据交换的适用范围和启动方式

从我国《证据规定》看,证据交换制度并不是民事诉讼程序的必经环节。它一般适用于以下情况:(1) 证据较多或者复杂疑难的案件。此类案件无需当事人申请,法院可依职权决定进行证据交换。(2) 当事人申请证据交换的案件。人民法院可以组织当事人在开庭审理前交换证据。

(三) 证据交换的程序

(1) 证据交换的时间。交换证据的时间可以由当事人协商一致并经人民法院认可,也可以由人民法院指定。如果没有举证时限,证据交换的时间应当在答辩期间届满后,开庭审理前。此时当事人对对方的主张已有了较充分的了解,经过证据交换后,有助于当事人分析案情,做好下一步行动的准备。如果设有举证时限,根据《证据规定》第 38 条的规定:"人民法院组织当事人交换证据的,交换证据之日举证期限届满。即证据交换时间不能超过举证时限期间。当事人申请延期举证,经法院准许的,证据交换日也相应顺延。"

当事人收到对方交换的证据后提出反驳并提出新证据的,人民法院应当指定新证据的交换时间并通知当事人在指定的时间内进行交换。

(2) 交换的对象。原则上与本案相关联的证据都应当进行交换,包括证明实体法要件事实的证据、程序法事实的证据等。

(3) 交换的进行。证据交换应当在审判人员的主持下进行。在证据交换的过程中,审判人员对当事人无异议的事实、证据应当记录在卷;对有异议的证据,按照需要证明的事实分类记录在卷,并记载异议的理由。通过证据交换,确定双方当事人争议的主要问题。

(4) 交换的次数。证据交换一般不超过两次。但重大、疑难和案情特别复杂的案件,人民法院认为确有必要再次进行证据交换的除外。

五、质证

(一) 质证的含义及意义

质证是指当事人、诉讼代理人及第三人在审判人员的主持下,对所提出的证据进行展示、辨认、说明、质疑、辩驳,以确认其是否具备真实性、合法性、关联性以及证明力有无和大小的诉讼活动。

质证制度的意义在于:(1)它是维护当事人合法权利的手段。只有通过质证,当事人才能将自己提供的真实的证据作为认定案件事实的依据,将对方提供的虚假的证据排除在外。(2)它能帮助法院正确认定案件事实。通过质证,将虚假的、相互矛盾的证据排除后,法院认定的案件事实与客观事实相吻合的可能性就会提高。因此,我国《民诉法解释》第103条规定:"证据应当在法庭上出示,由当事人互相质证。未经当事人质证的证据,不得作为认定案件事实的根据。"

(二) 质证的主体、客体和内容

质证的主体包括当事人、诉讼代理人。当事人包括一审中的原告、被告、第三人等。法院是证据认定的主体,而不是质证的主体。即使是法院依职权调查收集的证据,也是由当事人或其代理人进行质证。

质证的客体是进入庭审的各种证据,包括当事人向法院提出的证据、当事人申请法院调查收集的证据、法院依职权调查收集的证据。但当事人在证据交换过程中认可并记录在卷的证据,经审判人员在庭审中予以说明后,无需进行质证,可以作为认定案件事实的依据。当事人在证据交换过程已经认可的证据即表明当事人双方对该证据的证明力没有异议。

质证的内容是证据是否具备真实性、合法性、关联性以及证明力有无和大小。

(三) 质证的方式、顺序、方法、环节

1. 质证的方式

质证原则上应公开进行,但涉及国家秘密、商业秘密和个人隐私或者法律规定的其他应当保密的证据,不得在开庭时公开质证。

2. 质证的顺序

在法庭审理中,质证按照以下顺序进行:(1)原告出示证据,被告、第三人与原告进行质证;(2)被告出示证据,原告、第三人与被告进行质证;(3)第三人出示证据,原告、被告与第三人进行质证。案件有两个以上独立的诉讼请求的,当事人可以逐个出示证据进行质证。

3. 质证的方法

质证一般采取一证一质,逐个进行的方法;也可以采一组一质,分组进行;或其他灵活的方法。

4. 质证的环节

质证一般分为三个环节:

(1) 出示证据。出示证据是指当事人将自己提供的证据展示给审判人员和对方当事人、法院将依当事人或依职权申请调取的证据展示给当事人。具体方式包括宣读、播放等。当出示的证据是物证、书证、视听资料时,应当出示原件或原物。只有以下两种例外情形,才能出示复制件、复制品:① 出示原件或者原物确有困难并经人民法院准许出示复制件或者复制品的;② 原件或者原物已不存在,但有证据证明复制件、复制品与原件或原物一致的。

当出示的证据为证人证言时,证人原则上应出庭作证。只有在证人确有困难不能出庭作证时,经法院许可后,才能提交书面证言或视听资料。证人确有困难不能出庭的情形主要包括:① 年迈体弱或者行动不便无法出庭的;② 特殊岗位确实无法离开的;③ 路途特别遥远,交通不便难以出庭的;④ 因自然灾害等不可抗力的原因无法出庭的。在以上情形下,如果条件具备,经人民法院许可,可以让证人通过双向视听传输技术手段作证。

(2) 辨认证据。当出示的证据系物证、书证时,需交由另一方当事人进行辨认,以确定证据是否客观、与本案是否有关联。

(3) 质疑和辩驳。在当事人对证据进行辨认后,可以对证据的客观性、关联性、合法性、证明力有无以及大小提出质疑。被质疑方对质疑可以进行辩解,也可以反驳质疑。质疑和辩解可以反复进行,直至法院对证据没有疑问为止。

▶ 六、认证

(一) 认证的概念

认证是指审判人员对经过质证或者当事人在证据交换中认可的各种证据材料作出决定,确认其能否作为认定案件事实根据的诉讼活动。

认证不同于对案件事实的认定。二者的区别在于:(1) 认证的目的是确认证据能否作为认定案件事实的依据,是认定案件事实的前提和基础。认证的具体内容是对作为认证对象的证据资料是否具有证据资格、证明力及证明力大小进行审查确认。(2) 对案件事实的认定,除了可以基于证据外,还可以基于自认。(3) 对案件事实的认定,有的可以基于一个证据,有的则需要基于多个证据。我国《证据规定》第69条规定:"下列证据不能单独作为认定案件事实的依据:(1) 未成年人所作的与其年龄和智力状况不相当的证言;(2) 与一方当事人或者其代理人有利害关系的证人出具的证言;(3) 存有疑点的视听资料;(4) 无法与原件、原物核对的复印件、复制品;(5) 无正当理由未出庭作证的证人证言。"

(二) 认证的基本要求

认证正确与否关系到公正裁判与否。认证虽然是审判人员的主观判断,但并不可以率性而为,必须遵循其基本要求和原则性规范,即依照法定程序,全面、客观地审核证据,依据法律的规定,遵循法官职业道德,运用逻辑推理和日常生活经验法则。没有遵循这些要求的认证都将是错误和违法的认证。为了保证认证的程序正义性,法庭应当公开证据认定的理由和结果。

(三) 认证的方法

1. 单一证据认定规则

根据我国《证据规定》第65条规定,审判人员对单一证据可以从下列方面进行审核认定:(1) 证据是否原件、原物,复印件、复制品与原件、原物是否相符;(2) 证据与本案事实是否相关;(3) 证据的形式、来源是否符合法律规定;(4) 证据的内容是否真实;(5) 证人或者提供证据的人,与当事人有无利害关系。

2. 综合认证规则

根据我国《证据规定》第66条规定,审判人员对案件的全部证据,应当从各证据与案件事实的关联程度、各证据之间的联系等方面进行综合审查判断。

3. 证据证明力的认定规则

根据我国《证据规定》第70条规定,一方当事人提出的下列证据,对方当事人提出异议但没有足以反驳的相反证据的,人民法院应当确认其证明力:(1) 书证原件或者与书证原件核对无误的复印件、照片、副本、节录本;(2) 物证原物或者与物证原物核对无误的复制件、照片、录像资料等;(3) 有其他证据佐证并以合法手段取得的、无疑点的视听资料或者与视听资料核对无误的复制件;(4) 一方当事人申请人民法院依照法定程序制作的对物证或者现场的勘验笔录。

根据我国《证据规定》第72条规定,一方当事人提出的证据,另一方当事人认可或者提出的相反证据不足以反驳的,人民法院可以确认其证明力。一方当事人提出的证据,另一方当事人有异议并提出反驳证据,对方当事人对反驳证据认可的,可以确认反驳证据的证明力。

根据我国《证据规定》第73条规定,双方当事人对同一事实分别举出相反的证据,但都没有足够的依据否定对方证据的,人民法院应当结合案件情况,判断一方提供证据的证明力是否明显大于另一方提供证据的证明力,并对证明力较大的证据予以确认。

根据我国《证据规定》第77条规定,人民法院就数个证据对同一事实的证明力,可以依照下列原则认定:(1) 国家机关、社会团体依职权制作的公文书证的证明力一般大于其他书证;(2) 物证、档案、鉴定结论、勘验笔录或者经过公证、登记的书证,其证明力一般大于其他书证、视听资料和证人证言;(3) 原始证据的证明力一般大于传来证据;(4) 直接证据的证明力一般大于间接证据;(5) 证人提供的对与其有亲属或者其他密切关系的当事人有利的证言,其证明力一般小于其他证人证言。

第五节　诉讼证明实务技巧

▶ 一、证明对象之确定

证明对象在诉讼实践中具有非常重要的作用。一旦确定了诉讼所依据的实体权利后，接下来就需要确定证明对象。因为证明对象有助于指导收集证据。证明对象不同，需要收集的证据也不同。

证明对象的确定取决于三个因素：一是当事人的身份，即是原告还是被告，二者在同一诉讼中需要证明的对象并不相同。比如违约。如果原告指控被告违约，则合同成立且有效、被告有违约行为都是原告的证明对象。如果原告指控被告不作为导致违约，则合同成立且有效是原告的证明对象，被告不作为不是原告的证明对象。由被告来证明自己的作为。二是争议的内容，没有争议的内容无需证明。三是证明方式，是证实还是证伪（即反驳）。证实与证伪虽然针对的是同一个对象，只是角度不同，但证明的时间存在先后，适用的证明标准存在区别，在一方尚没有证实之前，反驳方无需证伪。证实适用高度盖然性证明标准，证伪适用中度盖然性证明标准。

在诉讼实践中，争议最多的就是实体法构成要件。因此实体法要件事实是最主要的证明对象。不同的实体权利有不同的构成要件，这些构成要件就是诉讼中的证明对象。在诉讼开始之前，一定要清楚实体法权利的构成要件包括哪些。比如侵权行为。由于归责原则的不同，构成要件也不同。实行过错归责的话，构成要件有四：损害结果、加害行为、二者之间存在因果关系、行为人存在过错。实行过错推定归责的，构成要件有三：损害结果、加害行为、二者之间存在因果关系。实行无过错归责或者公平归责的话，构成要件有三：损害结果、加害行为、二者之间的因果关系。

明确了实体法构成要件之后，就需要在当事人之间进行分配，让其成为具体当事人的证明对象，且需让当事人清楚用什么方式来证明。在结合当事人的身份以及证明方式后，侵权行为的证明对象确定如下：在过错归责的情况下，原告的证明对象就有四个：损害结果、加害行为、二者之间存在因果关系、行为人存在过错。原告需要证实这四个要件都存在。在原告没有证实这四个证明对象之前，被告无需进行反驳。一旦原告证明了这四个构成要件，被告就需要进行证伪，否则就要承担法律责任。但被告只要证伪了四个对象中的任何一个，就可以胜诉。能证伪多个，就更加稳妥。

在过错推定归责的情况下，原告的证明对象有三个：损害结果、加害行为、二者之间存在因果关系。被告反驳的对象也是这三个。即使原告证实了这三个证明对象,被告仍然可以通过证明自己没有过错来使自己免责。

在无过错归责的情况下,原告的证明对象有三个:损害结果、加害行为、二者之间存在因果关系。被告反驳的对象也是这三个。即使原告证实了这三个证明对象,被告仍然可以通过证明存在免责事由来使自己免责。

在公平归责的情况下,原告的证明对象有三个:损害结果、加害行为、二者之间存在因果关系。被告反驳的对象也是这三个。一旦原告证实了这三个证明对象,被告就无法逃避责任了。

组合情形可以图示如下:

归责原则	证明对象			
过错	损害	行为	因果关系	过错
过错推定(高空坠物)	损害	行为	因果关系	没有过错
无过错(产品质量、动物伤人、高度危险作业、环境污染)	损害	行为	因果关系	免责事由
公平	损害	行为	因果关系	
证明方式	原告证实			被告证伪
	原告证伪			被告证实

▶ 二、证明顺序

证明顺序是指当存在多个证明对象时,应当先证明哪个对象,后证明哪个对象的次序。当证据材料很多时,先出示哪些证据材料,后出示哪些证据材料就取决于证明顺序,因此证明顺序决定了举证的顺序。

证明顺序由于纠纷的内容不同,各有不同。在诉讼实践中,都是原告先开始证明,原告的基本证明顺序如下:

程序问题应当证明在先,实体问题证明在后。比如当诉讼存在前置问题时,就应先证明前置问题,而不是先证明实体问题。如因劳动纠纷、人事纠纷诉至法院后,原告应当先证明纠纷已经经过劳动仲裁、人事仲裁或者申请劳动仲裁、人事仲裁不被受理。否则的话,被告就会要求法院驳回原告的起诉。

若无前置程序问题,原告则应先证明诉讼要件。如起诉他人专利侵权的话,原告首先应当证明自己是专利权人。利害关系人应当提供能够证明其权属的相关证明文件;专利财产权利的继承人应当提交已经继承或者正在继承的证据材料。如要求他人返还侵占的物品,则必须证明自己是所有权人或者合法的占有人。如被告在答辩中认为自己不是适格被告的话,还需要举证证明对方是适格被告。

当实体法的证明对象有多个时,属于前提问题的证明对象应先证明。如离婚案件,存在合法的婚姻关系是离婚的前提,应当先举证证明。要求支付违约金的话,合同合法有效是其前提条件,则应先证明。

当多个证明对象存在流程上的前后关系时,则可按时间先后进行证明。比如要求被告归还货款。正常的流程就是先签订合同,然后原告履行合同,被告支付货款。原告的证明顺序也就是先证明合同成立且有效、原告履行了合同。被告没有支付货款无需原告证明。

【经典司考题】

1. 关于证明责任,下列哪些说法是正确的?(2011-3-84)
   A. 只有在待证事实处于真伪不明情况下,证明责任的后果才会出现
   B. 对案件中的同一事实,只有一方当事人负有证明责任
   C. 当事人对其主张的某一事实没有提供证据证明,必将承担败诉的后果
   D. 证明责任的结果责任不会在原、被告间相互转移
   考点:证明责任的含义

2. 大皮公司因买卖纠纷起诉小华公司,双方商定了25天的举证时限,法院认可。时限届满后,小华公司提出还有一份发货单没有提供,申请延长举证时限,被法院驳回。庭审时小华公司向法庭提交该发货单。尽管大皮公司反对,但法院在对小华公司予以罚款后仍对该证据进行质证。下列哪一诉讼行为不符合举证时限的相关规定?(2013-3-40)
   A. 双方当事人协议确定举证时限
   B. 双方确定了25天的举证时限
   C. 小华公司在举证时限届满后申请延长举证时限
   D. 法院不顾大皮公司反对,依然组织质证
   考点:举证时限

3. 关于举证时限和证据交换的表述,下列哪一选项是正确的?(2009-3-41)
   A. 证据交换可以依当事人的申请而进行,也可以由法院依职权决定而实施
   B. 民事诉讼案件在开庭审理前,法院必须组织进行证据交换
   C. 当事人在举证期限内提交证据确有困难的,可以在举证期限届满之后申请延长,但只能申请延长一次
   D. 当事人在举证期限内未向法院提交证据材料的,在法庭审理过程中无权再提交证据
   考点:举证时限和证据交换

4. 王某承包了20亩鱼塘。某日,王某发现鱼塘里的鱼大量死亡,王某认为鱼

的死亡是因为附近的腾达化工厂排污引起,遂起诉腾达化工厂请求赔偿。腾达化工厂辩称,根本没有向王某的鱼塘进行排污。关于化工厂是否向鱼塘排污的事实举证责任,下列哪一选项是正确的?(2008-3-33)

A. 根据"谁主张、谁举证"的原则,应当由主张存在污染事实的王某负举证责任

B. 根据"谁主张、谁举证"的原则,应当由主张自己没有排污行为的腾达化工厂负举证责任

C. 根据"举证责任倒置"的规则,应当由腾达化工厂负举证责任

D. 根据本证与反证的分类,应当由腾达化工厂负举证责任

考点:环境污染案件证明责任的分配

5. 三个小孩在公路边玩耍,此时,一辆轿车急速驶过,三小孩捡起石子向轿车扔去,坐在后排座位的刘某被一石子击中。刘某将三小孩起诉至法院。关于本案举证责任分配,下列哪些选项是正确的?(2008-3-80)

A. 刘某应对三被告向轿车投掷石子的事实承担举证责任

B. 刘某应对其所受到损失承担举证责任

C. 三被告应对投掷石子与刘某所受损害之间不存在因果关系承担举证责任

D. 三被告应对其主观没有过错承担举证责任

考点:共同危险案件证明责任的分配

6. 关于民事诉讼中的证据收集,下列哪些选项是正确的?(2008-3-90)

A. 在王某诉齐某合同纠纷一案中,该合同可能存在损害第三人利益的事实,在此情况下法院可以主动收集证据

B. 在胡某诉黄某侵权一案中,因客观原因胡某未能提供一项关键证据,在此情况下胡某可以申请法院收集证据

C. 在周某诉贺某借款纠纷一案中,周某因自己没有时间收集证据,于是申请法院调查收集证据,在此情况下法院应当进行调查收集

D. 在武某诉赵某一案中,武某申请法院调查收集证据,但未获法院准许,武某可以向受案法院申请复议一次

考点:证据收集

7. 下列关于证明的哪一表述是正确的?(2014-3-45)

A. 经过公证的书证,其证明力一般大于传来证据和间接证据

B. 经验法则可验证的事实都不需要当事人证明

C. 在法国居住的雷诺委托赵律师代理在我国的民事诉讼,其授权委托书需要经法国公证机关证明,并经我国驻法国使领馆认证后,方发生效力

D. 证明责任是一种不利的后果,会随着诉讼的进行,在当事人之间来回移转

考点：证明力规则、证明对象、涉外诉讼授权委托书的证明、证明责任

8. 甲养的宠物狗将乙咬伤，乙起诉甲请求损害赔偿。诉讼过程中，甲认为乙被咬伤是因为乙故意逗狗造成的。关于本案中举证责任的分配，下列哪一选项是正确的？（2007-3-45）

　　A. 甲应当就乙受损害与自己的宠物狗没有因果关系进行举证
　　B. 甲应当对乙故意逗狗而遭狗咬伤的事实负举证责任
　　C. 乙应当就自己没有逗狗的故意负举证责任
　　D. 乙应当就自己受到甲的宠物狗伤害以及自己没有逗狗的故意负举证责任

考点：动物致人伤害案件证明责任的分配

9. 齐某被宏大公司的汽车撞伤，诉至法院要求赔偿损失。下列关于本案举证责任的哪些说法是正确的？（2006-3-83）

　　A. 原告齐某应当举证证明是被宏大公司的汽车所撞受伤
　　B. 原告齐某应当对自己受到的损失承担举证责任
　　C. 被告宏大公司应当对其主张的自己没有过错承担举证责任
　　D. 被告宏大公司应当对其主张的原告齐某有主观故意承担举证责任

考点：高速运动工具致人伤害案件证明责任的分配

10. 在某一民事案件的审理过程中，原告一方因无法获得作为档案材料存放在某单位的证据，申请法院进行调查。庭审中对该证据的质证，应当如何进行？（2005-3-42）

　　A. 应当由原、被告双方进行质证
　　B. 应当由被告与法院进行质证
　　C. 应当由被告与保管该证据的某单位进行质证
　　D. 法院对该证据进行说明，无需质证

考点：质证方式

11. 下列关于民事诉讼自认及其法律后果的说法，哪些是错误的？（2005-3-70）

　　A. 老张诉小张的赡养纠纷案件中，小张对老张陈述的收养事实明确表示承认，老张对形成收养关系的事实无需举证
　　B. 对原告甲陈述的事实，被告乙不置可否，法官充分说明并询问后，乙仍不予回答，视为对该项事实的承认
　　C. 经当事人特别授权的代理律师在诉讼中对案件事实的承认，视为当事人的承认，但因此而导致承认对方诉讼请求的除外
　　D. 被告只要在法庭辩论终结前声明撤回承认，其在庭审过程中的承认即无效

考点：自认

12. 下列哪些证据不能单独作为认定案件事实的依据？（2005-3-77）

A. 未成年人所作的与其年龄和智力状况不相当的证言

B. 与一方当事人的代理人有利害关系的证人出具的证言

C. 存有疑点的视听资料

D. 无正当理由未出庭作证的证人证言

考点：证据的证明力

13. 民事诉讼中的举证期限是如何确定的？（2004-3-40）

A. 可以由当事人协商一致,并经人民法院认可

B. 可以由原告指定

C. 可以由被告指定

D. 如果当事人协商一致,不必经人民法院认可

考点：举证期限的确定

14. 当事人对自己的主张只有本人陈述而不能提出其他相关证据的,在下列哪一情况下,法院对其主张可予以支持？（2004-3-46）

A. 对方当事人认可   B. 本人陈述前后没有矛盾

C. 陈述人具有较高的诚信度   D. 陈述人具有完全的民事行为能力

考点：案件事实的认定

15. 甲与同事丙路过一居民楼时,三楼乙家阳台上的花盆坠落,砸在甲的头上,致其脑震荡,共花费医疗费1万元。甲以乙为被告诉至法院要求赔偿,而乙否认甲受伤系自家花盆坠落所致。对这一争议事实,应由谁承担举证责任？（2003-3-21）

A. 甲承担举证责任   B. 甲、乙均应承担举证责任

C. 乙承担举证责任   D. 丙作为证人承担举证责任

考点：高空坠物致人伤害案件证明责任的分配

16. 根据有关司法解释,人民法院规定了民事诉讼当事人举证期限,下列哪一说法符合有关司法解释的规定？（2002-3-27）

A. 举证期限一经确定,在任何情况下,当事人都不可以申请延长举证期限

B. 当事人在举证期限内提交证据确有困难的,经法院允许,可以适当延长举证期限,但只允许延长一次

C. 当事人在举证期限内提交证据确有困难的,经法院允许,可以适当延长举证期限,延长举证期限后,当事人提交证据材料还有困难的,当事人可以再次提延期申请,是否准许由人民法院决定

D. 当事人在举证期限内提交证据确有困难的,可以多次申请延长举证期限,但自第二次申请起,是否准许由上级人民法院决定

考点：举证期限

17. 下列哪些证据不能单独作为认定案件事实的证据？（2002-3-76）

A. 当事人李某的妻子袁某向法院作出的有利于李某的证言

B. 原告陈某向法院提交的其采用偷录方法录下的用以证明被告刘某欠其5000人民币的录音带,该录音带部分关键词的录音听不清楚

C. 由未成年人所作出的各类证言

D. 原告提出的字迹清晰的合同文书复印件,但该合同文书的原件已丢失,且被告不承认其与原告存在有该合词文书复印件所表述的法律关系

考点:证据的证明力

第五编　民事诉讼保障措施

第十三章　保全与先予执行

要点提示

- 财产保全的适用
- 判决前临时停止侵害行为的适用
- 诉前财产保全与诉讼中财产保全的区别
- 财产保全与判决前临时停止侵害行为的区别
- 先予执行的适用
- 判决前临时停止侵害行为与先予执行的区别

第一节 财产保全

一、财产保全的客观基础

通过诉讼解决当事人之间的纠纷需要一定的时间。在这段时间之内,一方当事人可能恶意隐藏、转移、变卖或毁损争议的标的物或其他财产,或者由于诉讼时日的增多,标的物的价值逐渐减少等原因,导致具有给付内容的判决可能在生效后无法执行,给债权人的利益造成难以弥补的损害,因此,法律特别规定了财产保全制度,通过对被争议的财产或债务人的其他财产采取保护性措施,禁止债务人或者其他任何人对其进行处分,以确保生效判决的执行。

财产保全是民事诉讼法中的一项重要的诉讼保障制度。依法正确、及时的采取财产保全措施,不仅能够保障当事人的合法权益,而且也有利于维护生效裁判的严肃性与权威性。

二、财产保全的概念和种类

(一)财产保全的概念

财产保全,是指为了保障将来生效的法律文书能够得到执行,人民法院根据利害关系人或者当事人的申请,或者由人民法院依职权对当事人的责任财产或者所争议的标的物采取的限制任何人处分或者转移的强制性措施。

(二)财产保全的种类

根据启动财产保全的时间,可分为诉讼财产保全和诉前财产保全两种。

1. 诉前财产保全

诉前财产保,是指起诉前,人民法院根据利害关系人的申请,对被申请人的有关财产所采取的强制性保护措施。

诉前财产保全的最大特点就是权利人行使权利具有急迫性。财产保全因为要限制被申请人处分自己的财产,因此通常情况下只能在诉讼程序中适用。但在现实生活中,如果一律要求财产保全必须在起诉之后提出,那么可能会导致利害关系人的合法利益受到难以弥补的损害。例如,利害关系人发现相对人正在转移或毁损双方争执的标的物,在此种情形下,如果只规定诉讼财产保全,那么利害关系人就只能先起诉,待人民法院受理后,再提出财产保全的申请,最后由人民法院裁定准许财产保全。而这些环节都需要一定的时间,待人民法院裁定准许财产保全之后,财产也许早已经不见了。所以,我国《民诉法》规定了诉前财产保全制度。

根据我国《民诉法》及相关司法解释的规定,采取诉前财产保全措施应当具备以下条件:

(1) 情况紧急,如果不立即采取财产保全措施,申请人的合法权益就会受到难以弥补的损失。情况紧急,是指债务人有可能马上转移、处分财产,或者因为某种客观原因,财产有可能发生毁损、灭失。发生这种情况时,如果不立即采取财产保全措施,即使将来申请人胜诉,其财产权利也很难得到实现。

(2) 必须由利害关系人提出申请。也就是说,诉前财产保全措施,不能由人民法院依职权采取。这是诉前财产保全与诉讼财产保全的区别之一。

(3) 申请人应当提供担保。要求申请人提供担保,是因为申请人与被申请人之间的民事权利义务关系和责任分担等问题尚未清晰,而且在采取财产保全措施之后,申请人是否必然会起诉也不确定。为了防止因为错误的财产保全给对方造成损害,因此法律要求法院应当书面通知申请人提供相应的担保。诉前财产保全申请人提供担保的数额应相当于请求保全的数额;情况特殊的,人民法院自由裁量。如果申请人不提供担保的,人民法院应当驳回申请。

(4) 诉前财产保全应当向被保全财产所在地、被申请人住所地或者对案件有管辖权的人民法院申请。被保全财产所在地人民法院,有可能并不是最终审理纠纷的管辖人民法院。当采取诉前财产保全的法院与实际管辖诉讼的法院不一致时,《民诉法解释》第160条规定:"当事人向采取诉前保全措施以外的其他有管辖权的人民法院起诉的,采取诉前保全措施的人民法院应当将保全手续移送受理案件的人民法院。诉前保全的裁定视为受移送人民法院作出的裁定。"这里的保全手续包括案卷的全部材料和财产保全申请费。①

2. 诉讼财产保全

诉讼财产保全,是指人民法院在案件审理过程中,为防止因为一方当事人的行为或者其他原因,使生效的判决不能执行或者难以执行,根据当事人的申请或者由人民法院依职权,对当事人的财产或者诉讼标的物采取限制当事人处分的强制性保护措施。

诉讼财产保全主要是为了防止一方当事人在诉讼过程中恶意转移、处分、毁损财产,从而使将来的判决无法执行或者难以执行。通过诉讼财产保全,能够保证判决在生效后真正得到执行。此外,有些标的物,如水果、蔬菜等季节性、鲜活性物品容易腐烂,也需要采取特殊的保全措施,将其及时处理后保存价款,以减少当事人的损失。

采取诉讼财产保全措施应当具备以下条件:

---

① 在《民诉法解释》实施前,最高人民法院在《关于采取诉前保全措施的法院可否超越其级别管辖权限受理诉前保全申请人提起的诉讼问题的复函》《关于如何理解〈关于适用〈中华人民共和国〈民事诉讼法〉〉若干问题的意见〉第31条第2款的批复》以及《关于诉前财产保全几个问题的批复》三个司法解释中也规定了这样的处理方法。

（1）必须是因为当事人一方的行为或者其他原因，使将来的生效判决不能执行或者难以执行。当事人一方的行为，主要是指一方当事人有转移、处分、毁损财产和使财产灭失的行为。其他原因，主要是指当事人行为之外的，可能会使有关财产毁损、灭失的原因，例如，因为气候变化导致特定的财物变质腐烂。

（2）采取诉讼财产保全的案件仅限于有给付内容的案件。诉讼财产保全的主要目的在于确保判决的执行，不需要执行的判决也就没有财产保全的必要。要注意的是，具有给付内容的案件并不仅限于给付之诉的案件。

（3）采取诉讼财产保全，通常是根据当事人申请，但人民法院认为有必要时，也可以依职权裁定采取财产保全措施。

（4）诉讼保全启动的时间是在民事案件受理之后、人民法院尚未作出生效裁判之前。如果人民法院的判决已经生效，当事人可以直接向人民法院申请强制执行，不需要申请财产保全。

（5）人民法院可以责令当事人提供担保。是否需要申请人就诉讼保全提供担保以及担保的数额，由人民法院决定。人民法院在审查时，需要依据被保全请求的标的额、申请人胜诉的可能性以及可能给被申请人造成的损失等因素综合判断。人民法院责令申请人提供担保，应当采用书面的形式。但申请人拒不提供担保的，人民法院可以裁定驳回申请。

诉讼中的财产保全只能向审理本案的法院提出。但是还有几种特殊情形需要注意：

（1）一审判决作出后，在上诉期内，当事人或者人民法院发现有保全必要的。《民诉法解释》第162条规定，"对当事人不服一审判决提起上诉的案件，在第二审人民法院接到报送的案件之前，当事人有转移、隐匿、出卖或者毁损财产等行为，必须采取保全措施的，由第一审人民法院依当事人申请或者依职权采取。第一审人民法院的保全裁定，应当及时报送第二审人民法院"。

（2）在第二审程序或者再审程序中，人民法院认为有保全或者继续保全必要的，《民诉法解释》第161条规定："第二审人民法院裁定对第一审人民法院采取的保全措施予以续保或者采取新的保全措施的，可以自行实施，也可以委托第一审人民法院实施。再审人民法院裁定对原保全措施予以续保或者采取新的保全措施的，可以自行实施，也可以委托原审人民法院或者执行法院实施"。

（3）终审判决生效后，在申请执行期间，当事人发现有保全必要的。《民诉法解释》第163条规定："法律文书生效后，进入执行程序前，债权人因对方当事人转移财产等紧急情况，不申请保全将可能导致生效法律文书不能执行或者难以执行的，可以向执行法院申请采取保全措施。债权人在法律文书指定的履行期间届满后5日内不申请执行的，人民法院应当解除保全。"这样的规定主要是基于保全措施要尽可能更便捷、更及时。

三、财产保全的范围和措施

（一）财产保全的范围

根据我国《民诉法》第102条的规定，财产保全限于请求的范围，或者与本案有关的财物。这里的"限于请求的范围"，是指被请求保全财产的价值，应当与诉讼请求的金额大体相当。"与本案有关的财物"，是指利害关系人之间争议的即将起诉的标的物，或者当事人之间争议的标的物，但也可以是与本案标的物有关的其他财物，例如抵押物、质押物、留置物。人民法院对抵押物、质押物、留置物采取财产保全措施的，不影响抵押权人、质权人、留置权人的优先受偿权。

对案外人的财产不得采取保全措施，对案外人善意取得的与本案有关的财产，一般也不得采取财产保全措施。

（二）财产保全的措施

根据我国《民诉法》第103条的规定，财产保全措施主要有：查封、扣押、冻结或者法律规定的其他方法。根据我国《民诉法解释》第164条的规定，对于对申请人或者他人提供的担保财产，也依法适用查封、扣押、冻结等措施。

查封，主要是对不动产采取的一种保全措施，是指人民法院将需要保全的财物清点之后，贴上封条，就地封存，防止任何单位和个人处分的一种保全措施。

扣押，主要是对动产采取的一种保全措施，是指人民法院将需要保全的财物移到一定的场所予以扣留，并由专人看管，防止任何单位和个人处分的一种保全措施。

冻结，是指法院对被执行人的存款、股权、股息、红利等，禁止其转移或支取的强制措施。

法律规定的其他方法主要包括：

对第三人的到期债权。债务人财产不能满足保全请求，但对第三人有到期债权的，人民法院可以依债权人的申请裁定该第三人不得对本案债务人清偿。该第三人要求偿付的，由人民法院提存财物或价款。

人民法院对季节性商品、鲜活、易腐烂变质以及其他不宜长期保存的物品采取保全措施时，可以责令当事人及时处理，由人民法院保存价款；必要时，人民法院可予以变卖，保存价款。

人民法院限制债务人支取到期应得的收益或者扣留、提取其收入等，需要有关单位协助执行的，应当通知有关单位协助执行。

人民法院采取财产保全的方法和措施，依照执行程序相关规定办理。财产被保全之后，人民法院应当立即通知被保全财产的人。财产已被查封、冻结的，不得重复查封、冻结。

(三) 对保全财产的保管

根据我国《民诉法解释》第 154 条和第 155 条的规定，人民法院在财产保全中采取查封、扣押、冻结财产措施时，应当妥善保管被查封、扣押、冻结的财产。不宜由人民法院保管的，人民法院可以指定被保全人负责保管；不宜由被保全人保管的，可以委托他人或者申请保全人保管。查封、扣押、冻结担保物权人占有的担保财产，一般由担保物权人保管；由人民法院保管的，质权、留置权不因采取保全措施而消灭。

保管人应当妥善保管保全财产，人民法院和其他保管人均不得使用该项财产。但是，对于财产交由被保全人保管的，如果继续使用对该财产的价值无重大影响，可以允许被保全人继续使用，但不得处分。这样的规定有利于资源的有效利用，符合现代经济、效率的原则。

四、财产保全的裁定

（一）作出裁定的时间

根据我国《民诉法》第 100 条的规定，人民法院接受当事人的财产保全申请后经过审查，认为不符合财产保全条件的，应当裁定驳回申请；认为符合保全条件的，应当及时裁定采取财产保全措施，情况紧急的，必须在 48 小时内作出裁定。诉前财产保全必须在 48 小时内作出裁定。

（二）财产保全裁定的效力

裁定一般采用书面的形式。财产保全的裁定一经作出立即生效。人民法院裁定采取财产保全措施后，就应当立即开始执行，有关单位有义务协助法院执行。

诉讼中财产保全裁定的效力，一般应维持到终局执行时止。除作出保全裁定的人民法院自行解除或者其上级人民法院决定解除外，在保全期限内，任何单位不得解除保全措施。

保全裁定未经人民法院依法撤销或者解除，进入执行程序后，自动转为执行中的查封、扣押、冻结措施，期限连续计算，执行法院无需重新制作裁定书，但查封、扣押、冻结期限届满的除外。

（三）财产保全裁定的解除

保全裁定的效力通常要维持到终局执行的结束。但在特殊的情形中，如果已经没有继续保全的必要，就应当及时终止保全措施的适用，以免给被申请人造成损失。在我国，为了统一法律的适用，《民诉法解释》第 166 条明确规定了保全措施予以解除的情形，分别为：

（1）保全错误的。保全错误有很多的原因，有可能是保全标的物不属于被保全人，例如保全了案外人的财产；有可能是被保全标的物的价值超出了保全请求的范围；也有可能是经过进一步的审理，法院发现其实没有保全的必要，例如申请人很有可能无法赢得诉讼等。在发现保全错误之后,就要立即裁定解除保全措施,以免给被申请人造成损失或者损失进一步扩大。

(2)申请人撤回保全申请的。保全程序属于民事诉讼程序中的保障程序,同样应该适用"不告不理"的原则。保全措施如果是依当事人申请开始的,当然也可以依照当事人的申请而结束。依当事人申请撤回保全申请的,不能视为法院的保全错误,对方当事人不能因此请求申请人赔偿因保全而遭受的损失。如果保全是法院依职权采取的,那么申请人就不能要求撤回保全申请。

(3)申请人的起诉或者诉讼请求被生效裁判驳回的。财产保全的目的是为了保障判决生效后有财产可以执行,行为保全的目的是为了避免申请人因被申请人的行为遭受难以弥补的损失。如果申请人的起诉不被受理或者被驳回,或者受理、审理后被法院驳回诉讼请求,这就意味着执行不可能开始,难以弥补的损失不可能发生,这样保全措施就失去了存在的意义,应当予以解除。

(4)人民法院认为应当解除保全的其他情形。这是一兜底规定,由法院自由裁量。例如双方当事人和解、申请人作为原告已经申请撤诉并获准许、被申请人履行了生效判决确定的义务等。法院在适用该情形时应当以"无继续保全必要"为前提条件。

此外,根据我国《民诉法》第101条第3款的规定,诉前财产保全属于紧急性的保全措施,在人民法院采取了紧急措施之后,申请人应当在30日内向有管辖权人民法院提起诉讼或者申请仲裁。超过30日不起诉或者没有申请仲裁的,人民法院应当解除诉前财产保全措施。法律作出这种规定,一方面是为了督促申请人尽快行使权力及时解决民事纠纷,另一方面也是为了保护被申请人的合法权益,避免因为财产保全时间过长或者保全错误而遭受损失。

根据我国《民诉法》第104条的规定,人民法院裁定对被申请人的财产采取诉讼保全措施之后,被申请人可以通过提供担保的方式,要求人民法院解除财产保全。但这种解除并不同于前述《民诉法解释》第166条各原因下的解除。在第104条的情形下,保全仍然是有必要的,但为了缓解保全措施给被申请人带来的不便,因此允许他用"等值且有利于执行的担保财产"来替换被保全的财产。此时,被保全的标的物仅是被置换成了被申请人提供担保的其他财产,如现金或者第三人的财产,本质上属于保全标的物的变更,并非保全措施的解除。也就是说,保全措施仍然存在。

财产保全措施解除后,如果当初的保全措施是以登记方式实施的,人民法院应当向登记机关发出协助执行通知书。

(四)对保全裁定的救济

利害关系人或者当事人对财产保全的裁定不服的,可以自收到裁定书之日起5日内向作出裁定的人民法院申请复议。人民法院应当在收到复议申请后10日内审查。裁定正确的,驳回当事人的申请;裁定不当的,变更或者撤销原裁定。复议期间不停止裁定的执行。

被申请人因保全错误而遭受的损失,有权向申请人请求赔偿。利害关系人申请诉前保全后没有在法定期间起诉或者申请仲裁,给相对人造成损失引起的诉讼,由采取保全措施的人民法院管辖。

当事人申请诉前保全后在法定期间内起诉或者申请仲裁,或者当事人申请诉讼中的财产保全,法院终审判决判定申请人败诉的,被申请人因保全遭受损失而提起的诉讼,由受理起诉的人民法院或者采取保全措施的人民法院管辖。

第二节 停止侵害行为的保全[①]

一、停止侵害行为的保全的客观基础

传统民事侵权诉讼对民事权利的保护采用的是事后救济的模式,只能在判决确定了实体权利义务关系之后才能对侵害权利的行为采取措施。在此之前,权利人必须得忍受侵害的继续,即使是可能遭受难以弥补的损害也不能有所作为。在实际结果方面,由于法院判决的赔偿数额只能限制在当事人于诉讼开始时提出的诉讼请求之内,对于起诉后到判决执行前这一段期间仍在持续发生的损害,无法获得诉讼保护。因此,有必要设立一种在判决前临时性阻止侵害行为继续的制度。这就是我国 2012 年修改《民诉法》时于第 100 条确立的判决前临时停止侵害行为的制度。这种制度的目的在于及时采取措施以暂时保持当事人间权利义务关系的现有状态,避免损害的继续发生,尽可能地将权利人的损失降低到最小的程度。

二、停止侵害行为的保全的概念和种类

(一)停止侵害行为的保全的概念[②]

停止侵害行为的保全,是指为了避免申请人的利益可能因被申请人的行为遭受难以弥补的损害,申请人可以在实体判决作出之前,请求法院命令被申请人暂时停止争议的行为,最终实现保护申请人权益的制度。

停止侵害行为的保全和财产保全尽管在直观上都可以表现为申请人向法院申

[①] 有关停止侵害行为的保全的详细理论,见郭小冬著:《民事诉讼侵害阻断制度研究》,知识产权出版社 2010 年版。

[②] 理论界有观点将此种保全称为"行为保全",有些教科书为了叙述上的方便,也使用这一并未获得理论统一承认的概念。因为保全的基本含义是"保护以使之周全",但行为保全中所涉及的行为却是侵害行为,该行为在制度设计上是需要被制止而不是被保护的。因此,行为保全的概念在语义解释方面不通。行为保全既非法律概念,也非理论界统一接受的概念,故本书不采用此概念。

请禁止被申请人实施某种行为,但二者是不同的保全制度。具体的区别表现为以下几个方面:

第一,被制止的行为性质不同。财产保全制止的是被申请人"转移、隐匿、毁损、变卖等处分财产的行为",该行为本身并非本案诉讼中争议和审理的对象,禁止当事人实施该行为是为了对财产进行保护,目的是为了保障将来有关物的返还占有或者给付金钱的判决能够顺利执行。停止侵害行为的保全中所禁止的行为本身是本案诉讼中争议和审理的对象,纠纷正是因为该行为的实施而产生,制止该行为是为了避免因为行为的继续而给申请人造成难以弥补的损失,并不是为了保障将来判决的实现。因此,理解《民诉法》第100条的规定时需要注意,并非所有的申请人"向法院申请责令被申请人为一定行为或不为一定行为"的请求都是停止侵害行为的保全。只有申请法院责令被申请人为或不为那种引起纠纷发生的、被诉的侵权行为的请求,才是停止侵害行为保全的请求。

第二,二者的作用不同。财产保全的作用在于确保判决生效后可以顺利执行,而停止侵害行为的保全的作用在于预防或制止损害的发生或者扩大。

第三,执行标的不同。财产保全的执行标的为本案讼争标的物或其他财产,执行过程表现为对责任财产进行保护,即保持金钱的充足或标的物的完整;而停止侵害行为的保全的执行标的是行为,执行的过程表现为对侵害行为及其结果的预防和制止。

第四,审查程序不同。我国《民诉法》和《民诉法解释》对财产保全和停止侵害行为的保全规定适用同样的审查程序,仅就申请人提交的申请进行审查,并没有对证据材料的要求,也未区分二者在审查程序上的不同。但根据我国有关审理知识产权案件司法解释的规定,对于停止侵害行为的保全应当采用不同于财产保全单方审查的程序,应该对被申请人适用最低程序保障原则,传唤、送达并允许他陈述意见。①

第五,执行措施不同。财产保全的执行措施为查封、扣押、冻结以及法律规定的其他措施,停止侵害行为的保全适用执行程序中对行为的执行措施,如直接执行、替代执行和间接执行等,具体的措施需要法庭根据个案的不同情况加以确定。

第六,以担保替代保全的限制不同。域外各立法例在解除保全措施方面的一般原则是:停止侵害行为的保全措施原则上不因被申请人提供担保而解除,财产保

---

① 主要有:《专利诉前禁令》《专利诉前禁令》和《知识产权与竞争纠纷行为保全解释(征求意见稿)》。这些司法解释中有关行为保全的规定能够较为准确地反映行为保全的基本理论与制度要求,也与国际通行的做法相一致。但是这些规定的适用范围仅限于知识产权案件,并不能直接适用于一般民商事案件,也不能成为法官在审查时参考的依据。有关停止侵害行为的保全需要适用不同于财产保全审理程序的论述,详见郭小冬:《论保全诉讼中被申请人利益的保障》,载《法学家》2010年第2期。

全则不受此限。① 因为财产保全的目的在于保障执行,这就使得"价值相等"而表现形式不同的财产互换成为可能。但停止侵害行为的保全目的在于停止侵害行为的发生或继续。如果以担保来替代对行为的制止,一方面无法判断二者价值是否相等,另一方面,被申请人很有可能在提供担保解除保全之后继续实施危害行为,给申请人造成难以弥补的损失。我国《民诉法》第104条未能准确体现这样的差别,而是规定"财产纠纷案件,被申请人提供担保的,人民法院应当裁定解除保全"。事实上,保全措施能否被解除,与案件是否是财产纠纷并无直接关系,而是取决于保全措施是针对财产还是侵害行为采取的。正因为如此,《民诉法解释》第167条才规定:"财产保全的被保全人提供其他等值担保财产且有利于执行的,人民法院可以裁定变更保全标的物为被保全人提供的担保财产",将允许被申请人以担保财产替换保全措施的主体限定为"财产保全的被保全人"。

停止侵害行为的保全和财产保全可以共存于同一个诉讼中。以侵犯专利权诉讼为例。原告向法院提起诉讼,称被告非法使用原告的专利方法生产产品侵犯了其专利权,请求法院:(1)判令被告停止使用原告专利方法生产侵权产品;(2)赔偿原告经济损失。在诉讼过程中,被告一方面继续使用被诉专利方法生产产品,另一方面准备将自己财产转移并藏匿。原告于是向法院提出两项申请:第一,请求法院采取措施命令被告立刻停止生产;第二,请求法院采取措施制止被告转移财产。在这两个请求中,前一个是停止侵害行为的保全,后一个是财产保全。

(二)停止侵害行为的保全的种类

(1)以起诉为基准点,可以划分为诉前停止侵害行为的保全和诉讼中停止侵害行为的保全。在《民诉法》正式确立停止侵害行为的保全制度之前,我国在《著作权法》《商标法》和《专利法》三部法律中确立了诉前停止侵害行为的保全制度。最高人民法院还颁布了两个重要的司法解释《专利权诉前禁令》和《商标权诉前禁令》用于指导知识产权领域内相关问题的司法实践。

(2)以请求法院责令对方作为还是不作为为标准,可以将停止侵害行为的保全划分为禁止性保全和履行性保全。禁止性保全就是禁止或限制被申请人实施某项行为;履行性保全就是命令被申请人实施一个肯定的具体行为。前者如法院命令被申请人暂时停止在有争议的土地上修建建筑物;后者如法院命令被申请人将阻挡原告通行的铁门拆除,以保证申请人顺利通行。

(3)以请求所涉及的侵害是否实际发生为标准,可以将停止侵害行为的保全划分为排除性保全和制止性保全。如果侵害行为尚未发生,那么权利人所面临的

---

① "除非有特别原因,假处分不因债务人提供担保而解除"是德国、日本及我国台湾地区保全诉讼中的一项重要规定。具体条文见德国《民事诉讼法》第939条、日本《民事保全法》第39条第1款和我国台湾地区"民事诉讼法"第536条。

仅是一种侵害的威胁,但这种威胁已经达到了如果不加以阻止就极有可能发生的程度,由此而提出的就是排除性保全申请,也叫预防性保全申请,因为它的目的在于阻止或者避免损害的发生,消除即将发生的危险。如果侵害已经发生,由此而提出的申请就是停止侵害行为的保全申请,它的目的在于使正在发生的侵害停止下来,避免给权利人造成更大的损失。不过,是否允许对尚未发生的损害申请临时性排除措施,各国有不同的立法例。

三、停止侵害行为的保全的申请条件

(一)我国《民诉法》第101条及《民诉法解释》第152条所规定的条件

1. 诉前停止侵害行为的保全的申请条件

(1)情况紧急,不立即申请保全将会使利害关系人合法权益受到难以弥补的损害。

(2)只能由利害关系人提出申请,不能由人民法院依职权行使。

(3)申请人应当提供担保。担保金额由人民法院根据案件的具体情况决定。

(4)申请的法院是被申请人住所地或者对案件有管辖权的人民法院。由于停止侵害行为的保全并不需要对被申请人的财产采取措施,因此也就不涉及被执行财产所在地的管辖问题。

由上述条件可以看出,我国《民诉法》及《民诉法解释》对于诉前停止侵害行为的保全所设置的申请条件与诉前财产保全的规定相同。同时,申请人在人民法院采取保全措施后30日内不依法提起诉讼或者申请仲裁的,人民法院应当解除保全。

2. 诉讼中停止侵害行为的保全的申请条件

(1)一方当事人正在实施侵害他人合法权益的行为;

(2)另一方当事人因侵害行为而遭受了其他损害;

(3)遭受损害的当事人提出了申请;当事人没有提出申请的,必要时人民法院可以依职权主动作出裁定;

(4)申请只能向正在审理本诉讼的人民法院提出。

在诉讼中停止侵害行为的保全中,是否需要申请人提供担保以及担保的数额,均交由人民法院依情况决定。

(二)司法解释关于知识产权案件停止侵害行为的保全的申请条件

最高人民法院对于诉前停止侵害专利权和商标权行为的保全的申请设置了较为严格的条件。这样的设置与国际通行做法基本一致。[①] 利害关系人申请停止诉前侵犯专利权和商标权的行为保全时,需要满足以下条件:

---

① 具体条文见我国《专利诉前禁令》和《商标诉前禁令》各第2条、第3条、第4条、第6条、第11条。

（1）当向侵权行为地或者被申请人住所地对案件有管辖权的人民法院提出申请。

（2）应当递交书面申请书。申请书应当载明：当事人及其基本情况；申请的具体内容、范围；申请的理由，包括有关行为如不及时制止，将会使利害关系人的合法权益受到难以弥补的损害的具体说明。

（3）应当提交能够证明自己权利存在以及被申请人正在实施或者即将实施侵权行为的证据。

（4）应当提供相应的担保。相应的担保以被申请人可能因保全而遭受的损失为限。该担保的数额可以由被申请人提出，在诉讼过程中，被申请人还可以要求申请人增加担保。

（5）有具体、明确的要求人民法院制止或者责令对方停止实施侵害行为的保全请求。保全请求针对侵害行为而提出，具有临时性的特点。

四、对停止侵害行为的保全的审查和裁定

（一）审查的程序

我国《民诉法》和《民诉法解释》没有专门规定停止侵害行为的保全的审查程序。法院对此种保全的审查采用和财产保全同样的审查程序。

对于诉前申请停止对专利权侵害的行为保全的审查，根据《专利权诉前禁令》第9条第2款的规定，人民法院在审查期限内，"需要对有关事实进行核对的，可以传唤单方或双方当事人进行询问，然后再及时作出裁定。"

（二）需要审查的内容

我国《民诉法》和《民诉法解释》没有专门规定停止侵害行为的保全的审查内容。

根据最高人民法院《专利权诉前禁令》和《商标权诉前禁令》各自第11条的规定，人民法院对保全请求或者复议请求进行审查时主要考虑以下四个方面：

（1）被申请人正在实施或者即将实施的行为是否侵犯注册商标专用权；

（2）不采取有关措施，是否会给申请人合法权益造成难以弥补的损害；

（3）申请人提供担保的情况；

（4）责令被申请人停止有关行为是否损害社会公共利益。

（三）作出裁定的时间

我国《民诉法》和《民诉法解释》对停止侵害行为的保全审查并作出裁定的时间同财产保全的规定，人民法院接受当事人的申请后经过审查，认为不符合保全条件的，应当裁定驳回申请；认为符合保全条件的，应当及时裁定采取保全措施。情况紧急的，必须在48小时内作出裁定。对于诉前财产保全，必须在48小时内作出裁定。最高人民法院《专利权诉前禁令》和《商标权诉前禁令》各第9条没有区分情况

是否紧急,统一规定于 48 小时内作出裁定。

事实上对于停止侵害行为的保全不适宜采用与财产保全相同的审查时间和程序。因为财产保全需要快速决定,这样才能及时制止对财产的隐匿、毁损和转移,即使给被申请人造成了损害,也有担保财产可以补偿,所以规定"及时""48 小时"以及无需被申请人陈述都是恰当的。但停止侵害行为的保全无论对于申请人还是被申请人都是一种后果非常严重的临时性措施,有些损害一旦造成是难以回复的,因此在处理上需要慎重。域外各国立法例及 WTO 规则均对此种保全不设时间的限制,并且允许被申请人陈述意见。

(四)裁定的执行

1. 裁定的内容

我国《民诉法》第 102 条规定:"保全限于请求的范围,或者与本案有关的财物。"停止侵害行为的保全不涉及财物的保全,因此其保全裁定的内容应限于请求的范围。我国《民诉法解释》未涉及这一问题。保全请求如何表述是需要明确的问题。法院在确定保全的范围时,应考虑到保全措施的临时性,在程度上应当以能够制止侵害行为继续为限。

2. 裁定的送达

我国《民诉法》和《民诉法解释》没有规定保全裁定对被申请人的送达。《专利权诉前禁令》和《商标权诉前禁令》各第 9 条规定,人民法院在作出诉前责令停止有关行为的裁定之后,应当及时通知被申请人,最迟不得超过 5 日。

3. 保全措施

我国《民诉法》第 103 条仅规定了财产保全的措施,没有规定停止侵害行为的保全措施。《民诉法解释》第 156 条进一步规定:"人民法院采取财产保全的方法和措施,依照执行程序相关规定办理。"由此可知,法律对于停止侵害行为的保全措施尚无明确规定。保全程序与执行程序密切相关,保全程序作出的裁定需要适用执行程序才能够实现。由于停止侵害行为的保全措施是对侵害行为采取的临时性措施,因此需要适用以行为为标的的执行措施。具体措施需要参见执行程序的规定。

4. 裁定的效力

停止侵害行为的裁定一经作出立即生效。在保全期限内,除作出保全裁定的人民法院自行解除或者其上级人民法院决定解除外,任何单位不得解除保全措施。人民法院应当根据申请人的请求和案件的具体情况,合理确定行为保全措施的效力期限。申请人未在期限内申请延长的,期限届满后,保全措施自动解除。

(五)对保全裁定的救济

利害关系人或者当事人对保全裁定不服的,可以自收到裁定书之日起 5 日内向作出裁定的人民法院申请复议。人民法院应当在收到复议申请后 10 日内审查。裁定正确的,驳回当事人的申请;裁定不当的,变更或者撤销原裁定。复议期间不停止裁定的执行。

被申请人因保全错误而遭受的损失，有权向申请人请求赔偿。利害关系人申请诉前保全后没有在法定期间起诉或者申请仲裁，给相对人造成损失引起的诉讼，由采取保全措施的人民法院管辖。

当事人申请诉前保全后在法定期间内起诉或者申请仲裁，或者当事人申请诉讼中的保全，法院终审判决判定申请人败诉的，被申请人因保全遭受损失而提起的诉讼，由受理起诉的人民法院或者采取保全措施的人民法院管辖。

（六）保全裁定的解除

根据我国《民诉法》第104条规定，"财产纠纷案件，被申请人提供担保的，人民法院应当裁定解除保全。"《民诉法解释》将此规定限定为："财产保全的被保全人提供其他等值担保财产且有利于执行的，人民法院可以裁定变更保全标的物为被保全人提供的担保财产。"应该说《民诉法解释》的规定是恰当的。因为财产纠纷中也会存在停止侵害行为的保全适用，为了保障申请人的权益，避免因保全措施的停止而给申请人继续造成难以弥补的损害，因此原则上不允许在终局判决执行前解除行为保全的措施。但在特定情形下，法律也会允许解除停止侵害行为的保全措施。根据我国《民诉法解释》第166条、《专利权诉前禁令》《商标权诉前禁令》和《专利法细则》的相关规定，解除停止侵害的保全措施的法定情形主要有：

（1）申请人同意；

（2）申请人的保全请求能够通过金钱给付而达到目的；

（3）被申请人的合法权益将因保全措施而受到难以弥补的重大损害，这里的重大损失必须是有证据证明的现实的重大损害；

（4）申请人在诉讼中败诉；

（5）申请人与被申请人和解；

（6）判决书或调解书得以执行；

（7）附期限的行为保全措施因期间届满而自动解除。

诉前停止侵害行为的保全措施除因上述原因可以解除外，还可以在法院采取保全措施后，申请人未能在30日内提起诉讼或申请仲裁而解除。

第三节　先予执行

一、先予执行的概念

先予执行，是指为了保障当事人一方生活或者生产经营，在案件受理后终审判决作出前，人民法院根据一方当事人的申请，裁定被申请人支付一定数额的金钱或者其他财产，并立即执行的一种制度。

一般情况下，债务人的义务应当由终审判决来确定并在终审判决生效之后才履行。但现实生活中有的当事人生活或者生产又确实存在困难，如果严格按照终审判决生效以后才履行，可能会对这些人的生活或者生产造成无法克服的严重影响，甚至影响诉讼的顺利进行。因此，先予执行的重点在于满足一方当事人对金钱或物的迫切需要，保障权利人的生活和生产经营。

由于我国1991年和2007年《民诉法》中均未规定停止侵害行为的保全制度，但相关的需求却在社会生活中普遍存在，为了弥补法律规定的不足，《民诉法适用意见》第107条通过规定"需要立即停止侵害、排除妨碍，立即制止某项行为"的案件可以先予执行，来尽可能及时地保护债权人的利益。但先予执行制度与停止侵害的保全制度是两种不同的制度。

第一，先予执行制度立法的目的是为了解决申请人生活或者生产经营上的困难，本质上适用于追索物或金钱的案件，而停止侵害的保全适用于对侵权行为本身的制止；

第二，先予执行只能在诉讼中提出，而且必须满足"权利义务关系明确"的条件，而"需要立即停止侵害、排除妨碍，立即制止某项行为"的请求不仅可以在诉讼前提出，而且绝大多数案件的权利义务关系并不清晰，但侵害的急迫性促使法院不得不尽早作出裁定，也就是说，停止侵害行为的保全并不要求双方当事人权利义务关系明确；

第三，正因为先予执行的案件需要权利义务关系明确，因此作出错误裁定的可能性比较小，申请人提供担保就不是必须的，而停止侵害行为的保全并不要求双方权利义务关系明确，裁定发生错误的可能性比较大，因此申请人提供担保是必要的；

第四，由于先予执行要求权利义务关系明确，所以在审查过程中对审理方式、证据方法以及证明程度的要求，与本案诉讼几乎相同，而停止侵害行为的保全是在紧急状态下为了避免给申请人造成难以弥补的损害而采取的一种应急措施，在快速裁决的压力下，审理方式、证据材料以及证明度等均无法达到本案诉讼的要求。

▶ 二、先予执行的适用范围和条件

（一）先予执行的适用范围

根据我国《民诉法》第106条的规定，当事人可以申请先予执行的案件包括以下几种：

(1) 追索赡养费、扶养费、抚育费、抚恤金、医疗费用的；
(2) 追索劳动报酬的；
(3) 因情况紧急需要先予执行的。

对于第三种情形，《民诉法解释》第170条解释为：需要立即停止侵害、排除妨碍的；需要立即制止某项行为的；追索恢复生产、经营急需的保险理赔费的；需要立即返还社会保险金、社会救助资金的；不立即返还款项，将严重影响权利人生活和生产经营的。其中需要立即停止侵害、排除妨碍的和需要立即制止某项行为的既可以申请先予执行，也可以申请停止侵害行为的保全，当事人可以自行选择其一行使。

（二）先予执行的适用条件

先予执行要求义务人在权利义务没有作出最终的确定之前就提前履行义务，为了避免给被申请人造成不应有的损失，也避免给法院的判决带来不必要的争执，人民法院裁定先予执行时，必须遵守严格的条件：

（1）当事人之间权利义务关系明确，不先予执行将严重影响申请人的生活或者生产经营的。人民法院对当事人申请先予执行的案件，只有在案件的基本事实清楚，当事人间的权利义务关系明确，被申请人负有给付、返还或者赔偿义务，先予执行的财产为申请人生产、生活所急需，不先予执行会造成更大损失的情况下，才能采取先予执行的措施。

（2）被申请人有履行能力。如果被申请人没有履行能力，先予执行就没有任何实际意义。

（3）申请人提出申请。先予执行是申请人一项重要的诉讼权利，应当由当事人主动行使，法院不能依职权作出先予执行的裁定。

与保全不同，提供担保并不是当事人申请先予执行的必要条件。这主要是因为，一方面，先予执行的案件一般属于权利义务关系明确的案件，出现错误的可能性比较小，给被申请人造成损失的可能性也比较小，因此，不需要每一个案件都让当事人提供担保；另一方面，先予执行的申请人原本就存在生活或生产经营的困难，如果法院再命令他们提供担保，无疑增加了申请的困难，不利于申请人利益的保护。但是，由于毕竟是判决前作出的裁定，所以也有可能出现裁定与判决认定不一致的情况，也就有可能出现被申请人由于履行先予执行的裁定而遭受损失的情况。为了保障被申请人的合法权益，人民法院也可以责令申请人提供担保。申请人不提供担保的，驳回申请。

三、先予执行的裁定

（一）作出裁定的时间

人民法院准予先予执行的裁定，应当在终审判决前作出。终审判决作出之后，当事人可申请强制执行，而没有必要申请先予执行。我国《民诉法》没有规定最早作出先予执行裁定的时间。

（二）先予执行裁定的效力

（1）先予执行的裁定一经作出立即生效。人民法院裁定先予执行后，就应当立即开始执行,有关单位有义务协助法院执行。

(2)对先予执行裁定不服的,可以自收到裁定书之日起5日内向作出裁定的人民法院申请复议。人民法院应当在收到复议申请后10日内审查。复议期间不停止裁定的执行。经审查,先予执行的裁定正确的,通知驳回当事人的申请;裁定不当的,作出新的裁定变更或者撤销原裁定。

(3)先予执行的裁定应当在判决中予以交待。如果申请人胜诉,那么先予执行的裁定正确,判决中应当将被申请人已经履行的义务部分扣除。如果申请人败诉,或者虽然申请人胜诉但判决所确定的给付额小于先予执行的数额,那么法院应当责令申请人返还因先予执行而获得的利益。具体程序适用民诉法关于执行回转的规定。

如果因先予执行给被申请人造成了损失,申请人应当赔偿。

【经典司考题】

1. 某法院对齐某诉黄某借款一案作出判决,黄某提起上诉。在一审法院将诉讼材料报送二审法院前,齐某发现黄某转移财产。下列关于本案财产保全的哪种说法是正确的?(2006-3-45)

A. 齐某向二审法院提出申请,由二审法院裁定财产保全

B. 齐某向二审法院提出申请,二审法院可以指令一审法院裁定财产保全

C. 齐某向一审法院提出申请,一审法院将申请报送二审法院裁定财产保全

D. 齐某向一审法院提出申请,由一审法院裁定财产保全

考点:保全的管辖法院

2. 甲公司以乙公司为被告向法院提起诉讼,要求乙公司支付拖欠的货款100万元。在诉讼中,甲公司申请对乙公司一处价值90万元的房产采取保全措施,并提供担保。一审法院在作出财产保全裁定之后发现,乙公司在向丙银行贷款100万时已将该房产和一辆小轿车抵押给丙银行。关于本案,下列哪一说法是正确的?(2008-3-43)

A. 一审法院不能对该房产采取保全措施,因为该房产已抵押给丙银行

B. 一审法院可以对该房产采取保全措施,但是需要征得丙银行的同意

C. 一审法院可以对该房产采取保全措施,但是丙银行仍然享有优先受偿权

D. 一审法院可以对该房产采取保全措施,同时丙银行的优先受偿权丧失

考点:财产保全的对象

3. A地甲公司与B地乙公司签订买卖合同,约定合同履行地在C地,乙到期未能交货。甲多次催货未果,便向B地基层法院起诉,要求判令乙按照合同约定交付货物,并支付违约金。法院受理后,甲得知乙将货物放置于其设在D地的仓库,并且随时可能转移。下列哪些选项是错误的?(2008-3-87)

A. 甲如果想申请财产保全,必须向货物所在地D地基层法院提出
B. 甲如果要向法院申请财产保全,必须提供担保
C. 受诉法院如果认为确有必要,可以直接作出财产保全裁定
D. 法院受理甲的财产保全申请后,应当在48小时内作出财产保全裁定

考点:诉讼财产保的适用

4. 常年居住在Y省A县的王某早年丧妻,独自一人将两个儿子和一个女儿养大成人。大儿子王甲居住在Y省B县,二儿子王乙居住在Y省C县,女儿王丙居住在W省D县。2000年以来,王某的日常生活费用主要来自大儿子王甲每月给的800元生活费。2003年12月,由于物价上涨,王某要求二儿子王乙每月也给一些生活费,但王乙以自己没有固定的工作、收入不稳定为由拒绝。于是,王某将王乙告到法院,要求王乙每月支付给自己赡养费500元。诉讼过程中,Y省适逢十年不遇的冰雪天气,王某急需生煤炉取暖,但已无钱买煤。王某听说王乙准备把自己存折上3000多元钱转到一个朋友的账户上。对此,王某可以向法院申请采取的措施是?(2009-3-99)

A. 对妨害民事诉讼的强制措施　　B. 诉讼保全措施
C. 证据保全措施　　　　　　　　D. 先予执行措施

考点:先予执行的适用范围

5. 关于财产保全和先予执行,下列哪些选项是正确的?(2012-3-82)
A. 二者的裁定都可以根据当事人的申请或法院依职权作出
B. 二者适用的案件范围相同
C. 当事人提出财产保全或先予执行的申请时,法院可以责令其提供担保,当事人拒绝提供担保的,驳回申请
D. 对财产保全和先予执行的裁定,当事人不可以上诉,但可以申请复议一次

考点:财产保全和先予执行的适用

6. 甲县的葛某和乙县的许某分别拥有位于丙县的云峰公司50%的股份。后由于二人经营理念不合,已连续四年未召开股东会,无法形成股东会决议。许某遂向法院请求解散公司,并在法院受理后申请保全公司的主要资产(位于丁县的一块土地的使用权)。关于许某的财产保全申请,下列说法正确的是?(2014-3-97)。
A. 本案是给付之诉,法院可作出保全裁定
B. 本案是变更之诉,法院不可作出保全裁定
C. 许某在申请保全时应提供担保
D. 如果法院认为采取保全措施将影响云峰公司的正常经营,应驳回保全申请

考点:财产保全的适用

第十四章 期间与送达

要点提示

- 期间的计算
- 期间耽误的补救
- 送达的方式及法律效力
- 各种送达方式的适用

第一节　期　　间

一、期间的概念

期间,也称诉讼期间,是指人民法院、当事人和其他诉讼参与人单独或者共同实施诉讼行为所应遵守的时间。期间包括期限和期日。期限是指人民法院、当事人和其他诉讼参与人单独实施诉讼行为所应遵守的时间,例如,答辩期限、上诉期限等;人民法院、当事人和其他诉讼参与人共同实施诉讼行为所应遵守的时间是期日,例如开庭审理日、证据交换日等。我们通常所说的期间一般是指期限。

期限和期日的主要区别是:(1)期限是人民法院、当事人和其他诉讼参与人单独完成诉讼活动的时间,而期日是他们共同完成诉讼活动的时间;(2)期限是有开始日和届满日的一段时间;期日是特定的某一天;(3)期限有法定期间和指定期间之分,而期日只有指定期日和约定期日;(4)期日都是可以变更的,而法定的期限大多是不可以变更的期间。

期间的作用主要有:第一,保障人民法院、当事人和其他诉讼参与人有足够的时间完成相应的诉讼活动;第二,防止拖延诉讼,提高诉讼效率;第三,促进法院依法组织和指挥诉讼的进程,维护法律的严肃性和权威。法律明确规定某项诉讼行为只能在一定的时间内完成却没有完成的,将发生一定的法律效果。

二、期间的种类

根据我国《民诉法》第 82 条和《证据规定》第 33 条第 2 款的规定,以期间的确定主体为标准,期间可以分为法定期间、指定期间和约定期间。

(1)法定期间。法定期间是指法律直接规定的期间。例如,根据法律规定,当事人不服地方各级人民法院第一审判决的,提起上诉的期间是收到判决书后的 15 日内。

(2)指定期间。指定期间是指人民法院依职权指定的实施某项诉讼活动的期间。例如,人民法院指定的举证期限。指定期间的长短应当与所要实施或完成的诉讼行为的难易程度相适应,既不能太长,也不能太短。有时法律会对指定期间的范围作出规定,例如公告送达的期间不得少于 60 日。人民法院根据实际情况可以改变原来指定的期间,重新指定。所以,指定期间都是可变期间。

(3)约定期间。约定期间是指当事人根据法律的规定,协商一致并经法院认可的期间。《证据规定》第 33 条第 2 款规定,举证期限可以由当事人协商一致,并经人民法院认可。该规定体现了对当事人处分权的尊重。

根据期间确定是否可以被改变,可以分为可变期间和不变期间。不变期间是指期间一经确定,法院、当事人和其他诉讼参与人必须严格遵守,不得予以变更的期间。《民诉法解释》第 127 条对不变期间作了明确规定。具体包括对判决、裁定申请再审的期间;以新证据申请再审的期间;必要共同诉讼人申请再审的期间;案外人申请再审的期间;对调解书申请再审的期间;第三人提起撤销之诉的期间;对人民法院作出确认调解协议,准许实现担保物权的裁定提出异议的期间;利害关系人申请撤销除权判决的期间。可变期间是指期间确定后,如果出现了导致当事人和法院无法实施诉讼行为的情况,法院可以根据当事人的申请或者依职权予以变更的期间。如举证时限、一审普通程序的审理期限、开庭日期等。

▶ 三、期间的计算

期间关系到当事人、其他诉讼参与人诉讼权利的行使是否有效,因此,期间的计算是一个重要的问题。根据我国《民诉法》第 82 条和《民诉法解释》第 125 条的规定,期间的计算应当遵循以下几项原则:

(1) 期间的计算单位是时、日、月、年。例如,人民法院采取财产保全措施,情况紧急的,必须在当事人申请后 48 小时内作出裁定。

(2) 期间开始的时和日,不计算在期间内。期间如果是以小时为单位计算的,从下一个小时开始计算;如果是以日为单位计算的,从第二天开始计算。如果期间是以月和年为单位计算的,始期从第二天开始计算,终期日为届满月或者届满年与始期相对应的日。如果没有对应日的,就以该月的最后一天为届满日,不分大月和小月,也不分平年和闰年。

(3) 期间届满的最后一日是节、假日的,以节、假日后的第一个工作日为期间届满的日期。此处的"节、假日"是指国家法定的节、假日,例如元旦节、春节、五一节、国庆节、周末(含周六、周日)。

(4) 期间不包括在途时间,这里的"在途时间"是指诉讼文书在邮寄途中所花费的时间。诉讼文书在期间届满前交邮的,不算过期。确定诉讼文书交邮的时间,通常是以邮寄地邮局所盖邮戳上的时间为准。

▶ 四、期间耽误

期间耽误是指当事人或者其他诉讼参与人本应当在法定期间或指定期间内实施或者完成诉讼活动,却因为某种原因未能实施或者完成该诉讼活动的状态。

民事诉讼法所称的期间耽误是因当事人无法避免的客观原因所导致,因此法律需要给予其补救机会。根据我国《民诉法》第 83 条的规定,具体的补救方法是:当事人可以在障碍消除后的 10 日内申请顺延期限,是否准许,由人民法院决定。因此,顺延期限必须满足:第一,必须是当事人因不可抗拒的事由或者其他正当理由耽误期限的;第二,顺延申请必须是在障碍消除后的 10 日内提出;第三,只能是把耽误的期限如实补齐,并非期间重新开始计算。"不可抗拒的事由",是指主观上无法预见、客观上无法避免和克服的事实和理由。"其他正当理由"是指不可抗拒的事由之外并且不可归责于当事人的原因而造成期间耽误的情况。

如果当事人或者其他诉讼参与人在期间内没有完成诉讼活动是由于自身主观方面的故意或过失,那么就不会引起法律上的补救结果,并因此要承担相应的不利后果。例如,当事人对上诉期间计算错误而造成没有在法定的期间内提起上诉,就会丧失上诉权。

第二节 送　　达

▶ 一、送达的概念和意义

送达是指人民法院依法定的程序和方式,将诉讼文书送交给当事人或者其他诉讼参与人的行为。作为一种诉讼行为,送达具有以下特点:

第一,送达的主体只能是人民法院。

第二,送达的对象只能是当事人及其他诉讼参与人。

第三,送达的内容是判决书、裁定书、决定书、调解书、支付令、起诉状副本、答辩状副本、上诉状、传票、通知书等诉讼文书。

第四,送达必须要按照法定的程序和方式进行。

在送达法律关系中,我们称人民法院为送达人,接受送达文书的当事人或其他诉讼参与人为受送达人。

送达是我国民事诉讼中的一项重要制度。送达的意义在于,通过送达,当事人和其他诉讼参与人能够了解到诉讼文书的内容,获知诉讼的进程,并据此参加诉讼活动,行使自己的诉讼权利和承担自己的诉讼义务。因此,送达制度是一种保障诉讼顺利进行的制度。除此之外,送达行为会产生相应的法律效果。例如,起诉状副本送达之后,被告人答辩的期间就开始计算。再如,生效的判决送达后,当事人就必须按照法律文书确定的内容来履行义务,一方当事人如果不主动履行的,对方当事人就有权申请强制执行。

▶ 二、送达的方式

送达方式是指人民法院指派或者委托有关人员依照法律规定的方法将诉讼文书交给受送达人的方法。根据我国《民诉法》第85条至第92条、《民诉法解释》第130条至第141条的规定,国内诉讼送达有七种方式。

(一)直接送达

直接送达是指人民法院派专人将诉讼文书直接送交给受送达人本人签收,或者通知受送达人到法院领取的送达方式。这里的"专人"一般是指司法警察或书记员。直接送达的地址,应当由当事人在起诉或答辩时向法院提供。

在立法上,直接送达是首选的送达方式。所有诉讼文书,能够直接送达的,都应当直接送达,不能直接送达或者直接送达有困难的,才考虑采用其他的送达方式。因为直接送达不仅需要的时间最短,而且能够保证受送达人亲自接受,了解诉讼文书的内容,以便于及时行使自己的诉讼权利,所以最为可靠。

当事人在第一审、第二审和执行终结前变更送达地址的,应当及时以书面方式告知人民法院。① 对于当事人拒绝提供自己的送达地址,经人民法院告知后仍不提供的,"自然人以其户籍登记中的住所地或者经常居住地为送达地址;法人或者其他组织以其工商登记或者其他依法登记、备案中的住所地为送达地址。"② 此外,《民诉法解释》第131条第2款规定:"人民法院可以在当事人住所地以外向当事人直接送达诉讼文书。"

人民法院在直接送达诉讼文书时应当直接送交受送达人。本人不在的,交与他同住的有行为能力的成年家属签收。但是,送达离婚诉讼的诉讼文书时,如果受送达的当事人不在,不宜交给对方当事人签收。受送达人是法人或者其他组织的,应当由法人的法定代表人、其他组织的主要负责人或者该法人、组织负责收件的人签收。受送达人有诉讼代理人的,可以送交其代理人签收;受送达人已向人民法院指定代收人的,送交代收人签收。

上述各签收人在送达回证上签收的日期为送达日期。

(二)留置送达

留置送达是指当受送达人拒绝签收诉讼文书时,送达人经见证人见证或经拍照、录像等方式记录送达过程后,依法将诉讼文书留放在受送达人住所,即视为完成送达的送达方式。留置送达与直接送达具有同等的法律效力。

根据我国《民诉法》第86条及《民诉法解释》第130条至第133条的规定,采用留置送达时,应当注意以下问题:

(1)受送达人及其代理人、法律允许的各签收人拒绝接受诉讼文书时,送达人均可以适用留置送达。

(2)适用留置送达时,送达人可以邀请见证人到场,说明情况,在送达回证上记明拒收事由和日期,由送达人、见证人签名或者盖章;也可以不邀请见证人,直接把诉讼文书留在受送达人的住所,并采用拍照、录像等方式记录送达过程,即视为送达。这里的见证人是指有关基层组织和所在单位的代表,可以是受送达人住所地的居民委员会、村民委员会的工作人员以及受送达人所在单位的工作人员。

---

① 《法院专递规定》第4条、《民诉法解释》第137条。
② 《法院专递规定》第5条。

(3) 调解书不适用留置送达。当事人本人因故不能签收的，可由其指定的代收人签收。

(三) 电子送达

电子送达是指经受送达人同意，人民法院通过传真、电子邮件、移动通信等即时收悉的特定系统作为送达媒介向受送达人送达诉讼文书的送达方式。电子送达是我国《民诉法》修改时新增加的条文。在电子送达方式的适用中需要把握以下几个方面：

第一，判决书、裁定书和调解书不适用电子送达。由于电子送达的完成需借助于信息的处理、存储和传输技术。病毒、黑客、网络堵塞等使得网络传送存在安全隐患，司法文件在传输途中有可能被拦截、篡改，电子文件也可能被当作垃圾邮件而未经阅读即被删除。因此，为了切实保障当事人的合法权益，对于涉及当事人重大权利和义务的判决书、裁定书和调解书不宜采用电子送达的方式。

第二，电子送达作为一种新型送达方式，其安全性问题为很多人所担忧。因此，各国在立法上都采取比较谨慎的态度，大多将其作为一种直接送达难以完成时的替代送达方法。我国《民诉法》第85条也明确规定仍应以直接送达为基本的送达方式。

第三，电子送达应采用能够确认受送达人收悉的方式。我国法律及司法解释明确允许的方式为传真、电子邮件和移动通信。"其他方式"以"确认受送达人能够收悉"为前提，是否采用需要法院结合该方式的安全性加以判断。

第四，电子送达需要受送达人的同意。由于使用电子送达需要特定的电子设备、网络等硬件设施的支持，而现实中并非每一位公民、法人和其他组织都配备有这些设施。因此，如果当事人以没有这种设备支持或者基于网络安全等理由拒绝使用电子送达方式的，法院不能强制性采用。

第五，如果当事人同意选择电子送达方式，应当在送达地址确认书中予以确认。如果当事人有多个网站或者邮箱时，应当明确指定一个常用的电子邮件接受地址。

第六，以诉讼文书到达受送达人特定系统为送达标准。送达日期为人民法院对应系统显示发送成功的日期，但受送达人证明到达其特定系统的日期与人民法院对应系统显示发送成功的日期不一致的，以受送达人证明到达其特定系统的日期为准。

(四) 委托送达

委托送达是指受诉人民法院在直接送达诉讼文书有困难时，委托其他人民法院代为送达的送达方式。

受送达人不在受诉人民法院的辖区内，而受诉人民法院直接送达有困难的，可以委托受送达人所在地的人民法院向受送达人送达。因此，委托送达发生在人民法院之间,而并非人民法院和其他单位之间。人民法院需要委托其他人民法院代为送达的,应当出具委托函,并附需要送达的诉讼文书和送达回证。委托送达以受送达人在送达回证上签收的日期为送达日期。

受委托人民法院应当自收到委托函及相关诉讼文书之日起10日内代为送达。

(五)邮寄送达

邮寄送达是指受诉人民法院在直接送达诉讼文书有困难时,通过将诉讼文书以邮局挂号的方式邮寄给受送达人的送达方式。《法院专递规定》中的"法院专递"是邮寄送达的一种表现,与传统挂号信送达不同的是,人民法院需要将诉讼文书交由国家邮政机构以特快专递的方式实施邮寄送达,并由邮政部门将"回执联"反馈给人民法院。

邮寄送达不适用以下三种情形:(1)受送达人或者其诉讼代理人、受送达人指定的代收人同意在指定的期间内到人民法院接受送达的;(2)受送达人下落不明的;(3)法律规定或者我国缔结或者参加的国际条约中约定有特别送达方式的。①

邮寄送达的诉讼文书可以由受送达人本人、同住的成年家属、代理人、指定的代收人或者法人的法定代表人、其他组织的主要负责人或者办公室、收发室、值班室的工作人员签收。邮寄送达不产生留置送达的后果。上述人员拒绝签收诉讼文书的,由邮政机构的投递员记明情况后将邮件退回人民法院。

采用邮寄送达时,应当附有送达回证。由于受送达人自己提供或者确认的送达地址不准确、拒不提供送达地址、送达地址变更未及时告知人民法院、受送达人本人或者受送达人指定的代收人拒绝签收,导致诉讼文书未能被受送达人实际接收的,文书退回之日视为送达。②

(六)转交送达

转交送达是指人民法院将诉讼文书交给送达人所在机关、单位,让他们转交给受送达人的送达方式。

根据《民诉法》第89条至第90条的规定,转交送达主要适用于受送达人身份特殊的以下三种情形:

(1)受送达人是军人的,通过其所在部队团以上单位的政治机关转交。

(2)受送达人是被监禁的,通过其所在监所转交。

(3)受送达人被采取强制性教育措施的,通过其所在的强制性教育机构转交。

代为转交的机关、单位收到诉讼文书后,应立即将诉讼文书交受送达人签收,以受送达人在送达回证上的签收日期,为送达日期。

---

① 参见《法院专递规定》第1条。
② 参见《法院专递规定》第11条。

（七）公告送达

公告送达是指在受送达人下落不明时或者在采用上述送达方式无法送达时，人民法院发出公告将送达内容告诉社会公众，经过法定期间即视为送达的送达方式。公告送达是一种拟制送达，无论受送达人是否知悉公告的内容，经过法定的公告期间，就视为已经送达。

根据我国《民诉法》第92条及《民诉法解释》第138条至第140条的规定，采用公告送达应当注意以下几点：

（1）采用公告送达的前提是受送达人下落不明，或者采用以上六种送达方式均无法送达。

（2）公告送达起诉状或上诉状副本的，应说明起诉或上诉要点，受送达人答辩期限及逾期不答辩的法律后果；公告送达传票，应说明出庭地点、时间及逾期不出庭的法律后果；公告送达判决书、裁定书的，应说明裁判主要内容，当事人有权上诉的，还应说明上诉权利、上诉期限和上诉的人民法院。

（3）公告送达，可以在人民法院的公告栏、受送达人原住所地张贴公告，也可以在报纸、信息网络等媒体上刊登公告；对公告送达方式有特殊要求的，应按要求的方式进行公告。

（4）发出公告日期以最后张贴或者刊登的日期为准。公告的期间是自发出公告之日起60日。60日期间届满，诉讼文书视为送达。

（5）采用公告送达的，人民法院应当在案卷中记明公告送达的原因和经过，并将情况附卷备查。人民法院在受送达人住所地张贴公告的，应当采取拍照、录像等方式记录张贴过程。

（6）适用简易程序的案件，不适用公告送达。

三、送达的效力和送达回证

（一）送达的效力

送达的效力是指人民法院依法定的程序和方式，将诉讼文书送达给当事人或者其他诉讼参与人后所产生的法律效果。因为所送达的诉讼文书不同，送达的效力表现为以下几个方面：

（1）受送达人实施诉讼行为、行使诉讼权利和履行诉讼义务的起始时间得以确定。例如当事人对判决的上诉期15日，是从判决书送达之日起开始计算。

（2）受送达人受送达以后，如果没有按照所送达的诉讼文书的要求实施特定的诉讼行为，就会承担相应的法律后果。例如，当事人在判决送达后15日内，没有在上诉期间向判决书所载明的上诉人民法院提交上诉状的，就视为放弃上诉的权利。

（3）送达能够引起特定诉讼法律关系的产生或者消灭。例如，人民法院立案以后,将起诉状副本送达被告,就使被告与受诉人民法院之间产生民事诉讼法律关系。

(4) 送达是某些诉讼文书发生法律效力的要件之一。例如,调解书只有经过当事人签收才能发生法律效力,如果当事人一方拒绝签收调解书的,调解书就不发生法律效力。

(二) 送达回证

送达回证,是指人民法院按照法定格式制作的,用于证明受送达人已经收到人民法院所送的诉讼文书的书面凭证。

送达回证的内容包括:实施送达行为的人民法院,受送达人的姓名、职务、住所或居住地,应送达文书的名称和案件编号,送达方式,送达人、受送达人或见证人的签名、盖章、签收日期等。

经受送达人填写的送达回证是送达人已经实施送达行为的有效证明,因此,除公告送达之外,送达诉讼文书必须有送达回证。受送达人接到诉讼文书后,应当在送达回证上记明收到的日期,并且签名或盖章,送达人也有权要求受送达人在送达回证上签名或盖章。通常情况下,受送达人在送达回证上的签收日期即为送达日期,如果是采用邮寄送达的方式,而挂号信回执上注明的收件日期与送达回证上注明的收件日期不一致的,或者送达回证没有寄回的,要以挂号信回执上注明的收件日期为送达日期。送达日期是计算诉讼期间以及判明送达法律后果发生时间的根据。受送达人签收送达回证之后,送达人应将送达回证带回人民法院,交给法官附卷备查。

【经典司考题】

1. 关于我国《民事诉讼法》规定的期间制度,下列哪一选项是正确的?(2012-3-38)

   A. 法定期间都属于绝对不可变期间

   B. 涉外案件的审理不受案件审结期限的限制

   C. 当事人从外地到法院参加诉讼的在途期间不包括在期间内

   D. 当事人有正当理由耽误了期间,法院应当依职权为其延展期间

考点:期间的基本理论

2. 根据民事诉讼法和民事诉讼理论,关于期间,下列哪一选项是正确的?(2011-3-41)

   A. 法定期间都是不可变期间,指定期间都是可变期间

   B. 法定期间的开始日及期间中遇有节假日的,应当在计算期间时予以扣除

   C. 当事人参加诉讼的在途期间不包括在期间内

   D. 遇有特殊情况,法院可依职权变更原确定的指定期间

考点：期间的基本理论

3. 甲起诉要求与妻子乙离婚,法院经审理判决不予准许。书记员两次到甲住所送达判决书,甲均拒绝签收。书记员的下列哪一做法是正确的？(2009-3-43)

　　A. 将判决书交给甲的妻子乙转交

　　B. 将判决书交给甲住所地居委会转交

　　C. 请甲住所地居委会主任到场见证并将判决书留在甲住所

　　D. 将判决书交给甲住所地派出所转交

考点：留置送达的适用范围

4. 张某诉美国人海斯买卖合同一案,由于海斯在我国无住所,法院无法与其联系,遂要求张某提供双方的电子邮件地址,电子送达了诉讼文书,并在电子邮件中告知双方当事人在收到诉讼文书后予以回复,但开庭之前法院只收到张某的回复,一直未收到海斯的回复。后法院在海斯缺席的情况下,对案件作出判决,驳回张某的诉讼请求,并同样以电子送达的方式送达判决书。关于本案诉讼文书的电子送达,下列哪一做法是合法的？(2014-3-42)

　　A. 向张某送达举证通知书　　　　B. 向张某送达缺席判决书

　　C. 向海斯送达举证通知书　　　　D. 向海斯送达缺席判决书

考点：电子送达适用的对象

5. 关于法院的送达行为,下列哪一选项是正确的？(2013-3-39)

　　A. 陈某以马某不具有选民资格向法院提起诉讼,由于马某拒不签收判决书,法院向其留置送达

　　B. 法院通过邮寄方式向葛某送达开庭传票,葛某未寄回送达回证,送达无效,应当重新送达

　　C. 法院在审理张某和赵某借款纠纷时,委托赵某所在学校代为送达起诉状副本和应诉通知

　　D. 经许某同意,法院用电子邮件方式向其送达证据保全裁定书

考点：各种送达方式的适用

第十五章　对妨害民事诉讼的强制措施

要点提示

- 对妨害民事诉讼的强制措施的概念
- 对妨害民事诉讼的强制措施的种类
- 妨害民事诉讼行为的构成要件
- 强制措施的种类和适用

第一节　对妨害民事诉讼的强制措施的概述

一、对妨害民事诉讼强制措施的概念

（一）对妨害民事诉讼强制措施的概念和特点

对妨害民事诉讼的强制措施，是指人民法院在民事诉讼中，为了保证民事诉讼的顺利进行，依法对妨害民事诉讼的行为进行制止与排除，并对实施妨害行为的人予以强制教育与惩戒的手段。此处所说的民事诉讼，不仅包括审判，而且包括诉前保全和执行。

对妨害民事诉讼的强制措施，具有以下四个方面的特点：

（1）强制措施适用于民事诉讼的任何阶段。采取强制措施的目的在于保障审判活动的顺利进行，因此只要有妨害民事诉讼的行为，不论是在审判阶段还是在执行阶段，人民法院都可以采取强制措施。

（2）强制措施的适用对象具有广泛性。强制措施适用于实施妨害民事诉讼行为的人，既包括当事人和其他诉讼参与人，也包括案外人。如责令退出法庭的强制措施就适用于违反法庭规则的旁听群众。无论是当事人、诉讼参与人，还是案外人，只要实施了妨害民事诉讼顺利进行的行为，就可以对他们采取强制措施排除妨害，以保障诉讼顺利进行。

（3）强制措施的适用主体是人民法院。强制措施的适用，是司法权的表现，而司法权只能由国家司法机关行使。因此，如果民事诉讼中发生了妨害诉讼进行的行为，就应当由法院决定适用强制措施来加以制止。

（4）强制措施的目的在于保障民事诉讼活动的顺利进行。民事诉讼是人民法院和一切诉讼参与人，依照民事诉讼法所规定的程序，解决民事纠纷的过程。它要求每一个诉讼参与人在诉讼过程中，都要遵守诉讼秩序，正确行使诉讼权利，自觉履行诉讼义务，这样才能保障诉讼的正常进行。设立对妨害民事诉讼的强制措施，就是为了排除干扰，制裁妨害诉讼的违法行为，保障诉讼的顺利进行。

（二）对妨害民事诉讼的强制措施和刑事诉讼强制措施的区别

对妨害民事诉讼的强制措施不同于刑事诉讼中的强制措施，主要表现在：

（1）适用主体不同。对妨害民事诉讼的强制措施只能由人民法院适用；刑事诉讼强制措施既可以由人民法院适用，也可以由公安机关和人民检察院适用。

（2）适用对象不同。对妨害民事诉讼的强制措施既可以对案件的当事人适用，也可以对其他诉讼参与人或案外人适用；刑事诉讼中的强制措施只能对本案的被告人或犯罪嫌疑人适用，对其他诉讼参与人与案外人均不能适用。

（3）适用目的不同。对妨害民事诉讼的强制措施的目的在于排除已经实施的

妨害民事诉讼的行为,保障诉讼的顺利进行,因此,如果没有妨害民事诉讼进行的行为,就不能采取强制措施;刑事诉讼中的强制措施则是以预防为目的,是为了防止被告人或犯罪嫌疑人逃跑、自杀或实施其他犯罪而采用的一种预防性措施。

(4) 具体措施不同。对妨害民事诉讼的行为,人民法院可以拘传、训诫、责令退出法庭、罚款和拘留;而刑事诉讼的强制措施包括:拘传、取保候审、监视居住、拘留和逮捕。

二、对妨害民事诉讼的强制措施的意义

(1) 保障当事人的合法权益。当事人进行民事诉讼的目的之一是通过诉讼程序解决双方当事人之间的纠纷,实现当事人的合法权益。而妨害民事诉讼的行为不仅仅拖延了纠纷解决的过程,妨碍了权利的尽快实现,而且执行过程中的妨害行为,还可能使生效的判决得不到执行,使得当事人正当权益无法最终实现。为了保障当事人的合法权益,有必要对妨害民事诉讼的行为采取强制措施,保障诉讼程序的进行,使得当事人的纠纷得到及时地解决,权利尽早地实现。

(2) 有利于法院顺利完成审判和执行工作。法院是审判活动中的裁判者,是执行活动中的执行主体,因此妨害审判和执行活动的行为,同样也是对法院工作的妨害。法院通过强制措施的适用,不仅可以排除已经实施的妨害行为,惩处那些已经实施了妨害行为的人,还可以预防可能发生的妨害行为,威慑那些企图不遵守审判和执行秩序的人。

(3) 有利于维护人民法院的权威。人民法院代表国家行使审判权和执行权,司法权威的地位和形象不容蔑视。而妨害民事诉讼的行为,无视法院的权威地位,严重损坏了法院的形象,理应对妨害行为加以制止,并对行为人施以必要的惩罚。

第二节 妨害民事诉讼行为的构成要件和种类

一、妨害民事诉讼行为的构成要件

妨害民事诉讼的行为,是指在民事诉讼过程中,诉讼参加人或案外人故意实施的意在扰乱民事诉讼秩序、妨害民事诉讼顺利进行的行为。一个人的行为是否构成妨害民事诉讼的行为,需要具备以下四个要件:

(1) 行为人已经实施了妨害民事诉讼的行为。如果只是行为人主观上的一种意愿,就不能成为妨害民事诉讼的行为。妨害民事诉讼的行为,可以是作为,也可以是不作为。我国《民诉法》和《民诉法解释》对妨害民事诉讼行为的种类有明确的规定。

(2) 必须是行为人故意实施的行为。所谓故意,是指行为人明知自己的行为

会妨害民事诉讼,并希望或者放任这种结果的发生。例如,行为人毁灭证据的行为。

(3) 必须是在诉讼过程实施的行为。需要注意的是,《民诉法解释》第 521 条有条件地承认了执行程序结束之后所发生的妨害行为,"在执行终结 6 个月内,被执行人或者其他人对已执行的标的有妨害行为的,人民法院可以依申请排除妨害,并可以依照民事诉讼法第 111 条规定进行处罚。"在此种情形下,即使执行程序已经结束,行为人对执行标的的毁损行为仍然被视为妨害民事诉讼的行为。

(4) 行为人的行为已经妨害了民事诉讼的进行。如果行为人的行为在客观上没有达到妨害诉讼的后果,就不构成妨害民事诉讼的行为,也不需要对他的行为进行处罚。

二、妨害民事诉讼行为的种类

根据我国《民诉法》第 10 章、《民诉法解释》第 174、176、187—189、192 条和《执行规定》第 97、100 条的规定,妨害民事诉讼的行为包括以下九大类别:

(1) 必须到庭的被告,经两次传票传唤,无正当理由拒不到庭的行为。"必须到庭的被告"是指不到庭就无法查明案件基本事实的被告。包括两类:其一是指负有赡养、抚育、扶养义务和不到庭就无法查清案情的被告;其二是指给国家、集体或他人造成损害的未成年人的法定代理人。必须到人民法院接受询问的被执行人或被执行人的法定代表人或负责人,拒不到场接受询问的,也属于妨害民事诉讼的行为。需要注意的是,必须到庭或到场的有关人员,须经过经两次传票传唤,无正当理由拒不到庭或到场的,才可以视作妨害民事诉讼的行为。

(2) 诉讼参与人和其他人违反法庭规则和扰乱法庭秩序的行为。这些行为不仅表现为哄闹、冲击法庭、侮辱、诽谤、威胁、殴打审判人员等严重扰乱法庭秩序的行为,还包括未经准许进行录音、录像、摄影,未经准许以移动通信等方式现场传播审判活动以及其他扰乱法庭秩序妨害审判活动进行的行为。讼参加人和其他人应当遵守法庭纪律。行为人违反法庭规则,使得审判人员不得不暂停审判以维持法庭秩序,诉讼不能顺利进行,因此,违反法庭规则的行为构成妨害民事诉讼的行为。

(3) 诉讼参与人或者其他人针对证据实施的妨害行为。包括:其一,伪造、隐藏、毁灭或者拒绝交重要证据的行为。伪造证据,是指行为人故意以弄虚作假的方式制造根本就不存在的证据;毁灭证据,是指行为人将现有的证据销毁。重要证据,是指能够证明案件主要事实和有关被执行人履行能力的证据。行为人伪造、毁灭重要证据的行为,影响了法官对事实的发现,影响判决的公正和执行的顺利进行,因此构成妨害行为。其二,证人签署保证书后作虚假证言,妨碍人民法院审理案件的。其三,诉讼参与人或者其他人以暴力、威胁、贿买方法阻止证人作证或者指使、贿买、胁迫他人作伪证,或者指使、贿买、胁迫他人对被执行人的财产状况和履行义务的能力问题作伪证的行为。

（4）诉讼参与人或者其他人针对保全措施实施的妨害行为。包括：隐藏、转移、变卖、毁损已被查封、扣押的财产，或者已被清点并责令其保管的财产，擅自解冻、转移已被冻结的财产但尚未构成犯罪的行为。这类行为实质是妨害人民法院财产保全的行为，不仅无视法院保全裁定的效力，而且导致判决生效后无法执行。

（5）诉讼参与人或者其他人侵害有关人员人身安全的妨害行为。主要表现为对司法工作人员、诉讼参加人、证人、翻译人员、鉴定人、勘验人、执行人员、协助执行的人，进行侮辱、诽谤、诬陷、围攻、威胁、殴打或者打击报复的行为。这些行为侵犯了上述人员的人身安全，使得诉讼无法顺利进行，因此构成妨害诉讼的行为。

（6）诉讼参与人或者其他人以暴力、威胁或者其他方法阻碍司法工作人员执行职务的行为。包括：在人民法院哄闹、滞留，不听从司法工作人员劝阻的；故意毁损、抢夺人民法院法律文书、查封标志、执行公告、封条的的；哄闹、冲击执行现场，围困、扣押执行或者协助执行公务人员的；毁损、抢夺、扣留案件材料、执行公务车辆、其他执行公务器械、执行公务人员服装和执行公务证件的；以暴力、威胁或者其他方法阻碍司法工作人员搜查、查询、查封、扣押、冻结、划拨、拍卖、变卖财产的；以暴力、威胁或者其他方法阻碍司法工作人员执行职务的其他行为。司法人员执行职务的行为，是代表国家行使审判权和执行权的行为，阻碍司法人员执行公务的行为，就是对国家司法权的破坏和挑战，因此构成妨害诉讼的行为。

（7）诉讼参与人或者其他人拒不履行人民法院已经发生法律效力的判决、裁定的行为。包括：在法律文书发生法律效力后隐藏、转移、变卖、毁损财产或者无偿转让财产，以明显不合理的价格交易财产，放弃到期债权，无偿为他人提供担保等，致使人民法院无法执行的；隐藏、转移、毁损或者未经人民法院允许处分已向人民法院提供担保的财产的；违反人民法院限制高消费令进行消费的；有履行能力而拒不按照人民法院执行通知履行生效法律文书确定的义务的；有义务协助执行的个人接到人民法院协助执行通知书后，拒不协助执行的。人民法院已经发生法律效力的判决、裁定，是具有国家强制力的法律文书。义务人拒不履行法律文书的义务，是漠视法院权威的行为。

（8）有关单位拒不履行协助义务的行为。这种妨害行为的特点是，妨害主体是特定的有义务协助调查和执行的单位，而不是自然人，包括：拒绝或者妨碍人民法院调查取证的行为；接到人民法院协助执行通知书后，给当事人通风报信，协助其转移、隐匿财产的；接到人民法院协助执行通知书后，拒不协助查询、冻结、划拨存款或变价的行为；接到人民法院协助执行通知书后，拒不协助扣留被执行人的收入，拒不停止办理有关财产权证照、权属变更登记、规划审批等手续，拒不办理转交有关票证、证照或者其他财产的行为；允许被执行人高消费的；允许被执行人出境的；以需要内部请示、内部审批，有内部规定等为由拖延办理的；其他拒绝协助调查和执行的行为。

（9）恶意诉讼和恶意执行的行为。包括：冒充他人提起诉讼或者参加诉讼的；第三人提起撤销之诉后，经审查，原案当事人之间恶意串通进行虚假诉讼的；被执行人与他人恶意串通，通过诉讼、仲裁、调解等方式逃避履行法律文书确定的义务的。

第三节　对妨害民事诉讼强制措施的种类和适用

▶ 一、拘传

拘传是指人民法院对于必须到庭的原告、被告或者必须到场接受质询的被执行人，通过派出司法警察依法强制他们到庭或到场的一种强制手段。

（一）拘传适用的条件

1. 对原、被告的拘传

拘传应当满足以下条件：（1）被拘传的只能是必须到庭的原告或者被告，包括：① 负有赡养、抚育、扶养义务的被告；② 不到庭就无法查清案情的被告；③ 不到庭就无法查清案情的原告。

（2）适用拘传必须经过两次传票传唤。如果采用简便的传唤方式传唤，就不能适用拘传措施。而且，如果仅用一次传票传唤，也不能产生拘传的效果。

（3）无正当理由拒不到庭。如果必须到庭的原、被告有正当理由没有到庭的，可以延期审理，不构成妨害诉讼的行为，不能适用拘传措施。

2. 对被执行人的拘传

根据《民诉法解释》第484条的规定，对必须接受调查询问的被执行人、被执行人的法定代表人、负责人或者实际控制人，经依法传唤无正当理由拒不到场的，人民法院可以拘传其到场。

（二）拘传适用的程序

拘传是一种比较严厉的强制性手段，因此，其适用必须遵守严格的法定程序。

（1）拘传必须要经过法院院长的批准，并使用拘传票，直接送达被拘传人；

（2）传前，应向被拘传人说明拒不到庭的后果，经批评教育仍拒不到庭的，才可以拘传其到庭；

（3）应当及时对被拘传人进行调查询问，时间不得超过8小时；情况复杂，依法可能采取拘留措施的，调查询问的时间不得超过24小时。

（4）对被执行人采取拘传方式进行调查询问时，应当将被执行人拘传至执行法院；在人民法院辖区之外拘传被执行人的，应当将被拘传人拘传到当地人民法院，当地人民法院应当给予协助。

二、训诫

训诫是指法院对妨害民事诉讼行为情节较轻的人,通过口头批评教育的方式,指出其违法之处并责令其及时加以改正的强制措施。

训诫的适用对象仅限于违反法庭规则,情节显著轻微,尚不足以作出责令退出法庭、罚款、拘留等措施的人。训诫由审判长或独任审判员当庭口头指出行为人的错误,令其改正,并由书记员记入庭审笔录。

三、责令退出法庭

责令退出法庭是指法院强行命令违反法庭规则、扰乱法庭秩序的人离开法庭,从而防止其继续妨害诉讼活动进行的强制措施。

责令退出法庭的适用对象是实施了违反法庭规则的行为,但情节显著轻微尚不足以处以罚款、拘留措施的人。责令退出法庭在强制力上比训诫要重,但比罚款、拘留要轻。责令退出法庭通常适用于训诫之后仍然不改的情形,经合议庭和独任审判员决定并当庭宣布,让违反法庭规则的人立即退出法庭,拒不退出的,由司法警察强行带出。被责令退出法庭者的违法事实应当记入庭审笔录。

四、罚款

罚款是指法院强制妨害民事诉讼的人缴纳一定数额金钱的经济惩罚措施。罚款的强制力轻于拘留,重于训诫和责令退出法庭。在我国,适用罚款时,应当注意以下几点:

(1) 罚款处罚的对象,主要是实施了《民诉法》第 110 条、第 111 条、第 112 条、第 113 条、第 114 条和第 117 条所规定的妨害民事诉讼行为的人。

(2) 罚款的对象,包括自然人、法人和其他组织。罚款的金额,对个人为人民币 10 万元以下;对单位为人民币 5 万元以上 100 万元以下。

(3) 罚款是一种较重的强制措施,因此法律对它有着严格的程序要求。对妨害行为人采取罚款措施时,先由合议庭或独任审判员提出具体的罚款意见,经人民法院院长批准后,制作决定书处以罚款。

(4) 被罚款的公民或者单位不服罚款决定的,应当自收到决定书之日起 3 日内向上一级人民法院申请复议一次。复议期间不停止执行。上级人民法院应在收到复议申请后 5 日内作出决定,并将复议结果通知下级人民法院和当事人。上级人民法院复议时认为强制措施不当,应当制作决定书,撤销或变更下级人民法院的罚款决定。情况紧急的,可以在口头通知后 3 日内发出决定书。

(5) 罚款和其他的强制措施可以合并适用,但不可以连续适用。

五、拘留

拘留是指法院对妨害民事诉讼行为情节严重的人，在一定期间内限制其人身自由的强制措施。拘留是所有妨害民事诉讼的强制措施中最严厉的。在我国，适用拘留时，应当注意以下几点：

(1) 拘留的适用对象，主要是实施了《民诉法》第 110 条、第 111 条、第 112 条、第 113 条、第 114 条和第 117 条所规定的妨害民事诉讼行为的人。

(2) 拘留的期限，为 15 日以下。

(3) 采取拘留措施时，先由合议庭或独任审判员提出应当拘留的意见，经人民法院院长批准后，制作拘留决定书。拘留时，要向被拘留人当场宣读拘留决定书。但是如果遇有紧急情况，例如发生行为人轰闹、冲击法庭或者用暴力方法阻碍司法人员执行公务而必须立即采取拘留措施的，可以先行拘留后再及时报告院长补办手续。

(4) 人民法院对被拘留人采取拘留措施后，应当在 24 小时内通知其家属；确实无法按时通知或者通知不到的，应当记录在案。

(5) 被拘留的人不服拘留决定的，应当自收到决定书之日起 3 日内向上一级人民法院申请复议一次。复议期间不停止执行。上级人民法院应在收到复议申请后 5 日内作出决定，并将复议结果通知下级人民法院和当事人。上级人民法院复议时认为强制措施不当，应当制作决定书，撤销或变更下级人民法院的拘留决定。情况紧急的，可以在口头通知后 3 日内发出决定书。

(6) 被拘留的人由司法警察送交当地公安机关看管。被拘留人在拘留期间认错悔改的，可以责令其具结悔过，提前解除拘留。提前解除拘留，应报经院长批准，并作出提前解除拘留决定书，交负责看管的公安机关执行。

(7) 拘留可以和罚款等其他强制措施合并适用，但不可以连续适用。

六、刑事责任

对妨害民事诉讼的行为情节特别严重，构成犯罪的，应当追究刑事责任。主要包括五种情况：

(1) 依照《民诉法》第 110 条的规定，应当追究有关人员刑事责任的，由审理该案的审判组织直接予以判决；在判决前，应当允许当事人陈述意见或者委托辩护人辩护。

(2) 依照《民诉法》第 111 条第 1 款第 6 项的规定，应当追究有关人员刑事责任的，由人民法院刑事审判庭直接受理并予以判决。

(3) 依照《民诉法》第 111 条第 1 款第 1—5 项和第 114 条的规定，应当追究有关人员刑事责任的，依照刑事诉讼法的规定办理。

(4) 依照《民诉法》第112条的规定,当事人之间恶意串通,企图通过诉讼、调解等方式侵害他人合法权益构成犯罪的,依法追究刑事责任。

(5) 依照《民诉法》第113条的规定,被执行人与他人恶意串通,通过诉讼、仲裁、调解等方式逃避履行法律文书确定的义务,构成犯罪的,依法追究刑事责任。

【经典司考题】

某省电视剧制作中心摄制的作品《星空》正式播出前,邻省的某音像公司制作了盗版光盘。制作中心发现后即向音像公司所在地的某区法院起诉,并在法院立案后,请求法院裁定音像公司停止生产光盘。音像公司在接到应诉通知书及停止生产光盘的裁定后,认为自己根本不是盗版,故继续生产光盘。法院裁定音像公司暂时停止生产光盘,但在收到法院裁定后仍继续生产,法院可如何处理?(2004-3-100)

A. 尽快判决被告败诉并开始执行
B. 采取强制执行措施
C. 对主要负责人或直接责任人员实施拘留
D. 对音像公司处以罚款

考点:强制措施的适用范围

第十六章　诉讼费用

要点提示

- 诉讼费用的含义和征收意义
- 诉讼费用的种类及收费标准
- 诉讼费用的交纳与退还
- 诉讼费用的负担与救济

第一节 诉讼费用概述

一、诉讼费用的概念

诉讼费用有广义和狭义之分。广义上的诉讼费用,是指当事人进行民事诉讼所支付的一切费用,也称诉讼成本。狭义的诉讼费用,是指当事人进行民事诉讼,依法律规定应向人民法院交纳和支付的费用。我国民事诉讼法规定的诉讼费用是指狭义的诉讼费用。

二、征收诉讼费用的意义

关于是否收取案件受理费,世界上主要两种立法例:一是无偿主义;二是有偿主义。采取无偿主义的国家有法国和西班牙。大多数国家持有偿主义。主要原因在于:(1)诉讼制度的目的在于保护当事人的私权,而与公益关系不大。在这个意义上,诉讼费应当由当事人自己承担,如果转嫁给国家财政则缺乏合理性。(2)诉讼费用的负担遵循败诉者负担原则。征收诉讼费并让败诉者承担有助于督促当事人认真履行法律义务。(3)征收诉讼费用有助于防止当事人滥用诉权。(4)有利于维护国家主权和经济利益。随着世界经济一体化,我国与外国的民事纠纷也将日益增多。如果别的国家对民事诉讼都征收诉讼费用,而我国不征收的话,不符合国家间交往的平等原则和互惠原则。

三、我国诉讼费用征收制度的沿革

我国诉讼费用的历史发展大致如下:新中国成立后的20世纪50年代初,我国局部地方一度试行诉讼收费。不久便因接二连三的"政治运动"而废止。20世纪80年代初,上海市、重庆市、福建省和山东省等地的法院恢复征收诉讼费用。征收的依据是该地方的地方性规章。

1982年,《民事诉讼法(试行)》开始实施。1984年,最高人民法院根据1982年《民事诉讼法(试行)》颁布了第一个全国性的诉讼费用征收规则——《民事诉讼收费办法(试行)》。该《办法》于1989年失效。

最高人民法院于1989年制定了《人民法院诉讼收费办法》。该《收费办法》在1991年《民事诉讼法》施行后继续适用,直至2007年4月1日。

2006年12月国务院通过了《诉讼费用交纳办法》,并于2007年4月1日开始施行,这是目前诉讼费用征收的主要依据。

第二节　诉讼费用的种类及收费标准

诉讼费用的种类,是指对法律规定的不同的诉讼费用依其性质做作的分类。主要分为程序启动费和其他诉讼费用。程序启动费又可以分为案件受理费和申请费,其他诉讼费用主要是程序进行中实际开支的费用。

▶ 一、案件受理费及收费标准

案件受理费,是人民法院决定受理争讼案件后,按照有关规定向当事人征收的费用。案件受理费包括第一审案件受理费、第二审案件受理费以及再审案件中,依照本办法规定需要交纳的案件受理费。

案件受理费可分为两类:一类是财产案件的受理费,另一类是非财产案件的受理费。如果案件的诉讼标的既涉及非财产性质、又涉及财产性质时,则要按规定分别交纳两种案件受理费。

(一) 财产案件受理费及征收标准

财产案件,是指因财产权益争议提起诉讼的案件。财产案件受理费根据诉讼请求的金额或者价额,按照下列比例分段累计交纳:

金额	征收比例	该区段总金额
不超过1万元的		每件交纳50元
超过1万元至10万元的部分	按照2.5%交纳	2250元
超过10万元至20万元的部分	按照2%交纳	2000元
超过20万元至50万元的部分	按照1.5%交纳	4500元
超过50万元至100万元的部分	按照1%交纳	5000元
超过100万元至200万元的部分	按照0.9%交纳	9000元
超过200万元至500万元的部分	按照0.8%交纳	2.4万元
超过500万元至1000万元的部分	按照0.7%交纳	3.5万元
超过1000万元至2000万元的部分	按照0.6%交纳	6万元
超过2000万元的部分	按照0.5%交纳	

例如,一个标的额为70万元的财产案件,其案件受理费的数额为:

50(1万元以下部分)+2250(1万元至10万元部分:9万×2.5%)+2000(10万元至20万元部分:10万×2%)+4500(20万元至50万元部分:30万×1.5%)+2000(50万元至100万元部分:20万×1%)=10800(元)

(二)非财产案件受理费及征收标准

非财产案件,是泛指那些不直接涉及财产权益争议的案件,如因人身关系争议等所提起诉讼的案件。

非财产案件受理费,按以下规定交纳:

第一,离婚案件每件交纳50元至300元。涉及财产分割,财产总额不超过20万元的,不另行交纳;超过20万元的部分,按照0.5%交纳。

第二,侵害姓名权、名称权、肖像权、名誉权、荣誉权以及其他人格权的案件,每件交纳100元至500元。涉及损害赔偿,赔偿金额不超过5万元的,不另行交纳;超过5万元至10万元的部分,按照1%交纳;超过10万元的部分,按照0.5%交纳。

第三,其他非财产案件每件交纳50元至100元。

第四,知识产权民事案件,没有争议金额或者价额的,每件交纳500元至1000元;有争议金额或者价额的,按照财产案件的标准交纳。

第五,劳动争议案件每件交纳10元。

第六,当事人提出案件管辖权异议,异议不成立的,每件交纳50元至100元。

需要注意的是,在上述六类非财产案件中,除劳动争议案件外,《诉讼费用交纳办法》只规定了受理费的征收范围,并没有规定具体的征收数额,而是授权各省、自治区、直辖市人民政府制定具体标准。各地政府则委托不同的部门制定。因此,具体征收数额需参见各省、自治区、直辖市的相关规定。[①]

(三)减半征收案件受理费的情形

《诉讼费用交纳办法》规定以下几种情形减半征收案件受理费:(1)以调解方式结案或者当事人申请撤诉的,减半交纳案件受理费;(2)适用简易程序审理的案件减半交纳案件受理费;(3)被告提起反诉、有独立请求权的第三人提出与本案有关的诉讼请求,人民法院决定合并审理的,分别减半交纳案件受理费。

---

① 北京市委托北京市发展和改革委员会制定。该委员会制定的《关于非财产民事案件等诉讼受理费标准的通告》规定:一、非财产民事案件诉讼受理费标准:(一)离婚案件每件交纳150元。涉及财产分割,财产总额不超过20万元的,不另行交纳;超过20万元的部分,按照0.5%交纳;(二)侵害姓名权、名称权、肖像权、名誉权、荣誉权以及其他人格权的案件,每件交纳300元。涉及损害赔偿,赔偿金额不超过5万元的,不另行交纳;超过5万元至10万元的部分,按照1%交纳;超过10万元的部分,按照0.5%交纳;(三)其他非财产案件每件交纳70元。二、知识产权民事案件诉讼受理费,没有争议金额或价额的,每件交纳750元。三、当事人提出案件管辖权异议,异议不成立的案件诉讼受理费,每件交纳70元。

上海市则委托上海市财政局、物价局制定。他们制定的《关于本市制定部分案件诉讼费用具体交纳标准的通知》规定离婚案件每件交纳200元,涉及财产分割争议的,依据财产金额另外加收费用;侵害姓名权、名称权、肖像权、名誉权、荣誉权以及其他人格权的案件,每件交纳300元;其他非财产案件每件交纳80元;知识产权民事案件,没有争议金额或价额的,每件交纳800元;当事人提出案件管辖权异议,异议不成立的,每件交纳100元。

(四)案件受理费的征收基数

案件受理费的征收标准只有与征收基数相配合才能确定具体的征收数额。《诉讼费用交纳办法》对部分案件的征收基数也做出了规定:(1)财产案件中请求的数额与实际不符的,案件受理费按法院核定的实际争议数额计算;(2)需要交纳案件受理费的再审案件,按照不服原判决部分的再审请求数额交纳案件受理费。

在民事诉讼中,下列案件不交纳案件受理费:(1)依照特别程序审理的案件;(2)裁定不予受理、驳回起诉、驳回上诉的案件;(3)对不予受理、驳回起诉和管辖权异议裁定不服,提起上诉的案件;(4)除以下两种情形之外的按审判监督程序审理的案件。一是当事人有新的证据,足以推翻原判决、裁定,向人民法院申请再审,人民法院经审查决定再审的案件;二是当事人对人民法院第一审判决或者裁定未提出上诉,第一审判决、裁定或者调解书发生法律效力后又申请再审,人民法院经审查决定再审的案件。

▶ 二、申请费及收费标准

申请费是指当事人申请启动非讼程序,如执行程序、督促程序等需要交纳的诉讼费用。

按照我国《诉讼费用交纳办法》,下列案件应当按照下列标准交纳申请费:

(1)申请执行人民法院发生法律效力的判决、裁定、调解书,仲裁机构依法作出的裁决和调解书,公证机构依法赋予强制执行效力的债权文书,申请承认和执行外国法院判决、裁定和国外仲裁机构裁决。其交纳标准如下:

没有执行金额或者价额的,每件交纳 50 元至 500 元。

执行金额或者价额不超过 1 万元的,每件交纳 50 元;超过 1 万元至 50 万元的部分,按照 1.5% 交纳;超过 50 万元至 500 万元的部分,按照 1% 交纳;超过 500 万元至 1000 万元的部分,按照 0.5% 交纳;超过 1000 万元的部分,按照 0.1% 交纳。

符合我国《民诉法》第 54 条第 4 款规定,未参加登记的权利人向人民法院提起诉讼的,按照本项规定的标准交纳申请费,不再交纳案件受理费。

(2)申请保全措施的,根据实际保全的财产数额按照下列标准交纳:

财产数额不超过 1000 元或者不涉及财产数额的,每件交纳 30 元;超过 1000 元至 10 万元的部分,按照 1% 交纳;超过 10 万元的部分,按照 0.5% 交纳。但当事人申请保全措施交纳的费用最多不超过 5000 元。

(3)申请支付令,比照财产案件受理费标准的 1/3 交纳。

(4)申请公示催告的,每件交纳 100 元。

(5)申请撤销仲裁裁决或者认定仲裁协议效力,每件交纳 400 元。

(6)申请破产的,依据破产财产总额计算,按照财产案件受理费标准减半交纳,但最高不超过 30 万元。

(7)海事案件的申请费按照下列标准交纳：

申请设立海事赔偿责任限制基金的	每件交纳1000元至1万元
申请海事强制令的	每件交纳1000元至5000元
申请船舶优先权催告的	每件交纳1000元至5000元
申请海事债权登记的	每件交纳1000元
申请共同海损理算的	每件交纳1000元

三、其他诉讼费用及征收标准

根据我国《诉讼费用交纳办法》第6条第1款第3项及第11、12条的规定,其他诉讼费用是指人民法院在审理民事案件的过程中实际支出的,应当由当事人支付的费用。具体包括：

(1)证人、鉴定人、翻译人员、理算人员在人民法院指定日期出庭发生的交通费、住宿费、生活费和误工补贴,由人民法院按照国家规定标准代为收取。

(2)当事人复制案件卷宗材料和法律文书应当按实际成本向人民法院交纳的工本费。

(3)诉讼过程中因鉴定、公告、勘验、翻译、评估、拍卖、变卖、仓储、保管、运输、船舶监管等发生的依法应当由当事人负担的费用,人民法院根据谁主张、谁负担的原则,决定由当事人直接支付给有关机构或者单位,人民法院不得代收代付。

不过,人民法院依照我国《民诉法》第11条第3款规定提供通晓当地民族通用语言、文字翻译的,不收取费用。

第三节 诉讼费用的缴纳与管理

一、诉讼费用的预交

根据我国《诉讼费用交纳办法》的规定,一审案件受理费由原告、有独立请求权的第三人、反诉人自接到人民法院交纳诉讼费用通知次日起7日内预交。二审案件受理费由上诉人向人民法院提交上诉状时预交,双方当事人都提起上诉的,分别预交。上诉人在上诉期内未预交诉讼费用的,人民法院应当通知其在7日内预交。需要交纳案件受理费的再审案件,由申请再审的当事人预交。双方当事人都申请再审的,分别预交。

当事人在诉讼中变更诉讼请求数额的,其案件受理费依照下列规定处理：(1)当事人增加诉讼请求数额的,按照增加后的诉讼请求数额计算补交；(2)当事人在法庭调查终结前提出减少诉讼请求数额的,按照减少后的诉讼请求数额计算退还。

申请费由申请人预交。但是执行案件和破产案件的申请费不由申请人预交,执行申请费,由人民法院执行结束后向被执行人收取,破产申请费清算后从破产财产中优先拨付。

当事人逾期不交纳诉讼费用又未提出司法救助申请,或者申请司法救助未获批准,在人民法院指定期限内仍未交纳诉讼费用的,人民法院将分别按自动撤回起诉、反诉、上诉、再审申请、撤回申请处理。

证人、鉴定人、翻译人员、理算人员在人民法院指定日期出庭发生的交通费、住宿费、生活费和误工补贴,待实际发生后交纳。

诉讼中拍卖、变卖被扣押船舶、船载货物、船用燃油、船用物料发生的合理费用,由申请人预付,从拍卖、变卖价款中先行扣除,退还申请人。

可以不预交案件受理费的有:(1)追索劳动报酬的案件。(2)提起人数不确定的代表人诉讼。

二、征收币种和缴纳方式

诉讼费用以人民币为计算单位。以外币为计算单位的,依照人民法院决定受理案件之日国家公布的汇率换算成人民币计算交纳;上诉案件和申请再审案件的诉讼费用,按照第一审人民法院决定受理案件之日国家公布的汇率换算。

由于国家对诉讼费用实行"收支两条线"的管理政策,各级人民法院收取的诉讼费用都必须上缴同级财政。同级财政都在银行设有专门账户。除在边远、水上、交通不便地区,基层巡回法庭当场审理案件,当事人提出向指定代理银行交纳诉讼费用确有困难,基层巡回法庭可以当场收取诉讼费用外,当事人在接到人民法院缴费通知单后应到指定的代理银行缴费。交完费后,需将通知单中的法院留存联交还给法院。否则,超过法定期限后法院会认为当事人没有缴费,按自动撤诉或撤回申请处理。

三、诉讼费用的移交与退还

依照我国《民诉法》第36—38条规定移送、移交的案件,原受理人民法院应当将当事人预交的诉讼费用随案移交接收案件的人民法院。

人民法院审理民事案件过程中发现涉嫌刑事犯罪并将案件移送有关部门处理的,当事人交纳的案件受理费予以退还;移送后民事案件需要继续审理的,当事人已交纳的案件受理费不予退还。

中止诉讼、中止执行的案件,已交纳的案件受理费、申请费不予退还。中止诉讼、中止执行的原因消除,恢复诉讼、执行的,不再交纳案件受理费、申请费。

第二审人民法院决定将案件发回重审的,应当退还上诉人已交纳的第二审案件受理费。

第一审人民法院裁定不予受理或者驳回起诉的,应当退还当事人已交纳的案件受理费;当事人对第一审人民法院不予受理、驳回起诉的裁定提起上诉,第二审人民法院维持第一审人民法院作出的裁定的,第一审人民法院应当退还当事人已交纳的案件受理费。

依照我国《民诉法》第151条规定终结诉讼的案件,依照本办法规定已交纳的案件受理费不予退还。

需要向当事人退还诉讼费用的,人民法院应当自法律文书生效之日起15日内退还有关当事人。

第四节 诉讼费用的负担与救济

一、诉讼费用的负担原则

诉讼费用的负担是指在案件审理终结或者执行完毕后,当事人对诉讼费用的最终承担。诉讼费用的负担原则与诉讼费用的预交是完全不同的两码事。预交诉讼费用的当事人并不一定是最终的承担者。我国《诉讼费用交纳办法》确立了以下几种负担原则:

(一)败诉方(被申请方、被执行方)负担

根据《诉讼费用交纳办法》第29条和相关司法解释,败诉方负担适用于以下情形:

(1)诉讼费用由败诉方负担,胜诉方自愿承担的除外。

(2)第二审人民法院判决驳回上诉的案件,上诉案件受理费由上诉人负担。双方都上诉的,由双方分担。

(3)依照《诉讼费用交纳办法》的规定应当交纳案件受理费的再审案件,诉讼费用由申请再审的当事人负担;双方当事人都申请再审的,诉讼费用依照该办法第29条的规定负担。原审诉讼费用的负担由人民法院根据诉讼费用负担原则重新确定。

(4)债务人对督促程序未提出异议的,申请费由债务人负担。

(5)申请执行人民法院发生法律效力的判决、裁定、调解书。仲裁机构依法作出的裁决和调解书,申请执行公证机构依法赋予强制执行效力的债权文书,申请承认和执行外国法院判决、裁定和国外仲裁机构裁决的申请费由被执行人负担。

(6)申请撤销仲裁裁决或者认定仲裁协议效力的申请费,由人民法院依照败诉方负担的原则决定申请费的负担。

（二）原告和上诉人负担

（1）民事案件的原告或者上诉人申请撤诉，人民法院裁定准许的，案件受理费由原告或者上诉人负担。

（2）当事人在法庭调查终结后提出减少诉讼请求数额的，减少请求数额部分的案件受理费由变更诉讼请求的当事人负担。

（三）申请人负担

（1）债务人对督促程序提出异议致使督促程序终结的，申请费由申请人负担；申请人另行起诉的，可以将申请费列入诉讼请求。

（2）公示催告的申请费由申请人负担。

（3）申请保全措施的申请费由申请人负担，申请人提起诉讼的，可以将该申请费列入诉讼请求。

（4）诉前申请海事请求保全、海事强制令的，申请费由申请人负担；申请人就有关海事请求提起诉讼的，可将上述费用列入诉讼请求。

（5）诉前申请海事证据保全的，申请费由申请人负担。

（6）申请设立海事赔偿责任限制基金、申请债权登记与受偿、申请船舶优先权催告案件的申请费，由申请人负担。

（7）设立海事赔偿责任限制基金、船舶优先权催告程序中的公告费用由申请人负担。

（四）当事人协商负担

（1）经人民法院调解达成协议的案件，诉讼费用的负担由双方当事人协商解决。

（2）离婚案件诉讼费用的负担由双方当事人协商解决。

（3）执行中当事人达成和解协议的，申请费的负担由双方当事人协商解决。

（五）法院决定负担

（1）部分胜诉、部分败诉的，人民法院根据案件的具体情况决定当事人各自负担的诉讼费用数额。

（2）共同诉讼当事人败诉的，人民法院根据其对诉讼标的的利害关系，决定当事人各自负担的诉讼费用数额。

（3）调解结案的案件中对诉讼费用承担协商不成的，由人民法院决定。

（4）离婚案件中就诉讼费用的负担协商不成的，由人民法院决定。

（5）第二审人民法院改变第一审人民法院作出的判决、裁定的，应当相应变更第一审人民法院对诉讼费用负担的决定。

（六）自行负担

（1）当事人因自身原因未能在举证期限内举证，在二审或者再审期间提出新的证据致使诉讼费用增加的，增加的诉讼费用由该当事人负担。

(2) 因当事人不正当的诉讼行为所支出的费用,由该当事人自行承担。

(3) 当事人复制案件卷宗材料和法律文书所需工本费由当事人自行承担。

(七) 诉讼费用的复核

在法院对诉讼费用的负担作出决定后,如当事人不服,不得单独对人民法院关于诉讼费用的决定提起上诉,只可以向作出决定的人民法院院长申请复核。法院应当自收到当事人申请之日起15日内作出复核决定。

当事人对人民法院决定诉讼费用的计算有异议的,可以向作出决定的人民法院请求复核。计算确有错误的,作出决定的人民法院应当予以更正。

二、司法救助

司法救助在诉讼费用上的表现形式就是诉讼费用的减、缓、免。该制度是指对那些依照法律规定应当交纳诉讼费用的当事人,因其经济上确有困难,无力负担或暂时无力支付时,经其申请,人民法院决定让其少交、缓交或免交诉讼费用的制度。该制度主要是为了帮助贫困的当事人接近司法,行使诉权,享受司法服务。

(一) 司法救助的适用情形

1. 免交诉讼费用

诉讼费用的免交只适用于自然人。当事人申请司法救助,符合下列情形之一的,人民法院应当准予免交诉讼费用:(1) 残疾人无固定生活来源的;(2) 追索赡养费、扶养费、抚育费、抚恤金的;(3) 最低生活保障对象、农村特困定期救济对象、农村五保供养对象或者领取失业保险金人员,无其他收入的;(4) 因见义勇为或者为保护社会公共利益致使自身合法权益受到损害,本人或者其近亲属请求赔偿或者补偿的;(5) 确实需要免交的其他情形。

2. 减交诉讼费用

当事人申请司法救助,符合下列情形之一的,人民法院应当准予减交诉讼费用:(1) 因自然灾害等不可抗力造成生活困难,正在接受社会救济,或者家庭生产经营难以为继的;(2) 属于国家规定的优抚、安置对象的;(3) 社会福利机构和救助管理站;(4) 确实需要减交的其他情形。人民法院准予减交诉讼费用的,减交比例不得低于30%。

3. 缓交诉讼费用

当事人申请司法救助,符合下列情形之一的,人民法院应当准予缓交诉讼费用:(1) 追索社会保险金、经济补偿金的;(2) 海上事故、交通事故、医疗事故、工伤事故、产品质量事故或者其他人身伤害事故的受害人请求赔偿的;(3) 正在接受有关部门法律援助的;(4) 确实需要缓交的其他情形。

(二) 申请司法救助的程序

当事人申请司法救助,应当在起诉或者上诉时书面提交足以证明其确有经济困难的证明材料以及其他相关证明材料。因生活困难或者追索基本生活费用申请免交、减交诉讼费用的,还应当提供本人及其家庭经济状况符合当地民政、劳动保障等部门规定的公民经济困难标准的证明。

人民法院应当对当事人的司法救助申请进行审查,不予批准的,应当向当事人书面说明理由。如果准予当事人缓交诉讼费用的,人民法院应当在决定立案之前作出准予缓交的决定。人民法院对一方当事人提供司法救助,对方当事人败诉的,诉讼费用由对方当事人负担;对方当事人胜诉的,可以视申请司法救助的当事人的经济状况决定其减交、免交诉讼费用。

人民法院准予当事人减交、免交诉讼费用的,应当在法律文书中载明。

【思考题】

1. 北京市的甲起诉到北京市海淀区人民法院要求解除与乙的婚姻关系,分割共有财产50万,孩子由自己抚养。问甲应当预交多少案件受理费?

2. 上海的甲因乙侵犯其名誉权诉至上海长宁区人民法院,索赔65万,问甲应当预交多少案件受理费?

第六编 诉讼程序

第十七章 第一审普通程序

要点提示

- 第一审普通程序的特点
- 起诉的条件与审查后的处理
- 审前准备的内容
- 开庭审理的流程
- 调解的原则与具体操作
- 第一审普通程序中的特殊情形
- 公益诉讼

第一节　第一审普通程序概述

一、第一审普通程序的概念

第一审普通程序,简称普通程序,是指人民法院审理第一审民事案件通常适用的诉讼程序。我国一审诉讼程序包括第一审普通程序、简易程序和小额诉讼程序。简易程序和小额诉讼程序仅适用于基层人民法院审理简单的民事案件或双方当事人协议适用简易程序的民事案件。小额诉讼程序适用于基层法院审理一定金额以下的简单民事案件。基层人民法院审理疑难复杂的民事案件需适用普通程序。中级及以上人民法院审理第一审民事案件不论繁简一律适用普通程序。

二、第一审普通程序的特征

普通程序与其他审判程序相比较,具有以下三个显著特征:

(一)程序的完整性

普通程序是民事诉讼法各种程序中内容最为完整的程序。从起诉与受理开始、经审理前的准备、开庭审理、到最后作出判决,对各个阶段、各个环节均作了具体详细的规定。对诉讼中可能遇到的特殊情况,如诉讼中止、延期审理、诉讼终结、反诉、调解等也作了具体规定。

(二)适用的自足性

由于普通程序的结构和内容非常完整,人民法院在适用普通程序审理案件时,除需要适用我国《民诉法》第一章的部分规定,如基本原则、基本制度外,无需参考其他程序的相关规定。

(三)适用的广泛性

适用的广泛性首先表现为该程序适用于各级人民法院。除基层人民法院及其派出法庭审理简单的民事案件或当事人协议适用简易程序及小额诉讼程序外,其余各级人民法院审理第一审民事案件都必须适用普通程序。其次表现为其他程序对普通程序的依赖上。当人民法院适用其他程序,如简易程序、二审程序审理案件时,由于法律仅对这些程序的特殊之处进行规定,当没有作出特别规定时,就适用一审普通程序的相关规定。如我国《民诉法》第174条规定:"第二审人民法院审理上诉案件,除依照本章规定外,适用第一审普通程序。"再次表现为对发回重审的案件和按一审程序审结的再审案件的适用上。二审发回重审的案件,不论原来是适用简易程序还是普通程序,都需使用普通程序审理。按一审程序审结的案件启动再审的话,无论原先适用普通程序还是简易程序,再审时必须适用普通程序。

第二节 起诉与受理

一、起诉

(一) 起诉的概念

起诉是指原告认为自己享有的,或者依法由其支配、管理的民事权益受到侵害,以自己的名义请求法院通过审判予以救济的诉讼行为。

民事诉讼实行不告不理原则,如没有原告的起诉,民事诉讼程序将无从启动。大陆法系认为原告提起诉讼之时,原告与法院之间的诉讼法律关系即产生。法院必须对原告的起诉进行审查,符合条件的予以受理,不符合条件的予以驳回。"起诉是单方行为,不是双方行为,只要原告提起诉讼,诉讼系属就发生,诉讼程序就开始,人民法院就负担审查起诉是否合法和决定是否受理等一系列诉讼权利和诉讼义务。"[①]我国学术界以往认为只有原告起诉与法院受理相结合,才能够引起民事诉讼程序发生。[②] 随着立案登记制的实施,我国民事诉讼程序启动与大陆法系一样始于当事人的起诉。

(二) 起诉的条件

原告的起诉若想为法院受理,则必须符合相关条件。这些条件分为积极条件和消极条件。

1. 起诉的积极条件

根据我国《民诉法》第 119 条的规定,起诉必须符合下列条件:

(1) 原告是与本案有直接利害关系的公民、法人或其他组织。所谓"直接利害关系",是指原告与被告之间的争议直接涉及自己的民事权益或者自己管理、支配的民事权益。由于该条件是从正当当事人的角度对原告进行的规定,容易导致法院在立案时进行实体审查,即尚未开庭就进行实体审查,不仅不合理,不符合诉讼的实际进程,而且容易导致"起诉难"。在推行立案登记制后,该条件的负面作用得到了较大消减。

(2) 有明确的被告。有明确的被告是指,原告需将被告特定化、具体化。原告提供被告的姓名或者名称、住所等信息具体明确,足以使被告与他人相区别的,可以认定为有明确的被告。被告为自然人时,需有具体的姓名、年龄、身份证号码、住所、联系方式等基本信息;被告为法人或其他组织时,需有名称、住所和法定代表人或者主要负责人的姓名、职务、联系方式等基本信息。明确被告的目的在于能够将

[①] 〔日〕中村英郎著:《新民事诉讼法讲义》,陈刚、林剑锋、郭美松译,法律出版社 2001 年版,第 309 页。
[②] 参见李浩:《民事诉讼法学》,法律出版社 2011 年版,第 251 页。

起诉状送达给被告。至于被告是否适格,民事诉讼法没有要求。

(3) 有具体的诉讼请求和事实、理由。"具体的诉讼请求"是指原告向法院表明的要求司法保护的具体内容和方式。它也是人民法院审理和裁判的对象。"事实"是指原告提出的能够支持其诉讼请求的、与法律要件相对应的生活事实,即要件事实。"理由"是指支持原告诉讼请求的法律依据。需要注意的是,这里的"事实和理由"是原告所认为的事实和理由,是一种形式上的要求。事实是否真实、理由是否充分,是法院在审理阶段需要解决的问题,不是审查受理阶段需要解决的问题。

《民诉法》第119条只要求有"事实、理由",未要求当事人提供证据,但在第121条中却把"证据和证据来源,证人姓名和住所"作为起诉状的必备内容之一。《证据规定》第1条也规定:原告向人民法院起诉或者被告提出反诉,应当附有符合起诉条件的相应的证据材料。因此,《民诉法》第121条中的"证据和证据来源"应当理解为《证据规定》第1条规定的"符合起诉条件的相应的证据材料",如当事人的身份、诉讼行为能力、管辖权方面的证据。用来支持原告诉讼请求的证据在起诉时提供也行,不提供也行。人民法院不能以原告没有提供支持其诉讼请求的证据就认为起诉不合格。

(4) 属于人民法院主管和受诉法院管辖。"属于人民法院主管"是指原告请求人民法院解决的争议必须属于人民法院行使民事审判权的范围,即必须属于《民诉法》第3条规定的范围。"属于受诉法院管辖"是指原告应当按民事诉讼法关于级别管辖和地域管辖的规定,向有管辖权的人民法院起诉。

2. 起诉的消极条件

起诉的消极条件是指不能具备的要件。主要有:

(1) 不属于"一事不再理"。一事不再理是指案件已为法院受理正在审理中或者已被法院裁判生效后,同一当事人不得就同一法律关系,向法院提起同一诉讼请求,法院也不得再受理该起诉的制度。从当事人提起后诉的角度看就属于"重复起诉"。一事不再理具体包括两类情形:其一是,前诉判决已经生效,禁止前诉当事人重复起诉;其二,前诉正处于诉讼系属中,禁止前诉当事人重复起诉。所谓诉讼系属系指因起诉而发生的原告之诉讼请求应由特定法院依判决程序加以审理裁判之状态。① 根据《民诉法解释》第247条的规定,同时符合下列条件的,构成重复起诉:后诉与前诉的当事人相同;后诉与前诉的诉讼标的相同;后诉与前诉的诉讼请求相同,或者后诉的诉讼请求实质上否定前诉裁判结果。

当事人重复起诉的,根据《民诉法解释》第247条的规定,裁定不予受理;已经

---

① 由于诉讼系属系依判决程序予以裁判,因此只有诉讼事件才有诉讼系属问题,非讼事件以及诉讼程序中的保全程序、仲裁程序、强制执行程序等均不发生诉讼系属问题。

受理的,裁定驳回起诉,但法律、司法解释另有规定的除外。除外规定是指裁判发生法律效力后,发生新的事实,当事人再次提起诉讼的,不属于重复起诉;裁定不予受理、驳回起诉的案件,原告再次起诉,符合起诉条件且不属于《民诉法》第124条规定情形的,也不属于重复起诉,人民法院应当依法受理。

(2) 不属于法律规定在一定期限或期间内不得起诉的情形。法律对某些特殊情形规定了不得起诉的期限和期间,在该期限和期间内提起诉讼将不会受理。例如,我国《婚姻法》第34条规定:"女方在怀孕期间、分娩后1年内或中止妊娠后6个月内,男方不得提出离婚。女方提出离婚的,或人民法院认为确有必要受理男方离婚请求的,不在此限。"另外,判决不准离婚和调解和好的离婚案件,原告撤诉或者人民法院按撤诉处理的离婚案件,判决、调解维持收养关系的案件,没有新情况、新理由,原告在6个月内又起诉的,不予受理。

(三) 起诉的法律效果

原告起诉后,将产生如下法律效果:

(1) 使案件处于诉讼系属状态。一旦诉讼系属,当事人不得再行起诉。诉讼系属效力之发生与原告起诉合法不合法无关。以往的观点认为,只有法院受理起诉以后,诉讼才开始,因此如果起诉没有被受理,案件便没有处于诉讼系属状态。这种观点并不妥当。由于原告的起诉与法院的受理之间存在一段时间,只要当事人已经起诉,在法院没有受理之前,也处于系属状态,法院就应审查起诉是否合法并应裁定是否受理。

(2) 原告不得另行起诉,即不能在法院审查起诉期间及受理之后再向其他法院起诉。

(3) 原告起诉所引发的程序,除法律规定的情形(如法院裁定驳回起诉、当事人撤诉、法院作出判决)外,任何人不得予以撤销。

(4) 原告方的诉讼时效中断。我国《民法通则》第140条规定,诉讼时效因提起诉讼而中断。《关于审理民事案件适用诉讼时效制度若干问题的规定》第12条进一步规定,诉讼时效从当事人一方向人民法院提交起诉状或者口头起诉之日起中断。

(四) 起诉的方式和起诉状的内容

起诉有书面和口头两种方式。在普通程序中,以书面方式为原则、口头方式为例外。我国《民诉法》第120条规定:"起诉应当向人民法院递交起诉状,并按照被告人数提出副本。书写起诉状确有困难的,可以口头起诉,由人民法院记入笔录,并告知对方当事人。"从该规定看,只有在原告书写起诉状确有困难时才可以口头起诉。

根据我国《民诉法》第121条的规定,起诉状应当记明下列事项:(1) 原告的姓名、性别、年龄、民族、职业、工作单位、住所、联系方式,法人或者其他组织的名称、住所和法定代表人或者主要负责人的姓名、职务、联系方式；(2)被告的姓名、性别、工作单位、住所等信息,法人或者其他组织的名称、住所等信息；(3)诉讼请求和所根据的事实与理由；(4)证据和证据来源,证人姓名和住所。起诉状除应写明上述法律规定的内容外,还应写明受诉人民法院的全称和起诉的具体日期,并由原告签名或盖章。

二、起诉审查

对于原告的起诉,人民法院必须进行审查,以确定是否应当受理。最高人民法院《关于人民法院立案工作的暂行规定》第5条规定,人民法院实行立案与审判分开的原则。审查一般由人民法院的立案庭负责。审查有两种方式：一是对起诉进行实质审查,如审查原被告是否适格、原告的诉讼请求是否有证据支持等,对于实质上一时不能成立或难以成立的案件不予立案；有些法院对当事人的起诉则久拖不决,既不立案,也不裁定不予受理；甚至在第119条规定的条件之外自行设立起诉条件,从而导致起诉难。学界称这种审查立案的方式为立案审查制。实质审查导致的立案难严重侵犯了当事人的诉权。为解决该问题,我国《民诉法》第123条明确规定,人民法院应当保障当事人依照法律规定享有的起诉权利。

另一种方式是对起诉进行形式审查,即仅对原告提交的起诉状进行审查,看其是否符合我国《民诉法》第119条规定的四个积极条件、是否不属于我国《民诉法》第124条规定的消极条件。如果同时满足了积极条件且不具备消极条件,就应当登记立案。学界称这种审查立案方式为立案登记制。我国《民诉法解释》第208条规定,人民法院接到当事人提交的民事起诉状时,对符合《民诉法》第119条的规定,且不属于第124条规定情形的,应当登记立案。因此立案登记制是指法院接到当事人提交的民事起诉状时仅进行形式审查,对符合法定条件的起诉,应当登记立案；对当场不能判定是否符合起诉条件的,应当接收起诉材料,并出具注明收到日期的书面凭证。需要补充必要相关材料的,人民法院应当及时告知当事人。在补齐相关材料后,应当在7日内决定是否立案的制度。

立案审查制与立案登记制的区别在于：(1)诉讼起点不同。立案审查制下,诉讼起点是法院决定立案时。立案登记制下,诉讼起点是诉状提交给法院之时。(2)立案条件不同。立案审查制下,各级法院对当事人起诉能否立案的审查尺度存在标准不一的问题。立案登记制下,当事人只要提供符合形式要件的诉状,法院应当一律接收,并在规定期限内依法处理。(3)对当事人起诉权的保障不同。立案审查制下,法院有可能不收起诉材料,诉权行使没有保障。立案登记制下,法院一律接收诉状,当事人无障碍行使诉权,体现了对当事人起诉权的充分保护。

根据2015年中央全面深化改革领导小组《关于人民法院推行立案登记制改革的意见》之规定,登记立案的程序是：(1)实行当场登记立案。对符合法律规定的起诉,一律接收诉状,当场登记立案。对当场不能判定是否符合法律规定的,应当在法律规定的 7 日内决定是否立案。(2) 实行一次性全面告知和补正。起诉材料不符合形式要件的,应当及时释明,以书面形式一次性全面告知应当补正的材料和期限。在指定期限内经补正符合法律规定条件的,人民法院应当登记立案。(3) 对不符合法律规定的起诉,应当依法裁决不予受理或者不予立案,并载明理由。当事人不服的,可以提起上诉。禁止不收材料、不予答复、不出具法律文书。(4) 严格执行立案标准。禁止在法律规定之外设定受理条件,全面废止不符合法律规定的立案"土政策"。

▶ 三、审查后的处理

(一) 不予受理

实行立案登记制后,如果不满足《民诉法》第 119 条的规定,自然可以不予登记立案。如果满足了《民诉法》第 119 条,则只有在具备了《民诉法》第 124 条规定的情形时,才可以不予立案登记。具体而言是指下列情形:

(1) 依照行政诉讼法的规定,属于行政诉讼受案范围的,告知原告提起行政诉讼;

(2) 依照法律规定,双方当事人达成书面仲裁协议申请仲裁、不得向人民法院起诉的,告知原告向仲裁机构申请仲裁;

(3) 依照法律规定,应当由其他机关处理的争议,告知原告向有关机关申请解决;

(4) 对不属于本院管辖的案件,告知原告向有管辖权的人民法院起诉;

(5) 对判决、裁定、调解书已经发生法律效力的案件,当事人又起诉的,告知原告申请再审,但人民法院准许撤诉的裁定除外;

(6) 依照法律规定,在一定期限内不得起诉的案件,在不得起诉的期限内起诉的,不予受理;

(7) 判决不准离婚和调解和好的离婚案件,判决、调解维持收养关系的案件,没有新情况、新理由,原告在 6 个月内又起诉的,不予受理。

对经审查不符合法定受理条件,原告坚持起诉的,应当裁定不予受理。原告对该裁定不服的,可以提起上诉。

(二) 受理

所谓受理,是指人民法院对起诉进行形式审查后,对符合起诉条件的案件,予以立案审理的行为。立案后,应当编立案号,填写立案登记表,向原告发出案件受理通知书。通知书中告知原告应预交的案件受理费。

根据《民诉法解释》相关的规定,对以下几种特殊的起诉,人民法院应予受理。

(1) 裁定不予受理、驳回起诉的案件,原告再次起诉的,如果符合起诉条件且不属于《民诉法》第124条规定情形的,人民法院应予受理。

(2) 当事人撤诉或人民法院按撤诉处理后,当事人以同一诉讼请求再次起诉的,人民法院应予受理。

(3) 当事人在书面合同中订有仲裁条款,或者在发生纠纷后达成书面仲裁协议,该仲裁条款或者仲裁协议无效、失效或者内容不明确无法执行,当事人向法院起诉的,法院应当受理。

(4) 当事人在仲裁条款或仲裁协议中选择的仲裁机构不存在,或者仲裁裁决的事项超越仲裁机构权限,当事人一方起诉的,法院有权依法受理。

(5) 夫妻一方下落不明,另一方诉至人民法院,只要求离婚,不申请宣告下落不明人失踪或死亡的案件,人民法院应当受理,对下落不明人用公告送达。

(6) 赡养费、抚养费、抚育费案件,裁判发生法律效力后,因新情况、新理由,一方当事人再行起诉要求增加或减少费用的,人民法院应作为新案受理。

(7) 当事人超过诉讼时效期限起诉的,人民法院应予受理。受理后对方当事人提出诉讼时效抗辩,人民法院经审理认为抗辩事由成立的,判决驳回原告的诉讼请求。

(8) 判决不准离婚、调解和好的离婚案件以及判决、调解维持收养关系案件的被告向人民法院起诉的,人民法院应当受理。

法院受理原告的起诉后,产生如下法律效果:

(1) 受诉人民法院对该案件取得管辖权并且恒定。即使作为确定管辖的因素,如被告的住所地、法院辖区日后发生变动,均不影响受诉法院的管辖权。

(2) 审理期限开始计算。人民法院的审理期限从立案之日起开始计算。

(3) 当事人的诉讼地位确定。法院受理起诉后,原告与被告的诉讼地位即告确定,日后各自依据其诉讼地位享受诉讼权利,承担诉讼义务。

(三) 不符合受理条件之处理

因为实行立案登记制,只对起诉状进行形式审查,有可能立案后才发现不符合起诉条件或者属于《民诉法》第124条规定情形的,对此应当分情况处理;(1) 立案后发现本院没有管辖权的,应当裁定将案件移送有管辖权的人民法院。(2) 原告应当预交而未预交案件受理费的,人民法院应当通知其预交,通知后仍不预交或者申请减、缓、免未获批准而仍不预交的,裁定按撤诉处理。(3) 在人民法院首次开庭前,被告以有书面仲裁协议为由对受理民事案件提出异议的,人民法院应当进行审查。经审查符合下列情形之一的,人民法院应当裁定驳回起诉:仲裁机构或人民法院已经确认仲裁协议有效的;当事人没有在仲裁庭首次开庭前对仲裁协议的效力提出异议的;仲裁协议符合《仲裁法》第16条规定且不具有《仲裁法》第17条规定情形的。(4) 若存在不属于法院主管范围、当事人不适格、重复起诉等情形的,裁定驳回起诉。

第三节 审理前的准备

审理前的准备,是指法院受理案件以后至开庭审理前,为保证庭审的顺利进行,法院与当事人共同进行的一系列准备活动。

在英美法系国家,由于实行陪审制,庭审必须一次性不间断完成,只有审前准备工作做得非常充分才能实现。因此,审前准备工作具有非常重要的意义。大陆法系国家采职业法官审理制,不实行陪审制,审理无需连续进行,可以分成几次进行,但间断审理的低效率缺陷非常明显。因为法官在再次开庭审理前,需要花费时间重新温习以前的审理内容,当事人需要多次往返法院。因此,为提高诉讼效率,大陆法系国家也在不断完善审前准备程序。

根据我国《民诉法》第125—133条的规定,审前程序的内容包括:

(1) 送达诉讼文书,告知诉讼权利和义务。人民法院应当在立案之日起5日内将起诉状副本发送被告,被告在收到之日起15日内提出答辩状。被告提出答辩状的,人民法院应当在收到之日起5日内将答辩状副本发送原告。被告不提出答辩状的,不影响人民法院审理。

人民法院对决定受理的案件,应当在受理案件通知书和应诉通知书中向当事人告知有关的诉讼权利义务,或者口头告知。实践中,法院在送达案件受理通知书和应诉通知书的同时,还会向双方当事人送达举证通知书。该通知书会载明举证责任的分配方法,可以向法院申请取证的情形,法院根据实际情况指定的举证期限和逾期举证的法律后果。

(2) 选择适当的后续程序。法院受理案件后,尤其是在被告答辩后,可以判断出当事人之间是否真正存在争议,对于争议有无调解的可能。为此,《民诉法》第133条专门规定了审前程序的一项新内容,即选择应适用的后续程序:对当事人没有争议,可以适用督促程序的,转入督促程序;对当事人争议不大的,采取调解等方式及时解决纠纷;根据案件性质,确定适用简易程序或者普通程序;需要开庭审理的,通过要求当事人交换证据等方式,明确争议焦点。

(3) 告知合议庭的组成人员。法院对于决定适用普通程序的案件必须组成合议庭,合议庭组成人员确定后,应当在3日内告知当事人,以便当事人行使回避申请权。但在诉讼实践中,均是在开庭审理时才告知。

(4) 审核诉讼材料,调查收集必要的证据。为了在开庭前了解案件的基本情况,明确双方的分歧,审判人员应当认真审核原告的起诉状、被告的答辩状或反诉状,双方当事人提交的证据材料,当事人增加、变更诉讼请求的诉讼文书。法院调查收集的证据包括两类:一类是当事人请求法院予以收集的证据。另一类是法院依职权主动收集的证据。

（5）追加当事人。如果发现有必须共同诉讼的当事人未参加诉讼的，应当根据当事人的申请或者依职权通知其参加诉讼，将其追加为当事人。

（6）确定举证时限。《民诉法解释》第 99 条规定，人民法院应当在审理前的准备阶段确定当事人的举证期限。

（7）根据案件具体情况，组织召开审前会议。庭前会议可以包括下列内容：明确原告的诉讼请求和被告的答辩意见；审查处理当事人增加、变更诉讼请求的申请和提出的反诉，以及第三人提出的与本案有关的诉讼请求；根据当事人的申请决定调查收集证据，委托鉴定，要求当事人提供证据，进行勘验，进行证据保全；组织交换证据；归纳争议焦点，即人民法院应当根据当事人的诉讼请求、答辩意见以及证据交换的情况，归纳争议焦点，并就归纳的争议焦点征求当事人的意见；进行调解。① 如果不举行审前会议的话，可以分别处理以上事项。

（8）处理当事人提出的各种申请和异议。如当事人提出的鉴定申请、保全申请、证据调取申请、管辖权异议等。

第四节　开庭审理

一、开庭审理概述

开庭审理，是指法院在当事人及其他诉讼参与人的参加下，于确定的期日依照法定程序和方式对当事人所争议问题进行审理和裁判的诉讼活动。

法院审理一审民事案件，不论是适用普通程序还是适用简易程序，不论是判决结案还是调解结案，除案件在开庭审理前调解成功的以外，都要开庭审理。开庭审理的基本任务是：通过法庭调查和法庭辩论，审查核实证据，认定案件事实，在分清是非的基础上，对双方当事人的争议进行调解。调解不成的，予以判决。

开庭审理在理论上可以根据不同的标准分类如下：

（1）以是否公开为标准，分为公开审理与不公开审理。公开审理，是指法院审理案件的活动过程，除了合议庭评议程序以外，依法向当事人和向社会公开的审理方式。不公开审理，是指对法律规定的案件，其审理过程对社会不公开。

（2）以案件审理地点是否在法院内为标准，分为法院内审理与就地审理。在法院内开庭审理的，称为法院内审理，这是开庭审理的通常方式。与此相对应的是就地审理，即在纠纷发生地开庭审理。后者有利于当事人就地进行诉讼。我国《民

---

① 此时的调解属于先行调解，详细介绍参见本章第五节"法院调解"。

诉法》第 135 条规定："人民法院审理民事案件，根据需要进行巡回审理，就地办案。"

（3）以是否采用言辞审理为标准，分为言辞审理和书面审理。言辞审理，是指在开庭审理时，法院、当事人及其他诉讼参与人的诉讼行为必须以言辞方式进行，当事人提出诉讼主张、陈述，举证、质证，反驳、辩论等必须以言辞方式进行。法院审理第一审民事案件，一律以言辞方式开庭审理。书面审理，是指法院审理案件不开庭，当事人不进行言辞陈述、言辞辩论，审判人员也不当面询问当事人，仅审查当事人提交的诉讼文书，审核当事人提交的证据，然后作出裁判的审理方式。我国民事诉讼法没有规定书面审理的方式，但规定对部分上诉案件可以用不开庭的方式进行审理。不开庭审理与书面审理不同，是指上诉法院对某些上诉审案件不要求双方当事人到庭开庭审理，仅对案卷材料进行审查，对当事人作必要的调查询问之后直接裁判的审理方式。

（4）以审理时双方当事人是否在场为标准，分为对席审理和缺席审理。对席审理是指双方当事人或其代理人都参与庭审的审理方式。缺席审理是指只有一方当事人参与庭审的审理方式。

一审普通程序的审理以言辞方式进行，原则上采用公开审理、对席审理，例外采用不公开审理、缺席审理。由法院根据实际情况决定在法院内审理还是就地审理。

▶ 二、审理对象

《民诉法解释》第 226 条规定，在审前准备阶段，人民法院应当根据当事人的诉讼请求、答辩意见以及证据交换的情况，归纳争议焦点，并就归纳的争议焦点征求当事人的意见。争议焦点是当事人之间就具体的案件事实、法律、证据、程序所产生的争执。审前准备既然是为庭审工作服务的，其工作成果自然应当在庭审中发挥作用。否则的话，就毫无意义。为此，《民诉法解释》第 228 条规定，法庭审理应当围绕当事人争议的事实、证据和法律适用等焦点问题进行。质言之，争议焦点所及范围就是人民法院审理的范围。对争议焦点之外的问题原则上不进行审理。因此，从法庭调查中的当事人陈述开始，到质证，再到法庭辩论都需要紧紧围绕争点展开。比如，在当事人陈述阶段，当事人应当着重陈述双方存在争议的事实，而非宣读照本宣读起诉书和答辩状。在质证环节，对于在审理前准备阶段已经认可没有争议的证据，由审判人员在庭审中说明一下即可，无需再出示，也不用再组织质证。需要出示和质证的证据应当是当事人之间持有异议的证据。到了辩论阶段，当事人应在法庭调查阶段已经查明的事实和证据的基础上，继续围绕仍存的事实、证据和法律适用争点发表辩论意见，针对对方当事人辩论意见中存在的漏洞和不妥之处陈述己方的意见。

三、开庭审理的程序

（一）开庭准备

开庭准备是审理前准备程序的延续，但又与审前准备程序的具体任务不同，是开庭审理的前奏，根据我国《民诉法》的规定，庭审准备需要完成以下工作：

（1）送达传票和出庭通知。确定开庭审理日期后，根据《民诉法》第 136 条的规定，法院应当在开庭 3 日前将开庭传票送达当事人，将开庭通知书送达其他诉讼参与人，告知开庭的时间、地点。

（2）决定是否公开审理。对于公开审理的案件，应当发布公告。公告当事人姓名、案由和开庭的时间、地点。

（3）核实当事人及其他诉讼参与人是否到庭，宣布法庭纪律。在开庭审理的期日，书记员在正式开庭前应当核实当事人及其他诉讼参与人是否到庭。若有未到庭者，书记员应当向审判长报告，由合议庭酌情依法决定缺席审理、延期审理、诉讼中止或者按撤诉处理。若当事人和其他诉讼参与人已按时到，或虽有未到庭的，但可继续开庭的话，由书记员向到庭参加诉讼的人和参加旁听的人宣布法庭纪律。

（二）审理开始

在完成上述准备工作后，由书记员要求全体起立，请合议庭成员入庭。审判长在请大家坐下后宣布开庭，并开始核对当事人、诉讼代理人身份，审核诉讼代理人的代理权限，宣布案由、合议庭组成人员姓名及书记员姓名，再次告知当事人有关的诉讼权利与义务，询问当事人是否申请回避。如当事人申请回避，则需按有关规定先处理回避问题。如不申请回避，进入法庭调查阶段。

（三）法庭调查

法庭调查阶段的任务是听取当事人的陈述，由当事人举证并互相质证，由法官对证据进行审查核实，以查清案件事实，为下一步的法庭辩论奠定基础。法庭审理应当围绕当事人争议的事实、证据和法律适用等焦点问题进行。

根据我国《民诉法》第 138 条的规定，法庭调查的顺序是：

（1）当事人分别陈述。当事人陈述的顺序是：其一，由原告简要陈述诉讼请求以及事实与理由，或宣读起诉状。其二，由被告陈述事实或宣读答辩状。被告对原告的诉讼请求提出异议或者反诉，需要具体陈述其请求及理由。其三，案件有第三人的，再由第三人陈述或答辩。有独立请求权的第三人陈述诉讼请求和理由，无独立请求权的第三人针对原、被告的陈述提出承认或否认的答辩意见。其四，由原告或者被告对第三人的陈述进行答辩。

（2）审判长根据当事人分别陈述的诉讼请求及其理由，归纳案件争议焦点或者法庭调查重点，并征求当事人的意见，以便确保法庭归纳的争议焦点全面准确。

（3）当事人各自举证及互相质证。当事人在法庭上是否需要出示所有收集的证据取决于是否经过证据交换。如没有经过证据交换,当事人收集的所有证据都需要出示,接受质证。如果经过了证据交换,对于双方已经认可的证据无需再出示,只需出示双方有意见的证据即可。当事人在庭审中对其在审理前的准备阶段认可的事实和证据提出不同意见的,人民法院应当责令其说明理由。必要时,可以责令其提供相应证据。人民法院应当结合当事人的诉讼能力、证据和案件的具体情况进行审查。理由成立的,可以列入争议焦点进行审理。

当事人在法庭上提出新的证据的,人民法院应当依照我国《民诉法》第65条第2款规定和《民诉法解释》第102条的规定处理。

举证顺序,从当事人的角度看按下列顺序进行:首先由原告出示证据,被告及第三人对原告出示的证据质证。其次由被告出示证据,原告及第三人对其所出示的证据质证。然后由第三人出示证据,原被告对第三人出示的证据进行质证。

从证据的角度看,我国《民诉法》第138条虽然将举证质证的通常顺序规定为:告知证人的权利义务,证人作证,宣读未到庭的证人证言;出示书证、物证、视听资料和电子数据;宣读鉴定意见;宣读勘验笔录。但该顺序并没有强制性效力,诉讼实践中也很少按照该顺序出示证据。不同证明对象之间的证据出示顺序按照本书第十二章证明实务技巧中所述顺序出示即可。当某个证明对象需要多个不同种类的证据,如书证、物证、证人证言等进行证明时,其出示顺序并没有固定套路,可以按照纠纷发展、证明力大小、形成先后等多种顺序出示。

就各类证据的出示注意事项而言,有以下要点:

证人出庭作证的,审判长应审查证人的身份,应当告知其如实作证的义务以及作伪证的法律后果,并责令其签署保证书,然后由证人当庭作证。如有数个证人,应分别作证。如果数个证人提供的证言不一致的,可以相互质证。经审判长许可,当事人可以向证人发问。证人出庭困难,依据《证据规定》第56条可以提交书面证言的,由审判人员宣读书面证言,由当事人质证。

出示书证、物证、视听资料和电子数据。这些证据如果是当事人自己收集的或者申请法院收集的,除涉及国家秘密、商业秘密和个人隐私或者法律规定的其他应当保密的证据不得在开庭时公开质证外,其他的都应当在法庭上出示,由当事人进行质证。审判人员依职权收集的证据也应当在法庭上出示,并就调查收集该证据的情况进行说明,并听取当事人的意见。

宣读鉴定意见和勘验笔录。鉴定意见可以由鉴定人宣读,也可以由审判人员宣读。当事人对鉴定意见有异议或者人民法院认为鉴定人有必要出庭的,鉴定人应当出庭作证。经法院允许,当事人可以向鉴定人发问。当事人可以申请人民法院通知有专门知识的人出庭,就鉴定人作出的鉴定意见或者专业问题提出意见。具有专门知识的人员可以对鉴定人进行询问。勘验笔录应当由勘验人宣读。勘验人应当说明勘验的时间、地点、勘验人、在场人、勘验的经过和结果。经法庭许可,当事人可以向勘验人发问。

案件有两个以上独立存在的事实或者诉讼请求的,可以要求当事人逐项陈述事实和理由,逐个出示证据并分别进行调查和质证。

经过庭审质证的证据,能够当即认定的,应当当即认定;当即不能认定的,可以休庭合议后再予以认定;合议之后认为需要继续举证或者进行鉴定、勘验等工作的,可以在下次开庭质证后认定。法庭决定再次开庭的,审判长对本次开庭情况应当进行小结,指出庭审已经确认的证据,并指明下次开庭调查的重点。第二次开庭审理时,只就未经调查的事项进行调查和审理,对已经调查、质证并已认定的证据不再重复审理。法庭调查结束前,审判长或者独任审判员应当就法庭调查认定的事实和当事人争议的问题进行归纳总结。

(四)法庭辩论

法庭辩论,是指诉讼当事人在审判人员主持下就案件事实的认定及法律的适用,阐述各自观点和意见,反驳对方观点和意见,相互进行辩驳的诉讼活动。辩论中,当事人要充分利用法庭调查中已被确认为真的证据,证明自己主张事实为真,反驳对方主张事实的真实性,并对法律适用发表自己的意见,以便说服审判人员相信自己的主张,并作出有利于自己的裁判。

根据我国《民诉法》第141条的规定,法庭辩论按下列顺序进行:第一,原告及其诉讼代理人发言;第二,被告及其诉讼代理人答辩;第三,第三人及其诉讼代理人发言或答辩;第四,互相辩论。

审判人员应当引导当事人围绕争议焦点进行辩论。当事人及其诉讼代理人的发言与本案无关或者重复未被法庭认定的事实,审判人员应当予以制止。一轮辩论结束后当事人要求继续辩论的,可以进行下一轮辩论。下一轮辩论不得重复第一轮辩论的内容。法庭辩论时,审判人员不得对案件性质、是非责任发表意见,不得与当事人辩论。

法庭辩论终结时,由审判长按照原告、被告、第三人的顺序征求各方最后意见。法庭辩论结束后,审判长或者独任审判员征得各方当事人同意后,可以依法进行调解,调解不成的,应当及时判决。

民事诉讼法虽然将法庭调查与法庭辩论分为两个阶段,但并非绝对不可合并。《民诉法解释》第230条规定,人民法院根据案件具体情况并征得当事人同意,可以将法庭调查和法庭辩论合并进行。

(五)评议与宣告判决

法庭辩论结束后,如果调解不成,审判长应当宣布休庭,由合议庭对案件进行评议。合议庭评议是指合议庭就案件的性质、事实的认定、法律的适用等问题进行讨论并作出裁判的活动。合议庭评议由审判长主持,不公开进行,实行少数服从多数的原则。合议庭评议的全部过程由书记员记入笔录,评议的不同意见也应当记入笔录。笔录由合议庭成员和书记员签名。

合议庭评议结束时,要决定是当庭宣判还是定期宣判。当庭宣判的,应当由审判长宣布继续开庭并宣读判决。宣判时,当事人及其他诉讼参与人、旁听人员应当起立。根据我国《民诉法》第148条的规定,人民法院对公开审理或者不公开审理的案件,一律公开宣告判决。当庭宣判的,应当在10日内发送判决书;定期宣判的,宣判后立即发给判决书。宣告判决时,必须告知当事人上诉权利、上诉期限和上诉的法院。宣告离婚判决,必须告知当事人在判决发生法律效力前不得另行结婚。

▶ 四、法庭笔录

法庭笔录是书记员制作的,全面、客观、真实反映开庭审理全过程的书面记录。法庭笔录的作用在于:(1)在需要多次开庭时,由于每次开庭间都有一定的时间间隔,合议庭成员有可能记不起上次开庭的审理内容,通过阅读法庭笔录有助于恢复记忆;(2)一旦对案件提起上诉或启动再审后,上诉法院或再审法院就需要了解一审法院的审理情况,通过阅读一审法院的法庭笔录就可以实现该目的;(3)法庭笔录能把当事人、证人、鉴定人在法庭上所作的有关陈述记录下来,作为下一步诉讼的证据,起到固定证据的作用。

法庭笔录的内容包括:开庭的时间、地点;合议庭组成人员及书记员姓名;到庭的当事人及其诉讼代理人姓名;到庭的其他诉讼参与人姓名及其自然状况;庭审中双方当事人的请求,双方当事人的举证、质证过程,当事人的辩论过程,审判人员的认定及其归纳总结,合议庭评议等全部过程。由于合议庭的评议不得公开,合议庭评议笔录必须另行制作。

我国《民诉法》第147条规定:"书记员应当将法庭审理的全部活动记入笔录,由审判人员和书记员签名。法庭笔录应当当庭宣读,也可以告知当事人和其他诉讼参与人当庭或者在5日内阅读。当事人和其他诉讼参与人认为对自己的陈述记录有遗漏或者差错的,有权申请补正。如果不予补正,应当将申请记录在案。法庭笔录由当事人和其他诉讼参与人签名或者盖章。拒绝签名盖章的,记明情况附卷。"在诉讼实践中,只有在当事人不识字时,法院才会宣读法庭笔录。

▶ 五、审理期限

审理期限,简称审限,是指法院使用某一程序审理民事案件的最长时限,具体为从立案的次日起至裁判宣告、调解书送达之日止的期间。审理程序不同审限也不同。根据我国《民诉法》第149条规定,法院适用普通程序审理案件的,应当在立案之日起6个月内审结。有特殊情况需要延长的,由本院院长批准,可以延长6个月;还需要延长的,应在审限届满前报请上级人民法院批准,经批准后可以再延长

3个月。根据我国《民诉法解释》第243条的规定,下列期间不计入审限:(1)公告期间;(2)鉴定期间;(3)双方当事人和解期间;(4)审理当事人提出的管辖异议期间;(5)处理人民法院之间的管辖争议期间。

第五节 法院调解

▶ 一、法院调解的概念、性质和历史发展

法院调解,是指在人民法院审判人员的主持下,双方当事人通过自愿协商,达成协议,解决民事争议的活动和结案方式。由于法院调解发生在诉讼中,也称为"诉讼调解"或"诉讼上的调解"。

法院调解制度是当事人行使处分权与人民法院行使审判权相结合的产物。从当事人的角度讲,是否采用法院调解的方式解决纠纷、调解方案的达成均取决于双方当事人的自愿。这都是当事人处分权的体现。从人民法院的角度讲,法院调解又不仅仅是当事人之间的纯粹私权合意。调解活动是法院审理活动的有机组成部分,是行使审判权的一种方式。生效的调解书、调解笔录与法院生效的判决书具有同等的效力。正因为如此,法院调解不同于当事人和解。当事人和解,是指当事人在诉讼进行中,自愿协商,达成协议,解决纠纷,结束诉讼的活动。和解的开始、进行以及和解协议的达成,完全取决于双方当事人的自愿,没有审判人员的主持。和解协议完全是双方当事人行使处分权的结果。

法院调解在我国具有悠久的历史传统。我国民事诉讼制度历来重视法院调解的作用。1956年10月,最高人民法院在《关于各级人民法院审判程序的总结》中提出了"调查研究,就地解决,调解为主"的民事审判工作方针。1964年这一方针又被发展成为"依靠群众,调查研究,就地解决,调解为主"的十六字方针。最高人民法院于1979年2月制定的《人民法院审理民事案件程序的规定(试行)》再次肯定了"十六字方针"。从新中国成立之初到改革开放之前,我国的社会生活高度政治化,法律控制手段也极为薄弱,"调解为主"的民事审判方式适应了当时的历史条件,取得了很好的社会效果。为了改变审判实践中忽视判决的倾向,1982年颁布的《民事诉讼法(试行)》取消了"调解为主"方针,确定为"着重调解"原则。由于"着重调解"的提法实质上仍然持调解优先的态度,并没有解决实践中重调解、轻判决的问题。片面追求调解结案率、强迫调解、违法调解等现象仍普遍存在。为此,1991年《民诉法》放弃了"着重调解"的提法,改为"应当根据自愿和合法的原则进行调解"。虽然立法在不断发生变化,但实践中过分倚重法院调解的做法并没有得到根本改观,因而受到了学术界的强烈质疑。自2003年开始,基于调解有助于实现和谐社会的理念,包括法院调解在内的各种调解均得到了国家的重视。最高人

民法院先是提出了"能调则调,当判则判,调判结合,案结事了"的十六字方针,后又将其改为"调解优先,调判结合"的八字方针。同时发布了一系列加强法院调解的司法解释。如 2003 年的《简易程序规定》①,2004 年的《调解规定》。最高人民法院与司法部还联合在 2004 年发布了《关于进一步强化人民调解工作切实维护社会稳定的意见》。法院调解结案率又开始逐步攀升。

二、法院调解的优缺点

法院调解的优点在于:

(1) 有利于迅速、彻底地解决当事人之间的纠纷。法院调解建立在当事人自愿的基础上,因此对调解协议不存在上诉问题,能够加快纠纷的解决。对自愿达成的调解协议,多数当事人能够自动履行,不必启动执行程序,因而能够彻底地解决纠纷。

(2) 有利于消除当事人之间的心理对抗,保持团结与合作。用判决强制性地处理当事人之间的纠纷,虽然从法律上说纠纷已经得到解决,但当事人之间的心理对抗依然存在,甚至还会加深,以前存于双方之间的良好人际关系也将不复存在。法院调解对纠纷地解决由于不是建立在强制性,而是建立在自愿的基础上,不存在胜诉与败诉之分,有利于继续保持当事人之间的良好人际关系。

法院调解的不足之处在于:

(1) 由于法院调解的达成必须以权利方的让步为前提,虽然该让步建立在权利人的处分基础上,具有一定的正当性,但不利于保护权利方的权利,有违实体公正。久而久之,会在社会上产生一种不良的导向:"违法能获利,守法必吃亏"。

(2) 由于法院调解不需要像判决那样严格查清事实,准确适用法律,也不详细阐述理由,因此,法院调解一方面无法澄清一些有争议的法律,不利于帮助人们正确理解法律。另一方面法院调解的案件也不具有供同行参考的价值。

三、法院调解的种类

根据法院调解的时间,可以分为庭审前调解和庭审中调解。

庭审前调解,是指人民法院受理案件后,在开庭审理前,经当事人双方同意后进行的调解。《民诉法解释》第 142 条规定,人民法院受理案件后,经审查,认为法律关系明确、事实清楚,在征得当事人双方同意后,可以径行调解。庭审前调解必须满足两个条件:(1) 法律关系明确、案件事实清楚;(2) 双方当事人同意。

审理中的调解,是指人民法院开庭审理过程中进行的调解。该种调解一般在法庭辩论结束后进行。此时,案件事实已基本清楚,是非责任也已基本明确,此时

---

① 该《规定》第 14 条规定了法院在开庭审理时应当先行调解的六类纠纷。

进行调解有助于达成调解协议。

根据法院调解的主体，可以分为自行调解、委托调解、协助调解。

自行调解是指法院调解完全由独任审判员或者合议庭负责，没有其他人的参与。委托调解是指人民法院在征得各方当事人同意后，委托人民调解委员会等单位或者个人对案件进行调解。调解成功后，由人民法院予以确认后制作调解书。委托调解是我国为构建多元化纠纷解决机制，借助社会力量调处纠纷推出的新举措。实践中，既有委托工会、妇联、消协等单位进行调解的，也有委托司法局设立的人民调解工作室调解的。协助调解是指人民法院邀请与当事人有特定关系或者与案件有一定联系的企业事业单位、社会团体或者其他组织，和具有专门知识、特定社会经验、与当事人有特定关系并有利于促成调解的个人协助调解工作。

根据调解的启动是否基于当时人的自愿，可以分为自愿调解和强制调解。自愿调解是指当事人主动申请法院对自己的民事纠纷予以调解或者在法院征得当事人的同意后进行的调解。绝大部分调解都是自愿调解。强制调解是指法院不考虑当事人的意愿，依职权启动调解，如离婚诉讼中的调解。即使在强制调解中，调解方案的达成仍需当事人自愿。

四、法院调解的原则

1. 自愿原则

自愿原则，是指法院调解活动的启动、进行和调解协议的达成都必须建立在双方当事人自愿的基础上。当事人自愿，包括程序上的自愿和实体上的自愿。程序上的自愿，是指当事人主动请求法院，或者法院在征得当事人的同意后以调解的方式来解决争议，当事人拒绝调解或不同意以调解的方式结案的，人民法院不能强迫当事人接受调解。实体上的自愿，是指调解协议的达成必须双方自愿，协议内容反映的是双方当事人的真实意思。

由于我国《婚姻法》第 32 条和《简易程序规定》第 14 条规定了法院在特定情况可以依职权调解，因此程序上的自愿调解原则受到了一定限制，但实体上的自愿调解原则并没有受到任何限制，法院必须尊重当事人的处分权，不能强迫当事人接受调解协议内容。

2. 查明事实、分清是非的原则

法院调解作为一种行使民事审判权的方式，必须遵循以事实为根据、以法律为准绳的基本要求。因此法院调解也必须以查明案件事实、分清责任为基础，可以调解的仅是责任承担的额度，而不是案件事实本身和谁负有责任这样的性质问题。查明事实、分清是非有助于提升调解协议的正当性、合理性和说服力。

不过，与判决相比，法院调解对案件事实真相的依赖程度有所降低。因为在判决书中，必须写明认定的事实、理由和适用的法律。若法院对案件事实存在疏忽，一旦当事人提起上诉或再审都会导致判决被撤销。法院调解的效力则不完全取决于是否查明了案件事实，只要当事人达成了调解协议，即使案件事实不完全清楚，也不影响调解协议的效力。正是这一特点以及庭审前的调解有时也难以完全做到查清事实、分清是非，导致实践中有些审判人员不注重该原则，甚至把调解视为解决案件事实无法查清或者难以查清时的不变之策。

3. 合法原则

根据我国《民诉法》第96条规定，调解协议的内容不得违反法律规定。法院调解合法原则包括程序合法与实体合法两层含义。

程序合法是指调解活动必须依照法定程序进行，法院调解的主体、方式、步骤、协议的达成和调解书的送达等都必须符合民事诉讼法的规定。法院调解需要符合程序法规定，并不意味其必须像判决那样按部就班。与判决相比，其具有较大的灵活性。比如，调解的时间，可以在开庭审理前，也可以在法庭辩论终结后；调解的主体，可以是审判人员，也可以是审判人员与相关单位或个人；调解的方式，可以是法院自己调解，经各方当事人同意也可以委托调解。

实体合法是指调解协议的内容不得违反法律中的禁止性规定。理由有三：一是根据我国《民诉法》第97条第1款规定，调解书应当写明诉讼请求、案件的事实和调解结果，而未规定调解书应当写明适用的法律依据，足见是否遵循现有法律、有无法律依据对调解并不是十分重要。二是法院调解是当事人的处分权和法院的审判权共同作用的结果。当事人行使处分权只要不违反法律的禁止性规定即可。三是如果调解需要遵循的法律依据与判决的法律依据完全相同的话，法院调解这一解决纠纷的方式就没有独立存在的必要。

4. 保密原则

判决与调解虽然都是解决民事纠纷的两种方式，但却是两种完全不同的方式。判决建立在法官对案件的个人认识基础上，为防止其枉法裁判，树立全社会对裁判的信仰，必须要求其公开裁判理由和裁判结果。调解则是建立在当事人的合意基础上，当事人之所以能够达成合意肯定是基于对各种因素的考虑，如商业合作关系、维护商业声誉等，这些考虑跟社会公众并无联系，无需向社会公开。根据《民诉法解释》第146条的规定，调解的保密原则体现在以下几个方面：一是调解过程不公开，作为例外，当事人同意的才公开。二是调解协议内容原则不公开，例外才公开，即为保护国家利益、社会公共利益、他人合法权益，人民法院认为确有必要公开时才公开。三是主持调解以及参与调解的人员，对调解过程以及调解过程中获悉的国家秘密、商业秘密、个人隐私和其他不宜公开的信息，原则上应当保守秘密，例外才公开，即为保护国家利益、社会公共利益、他人合法权益时才公开。

五、法院调解的适用范围

法院调解的范围可以分为三种:应当调解的案件、不得调解的案件和可以调解的案件。

(1) 应当调解的案件。由于有些案件的当事人之间存在较为密切的亲属关系或邻里关系,调解显然较判决能更好地解决纠纷,因此法律对某些特定的纠纷规定应当先行调解。[①]

(2) 不得调解的案件。有些纠纷案件基于其性质,有些非讼案件基于其目的而无法调解。《民诉法解释》第143条规定:"适用特别程序、督促程序、公示催告程序的案件,婚姻等身份关系确认案件以及其他根据案件性质不能进行调解的案件,不得调解。"

(3) 可以调解的案件。是指介于上述两类案件之间的案件。对此类案件,由法院根据实际情况和当事人的意愿决定是否调解。

六、法院调解的程序

(一) 调解的开始

调解的启动方式有两种:一是依当事人的申请而开始,或者虽由法院提出,但在征得当事人的同意后才开始;二是由人民法院依职权启动。第二种启动方式应限于法有明文规定的情形。

(二) 调解的进行

对于委托调解以外的法院调解,由法院负责主持。普通程序中由合议庭主持,简易程序中由独任审判员主持。根据需要也可以邀请其他相关单位或个人参与。

调解过程可以公开,也可以不公开,当事人申请不公开调解的,应当不公开调解。考虑到当事人的心理因素,不公开的调解更容易达成调解协议。

人民法院调解民事案件时,双方当事人都应出庭。因故不能出庭调解的当事人,可由其特别授权的委托代理人参加调解,达成的调解协议,可由该委托代理人签名。但离婚案件的当事人因特殊情况无法出庭参加调解的,除本人不能表达意志的外,应向人民法院提交书面的调解意见。根据《民诉法适用意见》第94条的规定,无民事行为能力人的离婚案件,由其法定代理人代为进行诉讼。法定代理人与对方达成协议要求发给判决书的,可根据协议内容制作判决书。

调解时原则上当事人各方应当同时在场,即"面对面"的调解。根据需要也可以分别对当事人进行调解工作,即"背靠背"的调解。实践中,由于当事人怕对方知道自己的调解底线,都愿意采用"背靠背"的调解。分别调解的,也必须在双方当事

[①] 此类规定在《简易程序规定》中,具体内容在简易程序一章中介绍。

人的意思表示一致时才能达成调解协议。

调解开始后，审判人员首先应当认真听取双方当事人关于案件事实和理由的陈述，查明事实，分清是非，明确双方各自的责任。在此基础上，对双方当事人阐明有关的政策和法律，作双方当事人的思想工作，引导当事人就如何解决争议事项进行协商。可以先由各方当事人提出自己的调解方案，然后引导双方形成一个都认同的调解方案。在双方当事人自己没有调解方案而请求审判人员提出方案时，或者双方无法就各自提出的方案达成一致意见时，主持调解的人员也可以提出自己的调解方案供当事人参考。

（三）调解的结果

调解因两种情况而结束，包括：一是因当事人达成调解协议而结束，并且整个诉讼程序也随之结束。二是因未达成调解协议而结束，诉讼程序继续进行。

调解协议，是指在人民法院主持下，双方当事人就他们之间的争议所达成的解决协议。有可能就全部争议达成协议，也有可能是就部分争议达成协议。根据我国《调解规定》第17条规定，当事人就部分诉讼请求达成调解协议的，人民法院可以就此先行确认。当事人就主要诉讼请求达成调解协议，请求人民法院对未达成协议的诉讼请求提出处理意见并表示接受该处理结果的，人民法院的处理意见是调解协议的一部分内容。

通常情形下，调解协议的内容是当事人双方围绕诉讼请求达成的合意。但依据我国《调解规定》第9—11条的规定，调解协议内容超出诉讼请求的，人民法院可以准许。人民法院对于调解协议约定一方不履行协议应当承担民事责任的，应予准许。调解协议约定一方提供担保或者案外人同意为当事人提供担保的，人民法院应当准许。

调解协议不得含有以下内容：(1)约定一方不履行协议，另一方可以请求人民法院对案件作出裁判的；(2)侵害国家利益、社会公共利益的；(3)侵害案外人利益的；(4)违背当事人真实意思的；(5)违反法律、行政法规禁止性规定的。

▶ 七、调解中的自认

当事人在调解中也会作出自认，但往往本着息事宁人的态度对一些有争议的事实不再争辩，属于在没有对抗的情况下作出的自认，与在诉讼对抗环境中作出的自认有着本质区别，其法律效果也应不同。根据当事人的处分权原则，当事人同意赋予调解中的自认与诉讼中的自认相同的效果，人民法院应当予以尊重。因此《民诉法解释》第107条规定，在诉讼中，当事人为达成调解协议或者和解协议作出妥协而认可的事实，不得在后续的诉讼中作为对其不利的根据，但法律另有规定或者当事人均同意的除外。

八、调解书

（一）调解书的含义与内容

调解书是法院确认当事人调解协议内容的法律文书。

调解书与调解协议既有联系又有区别。联系表现在：调解书通常需根据调解协议进行制作，反映调解协议的内容。我国《调解规定》第16条规定："当事人以民事调解书与调解协议的原意不一致为由提出异议，人民法院审查后认为异议成立的，应当根据调解协议裁定补正民事调解书的相关内容。"

区别表现在：第一，只要调解达成协议，就有调解协议，但不是所有的调解协议都需要制作调解书。如根据我国《民诉法》第98条第1款规定，下列案件调解达成协议，人民法院可以不制作调解书：(1)调解和好的离婚案件；(2)调解维持收养关系的案件；(3)能够即时履行的案件；(4)其他不需要制作调解书的案件。第二，调解书的内容有时会超出调解协议的内容。如我国《调解规定》第14条规定："当事人不能对诉讼费用如何承担达成协议的，不影响调解协议的效力。人民法院可以直接决定当事人承担诉讼费用的比例，并将决定记入调解书。"第三，调解书的制作依据除了调解协议外，还有当事人的和解协议。我国《调解规定》第4条规定："当事人在诉讼过程中自行达成和解协议的，人民法院可以根据当事人的申请依法确认和解协议制作调解书。"第四，二者的形式不同。调解协议记录在法庭笔录上，不是正式的法律文书。调解书是法院的正式文书，有固定的格式，需要加盖人民法院的印章。

法院调解书的格式由首部、正文和尾部三部分构成。

(1) 首部。首部应当依次写明制作调解书的人民法院名称，案件编号，当事人、第三人以及诉讼代理人的基本情况，案由。

(2) 正文。调解书的正文应当写明原告的诉讼请求；被告的答辩理由；有第三人参加时，第三人的主张和理由；查明的案件事实；调解结果；调解书经双方当事人签收后才具有法律效力的告知。

(3) 尾部。由主持调解的审判人员、书记员署名，写明调解书的制作时间，并加盖人民法院印章。

（二）调解书与判决书的关系

虽然和解、调解与判决都是纠纷的解决手段，但和解、调解建立在合意的基础上，不可上诉，再审的事由只有两项；诉讼则建立在对抗的基础上，可以上诉，再审事由多达13项。正是由于它们属于运作机理完全不同的纠纷解决方式，记载这两种纠纷解决结果的法律文书不能随意转换。为此，根据我国《民诉法解释》第148条规定，当事人自行和解或者调解达成协议后，请求人民法院按照和解协议或者调解协议的内容制作判决书的，人民法院不予准许。在无民事行为能力人的离婚案件中,由其法定代理人进行诉讼。但离婚所涉及的人身关系又属于不能代理的对象,只能通过法院判决解决,因此当法定代理人与对方达成协议要求发给判决书的,人民法院可根据协议内容制作判决书。

▶ 九、法院调解的效力

(一)生效时间

法院调解发生法律效力的时间,因是否需要制作调解书而不同。

1. 调解书的生效时间

根据我国《民诉法》第97条第3款的规定,需要制作调解书的,"调解书经双方当事人签收后,即具有法律效力。"据此,就送达方式而言,调解书应当直接送达当事人本人,不适用留置送达和公告送达的方式。就生效时间而言,必须是经双方当事人签收后才能生效。由于双方签收的时间有可能不一致,《民诉法解释》第96条规定,调解书需经当事人签收后才发生法律效力的,应当以最后收到调解书的当事人签收的日期为调解书生效日期。

根据我国《调解规定》第11、18条的规定,下列人不签收调解书,不影响调解书的效力。案外人提供担保的,人民法院制作调解书应当列明担保人,并将调解书送交担保人。担保人不签收调解书的,不影响调解书生效。对调解书的内容既不享有权利又不承担义务的当事人不签收调解书的,不影响调解书的效力。

2. 调解协议的生效时间

我国《民诉法》第98条规定:"对不需要制作调解书的协议,应当记入笔录,由双方当事人、审判人员、书记员签名或者盖章后,即具有法律效力。"

(二)法院调解中的反悔权

调解协议虽是当事人自愿达成,但不排除事后当事人又反悔。以调解书的签收为界点,事后反悔可以分为调解书签收前的反悔和签收后的反悔。我国《民诉法》第99条规定:"调解未达成协议或者调解书送达前一方反悔的,人民法院应当及时判决。"《民诉法解释》第150条规定,人民法院调解民事案件,需由无独立请求权的第三人承担责任的,应当经其同意。该第三人在调解书送达前反悔的,人民法院应当及时裁判。上述规定针对的都是调解书签收前的反悔。调解书签收后当事人反悔认为调解书存在问题的话,此时就只能申请再审,在再审判决没有作出之前调解书依然有效。不过,允许当事人在调解书签收前反悔会导致法院为调解而投入的司法资源付诸东流,有违效率原则。尽管如此,我国《民诉法》依然坚持赋予当事人反悔权,显然认为当事人的反悔权有利于贯彻落实自愿原则,比效率更重要。

我国《民诉法》第98条第1款规定可以不制作调解书的第4种情形是"其他不需要制作调解书的案件"。在此类案件中达成的调解协议,只要记入笔录,由双方当事人、审判人员、书记员签名或者盖章后,就具有法律效力。但有的当事人为了达到反悔的目的,利用该项是"可以"不制作调解书以及没有明确具体包括哪些案件的漏洞,申请法院依据调解协议制作调解书。然后在调解书送达时,行使调解书签收前的反悔权,意图使调解协议归于无效。为堵塞该漏洞,《民诉法解释》第151条基于当事人的程序选择权原理,规定:根据《民诉法》第98条第1款第4项规定,当事人各方同意在调解协议上签名或者盖章后即发生法律效力的,经人民法院审查确认后,应当记入笔录或者将调解协议附卷,并由当事人、审判人员、书记员签名或者盖章后即具有法律效力。前款规定情形,当事人请求制作调解书的,人民法院审查确认后可以制作调解书送交当事人。当事人拒收调解书的,不影响调解协议的效力。也就谁说,若当事人认为效率更重要时,可以选择放弃反悔权。

（三）具体效力

法院调解书和记入笔录的调解协议生效后,具有以下几个方面的法律后果:

（1）实体法上的效力。使当事人之间发生争议的权利义务关系归于消灭,新的权利义务关系得以确立。

（2）程序法上的效力。表现为三个方面:一是结束诉讼程序。二是当事人不得上诉,也不得以同一诉讼标的、同一事实和理由,向人民法院再次起诉。三是具有给付内容的调解书具有强制执行的效力。

第六节　特殊情形之处理

一、撤诉

（一）撤诉的概念

撤诉有广义与狭义之分。狭义的撤诉是指原告在一审程序中撤回起诉的诉讼行为。反诉的原告撤回反诉、有独立请求权的第三人撤回参加之诉都属于狭义的撤诉;广义的撤诉是指当事人撤回诉的行为,既包括撤回起诉,也包括撤回上诉、撤回再审申请。

对当事人而言,撤诉是他们依法享有的一项诉讼权利。根据处分原则,当事人有权提起诉讼,也有权撤回诉讼。不过,在我国,当事人的处分权不是绝对的,而是相对的,即当事人行使这项权利会受到法院的干预。根据《民诉法》第145条规定,原告申请撤诉的,是否准许,由人民法院裁定。对法院而言,当事人的撤诉是其结案的一种方式,一旦允许,诉讼程序即告终结。

（二）撤诉的种类

根据不同的标准,撤诉可以作不同的分类:

（1）以撤诉是否由当事人提出为标准,分为申请撤诉与按撤诉处理。申请撤诉,是指当事人主动向法院提出撤诉。按撤诉处理,是指当出现法定原因时,当事人虽未提出撤诉申请,但法院认为当事人有撤诉的意图,依职权撤销案件不予审理。

(2)以诉讼程序为标准,分为撤回起诉、撤回上诉与撤回再审申请。撤回起诉是指发生在一审程序中的撤诉;撤回上诉是指发生在二审程序中的撤诉,是指提起上诉的当事人撤回其上诉请求的行为;撤回再审申请是指发生在再审程序中的撤诉。

(3)以撤诉的主体为标准,一审中的撤诉可分为撤回本诉、撤回反诉和撤回参加之诉。撤回本诉,是指原告提起的诉讼被撤回。撤回反诉,是指本诉的被告(即反诉原告)对本诉的原告(即反诉被告)提出的诉讼被撤回。撤回参加之诉是指有独立请求权的第三人提起的诉讼被撤回。

(三)申请撤诉的条件

当事人申请撤诉应当具备以下条件:(1)当事人以书面或口头的方式向法院申请撤诉。当事人只有向法院明确作出撤诉的意思表示,法院才能知道。(2)基于当事人自愿。任何人不得强迫或变相强迫当事人撤诉。(3)撤诉必须在法定期限内提出,即在法院受理案件之后、宣判以前提出。(4)撤诉的目的必须合法。当事人申请撤诉必须目的合法,不得有规避法律的行为,不得损害国家、集体或他人的合法利益,否则,法院有权裁定不准撤诉或者不按撤诉处理。

在我国《民诉法解释》颁布前,撤诉主要是原告与法院之间的事,与被告无关。这种规定不利于保护被告的利益,也有违平等原则。被告因原告的起诉进入诉讼,投入了人力、物力和财力。原告一撤诉就意味着被告的投入全部化为乌有。并且,原告撤诉后还可以再次起诉被告。尤其是在快要宣判、被告要胜诉的时候原告申请撤诉并得到许可时,对被告的伤害最大。为此,有些国家规定在被告作出答辩后,撤诉必须征得被告的同意。① 为解决该问题,我国《民诉法解释》第238条规定,法庭辩论终结后原告申请撤诉,被告不同意的,人民法院可以不予准许。根据我国《民诉法》第142条的规定,法庭辩论结束后,法院应当以判决或者调解方式结案。在此之后,原告申请撤诉,被告同意的,因当事人对诉讼程序有处分权,法院可以允许。如果被告不同意,人民法院可以不允许,然后以判决或调解方式结案。

(四)按撤诉处理的条件

根据我国《民诉法》第143条及《民诉法解释》第213、235条的规定,诉讼中有下列情况之一的,法院可按撤诉处理:(1)原告经传票传唤,无正当理由拒不到庭或未经许可中途退庭的;(2)无民事行为能力的原告的法定代理人,经传票传唤无

---

① 如日本《民事诉讼法》第261条第2款规定:"撤回诉讼,如果是在对方当事人对于本案已经提出准备书状或在辩论准备程序中已经陈述或者已经开始口头辩论后提出的,非经对方当事人同意,不发生其效力。但是,在撤回本诉的情况下,撤回反诉,则不在此限。"

正当理由拒不到庭或未经许可中途退庭的;(3)原告应当预交而未预交案件受理费,法院通知后仍不预交或者申请减、缓、免缴未获法院批准而仍不预交的。

有独立请求权的第三人有上述情形之一的,也按撤诉处理。

(五)撤诉的法律后果

狭义上的撤诉会产生如下法律后果:

(1)程序法上的后果:其一,终结一审诉讼程序。其二,视为没有起诉。当事人撤诉只是其处分了自己的诉讼权利,并没有处分自己的实体权利,人民法院也没有对实体权利义务关系作出处理。因此,当事人在撤诉以后,还可以再行起诉。其三,原告减半负担诉讼费用。

(2)实体法上的后果。原告起诉导致诉讼时效中断,撤回起诉视为未起诉,不发生时效中断的后果,诉讼时效期间继续计算。

▶ 二、缺席判决

(一)缺席判决的概念

缺席判决与对席判决相对称,是指法院在一方当事人无故不参加庭审或者擅自中途退庭的情况下,对案件进行审理并作出判决的一种诉讼制度。

为尽可能发现案件真相,判决一般应在原、被告均出庭陈述并进行充分辩论的情况下做出。但有些当事人基于各种因素的考虑,有可能无正当理由不出庭或擅自中途退庭。如果仅仅因为一方当事人不出庭就不审理、不作出判决的话,必然会影响法律关系的确定,进而影响社会秩序的稳定。因此,在法律规定的某些情形下,法院可以在一方当事人缺席时做出判决,其正当性在于当事人的缺席无正当理由。

在一方当事人缺席时如何判决,有两种制度设计。一种是缺席审判主义,即拟制缺席方认可出席方的诉讼请求,授权法院作出缺席方败诉的判决。如果是原告缺席,拟认为原告舍弃诉讼请求,由法院判决驳回其诉讼请求。如果是被告缺席,拟认为其认可原告主张的事实,判决被告败诉。由于缺席判决制度有违公正,法律需另行赋予缺席人申请异议的权利。一旦缺席人申请异议,原判决就会失去效力。另一种是一方辩论主义,是指即使一方缺席,法院也需要对出席方提出的诉讼请求,提供的证据进行审理,然后依据查明的事实作出判决。我国《民诉法》第7条明确规定:人民法院审理民事案件,必须以事实为根据,以法律为准绳。可见我国采纳的是一方辩论主义。例如,在被告缺席时,如果原告提供的证据不能支持其诉讼请求时,法院仍然会判决原告败诉。

(二)缺席判决的情形

根据我国《民诉法》第143条至第145条,以及《民诉法解释》第235条和第240条的规定,,缺席判决适用于以下情况:(1)被告(包括反诉的被告、无诉讼行为能力的被告的法定代理人)经传票传唤,无正当理由拒不到庭或者未经许可中途退庭;(2)宣判前,原告(包括无诉讼行为能力的原告的法定代理人、有独立请求权的第三人)申请撤诉,法院裁定不准撤诉,原告经传票传唤,无正当理由拒不到庭;(3)原告经传票传唤,无正当理由拒不到庭的,或者未经法庭许可中途退庭的,被告反诉的;(4)无独立请求权的第三人经法院传票传唤,无正当理由拒不到庭,或者未经许可中途退庭的。

▶ 三、延期审理、诉讼中止和诉讼终结

(一) 延期审理

延期审理,是指由于出现法定原因,在法院确定的审理期日无法开始,或者开始后无法继续进行,不得不决定将审理延至另一期日进行的诉讼制度。

根据我国《民诉法》第146条的规定,有下列情形之一的,应当决定延期审理:

(1) 必须到庭的当事人和其他诉讼参与人有正当理由没有到庭。必须到庭的当事人包括:负有赡养、扶养、抚育义务的当事人;不到庭就无法查清案件事实的当事人;离婚案件的当事人。① 必须到庭的其他诉讼参与人通常是指翻译人员、证人、诉讼代理人等。

(2) 当事人临时提出回避申请。当事人可以在开庭前、开庭审理时申请回避,申请事由是在庭审开始后得知的,可以在法院判决前申请回避。如果当事人在开庭审理时提出回避的申请,法院需要审查并作出决定,审理无法继续进行,只能延期审理。

(3) 需要通知新的证人到庭,调取新的证据,重新鉴定、勘验,或者需要补充调查的。

(4) 其他应当延期的情形。此乃兜底条款,由法院根据具体情况把握。

(二) 诉讼中止

诉讼中止,是指在诉讼进行中,因出现了使诉讼难以继续进行的法定事由而裁定暂时停止,待阻碍事由消除后再进行的制度。

诉讼中止与延期审理不同,二者的主要区别是:(1)适用的阶段不同。延期审理仅适用于开庭审理阶段。诉讼中止适用于起诉后至判决前的各个阶段。(2)适用的情形不同。(3)法律后果不同。诉讼中止是所有的诉讼活动全部暂时停止。延期审理仅仅是开庭审理活动延期,其他的诉讼活动并不停止。(4)使用的法律文书不同。延期审理使用决定书,诉讼中止使用裁定书。(5)时间长短不同。延期审理的时间较短,下一次开庭的时间一般能够确定。诉讼中止的时间比较长,阻

---

① 不能正确表达意思的离婚当事人、或有正当理由不能出庭并提交了书面意见的离婚当事人有代理人时可以不出庭,否则就是有代理人,本人也需出庭。

碍事由何时消除处于不确定状态。

根据我国《民诉法》第150条的规定,有下列情况之一的,法院应裁定诉讼中止:

(1) 一方当事人死亡,需要等待继承人表明是否参加诉讼的。这种情形主要发生涉及财产关系的案件中。当其有继承人时,若继承人表示愿意继承则发生诉讼承担,继承人将以新的当事人身份进入诉讼。如果继承人放弃继承,则诉讼终结。

(2) 一方当事人丧失诉讼行为能力,尚未确定法定代理人的。

(3) 作为一方当事人的法人或者其他组织终止,尚未确定权利义务承受人的。

(4) 一方当事人因不可抗拒的事由,不能参加诉讼的。不可抗拒的事由是指当事人无法预见和克服的客观事由,如地震、洪水、重病住院等。

(5) 本案必须以另一案的审理结果为依据,而另一案尚未审结的。另一案可能是民事案件,也可能是刑事案件或行政案件。无论另一案是何种类型,前提是另一案的审理结果会影响到本案的审理结果时才需要中止。如果无论另一案的审理结果如何,都不会影响本案的审理结果,则不需要中止。如银行工作人员因挪用储户的资金炒股造成亏损,已启动刑事诉讼程序追究其刑事责任,此时储户起诉要求银行赔偿,后一民事诉讼就无需中止。因为无论银行工作人员是否构成刑事犯罪,都不影响银行的民事责任。

(6) 其他应当中止诉讼的情形。此乃兜底条款。如借贷案件,人民法院受理时,债务人下落不明或审理中途债务人出走下落不明,经缺席审理仍难以查明借贷关系的,即可裁定中止诉讼。

出现诉讼中止的法定情形后,法院应当依职权作出诉讼中止的裁定,诉讼中止的裁定可以是书面的,也可以是口头的,但口头裁定必须记入法院的笔录之中。诉讼中止的裁定一经作出即发生法律效力。当事人不得对诉讼中止的裁定提出上诉。

裁定中止的原因消除后,需要恢复诉讼程序的,根据《民诉法解释》第246条的规定,不必撤销原裁定,从人民法院通知或准许当事人双方继续进行诉讼时起,中止诉讼的裁定即失去效力。

(三) 诉讼终结

诉讼终结,是指在诉讼进行中,因出现了使诉讼无法进行或者没有必要进行的法定情形,从而裁定结束诉讼程序的制度。诉讼终结是一种特殊的结束诉讼程序的方式,因为其没有对实体权利义务关系作出处理,故有别于对实体权利义务作出了处理的调解、判决等结束诉讼程序的方式,后者是一种正常的结束。其与撤诉的共同点在于:法院均没有对实体权利义务关系作出处理;区别在于:撤诉后可以重新起诉,诉讼终结后不能再起诉。

根据我国《民诉法》第151条的规定,有下列情形之一的,应终结诉讼:

(1) 原告死亡,没有继承人,或者继承人放弃诉讼权利的。此时诉讼因为缺乏原告而无法继续进行。当法人或其他组织终止时,承受其权利义务的人明确表示放弃诉讼权利的,也应裁定终结诉讼。

(2) 被告死亡,没有遗产,也没有应当承担义务的人的。这时,原告的诉讼请求实际上无法满足,诉讼继续进行既无实际意义,也无实际可能,只能终结。

(3) 离婚案件一方当事人死亡的。离婚案件的一方当事人死亡,双方当事人的婚姻关系自然消灭,如有财产问题则按继承处理,子女由另一方抚养,故离婚诉讼没有必要继续进行。

(4) 追索赡养费、扶养费、抚育费以及解除收养关系案件的一方当事人死亡的。此类案件与特定的人身相关联,不论是权利还是义务均不能继承。只要一方当事人死亡,诉讼就无法继续进行。

当出现诉讼终结的法定事由时,法院应当作出终结诉讼的裁定。裁定可以是书面的,也可以是口头的。裁定一经作出,即发生法律效力。当事人对此裁定不得提出上诉。

四、反诉

(一) 反诉的概念与特征

反诉是指在本诉的进行中,本诉的被告以本诉的原告为被告提起的与本诉有牵连的诉讼。本诉的原告在反诉中称为"反诉被告",本诉的被告称为"反诉原告"。反诉制度的目的在于通过将反诉与本诉合并审理,减少当事人的讼累,降低诉讼成本,防止法院做出相互矛盾的判决。

反诉具有以下特点:

(1) 反诉的独立性。表现之一在反诉有不同于本诉的、独立的诉讼标的。如原告根据合同起诉被告要求其支付货款,被告则反诉原告要求赔偿因加害给付造成的损失。尽管二者都基于同一合同,但二者不是同一个诉讼标的。表现之二在反诉虽以本诉的存在为前提,但它不因为本诉的消灭而消灭。反诉提出后,即使本诉原告撤诉也不影响反诉请求的存在,人民法院应当继续对反诉进行审理。

(2) 反诉目的的对抗性。本诉被告提出反诉的目的是抵销、吞并原告提出的本诉,一方面保证自己在本诉中避免败诉,同时期望在其提出的反诉中胜诉,以保护自己的民事权利。

反诉不同于反驳。本诉被告除了可以利用反诉维护自己的权益外,还可以利用反驳维护自己的权益。二者的区别在于:(1) 是否存在反请求不同。反诉中被告向原告提出了独立的请求,反驳中则没有。(2) 提出的主体不同。反诉只能是本诉被告提出,反驳是原告、被告、第三人均可提出。(3) 作用不同。反诉如成立的话，一方面能使本诉全部或部分败诉，另一方面还能通过反诉获得其他利益。反驳无此效果，即使成功，也只能产生全部或部分驳回原告诉讼请求的后果。（4）是否缴纳案件受理费不同。提起反诉需要缴纳案件受理费。反驳则不需要。（5）是否有次数限制不同。反诉一般只能提出一次，不能对反诉再提出反诉。否则会导致诉讼非常复杂。反驳则没有次数限制。

反诉不同于诉讼抵销。我国《合同法》第99条规定："当事人互负到期债务，该债务的标的物种类、品质相同的，任何一方可以将自己的债务与对方的债务抵销，但依照法律规定或者按照合同性质不得抵销的除外。"第100条规定："当事人互负债务，标的物种类、品质不相同的，经双方协商一致，也可以抵销。"债务抵销在诉讼之前或诉讼之外进行的，叫诉讼外抵销。债务抵销在民事诉讼中进行的，则叫诉讼抵销。

诉讼抵销也能起到对抗或吞并原告诉讼请求的目的，也是被告保护其权益的一种方法。但其有别于反诉。二者的区别在于：(1) 在法律性质上，反诉是一个相对独立的诉。诉讼抵销并非一个独立诉，不能改变本诉中原、被告的诉讼地位。(2) 在提起要件方面，提起反诉必须符合反诉的特殊要件。诉讼抵销必须符合《合同法》规定的要件。(3) 在审判方面，即使本诉被撤回，反诉也应继续审理下去，并对反诉作出判决。诉讼抵销只能与原告提起之诉合并审理，并因原告之诉撤销而失效，对诉讼抵销也不得单独作出判决。(4) 在既判力方面，对反诉作出的判决，不论胜败，一旦确定，就有既判力。而本案判决只对成功抵销的债权具有既判力，未抵销的债权不受既判力约束而可以提起诉讼。(5) 在缴纳案件受理费方面，反诉需要缴纳案件受理费。诉讼抵销不需要缴纳案件受理费。因此，在能够运用诉讼抵销时，其比反诉更经济。

(二) 提起反诉的条件

反诉的提起须满足一定要件，具体包括：

(1) 当事人的特定性。反诉中的原告，只能是本诉中的被告；反诉中的被告，只能是本诉中的原告。凡是本诉当事人范围之外的人，不可能成为反诉的当事人。

(2) 反诉必须在本诉受理后，法庭辩论终结前提起。如果本诉尚未开始或本诉辩论已经终结，均不得提起反诉。

(3) 反诉只能向受理本诉的法院提起，并且不违反级别管辖、专属管辖和协议管辖。受理本诉的法院之所以能够对本无管辖权的反诉取得管辖权是基于牵连管辖。

(4) 反诉与本诉必须适用同一程序。只有二者适用同一程序才能合并审理。比如若本诉适用简易程序，而反诉应当适用普通程序，二者因为适用的程序不同而无法合并审理，故不得提起反诉。

(5) 本诉的诉讼请求与反诉的诉讼请求必须存在牵连。根据我国《民诉法解释》第233条的规定,这种牵连性表现在:其一,本诉与反诉的诉讼请求基于同一法律关系。例如,本诉原告在本诉中要求本诉被告给付买卖标的物,而本诉被告则向本诉原告主张支付价款。本诉原告要求给付标的物的请求和反诉原告要求支付价款的请求都基于同一法律关系——原告与被告之间的买卖合同法律关系。其二,二者基于同一事实。例如譬如两人互殴,一人诉请损害赔偿,对方反诉也要求损害赔偿。其三,反诉请求与本诉请求互不相容或其中一个请求为另一请求的先决问题。例如,本诉原告请求确认某房产为其所有,而本诉被告提起反诉要求确认自己对该房产全部或部分拥有所有权。这两个诉讼请求是不相容的。本诉原告要求离婚,而被告反诉要求确认婚姻关系无效。反诉就成为本诉的前提,如果反诉请求成立,本诉请求必然不成立。

(三) 反诉的审理

法院受理反诉后,应当在同一程序中合并审理本诉和反诉。合并审理是指由同一个法院的审判组织按照同一种程序同时审理本诉和反诉。需要注意的是合并审理并不等于合并辩论,在审理中可以合并辩论也可以分开辩论。对于本诉和反诉应当分别作出裁判,各裁判可以同时作出也可以先后作出。

▶ 五、诉讼请求的变更

(一) 诉讼请求变更的含义

诉讼请求的变更,也称诉的变更,是指原告在同一诉讼程序中,以新的诉讼请求替代原诉讼请求。

我国《民诉法》和司法解释虽然均认可诉讼请求的变更,但对其含义并未界定,故而变更诉讼请求的概念并不明确,理论和实务上的理解比较混乱,导致"放弃诉讼请求"、"增加诉讼请求"和"变更诉讼请求"几个概念界限不明、纠缠不清。有人认为变更诉讼请求是指原告"增加或者减少已经提出的实体权利请求",包括诉讼请求数额的增减和诉讼请求事项的增减;也有人认为诉讼请求数额的增减不属于诉讼请求变更;还有人认为诉讼请求变更是指诉讼请求的性质变更。那么,对变更诉讼请求的概念应当如何理解呢?

首先,诉的变更的概念有广义和狭义之分,广义的诉的变更是指诉讼请求的变化,这种意义之下的诉的变更就涵盖了增加诉讼请求的情形。狭义的诉的变更仅指已经提出的诉讼请求的变动。从我国《民诉法》和最高人民法院的司法解释来看,是将变更诉讼请求和增加诉讼请求明确加以区分的,分别对二者进行了规定。故此,我国所规定的诉的变更是狭义上的,不包括诉讼请求的增加。增加诉讼请求即为诉的追加,是指原告在原有诉讼请求的基础上,又提出了新的诉讼请求,其实质是诉的合并,并非是指诉讼请求数额增加。

其次,诉的变更包括量的变更和质的变更两种情形。诉在量上的变更,主要是指诉讼请求范围上的变化,具体包括两种情况:(1)诉讼请求数额的变更,即诉讼请求数额的增加或者减少,例如原告将请求赔偿的金额从原来的8万元增加为10万元;(2)诉讼请求事项的增加或减少,比如,原告原本只请求解除收养关系,后来又请求支付收养期间的抚养费;原告原本请求支付违约金并赔偿损失,后来原告仅请求支付违约金,不再请求赔偿损失。诉在质上的变更,是指诉讼请求性质的变更,比如将合同之诉变为侵权之诉。这种情形的发生,往往是因为原告提出诉讼时其主张的民事法律关系的性质或者民事行为的效力与法院在审理中的认定不一致,从而导致其实体权利主张发生变化。比如,买卖合同纠纷中,原告起诉要求被告支付价款,审理中发现该合同为无效合同,原告遂将诉讼请求变更为返还标的物,其主张的实体请求权由债权请求权变更为物上请求权。

(二)诉讼请求变更的条件

从理论上看,诉讼请求质的变更关涉程序正当性问题,因为这种情形下不仅意味着原告所主张的实体法律关系的性质发生了变更,导致诉的性质因此也发生了变化,而且也意味着原告原来提出的诉讼请求可能有误。但基于诉讼经济的考虑,最高人民法院《证据规定》并没有要求驳回诉讼请求而是允许原告变更诉讼请求。因为这种情形下如果驳回诉讼请求,原告往往又会重新起诉,提出新的诉讼请求,从而增加当事人的讼累和诉讼成本。但是,允许原告变更诉讼请求,就意味着原告并不会因自己提出错误的诉讼请求而承担不利后果,不仅可能造成当事人在诉讼请求提出上的任意性,而且有违当事人平等保护的原理。故此,对诉讼请求质的变更应当进行限制,限于以下两种情形:(1)被告同意,即通过当事人的处分行为使诉讼请求变更获得正当性。原则上只要被告同意,无论何种诉讼请求的变更都应当许可。(2)原告所主张的民事法律关系的性质虽有变化,但都是基于同一事实,诉讼请求的变更不过是请求的法律依据发生了变化。

(三)诉讼请求变更的时间限制

诉讼请求变更应当在哪一个诉讼阶段提出,我国《民诉法》没有明确规定,而司法解释的规定不一致,颇有疑义。《民诉法适用意见》第156条规定,原告增加诉讼请求,被告提出反诉,第三人提出与本案有关的诉讼请求,可以在案件受理后,法庭辩论结束前提出。该规定虽非直接针对变更诉讼请求,但从条文的意旨来看,原告变更诉讼请求的时间也应是在法庭辩论终结前提出。但《证据规定》第34条第3款却规定:"当事人增加、变更诉讼请求或者提出反诉的,应当在举证期限届满前提出。"把变更诉讼请求的时间限定在举证期限届满前。《证据规定》第35条同时又规定,在诉讼过程中,当事人主张的法律关系的性质或者民事行为的效力与人民法院根据案件事实作出的认定不一致的,经人民法院告知后当事人变更诉讼请求的,不受第34条规定的限制,可以在举证期限届满后提出,进一步使得变更诉讼请求的时限问题更加复杂和不明确。

我们认为,将变更诉讼请求的时间限制在举证时限届满前是不妥当的。原因在于诉讼请求的确定是建立在事实和证据基础上的,当事人举证不能,其诉讼请求就难以成立,就要承担对自己不利的法律后果。只有在举证期限届满,当事人才能通过证据交换了解相对方向法院提出了哪些证据,进一步明晰案件事实和争点,并由此考虑其诉讼主张的妥当性以及是否需要调整或变更。故此,诉讼请求变更的时间不应当限定在举证期限届满之前。相对而言,限制在法庭辩论终结前更符合诉讼发展的规律,因为案件经开庭审理、举证、质证,当事人对自己主张的法律关系的性质或者民事行为的效力的认识将更加明确。

从我国《民诉法解释》来看,其第232条还是坚持了原《民诉法适用意见》第156条的立场,规定在案件受理后,法庭辩论结束前,原告增加诉讼请求,被告提出反诉,第三人提出与本案有关的诉讼请求,可以合并审理的,人民法院应当合并审理。

▶ 六、诉的合并

诉的合并,是指在同一诉讼程序中将几个独立之诉合并进行审理和裁判。诉讼的合并制度,具有简化程序,提高诉讼效率,并防止裁判相互抵触的作用,所以各国民事诉讼法均有规定。

广义上的诉的合并包括三种类型,即诉的主体合并、诉的客体合并和诉的混合合并。诉的主体合并,也叫诉的主观合并,也就是我们通常所说的"共同诉讼",是指将一方或双方为二人以上的当事人合并于同一诉讼程序进行审理和裁判。诉的客体合并,也称诉的客观合并,一般认为是指法院将当事人一方向对方提出数个独立的诉讼请求予以合并审理。诉的混合合并,是指法院将数个诉讼主体的相互间存在牵连的数个独立的诉予以合并审理,如普通共同诉讼、对第三人参加之诉的合并。我们通常所说的诉的合并,是指狭义上的诉的合并,即诉讼标的的合并,不包括诉的主体合并。当存在复数的诉讼标的时,应由裁判解决的纠纷也系多数,由此构成诉的合并。

发生诉的合并的诉讼程序,形式上虽然是单一的,然而实质上其中包含了具有独立诉讼标的的几个诉。一般认为诉的合并应当具备以下要件:

(1) 须存在两上或两个以上的诉讼标的。这是进行诉讼合并的基础和前提。是否能构成诉的合并,首先得看是否存在两个以上的诉,也即诉讼标的是否有两个以上。至于当事人单一或复数,在所不问。

(2) 须数个诉讼标的之间有一定的关联,即合并的数个诉讼标的之间存在法律或事实上的某种牵连。无关联的诉合并到一个诉讼程序中审理,案件的审理可能会更为复杂,难以达到合并审理的目的。

(3) 须数个诉适用同一种诉讼程序。诉讼程序有普通诉讼程序、简易程序和特别程序,而特别程序中又有多种不同的诉讼程序。如果被合并的数个诉,不能适用同一种诉讼程序,不仅有违因辩论或调查证据程序的不同而特设不同程序的目的,而且也难以达到简化程序的目的,因此不能合并。

(4) 须受诉法院至少对其中一个诉有管辖权。受诉法院不必对各个诉都有管辖权,但至少须对其中一个诉有管辖权。受诉法院只要对其中一个诉有管辖权,就可以进而获得对其他的诉的管辖权,但属于其他法院专属管辖的除外。

第七节 公益诉讼

一、公共利益与公益诉讼的含义与特点

公共利益是一个与单个社会主体的利益,即私人利益相对的概念,字面意思是指不确定的多数人的利益。公共利益虽然在立法中频频出现,但均没有对其进行定义,原因在于对其很难进行界定。因而,公共利益是一个与诚实信用、公序良俗等相类似的框架性概念,具有高度的抽象性和概括性。[①]

公共利益概念在法律中的作用,一般分为三类:一为积极性的条款,即期待立法者及其他国家权力机构能以积极之作为来促进公益的实现;二是消极性的条款,即将公共利益作为限制人们行为的理由,防止公益受到侵害;三是中性的条款,即不对公益之增进采取积极或者消极的态度,而纯粹以中性出现。[②] 第一类如我国《专利法》第49条,在国家出现紧急状态或者非常情况时,或者为了公共利益的目的,国务院专利行政部门可以给予实施发明专利或者实用新型专利的强制许可。第二类如我国《宪法》第13条规定,国家为了公共利益的需要,可以依照法律规定对公民的私有财产实行征收或者征用并给予补偿。第三类如我国《民法通则》第7条规定,民事活动应当尊重社会公德,不得损害社会公共利益,扰乱社会经济秩序。

公共利益一般具有下列特点:首先,利益主体必须是多数人且是不确定的,即具有非排他性或者开放性,不排除其他人对公共利益的享有。任何人只要符合规定的条件,都有机会享受。至于受益范围究竟多大,不能纯粹用数量来界定。对于国有资产流失之类的案件,因为权利主体——国家很明确,因此无需纳入公益诉讼。其次,公共利益是一个模糊性、可变性概念,随着时间、地点和人们研究问题的视野不同,公共利益也可能不同。在这个地方被认为是公共利益的,在那个地方不一定被认为是公共利益;过去认为是公共利益的,将来也可能不认为是公共利益;过去认为是处于上位的公共利益,将来也可能被认为是下位的公共利益。例如,在温饱问题都没有解决的国家或地区,首要的公共利益是发展经济,解决人民的生存

---

① 参见王利明:《公共利益是否就等于"大家的利益"》,载《解放日报》2006年9月4日第13版。
② 陈新民:《宪法基本权利之基本理论》(上),台湾三民书局1992年版,第131页。

问题。如果国家已经富足到了一定程度,就可以把工人的劳动条件、环境保护等,作为首要的公共利益。第三,公共利益具有层级性。不同的公共利益之间存在等级划分,处于下位的公共利益在与上位公共利益发生冲突时,应该让位于上位公共利益。例如,发展教育是公共利益,兴建市政设施也是公共利益,在财政能力有限的情况下,如何处理这一矛盾就需要考虑公共利益的等级。

公益诉讼包括民事公益诉讼和行政公益诉讼。行政公益诉讼是指针对国家公权机关的行为或不行为,与其没有直接利害关系的组织或个人依据法律的授权,以自己的名义提起的诉讼。民事诉讼法及相关司法解释中所指的公益诉讼指的是民事公益诉讼。

私益诉讼是指特定主体为保护自己的个人利益而提起的民事诉讼。公益诉讼相对于普通私益诉讼而言,有广义和狭义之分。广义的公益诉讼是指任何组织和个人都可以对侵害社会公共利益的行为,向法院起诉,要求追究其法律责任的活动。狭义的公益诉讼是指特定国家机关和社会组织,根据法律法规的授权,对污染环境、侵害众多消费者合法权益等损害社会公共利益的行为提起的诉讼。我国《民诉法》第55条规定的就是狭义的公益诉讼。同一行为有可能既损害私益,又损害公益,可以同时提起私益诉讼和公益诉讼。我国《民诉法解释》第288条规定,人民法院受理公益诉讼案件,不影响同一侵权行为的受害人根据《民诉法》第119条规定提起诉讼。

与私益诉讼相比,公益诉讼具有以下特点:第一,公益诉讼保护的对象不是私益,而是公共利益。但公共利益本身又具有一定的模糊性,不好判断。第二,公益诉讼中的原告具有特殊性。公共利益的特征之一就是权利主体多数但不确定,当公共利益受到损害时,必须先确定谁可以作原告。对此世界各国有三种模式:一是国家诉讼,即由法律规定的特定国家机关,如检察机关代表国家提起公益诉讼。二是团体诉讼,即立法或者判例赋予某些拥有法人资格的团体以自己的名义提起公益诉讼。三是公民诉讼,即赋予公民有权提起公益诉讼。或者同时赋予这几个主体原告资格。第三,私益诉讼中的有些原则在公益诉讼中不能完全适用。比如自认、撤诉、辩论原则、处分原则等。

▶ 二、公益诉讼的范围

由于公共利益本身的模糊性,在立法没有对公益诉讼的含义作出明确界定的情况下,公益诉讼的范围只能留给实践去解决。我国《民诉法》第55条采取的是列举加兜底的方式。明确列举的两类公益案件是污染环境的案件和侵害众多消费者权益的案件。

环境民事公益诉讼是指为了保护社会公共环境权益,对违反环境法律、侵害公共环境权益者,法定主体向人民法院提起的要求其承担民事责任的诉讼。为指导对污染环境民事公益诉讼的审理,2015年最高人民法院还颁布了《环境民事公益诉讼解释》。

消费者公益诉讼是指为了保护众多消费者的合法权益,法定主体向人民法院提起的要求经营者承担民事责任的诉讼。根据我国《消费者权益保护法》第47条规定,对侵害众多消费者合法权益的行为,中国消费者协会以及在省、自治区、直辖市设立的消费者协会,可以向人民法院提起诉讼,指的就是消费者公益诉讼。

▶ 三、公益诉讼的起诉条件

第一个条件是得有适格的原告。根据我国《民诉法》第55条的规定,只有法律规定的机关和有关组织可以作为公益诉讼的原告。也就是说,只有获得法律授权的机关和有关组织才能作为原告。法律授权的机关主要指检察机关。我国《检察机关提起公益诉讼试点工作实施办法》第1条规定,人民检察院履行职责中发现污染环境、食品药品安全领域侵害众多消费者合法权益等损害社会公共利益的行为,在没有适格主体或者适格主体不提起诉讼的情况下,可以向人民法院提起民事公益诉讼。

法律授权的有关组织主要是消费者协会和环境保护组织。如我国《消费者权益保护法》第47条规定的中国消费者协会以及在省、自治区、直辖市设立的消费者协会。我国《环境保护法》第58条规定符合下列条件的社会组织可以作为公益诉讼的原告:(1)依法在设区的市级以上人民政府民政部门登记;(2)专门从事环境保护公益活动连续5年以上且无违法记录。《环境民事公益诉讼解释》对上述两个条件作了进一步明确。其第3条规定,设区的市,自治州、盟、地区,不设区的地级市,直辖市的区以上人民政府民政部门,可以认定为环境保护法第58条规定的"设区的市级以上人民政府民政部门"。其第4条规定,社会组织章程确定的宗旨和主要业务范围是维护社会公共利益,且从事环境保护公益活动的,可以认定为环境保护法第58条规定的"专门从事环境保护公益活动"。社会组织提起的诉讼所涉及的社会公共利益,应与其宗旨和业务范围具有关联性。其第5条规定,社会组织在提起诉讼前五年内未因从事业务活动违反法律、法规的规定受过行政、刑事处罚的,可以认定为《环境保护法》第58条规定的"无违法记录"。该司法解释第2条还进一步明确指出,依照法律、法规的规定,在设区的市级以上人民政府民政部门登记的社会团体、民办非企业单位以及基金会等,可以认定为《环境保护法》第58条规定的社会组织。

对于个人能不能作为公益诉讼的原告,争议较大,我国立法机关为了防止公益诉讼被滥用,采取了否定的立场。

第二个条件是得有明确的被告和具体的诉讼请求。明确的被告是指原告能够提供被告的姓名或者名称、住所等信息具体明确,足以使被告与他人相区别的,可以认定为有明确的被告。起诉状列写被告信息不足以认定明确的被告的,人民法院可以告知原告补正。原告补正后仍不能确定明确的被告的,人民法院裁定不予受理。具体的诉讼请求是指原告要求被告承担民事责任的具体形式,如停止侵害、排除妨碍、消除危险、恢复原状、赔偿损失、赔礼道歉等。

第三个条件是得有社会公共利益受到损害的初步证据。"社会公共利益受到损害"既指已经造成的损害也指有造成损害的危险。初步证据是指证据能够证明公共利益受有损害即可,无需证明损害的具体情况。对于环境民事公益诉讼,只需提供被告实施了排污行为,对公共环境存在危险性的证据即可。对于侵害消费者权益的公益诉讼,一方面需要提供经营者有侵害消费者行为的证据,还得提供消费者人数众多的证据,众多一般指 10 人以上。

第四个条件是属于人民法院受理民事诉讼的范围和受诉人民法院管辖。公益诉讼案件由侵权行为地或者被告住所地中级人民法院管辖,但法律、司法解释另有规定的除外。因污染海洋环境提起的公益诉讼,由污染发生地、损害结果地或者采取预防污染措施地海事法院管辖。对同一侵权行为分别向两个以上人民法院提起公益诉讼的,由最先立案的人民法院管辖,必要时由它们的共同上级人民法院指定管辖。

▶ 四、审前准备

我国民事诉讼法虽然对能够提起公益诉讼的原告作了限制,但由于损害公共利益的波及面往往很广,同时具备起诉资格的原告仍然会很多,按照现有的管辖规定,可以由不同的法院管辖。但这不利于节省司法资源,应当鼓励合并诉讼。为此,《民诉法解释》第 287 条规定,人民法院受理公益诉讼案件后,依法可以提起诉讼的其他机关和有关组织,可以在开庭前向人民法院申请参加诉讼。人民法院准许参加诉讼的,列为共同原告。

对公共利益的救济,除了司法救济外,还有行政救济。就这两种救济方式而言,行政救济更为主动和高效。很过国家都将寻求行政救济作为提起公益诉讼的前置条件。比如德国,对于环境污染,不能提起环境民事公益诉讼,只能提起环境行政公益诉讼,目的就在于要充分发挥行政机关在保护公共利益上的高效和快捷。我国立法没有规定在提起环境民事公益诉讼前必须寻求行政救济,《民诉法解释》第 286 条仅是规定,人民法院受理公益诉讼案件后,应当在 10 日内书面告知相关行政主管部门,以实现信息共享,督促对被告行为负有监管职责的行政机关主动履行职责。

▶ 五、审理

在私益诉讼中,当事人之间可以和解,人民法院也可以调解。在我国公益诉讼中,如允许原告与被告之间就实体责任问题进行和解或者调解,容易引发利益勾兑,原告通过损害公共利益为自己谋取利益。但对于被告履行责任的方式、时间等问题采绝对不允许和解或者调解的态度,也不利于问题的快速解决。因此,应当允许在公益诉讼中进行和解、调解,但需要加以监督。为此,《民诉法解释》第289条规定,对公益诉讼案件,当事人可以和解,人民法院可以调解。当事人达成和解或者调解协议后,人民法院应当将和解或者调解协议进行公告。公告期间不得少于30日。公告期满后,人民法院经审查,和解或者调解协议不违反社会公共利益的,应当出具调解书;和解或者调解协议违反社会公共利益的,不予出具调解书,继续对案件进行审理并依法作出裁判。《环境民事公益诉讼》第25条还规定,调解书应当写明诉讼请求、案件的基本事实和协议内容,并应当公开。可见,立法采取的监督措施有三:一是将和解或者调解协议进行公告,接受全社会的监督。二是法院的审查。三是将最终的调解书也公开,接受社会监督。

在私益诉讼中,基于处分权,原告在法庭辩论结束前可以申请撤诉,法庭辩论结束后,征得被告同意也可以申请撤诉。对于公益诉讼,在法庭辩论终结前原告申请撤诉的,是否准许由法院裁定。对于不损害公共利益的,可以允许。在法庭辩论终结后,案件事实已经清楚,如被告不负有责任,应当作出判决,以免其他原告再次起诉;如果被告负有责任就更应作出判决,令其承担责任。因此,公益诉讼案件的原告在法庭辩论终结后申请撤诉的,人民法院不予准许。

▶ 六、判决效力

公益诉讼案件裁判的法律效力表现在三个方面:一是在当事人之间产生一事不再理的效力,两方对同一纠纷不得再次诉讼。二是在其他依法具有原告资格的机关和有关组织与被告之间,其他原告不得就同一侵权行为另行提起公益诉讼,但法律、司法解释另有规定的除外。如果允许其他原告就被告的同一侵害行为反复提起诉讼的话,除了增加被告的讼累外,对于纠纷的解决没有任何实益。在我国,目前只有《环境民事公益诉讼解释》第28条作有另行规定。根据该条司法解释,在以下三种情况下,其他原告可以另行起诉:一是前案原告的起诉被裁定驳回的;二是前案原告非因诉讼请求得到实现而申请撤诉被裁定准许的。这两种情形下法院对纠纷都没有做出实体处理。因此应当允许其他原告再诉。三是有证据证明存在前案审理时未发现的损害。这属于新的纠纷,应允许其他原告再诉。

公益诉讼案件裁判生效后对其他后诉案件,如私益诉讼具有什么效力,我国《民诉法解释》没有作规定。《环境民事公益诉讼解释》第30条作了规定。该条第1款规定,已为环境民事公益诉讼生效裁判认定的事实,因同一污染环境、破坏生态行为依据《民诉法》第119条规定提起诉讼的原告、被告均无需举证证明,但原告对该事实有异议并有相反证据足以推翻的除外。环境污染侵权实行无过错归责,包括三个要件事实:排污行为、损害结果和因果关系。此条款中"认定的事实"是指被告的排污行为。根据既判力理论,只有前诉的判决主文对后诉有约束力,前诉中的判决理由包括事实理由和法律理由均没有约束力,只有争点效。根据该款规定,后诉中的原告可以进攻性主张争点效,即主张公益诉讼中认定的对自己有利的事实,因为被告参加了前诉,享有举证质证的机会,故不得反证。当后诉中的被告主张公益诉讼中认定的对自己有利的事实时,由于后诉的原告没有参加前诉,因而可以提供相反证据进行推翻。

对于环境民事公益诉讼中的其他要件事实,如被告是否存在法律规定的不承担责任或者减轻责任的情形、行为与损害之间是否存在因果关系、被告承担责任的大小等所作的认定,私益诉讼的原告主张适用的,为提高诉讼效率,人民法院应予支持。但即使是同一排污行为,对不同原告的个人利益是否会造成损失、会造成多大的个人利益损失与公益诉讼并不完全相同,因此该条第2款规定,被告可提供有相反证据加以推翻。被告主张直接适用对其有利的认定的,人民法院不予支持,被告仍应举证证明。

概言之,公益诉讼中认定的对原告有利的事实,原告在私益诉讼中可以主张。被告对认定其有排污行为的事实不可反驳;其他事实可以反驳。公益诉讼中认定的对被告有利的事实,被告不得主张。由此可见,公益诉讼中认定的事实在私益诉讼中是一种片面扩张,即仅及于原告而不及于被告。

第八节 一审诉讼实务技巧

一、诉前准备

首先要审查能否提起民事诉讼。对于非民事纠纷不能提起民事诉讼。就是属于民事纠纷有时也会受到限制。因为有的民事纠纷存在前置程序,如劳动纠纷、人事纠纷。如无特别规定,这些纠纷只有在完成了劳动仲裁、人事仲裁之后,才能提起民事诉讼。有的民事纠纷法律特别规定在一定期限内不能起诉,如对离婚诉讼的特殊要求。有的民事纠纷法律明确规定不能提起民事诉讼。比如下列民事纠纷:(1)土地所有权和使用权权属争议。根据我国《土地管理法》第16条规定,土地所有权和使用权争议,由当事人协商解决;协商不成的,由人民政府处理。单位之间的争议,由县级以上人民政府处理;个人之间、个人与单位之间的争议,由乡级人民政府或者县级以上人民政府处理。当事人对有关人民政府的处理决定不服的,可以自接到处理决定通知之日起30日内,向人民法院起诉。此处的起诉是指提起行政诉讼。(2)矿区范围争议。根据我国《矿产资源法》第49条规定,矿山企业之间的矿区范围的争议,由当事人协商解决,协商不成的,由有关县级以上地方人民政府根据依法核定的矿区范围处理;跨省、自治区、直辖市的矿区范围的争议,由有关省、自治区、直辖市人民政府协商解决,协商不成的,由国务院处理。(3)林木、林地所有权和使用权争议。根据我国《森林法》第17条规定,单位之间发生的林木、林地所有权和使用权争议,由县级以上人民政府依法处理。个人之间、个人与单位之间发生的林木所有权和林地使用权争议,由当地县级或者乡级人民政府依法处理。当事人对人民政府的处理决定不服的,可以在接到通知之日起1个月内,向人民法院起诉。此处的起诉也是指提起行政诉讼。

签订有仲裁协议的民事纠纷,虽然可以提起民事诉讼,也有可能被受理,比如隐藏仲裁协议,不让法院知道,但被裁定驳回的风险很大。根据我国《民诉法解释》第216条的规定,一旦对方当事人在法院首次开庭前提出存在有效仲裁协议,人民法院应当进行审查。一旦查明确实存在有效的仲裁协议,人民法院就会裁定驳回起诉。因此,对于签订有仲裁协议的民事纠纷提起民事诉讼一定要慎重。

在确定能否提起民事诉讼后,接下来要确定决定作原告还是作被告。通常情况下,与他人发生纠纷,如果自己权利的受到损害,一般都是选择作原告。但在特定情况下,也可以选择作被告。比如自己掌握的证据不够,或者证据在对方手上,无法收集,则可以让对方先起诉,自己作被告。一旦对方作了原告就会主动提出证据。如果甲方指责乙方侵犯了其专利权利,乙方如认为没有侵犯的,一般都是准备作被告,等待甲方的起诉,然后通过诉讼驳回甲方的诉讼请求。但乙方也可以主动争取作原告。比如先提起不侵权确认之诉。因此,作原告还是作被告需要具体情况具体分析。

第三是要明确依据何种法律权利提起诉讼,出现请求权竞合时尤其要慎重。比如乘客打出租车因司机违章引发的车祸而受伤,既可以根据人身侵权起诉运输公司,也可以根据运输合同起诉运输公司。由于这两个实体法律关系存在重大区别,导致实际的诉讼运作也区别甚大。在可以提出的诉讼请求、需要提供的证据等方面均有重大区别。假设在受伤一年之后才起诉的话,若依据侵权起诉,一旦被告提出已过诉讼时效,原告就得举证证明诉讼时效已经中断。原告可以要求精神损害赔偿,但不能要求被告支付违约金。若依合同起诉,就无需举证证明诉讼时效中断。如合同中约定有违约金条款的话,原告可以要求违约金,但不可要求精神损害赔偿。

第四是确定纠纷是否属于法院主管,应当诉至何类法院,何级和何地法院。①

第五是审查是否需要申请诉前保全(包括财产保全、证据保全、行为保全)以防止胜诉后判决无法执行。

---

① 此方面的实务技巧参见第六章。

▶ 二、撰写起诉状

（一）当事人基本情况

在我国，原告的基本情况一定要按照《民诉法》第121条的规定书写齐全。自然人的姓名一定要与身份证保持一致。单位要与其登记的名称保持一致，如企业法人的名称要与企业法人营业执照保持一致，其他组织的名称要与营业执照保持一致，不要简写。如将"有限责任公司"简写为"有限公司"。防止写错字、别字，如把"阎"写成"闫"。一定要留联系方式，以便联系。

在列被告时，要尽量列适格被告。尽管在立案登记制下，法院不审查被告是否适格，一旦法院经过开庭审理发现被告不适格，就会判决驳回原告的起诉。实体法对适格被告一般都有明确规定，要认真根据实体法的规定选择适格被告。如根据我国《侵权责任法》第34条规定，用人单位的工作人员因执行工作任务造成他人损害的，由用人单位承担侵权责任。此时就只能列用人单位为被告。尤其要注意的是有些适格被告是附有条件的，只有在条件成就时，才是适格被告。比如根据我国《消费者权益保护法》第35条规定，消费者或者其他受害人因商品缺陷造成人身、财产损害的，可以向销售者要求赔偿，也可以向生产者要求赔偿。属于生产者责任的，销售者赔偿后，有权向生产者追偿。属于销售者责任的，生产者赔偿后，有权向销售者追偿。如果消费者购买的商品仅是不合格，并没有造成消费者人身、财产损害的，就不能直接起诉销售者。在根据实体法无法确定谁是适格被告时，最稳妥的办法就是将所有可能要承担责任的人都列为被告，宁可错告，不要漏告。

（二）案由

尽管我国《民诉法》第121条没有规定起诉状要写案由，但在实务中有不少法院要求注明案由。对此可以根据2011年的《案由规定》确定，该规定共有一级案由10个，二级案由42个，三级案由424个，四级案由367个。首先应适用该《规定》列出的第四级案由，第四级案由没有规定的，则适用第三级案由；第三级案由中没有规定的，则可以直接适用相应的第二级案由或者第一级案由。

（三）诉讼请求

诉讼请求就是义务方违反义务时需要承担的法律责任。因此在提诉讼请求时，要与实体法律关系规定的责任条件和形式保持一致。如只有在合同有效的情况下，才能要求支付违约金。如果合同中约定的是定金，则不能要求支付违约金。合同如果发生了变更，则应根据变更后的合同提诉讼请求。在一物两卖的情况下，如房屋已经过户，先签订合同的人不能要求对方继续交付房屋。尽管我国《合同法》第107规定："当事人一方不履行合同义务或者履行合同不符合约定的，应当承担继续履行、采取补救措施或者赔偿损失等违约责任。"但第110条又规定："当事人不履行非金钱债务或者履行非金钱债务不符合约定的，对方可以要求履行，但有下列情形之一的除外:(一)法律上或者事实上不能履行;(二)债务的标的不适于强制履行或者履行费用过高;(三)债权人在合理期限内未要求履行。"

没有法律依据的诉讼请求也可以提。如汽车被撞以后,通常的诉讼请求就是要求维修、恢复原状。但也可要求赔偿汽车因维修后导致的贬值。

不要遗漏诉讼请求,一旦遗漏,根据一事不再理的规定,他日无法再诉。容易遗漏的诉讼请求包括:(1)在支付金钱的案件中,少算赔偿额,如逾期付款违约金。最高人民法院《关于审理建设工程施工合同纠纷案件适用法律问题的解释》第17条规定,当事人对欠付工程价款利息计付标准有约定的,按照约定处理;没有约定的,按照中国人民银行发布的同期同类贷款利率计息。(2)精神损害赔偿。不过,根据最高人民法院《关于人民法院是否受理刑事案件被害人提起精神损害赔偿民事诉讼问题的批复》,在刑事附带民事诉讼中不能提起精神损害赔偿,在刑事诉讼结束后,也不能单独提起精神损害赔偿。(3)让被告人承担连带责任的诉讼请求。(4)某些情况下可让对方承担律师费的诉讼请求。如我国《合同法解释一》第26条规定,债权人行使撤销权所支付的律师代理费、差旅费等必要费用,由债务人负担;第三人有过错的,应当适当分担。(5)要求对方承担诉讼费用的诉讼请求可以提,也可以不提。

(四)事实理由

事实理由应言简意赅,不要事无巨细,长篇大论。阐述清楚与权利构成要件相对应的生活事实即可。简单案件一两页纸即可;复杂案件,三四页纸即可。

三、起诉证据

根据我国《证据规定》第1条规定,原告向人民法院起诉或者被告提出反诉,应当附有符合起诉条件的相应的证据材料。起诉证据是原告在起诉时必须提交的证据,主要包括证明当事人身份、确定管辖的相关证据,如自然人的身份证复印件、法人的企业法人营业执照复印件、法定代表人身份证明、管辖协议等。专利侵权案件,应当在起诉时出具由国家专利局作出的检索报告,作为实用新型专利权有效性的初步证据。不过,起诉证据并不等同于证明案件事实的诉讼证据。诉讼证据在起诉时能交就交,不能交也没关系,可以在举证时限内提交。

四、起诉书的签名、份数与纸张

起诉书最后的签名不能打印,必须手签或盖章。法人、其他组织等需要盖法定代表人人名章和单位公章。起诉书用A4纸打印。提交给法院的份数为"被告人数+1"。需要注意的是,原告及其代理人也需要持有起诉书。因为原告的法庭陈述可以直接宣读起诉书,务必确保原告手里至少有一份起诉书。

五、诉状的提交

起诉书及相关材料到法院立案大厅的立案窗口提交即可。开通了网上立案的法院还可以通过网上提交。法院收下材料后,会开具缴费通知。持缴费通知到银行交完费后,需要将其中的一联交回法院。否则的话,法院会以未缴纳诉讼费用按撤诉处理。

【经典司考题】

1. 根据我国民事诉讼法规定,下列哪一案件法院不应当受理?(2002-3-23)

A. 1999年3月张洋诉至法院要求解除与妻子林秀虹的婚姻关系,法院审理后判决不准离婚。同年6月林秀虹向法院起诉离婚

B. 王昆与邓洁因合同履行发生纠纷,王昆要求法院确认合同中的仲裁条款无效

C. 邹某12岁时与邻居陆某(当时13岁)玩耍,被陆某不慎刺伤左眼,导致失明。当时由于两家关系甚好,邹家未提出赔偿要求。15年后,陆某成了远近闻名的企业家,邹却因身有残疾生活窘迫,邹某以陆某伤害了其眼睛为由起诉至法院要求陆某赔偿其经济损失

D. 赵永顺以其养子不尽赡养义务为由向法院起诉要求解除收养关系,法院判决维持了收养关系,3个月后赵永顺又以相同的理由向法院起诉。

考点:案件的受理

2. 张文有一名表。某日,张文的好友李进看到了这块表,表示愿出价3万元购买,张文立即表示同意,双方签订了合同,约定李进分三次将钱在两个月内付清。两个月后,李进只付了1万元,张文遂向法院起诉要求李进承担违约责任。在审理过程中,李进的父母来到法院称李进有间歇性精神病,签合同时正处于发病状态,无法对自己的行为负责。同时李进的父母向法院申请宣告李进为限制民事行为能力人。对李进父母的申请,法院应如何处理?(2002-3-25)

A. 应让李进的父母代理李进正在进行的诉讼

B. 应对李进作法医鉴定,如果李进被确定有间歇间性精神病,法院应当判决李进为限制民事行为能力人,同时宣布合同无效

C. 应中止原诉讼,由李进的父母另行提起确认李进是限制民事行为能力人的特别程序

D. 李进的父母不是本案当事人,其主张不应采纳

考点:诉讼中止

3. 对下列哪些案件调解达成协议的,人民法院可以不制作民事调解书?(2003-3-70)

A. 被告拖欠原告贷款 10 万元,双方达成协议,被告在 1 个月内付清,原告不要求被告支付拖欠期间的贷款利息

B. 赔偿案件中的被告人在国外,与原告达成赔偿协议,同意在 2 个月内赔付

C. 赡养案件中当事人双方达成协议,被告愿意每月向原告支付赡养费 200 元,原告申请撤诉

D. 收养案件中当事人双方达成协议,维持收养关系

考点:可以不制作民事调解书的情形

4. 张某将一串价值 10 万元的钻石项链存放在某银行对外租赁的保险柜中。该银行工作人员李某借工作之便将保险柜中的钻石盗走,案发后一直潜逃在外。张某向法院起诉,要求该银行承担民事责任。在审理中,公安机关将李某抓获归案(但无法追回赃物),并移送检察机关,检察机关准备对李某提起公诉。法院应如何处理该民事案件?(2004-3-43)

A. 中止此案的审理,待李某的犯罪事实查清后恢复审理

B. 终止审理,告知张某在李某的刑事诉讼中,提出附带民事诉讼请求

C. 延期审理此案,不得作出判决

D. 继续审理此案,并可作出判决

考点:诉讼中止

5. 下列哪些民事诉讼案件法院不可以按撤诉处理?(2004-3-77)

A. 王某是有独立请求权的第三人,开庭审理过程中未经法庭许可中途退庭

B. 韩律师是原告的委托代理人,无正当理由拒不到庭

C. 张某是无独立请求权的第三人,无正当理由拒不到庭

D. 李某是被告的法定代理人,无正当理由拒不到庭

考点:按撤诉处理的情形

6. 张某起诉周某人身损害赔偿一案,被告答辩提出原告的请求超过诉讼时效,法院应当如何处理?(2006-3-44)

A. 裁定不予受理

B. 裁定驳回起诉

C. 受理后通过审理判决驳回诉讼请求

D. 受理后通过审理裁定驳回起诉

考点:案件的受理

7. 甲与乙系夫妻关系,四年前乙下落不明。甲提起离婚之诉。对于该起诉,法院应如何处理?(2007-3-44)

A. 法院应不予受理,并告知甲应当依照特别程序申请宣告乙死亡

B. 法院应不予受理,并告知甲应先依照特别程序申请宣告乙为失踪人

C. 法院应当受理,但在受理后应当裁定中止诉讼,并依照特别程序认定乙为

失踪人后,再对离婚之诉作出判决

D. 法院应当受理,并向乙公告送达有关的诉讼文书

考点:起诉与受理

8. 甲起诉与丈夫乙离婚,同时主张抚养小孩、分割房屋和存款。在诉讼过程中,双方当事人在法院主持下达成以下调解协议:解除婚姻关系、甲抚养小孩并分得房屋;乙分得存款及双方共同经营的杂货店;共同债务2000元由甲承担。下列哪些选项是错误的?(2007-3-83)

A. 调解协议的内容超出诉讼请求范围,法院不应批准

B. 除杂货店的分割,协议的其他内容法院应当批准

C. 调解协议将债务约定由一人承担违法,法院不应批准

D. 除债务承担部分,协议的其他内容法院应当批准

考点:法院调解

9. 张某因孙某欠款不还向法院起诉。在案件审理中,孙某因盗窃被刑事拘留。关于本案,下列哪一选项是正确的?(2008-3-37)

A. 法院应当裁定中止诉讼,待对孙某的刑事审判结束后再恢复诉讼程序

B. 法院应当裁定终结诉讼,并告知张某提起刑事附带民事诉讼

C. 法院应当继续审理此案

D. 法院应当将此案与孙某盗窃案合并审理

考点:诉讼中止

10. 法院对于诉讼中有关情况的处理,下列哪一做法是正确的?(2008-3-40)

A. 杨某与赵某损害赔偿一案,杨某在去往法院开庭的路上,突遇车祸,被送至医院急救。法院遂决定中止诉讼

B. 毛某与安某专利侵权纠纷一案,法庭审理过程中,发现需要重新进行鉴定,法院裁定延期审理

C. 甲公司诉乙公司合同纠纷一案,审理过程中,甲公司与其他公司合并,法院裁定诉讼终结

D. 丙公司诉丁公司租赁纠纷一案,法院审理中,发现本案必须以另一案的审理结果为依据,而该案又尚未审结,遂裁定诉讼中止

考点:诉讼中止、诉讼终结、延期审理

11. 甲起诉与乙离婚,一审法院判决不予准许。甲不服一审判决提起上诉,在甲将上诉状递交原审法院后第三天,乙遇车祸死亡。此时,原审法院尚未及将上诉状转交给二审法院。关于本案的处理,下列哪一选项是正确的?(2009-3-47)

A. 终结诉讼　　B. 驳回上诉　　C. 不予受理上诉　　D. 中止诉讼

考点:诉讼终结的情形

12. 法院对于诉讼中有关情况的处理,下列哪些做法是正确的?(2009-3-85)

A. 甲起诉其子乙请求给付赡养费。开庭审理前,法院依法对甲、乙进行了传唤,但开庭时乙未到庭,也未向法院说明理由。法院裁定延期审理

B. 甲、乙人身损害赔偿一案,甲在前往法院的路上,胃病发作住院治疗。法院决定延期审理

C. 甲诉乙离婚案件,在案件审理中甲死亡。法院裁定按甲撤诉处理

D. 原告在诉讼中因车祸成为植物人,在原告法定代理人没有确定的期间,法院裁定中止诉讼

考点:适用延期开庭、按撤诉处理、中止诉讼的情形

13. 关于合议庭评议案件,下列哪一表述是正确的?(2010-3-38)

A. 审判长意见与多数意见不同的,以其意见为准判决

B. 陪审员意见得到支持、形成多数的,可按该意见判决

C. 合议庭意见存在分歧的,也可提交院长审查决定

D. 审判人员的不同意见均须写入笔录

考点:合议庭评议规则

14. 关于普通程序的重要性,下列哪些选项是正确的?(2011-3-78)

A. 普通程序是一审诉讼案件的审理程序

B. 民事诉讼法的基本原则和基本制度在普通程序中有集中体现

C. 普通程序是民事审判程序中体系最完整、内容最丰富的程序

D. 其他审判程序审理案件时遇有本程序没有特别规定的,应当适用普通程序的相关规定进行审理

考点:普通程序的特点

15. 法院开庭审理时一方当事人未到庭,关于可能出现的法律后果,下列哪些选项是正确的?(2011-3-81)

A. 延期审理

B. 按原告撤诉处理

C. 缺席判决

D. 采取强制措施拘传未到庭的当事人到庭

考点:当事人不出庭的处理

16. 郭某诉张某财产损害一案,法院进行了庭前调解,张某承认对郭某财产造成损害,但在赔偿数额上双方无法达成协议。关于本案,下列哪一选项是正确的?(2010-3-48)

A. 张某承认对郭某财产造成损害,已构成自认

B. 张某承认对郭某财产造成损害,可作为对张某不利的证据使用

C. 郭某仍需对张某造成财产损害的事实举证证明

D. 法院无需开庭审理,本案事实清楚可直接作出判决

考点：自认和调解

17. 何某因被田某打伤，向甲县法院提起人身损害赔偿之诉，法院予以受理。关于何某起诉行为将产生的法律后果，下列哪一选项是正确的？（2013-3-44）

A. 何某的诉讼时效中断　　　　B. 田某的答辩期开始起算
C. 甲县法院取得排他的管辖权　　D. 田某成为适格被告

考点：受理的效力

18. 关于反诉，下列哪些表述是正确的？（2013-3-80）

A. 反诉的原告只能是本诉的被告
B. 反诉与本诉必须适用同一种诉讼程序
C. 反诉必须在答辩期届满前提出
D. 反诉与本诉之间须存在牵连关系，因此必须源于同一法律关系

考点：反诉

19. 刘某与曹某签订房屋租赁合同，后刘某向法院起诉，要求曹某依约支付租金。曹某向法院提出的下列哪一主张可能构成反诉？（　　）

A. 刘某的支付租金请求权已经超过诉讼时效
B. 租赁合同无效
C. 自己无支付能力
D. 自己已经支付了租金

考点：反诉

20. 乙租住甲的房屋，甲起诉乙支付拖欠的房租。在诉讼中，甲放弃乙支付房租的请求，但要求法院判令解除与乙的房屋租赁合同。下列关于本案的哪种说法是正确的？（2006-3-41）

A. 甲的主张是诉讼标的的变更　　B. 甲的主张是诉讼请求的变更
C. 甲的主张是诉的理由的变更　　D. 甲的主张是原因事实的变更

考点：诉的变更

21. 李某驾车不慎追尾撞坏刘某轿车，刘某向法院起诉要求李某将车修好。在诉讼过程中，刘某变更诉讼请求，要求李某赔偿损失并赔礼道歉。针对本案的诉讼请求变更，下列哪一说法是正确的？（2015-3-37）

A. 该诉的诉讼标的同时发生变更
B. 法院应依法不允许刘某变更诉讼请求
C. 该诉成为变更之诉
D. 该诉仍属给付之诉

考点：诉讼请求的变更

22. 甲因乙久拖房租不付，向法院起诉，要求乙支付半年房租6000元。在案件开庭审理前，甲提出书面材料，表示时间已过去1个月，乙应将房租增至7000

元。关于法院对甲增加房租的要求的处理,下列哪一选项是正确的?(2011-3-37)

A. 作为新的诉讼受理,合并审理
B. 作为诉讼标的变更,另案审理
C. 作为诉讼请求增加,继续审理
D. 不予受理,告知甲可以另行起诉

考点:增加诉讼请求

第十八章　民事判决、裁定、决定和命令

> **要点提示**
> - 判决的种类与效力
> - 裁定的适用范围
> - 决定的适用范围
> - 命令的种类

第一节 判 决

一、判决的概念

判决是指人民法院在民事案件和非讼案件审理程序终结时对案件的实体问题作出的权威性判定。

判决是人民法院行使审判权最重要的形式,是在经过法庭调查、法庭辩论等阶段之后才作出的最后判定。当用书面形式将判决内容记载下来后便是判决书。

二、判决种类的划分

判决可以根据不同的标准进行分类。

(一)诉讼判决和非讼判决

这是根据判决所针对的案件和所适用的程序做的分类。

诉讼案件涉及民事权益争议,非讼案件不涉及民事权利义务争议。诉讼判决,是为解决诉讼案件,即双方当事人之间的民事权益争议而作出的判决。适用普通程序、简易程序、二审程序、审判监督程序审理案件作出的判决,都是诉讼判决。

非讼判决,是针对非讼案件,即对申请人要求确认的法律事实,作出肯定或者否定的判决。适用特别程序审理后作出的判决,就是非讼判决。

诉讼判决和非讼判决的区别在于:(1)二者针对的案件不同。前者针对的是诉讼案件,后者针对的是非讼案件;(2)二者适用的程序不同。前者适用诉讼程序,后者适用非讼程序;(3)记载的内容不同。前者记载的是对当事人权利义务的判定,后者记载的是特定事实的确认;(4)救济手段不同。前者可以通过上诉、再审来寻求救济,后者不能。

(二)给付判决、确认判决和形成判决

这是根据诉讼判决所裁决的诉的种类或性质做的分类。

给付判决是指在给付之诉中,法院在认定原告请求权存在的基础上,判令对方履行义务的判决。该判决具有强制执行力。

确认判决是指在确认之诉中,法院作出的单纯确认当事人之间法律关系存在或不存在的判决。

形成判决是指法院作出的变动或消灭现存法律关系的判决。形成判决生效后,能够使已经存在的法律关系不再存在或者发生变化。前者如解除或撤销合同、解除婚姻关系、收养关系等。后者如变更合同中的不合理价款。形成判决的这一法律效力叫形成力。形成判决与给付判决、确认判决相比较,具有绝对效力,即不仅及于当事人,也及于一般第三人。

(三) 对席判决和缺席判决

这是根据判决作出时当事人双方都出庭还是只有一方出庭作的分类。

对席判决是在双方当事人都出庭参加诉讼的情况下所作出的判决。如当事人虽未到庭,但其诉讼代理人已出庭参加诉讼,所作判决也是对席判决。

缺席判决是法院在一方当事人没有出庭参加诉讼的情况下所作出的判决。

民事诉讼以作出对席判决为原则,只有在法律有明确规定的情形时,法院才能作出缺席判决。我国《民诉法》第 143 条规定:"原告经传票传唤,无正当理由拒不到庭的,或者未经法庭许可中途退庭的,可以按撤诉处理;被告反诉的,可以缺席判决。"第 144 条规定:"被告经传票传唤,无正当理由拒不到庭的,或者未经法庭许可中途退庭的,可以缺席判决。"第 145 条第 2 款规定:"人民法院裁定不准许撤诉的,原告经传票传唤,无正当理由拒不到庭的,可以缺席判决"。

(四) 全部判决和部分判决

这是根据判决是针对案件的全部事项还是部分事项作出所作的分类。

全部判决是指当案件辩论终结时法院对所有应判定的事项一并作出终局裁判的判决。部分判决是指,在诉讼过程中,法院对已经审理清楚的、可分的部分事实或部分实体请求所作出的判决,其余部分待继续审理后再作出判决。当原告提出两个以上诉讼请求时,被告向原告提出反诉时,法院可以作出部分判决。如果各请求之间并不相互独立,则不允许作出部分判决。我国《民诉法》第 153 条规定:人民法院审理案件,其中一部分事实已经清楚,可以就该部分先行判决。这表明我国立法承认部分判决。但在我国民事诉讼实践中,作部分判决的情形较少,大多数情况是一并作出全部判决。

全部判决与部分判决在上诉的效力方面存有显著区别。当事人就全部判决的一部分上诉时,其上诉效力及于所有被判决事项,即全部判决中没有上诉的事项同样因为整个判决的上诉而不发生法律效力。部分判决之间在上诉效力方面没有牵连性。当事人没有上诉的部分判决在当事人放弃上诉后即发生法律效力。

(五) 原判决和补充判决 (又称追加判决)

这是根据判决作出的时间不同所作的分类。

原判决是指人民法院在案件审理终结时初次作出的判决。补充判决是指,法院针对漏判的事项所作的判决。需要注意,判决的补充与判决的更正有所不同,判决的更正是指法院对应判事项已经作出了裁判,只是判决书存在误写、误算以及遗漏的情形。判决的补充则是法院对应当判决的事项根本就没有判决,判决书上自然也不会记载。

我国《民诉法》没有规定补充判决,但允许对判决书进行补正。如第 154 条第 1 款第 7 项规定允许用裁定来补正判决书中的笔误。

【理论探讨】

按照大陆法系民事诉讼法规定,法院在判决时遗漏当事人提出的部分诉讼标的以及应当判决的声明而没有裁判的,可以采用判决补充的方法加以补救。但法院不能够以职权加以补充,只能根据当事人的申请,并且应当在判决书送达后20日之内提出。被漏判的事项只有经过了辩论程序,才能作出补充判决,如果没有经过辩论程序,就不能直接作出补充判决,只有法院另行指定辩论期间,经过辩论程序后才能对此作出判决。漏判的事项,当事人如果没有在规定期间内提出请求要求补充判决的,还可以就请求另行提起诉讼。遗漏诉讼费用的,当事人提出补充判决申请后,法院可直接作出补充判决,无需经过辩论程序。因为诉讼费用不是案件的实体争议,当事人不能就诉讼费用另行诉讼。

(六)生效判决和未生效判决

这是根据判决是否生效作的分类。

生效判决,是指已经发生法律效力,判决内容已经确定,当事人不能采取上诉的方式声明不服的判决。大陆法系国家也称"确定判决"。我国的生效判决包括:(1)地方各级人民法院作出的、已过法定期限没有上诉的一审判决;(2)依法不得上诉的判决,包括最高人民法院作出的一审判决、小额诉讼中作出的判决以及所有的二审判决,依照特别程序审理作出的判决和依照公示催告程序作出的除权判决。未生效判决,是指尚未发生法律效力的判决,例如地方各级人民法院对民事案件所作的准予上诉而未过上诉期的一审判决。

判决还可以根据其他标准进行分类,如根据诉讼程序的不同,可分为一审判决、二审判决和再审判决;根据是否满足原告的诉讼请求,可分为胜诉判决和败诉判决。

三、判决书的内容

根据我国《民诉法》第152条的规定和诉讼实践,民事判决书由首部、正文和尾部三部分组成。

(一)首部

首部包括标题、案号、当事人及其他诉讼参与人的基本情况、案由等。

(1)标题和案号。标题是用来说明某某法院的民事判决书,案号标明判决书的编号,该编号在法院立案时就已确定。如北京市海淀区人民法院(2012)民初字×××号。

(2)当事人及其他诉讼参与人的基本情况。包括原告、被告、有独立请求权的第三人、无独立请求权的第三人及他们的诉讼代理人的姓名、性别、年龄、民族、籍贯、所在单位、职业、住所等。

(3) 案由及审理的大致过程。案由指案件的性质,例如,缔约过失合同纠纷、所有权确认纠纷等。① 审理的大致经过包括是否组成合议庭、是否公开开庭、何时开庭、当事人或其代理人是否到庭参加诉讼等。

(二) 正文

正文是记载判决主要内容的部分,包括:

(1) 诉讼请求、争议的事实和理由。诉讼请求是判决的对象,既包括原告的诉讼请求,也包括被告的反诉请求和有独立请求权第三人提出的诉讼请求。争议的事实和理由,是指双方当事人各自为支持自己的主张而提出事实和理由。判决中应当分别具体写明各自主张的事实和理由,不能有所偏废。

(2) 判决认定的事实、理由和适用的法律和理由。判决必须就当事人之间存在争议的事实作出认定,存在、不存在还是真伪不明,并详细说明如此认定的理由。在此基础上选择应当适用的法律,并说明选择该法律的理由。

(3) 判决结论。判决结论是法院经过审理后对当事人诉讼请求的答复。判决结论既可能是全部或部分承认当事人的诉讼请求,也有可能是全部或部分否定(驳回)当事人的诉讼请求。判决的事项应当与当事人请求裁判的事项相一致,既不能超出也不应漏判。但对于诉讼费用的承担,无论当事人是否提出请求。法院都应当按照诉讼费用负担的原则对诉讼费用的负担作出裁判。

(三) 尾部

包括是否允许上诉、上诉的有效期间和上诉的法院,审判人员、书记员的署名,该判决书制作的年、月、日,人民法院的印章。

▶ 四、判决的效力

判决作出后,只有对法院、当事人、争议的事项均具有法律效力,才能从根本上解决当事人之间的纠纷。一般都会赋予判决以拘束力、形成力、执行力、确定力。

(一) 拘束力

判决的拘束力是指判决一经宣告,对作出判决的法院就产生约束力,即使判决存在错误,法院也不能不经法定程序,直接撤销或变更该判决。赋予判决以拘束力,既是为了保证判决的稳定性,也是为了督促法院慎重作出判决。

判决虽然一经宣告就对作出的法院具有拘束力,但并非绝对不能撤销或变更。只是需要履行一定的法定程序才可以撤销或变更。《民诉法解释》第 163 条规定:"一审宣判后,原审人民法院发现判决有错误,当事人在上诉期内提出上诉的,原审人民法院可以提出原判决有错误的意见,报送第二审人民法院,由第二审人民法院

---

① 具体的案由需根据最高人民法院颁布的《民事案由规定》确定。

按照第二审程序进行审理;当事人不上诉的,按照审判监督程序处理。"该条规定体现的就是判决的拘束力。

(二) 形成力

判决的形成力是指形成判决,如解除合同关系、解除婚姻关系的判决所具有的使原有法律关系消灭或变更的效力。形成力为形成判决独有,确认判决、给付判决均不具有该效力。形成判决一生效,其形成力就会起作用,故形成判决不需要强制执行。实体法上形成判决的形成力对当事人之外的第三人亦发生效力,即具有对世效。诉讼法上形成判决的形成力则只在当事人之间具有效力。

(三) 执行力

判决的执行力是指具有给付内容的生效判决可以作为法院强制执行的根据,在义务人没有履行义务时,权利人可以向法院申请强制执行。

(四) 确定力

判决生效后即具有确定力,包括形式上的确定力和实质上的确定力。形式上的确定力是指判决一旦确定后,除非通过审判监督程序,当事人不能通过上诉这种常规程序来撤销或改变判决的内容。

判决实质上的确定力即既判力。判决需先有形式上的确定力,才会产生既判力。判决的既判力与判决的拘束力不同,判决的拘束力是指在同一诉讼程序中,作出判决的法院要受自己所作判决的拘束,法院不得在作出判决后又直接改变该判决。而判决的既判力则是作用于在判决生效之后再提起的后诉。

五、既判力

(一) 既判力的概念

既判力是指法院作出的终局判决一旦生效,当事人和法院都应当受该判决内容的拘束,当事人不得在以后的诉讼中主张与该判决相反的内容,法院也不得在以后的诉讼中作出与该判决冲突的判断。

(二) 既判力的作用

既判力的作用分为积极作用和消极作用。

既判力的积极作用表现为当事人不得在后诉中提出与前诉有既判力的判断相反的主张,后诉法院也不得作出与前诉有既判力判断相反的判决。就是说,后诉法院需以前诉法院作出的具有既判力的判断作为后诉裁判的基础。

 引例

甲起诉乙要求确认对 A 房屋享有所有权。经审理后法院作出了甲胜诉的判决,认定甲对 A 房屋享有所有权。后因乙破坏 A 房屋,甲再次起诉乙要求赔偿。

乙主张甲不是所有权人,无权要求赔偿。此时,法院不能否认甲是 A 房屋的所有权人,必须以此作为后诉的判决基础。

既判力的消极作用表现为当法院对前诉作出判决后,当事人若以同一诉讼标的提起后诉时,由于违反了"一事不再理",法院应当以后诉不合法不予受理。① 我国《民诉法》第 124 条第 1 款第 5 项规定,"对判决、裁定、调解书已经发生法律效力的案件,当事人又起诉的,告知原告申请再审,但人民法院准许撤诉的裁定除外",反映的就是既判力的消极作用。

 引例

乙开车不慎撞伤甲。甲起诉要求赔偿医疗费、误工费、营养费等损失。法院判决甲胜诉后,甲再次起诉,要求赔偿精神损失费。对于后诉,法院应当基于既判力的消极作用不予受理。因为后诉的诉讼标的与前诉的诉讼标的相同。

(三)既判力的客观范围

既判力表现为前诉对后诉的拘束,但前诉包括很多内容,如认定的事实、判决理由、判决主文等,是不是这些内容都可以约束后诉呢?既判力的客观范围就是确定前诉中的哪些内容可以约束后诉,或者说是指既判力对事的范围。由于法院的判决是针对原告的诉做出的,确定既判力客观范围的原则是:对终局判决中已经确定的诉讼标的有既判力。除法律有特别规定外,当事人不得就已经裁判的诉讼标的再行起诉。

对于既判力的客观范围,需注意以下问题:

(1)诉讼标的同一的认定。如何确定是否属于同一诉讼标的,涉及新旧诉讼标的的理论问题。按传统的诉讼标的理论,判断前后两诉的诉讼标的是否同一,需看前后两诉针对的实体法律关系是否相同。如果相同,则属于同一诉讼标的。如果按新诉讼标的理论中的一支说,前后诉讼标的是否同一需看前后两次诉的声明是否相同。

 引例

A 向法院起诉 B,要求法院裁判 B 返还房屋。其理由是自己对房屋享有所有

---

① 既判力的消极作用与"一事不再理"并不能完全等同。一事不再理包括两部分:一是法院受理当事人的起诉后,当事人不得就待处理的同一纠纷再次起诉;二是判决生效后,当事人不得就已经解决的纠纷再次起诉。

权,而 B 是非法侵占。法院终局判决 A 败诉。嗣后 A 又以 B 租赁该房屋,租赁期已届满为理由向法院起诉要求裁判 B 返还房屋。

按传统的诉讼标的理论,法院可以受理后诉,因为前后两诉的诉讼标的并不相同。前者是所有权法律关系,后者房屋租赁关系。按一肢说,法院不可以受理后诉,因为都是要求返还房屋,诉的声明相同。

(2) 判决理由没有既判力。诉讼标的在判决书中表现为判决主文,因此判决主文属于既判力的客观范围。判决理由中的判断则没有既判力。既然如此,在判决发生法律效力之后,当事人仍然可以对判决理由中的判断提起诉讼。例如,法院对原告与被告之间有关所有权归属的争议,基于赠与关系作出了原告有享有所有权的确认判决。由于赠与关系的成立属于法院判决的理由,因此关于赠与关系成立的判断就没有既判力。前诉被告可以在后诉中针对赠与关系提起诉讼,要求确认该赠与关系不成立。

大陆法系认为判决理由没有既判力的原因是:"通过强调判决主文判断和判决理由中判断的这种区别以及后者的相对性性格,可以产生如下效果。具体而言,一方面,对于当事人而言,获得如下这种保障,即只要考虑有关请求之结论来推进诉讼即可,而对于作为请求判断的前提的各个争点,其攻击防御方法只在本诉讼中有效,如此一来,当事人只要关注结论之胜负即可,而对于结论的前提问题则可以做出某种程度的自由处分,进而将争点集中在必要的最小范围内(对于诉讼中细枝末节的事项,也可以轻易做出自认),并可以期待出现如下这种效果,即当事人为了尽快获得结论,将有效地推进诉讼之进行;另一方面,就法院而言,基于当事人上诉这种实施诉讼之态度,法院不必拘泥于实体法的逻辑顺序,而可以自由地以最快得出结论之顺序展开审理。如此一来,就可以使诉讼在一种自由且具有灵活性的方式下展开,并可以迅速得出结论。"①

判决理由没有既判力,也有其不足。一旦当事人就判决理由中的判断事项另行提起诉讼的话,就有可能出现后诉法院作出的判决推翻前诉法院所作判决的情形。以前述案例为例,在前诉法院作出的某争议房屋所有权属于原告的判决生效后,前诉被告或其他人针对原告取得所有权的原因——赠与关系提起诉讼,要求后诉法院确认赠与关系不成立。一旦后诉法院作出赠与关系不成立的判决,就必然会推翻前诉判决。

既判力只限于判决主文,不及于判决理由,是德、日等国民事诉讼法的规定,我国并无相应规定。

(3) 抵销的既判力。抵销抗辩是判决理由没有既判力的例外。针对原告提出

---

① 〔日〕新堂幸司:《新民事诉讼法》,林剑锋译,法律出版社 2008 年版,第 484 页。

的给付请求,被告在诉讼中提出以对原告享有的另一债权主张抵销。在抵销的范围具有既判力。比如原告在诉讼中要求被告给付 10 万元,被告以原告曾欠自己 15 万元,要求抵销。如果法院在判决中认定抵销成立,则该 10 万元的抵销具有既判力。被告日后不得就该 10 万元再行起诉要求原告归还。就尚未抵销的 5 万元可以另行起诉。

赋予抵销以既判力,主要是为了防止出现不合理现象。如果抵销没有既判力的话,即使法院在前诉中认定被告的抵销不成立,被告仍然可以提起后诉请求前诉的原告给付,或者法院认定被告的抗辩成立,原告因抵销而败诉或减少获赔数额后,被告仍可另行起诉要求原告给付在前诉中抵销的部分。也就是说,被告就同一债权可以获得两次给付。

(四)既判力的主观范围

既判力的主观范围是指既判力对哪些人有约束力。由于诉讼是在双方当事人之间进行,只有当事人参与了诉讼,判决的根据是当事人提出的主张、提供的证据、发表的辩论意见。因此,"原则上,既判力仅在当事人之间发生效力"。① 如扩大到其他人,因他们没有参与诉讼,没有机会提出自己的主张、证据和辩论意见,也即没有享受程序保障,因而是不公平的。

但为了保证纠纷解决的实效性,在特定情况下,既判力也需要延伸到当事人以外的第三人。例外情况具体包括:

(1)法庭辩论终结后的继承人。在法庭辩论终结后成为诉讼标的权利或义务关系主体的人,虽然没有参加前面的诉讼程序,但仍需受既判力的约束。继承人包括因当事人死亡而承担当事人权利义务的一般继承人,也包括买卖、赠与、借贷等原因而承担当事人权利义务的特定继承人。

(2)诉讼担当中的被担当人。在诉讼担当的情况下,参与诉讼的是担当人,如遗嘱执行人、破产管理人、失踪人的财产代管人,但他们实际上是为被担当人的利益而诉讼,如果被担当人不受既判力约束的话,诉讼担当就毫无意义。

(3)标的物的持有人。在请求返回特定物的诉讼中,既判力扩张至为了被告利益而持有该标的物的人。标的物的持有人包括受委托人、管理人等。这些人自己对标的物不具有占有利益,而是为了当事人的利益占有标的物。在当事人败诉被判交付标的物时,既判力向持有人扩张,持有人需依判决向原告交付标的物。②

(4)形成判决。形成判决具有"对世"的效力,也就是说,形成判决对于当事人

---

① 〔德〕罗森贝克等:《德国民事诉讼法》,李大雪译,中国法制出版社 2007 年版,第 1174 页。

② 〔日〕高桥宏志:《民事诉讼法制度与理论的深层分析》,林剑锋译,法律出版社 2003 年版,第 570—571 页。

以外的第三人都有既判力。如关于分割共有物的确定判决,任何第三人都不得再就共有物的争议另行起诉。

(5)人事诉讼判决。人事诉讼判决包括婚姻关系、收养关系和亲子关系等案件的判决。这些判决对第三人都有既判力。如认定婚姻无效的判决,当事人以及当事人以外的第三人都不得再就该婚姻关系存在与否另行起诉。[①]

(五)既判力的时间范围

既判力的时间范围,也称既判力的标准时,是指判决关于权利义务的判断自何时开始对当事人产生约束力。

大陆法系国家都将事实审的法庭辩论终结时作为既判力的标准时。其理由是法院裁判总是以事实审言词辩论终结以前的事实作为裁判的事实依据,据此确认有争议的权利义务关系。

与要求当事人不得就已经发生既判力的诉讼标的再提出诉讼,法院也不得对该诉讼标的作出相反判断的既判力客观范围不同,既判力的标准时阻断的是作为攻击防御方法的事实,也就是说,在既判力标准时之前已经存在的事实,当事人在后诉中不能再加以主张。既判力基准时具有的这种阻止当事人在后诉中再提出标准时之前就已存在之事实的效力被称为"失权效"、"阻断效"或"遮断效"。在基准时后新发生的事实,由于其不受遮断效的约束,允许当事人在新的诉讼中提出。根据我国《民诉法解释》第218条规定,赡养费、扶养费、抚育费案件,裁判发生法律效力后,因新情况、新理由,一方当事人再行起诉要求增加或减少费用的,人民法院应作为新案受理,就是基于该道理。

第二节 裁 定

一、民事裁定的概念

民事裁定,是指人民法院就民事诉讼和民事执行中需要解决的程序问题以及个别实体问题所作出的权威性判定。

民事裁定主要用于解决不直接涉及实体权利义务的程序问题,如不予受理、管辖权异议、中止诉讼或终结诉讼等。但在个别情况下,裁定也可用于处理实体问题,如财产保全、先予执行等。裁定不仅适用于审判程序,也适用于执行程序,如中止或终结执行。

民事裁定与民事判决的区别表现在:

[①] 日本《人事诉讼法程序法》第18条第1款规定:"对于婚姻无效或撤销、离婚或撤销离婚诉讼所作出的判决,对第三者也有效。"

(1) 适用的对象不同。民事裁定主要用于处理程序问题,民事判决则用于处理实体问题。

(2) 适用的阶段不同。民事裁定既可适用于诉讼阶段,也可适用于执行阶段。判决只能适用于诉讼阶段,并且通常是在诉讼结束时作出。

(3) 上诉的期间不同。不服民事裁定的上诉期间为10天,不服判决的上诉期间为15天。

(4) 形式不同。民事裁定既可用书面形式,也可用口头形式,民事判决必须采用书面形式。

(5) 在一个民事诉讼程序中使用的数量不同。在一个民事诉讼程序中,若以判决结案的话,只能作出一个生效判决,但却可能作出多个民事裁定,或者一个裁定也不作。

(6) 前提不同。判决的作出必须以当事人的诉讼请求为前提,除缺席判决外须经言词辩论。裁定的作出并不一定对应于当事人的申请,有的裁定法院可根据当事人的主张和言词辩论作出,有的裁定法院也可依照职权主动作出。

(7) 法律效力不同。生效的裁定,除少数情形,一般只发生程序上的效力,没有实体的效力。判决既发生程序上的效力,又发生实体上的效力。

二、民事裁定适用的范围

按照我国《民诉法》第154条的规定,裁定适用于下列范围:(1) 对原告起诉不予受理的;(2) 对管辖权异议的处理;(3) 驳回原告起诉的;(4) 是否准予财产保全和先予执行的;(5) 是否准许当事人撤诉的;(6) 中止或终结诉讼的;(7) 补正判决书中笔误的;(8) 中止或终结执行的;(9) 撤销或者不予执行仲裁裁决的;(10) 不予执行公证机关赋予强制执行效力的债权文书的;(11) 其他需要裁定解决的事项,例如,二审法院撤销一审判决、发回重审的。

三、民事裁定的效力

根据我国《民诉法》第155条的规定,最高人民法院和第二审人民法院制作的民事裁定,一经送达便产生法律效力;地方各级人民法院制作的第一审民事裁定,除了关于不予受理的裁定、对管辖权有异议处理的裁定以及驳回起诉的裁定可以上诉外,其他的裁定一经送达便发生效力;地方各级人民法院制作的允许上诉的民事裁定,当事人不上诉的,上诉期间届满后生效。

第三节 决　　定

一、民事决定的含义

民事决定,是指法院在民事诉讼过程中,为保证诉讼活动的顺利进行,对诉讼程序中发生的特殊事项所作出的判定。这些事项往往具有紧迫性,需要迅速、及时解决。其中,有的是程序问题,如回避问题、顺延期间问题。有的既不是实体问题,也不是纯粹的程序问题,如诉的合并,对妨碍民事诉讼的人采取强制措施。

二、民事决定适用的范围

根据我国《民诉法》的规定,民事决定适用于以下事项:

(1) 回避问题。当事人申请回避的,应审查该申请是否符合回避的条件,并作出应否回避的决定。

(2) 对妨害民事诉讼的人采取强制措施。当法院为了制止妨害民事诉讼的行为而需要对行为人采取强制措施时,应采用决定的形式。采取较严厉的措施(如罚款、拘留等)时,还必须制作决定书。

(3) 诉讼费用的减、免、缓的问题。当事人交纳诉讼费用有困难的,可以向法院申请减、免、缓。法院审查后应作出是否允许的决定。

(4) 顺延期限。当事人因不可抗拒的事由或其他正当理由耽误期间的,可以向法院申请顺延,是否允许由法院决定。

(5) 暂缓执行。被执行人向法院提供担保后,经申请执行人同意,法院可以决定暂缓执行。

三、决定的形式与效力

民事决定既可采取书面形式,又可以采取口头形式。

民事决定一经作出或送达,即发生法律效力,并且必须立即执行。只有法律规定可以申请复议的,如罚款或拘留的决定,当事人可以依法申请复议一次,但是复议期间不停止决定的执行。

第四节 命　　令

一、命令的概念

命令是指法院向当事人或相关人员、机构发出的为或不为一定行为的指示。

▶ 二、命令的种类

（1）支付令。是指法院在督促程序中向债务人发出的要求其在一定期限内履行债务的命令。

（2）海事扣押令。是指海事法院在采取财产保全措施时发出的扣押当事人船舶的命令。我国《海诉法》第26条规定了海事法院可以发布扣押船舶的命令。

（3）海事强制令。是指海事法院根据海事请求人的申请，为使其权益免受侵害，责令被请求人为或不为一定行为的强制措施。

（4）搜查令。是指法院在强制执行中发出的对债务人的住所或其他可能藏匿财产的场所进行搜查的命令。根据我国《民诉法》第248条第1款规定，被执行人不履行法律文书确定的义务，并隐匿财产的，人民法院有权发出搜查令，对被执行人及其住所或者财产隐匿地进行搜查。

（5）督促令。是指在执行中，上级法院发给下级法院的责令其在法律规定的期限内采取执行措施的命令。根据我国《执行程序解释》第12条规定，上一级人民法院依照《民诉法》第226条规定责令执行法院限期执行的，应当向其发出督促执行令，并将有关情况书面通知申请执行人。

（6）报告财产令。是指执行法院向被执行人发出要求其向执行法院报告财产状况的命令。根据我国《执行程序解释》第31条规定，人民法院依照《民诉法》第241条规定责令被执行人报告财产情况的，应当向其发出报告财产令。报告财产令中应当写明报告财产的范围、报告财产的期间、拒绝报告或者虚假报告的法律后果等内容。

【经典司考题】

1. 对于人民法院作出的下列哪一种民事裁定、决定，当事人不可以申请复议？（2005-3-38）

    A. 关于先予执行的裁定   B. 关于回避问题的决定
    C. 关于管辖权异议的裁定   D. 关于罚款的决定

考点：民事裁判的复议

2. 当事人对法院作出的下列哪些民事决定有权申请复议？（2006-3-77）

    A. 关于再审的决定   B. 关于回避的决定
    C. 关于罚款的决定   D. 关于拘留的决定

考点：民事决定的复议

3. 关于民事诉讼程序中的裁判，下列哪些表述是正确的？（2014-3-82）

    A. 判决解决民事实体问题，而裁定主要处理案件的程序问题，少数涉及实体问题

B. 判决都必须以书面形式作出,某些裁定可以口头方式作出
C. 一审判决都允许上诉,一审裁定有的允许上诉,有的不能上诉
D. 财产案件的生效判决都有执行力,大多数裁定都没有执行力

考点:民事裁判的特点

第十九章　第一审简易程序与小额诉讼程序

要点提示

- 简易程序的适用范围
- 简易程序的流程
- 小额诉讼程序的特点

第一节　简易程序的概念和意义

一、简易程序的含义

简易程序,是指基层人民法院及其派出法庭审理简单民事案件所适用的程序。在我国,简易程序是与普通程序、小额诉讼程序相对的一种审理程序,三者共同构成了我国的一审程序。

二、简易程序与普通程序的关系

简易程序与普通程序虽同属第一审程序,但它们是不同的、相互独立的一审程序,二者之间既有联系、又有区别。它们的联系主要体现在以下几个方面:一是简易程序是一种对普通程序进行了简化的程序,它在起诉、受理、传唤证人、开庭审理等环节上,比普通程序更简单、更灵活。二是在简易程序没有作出特别规定时,可以适用普通程序的规定。三是简易程序可以向普通程序转换。具体包括两种情形:情形之一是在适用简易程序审理案件的过程中,法院自己发现双方当事人争议较大,案件比较复杂时,可以转为普通程序审理;情形之二是当事人认为人民法院适用简易程序不妥当而向法院提出异议,法院经审查认为异议成立的,可以将案件转入普通程序由合议庭进行审理。

三、简易程序的意义

(1) 充分利用司法资源。现实生活中的案件有的复杂、有的简单。对于简单的案件也利用普通程序审理的话,会占用大量司法资源,进一步加剧案多人少的矛盾。如果由一名审判员审理的话,再加上其他环节上的简化,就可以提高司法资源的利用率,相同的人力可以处理更多的案件,满足人民群众的诉讼需求。

(2) 降低当事人的诉讼成本。当事人参与诉讼需要花费一定的成本。程序越复杂,当事人的成本就会越高。简易程序因其简单、灵活的规定,如口头起诉,受理后立即审理等,可以在一定程度上降低当事人的诉讼成本。

(3) 快速解决纠纷,提高诉讼效率。简易程序灵活、简便的制度设计可以使法院低成本,快速地处理纠纷,有利于提高诉讼效率。

第二节　简易程序的适用范围

一、适用简易程序的人民法院

根据我国《民诉法》第 157 条第 1 款规定,只有基层人民法院及其派出法庭能适用简易程序,其他法院不能适用。派出法庭是指基层人民法院为便利当事人诉讼,在自己主要办事机构之外的地点设立的、从事审判工作的派出机构,但不是一个独立的审级。人民法庭制作的判决书、裁定书、调解书,必须加盖基层人民法院印章,不得用人民法庭的印章代替基层人民法院的印章。

二、适用简易程序的审级

简易程序只能用来审理第一审民事案件。发回重审的案件、上诉案件、再审案件均不能使用简易程序。

三、适用简易程序的案件

根据我国《民诉法》第157条第1款规定,简易程序可以用来审理事实清楚、权利义务关系明确、争议不大的简单的民事案件。为使该标准明确化,《民诉法解释》第256条对其作了进一步解释:"事实清楚"是指当事人双方对争议的事实陈述基本一致,并能提供可靠的证据,无须人民法院调查收集证据即可判明事实;"权利义务关系明确"是指能明确区分谁是责任的承担者,谁是权利的享有者;"争议不大"是指当事人对案件的是非、责任以及诉讼标的争执无原则分歧。

当人民法院根据该标准认为某案件可以适用简易程序审理时,仅是人民法院根据该标准对案件作的一个主观判断,并不是对案件的准确定性,很有可能进入审理后,人民法院主动发现或经当事人提出异议后发现该案并不是事实清楚,权利义务关系明确和争议不大,因而就需要把简易程序转化为普通程序。

既然能否适用简易程序主观性很强,就容易出现滥用。为了防止不适当扩大简易程序的适用范围,我国《民诉法解释》第257条明确规定以下七种情形不能适用简易程序:(1)起诉时被告下落不明的;(2)发回重审的;(3)当事人一方人数众多的;(4)适用审判监督程序的;(5)涉及国家利益、社会公共利益的;(6)第三人起诉请求改变或者撤销生效判决、裁定、调解书的;(7)其他不宜适用简易程序的案件。

四、适用简易程序的决定主体及程序转换

(一)法院决定适用

适用简易程序还是普通程序审理是法院的职权,如果法院认为案件简单,无需适用普通程序,就可以决定适用简易程序。但适用何种程序同时也会影响到当事人的程序利益。简易程序给予当事人的程序保护显然不如普通程序,故有必要赋予当事人异议权。根据我国《民诉法解释》第269条规定,如果当事人一方或者双方对法院依职权决定适用简易程序认为不妥的,可提出异议。人民法院应当进行审查,并按下列情形分别处理:(1)异议成立的,应当裁定将案件转入普通程序审

理,并将合议庭的组成人员及相关事项以书面形式通知双方当事人。转为普通程序前,双方当事人已确认的事实,可以不再进行举证、质证;(2)异议不成立的,口头告知双方当事人,并将上述内容记入笔录。

人民法院在审理过程中发现案件案情复杂,需要转为普通程序审理的,应当在审理期限届满前作出裁定并将合议庭组成人员及相关事项书面通知双方当事人。转入普通程序审理的民事案件的审理期限自人民法院立案的次日起开始计算。

对于已经按照普通程序审理的案件,在开庭后不得转为简易程序审理。

(二) 当事人合意适用

根据我国《简易程序规定》第2条的规定,即使是适用第一审普通程序审理的民事案件,即不属于事实清楚、权利义务关系明确、争议不大的简单的民事案件,如果当事人各方自愿选择适用简易程序,经人民法院审查同意的,可以适用简易程序进行审理。我国《民诉法》第157条第2款则对前述规定作了进一步改进,只要双方当事人同意选择适用简易程序,就可以适用,无需法院审查同意。之所以作此规定,主要是为保护当事人享有的程序选择权,以便当事人平衡追求实体利益和程序利益。当事人约定适用简易程序的,应当在开庭前提出。口头提出的,记入笔录,由双方当事人签名或者捺印确认。但是对于不可适用简易程序的案件,当事人不得约定。即使约定,人民法院也不予准许。

第三节 简易程序的具体内容

一、起诉与答辩

(一) 起诉

适用简易程序的案件,原告有两种起诉方式:书面方式起诉和口头方式起诉。不过,口头方式只有在原告本人不能书写起诉状、委托他人代写起诉状确有困难时才能使用。如果原告采用口头方式起诉的,应当将当事人的基本情况、联系方式、诉讼请求、事实及理由、相关证据等内容予以登记。人民法院应当将上述登记的内容向原告当面宣读,原告确认无误后应当签名或者捺印。

(二) 受理

对简单的民事案件,当事人双方可以同时到基层人民法院或者它的派出法庭,请求解决纠纷。基层人民法院或者它的派出法庭可以当即审理,也可以另定日期审理。

(三) 答辩

双方当事人到庭后,被告同意口头答辩的,法院可以当即开庭审理;被告要求书面答辩的,法院应将答辩状提交期限和开庭具体日期告知各方当事人,并向当事人说明逾期举证以及拒不到庭的法律后果。

二、审前准备

人民法院可以简便方式进行审理前的准备。

（一）确定独任制法官

适用简易程序的案件，在审判组织上实行独任制，由一名法官负责案件的审理，但须由书记员记录，独任法官不能自审自记。

（二）送达诉讼文书

为了实现简易程序的效率目标，人民法院可以采取捎口信、电话、短信、传真、电子邮件等简便方式传唤双方当事人、通知证人和送达裁判文书以外的诉讼文书。

为防止因送达不到拖延诉讼，导致简易程序不简易，我国《简易程序规定》第5条、第8至11条规定对送达作了详细规定。当事人应当在起诉和答辩时向法院提供自己准确的送达地址、收件人、电话号码等联系方式，并以签名或者捺印方式确认。送达地址应当写明受送达人住所地的邮政编码和详细地址；受送达人是有固定职业的自然人的，其从业的场所可以视为送达地址。

人民法院按照原告提供的被告的送达地址或者其他联系方式无法通知被告应诉的，应当按以下情况分别处理：(1)原告提供了被告准确的送达地址，但人民法院无法向被告直接送达或者留置送达应诉通知书的，应当将案件转入普通程序审理；(2)原告不能提供被告准确的送达地址，人民法院经查证后仍不能确定被告送达地址的，可以被告不明确为由裁定驳回原告起诉。

被告到庭后拒绝提供自己的送达地址和联系方式的，人民法院应当告知其拒不提供送达地址的后果；经人民法院告知后被告仍然拒不提供的，按下列方式处理：(1)被告是自然人的，以其户籍登记中的住所地或者经常居住地为送达地址；(2)被告是法人或者其他组织的，应当以其工商登记或者其他依法登记、备案中的住所地为送达地址。人民法院应当将上述告知的内容记入笔录。

因当事人自己提供的送达地址不准确、送达地址变更未及时告知人民法院，或者当事人拒不提供自己的送达地址而导致诉讼文书未能被当事人实际接收的，按下列方式处理：(1)邮寄送达的，以邮件回执上注明的退回之日视为送达之日；(2)直接送达的，送达人当场在送达回证上记明情况之日视为送达之日。上述内容，人民法院应当在原告起诉和被告答辩时以书面或者口头方式告知当事人。

受送达的自然人以及他的同住成年家属拒绝签收诉讼文书的，或者法人、其他组织负责收件的人拒绝签收诉讼文书的，送达人应当依据《民诉法》第86条的规定可以邀请有关基层组织或者所在单位的代表到场见证，被邀请的人不愿到场见证的，送达人应当在送达回证上记明拒收事由、时间和地点以及被邀请人不愿到场见证的情形，将诉讼文书留在受送达人的住所或者从业场所；也可以把诉讼文书留在受送达人的住所,并采用拍照、录像等方式记录送达过程,即视为送达。

受送达人的同住成年家属或者法人、其他组织负责收件的人是同一案件中另一方当事人的,不适用此规定。

(三)举证期限

当事人双方均表示不需要举证期限、答辩期间的,人民法院可以立即开庭审理或者确定开庭日期。

被告要求书面答辩的,人民法院可在征得其同意的基础上,合理确定答辩期间。需要举证期限的,举证期限由人民法院确定,也可以由当事人协商一致并经人民法院准许,但不得超过15日。

人民法院应当将举证期限和开庭日期告知双方当事人,并向当事人说明逾期举证以及拒不到庭的法律后果,由双方当事人在笔录和开庭传票的送达回证上签名或者捺印。

当事人申请法院调查收集证据和申请证人出庭作证,应在举证期限届满前提出,并经人民法院许可。

(四)先行调解

根据我国《简易程序规定》第14条的规定,下列民事案件,法院在开庭审理时应当先行调解:(1)婚姻家庭纠纷和继承纠纷;(2)劳务合同纠纷;(3)交通事故和工伤事故引起的权利义务关系较为明确的损害赔偿纠纷;(4)宅基地和相邻关系纠纷;(5)合伙协议纠纷;(6)诉讼标的额较小的纠纷。但是,根据案件的性质和当事人的实际情况不能调解或者显然没有调解必要的除外。

(五)调解协议和调解书

根据我国《简易程序规定》第15条至第17条的规定,调解达成协议并经审判人员审核后,双方当事人同意该调解协议经双方签名或者捺印生效的,该调解协议自双方签名或者捺印之日起发生法律效力。当事人要求摘录或者复制该调解协议的,应予准许。

调解协议符合前款规定的,人民法院应当另行制作民事调解书。调解协议生效后一方拒不履行的,另一方可以持民事调解书申请强制执行。

人民法院可以当庭告知当事人到人民法院领取民事调解书的具体日期,也可以在当事人达成调解协议的次日起10日内将民事调解书发送给当事人。

当事人以民事调解书与调解协议的原意不一致为由提出异议,人民法院审查后认为异议成立的,应当根据调解协议裁定补正民事调解书的相关内容。

三、开庭审理

传统的开庭方式是时空合一的面对面。随着现代视听传输技术的发展,开庭可以实现空间上的分离。因此,当事人双方可就开庭方式向人民法院提出申请,由人民法院决定是否准许。经当事人双方同意,可以采用视听传输技术等方式开庭。

无论是何种开庭方式,较之普通程序,简易程序在很多方面都做了简化,但是仍需给予当事人最基本的程序保障。具体包括:

(1) 开庭前已经告知当事人诉讼权利义务,或者当事人各方均委托律师代理诉讼的,法官除告知当事人申请回避权利外,可以不再告知其他诉讼权利义务。对没有委托律师、基层法律服务工作者代理诉讼的当事人,人民法院在庭审过程中可以对回避、自认、举证证明责任等相关内容向其作必要的解释或者说明,并在庭审过程中适当提示当事人正确行使诉讼权利、履行诉讼义务。

(2) 开庭时,审判人员可以根据当事人的诉讼请求和答辩意见归纳出争议焦点,经当事人确认后,由当事人围绕争议焦点举证、质证和辩论。当事人对案件事实无争议的,审判人员可以在听取当事人就适用法律方面的辩论意见后直接判决、裁定。庭审中对法庭调查、法庭辩论两大步骤不必严格划分,也不受法庭调查、法庭辩论先后顺序的限制,调查与辩论可以结合进行,灵活掌握。

(3) 原则上应当一次开庭审结,但人民法院认为确有必要再次开庭的除外。适用简易程序审理的案件应在立案之日起 3 个月内审结。审理期限到期后,双方当事人同意继续适用简易程序的,由本院院长批准,可以延长审理期限。但延长后的审理期限累计不得超过 6 个月。

(4) 以简便方式送达的开庭通知,未经当事人确认或者没有其他证据证明当事人已经收到的,人民法院不得缺席判决。

四、庭审笔录

书记员应当将适用简易程序审理民事案件的全部活动记入笔录。对于下列事项,应当详细记载:(1) 审判人员关于当事人诉讼权利义务的告知、争议焦点的概括、证据的认定和裁判的宣告等重大事项;(2) 当事人申请回避、自认、撤诉、和解等重大事项;(3) 当事人当庭陈述的与其诉讼权利直接相关的其他事项。

五、宣判、判决书及其送达

适用简易程序审理民事案件,通常应当庭宣判。但如果人民法院认为不宜当庭宣判,也可以定期宣判。

有下列情形之一的,人民法院在制作判决书、裁定书、调解书时,对认定事实或者裁判理由部分可以适当简化:(1) 当事人达成调解协议并需要制作民事调解书的;(2) 一方当事人明确表示承认对方全部或者部分诉讼请求的;(3) 涉及商业秘密、个人隐私的案件,当事人一方要求简化裁判文书中的相关内容,人民法院认为理由正当的;(4) 当事人双方同意简化的。

裁判文书的送达因宣判方式不同而有所差异。

当庭宣判的案件,由于来不及制作裁判文书,除当事人当庭要求邮寄送达的以外,人民法院应当告知当事人或者诉讼代理人领取裁判文书的期间和地点以及逾期不领取的法律后果。上述情况,应当记入笔录。

人民法院已经告知当事人领取裁判文书的期间和地点的,当事人在指定期间内领取裁判文书之日即为送达之日;当事人在指定期间内未领取的,指定领取裁判文书期间届满之日即为送达之日,当事人的上诉期从人民法院指定领取裁判文书期间届满之日的次日起开始计算。

当事人因交通不便或者其他原因要求邮寄送达裁判文书的,人民法院可以按照当事人自己提供的送达地址邮寄送达。

人民法院根据当事人自己提供的送达地址邮寄送达的,邮件回执上注明收到或者退回之日即为送达之日,当事人的上诉期从邮件回执上注明收到或者退回之日的次日起开始计算。

按撤诉处理或者缺席判决的,人民法院可以按照当事人自己提供的送达地址将裁判文书送达给未到庭的当事人。

定期宣判的案件,由于裁判文书已经作好,定期宣判之日即为送达之日。可以上诉的案件,当事人的上诉期自定期宣判的次日起开始计算。当事人在定期宣判的日期无正当理由未到庭的,不影响该裁判上诉期间的计算。

当事人确有正当理由不能到庭,并在定期宣判前已经告知人民法院的,人民法院可以按照当事人自己提供的送达地址将裁判文书送达给未到庭的当事人。

第四节　小额诉讼程序

简易程序虽然较之普通程序简单多了,大大提高了诉讼效率,但对于驳回起诉的裁定、管辖权异议的裁定以及实体判决仍然可以上诉。在诉讼标的额很小的情况下,其对效率的提高还是非常有限,因此有必要设置一个能进一步提高小额案件诉讼效率的程序。为此,我国《民诉法》第162条规定,基层人民法院和它派出的法庭审理符合本法第157条第1款规定的简单的民事案件,标的额为各省、自治区、直辖市上年度就业人员年平均工资30%以下的,实行一审终审。此即小额诉讼程序。因此,小额诉讼程序是指审理标的额为各省、自治区、直辖市上年度就业人员年平均工资30%以下的简单民事案件时所使用的程序。

根据我国《民诉法》第162条和《民诉法解释》第273条的规定,小额诉讼程序的适用主体是基层人民法院和海事法院。海事法院作为中级法院之所以能够适用小额诉讼程序,是因为小额诉讼程序是简易程序的再简化,仍属于简易程序。根据我国《海诉法》第98条规定,海事法院审理事实清楚、权利义务关系明确、争议不大的简单的海事案件,可以适用《民诉法》简易程序的规定。因此,海事法院可以适用小额诉讼程序审理简单的海事案件。

适用小额诉讼程序的案件需要满足两个条件:第一是属于事实清楚、权利义务关系明确、争议不大的简单民事案件;第二是标的额为各省、自治区、直辖市上年度就业人员年平均工资30%以下。各省、自治区、直辖市上年度就业人员年平均工资,是指已经公布的各省、自治区、直辖市上一年度就业人员年平均工资。在上一年度就业人员年平均工资公布前,以已经公布的最近年度就业人员年平均工资为准。由于海事法院的管辖范围可能涉及几个省,如武汉海事法院管辖四川、重庆、湖北、湖南、江西、江苏、安徽等7个省市,在南通、南京、宜昌、重庆、常熟等地设有5个派出法庭,分布在不同的省份。因此其受理小额诉讼案件的标的额应当以实际受理案件的海事法院或者其派出法庭所在的省、自治区、直辖市上年度就业人员年平均工资30%为限。

我国《民诉法》第162条对能适用小额诉讼程序的案件仅作了金额限制,并没有对案件的类型作出限制。如果完全不考虑案件类型,仅考虑金额,那么对于那些金额不大,但涉及知识产权、人身权的非财产性案件也应适用小额诉讼程序,实行一审终审。而这既不利于案件的公正处理,也不够严肃。为此,我国《民诉法解释》第274条通过列举+概况的方式对能适用小额诉讼程序的案件种类作了规定:(1)买卖合同、借款合同、租赁合同纠纷;(2)身份关系清楚,仅在给付的数额、时间、方式上存在争议的赡养费、抚育费、扶养费纠纷;(3)责任明确,仅在给付的数额、时间、方式上存在争议的交通事故损害赔偿和其他人身损害赔偿纠纷;(4)供用水、电、气、热力合同纠纷;(5)银行卡纠纷;(6)劳动关系清楚,仅在劳动报酬、工伤医疗费、经济补偿金或者赔偿金给付数额、时间、方式上存在争议的劳动合同纠纷;(7)劳务关系清楚,仅在劳务报酬给付数额、时间、方式上存在争议的劳务合同纠纷;(8)物业、电信等服务合同纠纷;(9)其他金钱给付纠纷。根据《民诉法解释》第271条的规定,对于上述案件必须适用小额诉讼程序,当事人不得通过合意排除。

我国《民诉法解释》第275条将以下案件排除在小额诉讼程序之外:(1)人身关系、财产确权纠纷;(2)涉外民事纠纷;(3)知识产权纠纷;(4)需要评估、鉴定或者对诉前评估、鉴定结果有异议的纠纷;(5)其他不宜适用一审终审的纠纷。

人民法院受理小额诉讼案件,应当向当事人告知该类案件由审判员独任审理、实行一审终审、审理期限不超过3个月、诉讼费用减半收取等相关事项。当事人对按照小额诉讼案件审理有异议的,应当在开庭前提出。人民法院经审查,异议成立的,如果需适用简易程序的其他规定审理的,由于是简易程序内部的调整,无需作出裁定;如果需要转入普通程序则需要作出裁定。异议不成立的,告知当事人,并记入笔录。

对小额诉讼案件提出管辖异议的,人民法院应当作出裁定。为防止诉讼拖延,裁定一经作出立即生效。我国人民法院受理小额诉讼案件后,发现起诉不符合《民诉法》第 119 条规定的起诉条件的,裁定驳回起诉。裁定一经作出立即生效。当事人认为错误的,可以再诉或者申请再审或检察监督。

小额诉讼案件的举证期限由人民法院确定,也可以由当事人协商一致并经人民法院准许,但一般不超过 7 日。在特殊情况下,仍不得超过 15 日。被告要求书面答辩的,人民法院可以在征得其同意的基础上合理确定答辩期间,但最长不得超过 15 日。当事人到庭后表示不需要举证期限和答辩期间的,人民法院可立即开庭审理。

因当事人申请增加或者变更诉讼请求、提出反诉、追加当事人等,致使案件不符合小额诉讼案件条件的,应当适用简易程序的其他规定审理。应当适用普通程序审理的,裁定转为普通程序。适用简易程序的其他规定或者普通程序审理前,双方当事人已确认的事实,可以不再进行举证、质证。

小额诉讼案件的裁判文书可以简化,主要记载当事人基本信息、诉讼请求、裁判主文等内容。

对于适用小额诉讼程序审理的案件,实行一审终审。当事人不服判决不能提起上诉。如认为原审判决存在错误,只能申请再审。

小额诉讼程序没有规定的,参照简易程序的其他规定。

【经典司考题】

1. 下列哪些案件适用简易程序审理是错误的?(2002-3-64)

A. 甲欠乙借款 2 万元,现甲不知去向,乙向法院提起诉讼,要求偿还贷款,法院决定适用简易程序

B. 丙与丁因加工承揽合同纠纷,法院组成合议庭审理该案,审理中审判长认为此案事实清楚,双方当事人争议不大,决定将该案改为简易程序审理

C. 法院对戊与己离婚案作出一审判决,己不服提起上诉,上级法院认为一审判决并无错误,决定适用简易程序审理己的上诉

D. 适用简易程序审理的某案件在判决生效后,法院发现判决确有错误,决定对该案进行再审,并决定对该案的再审仍适用简易程序

考点:简易程序的适用

2. 某大学陈教授在讲授民事诉讼法课程后,要求学生归纳简易程序的法律特点,某学生回答了下列几点,你认为哪些是正确的?(2004-3-75)

A. 当事人各方可以自愿选择适用简易程序

B. 当事人可以就适用简易程序提出异议

C. 适用简易程序审理案件,通常应当一次开庭审结

D. 适用简易程序审理案件,通常应当当庭宣判

考点:简易程序的特点

3. 下列哪些民事案件适用简易程序进行诉讼,人民法院在开庭审理时应当先行调解?(2004-3-76)

A. 劳务合同纠纷　B. 宅基地纠纷　　C. 著作权纠纷　　D. 继承纠纷

考点:简易程序中应当先行调解的案件

4. 下列哪些案件的审理不适用民事诉讼简易程序?(2005-3-75)

A. 按审判监督程序审理的案件　　　B. 发回重审的案件

C. 起诉时被告下落不明的案件　　　D. 应当先行调解的案件

考点:简易程序的适用范围

5. 下列哪种民事诉讼案件不能适用简易程序审理?(2006-3-48)

A. 当事人协议不适用简易程序的案件

B. 起诉时被告被监禁的案件

C. 发回重审的案件

D. 共同诉讼案件

考点:简易程序的适用范围

6. 关于简易程序的简便性,下列哪一表述是不正确的?(201-3-41)

A. 受理程序简便,可以当即受理,当即审理

B. 审判程序简便,可以不按法庭调查、法庭辩论的顺序进行

C. 庭审笔录简便,可以不记录诉讼权利义务的告知、原被告的诉辩意见等通常性程序内容

D. 裁判文书简便,可以简化裁判文书的事实认定或判决理由部分

考点:简易程序的特点

7. 赵洪诉陈海返还借款100元,法院决定适用小额诉讼程序审理。关于该案的审理,下列哪一选项是错误的?(2014-3-40)

A. 应在开庭审理时先行调解

B. 应开庭审理,但经过赵洪和陈海的书面同意后,可书面审理

C. 应当庭宣判

D. 应一审终审

考点:小额诉讼程序的特点

第二十章 第二审程序

要点提示

- 第二审程序的功能与性质
- 上诉的条件
- 上诉案件的审理方式与审理范围
- 上诉案件的裁判方式

第一节　第二审程序概述

一、第二审程序的概念

第二审程序,是指当事人不服第一审人民法院作出的判决和裁定,在法定期限内向上一级人民法院提起上诉,该级人民法院对案件进行审理所适用的程序。第二审程序是人民法院审理上诉案件所适用的程序,又称上诉审程序;由于我国实行两审终审,第二审程序也称终审程序。第二审程序不是每个案件的必经程序。

第二审程序与第一审程序之间,既存在联系又存在区别。

二者的联系表现在:

(1) 第一审程序是第二审程序的前提和基础。第一审程序是每个案件的初次审理程序,也是每个案件的必经程序。在一审结束后,当事人如果对一审裁判不服,有权在上诉期限内向上一级人民法院提出上诉,这样案件就进入第二审程序。因此,没有第一审程序就不会有第二审程序。

(2) 第二审程序是第一审程序的继续和发展。第二审程序是在第一审程序认定的事实和证据基础上,针对当事人的上诉请求,对相关事实和证据重新进行审查,并作出最终的裁判。第二审程序除了要继续解决当事人之间的实体争议外,还要对第一审程序运行正确与否作出评价,因此是第一审程序的延续。

(3) 第二审程序可以适用第一审程序的规定。第二审人民法院审理上诉案件,首先适用第二审程序的有关规定,第二审程序没有规定的,则适用普通程序的有关规定。

二者的区别表现在:

(1) 程序发生的原因不同。第一审程序的启动是当事人的起诉权和人民法院的审判权相结合的产物。第二审程序的启动是当事人的上诉权和第二审人民法院审判监督权相结合的产物。

(2) 程序的适用主体不同。第一审诉讼程序是第一审人民法院审理案件时适用的程序;而第二审程序是一审法院的上一级法院在审理上诉案件时适用的程序。

(3) 审判组织及其组成不同。第一审诉讼程序有两种审判组织形式:合议制和独任制。实行合议制的,合议庭可以由审判员组成,也可以由审判员和陪审员共同组成。而第二审程序的审判组织只能是合议制,并且合议庭必须由审判员组成,不能有陪审员参加。

(4) 审理的对象不同。第一审程序审理的对象是双方当事人之间的民事权益争议;而第二审程序的审理对象除了当事人上诉请求的有关事实和法律适用外,还包括第一审程序运行是否正确。

（5）审理的方式不同。法院适用第一审程序审理民事诉讼案件，只能采取开庭审理的方式；而适用第二审程序审理民事上诉案件，可以根据案件的具体情况选择开庭审理或者不开庭审理的方式。

（6）裁判的效力不同。适用第一审诉讼程序作出的裁判，除法定不许上诉的以外，在上诉期间，不发生法律效力；适用第二审程序作出的裁判，是终审裁判，一经宣告和送达，立即发生法律效力，当事人不得以相同诉讼身份，就同一事实和理由再行起诉。

二、第二审程序的作用

由于第二审程序既审理当事人之间的纠纷，同时还审查第一审程序运行是否正确，因此第二审程序既是一种救济裁判瑕疵的程序，也是上级法院对下级法院的审判活动进行监督的程序，以保障司法的正当性和法律的统一适用。其具体作用包括：

（1）避免裁判瑕疵，实现实体公正。多次审理一方面有助于克服客观的人类认识局限性，消除一次认识的可能出现的偏差，使认定的案件事实更加接近客观事实，从而可以有效地防止裁判瑕疵。另一方面有助于克服因主观原因造成的裁判瑕疵。法院在审理民事案件中出现裁判瑕疵，也有可能是一审法院受到地方不当干预和制约等主观方面的原因。上级法院的审理则可以极大地避免此类情形的发生，以充分实现实体公正。

（2）给予当事人充分的程序保障。由于人类认识能力的有限性，即使经过二次审理也不是所有的案件都能发现真相，此时依然要赋予当事人提起上诉的权利，使其可以再进行一次诉讼，虽然会增加一些司法成本，但可以从程序上给予当事人充分的保障，体现司法判决的审慎与对当事人程序参与权的保障，增强了司法裁判的合法性，吸收当事人的不满。

（3）实现对下级法院司法活动的监督。第二审程序不仅要保护当事人的合法权利，还要关注司法权的正当行使，建立起司法程序的自我监督与正当化过程。二审中，上级法院在审理具体案件时，一旦发现下级法院裁判违反程序、认定事实或者适用法律存在错误时，有权撤销下级法院裁判、作出新的裁判或者发回下级法院重审，从而纠正下级法院的违法行为。

除了个案裁判的司法监督作用外，第二审程序的存在还能起一种威慑作用，促使下级法院合法裁判，发挥其潜在的、无形的监督作用。

（4）保障法律的统一适用。法治国家，以法律的统一适用为其原则，要求相同情形作相同处理。但是，我国的大多数民事案件都是由众多的基层法院或中级法院作出，有时可能出现对同一法律大家的理解各不相同，从而有违法治原则。通过更高级别法院的审理，能够统一大家对法律的不同理解，尽可能做到类似事项类似处理,以保障法律的统一适用。在设立三审终审的国家,第三审的任务就是保障法律统一适用。

三、第二审程序的性质

第二审程序的性质是指从学理角度分析,即第二审程序应当是一种什么样的程序,它的功能和作用是什么。对此可以从不同的角度进行分析。

(一)事实审与法律审

这是以第二审程序的审理对象为标准进行的划分。

事实审是指第二审程序的审理对象是下级法院裁判关于事实的认定问题,即对作出一审裁判所依据的证据、理由等案件诉讼资料进行审查,根据在此基础上形成的心证,作出二审裁判。

法律审与事实审相对,是指第二审程序不对下级法院裁判认定的事实问题进行审理,只是对一审裁判所适用的程序法和实体法是否正确进行审理,并在此基础上作出裁判。

事实审与法律审的侧重点和功能都存在区别。事实审更多地侧重于事实发现和保障当事人的实体权利。事实审又可以分为全面的事实审和有限的事实审。前者是对本案的全部证据、理由等案件事实问题重新进行审理,不以原审判心证为基础,完全是上诉审法院新的心证;有限的事实审,是指仅对当事人提出上诉请求的案件事实问题进行审理,当事人未提出的则不审理而以原审裁判心证为基础。法律审更多是保障国家法律的统一适用与给予当事人以程序保障。我国的第二审程序既是事实审又是法律审。

(二)复审制、事后审制与续审制

根据第二审程序审理内容与第一审程序审理内容之间的关系,二审审理方式可以分为三种:

复审制又称更新主义,指二审是对案件的重新审理,与第一审无关。当事人在第二审程序中需要重新提出全部的事实和证据,第二审法院既不受第一审法院认定事实和适用法律的限制,也不受当事人上诉请求的限制,而是对案件重新进行全面审理并作出判断。该审理方式的显著特点是当事人可以提出在一审中没有提出的证据资料。故该审理模式被戏称为"第二次一审"。显见该方式十分浪费时间和司法资源。

事后审制又称限制主义,指二审法院仅以第一审法院裁判内容及诉讼程序进行有无错误为审理对象。该审理方式的显著特点是:第二审法院原则上只采用第一审的诉讼资料,只对第一审裁判内容是否适当、诉讼程序有无错误进行审查,当事人在第二审程序中不得提出新事实或新证据。实际上,事后审是对一审裁判认定事实和适用法律是否正确进行的审理,而不是对当事人诉争事实的审理。历史上采陪审制的英美法系国家主要采这种审理方式,如美国《联邦民事诉讼规则》确立的就是事后审制。

由于复审制完全不考虑一审的审理结果,诉讼成本较高、效率较低;而事后审制则完全受制于一审对事实的认定,对于通过再次审理发现案件真相不利。所以,续审制应运而生。续审制是指第二审程序是第一审程序的继续和发展,当事人在二审中可以有条件地提出新的证据和新的事实。该方式既顾及一审的心证基础,又尊重当事人的处分权。

在我国,从《民诉法(试行)》和1991年《民诉法》的内容来看,第二审程序不限制当事人提出新的事实与证据,属于典型的复审制。自《证据规定》颁布后,当事人在第二审程序能够提出的证据不再不受限制,而是仅限于"新的证据"。第二审程序中的新的证据包括:一审庭审结束后新发现的证据;当事人在一审举证期限届满前申请人民法院调查取证未获准许,二审法院经审查认为应当准许并依当事人申请调取的证据。由此可见,我国的第二审程序已经从复审制改造为续审制。

这一转变与我国对第二审程序功能的认识有很大关系。第二审程序究竟侧重于上诉人的权利救济?还是侧重于纠错?不同的选择将导致不同的二审审理。如果侧重于权利救济功能,那上诉人没有上诉的部分,上诉法院就不能进行审理裁判。若将此进一步扩展,则在对方当事人没有上诉时,第二审法院不能作出对上诉人比第一审更为不利的判决,即二审法院应遵循禁止不利益变更原则。如果侧重于纠错功能,二审法院的处理就完全不同:其一,对上诉人没有上诉的部分,法院也可以进行审理并作出裁判;其二,二审不用遵循禁止不利益变更原则,可以对上诉人作出相对第一审更为不利的判决,因为第二审对事实的认定或适用法律都有可能与第一审不一样。从民事诉讼处分原则的角度来看,第二审的功能应当侧重于上诉人的权利救济。

第二节　上诉的提起与受理

一、上诉的概念

上诉,是指当事人不服第一审人民法院作出的尚未发生法律效力的裁判,在法定期限内提出的要求上一级人民法院对案件进行重新审理的诉讼行为。上诉权是法律赋予当事人的一项重要的诉讼权利。除了法律规定不允许上诉的案件外,当事人不服第一审裁判或者认为第一审裁判确有错误,都可提出上诉要求上一级人民法院再次审理。

虽然上诉和起诉都是当事人的重要诉讼权利,都意在保护自己的合法权益,都奉行"不告不理"原则,但两者存在以下几个方面的区别:

（1）提起的原因不同。上诉是当事人不服第一审人民法院作出的尚未发生法律效力的裁判，因而要求上一级人民法院进行重新审理并作出新裁判的诉讼行为；起诉是当事人认为自己的合法权益或由自己管理的权益受到他人侵犯或者与他人之间发生了民事权益争议，而要求人民法院予以裁判解决的诉讼行为。

（2）提起的时间不同。上诉的提起受上诉期限限制，我国《民诉法》第164条规定，对判决不服的上诉期是15天，对裁定不服的上诉期是10天；起诉一般不受时间限制，当事人可以在任何时间起诉。即使当事人的起诉超过诉讼时效，当事人也仅是丧失了胜诉权，并不会丧失起诉权。

（3）提起的对象不同。上诉只能向第一审人民法院的上一级法院提出，因此有权审理上诉案件的法院只能是中级以上人民法院，基层人民法院无权审理上诉案件；而当事人起诉则要根据管辖的有关规定，选择有管辖权的法院。根据《民诉法》的相关规定，我国四级人民法院都有权受理当事人的起诉。

二、提起上诉的条件

上诉必须符合法定的条件，才能启动第二审程序的发生。根据我国法律规定，当事人提起上诉必须符合以下四个条件：

（一）上诉的对象合格

根据我国《民诉法》第164条的规定，上诉只能针对法律规定的可以上诉的裁判提起，对于法律规定不准上诉的裁判，当事人无权上诉。

允许上诉的判决有：地方各级人民法院适用普通程序、简易程序作出的判决；人民法院发回重审与按照第一审普通程序对案件进行再审后作出的判决。法律规定不允许上诉的判决有三类：一是最高人民法院作出的第一审判决；二是法院适用特别程序、公示催告程序等非讼程序作出的判决；三是适用小额诉讼程序作出的判决。

允许上诉的裁定有：管辖权异议裁定、不予受理裁定、驳回起诉裁定。① 除此以外的其他裁定，当事人一律不得提出上诉。

（二）上诉人与被上诉人适格

上诉人是指对一审未生效裁判声明不服，向作出该裁判的上一级法院提出就有关事实和法律适用进行审理的人；被上诉人是指与上诉人提出的上诉请求有直接利害关系的对方当事人。

根据我国《民诉法》的规定，要成为上诉人或被上诉人，必须是在第一审程序中具有实体权利义务的当事人，第一审程序中的原告、被告、共同诉讼人、诉讼代表人、有独立请求权的第三人、判决承担民事责任的无独立请求权的第三人，可以作

---

① 我国《企业破产法》中驳回破产申请的裁定也可以上诉。

为上诉人。上诉人可以自己或者委托诉讼代理人提起上诉。无民事行为能力人、限制民事行为能力人的法定代理人,可以代理当事人提起上诉,也可以委托诉讼代理人提起上诉。

在简单的一对一的案件中,当事人在上诉状里都是把自己列为上诉人,把对方当事人列为被上诉人。在必要共同诉讼中,必要共同诉讼人中的一人或者部分人提出上诉的,根据我国《民诉法解释》第319条的规定,按下列情况列明被上诉人:(1)该上诉是对与对方当事人之间权利义务分担有意见,不涉及其他共同诉讼人利益的,对方当事人为被上诉人,未上诉的同一方当事人依原审诉讼地位列明;(2)该上诉仅对共同诉讼人之间权利义务分担有意见,不涉及对方当事人利益的,未上诉的同一方当事人为被上诉人,对方当事人依原审诉讼地位列明;(3)该上诉对双方当事人之间以及共同诉讼人之间权利义务承担有意见的,未提出上诉的其他当事人均为被上诉人。

如果一审中的原、被告、第三人都上诉的话,就会出现二审法院在裁判中如何列当事人的问题。根据我国《民诉法解释》第317条规定,双方当事人和第三人都提出上诉的,均为上诉人。如果当事人所列诉讼地位不当的话,人民法院可以依职权确定第二审程序中当事人的诉讼地位。

上诉提起后,当事人死亡或者终止的,人民法院依法通知其权利义务承继者参加诉讼。上诉人死亡或者终止的,其权利义务承继者明确表示放弃诉讼权利或者逾期不作表示的,视为撤回上诉。被上诉人死亡或者终止的,其权利义务承继者拒不参加诉讼的,视为放弃诉讼权利,人民法院应继续审理并依法作出判决。

(三)须在上诉期内提起上诉

上诉期间又称上诉期,是指法律规定的可以行使上诉权的期限。我国《民诉法》第164条对判决和裁定的上诉期间作了不同的规定。不服判决的上诉期间为15日,不服裁定的上诉期间为10日,从裁判送达次日起计算。如各方当事人不是同时收到裁判文书,上诉期从各自收到裁判文书之日的次日开始计算。超过上诉期间而没有提起上诉的当事人,上诉权于上诉期间届满时丧失。任何一方的上诉期未满,裁判都处于一种不生效状态。只有当双方当事人的上诉期都届满后,双方均未提起上诉时,裁判才发生法律效力。

共同诉讼人上诉期间的计算因共同诉讼的种类不同而不同,必要共同诉讼人的上诉期应以最后一个收到裁判的共同诉讼人的上诉期来计算,普通共同诉讼人的上诉期则分别计算。

(四)须提交上诉状

当事人提起上诉必须提交上诉状,口头上诉无效。上诉状是上诉人表示不服第一审人民法院的裁判,要求第二审人民法院撤销或变更一审裁判的诉讼文书。我国《民诉法解释》第320条明确规定:"一审宣判时或判决书、裁定书送达时,当事人口头表示上诉的,人民法院应告知其必须在法定上诉期间内提出上诉状。未在法定上诉期间内递交上诉状的,视为未提出上诉。"根据我国《民诉法》第165条的规定,上诉状的内容应当包括:(1)当事人的姓名、性别、年龄、民族、职业、工作单位、住所、身份证号码、联系方式,法人或者其他组织的名称、住所和法定代表人或者主要负责人的姓名、职务、联系方式;(2)原审人民法院的名称、案件的编号和案由;(3)上诉的请求和理由。

▶ 三、提起上诉的程序

根据我国《民诉法》第166条的规定,上诉的提起有两种程序。

（一）向原审人民法院提交上诉状

上诉人提起上诉,原则上应通过原审人民法院提出上诉状,并按对方当事人或者代表人的人数提出副本,上诉于原审人民法院的上一级人民法院。对方当事人包括被上诉人和原审其他当事人。向原审人民法院提出上诉状,既便于当事人行使上诉权,也便于人民法院对上诉状进行审查并及时向当事人送达相关书状。

（二）直接向第二审人民法院上诉

为了消除当事人的一审法院不会将上诉状交给二审法院的疑虑,法律也不禁止当事人直接向第二审人民法院提出上诉状,以保障当事人行使上诉权。当事人直接向第二审人民法院递交上诉状的,第二审人民法院应当在5日内将上诉状移交原审人民法院。

原审人民法院在收到当事人直接提交的或上级法院转来的上诉状后,应当在5日内将上诉状副本送达对方当事人,并告知其在15日内提出答辩状。人民法院收到答辩状后,应在5日内将答辩状副本送达上诉人。被上诉人在法定期限内不提出答辩状的,不影响第二审人民法院的审理。原审人民法院收到上诉状、答辩状后,应当在5日内连同全部案卷和证据,报送第二审人民法院。

▶ 四、上诉的撤回

上诉的撤回,是指上诉人提起上诉后,在第二审人民法院判决宣告前撤回上诉请求的诉讼行为。当事人撤回上诉,应当向第二审人民法院提出申请,该申请既可以用书面的形式,也可以用口头的方式,口头申请撤回上诉的,应当记入笔录。

根据我国《民诉法》第173条规定,第二审人民法院在判决宣告前,上诉人申请撤回上诉的,是否准许,由第二审人民法院裁定。可见,上诉人撤回上诉虽是在行使自己的处分权,但能否撤回上诉,要由第二审人民法院审查后作出裁定。根据我国《民诉法解释》第327条规定,"在第二审程序中,当事人申请撤回上诉,人民法院经审查认为一审判决确有错误,或者双方当事人串通损害国家和集体利益,社会公共利益及他人合法权益的,不应准许。"二审法院裁定准许或者不准许撤回上诉,可以用书面形式,也可以用口头形式。审判实践中,准许撤回上诉的一般用书面裁定,而不准许撤回上诉的则大多采用口头裁定。二审法院裁定上诉人不准撤回上诉的,诉讼继续进行。

法院作出允许撤回上诉的裁定后,产生以下法律效力:(1)上诉方引起的第二审程序终结;(2)上诉人不得再次提起上诉。即使该方当事人的上诉期尚未届满,上诉方也不得再次提起上诉。① 至于一审裁判是否发生效力,取决于另一方当事人的上诉期是否届满。若另一方当事人的上诉期尚未届满,则一审裁判不能生效。反之,一审法院的裁判发生法律效力。

上诉人虽递交上诉状,但未在指定的期限内交纳上诉费的,按自动撤回上诉处理。

第三节 上诉案件的审理

我国《民诉法》第174条规定:"第二审人民法院审理上诉案件,除依照本章规定外,适用第一审普通程序。"可见,第二审人民法院审理上诉案件,首先应当适用第二审程序的特别规定;如没有,就适用第一审普通程序的规定。

▶ 一、审理前的准备

根据我国《民诉法》第169条的规定,第二审人民法院在审理上诉案件前,应当做好以下准备工作。

(一)组成合议庭

第二审人民法院审理上诉案件,应当由审判员组成合议庭进行审理。质言之,上诉案件不能由审判员一人独任审判,也不能由审判员与人民陪审员共同组成的合议庭进行审理。这是因为二审的审理对象是上诉案件,既要解决当事人之间的纠纷,还要监督一审法院的审理是否正确。并且二审裁判是终审裁判,故要十分慎重。

(二)审查案卷,决定是否开庭审理

合议庭组成后,首先应审查一审的案卷材料是否齐全。如代理人上诉的是否有相应的代理手续,法定代理人上诉的是否有身份证明等。如果缺少相关材料的,应通知当事人补足。其次是看当事人的上诉是否符合上诉的条件。对于没有正当理由超过法定上诉期限提起上诉的,应裁定驳回上诉。符合上诉条件的,接下来看上诉人是否提出了新的事实、证据或理由,进而决定是否开庭审理。因为只要当事

---

① 在能否再上诉问题上,撤回上诉有别于撤回起诉。撤回起诉后,由于法院对案件没有进行实体处理,当事人就同一纠纷可以再次起诉。

人提出了新的事实、证据或理由，二审就必须开庭审理。根据《民诉法解释》第324条的规定，对于开庭审理的上诉案件，第二审人民法院可以依照《民诉法》第133条第4项规定进行审理前的准备，即组织当事人交换证据，明确争议焦点。证据交换后，如有必要，依申请或者依职权收集和调查新的证据材料。

二、审理范围

我国上诉法院对上诉案件的审理经历了一个从全面审查到有限审查的转变。《民诉法（试行）》第149条规定："第二审人民法院必须全面审查第一审人民法院认定的事实和适用的法律，不受上诉范围的限制。"由于全面审查一方面违背当事人的处分权，另一方面对当事人之间服判的内容再进行审理增加了二审法院的工作负担。1991年《民诉法》对此作了修改。该法第166条规定："第二审人民法院应当对上诉请求的有关事实和适用法律进行审查。"由此引发的问题是，如果二审法院发现当事人没有上诉的内容存在错误，是否需要纠正。对此，《民诉法适用意见》第180条规定，第二审人民法院在审理中发现上诉请求没有涉及的原判确有错误时，应依法予以纠正，可不受上诉范围的限制。由于这一规定给与法院的自由裁量权太大，有可能导致重新回到全面审查的老路上去，《民诉法解释》第323条进一步明确规定："第二审人民法院应当围绕当事人的上诉请求进行审理。当事人没有提出请求的，不予审理，但一审判决违反法律禁止性规定，或者损害国家利益、社会公共利益、他人合法权益的除外。"也就是说，二审法院能够依职权纠正的错误的情形仅限于判决违反法律禁止性规定，侵害国家利益、社会公共利益或者他人利益。除此以外，只要当事人没有上诉，即使一审裁判有错误，也不能依职权纠正。这样有限审查就真正得以确立。

三、审理方式

根据我国《民诉法》第169条的规定，第二审人民法院审理上诉案件有两种方式：开庭审理和不开庭审理。以开庭审理为原则，不开庭审理为例外。

开庭审理是指在各方当事人及其他诉讼参与人同时到庭参与下，通过法庭调查、法庭辩论、合议庭评议、宣判等环节，对原裁判认定的事实、法律适用进行审理并作出裁判的审理方式。

不开庭审理是指第二审人民法院不同时传唤当事人、通知其他诉讼参与人到庭参加法庭调查和辩论，而是在经过查阅案卷材料和必要的调查之后，对案件作出裁判的审理方式。不开庭审理有别于"书面审理"。书面审理，是指不开庭，不作调查，也不询问当事人、证人，只通过审查一审案卷材料即作出裁判的审理方式。不开庭审理不仅要审查案卷材料，而且还要进行调查，询问当事人。

由于不开庭审理赋予当事人的程序保障过于微弱，我国《民诉法》第169条对于不开庭审理的范围作了一定的限制,只有"经过阅卷、调查和询问当事人,对没有提出新的事实、证据或者理由,合议庭认为不需要开庭审理的,可以不开庭审理。"也就是说,当事人提出了新的事实、证据或者理由,二审法院则必须开庭审理。除了法律规定的上述几种情况外,二审法院不能随意扩大不开庭审理的适用范围。

根据我国《民诉法解释》第333条规定,对下列案件,第二审人民法院可以不开庭审理:(1)不服不予受理、管辖权异议和驳回起诉裁定的;(2)当事人提出的上诉请求明显不能成立的案件;(3)原审裁判认定事实清楚,但适用法律错误的案件;(4)原判决严重违反法定程序,需要发回重审的。这4种不开庭审理情形的共同点是:二审审理所依据的事实清楚,没有出现新的事实、证据或者理由,不需要通过开庭审理查证;同时,人民法院不开庭审理案件,不妨碍和影响当事人依法行使诉权。

四、证据的提交

我国《证据规定》第41条对二审中可以提交的证据种类作了规定。根据该规定,第二审程序中可以提交的"新的证据"包括:一审庭审结束后新发现的证据;当事人在一审举证期限届满前申请人民法院调查取证未获准许,二审法院经审查认为应当准许并依当事人申请调取的证据。该《规定》第42条还对提交"新的证据"的时间作了规定,当事人在第二审程序中提供新的证据的,应当在二审开庭前或者开庭审理时提出;二审不需要开庭审理的,应当在人民法院指定的期限内提出。

五、上诉案件的调解

根据我国《民诉法》第172条的规定,第二审人民法院审理上诉案件,可以进行调解。根据我国《民诉法解释》第326—329条的规定,二审法院可以根据自愿原则对以下情形进行调解:(1)遗漏诉讼请求的。对当事人在一审中已经提出的诉讼请求,原审人民法院未作审理、判决的。(2)遗漏必要共同诉讼人和有独立请求权第三人的。必须参加诉讼的当事人或有独立请求权第三人在一审中未参加诉讼的。(3)离婚案件,一审判决不准离婚,上诉后,第二审人民法院认为应当判决离婚的。(4)在第二审程序中,原审原告增加独立的诉讼请求或原审被告提出反诉的。

根据我国《民诉法》第172条的规定,"调解达成协议,应当制作调解书,由审判人员、书记员署名,并加盖人民法院印章。"调解书一经合法送达,即与终审判决具有同等的法律效力,同时原审人民法院的判决视为撤销。第二审人民法院无需在调解书上注明"撤销一审判决"。这是因为"视为撤销"有别于"撤销原判"。二者虽然效果相同,都是原裁判失去法律效力,但背后的法理并不相同。"撤销原判"是人民法院的一种裁判行为,是行使审判权的结果。"视为撤销"并非第二审人民法院直接撤销了第一审法院的判决,而是因为调解具有终结诉讼的效力,调解书生效后,原审法院的判决就不再有效。

六、上诉案件的审理地点与期限

我国《民诉法》第169条第2款规定:"第二审人民法院审理上诉案件,可以在本院进行,也可以到案件发生地或者原审人民法院所在地进行。"诉讼实践中,二审法院通常参考下列原则来确定具体的审判地点:是否有利于提高办案质量及诉讼效率;是否便于法院查清案情;是否便于当事人及其他诉讼参与人参加诉讼等。

根据我国《民诉法》第176条规定,人民法院审理对判决的上诉案件,应当在第二审立案之日起3个月内审结,有特殊情况需要延长的,由本院院长批准。

人民法院审理对裁定的上诉案件,应当在第二审立案之日起30日内作出终审裁定,不得申请延长。这是因为裁定主要是解决案件审理中的诉讼程序问题,不涉及实体问题,相对简单,可以在较短的时间内完成审理。

第四节 上诉案件的裁判

第二审人民法院经过审理后,需以裁判的方式对当事人提起的上诉作出终局性处理。对判决的上诉,二审法院根据具体情况分别作出判决或裁定。对裁定的上诉,一律用裁定处理。

一、对不服一审判决上诉案件的处理

根据我国《民诉法》第170条以及《民诉法解释》的有关规定,第二审人民法院对上诉案件应当按照下列情形,分别处理:

(一)判决驳回上诉、维持原判

维持原判是指维持原判的主文而不是理由。当二审法院认为原判决认定事实清楚,适用法律恰当,证据充分、确实,应当判决驳回当事人的上诉,维持原判。当原判决、裁定认定事实或者适用法律虽有瑕疵,但裁判结果正确的,二审法院也可以在判决、裁定中纠正瑕疵后,维持原判。

(二)依法改判

依法改判是指二审法院对不服判决的上诉经过审理后,根据上诉请求,全部撤销重新作出新判决或部分变更一审法院的判决主文。适用的情形包括:(1)第二审人民法院经过审理,认为原判决事实清楚,证据充分,但适用法律有错误的。(2)原判决认定事实错误,或者原判决认定事实不清,证据不足的,第二审人民法院查清了事实的。改判的具体形式包括:撤销和变更。撤销原判是指二审法院对一审法院作出某项判决予以全部否定,被撤销后,一审法院作出的该项判决不复存在。变更判决是指二审法院对一审法院作出某项判决予以全部或部分改变。全部

改变如将一审法院的判决全部撤销后,做出完全相反的判决;部分改变如将一审法院判决的赔偿数额予以调高或者降低。

当一审判决包括多项时,其中有的可能会被维持,有的可能会被撤销,有的可能会被变更。

【参考案例】

(美国)教育考试服务中心(ETS)诉新东方学校
侵犯著作权和商标专用权纠纷案

原告(美国)教育考试服务中心的诉讼请求:

1. 停止一切侵犯 ETS 著作权和商标权的行为;
2. 销毁其所有的侵权资料和印制侵权资料的软片;
3. 在全国媒体上向 ETS 公开赔礼道歉;
4. 消除因侵权造成的影响;
5. 赔偿 ETS 经济损失人民币 20 292 439.75 元;
6. 承担 ETS 为制止其侵权行为而支付的合理费用 1418197.09 元和本案诉讼费。

一审判决:

1. 被告北京市海淀区私立新东方学校自本判决生效之日起立即停止侵犯原告美国教育考试服务中心 TOEFL 考试试题著作权的行为,并于本判决生效之日起 15 日内将所有的侵权资料和印制侵权资料的软片交本院销毁;

2. 被告北京市海淀区私立新东方学校自本判决生效之日起立即停止侵犯原告美国教育考试服务中心商标专用权的行为;

3. 被告北京市海淀区私立新东方学校自本判决生效之日起 30 日内在《法制日报》上向原告美国教育考试服务中心公开赔礼道歉,消除因其侵权行为造成的影响(逾期不履行,本院将在该报上刊登本判决主文,费用由被告北京市海淀区私立新东方学校承担);

4. 被告北京市海淀区私立新东方学校自本判决生效之日起 15 日内赔偿原告美国教育考试服务中心经济损失人民币 500 万元及诉讼合理支出人民币 52.2 万元;

5. 驳回原告美国教育考试服务中心的其他诉讼请求。

新东方的上诉请求:

请求二审法院撤销一审判决之第二、三、四项并依法改判。

二审判决：

1. 维持北京市第一中级人民法院(2001)一中知初字第35号民事判决之第（一）、（三）、（五）项；

2. 撤销北京市第一中级人民法院(2001)一中知初字第35号民事判决之第（二）、（四）项；

3. 北京市海淀区私立新东方学校自本判决生效之日起15日内赔偿（美国）教育考试服务中心经济损失人民币3 740 186.2元及合理诉讼支出人民币2.2万元。

(三) 裁定撤销原判，发回重审

有下列情形之一的，人民法院应裁定撤销原判，发回重审：

(1) 原判决认定的基本事实不清的。基本事实，就是要件事实，是指用以确定当事人主体资格、案件性质、民事权利义务等对原判决、裁定的结果有实质性影响的事实。二审法院裁定将案件发回后，一审法院必须重新审理并作出判决。当事人对一审法院重审后作出的判决不服的可以再次提起上诉。二审法院经审理后若认为仍存在错误的，根据我国《民诉法》第170条第2款的规定，第二审人民法院不得再次发回重审。最高人民法院《发回重审和指令再审规定》也明确要求，第二审人民法院对同一案件，只能发回重审一次。第一审人民法院重审后，第二审人民法院认为原判决认定事实仍有错误，或者原判决认定事实不清、证据不足的，应当查清事实后依法改判。

(2) 原判决存在遗漏当事人或者违法缺席判决等严重违反法定程序的。原判决遗漏当事人或者违法缺席判决显然属于严重违反法定程序的情形，除此之外是否还包括其他情形呢？我国《民诉法解释》第325条对此作了进一步的明确，规定以下四种情形应当发回重审：一是审判组织的组成不合法的；二是应当回避的审判人员未回避的；三是无诉讼行为能力人未经法定代理人代为诉讼的；四是违法剥夺当事人辩论权利的。这几种严重违反法定程序的行为也是当事人可以申请再审的事由。

(3) 其他情形。根据我国《民诉法解释》第326、327条和第329条的规定，二审法院对于以下三种案件若调解不成的，应当裁定发回重审：其一，对当事人在一审中已经提出的诉讼请求，原审人民法院未作审理、判决的，第二审人民法院调解不成的。其二，必须参加诉讼的当事人或者有独立请求权的第三人在一审中未参加诉讼，第二审人民法院根据自愿原则调解不成的。发回重审的裁定书不列应当追加的当事人。其三，一审判决不准离婚的案件，上诉后，第二审人民法院认为应当判决离婚的，就子女抚养、财产问题一并调解，调解不成。这些情况下若调解不成要发回重审，是为了保护当事人的审级利益。双方当事人如果愿意放弃审级利益，同意由第二审人民法院一并审理的，第二审人民法院可以一并裁判。

（四）裁定撤销原判，驳回起诉或移送

根据我国《民诉法解释》第330、331条的规定，人民法院依照第二审程序审理的案件，认为依法不应由人民法院受理的，可以由第二审人民法院直接裁定撤销原判，驳回起诉。认为第一审人民法院受理案件违反专属管辖规定的，应当裁定撤销原裁判并移送有管辖权的人民法院。

二、对不服一审裁定上诉案件的裁判

就当事人对一审法院作出的允许上诉的裁定提起上诉后，第二审人民法院经过审理后根据具体情况可以作出以下两种处理：

（一）裁定驳回上诉，维持原裁定

第二审人民法院经过审理，认为原裁定认定事实清楚、证据充分、适用法律正确的，应当裁定驳回上诉，维持原裁定。

（二）裁定撤销原裁定

根据我国《民诉法解释》第332条规定，第二审人民法院经过审理，认为原裁定认定事实不清或证据不足，适用法律错误的，应当裁定撤销原裁定，并根据情况作出如下具体处理：(1)第二审人民法院查明第一审人民法院作出的不予受理裁定有错误的，应在撤销原裁定的同时，指令第一审人民法院立案受理；(2)查明第一审人民法院作出的驳回起诉裁定有错误的，应在撤销原裁定的同时，指令第一审人民法院进行审理；(3)认为第一审人民法院驳回管辖权异议的裁定错误的，应当在撤销原裁定的同时，指令原审人民法院中止诉讼，将案件移送至有管辖权的人民法院。

三、二审裁判的法律效力

根据我国《民诉法》第175条规定，第二审人民法院的判决、裁定，是终审的判决、裁定。该判决、裁定一经送达即产生如下法律效力：

（一）当事人不得再行上诉

我国实行两审终审制度，第二审程序是我国民事案件审理的终审程序。当二审程序终结后，当事人通过诉讼寻求救济的方式告一段落，当事人不得再行上诉。

（二）不得重新起诉

双方当事人之间争议的诉讼标的经上诉审法院审理终结后，争议宣告结束，任何一方当事人不得再以同一诉讼标的重新起诉。

（三）具有强制执行效力

对于具有给付内容的生效裁判，如果义务人不履行法律文书所确定的实体义务，权利人可以依法在法定期限内申请人民法院强制执行。

第五节 二审诉讼实务技巧

一审判决后,如当事人对判决不服,在决定是否提起上诉时最大的担忧是上诉能否得到二审法院的支持。质言之,如何判断上诉的胜诉率是当事人在上诉时最为关心的问题。决定上诉后,上诉书提交给法院的哪个部门也是一个必须掌握的实务问题。

▶ 一、不可上诉的情形

(1) 对于法官有权自由裁量的内容,如不存在显失公平的情况下,即使不服,也不要提起上诉。在实践中,针对此类判决提起上诉的后果只能是驳回上诉、维持原判。比如,原告起诉被告人身侵权,法院审理后认为双方均有过错,且被告过错大于原告。此时被告与原告之间的损失分担可以是6∶4,也可以是7∶3、8∶2,甚至是9∶1。如果法院判决7∶3,但被告认为应当是6∶4。若此对提起上诉的话,二审法院不会干预一审法官的自由裁量权,而是会判决驳回上诉,维持原判。

(2) 仅对诉讼费用分担不服,不可上诉,只能申请复议。如果分担的诉讼费用不妥部分数额很大,非要上诉不可的话,必须先对判决主文的某一项或几项提起上诉,同时再对诉讼费用的分担提出上诉。

▶ 二、常见的可以上诉的情形

(一) 一审法院在证据的审查、采信上存在问题

一审法院在该方面的常见错误有:(1) 对争议事实,偏信一方陈述,认定案件事实;(2) 一审认定案件事实所依据的证据不充分;(3) 一审认定事实不清;(4) 一审举证责任分配有误等。

【参考案例】

某买卖合同纠纷案,原被告之间没有书面合同。原告是供货方,收货人是个人。原告认为收货人是被告单位的工作人员,收货行为是被告单位授权收货的职务行为,故起诉要求被告支付货款。被告承认该个人是其单位的工作人员,但否认委托该工作人员代表单位订货,更谈不上代表单位收货,因此不同意向原告支付货款。一审法院要求被告对其工作人员是否属于职务行为承担举证责任,并以被告未举证认定其工作人员的行为系职务行为,判令被告承担付款责任。二审认为,按照最高人民法院《证据规定》关于"对代理权发生争议的,由主张有代理权一方当事人承担举证责任"的规定,此案举证责任在原告。一审将举证责任分配给被告有

误。在原告不能证明收货人收货行为是被告单位的职务行为的情况下,二审纠正了一审判决。

(二) 一审法院定性错误

一审法院在这方面的常见错误有:(1) 个人行为误认定为职务行为或将职务行为误认定为个人行为;(2) 将加工承揽合同误定性为买卖合同;(3) 将无效合同误定性为有效合同等。

【参考案例】

某合作经营合同纠纷案。某杂志社与某公司签订合作经营合同,合同约定:杂志社所属某刊物由双方合作经营,其中刊物的编辑、发行、经营工作由公司具体负责,公司定期向杂志社交纳管理费用。一审时,原被告均认为合作经营合同有效,相互指责对方违约,要求追究对方的违约责任。一审也按合同有效进行了处理。二审则认定,合同内容违反了国务院《出版管理条例》和国家新闻出版署《关于严格禁止买卖书号、刊号、版面等问题的若干规定》中关于"出版单位禁止出售或者以其他形式转让或者出租本出版单位的名称、刊号"和"严禁出版单位买卖刊号,凡以管理费等费用名义收取费用,放弃编辑发行中任何一个环节的职责,均按买卖刊号处理"的强行性规定,确认该合同无效并改判。

(三) 一审法院适用法律有误

该方面的错误主要包括以下情形:(1) 适用的法律与案件性质明显不符的;(2) 确定民事责任明显违背当事人约定或者法律规定的;(3) 适用已经失效或尚未施行的法律的;(4) 违反法律溯及力规定的;(5) 违反法律适用规则的;(6) 明显违背立法本意的等。

【参考案例】

王海一次买两万节假南孚电池,共花费4万元。然后依据《消费者权益保护法》要求两倍赔偿,共8万元。一审法院予以了支持。被告不服提起上诉,认为《消费者权益保护法》的立法本意是用来保护因生活消费需要购买、使用商品或者接受服务的消费者。王海一次购买2万节电池并不是生活消费。一审法院适用该法明显违反立法本意。二审法院后予以改判。

(四) 其他严重违反法定程序的行为:

该方面的常见错误主要有:(1) 错误认定诉讼主体资格;(2) 法官主动审查诉

讼时效;(3)违反专属管辖;(4)超出诉讼请求范围进行裁判等。

【参考案例】

某外地驻京联络处系经当地政府同意、北京市政府批准并经有关管理部门登记设立的非法人机关,设有银行账户、有自主管理的财产和经费,有自己的办公场所和组织机构,符合"其他组织"的条件,可以作为适格主体进行诉讼。但一审却以驻京联络处不具备法人资格、诉讼主体资格不适格为由,驳回了驻京联络处的起诉。驻京联络处上诉后得到了二审法院的支持。

三、上诉状的提交

虽然我国《民诉法》规定上诉可以向原审法院提起,也可以向二审法院提起。但由于二审法院没有卷宗,无法审查上诉是否符合条件,因此实务中有的二审法院不接受当事人的上诉,要求当事人必须向原审法院提起。向原审法院提起上诉应当交给谁呢?起诉时当事人是将起诉书提交给原审法院的立案窗口。上诉时是不是还是将上诉书提交给原审法院的立案窗口呢?不是。而是直接交给或邮寄给原审的审理法官。这是因为起诉与上诉的条件不一样,审查的内容也不一样。起诉只作形式审查,上诉却不是,须作实质审查。由于卷宗在原审法官手里,只有他/她才有条件审查上诉人的上诉是否符合条件。经常有当事人担心把上诉状交给原审法官,他/她又不给我收到上诉状的收据,若不交给二审法院怎么办?这个担心没有必要,上诉是要交上诉费的,原审法官必须给上诉人开具交纳上诉费的凭证,上诉人只要持有已缴纳上诉费的凭证,就表明原审法官已经收到了你的上诉状。如果采邮寄方式上诉的话,上诉人可以通过汇款方式直接向二审法院交纳上诉费,然后将汇款凭证及上诉状等材料一并寄给原审法官。日后你的上诉状真的不见了,凭缴纳上诉费的凭证就可追查。

【经典司考题】

1. 甲婚后经常被其丈夫乙打骂,于是,甲向某区人民法院提起离婚诉讼,该区人民法院审理后认为双方感情确已破裂,判决准予离婚,并对共有财产进行了分割。甲认为区人民法院对财产的处理不公平,于是向中级人民法院提起上诉。在二审审理期间,乙因意外事故死亡,二审法院遂裁定终结诉讼。关于本案,下列何种说法是正确的?(2003-3-22)

A. 二审法院裁定终结诉讼后,区人民法院的离婚判决即发生法律效力
B. 二审法院裁定终结诉讼后,区人民法院的离婚判决不发生法律效力

C. 区人民法院的离婚判决是否发生法律效力,取决于上诉期间是否届满,只要上诉期间届满,该判决即发生法律效力

D. 区人民法院的判决中,解除婚姻关系的部分发生法律效力,而财产分割部分不发生法律效力

考点:二审中的诉讼终止

2. 甲对乙享有10万元到期债权,乙无力清偿,且怠于行使对丙的15万元债权,甲遂对丙提起代位权诉讼,法院依法追加乙为第三人。一审判决甲胜诉,丙应向甲给付10万元。乙、丙均提起上诉,乙请求法院判令丙向其支付剩余5万元债务,丙请求法院判令甲对乙的债权不成立。关于二审当事人地位的表述,下列哪一选项是正确的?(2013-3-48)

A. 丙是上诉人,甲是被上诉人
B. 乙、丙是上诉人,甲是被上诉人
C. 乙是上诉人,甲、丙是被上诉人
D. 丙是上诉人,甲、乙是被上诉人

考点:二审中的当事人

3. 下列哪些情况下,法院不应受理当事人的上诉请求?(2013-3-78)

A. 宋某和卢某借款纠纷一案,卢某终审败诉,宋某向区法院申请执行,卢某提出执行管辖异议,区法院裁定驳回卢某异议。卢某提起上诉

B. 曹某向市中级人民法院诉刘某侵犯其专利权,要求赔偿损失1元钱,中级人民法院驳回其请求。曹某提起上诉

C. 孙某将朱某打伤,经当地人民调解委员会调解达成协议,并申请法院进行了司法确认。后朱某反悔提起上诉

D. 尹某诉与林某离婚,法院审查中发现二人系禁婚的近亲属,遂判决二人婚姻无效。尹某提起上诉

考点:上诉条件

4. 李某诉赵某解除收养关系,一审判决解除收养关系,赵某不服提起上诉。二审中双方和解,维持收养关系,向法院申请撤诉。关于本案下列哪一表述是正确的?(2006-3-50)

A. 二审法院应当准许当事人的撤诉申请
B. 二审法院可以依当事人和解协议制作调解书,送达双方当事人
C. 二审法院可以直接改判
D. 二审法院可以裁定撤销原判

考点:上诉的撤回

5. 下列哪些情况下,法院不应受理当事人的上诉请求?(2013-3-78)

A. 宋某和卢某借款纠纷一案,卢某终审败诉,宋某向区法院申请执行,卢某提出执行管辖异议,区法院裁定驳回卢某异议。卢某提起上诉

B. 曹某向市中级人民法院诉刘某侵犯其专利权,要求赔偿损失1元钱,中级

人民法院驳回其请求。曹某提起上诉。

C. 孙某将朱某打伤，经当地人民调解委员会调解达成协议，并申请法院进行了司法确认。后朱某反悔提起上诉

D. 尹某诉与林某离婚，法院审查中发现二人系禁婚的近亲属，遂判决二人婚姻无效。尹某提起上诉

考点：上诉的对象

6. 甲公司与乙公司因合同纠纷向A市B区法院起诉，乙公司应诉。经开庭审理，法院判决甲公司胜诉。乙公司不服B区法院的一审判决，以双方签订了仲裁协议为由向A市中级法院提起上诉，要求据此撤销一审判决，驳回甲公司的起诉。A市中级法院应当如何处理？（2008-3-36）

A. 裁定撤销一审判决，驳回甲公司的起诉

B. 应当首先审查仲裁协议是否有效，如果有效，则裁定撤销一审判决，驳回甲公司的起诉

C. 应当裁定撤销一审判决，发回原审法院重审

D. 应当裁定驳回乙公司的上诉，维持原判决

考点：二审案件的裁判

7. 某借款纠纷案二审中，双方达成调解协议，被上诉人当场将欠款付清。关于被上诉人请求二审法院制作调解书，下列哪一选项是正确的？（2009-3-45）

A. 可以不制作调解书，因为当事人之间的权利义务已经实现

B. 可以不制作调解书，因为本案属于法律规定可以不制作调解书的情形

C. 应当制作调解书，因为二审法院的调解结果除解决纠纷外，还具有对一审法院的判决效力发生影响的功能

D. 应当制作调解书，因为被上诉人已经提出请求，法院应当予以尊重

考点：上诉案件的调解

8. 丙承租了甲、乙共有的房屋，因未付租金被甲、乙起诉。一审法院判决丙支付甲、乙租金及利息共计1万元，分5个月履行，每月给付2000元。甲、乙和丙均不服该判决，提出上诉：乙请求改判丙一次性支付所欠的租金1万元。甲请求法院判决解除与丙之间租赁关系。丙认为租赁合同中没有约定利息，甲、乙也没有要求给付利息，一审法院不应当判决自己给付利息，请求判决变更一审判决的相关内容。丙还提出，为修缮甲、乙的出租房自己花费了3000元，请求抵销部分租金。根据上述事实，请回答1—3题。

（1）关于二审中当事人地位的确定，下列选项正确的是：（2010-3-98）

A. 丙是上诉人，甲、乙是被上诉人　　B. 甲、乙是上诉人，丙是被上诉人

C. 乙、丙是上诉人，甲是被上诉人　　D. 甲、乙、丙都是上诉人

考点：二审中的当事人

(2) 关于甲上诉请求解除与丙的租赁关系,下列选项正确的是:(2010-3-99)

A. 二审法院查明事实后直接判决

B. 二审法院直接裁定发回重审

C. 二审法院经当事人同意进行调解解决

D. 甲在上诉中要求解除租赁关系的请求,须经乙同意

考点：上诉案件的审理

(3) 关于丙提出用房屋修缮款抵销租金的请求,二审法院正确的处理办法是:(2010-3-100)

A. 查明事实后直接判决

B. 不予审理

C. 经当事人同意进行调解解决,调解不成的,发回重审

D. 经当事人同意进行调解解决,调解不成的,告知丙另行起诉

考点：上诉案件的裁判

9. 甲诉乙人身损害赔偿一案,一审法院根据甲的申请,冻结了乙的银行账户,并由李法官独任审理。后甲胜诉,乙提出上诉。二审法院认为一审事实不清,裁定撤销原判,发回重审。关于重审,下列哪一表述是正确的?(2014-3-47)

A. 由于原判已被撤销,一审中的审判行为无效,保全措施也应解除

B. 由于原判已被撤销,一审中的诉讼行为无效,法院必须重新指定举证时限

C. 重审时不能再适用简易程序,应组成合议庭,李法官可作为合议庭成员参加重审

D. 若重审法院判决甲胜诉,乙再次上诉,二审法院认为重审认定的事实依然错误,则只能在查清事实后改判

考点：保全措施的解除、举证时限、合议庭的组成、二审裁判

10. 关于民事诉讼二审程序的表述,下列哪些选项是正确的?(2014-3-83)

A. 二审既可能因为当事人上诉而发生,也可能因为检察院的抗诉而发生

B. 二审既是事实审,又是法律审

C. 二审调解书应写明撤销原判

D. 二审原则上应开庭审理,特殊情况下可不开庭审理

考点：二审程序

11. 齐远、张红是夫妻,因感情破裂诉至法院离婚,提出解除婚姻关系、子女抚养、住房分割等诉讼请求。一审判决准予离婚并对子女抚养问题作出判决。齐远不同意离婚提出上诉。二审中,张红增加诉讼请求,要求分割诉讼期间齐远继承其

父的遗产。下列哪一说法是正确的？(2015-3-44)

A. 一审漏判的住房分割诉讼请求，二审可调解，调解不成，发回重审
B. 二审增加的遗产分割诉讼请求，二审可调解，调解不成，发回重审
C. 住房和遗产分割的两个诉讼请求，二审可合并调解，也可一并发回重审
D. 住房和遗产分割的两个诉讼请求，经当事人同意，二审法院可一并裁判

考点：二审增加诉讼请求的处理

第二十一章　再审程序

要点提示

- 再审程序的特点
- 再审程序的启动路径
- 再审的事由
- 再审的审理

第一节 再审程序概述

一、再审程序的概念

再审程序,是指法院对已经发生法律效力的裁判,如判决、裁定、调解书,在具有法律规定的事由时,再次进行审理所适用的程序。

根据民事裁判效力理论,发生法律效力的法院裁判一方面具有形式上的确定力。即任何法院未经法定程序无权撤销或变更该裁判。另一方面具有实质上的确定力,即既判力。既判力不仅要求后诉法院在审判中受到前诉法院作出的生效裁判内容的拘束,同时还禁止双方当事人对已生效裁判的内容再次予以争执。确定的终局裁判所具有的形式上的确定力和既判力使得被裁判的法律关系处于一种稳定状态。

生效的裁判也可能错误,但是错误的裁判同样具有形式上的确定力和既判力,即在未被撤销之前仍有具有法律效力,尽管其一方面损害了当事人的合法权利,另一方面也有违司法公正。因此,"必须创设一种途径以消除已经发生既判力的有重大瑕疵的或在严重程序瑕疵下产生的判决。否则的话,当事人的公正感和他们对司法的信赖会严重受到伤害"。[①] 再审程序就是用来打破生效裁判的双重保护壳,纠正错误生效裁判的一种救济程序。因此,再审程序不是案件审理的必经程序,也不是诉讼中的一个独立审级。

大陆法系国家一般称这种特殊救济程序为再审程序。社会主义国家则称为"审判监督程序"。虽然二者在功能上差异不大,但二者在理念、程序的具体设计上还是有较大区别。再审程序是以对受到错误裁判损害的当事人进行救济为出发点,审判监督程序是以对法院的审判活动进行监督为出发点。前者把再审程序的启动权赋予当事人,让当事人通过提起再审之诉来启动再审程序。后者虽然也赋予了当事人申请再审的权利,同时也赋予了监督机关(上级法院、检察机关)启动再审程序的权利。

二、再审程序的特征

再审程序与第二审程序相比,虽然都有保证判决、裁定的正确性,纠正原裁判中错误的功能,但是二者之间存在明显的区别:

(1) 程序的性质不同。第二审程序是两审终审审级制度内的常规程序之一;再审程序则不是,而是审级制度结构之外的程序。

---

① 〔德〕奥特马·尧厄尼希:《民事诉讼法》,周翠译,法律出版社 2003 年版,第 398 页。

(2) 提起的主体不同。有权提起第二审程序的主体只能是第一审程序中的当事人；有权提起再审程序的主体则包括人民法院、人民检察院、当事人以及案外人。

(3) 审理对象不同。第二审程序的审理对象是地方各级法院作出的尚未生效的第一审判决、裁定；再审程序的审理对象是各级法院作出的已经生效的判决、裁定和调解书。

(4) 提起期限不同。判决和裁定提起上诉的期限分别是 15 日和 10 日；提起再审程序的期限，当事人申请再审原则上须在裁判生效后 6 个月内提出①，法院和检察院提起再审无时间限制。

(5) 提起的理由不同。第二审程序的提起理由是当事人不服地方法院的第一审裁判，不以一审裁判确有错误为前提；再审程序的提起，除法院决定再审外，当事人和检察院提起再审必须符合法定的再审理由。

(6) 审理的法院不同。第二审程序的审理法院只能是第一审法院的上一级法院；再审程序的审理法院则包括原审法院和所有上级法院。

(7) 程序的内涵不同。第二审程序是一个独立的程序，民事诉讼法对第二审程序的启动和审理都有详细的规定。对再审程序，民事诉讼法仅对它的启动作了具体规定，审理则根据具体情况或适用第一审普通程序或适用第二审程序。

第二节 再审的启动

一、当事人申请再审

(一) 当事人申请再审的概念

当事人申请再审，是指当事人认为已经发生法律效力的判决、裁定、调解书具有法定再审事由时，请求法院对案件再次进行审理的行为。

申请再审不同于申诉。申诉是宪法赋予公民的一项民主权利。二者的区别主要体现为：(1) 性质不同。申诉是宪法赋予公民的一项民主权利；申请再审则是民事诉讼法赋予当事人和部分案外人的一项诉讼权利。(2) 提起的主体不同。申诉的主体既可以是案件的当事人，也可以是当事人以外的其他公民；申请再审的主体则仅限于案件当事人和部分案外人。(3) 提起的时间不同。申诉没有期限限制；申请再审通常须在裁判生效后 6 个月内提起。(4) 提交的机关不同。申诉既可以向法院提出，也可以向检察院提出；申请再审则只能向原审法院或其上一级法院提

---

① 根据我国《民诉法》第 205 条规定，基于以下理由申请再审的，当事人应当自知道或者应当知道之日起 6 个月内申请再审：有新的证据，足以推翻原判决、裁定的；原判决、裁定认定事实的主要证据是伪造的；据以作出原判决、裁定的法律文书被撤销或者变更的；审判人员审理该案件时有贪污受贿、徇私舞弊、枉法裁判行为的。

出;(5)法律后果不同。申诉与再审没有必然的联系,申诉只是法院、检察院发现生效裁判错误的一种渠道;申请再审只要符合法定条件,即可引起再审程序的发生。

(二)当事人申请再审的条件

为防止滥用申请再审权,随意否定已确定的裁判文书,打破已经稳定下来的社会关系,申请再审的条件较起诉、上诉更为严格。根据我国《民诉法》和《民诉法解释》,当事人申请再审必须同时具备以下条件:

(1)申请再审的对象须是已经发生法律效力且准予提出再审申请的判决、裁定和调解书。如果判决书、裁定书尚未发生效力,则只能通过上诉寻求救济。当事人拒签调解书的,法院则应及时判决。判决、裁定、调解书虽已生效,若属于法定不准提出申请再审的,当事人也不得申请再审。

根据我国《再审立案意见》第14—16条以及《民诉法解释》第380、381、383条的规定,人民法院对下列民事案件的再审申请不予受理:第一,人民法院依照特别程序、督促程序、公示催告程序和破产还债程序审理的案件;第二,人民法院裁定撤销仲裁裁决和裁定不予执行仲裁裁决的案件;第三,人民法院判决、调解解除婚姻关系的案件,但当事人就裁判涉及的财产分割问题申请再审的除外;第四,再审申请被驳回后再次提出申请的;第五,对再审判决、裁定提出申请的;第六,在人民检察院对当事人的申请作出不予提出再审检察建议或者抗诉决定后又提出申请的;第七,除不予受理、驳回起诉之外的裁定。根据我国《民诉法》第209条第1款的规定,第四和第五两种情况,当事人应当向人民检察院申请检察建议或者抗诉,而不是再次申请再审。

(2)申请的主体原则上须为当事人。申请再审的人原则上只能是原审案件的当事人,此乃当事人恒定主义的体现。根据我国《民诉法解释》第375条的规定,原审案件当事人死亡或者终止的,其权利义务承受人可以申请再审并参加再审诉讼。当事人死亡或者终止的,其权利义务承继者可以申请再审。判决、调解书生效后,当事人将判决、调解书确认的债权转让,债权受让人对该判决、调解书不服申请再审的,人民法院不予受理。因为债权受让人受让的已为判决、调解书生确定的债权,不是原当事人争议的债权,其也不受判决、调解书既判力的约束,因而无权申请再审。

在特殊情形下,案外人也能申请再审。如我国《民诉法》第200条第8项和《民诉法解释》第422条规定:必须共同进行诉讼的当事人因不能归责于本人或者其诉讼代理人的事由未参加诉讼的,可以申请再审。我国《民诉法》第227条和《民诉法解释》第423条规定:案外人对驳回其执行异议的裁定不服,认为原判决、裁定、调解书内容错误损害其民事权益的,也可以申请再审。

(3)须在法定期限内提出。为了促使当事人及时申请再审,尽快稳定社会关系,当事人申请再审,一般应当在判决、裁定发生法律效力后 6 个月内提出。基于以下理由申请再审的,当事人应当自知道或者应当知道之日起 6 个月内申请再审:有新的证据,足以推翻原判决、裁定的;原判决、裁定认定事实的主要证据是伪造的;据以作出原判决、裁定的法律文书被撤销或者变更的;(4)审判人员审理该案件时有贪污受贿,徇私舞弊,枉法裁判行为的。

当事人对已经发生法律效力的调解书申请再审,应当在调解书发生法律效力后 6 个月内提出。

虽然我国《民诉法》规定了当事人申请再审的期限,但并没有规定法院提起再审和检察院提起抗诉的期限。实践中许多当事人在申请再审的期限届满后,转而向检察院和法院申诉,试图通过检察院和法院来而启动再审,这样就使得当事人申请再审的期限意义有限,也容易导致法院裁判的安定性受到冲击。

(4)须向有管辖权的法院提出。我国 1991 年《民诉法》第 178 条规定:"当事人对已经发生法律效力的判决、裁定,认为有错误的,可以向原审人民法院或者上一级人民法院申请再审,但不停止判决、裁定的执行"。2007 年《民诉法》修订后,改为"当事人对已经发生法律效力的判决、裁定,认为有错误的,可以向上一级人民法院申请再审,但不停止判决、裁定的执行。"取消了当事人向原审人民法院申请再审的方式。其立法本意在于消除当事人对原审人民法院受理再审申请的不信任,以解决"再审难"。但这一修改在一定程度上又增加了中级以上人民法院的工作负担。为此,2012 年的修正又向 1991 年的规定作了有限的回归,当事人原则上需向原审人民法院的上一级人民法院申请再审。当事人一方人数众多或者当事人双方为公民的案件,也可以向原审人民法院申请再审,即此类案件既可以向原审人民法院申请再审,也可以向原审人民法院的上一级人民法院申请再审。人数众多的一方当事人,包括公民、法人和其他组织。当事人双方为公民的案件,是指原告和被告均为公民的案件。当事人一方人数众多或者当事人双方为公民的案件,当事人分别向原审人民法院和上一级人民法院申请再审且不能协商一致的,由原审人民法院受理。对于小额诉讼案件,当事人申请再审的,应当向原审人民法院申请。

(5)须具备法定的再审事由。我国 1991 年《民诉法》对判决和裁定规定了五种申请再审的事由:有新的证据,足以推翻原判决、裁定的;原判决、裁定认定事实的主要证据不足的;原判决、裁定适用法律确有错误的;人民法院违反法定程序,可能影响案件正确的判决、裁定的;审判人员在审理该案件时有贪污受贿,徇私舞弊,枉法裁判行为的。由于这五类再审事由过于笼统,在实践中不好把握。2007 年修正时,一方面将其细化为 15 类;另一方面统一了检察机关抗诉的再审事由与当事人申请再审的再审事由。2012 年再次对再审事由进行了修订。[①] 调解书的再审事

---

① 有关再审事由的详细内容参见本章第三节。

由为：调解违反自愿原则或者调解协议的内容违反法律。此处的法律指的是强制性法律。

(6) 须提交再审申请书和相关材料。

(三) 当事人申请再审的程序

完善当事人申请再审的程序是我国2007年《民诉法》修正案的重要内容。当事人申请再审的程序为：

1. 当事人提出再审申请

当事人申请再审需向法院提交再审申请书。再审申请书应当记明下列事项：(1) 再审申请人与被申请人及原审其他当事人的基本信息；(2) 原审人民法院的名称、原审裁判文书案号；(3) 具体的再审请求；(4) 申请再审的法定情形及具体事实、理由。再审申请书应当明确申请再审的人民法院，并由再审申请人签名、捺印或者盖章。

再审申请人同时还应提交下列材料：(1) 再审申请书，并按照被申请人和原审其他当事人的人数提交副本；(2) 再审申请人是自然人的，应当提交身份证明；再审申请人是法人或者其他组织的，应当提交营业执照、组织机构代码证书、法定代表人或者主要负责人身份证明书。委托他人代为申请的，应当提交授权委托书和代理人身份证明；(3) 原审判决书、裁定书、调解书；(4) 反映案件基本事实的主要证据及其他材料。其中第(2)、(3)、(4)规定的材料可以是与原件核对无异的复印件。

2. 法院受理

法院收到再审申请书后，需要对再审申请是否符合前述条件进行审查。需要注意的是，对于法定再审事由这一条件，法院此时只是审查有无，而不审查是否成立。对于符合条件的再审申请，根据我国《民诉法》第203条和《民诉法解释》第385条的规定，人民法院应当自收到符合条件的再审申请书等材料之日起5日内向再审申请人发送受理通知书，并向被申请人及原审其他当事人发送应诉通知书、再审申请书副本等材料。对方当事人应当自收到再审申请书副本之日起15日内提交书面意见；人民法院还可以要求申请人和对方当事人补充有关材料，询问有关事项。

3. 对再审申请的审查

在收齐相关材料后，法院应当组成合议庭对再审申请进行审查，包括再审申请的主体、期限、对象等，重点是当事人主张的再审事由是否系法定理由、是否成立。因为再审事由成立是法院裁定再审的实质标准。被申请人不提交书面意见的，不影响人民法院的审查。人民法院根据审查案件的需要决定是否询问当事人。新的证据可能推翻原判决、裁定的，人民法院应当询问当事人。审查期限为3个月，有特殊情况需要延长的，由本院院长批准。

4. 审查结果

经审查,当事人主张的再审事由成立,且符合申请再审条件的,人民法院应当裁定再审。当事人主张的再审事由不成立,或者当事人申请再审超过法定申请再审期限、超出法定再审事由范围等不符合申请再审条件的,人民法院应当裁定驳回再审申请。

5. 特殊情形的处理

在审查再审申请期间,被申请人及原审其他当事人依法提出再审申请的,人民法院应当将其列为再审申请人,对其再审事由一并审查,审查期限重新计算。经审查,其中一方再审申请人主张的再审事由成立的,应当裁定再审。各方再审申请人主张的再审事由均不成立的,一并裁定驳回再审申请。

申请再审人在案件审查期间申请撤回再审申请的,是否准许,由人民法院裁定。申请再审人经传票传唤,无正当理由拒不接受询问,可以作出裁定,按撤回再审申请处理。人民法院准许撤回再审申请或者按撤回再审申请处理后,再审申请人再次申请再审的,不予受理。但是,在新的证据,足以推翻原判决、裁定的;原判决、裁定认定事实的主要证据是伪造的;据以作出原判决、裁定的法律文书被撤销或者变更的;审判人员审理该案件时有贪污受贿、徇私舞弊、枉法裁判行为的这四种情况下,当事人自知道或者应当知道之日起6个月内提出再审申请的,人民法院应当受理。

人民法院审查再审申请期间,人民检察院对该案提出抗诉的,人民法院应裁定再审。申请再审人提出的具体再审请求应纳入审理范围。

审查再审申请期间,再审申请人申请人民法院委托鉴定、勘验的,人民法院不予准许。申请鉴定、勘验以及申请重新鉴定、勘验是当事人在一审、二审中的权利,以前没有申请的视为放弃。当事人若想以重新鉴定、勘验的结果作为新证据的,也应在申请再审前完成,而不是在再审审查期间进行。

6. 审查终结

根据我国《民诉法解释》第402条的规定,有下列情形之一的,人民法院可以裁定终结审查:(1)再审申请人死亡或者终止,无权利义务承继者或者权利义务承继者声明放弃再审申请的;(2)在给付之诉中,负有给付义务的被申请人死亡或者终止,无可供执行的财产,也没有应当承担义务的人的;(3)当事人达成和解协议且已履行完毕的,但当事人在和解协议中声明不放弃申请再审权利的除外;(4)他人未经授权以当事人名义申请再审的;(5)原审或者上一级人民法院已经裁定再审的;(6)再审申请被驳回后再次提出申请的;(7)对再审判决、裁定提出申请的;(8)在人民检察院对当事人的申请作出不予提出再审检察建议或者抗诉决定后又提出申请的。

（四）再审审理法院

当事人一方人数众多或者当事人双方为公民的案件，当事人如选择向原审人民法院申请再审，则由原审法院审理。如原审法院为基层法院，则由基层法院再审。除此之外因当事人申请裁定再审的案件只能由中级人民法院或以上的人民法院审理。如属于最高人民法院、高级人民法院裁定再审的案件，由本院再审或者交其他人民法院再审，也可以交原审人民法院再审。也就说，只有最高人民法院和高级人民法院可以转移再审案件的管辖权。根据我国《审监解释》第29条的规定，有下列情形之一的，不得指令原审人民法院再审：(1) 原审人民法院对该案无管辖权的；(2) 审判人员在审理该案件时有贪污受贿，徇私舞弊，枉法裁判行为的；(3) 原判决、裁定系经原审人民法院审判委员会讨论作出的；(4) 其他不宜指令原审人民法院再审的。

二、检察院抗诉

（一）检察院抗诉的概念

检察院抗诉，也称民事抗诉，是指人民检察院对人民法院已经生效的民事判决、裁定和调解书，发现有提起抗诉的法定情形时，提请人民法院对案件重新审理的诉讼行为。

检察院抗诉的目的在于，通过抗诉实现检察机关对民事审判的监督，使错误的判决、裁定及调解书能够在一定程度上得以纠正。民事抗诉是检察院对人民法院的民事审判进行监督的主要方式之一。

人民检察院提起抗诉的原因有两个：一是依职权，一是依当事人的申请。人民检察院依职权抗诉是指对于损害国家利益、社会公共利益的判决、裁定、调解书，无需他人申请，直接启动抗诉的制度。由于民事诉讼解决的私权纠纷，判决、裁定、调解书生效后，即使有错误，但当事人如果不申请再审，也不申请抗诉的话，表明其愿意接受该错误结果。根据处分权原则，其他人不得干涉。因此，根据我国《民诉法解释》第413条规定，人民检察院依法对损害国家利益、社会公共利益的发生法律效力的判决、裁定、调解书提出抗诉，人民法院应予受理。

人民检察院依当事人的申请抗诉是指根据当事人符合法律规定的抗诉申请而启动的抗诉。为防止当事人的再审申请权被人民法院侵犯，我国《民诉法》第209条规定了当事人可以在以下情形向检察院申请抗诉：(1) 对人民法院驳回再审申请的裁定不服；(2) 人民法院逾期未对再审申请作出裁定；(3) 再审后作出的再审判决、裁定有明显错误。与过去的"两条腿走路"——即当事人可以同时向人民法院申请再审和向人民检察院申请抗诉——相比，现在采取的是"申请再审先行，申请抗诉断后"的顺位模式，也就是说，当事人认为生效裁判存在再审事由时，需首先向法院申请再审，只有在上述三种情形下，当事人才可以向人民检察院申请抗诉。

人民检察院对当事人的申请应当在3个月内进行审查,作出提出或者不予提出抗诉的决定。被驳回后,当事人不得再次向人民检察院申请抗诉,以免浪费资源。

(二)检察院抗诉的条件

(1)提出抗诉的检察院有抗诉权。为保证检察院慎重行使抗诉权,民事诉讼法采取的是"上抗下"模式,即除最高人民检察院之外,同级检察院不能对同级法院的生效裁判提起抗诉。享有抗诉权的检察院仅限以下两类:一是最高人民检察院对各级人民法院的生效裁判均享有抗诉权,二是上级人民检察院对下级人民法院的生效裁判享有抗诉权。地方各级人民检察院如发现同级人民法院的生效裁判有应予抗诉的情形,只能提请上级人民检察院进行抗诉。是否抗诉,由上级人民检察院决定。

由于地方各级人民检察院不能抗诉同级人民法院已经生效的裁判,只能提请上级人民检察院抗诉,这种"上抗下"的制度设计在一定程度上加重了上级人民检察院的工作负担,同时导致数量最多、人员最多的基层人民检察院不能充分发挥作用。但为确保抗诉权的慎重行事,又不能完全放弃这种模式。为此,《民诉法》修正案新增了再审检察建议制度,即当地方各级人民检察院对同级人民法院已经发生法律效力的判决、裁定存在再审事由时,可以向同级法院发出要求其审查生效裁判的建议,督促同级法院对是否启动再审作出决定。不过,如果法院决定再审的话,依然属于法院自己启动的再审,同级检察院的再审检察建议仅是法院发现生效裁判存在错误的一个渠道而已,再审事由是否成立的判断权依然属于法院。①

(2)可以抗诉的判决、裁定、调解书已经生效。可以抗诉的判决包括原审后生效的判决和有明显错误的再审判决、裁定。可以抗诉的裁定包括不予受理、驳回起诉的裁定。我国2012年之前的《民诉法》规定人民检察院只能对生效的判决、裁定提起抗诉,不能对调解书提起抗诉。但由于有些调解书可能会损害社会公共利益,如果不赋予人民检察院抗诉权,不利于保护社会公共利益。为此,我国《民诉法》将损害国家利益、社会公共利益的调解书也列为了人民检察院的抗诉对象。

(3)抗诉符合法定事由。在判决与裁定上,我国1991年《民诉法》对检察院的抗诉事由与当事人的再审申请事由作了区分。除"有新的证据,足以推翻原判决、裁定"这一事由不是人民检察院抗诉的事由,其他四类抗诉事由与当事人申请再审的事由完全相同。我国2007年《民诉法》将检察院抗诉事由与当事人申请再审的事由予以了完全统一,2012年修正时予以保留,仅是在此基础上新增了对调解书的抗诉,其抗诉理由是调解书损害国家利益、社会公共利益。

再审裁判与原生效裁判属于不同性质的裁判。其中再审裁判是经过审判监督

---

① 人民检察院除了可以向同级法院发出再审检察建议外,对其他审判程序中审判人员的违法行为,也有权向同级人民法院提出检察建议。

程序救济后作出的裁判,再次予以再审需更加谨慎,因而条件也更为苛刻,必须是有"明显错误"才能再次再审。根据我国《民诉法解释》第415条规定,人民检察院依照《民诉法》第209第1款第3规定对有明显错误的再审判决、裁定提出抗诉的,人民法院应予受理。

(三)检察院抗诉的程序

1. 抗诉的提出

根据我国《民诉法》第208条的规定,最高人民检察院发现各级人民法院、上级人民检察院发现下级法院存在法定抗诉情形时,应当提出抗诉。人民检察院因抗诉的需要,可以向当事人或者案外人调查核实有关情况。

人民检察院决定对人民法院的判决、裁定、调解书提出抗诉的,应当制作抗诉书。抗诉书应当载明案件来源、基本情况、法院审理情况及抗诉理由。抗诉书由检察长签名,加盖检察院公章。抗诉书副本应当送达当事人,并报送上一级检察院。上级检察院认为抗诉不当的,有权撤销抗诉。

2. 裁定再审

人民检察院提出抗诉的案件,接受抗诉的人民法院在对抗诉进行形式审查后,符合下列条件的,应当自收到抗诉书之日起30日内作出再审的裁定:(1)抗诉书和原审当事人申请书及相关证据材料已经提交;(2)抗诉对象为依法可以进行再审的判决、裁定和调解书;(3)抗诉书列明了再审事由;(4)人民法院驳回了当事人的再审申请或者人民法院逾期未对当事人的再审申请作出裁定。也就是说,对于检察院的抗诉,只要在前述4个形式上没有问题,法院必须再审。形式上有欠缺的,人民法院可以建议人民检察院予以补正或者撤回;不予补正或者撤回的,人民法院可以裁定不予受理。由此可见,检察院抗诉与当事人申请再审完全不同。质言之,在当事人申请再审时,关于抗诉事由是否成立的判断权在法院。检察院抗诉时,抗诉事由是否成立的判断权在检察机关。

3. 再审审理法院

检察院提出抗诉后,对于应当由接受抗诉的法院审理,即"同级抗同级审",还是可以交给下级法院,甚至原审法院审理,即"上抗下审"这一问题,我国1991年《民诉法》未作规定。检察院与法院之间对此存在不同认识。检察院认为不能交还给下级法院审理,法院则认为可以。2007年《民诉法》第188条对这一争议作了初步解决。现行《民诉法》第211条对该问题作了进一步解决。该条规定,抗诉事由为第200条第1款第1至5项情形之一的,即(1)有新的证据,足以推翻原判决、裁定的;(2)原判决、裁定认定的基本事实缺乏证据证明的;(3)原判决、裁定认定事实的主要证据是伪造的;(4)原判决、裁定认定事实的主要证据未经质证的;(5)对审理案件需要的主要证据,当事人因客观原因不能自行收集,书面申请人民法院调查收集,人民法院未调查收集的,可以交给下一级法院再审,但原审人民法院再审的除外。也就是说,原则上实行"同级抗同级审",对于这五种情形,可以实行"上抗下审"。原因在于这五种情形属于证据方面出了错误,都与事实认定有关。交给一审法院审理的话,一方面有利于查明案件事实,另一方面有利于保护当事人的审级利益,因为一审法院可采用一审程序审理,当事人不服的话,可以上诉。不过,若原审法院对案件已经再审过一次,证据仍然存在问题,需第二次再审的话,就不能交还给原审法院再审。这是因为原审法院已两次出错,再由其审理一方面难以保证不再出错,另一方面也难以消除当事人对该法院的不信任感。根据对我国《民诉法》第211条的反面解释,除此以外的抗诉,只能由接受抗诉的人民法院审理。

▶ 三、法院裁定再审

（一）法院裁定再审的概念

法院裁定再审是指人民法院发现本院或者下级法院已经发生法律效力的判决、裁定、调解书存在错误,依职权裁定对案件再次进行审理的行为。法院裁定再审的依据是法院的审判监督权。我国《民诉法》第198条规定:"各级人民法院院长对本院已经发生法律效力的判决、裁定、调解书,发现确有错误,认为需要再审的,应当提交审判委员会讨论决定。最高人民法院对地方各级人民法院已经发生法律效力的判决、裁定、调解书,上级人民法院对下级人民法院已经发生法律效力的判决、裁定、调解书,发现确有错误的,有权提审或者指令下级人民法院再审。"人民法院发现已经发生法律效力的判决、裁定、调解书存在错误的路径有两个:一个法院在日常工作自己发现;一个是法院根据人民检察院的再审检察建议发现。

（二）再审检察建议

民事抗诉由于实行"上抗下"的模式,因此,对基层人民法院的生效裁判,基层人民检察院不能抗诉,只能提请上级人民检察院抗诉。这种模式一方面加重了上级人民检察院的工作量,另一方面使得检察力量最为雄厚的基层人民检察院无法发挥力量。为解决这一问题,民事诉讼法设置了地方各级人民检察院可以向同级人民法院提出包括启动再审、纠正违法行为等内容的检察建议制度。

检察建议是人民检察院为促进法律正确实施、促进社会和谐稳定,在履行法律监督职能过程中,结合执法办案,建议有关单位完善制度、加强内部制约、监督,正确实施法律法规,完善社会管理、服务,预防和减少违法犯罪的一种重要方式。再审检察建议是指地方各级人民检察院发现同级人民法院已经发生法律效力的判决、裁定,存在再审事由的,或者发现调解书损害国家利益、社会公共利益的,向同级人民法院提出的建议其启动再审的一种制度。再审检察建议有别于抗诉,不能必然启动再审,只能督促人民法院对已经生效的判决、裁定、调解书进行审查。符合条件的,由人民法院自行启动再审。

再审检察建议虽然不能直接启动再审,但仍有一定的法律效力。对于符合条件的检察建议,人民法院必须受理并进行审查。

再审检察建议包括两类:一类是人民检察院依职权提出。根据我国《民诉法解释》第 415 条的规定,人民检察院依照《民诉法》第 209 条第 1 款第 3 项规定对有明显错误的再审判决、裁定提出再审检察建议的,人民法院应予受理。人民检察院必须指出"明显错误"之所在。一类是人民检察院依当事人的申请提出。根据我国《民诉法》第 208 条和《民诉法解释》第 416 条规定,地方各级人民检察院依当事人的申请对生效判决、裁定向同级人民法院提出再审检察建议,符合下列条件的,人民法院应予受理:(1) 再审检察建议书和原审当事人申请书及相关证据材料已经提交;(2) 建议再审的对象为依法可以进行再审的判决、裁定、调解书;(3) 再审检察建议书列明了该判决、裁定具有再审事由;(4) 人民法院驳回了当事人的再审申请或者人民法院逾期未对当事人的再审申请作出裁定;(5) 再审检察建议经该人民检察院检察委员会讨论决定。不符合前款规定的,人民法院可以建议人民检察院予以补正或者撤回;不予补正或者撤回的,应当函告人民检察院不予受理。根据上述规定,人民法院对同级人民检察院再审检察建议作的审查仅是一种形式审查。

不论是何种类型的再审检察建议,我国人民法院收到再审检察建议后,应当组成合议庭,在 3 个月内进行审查,发现原判决、裁定、调解书确有错误,需要再审的,依照《民诉法》第 198 条规定裁定再审,并通知当事人;经审查,决定不予再审的,应当书面回复人民检察院。此时的审查是一种实质审查。审查方式可以是调阅原卷宗进行书面审查,对于有新证据的,也可以询问当事人。启动再审的标准是原判决、裁定、调解书"确有错误",因为这属于法院依职权启动再审。

(三) 法院裁定再审的条件

第一,已经发生法律效力的判决、裁定、调解书确有错误。确有错误,既包括认定事实上的错误,也包括适用法律的错误。这里所指的"确有错误"仅是一种主观认识,是否真正有错误,还需经过再审加以确定。

第二,当事人未申请再审,检察机关也没有提出抗诉。如果当事人申请了再审,或者人民检察院已经提出了抗诉,人民法院就没有必要再自行决定再审。

(四) 法院裁定再审的程序

(1) 本院裁定再审。各级人民法院院长发现本院作出的已生效的裁判确有错误,认为需要再审的,应当提交审判委员会讨论决定。审判委员会决定再审的,应当作出再审裁定,由本院进行再审。根据我国《发回重审和指令再审规定》,各级人民法院对同一案件进行再审的,只能再审一次。

(2) 上级法院提起的再审。上级人民法院若发现下级人民法院的生效裁判确有错误时,有权裁定再审。审理主体既可以是自己,将案件提上来由自己审理,也可以指令下级法院再审。

(3) 最高人民法院提起的再审。当最高人民法院发现地方各级人民法院已发生法律效力的判决、裁定确有错误的,可对案件裁定再审。最高人民法院可以自己提审,也可以指令下级人民法院再审。

我国最高人民法院或者上级人民法院裁定再审时,是否需像本院裁定再审那样,由院长提交审判委员会决定,法律和司法解释没有作出明确规定。实践中一般是由最高人民法院或者上级人民法院的审判组织——合议庭进行审查,并未都经过审判委员会讨论决定。

根据我国《发回重审和指令再审规定》,指令下级人民法院再审的,只能指令再审一次。上级人民法院认为下级人民法院作出的发生法律效力的再审判决、裁定需要再次进行再审的,上级人民法院应当依法提审。但是上级人民法院因下级人民法院违反法定程序而指令再审的,不受此限。

第三节 再审的事由

一、再审事由的概念

所谓再审事由,是指法律规定的对生效裁判、调解书,当事人可以申请再审或检察院可以进行抗诉的理由。如何设置再审事由,必须考虑再审制度设置的目的和价值。设置过多,生效裁判的稳定性就难以保持。设置过窄,错误又无法纠正,会损害当事人的合法权益和司法威信。基于再审的补充性原则[①],应当从严控制再审事由,并杜绝对再审事由的自由裁量。

再审事由可以分为判决、裁定的再审事由和调解书的再审事由。

二、实行两审终审的判决、裁定的再审事由

我国 1991 年《民诉法》对于实行两审终审的判决、裁定,仅为当事人设置了五种申请再审的事由。2007 年《民诉法》一方面将原来的五类再审事由作了进一步细化,另一方面又增设了一些新的再审事由。现行《民诉法》第 200 条又作了一些微调。至此,此类判决、裁定的再审事由包括三大类,共计 13 种。

(一)实体性再审事由

(1)有新的证据,足以推翻原判决、裁定的。由于民事诉讼法对逾期提交的证据并不实行绝对的失权效,在原审中没有提出直到在再审中才提出的证据都属于新证据。"足以推翻"是指再审申请人提供的新的证据,能够证明原判决、裁定认定基本事实或者裁判结果错误的。对于当事人提供的新证据,不一定都能被再审法

---

① 再审的补充性原则是指再审相对于上诉、申请复议等救济途径而言,是一种补充性的救济方式。造成裁判错误的事由,若在一审程序中就已存在的话,应当通过上诉、异议和复议这些常规方式寻求救济,而不应当等到判决生效后再提起再审之诉。参见李浩:《再审的补充性原则与再审事由》,载《法学家》2007 年第 6 期。

院采纳,再审法院应当责令再审申请人说明其逾期提供该证据的理由。再审申请人证明其提交的新的证据符合下列情形之一的,可以认定逾期提供证据的理由成立:第一,在原审庭审结束前已经存在,因客观原因于庭审结束后才发现的;第二,在原审庭审结束前已经发现,但因客观原因无法取得或者在规定的期限内不能提供的;第三,在原审庭审结束后形成,无法据此另行提起诉讼的;第四,再审申请人提交的证据在原审中已经提供,原审人民法院未组织质证且未作为裁判根据的,视为逾期提供证据的理由成立,但原审人民法院依照《民诉法》第 65 条规定不予采纳的除外。拒不说明理由或者理由不成立的,按下列方式处理:如果是当事人故意或者重大过失导致逾期提供证据的,原则上失权;证据涉及基本事实的证明的,不失权但要训诫、罚款;对当事人非因故意或者重大过失导致逾期提供证据的,不失权但应当对当事人予以训诫;因逾期提供证据致使对方当事人增加了交通、住宿、就餐、误工、证人出庭作证等必要费用的,对方当事人要求赔偿时应当赔偿。

(2) 原判决、裁定认定的基本事实缺乏证据证明的。所谓基本事实就是要件事实,是指对原判决、裁定的结果有实质影响、用以确定当事人主体资格、案件性质、具体权利义务和民事责任等主要内容所依据的事实。

(3) 原判决、裁定认定事实的主要证据是伪造的。认定事实的主要证据是伪造的,认定的事实必然错误,故应当再审。

(4) 原判决、裁定适用法律确有错误的。事实认定正确,但法律适用错误同样会导致裁判错误。法律适用错误一般包括:适用的法律与案件性质明显不符的;确定民事责任明显违背当事人约定或者法律规定的;适用已经失效或尚未施行的法律的;违反法律溯及力规定的;违反法律适用规则的;明显违背立法本意的。

(二) 程序性再审事由

(1) 原判决、裁定认定事实的主要证据未经质证的。《证据规定》第 47 条规定:"未经质证的证据,不能作为认定案件事实的依据。"质证是证据材料转化为定案依据的必经程序,也是当事人的主要诉讼权利之一。将未经质证的证据材料作为定案依据,不仅损害了当事人的诉讼权利,而且容易造成事实认定错误。如果当事人对原判决、裁定认定事实的主要证据在原审中拒绝发表质证意见或者质证中未对证据发表质证意见的,不属于未经质证。

(2) 对审理案件需要的主要证据,当事人因客观原因不能自行收集,书面申请人民法院调查收集,人民法院未调查收集的。如果法院没有调取主要证据,一方面损害了当事人的诉讼证明权,另一方面也有可能导致事实认定错误。我国 2007 年《民诉法》规定的是"证据",现行《民诉法》修改为"主要证据"。原因在于有些证据,即使法院没有调取,也不会对案件的裁判产生影响。如允许启动再审,反而会造成讼累和司法资源浪费。

(3) 审判组织的组成不合法或者依法应当回避的审判人员没有回避的。审判组织不合法意味着审判权的行使主体不合格,导致裁判从根源上缺乏正当性。应当回避的审判人员没有回避这一程序瑕疵则严重违反了程序正义中审判者要中立的基本要求。

(4) 无诉讼行为能力人未经法定代理人代为诉讼或者应当参加诉讼的当事人,因不能归责于本人或者其诉讼代理人的事由,未参加诉讼的。这种程序瑕疵严重违反了程序正义中当事人应参与的基本要求,故应当允许再审。

(5) 违反法律规定,剥夺当事人辩论权利的。辩论权是当事人最重要的诉讼权利之一。除非法律有明确规定,如不开庭审理之外,该权利不得剥夺。常见的剥夺当事人辩论权的情形有:不允许当事人发表辩论意见的;应当开庭审理而未开庭审理的;违反法律规定送达起诉状副本或者上诉状副本,致使当事人无法行使辩论权利的;违法剥夺当事人辩论权利的其他情形。如法院让当事人按甲法律关系进行辩论,却按乙法律关系进行判决,对于乙法律关系而言,当事人就被剥夺了辩论权利。

(6) 未经传票传唤,缺席判决的。缺席判决的前提是赋予了当事人充分的程序保障,即经两次传票传唤,当事人无正当理由拒不到庭时方可缺席判决。没有程序保障的缺席判决既损害了当事人的程序利益,也缺乏正当性。

(7) 原判决、裁定遗漏或者超出诉讼请求的。法院的裁判应当针对当事人的诉讼请求。无论是否支持,都应当做出回应。对于当事人没有提出的诉讼请求,法院则不能裁判,否则便违反了处分权原则,构成诉外裁判。无论遗漏或者超出诉讼请求均系严重违反程序的行为。

这里的诉讼请求,包括一审诉讼请求、二审上诉请求。如果当事人申请再审的是一审生效裁判遗漏或者超过了的诉讼请求,则对一审诉讼请求进行审查。如果当事人再审的是二审生效裁判,主张遗漏或者超过了诉讼请求,此时既需要审查裁判是否遗漏或者超过了一审诉讼请求,还要审查裁判是否遗漏或者超过了二审诉讼请求。但当事人未对一审判决、裁定遗漏或者超出诉讼请求提起上诉的,在二审判决生效后,又以一审判决、裁定遗漏或者超出诉讼请求为由申请再审的不予支持。

(三) 其他再审事由

(1) 据以作出原判决、裁定的法律文书被撤销或者变更的。法律文书包括:发生法律效力的判决书、裁定书、调解书;发生法律效力的仲裁裁决书;具有强制执行效力的公证债权文书。当原判决、裁定对基本事实和案件性质的认定系根据其他法律文书作出时,若其他法律文书被撤销或变更就意味着原判决丧失了正当性和合法性。

(2) 相关刑事法律文书或者纪律处分决定确认审判人员在审理该案时有贪污受贿,徇私舞弊,枉法裁判行为的。

我国2007年《民诉法》将管辖错误也作为再审事由。由于管辖的类型很多,因管辖错误提起再审容易拖延诉讼,浪费司法资源。为此,《审监解释》将其限缩为违反专属管辖、专门管辖规定以及其他严重违法行使管辖权的情形。即使如此,对这些已经享有两审终审的管辖错误给予再审救济,一方面容易造成救济过剩;另一方面管辖问题属于法院内部分工,由其他法院作出判决,都具有正当性。

我国2007年《民诉法》还将违反法定程序可能影响案件正确判决、裁定的情形也作为再审事由。该条实际上是一个兜底条款,因而弹性很强。其给实践带来的负面影响之一就是再审之门极易洞开,有损裁判的稳定性;其二是与再审事由应明确化,杜绝自由裁量的改革方向相悖。基于此,我国现行《民诉法》删除了上述两个再审事由。

三、实行一审终审判决、裁定的再审事由

小额诉讼案件实行一审终审,当事人虽不能上诉,但可以申请再审。此类案件的再审事由包括两大类:一类是我国《民诉法》第200条规定的13种再审事由;一类是不应按小额诉讼程序进行审理却按小额诉讼程序进行审理,剥夺了该类案件的二审终审权利,属于严重的程序错误。

四、调解书的再审事由

调解书不同于根据审判者意志作出的裁判,它是根据当事人的意愿达成的,是当事人行使处分权的结果。因而其再审事由也不同于判决和裁定的再审事由。根据我国《民诉法》第201条的规定,再审事由有二:(1)调解违反自愿原则;(2)调解协议的内容违反法律。这里的法律是指法律的禁止性规定。这两种再审事由要求当事人提出证据加以证明。

在法院调解实务中,双方当事人有可能恶意串通损害国家利益、社会公共利益,而法院又没有发现。生效后,当事人自己自然不会申请再审。为防止这种情形,我国《民诉法》第208条规定,检察院可以抗诉,即调解书损害国家利益、社会公共利益是检察院抗诉的事由。

第四节 再审的审判

一、再审案件的审理

(一)确定再审中的当事人

民事再审案件的当事人应为原审案件的当事人。原审案件当事人死亡或者终止,其权利义务承受人可以申请再审并参加再审诉讼。

因案外人申请人民法院裁定再审的,需要根据案外人的诉讼地位分别确定:(1)案外人应为必要的共同诉讼当事人,在按第一审程序再审时,应追加其为当事人,作出新的判决;在按第二审程序再审时,经调解不能达成协议的,应撤销原判,发回重审,重审时应追加案外人为当事人;(2)案外人不是必要的共同诉讼当事人的,仅审理其对原判决提出异议部分的合法性,并应根据审理情况作出撤销原判决相关判项或者驳回再审请求的判决。撤销原判决相关判项的,应当告知案外人以及原审当事人可以提起新的诉讼解决相关争议。

必须共同进行诉讼的当事人以不能归责于本人或者其诉讼代理人的事由未参加诉讼向人民法院申请再审并被裁定再审,按照第一审程序再审时,应当追加其为当事人,作出新的判决、裁定;按照第二审程序再审,经调解不能达成协议的,应当撤销原判决、裁定,发回重审,重审时应追加其为当事人。

(二)裁定中止原判决的执行

不论是何种方式启动的再审,凡进入再审的案件,需要中止执行的,应当在再审裁定中同时写明中止原判决、裁定、调解书的执行;情况紧急的,可以将中止执行裁定口头通知负责执行的人民法院,并在通知后10日内发出裁定书。之所以中止即可,是因为再审的案件,有可能在审结后撤销或者变更原裁判、调解书的内容,继续履行或强制执行可能给当事人的合法权益造成更大的损害。但也有可能审结后维持原裁判、调解书,因此只需中止执行原裁判、调解书即可,无需撤销原裁判、调解书。

对于赡养费、扶养费、抚育费、抚恤金、医疗费用、劳动报酬等案件,由于事关当事人的生活或医疗,若中止执行可能会影响当事人的生存,且这类案件权利义务关系相对明确,给付流向较为清晰,法院可以依职权决定不中止执行。即使原裁判有错误,以后通过执行回转加以解决。

(三)驳回当事人再审申请的裁定自动失效

人民法院对于当事人提出的申请再审,经审查后认为不符合民事诉讼法规定的,可以裁定驳回。此裁定一经作出立即生效,当事人不能上诉,只能向人民检察院申请抗诉或检察建议。若基于抗诉或者再审检察建议启动了再审程序,人民法院在审理再审案件时,是否需要先撤销先前作出的驳回当事人再审申请裁定呢?虽然我国《民诉法解释》第420条仅是说再审不受该裁定的影响。实际上,再审裁定作出后,以前作出的驳回当事人再审申请的裁定均自动失效。因为对同一事项后程序作出的裁定效力自然覆盖前裁定,无需撤销。

(四)另行组成合议庭和通知相关人员

按照审判监督程序再审的案件,应当根据我国《民诉法》第40条的规定,另行组成合议庭进行审理。原来是一审的,按照一审程序组成;原来是第二审的,按第二审程序组成。无论是一审还是二审,原合议庭成员或者独任审判员均不得参加新组成的合议庭。

人民法院开庭审理抗诉案件,应当在开庭3日前通知人民检察院、当事人和其他诉讼参与人。同级人民检察院或者提出抗诉的人民检察院应当派员出庭。

(五) 适用程序

再审不是一个独立的审级,对一个具体案件的再审,应视不同情况分别适用第一审程序或第二审程序。对实行两审终审的案件,再审应适用的程序具体可以分为两种情况:(1)由原审法院或与原审法院平级的法院审理。原审法院为一审的,应当适用一审程序审理再审。作出的判决或裁定,当事人不服的,可以上诉。原审法院是二审的,应当适用二审程序审理,作出的判决是终审判决,当事人不能上诉。(2)由最高人民法院或原审法院的上一级法院再审的,适用二审程序审理。

对小额诉讼案件,当事人以我国《民诉法》第200条规定的再审事由申请再审,申请再审事由成立的,应当裁定再审。再审时应组成合议庭进行审理。作出的再审判决、裁定,当事人不得上诉。当事人以不应按小额诉讼案件审理为由向原审人民法院申请再审,事由成立的,应当裁定再审,组成合议庭按一审普通程序审理。作出的再审判决、裁定,当事人可以上诉。

(六) 审理方式

人民法院审理再审案件应当开庭审理。对于按照第二审程序审理的再审案件,有特殊情况或者双方当事人已经通过其他方式充分表达意见,且书面同意不开庭审理的,可以不开庭审理。前者如人民法院、人民检察院发现生效裁判损害国家利益、社会公共利益依职权提起再审,双方当事人都不愿意出庭或者无法送达时,可以视为特殊情况,不开庭审理。后者如在再审审查阶段,人民法院已经对双方当事人进行了充分的询问,在没有新证据、新理由或者新情况出现时,双方当事人书面同意不开庭的,可以不开庭。

(七) 审理范围

根据处分权原则,在一审中,必须围绕当事人的诉讼请求进行审理。二审中,应当围绕当事人的上诉请求进行审理。当事人没有提出的上诉请求,不予审理,但对一审判决违反法律禁止性规定,或者损害国家利益、社会公共利益、他人合法权益的,二审法院可以依职权审理。再审中,也不例外。法院审理再审案件也应当围绕再审请求进行。当事人的再审请求超出原审诉讼请求的,不予审理。因为再审的目的不在于解决新的纠纷,而在于纠错。符合另案诉讼条件的,告知当事人可以另行起诉。人民法院经再审,发现已经发生法律效力的判决、裁定损害国家利益、社会公共利益、他人合法权益的,应当一并审理。不受当事人再审请求的限制。

被申请人及原审其他当事人在庭审辩论结束前提出的再审请求,没有超过再审申请期限的,人民法院应当一并审理。因为所有的当事人都享有申请再审的权利,再审案件在基于一方当事人的申请已经启动的情况下,并不意味另一方当事人就不能再申请再审。在同一再审程序中,一并处理各方当事人提出的再审请求,有利于节省司法资源和防止诉讼拖延。

要注意区分再审的审理范围和再审后发回重审的审理范围。法院按二审程序再审后裁定撤销原判决,发回重审的,当事人在重审中增加诉讼请求的,人民法院对新增加的诉讼请求可以合并审理。

（八）审理流程

人民法院开庭审理再审案件,应分别不同情形进行：

（1）因当事人申请再审的,先由再审申请人陈述再审请求及理由,后由被申请人答辩、其他原审当事人发表意见；

（2）因抗诉再审的,先由抗诉机关宣读抗诉书,再由申请抗诉的当事人陈述,后由被申请人答辩、其他原审当事人发表意见。人民检察院因履行法律监督职责向当事人或者案外人调查核实的情况,应当向法庭提交并予以说明,由双方当事人进行质证。

（3）人民法院依职权再审,有申诉人的,先由申诉人陈述再审请求及理由,后由被申诉人答辩、其他原审当事人发表意见；

（4）人民法院依职权再审,没有申诉人的,先由原审原告或者原审上诉人陈述,后由原审其他当事人发表意见。

对于前三种情形,人民法院应当要求当事人明确其再审请求。

▶ 二、再审中的调解

调解贯穿于争讼程序的始终,同样适用于再审。根据达成调解协议的当事人人数,可以分为两类：一类是所有的当事人在再审审理中到庭并达成调解协议的,人民法院应当制作调解书。调解书经各方当事人签收后,即具有法律效力,原判决、裁定视为被撤销。根据我国《民诉法解释》第148条的规定,当事人自行和解或者调解达成协议后,请求人民法院按照和解协议或者调解协议的内容制作判决书的,人民法院不予准许。当事人也不得请求法院根据调解协议制作判决书。

另一类是部分当事人到庭并达成调解协议的,对此,我国《民诉法解释》第412条规定,部分当事人到庭并达成调解协议的,其他当事人未作出书面表示的,人民法院应当在判决中对该事实作出表述；调解协议内容不违反法律规定,且不损害其他当事人合法权益的,可以在判决主文中予以确认,即"部分调解,全案判决"。如果是按一审程序审理的话,由于判决是可以上诉的,对判决中所确认的调解协议内容当然也可以上诉。

人民法院发现原一、二审判决遗漏了应当参加的当事人的,可以根据当事人自愿的原则予以调解,调解不成的,裁定撤销一、二审判决,发回一审人民法院重审。

三、撤回再审申请、撤回起诉和撤回抗诉

撤回再审申请包括两种情形：(1) 申请再审人在再审期间撤回再审申请的，是否准许由人民法院裁定。裁定准许的，应终结再审程序；(2) 申请再审人经传票传唤，无正当理由拒不到庭的，或者未经法庭许可中途退庭的，可以裁定按自动撤回再审申请处理。

一审原告在再审审理程序中申请撤回起诉，经其他当事人同意，且不损害国家利益、社会公共利益、他人合法权益的，人民法院可以准许。裁定准许撤诉的，应当一并撤销原判决。一审原告虽然享有处分权，可以申请撤回起诉，但纠纷已经处理完毕，一旦撤回起诉就会导致纠纷回到原初状态，且会导致其他当事人为解决纠纷而已经投入的人力物力化为乌有，因此必须附有条件，就是经其他当事人同意，且不得损害国家利益、社会公共利益、他人合法权益。为节约司法资源，一审原告在再审审理程序中撤回起诉后重复起诉的，人民法院不予受理。

检察院撤回抗诉包括两种情形：(1) 人民检察院主动撤回抗诉的；(2) 人民检察院抗诉再审的案件，申请抗诉的当事人经传票传唤，无正当理由拒不到庭的，或者未经法庭许可中途退庭的，且不损害国家利益、社会公共利益或第三人利益的。对于这两种情况，人民法院应当裁定终结再审程序。终结再审程序的，恢复原判决的执行。

四、再审终结

再审终结是指在再审审理期间，出现法定情形，导致再审无法继续进行或者没有必要继续进行，从而提前结束再审程序的制度。

有下列情形之一的，可以裁定终结再审程序：(1) 再审申请人在再审期间撤回再审请求，人民法院准许的；(2) 再审申请人经传票传唤，无正当理由拒不到庭的，或者未经法庭许可中途退庭，按撤回再审请求处理的；(3) 人民检察院撤回抗诉的；(4) 再审申请人死亡或者终止，无权利义务承继者或者权利义务承继者声明放弃再审申请的；(5) 在给付之诉中，负有给付义务的被申请人死亡或者终止，无可供执行的财产，也没有应当承担义务的人的；(6) 当事人达成和解协议且已履行完毕，但当事人在和解协议中声明不放弃申请再审权利的除外；(7) 他人未经授权以当事人名义申请再审的；(8) 因人民检察院提出抗诉裁定再审的案件，申请抗诉的当事人有前款规定的情形，且不损害国家利益、社会公共利益或者他人合法权益的，人民法院应当裁定终结再审程序。

再审程序终结后，人民法院裁定中止执行的原生效判决自动恢复执行。

五、再审案件的裁判

人民法院审理再审案件,要对原审所作的裁判文书在认定事实、适用法律以及审理中适用程序等进行全面审查,最后根据具体情况分别作出裁判。

(1)维持原判决、裁定。具体包括两种情形:第一,原判决、裁定认定事实清楚、适用法律正确的;第二,原判决、裁定认定事实、适用法律虽有瑕疵,但裁判结果正确的,应当在再审判决、裁定中纠正瑕疵后予以维持。

(2)改判、撤销或者变更原判决、裁定。原判决、裁定认定事实、适用法律错误,导致裁判结果错误的,应当依法改判、撤销或者变更。对于事实认定错误,只能改判、撤销或者变更原判决,不得发回重审。

(3)撤销原判决、裁定,发回重审。具体包括以下情形:第一,人民法院按照第二审程序审理再审案件,发现原判决认定事实不清且无法查清,只有原人民法院能查清事实的;第二,原审程序遗漏必须参加诉讼的当事人且无法达成调解协议的;第三,其他违反法定程序不宜在再审程序中直接作出实体处理的。

(4)撤销原判决、裁定,驳回起诉。再审如发现不符合民事诉讼法规定的受理条件,直接裁定撤销一、二审判决,驳回起诉。

(5)驳回再审申请。人民法院对调解书裁定再审后,按照下列情形分别处理:第一,当事人提出的调解违反自愿原则的事由不成立,且调解书的内容不违反法律强制性规定的,裁定驳回再审申请;第二,人民检察院抗诉或者再审检察建议所主张的损害国家利益、社会公共利益的理由不成立的,裁定终结再审程序,恢复原调解书的执行。

第五节 再审诉讼实务技巧

一、申请再审前的考量

在申请再审前,首先要审查的当然是生效的裁判是否满足申请再审的条件。在审查过程中,要注意以下几个问题:

第一是救济途径之选择。可以申请再审的主体除了当事人之外,还包括案外人。由于案外人相对于原审的当事人而言,其身份可能是第三人,也可能是必要共同诉讼人,还有可能是前述两种身份之外的人。不同的身份可以利用的救济途径不同,因此,案外人在启动再审之前,首先要判断自己相对于原审的当事人的身份是什么。不同的救济途径需要满足的条件各不相同,操作难易度也不相同,给自己带来的后果也可能不同,在同时满足多个救济途径时,需要慎重进行选择。具体而言,在我国,如果是必要共同诉讼人,案件已经进入执行程序,且其已经根据《民事诉讼法》第227条提出执行异议,异议一旦被裁定驳回则应根据该条及《民诉法解释》第423条的规定申请再审。除此之外只能根据《民事诉讼法》第200条第8项申请再审。如果是第三人,案件已经进入执行程序,且其已经根据《民事诉讼法》第227条提出执行异议,异议一旦被裁定驳回第三人就应根据该条及《民诉法解释》第423条的规定申请再审。如案件虽已进入执行程序,第三人尚未提出执行异议,此时还可以提出第三人撤销之诉,第三人应当在第三人撤销之诉与执行异议之间做出选择。如没有进入执行程序,第三人就只能选择第三人撤销之诉。如果是前述两种身份之外的人,就不能选择第三人撤销之诉,也不能选择《民事诉讼法》第200条第8项申请再审,只能等待案件进入执行,然后提出执行异议,一旦被驳回就根据《民事诉讼法》第227条及《民诉法解释》第423条的规定申请再审。

第二是再审事由之选择。一旦选定了申请再审,鉴于再审的目的在于推翻已经发生法律效力的裁判,推翻的把握有多大也是启动再审前必须考虑的问题。该问题又取决于两个因素:一是有无启动再审的理由和支持该理由的相关证据;二是能否正确推进再审程序。在我国,就这两个因素而言,第一个因素更为重要。《民诉法解释》第386条明确规定,人民法院受理申请再审案件后,应当依照《民事诉讼法》第200条、第201条、第204条规定,对当事人主张的再审事由进行审查。由于法院对再审案件的审查范围是再审事由,这就意味着再审申请人必须找到再审事由,且只能以法定的再审事由申请再审。

▶ 二、申请再审需提交的材料

根据我国《民诉法》第203条、《民诉法解释》第377条、最高人民法院《关于受理审查民事申请再审案件的若干意见》第3条的规定,申请再审需提交以下材料:(1)再审申请书。(2)按照被申请人及原审其他当事人人数提交再审申请书副本。(3)申请再审人是自然人的,应提交身份证明复印件;申请再审人是法人或其他组织的,应提交营业执照复印件、法定代表人或主要负责人身份证明书。委托他人代为申请的,应提交授权委托书和代理人身份证明。(4)申请再审的生效裁判文书原件,或者经核对无误的复印件;生效裁判系二审、再审裁判的,应同时提交一审、二审裁判文书原件,或者经核对无误的复印件。(5)在原审诉讼过程中提交的主要证据复印件。(6)支持申请再审事由和再审诉讼请求的证据材料;如以"有新的证据,足以推翻原判决、裁定"作为再审事由的,需向人民法院提交这些新的证据。(7)材料清单一式两份,同时附可编辑的(包括一、二审生效裁判文书以及申请再审材料)电子文档。以上材料一律用A4纸打印。

关于上述身份证明材料,应携带原件,以备核对。当事人因各种原因无身份证的,如尚未办理身份证、身份证丢失的,可提交户口所在地公安机关出具的户籍证明等材料。无民事行为能力人或限制民事行为能力人,由其监护人代为申请再审的,需要提交户籍等身份证明。

关于原生效裁判文书,如提交复印件,需确保清晰,不得缺页,法院公章清晰可辨。原审经历过重审、再审等程序的,申请再审人应提交历次审判书原件或经过核对无误后的复印件,以便法院查明事实。申请再审距法院作出判决时间超过2年的,申请再审人应提交送达回证复印件或者其他可以证明未超过时效的材料,加盖作出该生效裁判法院公章,以证明未超过时效。

▶ 三、再审申请书

再审申请书主要由当事人基本情况、申请再审针对的生效裁判文书、具体的再审请求、申请再审的事由及具体的事实和理由四个部分组成。各部分在写作时应注意以下问题:

(1) 各方当事人。再审申请书应当将各方当事人的情况按照其在一、二审中的地位逐一列明,不应遗漏。如申请再审人(一审原告、二审被上诉人):×××;被申请人(一审被告、二审上诉人):×××。申请再审人只能是在原审中受有不利益的当事人或案外人。质言之,在生效裁判中获得全面胜诉的当事人无申请再审的利益,不能作为申请再审人。被申请人的确定以申请人的主张为根据,一般为在原审中全部胜诉或部分胜诉的当事人。如果以应当参加诉讼的当事人,因不能归责于本人或者诉讼代理人的事由,未参加诉讼为由申请再审的,该当事人不应作为被申请人。没有作为申请再审人与被申请人的原审其他当事人,如一审第三人,按照其在一、二审中的地位一并列明,一、二审地位未发生变化的,按照一审地位列明。

(2) 申请再审针对的生效裁判文书。不服的生效裁判文书通过表明裁判法院的名称、判决、裁定、调解书的案号来确定。一般表述如下:不服××市高级人民法院(××××)高民终字第×××号民事判决,特申请再审。

(3) 再审请求。该部分通常包括三个请求。第一是表明如何处理原审裁判。如果是对原审判决全部不服,则申请撤销全部判决;如果是对部分判决不服,则表明撤销原判决中的哪些判项。如"请求撤销海口市中级人民法院(2008)海中法民一终字第1195号民事判决"。第二是表明本案应如何处理。如请求支持申请再审人的诉讼请求或上诉请求,或者驳回再审被申请人的诉讼请求或上诉请求。如果是请求部分支持或部分驳回,则需要标明具体的部分。如"改判驳回被申请人关于残疾赔偿金、被扶养人生活费、精神损害抚慰金、工资及其经济赔偿金的诉讼请求"。第三部分是关于再审以及原审诉讼费用由再审被申请人承担的请求。如"判令被申请人承担本案原一、二审及再审的诉讼费"。该请求也可以省略不提。

(4) 申请再审理由。这是再审申请书的主体,通常分两步完成。第一是要根据法律规定的再审事由找出原审裁判文书存在的问题,逐一列明。第二是基于列出的再审事由,结合案件事实、证据和适用的法律进行分析论证。措辞应当法言法语、简洁明了,避免口语化。不要出现对被申请人、原审法官进行人身攻击的言辞。

(5) 再审申请书的份数,按照"被申请人的人数+1"的标准向法院提交。

【经典司考题】

1. 甲公司诉乙公司侵权一案,在市中级人民法院作出二审判决之后,甲公司新发现一重要证据,遂向省高级人民法院申请再审。省高级人民法院受理后,甲公司与乙公司达成了调解协议。在此情况下,下列哪些说法是错误的?(2003-3-68)

A. 由省高级人民法院作出撤销原判决的裁定

B. 由省高级人民法院制作调解书并注明撤销原判决

C. 在当事人达成调解协议的同时,该判决自动撤销

D. 制作调解书送达当事人双方后,该判决视为撤销

考点:再审程序中调解的适用

2. 某省甲市检察院根据某当事人的申诉,发现甲市中级法院作出的二审判决适用法律确有错误。在此情况下,甲市检察院应如何处理?(2005-3-41)

A. 只能告知当事人向法院申请再审　　B. 向甲市中级法院提出抗诉

C. 向一审法院提出抗诉　　D. 提请上一级检察院提出抗诉

考点:检察院对二审判决的抗诉

3. 赵某与黄某因某项财产所有权发生争议,赵某向法院提起诉讼,经一、二审法院审理后,判决该项财产属赵某所有。此后,陈某得知此事,向二审法院反映其是该财产的共同所有人,并提供了相关证据。二审法院经审查,决定对此案进行再审。关于此案的说法,下列哪一选项是正确的?(2008-3-35)

A. 陈某不是本案一、二审当事人,不能参加再审程序

B. 二审法院可以直接通知陈某参加再审程序,并根据自愿原则进行调解,调解不成的,告知陈某另行起诉

C. 二审法院可以直接通知陈某参加再审程序,并根据自愿原则进行调解,调解不成的,裁定撤销一、二审判决,发回原审法院重审

D. 二审法院只能裁定撤销一、二审判决,发回原审法院重审

考点:再审发现一、二审法院遗漏当事人的处理

4. 根据民事诉讼法的规定,第二审程序与审判监督程序具有下列哪些区别?(2006-3-89)

A. 第二审程序与审判监督程序合议庭的组成形式不尽相同

B. 适用第二审程序以开庭审理为原则,而适用审判监督程序以书面审理为原则

C. 第二审程序中法院可以以调解方式结案,而适用审判监督程序不适用调解

D. 适用第二审程序作出的裁判是终审裁判,适用审判监督程序作出的裁判却未必是终审裁判

考点:二审程序与再审程序的比较

5. 甲公司诉乙公司合同纠纷案,南山市S县法院进行了审理并作出驳回甲公司诉讼请求的判决,甲公司未提出上诉。判决生效后,甲公司因收集到新的证据申请再审。下列哪些选项是正确的?(2009-3-87)

A. 甲公司应当向S县法院申请再审
B. 甲公司应当向南山市中级法院申请再审
C. 法院应当适用一审程序再审本案
D. 法院应当适用二审程序再审本案

考点:当事人申请再审的案件应适用的审理程序

6. 林某诉张某房屋纠纷案,经某中级法院一审判决后,林某没有上诉,而是于收到判决书20日后,向省高级法院申请再审。其间,张某向中级法院申请执行判决。省高级法院经审查,认为一审判决确有错误,遂指令作出判决的中级法院再审。下列哪些说法是正确的?(2009-3-88)

A. 高级法院指令再审的同时,应作出撤销原判决的裁定
B. 中级法院再审时应作出撤销原判决的裁定
C. 中级法院应裁定中止原裁判的执行
D. 中级法院应适用一审程序再审该案

考点:再审程序启动后的处理及应适用的程序

7. 李某向A公司追索劳动报酬。诉讼中,李某向法院申请先予执行部分劳动报酬,法院经查驳回李某申请。李某不服,申请复议。法院审查后再次驳回李某申请。李某对复议结果仍不服,遂向上一级法院申请再审。关于上一级法院对该再审申请的处理,下列哪一选项是正确的?(2010-3-42)

A. 裁定再审　　B. 决定再审　　C. 裁定不予受理　D. 裁定驳回申请

考点:再审的对象

8. 张某诉季某人身损害赔偿一案判决生效后,张某以法院剥夺其辩论权为由申请再审,在法院审查张某再审申请期间,检察院对该案提出抗诉。关于法院的处理方式,下列哪一选项是正确的?(2010-3-47)

A. 法院继续对当事人的再审申请进行审查,并裁定是否再审
B. 法院应当审查检察院的抗诉是否成立,并裁定是否再审
C. 法院应当审查检察院的抗诉是否成立,如不成立,再继续审查当事人的再审申请
D. 法院直接裁定再审

考点：检察院再审抗诉的效果

9. 关于检察监督,下列哪一选项是正确的?(2013-3-49题)

  A. 甲县检察院认为乙县法院的生效判决适用法律错误,对其提出检察建议

  B. 丙市检察院就合同纠纷向仲裁委员会提出检察建议,要求重新仲裁

  C. 丁县检察院认为丁县法院某法官在制作除权判决时收受贿赂,向该法院提出检察建议

  D. 戊县检察院认为戊县法院认定某公民为无民事行为能力人的判决存在程序错误,报请上级检察院提起抗诉

考点：检察监督

10. 三合公司诉两江公司合同纠纷一案,经法院审理后判决两江公司败诉。此后,两江公司与海大公司合并成立了大江公司。在对两江公司财务进行审核时,发现了一份对前述案件事实认定极为重要的证据。关于该案的再审,下列哪一说法是正确的?(2011-3-45)

  A. 应当由两江公司申请再审并参加诉讼

  B. 应当由海大公司申请再审并参加诉讼

  C. 应当由大江公司申请再审并参加诉讼

  D. 应当由两江公司申请再审,但必须由大江公司参加诉讼

考点：再审中的诉讼承担

11. 周某因合同纠纷起诉,甲省乙市的两级法院均驳回其诉讼请求。周某申请再审,但被驳回。周某又向检察院申请抗诉,检察院以原审主要证据系伪造为由提出抗诉,法院裁定再审。关于启动再审的表述,下列哪些说法是不正确的?(2013-3-81)

  A. 周某只应向甲省高级法院申请再审

  B. 检察院抗诉后,应当由接受抗诉的法院审查后,作出是否再审的裁定

  C. 法院应当在裁定再审的同时,裁定撤销原判

  D. 法院应当在裁定再审的同时,裁定中止执行

考点：再审的申请与审理

12. 韩某起诉翔鹭公司要求其依约交付电脑,并支付迟延履行违约金5万元。经县市两级法院审理,韩某均胜诉。后翔鹭公司以原审适用法律错误为由申请再审,省高级法院裁定再审后,韩某变更诉讼请求为解除合同,支付迟延履行违约金10万元。再审法院最终维持原判。关于再审程序的表述,下列哪些选项是正确的?(2013-3-82)

  A. 省高级法院可以亲自提审,提审应当适用二审程序

  B. 省高级法院可以指令原审法院再审,原审法院再审时应当适用一审程序

  C. 再审法院对韩某变更后的请求应当不予审查

D. 对于维持原判的再审裁判,韩某认为有错误的,可以向检察院申请抗诉

考点:再审的审理

13. 高某诉张某合同纠纷案,终审高某败诉。高某向检察院反映,其在一审中提交了偷录双方谈判过程的录音带,其中有张某承认货物存在严重质量问题的陈述,足以推翻原判,但法院从未组织质证。对此,检察院提起抗诉。关于再审程序中证据的表述,下列哪些选项是正确的?(2013-3-85)

A. 再审质证应当由高某、张某和检察院共同进行

B. 该录音带属于电子数据,高某应当提交证据原件进行质证

C. 虽然该录音带系高某偷录,但仍可作为质证对象

D. 如再审法院认定该录音带涉及商业秘密,应当依职权决定不公开质证

考点:再审中的证据

14. 万某起诉吴某人身损害赔偿一案,经过两级法院审理,均判决支持万某的诉讼请求,吴某不服,申请再审。再审中万某未出席开庭审理,也未向法院说明理由。对此,法院的下列哪一做法是正确的?(2014-3-50)

A. 裁定撤诉,视为撤回起诉 B. 裁定撤诉,视为撤回再审申请

C. 裁定诉讼中止 D. 缺席判决

考点:再审的裁判

15. 就瑞成公司与建华公司的合同纠纷,某省甲市中院作出了终审裁判。建华公司不服,打算启动再审程序。后其向甲市检察院申请检察建议,甲市检察院经过审查,作出驳回申请的决定。关于检察监督,下列哪些表述是正确的?(2014-3-80)

A. 建华公司可在向该省高级法院申请再审的同时,申请检察建议

B. 在甲市检察院驳回检察建议申请后,建华公司可向该省检察院申请抗诉

C. 甲市检察院在审查检察建议申请过程中,可向建华公司调查核实案情

D. 甲市检察院在审查检察建议申请过程中,可向瑞成公司调查核实案情

考点:检察监督

第二十二章　第三人撤销之诉

要点提示

- 第三人撤销之诉的适用范围
- 第三人撤销之诉的条件
- 第三人撤销之诉与申请再审的关系

第一节　第三人撤销之诉概述

▶ 一、第三人撤销之诉的概念和性质

第三人撤销之诉，是指与案件具有法律上利害关系的第三人，因不能归责于己的事由而未参加诉讼，而其民事权益因案件的处理结果受到损害时，向作出裁判的法院提起的请求撤销或改变原生效裁判的诉讼。

第三人撤销之诉是我国现行《民诉法》增设的诉讼制度，其目的是对被恶意诉讼侵害的案外第三人进行救济。在我国的司法实践中，当事人之间恶意串通，通过诉讼、调解等方式侵害案外第三人合法权益的情况逐年增多，当事人利用诉讼的合法形式和具有约束力的生效裁判损害第三人民事权益的情形愈演愈烈。比如，当事人在债权纠纷中恶意串通，转移资产，逃避债务，增大第三人（债权人）债权受偿风险；当事人通过虚假诉讼来获得法院对其财产所有权的确认判决，等等。尽管我国现行《民诉法》在执行程序中规定了案外人执行异议制度，并于2007年进行修正时进一步增设了执行异议之诉，在执行结果侵害案外第三人的权益时，案外第三人可以通过执行异议程序寻求救济。但是，案件未必都能进入执行程序，且案外人的请求未必都是对执行标的主张权利，该制度作为一种执行救济措施受到诸多限制，难以对案外第三人的权益进行周到的保护。"对恶意诉讼，除了应当适用妨害民事诉讼的强制措施给予拘留、罚款或者依法追究刑事责任外，还应当在民事诉讼法中增加对案外被侵害人的救济渠道"。[①] 鉴于此，2012年修订的《民诉法》在借鉴法国和我国台湾地区的第三人撤销诉讼制度的基础上，规定了第三人撤销之诉。第三人撤销之诉作为诉讼第三人制度的一个组成部分，与第三人参加诉讼制度、案外第三人执行异议制度分别在不同的诉讼阶段发挥作用，相互衔接、相互补充，构成一个保护第三人权益的相对完善的制度体系。

与第三人参加诉讼的情形不同，第三人撤销之诉是对有正当理由未能参加诉讼的案外第三人的一种事后救济程序和纠错程序，其实质是通过赋予案外第三人在特定条件下启动诉讼程序的权利，使该案外第三人获得对抗生效裁判的机会。从诉的类型来看，第三人撤销之诉属于形成之诉，第三人起诉的目的是请求法院撤销或者改变已经生效的裁定、判决和调解书中不利于其民事权益的部分，故而属于诉讼法上的形成之诉。

---

① 参见全国人大常委会法制工作委员会民法室编：《民事诉讼法立法背景与观点全集》，法律出版社2012年版，第10—11页。

二、第三人撤销之诉的适用范围

第三人撤销之诉是一种特殊的诉讼救济程序,并非所有的民事案件都可以适用。关于第三人撤销之诉的适用范围,我国《民诉法解释》第 297 条作了排除性规定。根据该规定,以下四类案件不适用第三人撤销之诉:

(1) 非讼案件,即适用特别程序、督促程序、公示催告程序、破产程序等非讼程序处理的案件。适用非讼程序审理的案件,其救济方式和途径均有特别规定,不同于一般的诉讼案件,既不适用审判监督程序,也不适用第三人撤销之诉。比如,适用特别程序作出的判决、裁定,当事人、利害关系人认为有错误的,可以向法院提出异议。

(2) 婚姻无效、撤销或者解除婚姻关系等判决、裁定、调解书中涉及身份关系的内容。由于婚姻关系被解除或者无效后,当事人即可以另行结婚,如果允许提起第三人撤销之诉,不利于社会关系的稳定。因此,对于确认婚姻无效、撤销婚姻和解除婚姻关系的判决、调解书中涉及身份关系的部分,第三人不得提起撤销之诉。

(3) 对代表人诉讼案件的生效裁判,未参加登记的权利人不能提起第三人撤销之诉。根据《民诉法》第 54 条的规定,对于人数不确定的代表人诉讼,人民法院所作的判决、裁定的效力亦可扩张及于未参加登记的权利人。未参加登记的权利人在诉讼时效期间提起诉讼的,适用该判决、裁定。如果未参加登记的权利人认为该裁判有错误,可以通过提起上诉或者申请再审予以救济,并不适用第三人撤销之诉。

(4) 对公益诉讼案件的生效裁判,同一侵权行为的受害人不能提起第三人撤销之诉。公益诉讼和私益诉讼的立法目的和起诉条件均不相同,人民法院受理公益诉讼,并不影响同一侵权行为的受害人提起诉讼。公益诉讼的生效裁判对因损害社会公共利益而遭受损害的人并无拘束力,因此并无提起第三人撤销之诉的必要。

第二节 第三人撤销之诉的条件

作为一种针对生效裁判的特殊诉讼程序,第三人撤销之诉不同于普通的民事诉讼,案外人提起第三人撤销之诉受到严格的限制。根据我国《民诉法》第 56 条和《民诉法解释》第 292 条的规定,第三人撤销之诉的起诉条件包括主体要件、实质要件、程序要件等。

一、主体要件

第三人撤销之诉的原告,须为诉讼第三人,即提起撤销之诉的既可能是有独立请求权的第三人,也有可能是无独立请求权的第三人。不过,从两种诉讼第三人的构造来看,能提起撤销之诉的第三人主要是有独立请求权第三人。原因在于,无独立请求权第三人既可以主动参加诉讼,也可以因当事人的申请或法院的通知而被动参加诉讼,法院如果未将第三人追加进入诉讼,不可能判决其承担民事责任。由于无独立请求权第三人参加诉讼的根据通常是因为实体法律关系上的牵连性,其与本诉讼并无直接利害关系,在其未参加诉讼时,原诉讼判决并不会直接对其产生拘束力,通常并无撤销原诉讼判决的必要。

第三人撤销之诉的被告,是原生效裁判的当事人。由于第三人起诉的目的是撤销原诉讼的生效裁判,因而通常应该以原诉讼的原告和被告为共同被告。原诉讼中有第三人参加诉讼的,一并列为被告,但在生效判决、裁定、调解书中没有承担责任的无独立请求权的第三人,可以列为第三人。

二、实质要件

第三人提起撤销诉讼,须具备以下四个实质要件,这四个实质要件,也是判断第三人撤销之诉的原告是否适格的条件。

(1) 第三人因不可归责于己的事由未参加诉讼,即第三人有正当理由而未能参加诉讼,其对未能参加原审诉讼无过失。这一要件具体包含两个方面的要求:其一,第三人客观上未参加诉讼,即他自始至终都是"案外人"而非原诉讼中的诉讼主体,因而没有被列为生效判决、裁定、调解书当事人。其二,第三人主观上没有过错或没有明显过错,即未参加诉讼并非由于第三人过错所致,第三人在主观上不具有可归责性。如果第三人因自己的故意或过失而未参加诉讼,须自行承担由此产生的不利后果,不能提起撤销之诉。根据《民诉法解释》第295条,下列情形属于不能归责于第三人的事由:不知道诉讼而未参加的;申请参加未获准许的;知道诉讼,但因客观原因无法参加的;因其他不能归责于本人的事由未参加诉讼的。

(2) 撤销的对象是原诉讼的生效裁判,包括判决、裁定和调解书。第三人撤销之诉是一种事后救济程序,所针对的须是已经生效的判决、裁定和调解书。对于正在审理的案件,或者尚未生效的判决、裁定、调解书,不得提起第三人撤销之诉。原诉讼的生效裁判既包括一审生效裁判,也包括二审生效裁判,自不待言。有疑问的是,是否包括再审生效裁判呢?民诉法对此并无规定。根据最高人民法院的权威意见,再审判决、裁定和调解书,只要符合第三人撤销之诉的条件,第三人也可以提起撤销之诉。①

(3) 原诉讼生效裁判的内容存在错误。第三人提起撤销之诉,须有证据证明

---

① 参见沈德咏主编:《最高人民法院民事诉讼法司法解释理解与适用》(下),人民法院出版社2015年版,第779页。

生效的判决、裁定、调解书的全部或者部分内容错误。关于生效裁判的内容错误，《民诉法解释》第296条进行了限缩性解释，即是指判决、裁定的主文，调解书中处理当事人民事权利义务的结果。判决的主文，是指判决书中判决结果和诉讼费用负担部分；裁定的主文，是指裁定结果部分。① 也即是说，生效裁判的内容错误仅限于实体处理内容，是指已生效的判决、裁定、调解书中的裁决事项有错误，不包括事实认定、理由以及程序内容。

（4）第三人的民事权益因生效裁判的错误而受到损害。这一要件实际上是指第三人与原诉讼具有法律上的利害关系，由此导致原诉讼生效裁判的错误会损及第三人的民事权益。这种利害关系，根据《民诉法》第56条的规定，具体表现为对原诉讼的诉讼标的具有独立的请求权，或者与案件的处理结果具有法律上的利害关系。

三、程序要件

（1）第三人撤销之诉的起诉时间。第三人提起撤销之诉的期间为6个月，自第三人知道或者应当知道其民事权益因生效裁判而受到损害之日起算。该期间为不变期间，不能中止、中断或延长。

（2）第三人撤销之诉的管辖。由于第三人撤销之诉与原诉讼之间的牵连关系，第三人撤销之诉专属于作出该判决、裁定、调解书的人民法院管辖，而不适用地域管辖、级别管辖的规定。作出该判决、裁定、调解书的法院，既可能是一审法院，也可能是二审法院。

【理论探讨】

遗漏的必要共同诉讼人能否提起第三人撤销之诉？

按照我国现行规定，第三人撤销之诉的原告范围十分狭窄，仅限于诉讼第三人的范畴。那么，未参加诉讼的必要共同诉讼人是否具有提起第三人撤销之诉的资格呢？我国学界和实务界对此观点不一，存在分歧。立法机关的解释将"原审遗漏了必要的共同诉讼人，损害了其利益"作为适用第三人撤销之诉的情形之一②，学界也有观点认为应将必要共同诉讼人列入第三人撤销之诉的主体范围。③ 但也有

---

① 参见《民诉法解释》第152条第1款第3项、第154条第3款。
② 参见全国人大常委会法制工作委员会民法室编：《民事诉讼法立法背景与观点全集》，法律出版社2012年版，第65页。
③ 参见刘君博：《第三人撤销之诉原告适格问题研究——现行规范真的无法适用吗？》，载《中外法学》2014年第1期。

学者持不同见解，认为救济原审被遗漏的必要共同诉讼人的恰当方式是当事人申请再审，而不是第三人撤销之诉。① 从司法实务的一贯态度来看，并未将必要共同诉讼人视为"案外人"，而是作为被遗漏的当事人。最高人民法院2008年的《审判监督程序解释》第42条第1款明确规定："因案外人申请人民法院裁定再审的，人民法院经审理认为案外人应为必要的共同诉讼当事人，在按第一审程序再审时，应追加其为当事人，作出新的判决；在按第二审程序再审时，经调解不能达成协议的，应撤销原判，发回重审，重审时应追加案外人为当事人。"2015年的《民诉法解释》仍采相同立场，认为必要共同诉讼人不能提起第三人撤销之诉，而是应该通过申请再审的方式进行救济。

具体而言，对遗漏的必要共同诉讼人的救济，《民诉法解释》规定了两种申请再审程序：(1) 根据《民诉法》第200条第8项的规定申请再审。实务中之所以否定共同诉讼人提起第三人撤销之诉的主体资格，其原因主要是认为必要共同诉讼性质上是一种不可分之诉，共同诉讼人无独立诉讼实施权，必须一同参与诉讼。民诉法因而设置了必要共同诉讼人的追加制度，对必须共同进行诉讼的当事人没有参加诉讼的，法院应当通知其参加。从"被遗漏"的必要共同诉讼人的称谓上，即表明其本应该作为当事人参加诉讼，只是因法院疏漏而未被追加，故而符合《民诉法》第200条第8项所规定的"……应当参加诉讼的当事人，因不能归责于本人或者其诉讼代理人的事由，未参加诉讼的"情形，可以作为当事人申请再审。(2) 根据《民诉法》第227条的规定申请再审。如果遗漏的必要共同诉讼人在执行程序中提出了执行异议，在法院驳回其执行异议后，则可以根据《民诉法》第227条申请异议。于此情形，虽然是作为案外人申请再审，但在审理程序上适用必要共同诉讼人作为当事人申请再审的审理程序。

第三节　第三人撤销之诉的审理和裁判

▶ 一、起诉和受理

1. 起诉

第三人提起撤销之诉，应当提交起诉状，并提交相应的证据材料。根据我国《民诉法解释》，第三人起诉时应当提供下列证据材料：(1) 因不能归责于本人的事由未参加诉讼；(2) 发生法律效力的判决、裁定、调解书的全部或者部分内容错误；(3) 发生法律效力的判决、裁定、调解书内容错误损害其民事权益。

---

① 参见吴泽勇：《第三人撤销之诉的原告适格》，载《法学研究》2014年第3期。

2. 审查和受理

第三人撤销之诉不同于普通的诉讼。这种诉讼在制度功能和构成上与再审相似，针对的是已经生效的裁判，对既判力形成挑战。为维护裁判的安定性和权威性，法律上对第三人撤销之诉的适用设定了严格的标准和条件，因而法院对这种案件在立案时的受理也需严格把关。

首先，第三人撤销之诉不适用立案登记制，人民法院须对起诉进行审查。根据我国《民诉法解释》第 293 条，人民法院收到第三人的起诉状和证据材料后，不能当即登记立案，而应当在 5 日内送交对方当事人，对方当事人可以自收到起诉状之日起 10 日内提出书面意见，以便于全面了解和审查起诉是否符合第三人撤销之诉的条件。

其次，人民法院应进行实质审查。法院不仅要审查第三人提交的起诉状和证据材料，还应当审查对方当事人的书面意见以及证据材料。必要时，还可以对一方或者双方当事人进行询问。

最后，第三人撤销之诉的立案期限比较长，为 30 日。法院经审查后，对符合起诉条件的，应当在收到起诉状之日起 30 日内立案；对不符合起诉条件的，应当在 30 日内裁定不予受理。

▶ 二、审理

在我国，关于第三人撤销之诉的审理程序，《民诉法》未作具体规定。根据《民诉法解释》第 294 条、第 299 条的规定，第三人撤销之诉的审理主要涉及以下两个方面的问题：

（1）审理程序。第三人撤销之诉涉及生效裁判的判定，对各方当事人的民事权益影响重大，因而对第三人撤销之诉应该适用普通程序进行审理，不能适用简易程序。并且，应当组成合议庭进行开庭审理，不能进行书面审理，也不能不经开庭径行裁判。关于合议庭的组成，涉及两个问题：第一，人民陪审员是否可以参加审理。关于这个问题，我们认为，虽然第三人撤销之诉适用的是一审普通程序，但鉴于第三人撤销之诉具有纠错程序的功能，涉及生效裁判的内容是否存在错误、是否应予撤销的认定问题，故此，不适宜人民陪审员参加审理。第二，原审的审判人员是否可以参加审理。我国《民诉法》和司法解释对此并无明确规定，根据最高人民法院的权威意见，可以允许原审审判人员参加合议庭审理。其理由如下：一是《民诉法解释》第 294 条没有要求另行组成合议庭，因而并未排除原审审判人员参加审理；二是第三人撤销之诉是基于第三人提出的新事实、新理由进行的诉讼，与再审对原审审理内容进行再次审理并予以纠正不同。原审审判人员参加合议庭审理，有利于更好地查明案件的全部事实,更准确和高效地作出裁判。①

(2) 是否中止执行原生效裁判。人民法院受理第三人撤销之诉后,原生效裁判是否中止执行? 这一问题涉及执行效率以及原诉当事人实体权利和第三人实体权利保护的利益冲突与衡量。从保护原诉当事人权益的角度来看,不应当中止执行,以避免影响执行效率,并给申请执行人的利益造成损害;但从维护案外人第三人权益的角度出发,则应当中止执行,以避免因原裁判被撤销而发生执行回转。根据《民诉法解释》第 299 条的规定,在第三人撤销之诉的审理期间,原则上不中止原生效裁判的执行,但同时赋予法院一定的自由裁量权。如果第三人提供相应担保,请求中止执行的,人民法院可以准许,并在第三人请求的范围内,裁定中止执行原生效裁判、调解书。

第三人提起撤销之诉后,如果没有中止原生效判决、裁定、调解书的执行,第三人有权依照第 227 条规定提出执行异议,执行法院对第三人的异议应予审查。

▶ 三、裁判

对第三人撤销之诉,人民法院经审理,第三人的诉讼请求不成立的,判决驳回其诉讼请求;第三人诉讼请求成立的,应当改变或者撤销原判决、裁定、调解书内容的错误部分。具体而言,若第三人提出的诉讼请求只涉及原生效裁判的部分内容,则只对该裁判涉及第三人的不利益部分予以撤销或改判,未改变或者未撤销的部分对原诉讼当事人仍然具有拘束力;若第三人提出的诉讼请求涉及原生效裁判的全部内容,则对原裁判予以撤销或改判,重新确定诉讼当事人之间的民事实体法律关系。

根据我国《民诉法解释》第 300 条,对第三人撤销之诉裁判,根据当事人的请求,分为以下三种情形处理:

(1) 判决改变原判决、裁定、调解书内容的错误部分。如果第三人在提出撤销原生效裁判请求的同时,还提出了独立的实体权益主张,法院经审理认定上诉两项请求均成立,应当予以支持的,则可以作出改变判决,撤销原生效判决、裁定、调解书的错误内容,并作出新的判决。具体而言,判决改变原生效裁判,有两个方面的要求:其一,第三人的请求成立,是指第三人所提出的撤销或者改变原生效判决、裁定、调解书的请求成立。也即法院经审理,确认原生效裁判内容确有错误并损害了第三人的合法权益。其二,第三人的民事权利主张全部或者部分成立,即第三人撤销之诉中用以否定原生效判决、裁定、调解书内容的独立的民事权利主张符合法律规定,应当予以支持。

---

① 参见沈德咏主编:《最高人民法院民事诉讼法司法解释理解与适用》(下),人民法院出版社 2015 年版,第 788—789 页。

改变判决的适用,意味着允许第三人在第三人撤销之诉中提出独立的民事权利主张,法院可将第三人确认其民事权利的请求与撤销原生效裁判的请求合并审理。鉴于第三人撤销之诉属于形成之诉,同时为避免审理程序复杂、审级上移等问题,应以撤销判决为原则,对改变判决的适用应该予以严格限制。① 具体包括以下要求:须以第三人撤销原生效裁判的请求为前提;须第三人提出了独立的实体权益主张;第三人所主张的实体权益须与撤销请求有直接关系,也即与原诉讼标的有关,因而可以用以否定原生效裁判的内容;对二审生效裁判提起的第三人撤销之诉,原则上不适用改变判决,以避免审级上移和加重上级法院负担等弊端。

(2) 判决撤销原判决、裁定、调解书内容的错误部分。作出撤销判决以第三人的撤销请求成立为前提。具体包括两种情况:第一,第三人撤销原生效裁判的请求成立,但其没有提出独立的实体权利主张;第二,第三人提出了独立的实体权利主张,但经审理,其撤销原生效裁判的请求成立,而其提出的全部或部分独立实体权利主张不成立。在上述两种情况下,法院应当作出判决,只撤销原生效判决、裁定、调解书的错误内容,包括部分撤销和全部撤销。

(3) 判决驳回诉讼请求。经审理,第三人的请求不成立的,法院应判决驳回第三人的诉讼请求。对法院所作的判决不服的,当事人可以自判决书送达之日起 15 日内提起上诉。

第四节　第三人撤销之诉与申请再审的关系

一、第三人撤销之诉与当事人申请再审

由于在提起的主体、条件、程序等方面均有所不同,第三人撤销之诉和当事人申请再审两种程序依法可以分别启动。但是,这两种程序为纠错程序,功能上具有一致性,且针对的是同一生效裁判,如果第三人撤销之诉和再审程序同时并行,不仅会造成程序的重复和当事人的讼累,而且难以避免矛盾判决的出现。对这种情况的处理,我国《民诉法解释》第 301 条采取诉讼合并的形式来予以处理,其基本做法是再审程序吸收第三人撤销之诉。具体规则如下:

(1) 在第三人撤销之诉案件审理期间,人民法院对原生效判决、裁定、调解书裁定再审的,受理第三人撤销之诉的人民法院应当裁定将第三人的诉讼请求并入再审程序。如果第三人撤销之诉和再审案件分属不同法院审理的,审理第三人撤销之诉的法院应当将案件移送给审理再审案件的法院。

---

① 参见沈德咏主编:《最高人民法院民事诉讼法司法解释理解与适用》(下),人民法院出版社 2015 年版,第 803—805 页。

（2）再审程序吸收第三人撤销之诉的例外情形。如果有证据证明原诉讼存在诉讼诈害，即原审当事人之间恶意串通损害第三人合法权益，则不予合并。人民法院应当裁定中止再审诉讼，并先行审理第三人撤销之诉案件。

（3）第三人诉讼请求并入再审程序后，人民法院应当按照下列情形分别处理：第一，再审程序适用第一审程序审理的，人民法院应当对第三人的诉讼请求一并审理，所作的判决可以上诉；第二，再审程序适用第二审程序审理的，人民法院可以进行调解，调解不成的，应当裁定撤销原判决、裁定、调解书，发回一审法院重审，以保障第三人的审级利益。重审时应当列明第三人。

二、第三人撤销之诉与案外人申请再审

第三人撤销之诉与案外人申请再审的关系十分密切，二者都是在遏制恶意诉讼的现实背景下，为了保护受生效裁判侵害的案外第三人的合法权益而设立的，因而这两个制度的功能与目的本身具有重合性，都是在保证法的安定的基础上向案外第三人提供事后救济的特殊程序，都是对既判力重新进行检讨的方式。事实上，立法上确立第三人撤销之诉的一个重要理由，就是再审程序不能充分保护第三人的利益。[1] 但是，我国现行《民诉法》在确立第三人撤销之诉后，并未删除第227条有关案外人申请再审的规定，由此导致针对生效裁判，案外第三人存在两种救济途径。那么，这两种救济程序有何差异？当案外第三人同时可以作为第三人撤销之诉和案外人申请再审的适格主体时应如何处理？

1. 第三人撤销之诉与案外人申请再审的区别

根据我国《民诉法》和司法解释的规定，第三人撤销之诉与案外人申请再审的区别主要有以下几个方面：

（1）适格主体的范围不同。第三人撤销之诉的原告，须为诉讼第三人，包括有独立请求权的第三人和无独立请求权的第三人，并且第三人必须是原诉讼案件外的第三人。而案外人申请再审的主体，法律没有明确规定，根据案外人执行异议的条件来看，应为对执行标的物主张实体权利的案外人。

（2）程序启动的条件存有不同。第三人撤销之诉与案外人申请再审均以原生效裁判内容错误且损害案外第三人的民事权益为实质要件，但二者启动条件还存有差异。第三人撤销之诉的提起，以第三人"因不能归责于本人的事由未参加诉讼"为前提条件，即要求第三人未参加诉讼具有不可归责性；案外人申请再审无此要求。而案外人申请再审需以案外人提出执行异议为前置程序，只有在法院驳回其执行异议后才可以申请再审；而第三人撤销之诉无此前置程序要求。

---

[1] 参见全国人大常委会法制工作委员会民法室编：《〈中华人民共和国民事诉讼法〉解释与适用》，人民法院出版社2012年版，第82页。

(3) 期限的计算不同。第三人撤销之诉与案外人申请再审的提起期间均为6个月,但二者的起算点不同。提起第三人撤销之诉的期间自第三人知道或者应当知道其民事权益因生效裁判而受到损害之日起算,而案外人申请再审的期间自驳回执行异议的裁定送达之日起算。

(4) 审理程序不同。第三人撤销之诉适用第一审普通程序审理;而案外人申请再审案件的审理程序则适用再审程序的规定,且因案外人是否属于必要共同诉讼人而有所不同。

2. 第三人撤销之诉与案外人申请再审的适用

关于案外第三人同时符合提起第三人撤销之诉和申请再审的条件时,应如何进行适用?对此问题,我国《民诉法解释》第303条确立的规则是:按照启动程序的先后,当事人只能选择相应的救济程序。① 也即赋予案外第三人有限制的程序选择权,具体区分为两种情况:

(1) 如果案外人先启动第三人撤销之诉,则不能再申请再审。即使第三人在执行程序中又提出了执行异议,在不服驳回执行异议裁定时,也不能申请对原判决、裁定、调解书再审,而是继续进行第三人撤销之诉。

(2) 如果案外人先启动执行异议程序,则只能通过申请再审程序进行救济。即是说,案外人如果对人民法院驳回其执行异议的裁定不服,认为原判决、裁定、调解书内容错误损害其合法权益的,应当根据《民诉法》第227条规定申请再审,不能提起第三人撤销之诉。

【经典司考题】

关于第三人撤销之诉,下列哪一说法是正确的?(2014-3-41)

A. 法院受理第三人撤销之诉后,应中止原裁判的执行

B. 第三人撤销之诉是确认原审裁判错误的确认之诉

C. 第三人撤销之诉由原审法院的上一级法院管辖,但当事人一方人数众多或者双方当事人为公民的案件,应由原审法院管辖

D. 第三人撤销之诉的客体包括生效的民事判决、裁定和调解书

考点:第三人撤销之诉

---

① 参见沈德咏主编:《最高人民法院民事诉讼法司法解释理解与适用》(下),人民法院出版社2015年版,第1123页。

第七编　非讼程序

第二十三章　特别程序

要点提示

- 特别程序的特点
- 特别程序的适用范围
- 适用特别程序的六种案件的审理程序

第一节　特别程序概述

一、特别程序的含义

特别程序，是指与通常诉讼程序相对应的、人民法院审理某些非民事权益争议案件所适用的特殊审判程序。

特别程序是与通常诉讼程序（普通程序、简易程序）相对应一种特殊审判程序，其审理对象是非民事权益争议案件，而不是民事权益争议案件。世界各国的民事诉讼法大多设有与通常诉讼程序相对的特别程序来审理某些特殊案件，不过各国关于特别程序的规定存有较大差异，划分的标准和种类也各不相同。

相对于通常民事诉讼程序，特别程序具有以下特点：

（1）在适用范围上，特别程序只适用于审理非民事权益争议案件。从我国《民诉法》的规定来看，适用特别程序所审理的"非民事权益争议"案件主要有两种类型：其一，虽存有争议，但并非民事案件，比如选民资格案件，涉及的是公民的政治权利而不是民事权益，是特殊类型的诉讼案件；其二，虽为民事案件，但不存在权益争议，即所谓非讼案件，如宣告公民失踪和宣告公民死亡、认定财产无主案件。应该注意，并非所有的非民事权益争议案件都适用特别程序审理，特别程序只适用于审理法律所规定的某些非民事权益争议案件。除特别程序外，本编中的督促程序、公示催告程序等均属于审理非民事权益争议案件的特殊程序。不过，在这些特殊程序中，特别程序在我国立法上相对而言出现的比较早，在《民诉法（试行）》中就有规定。

（2）特别程序由几类不同类型案件的审理程序构成。特别程序不是一类案件的审理程序，而是几类不同案件的审理程序的总称。特别程序实际上包括了若干类非民事权益争议案件的审理程序，每一类案件分别独立地适用一种特别程序，各种特别程序之间没有联系，也不能混合适用。

（3）特别程序的审判目的，只是确认某种法律事实或者某种权利的实际状况。适用特别程序进行审理的案件，并不解决民事权利义务关系争议，而只是确认某种法律事实存在与否，确认某种权利的实际状况。因此，审理过程中，如果发现案件涉及民事权益争议的，人民法院应当裁定终结特别程序，并告知利害关系人按照普通程序或简易程序另行起诉。

（4）除选民资格案件外，特别程序中没有利害关系相冲突的双方当事人。特别程序的开启均由申请人提出申请而开始，没有对方当事人，因此，在特别程序中没有相互对立的原告和被告。

（5）在审判组织上，原则上实行独任制。依照特别程序审理案件，除选民资格案件或者重大、疑难案件由合议庭审理外,均由审判员一人独任审理。而且,合议庭也不适用陪审制,只能由审判员组成。

（6）特别程序实行一审终审。依特别程序审理的案件,实行一审终审,判决书一经送达就发生法律效力,申请人或者起诉人不得提起上诉。

（7）审结期限较短。依特别程序审理的案件,审结期限相较于普通程序或者简易程序而言一般较短,非讼案件必须在立案之日起30日内或者公告期满30日内审结,有特殊情况需要延长的,由本院院长批准。选民资格案件必须在选举日前审结。

（8）不适用审判监督程序予以救济。依特别程序审理的案件,不适用审判监督程序对案件进行再审。如果所作判决、裁定确有错误,人民法院可以根据当事人、利害关系人的异议,作出新的判决、裁定撤销或改变原判决、裁定。

（9）免交案件受理费。根据《诉讼费用交纳办法》的规定,依特别程序审理的案件不交纳案件受理费,申请人或者起诉人只需交纳实际支出的费用。

二、特别程序的范围

我国《民诉法》扩大了特别程序的范围,增加了确认调解协议和实现担保物权两种程序。特别程序包括审理以下六种案件的程序:

（1）选民资格案件程序,即审理公民不服选举委员会对选民资格的申诉所作的处理决定,而向人民法院起诉案件的程序。

（2）宣告公民失踪和宣告公民死亡案件程序,即审理公民下落不明满一定期限后,利害关系人依法申请法院宣告该公民失踪或者死亡案件的程序。

（3）认定公民无民事行为能力和限制民事行为能力案件程序,即审理对不能辨认或者不能完全辨认自己行为的公民,其近亲属或者利害关系人依法申请人民法院确认该公民为无民事行为能力人或者限制民事行为能力人案件的程序。

（4）认定财产无主案件程序,即审理公民、法人或者其他组织依法申请人民法院认定某项财产为无主财产案件的程序。

（5）确认调解协议案件程序,即审理经人民调解达成协议的双方当事人,依法申请人民法院确认其调解协议效力案件的程序。

（6）实现担保物权案件程序,即审理担保物权人以及其他有权请求实现担保物权的人,依法向人民法院申请实现担保物权,从而获得执行名义案件的程序。

第二节　选民资格案件审理程序

一、选民资格案件的含义

选民资格案件,是指公民对选举委员会公布的选民名单有不同意见,向选举委员会申诉后,对选举委员会就申诉所作的决定不服,而向人民法院提起诉讼的案件。

选民资格案件涉及公民是否享有选举权和被选举权,选举权和被选举权是我国《宪法》赋予公民的一项政治权利。在我国,除被依法剥夺政治权利的人以外,凡年满18周岁的公民,不分民族、种族、性别、职业、家庭出身、宗教信仰、教育程度、财产状况、居住期限,都有选举权和被选举权。根据我国《选举法》的规定,选举前,应当按选区进行选民登记,并在选举日前20日公布选民名单,发给选民证。如果公民对选民名单有不同意见,即认为选举委员会公布的选民名单有错误,可依法向选举委员会提出申诉。如果对选举委员会作出的处理决定不服,则可以向人民法院起诉,由法院来判决决定某公民有无选民资格。

二、选民资格案件审理程序的特点

与审理其他案件的特别程序相比,选民资格案件的审理程序具有相当特殊性,表现为:

(1) 选民资格案件的审理程序是一种特殊类型的诉讼程序。选民资格案件具有诉讼的性质,但与一般的民事诉讼案件不同,其争议涉及公民政治权利而非民事权益,因而是一种特殊的诉讼程序。

(2) 选民资格案件以公民对选民名单的申诉为前置程序。根据我国《选举法》第28条的规定,公民对于公布的选民名单有不同意见的,应先向选举委员会提出申诉,选举委员会应在3日内对申诉作出决定。如果申诉人对选举委员会作出的处理决定不服,才可向法院起诉。

(3) 选民资格案件的审理程序仅解决选民资格问题。人民法院审理选民资格案件,是通过审判程序解决选举委员会公布的选民名单有无错写、漏写等问题,即是否有应列入选民名单的人未被列入选民名单,或者不应被列入选民名单的人被列入选民名单,而不解决对破坏选举的违法犯罪行为予以制裁的问题。对于破坏选举的违法犯罪行为,应当根据《选举法》和《刑法》的有关规定,按照刑事诉讼程序处理。

(4) 选民资格案件的起诉与裁判均有时间限制。由于选民资格案件关系到有关公民能否行使选举权和被选举权的问题,公民提起诉讼应在选举日的5日以前,法院应当在选举日前审结,否则审判就失去了意义。

三、审理选民资格案件的审理程序

(一)起诉

(1)起诉的条件和时间。根据我国《选举法》和《民诉法》的有关规定,如果公民不服选举委员会对选民资格的申诉所作的处理决定,可以在选举日的5日以前向人民法院起诉。

(2)起诉的主体。公民对选民名单有意见,可能有两种情况:一是对自己的选举资格问题不服;二是对他人的选举资格问题不服。因此,选民资格案件的起诉人并不一定要与本案有直接利害关系。凡是认为选民名单有错误的公民,均可以提起选民资格诉讼,既可以是选民本人,也可以其他公民。

(二)管辖

根据我国《民诉法》第181条的规定,选民资格案件由选区所在地的基层人民法院管辖。这样规定不仅方便公民起诉,而且便于受诉人民法院与选举委员会取得联系,及时向选举委员会和有关公民进行调查,以作出正确的判决。

(三)审理和判决

(1)审判组织。根据我国《民诉法》第178条的规定,人民法院审理选民资格案件,由审判员组成合议庭进行审理,不实行独任制和陪审制。这是因为选民资格案件关系到公民的政治权利问题,必须慎重对待。

(2)诉讼参加人。根据我国《民诉法》第182条的规定,选民资格案件审理时,起诉人、选举委员会的代表和有关公民必须参加。如果是选民本人起诉,法院应通知起诉人和选举委员会参加诉讼;如果是对其他公民的选民资格起诉的,则法院须通知起诉人、选举委员会的代表和有关公民参加诉讼。

(3)审结期限。人民法院受理选民资格案件后,必须在选举日前审结。而且,为保障公民选举权的行使和选举工作的顺利进行,人民法院的判决书应当在选举日前送达选举委员会和起诉人,并通知有关公民。

第三节 宣告失踪、宣告死亡案件审理程序

一、宣告失踪、宣告死亡案件的含义

(一)宣告公民失踪案件的含义

宣告公民失踪的案件,是指公民离开其住所下落不明已满法定期限,人民法院经利害关系人申请,判决宣告该公民为失踪人的案件。

宣告失踪是民法中的一项重要制度,其目的在于为失踪人指定财产代管人,以

维护失踪人的合法财产权益以及与失踪人有利害关系之人的利益。由于战争、自然灾害、从事危险活动或者人口流动等原因,常常造成一些人失去音讯、下落不明,从而使得其财产处于无人管理、财产关系处于不确定状态。这种不确定状态的长期持续,不仅不利于失踪人财产的管理和保护,而且必然会影响与失踪人有利害关系的第三人的利益,民法于是设有宣告失踪制度。

(二)宣告公民死亡案件的含义

宣告公民死亡案件,是指公民离开其住所或者因意外事故下落不明已满法定期限,人民法院根据利害关系人的申请,依法判决宣告该公民死亡的案件。

在公民长期下落不明时,宣告失踪制度虽然可以解决失踪人财产的保护问题,但不能解决因其下落不明所引起的其他民事法律关系的不确定问题,如人身法律关系,民法因此设有宣告死亡制度。宣告死亡与自然死亡相对,是指依照法定程序推定下落不明人已死亡,使之产生与自然死亡同样的法律后果。

宣告失踪不是宣告死亡的必经程序。公民下落不明,只要符合宣告死亡的条件,利害关系人可以不经申请宣告失踪而直接申请宣告死亡。如果在法院判决宣告公民失踪后,利害关系人向法院申请宣告失踪人死亡,符合申请条件的法院应当受理,宣告失踪的判决即为该公民失踪的证明。

▶ 二、宣告失踪、宣告死亡案件的审理程序

宣告失踪、宣告死亡案件的审理程序包括申请与受理、公告、判决等几个阶段。

(一)申请与受理

根据我国《民法通则》和《民诉法》的规定,申请宣告公民失踪或者申请宣告公民死亡必须具备以下几个条件:

(1)必须存在公民失踪的事实。所谓下落不明,是一种事实状态,指公民离开其向来之居所而他人不知其所在,不明其生死。[①] 具体包括三种情况:其一,公民离开其住所下落不明;其二,因战争下落不明;其三,因意外事故(如因空难、海难、自然灾害等)下落不明。

(2)公民下落不明必须达到法定期限。根据《民诉法》第183条第1款,申请宣告失踪,公民下落不明须满2年。根据《民诉法》第184条,申请宣告死亡,公民下落不明的情况不同,法定期间和起算点也不相同,具体分为以下几种情况:第一,通常情况下,公民下落不明须满4年,从该公民离开其住所或者居所之日起算。第二,因战争下落不明的,从战争结束之日起算,下落不明的状态须满4年。第三,因意外事故下落不明的,从意外事故发生之日起算,下落不明的状态须满2年。须注意,因意外事故下落不明,有关机关证明该公民不可能生存的,则不受下落不明

---

① 参见梁慧星:《民法总论》,法律出版社1996年版,第99页。

期间的限制。

(3) 须利害关系人提出申请。宣告失踪或者宣告死亡,必须由利害关系人提出申请,人民法院不得依职权进行。利害关系人,是指与下落不明的公民有人身关系或者民事权利义务关系的人。根据《民通意见》第 24 条的规定,申请宣告失踪的利害关系人,包括被申请宣告失踪人的配偶、父母、子女、兄弟姐妹、祖父母、外祖父母、孙子女、外孙子女以及与其有民事权利义务关系的人。根据《民通意见》第 25 条的规定,利害关系人申请宣告公民死亡的顺序是:第一,配偶;第二,父母、子女;第三,兄弟姐妹、祖父母、外祖父母、孙子女、外孙子女;第四,其他有民事权利义务关系的人。同一顺序的利害关系人,有的申请宣告死亡,有的不同意宣告死亡的,人民法院应当宣告死亡。如果有多个利害关系人提出宣告失踪、宣告死亡申请的,则列为共同申请人。

申请须采取书面形式,申请书应当载明失踪的事实、时间和申请人的请求,并附公安机关或者其他有关机关关于该公民下落不明的书面证明。

(4) 受申请的人民法院对案件有管辖权。宣告失踪、宣告死亡的案件,由下落不明人住所地的基层人民法院管辖。宣告失踪的案件,下落不明人住所地与居住地不一致的,由最后居住地的基层人民法院管辖。

人民法院经审查,认为申请符合上述条件的,应当受理;对于不符合条件的申请,应当以裁定驳回。

受理宣告失踪、宣告死亡的案件后,人民法院可以根据申请人的请求,清理下落不明人的财产,并指定案件审理期间的财产管理人。

(二) 公告

人民法院受理宣告失踪、宣告死亡案件后,应当发出寻找下落不明人的公告。公告应当记载下列内容:(1) 被申请人应当在规定期间内向受理法院申报其具体地址及其联系方式。否则,被申请人将被宣告失踪、宣告死亡;(2) 凡知悉被申请人生存现状的人,应当在公告期间内将其所知道情况向受理法院报告。

宣告失踪的公告期为 3 个月;宣告死亡的公告期间为 1 年,但被申请宣告死亡的公民因意外事故下落不明,经有关机关证明其不可能生存的,公告期间为 3 个月。应注意的是,在法院判决宣告公民失踪后,利害关系人向人民法院申请宣告失踪人死亡,从失踪的次日起满 4 年的,人民法院应当受理,并且仍然应当发出寻找失踪人的公告,公告期间为 1 年。

(三) 申请的撤回

根据我国《民诉法解释》第 348 条规定,在人民法院受理宣告失踪、宣告死亡申请后、作出判决前,申请人撤回申请的,人民法院应当裁定终结案件,但其他符合法律规定的利害关系人加入程序要求继续审理的除外。

（四）判决

公告期满，如果该公民仍然下落不明的，人民法院应当确认宣告失踪、宣告死亡的事实存在，并依法作出宣告失踪、宣告死亡的判决。判决一经宣告，即发生法律效力。

在公告期间，被申请宣告失踪、宣告死亡的公民出现或者已知其下落的，人民法院则应当作出驳回申请的判决。

三、宣告失踪、宣告死亡的法律后果

（一）宣告失踪的法律后果

下落不明人被人民法院判决宣告失踪后，该下落不明人即成为失踪人。人民法院在判决宣告公民失踪的同时，应当依法为失踪人指定财产代管人。根据我国《民法通则》第21条的规定，失踪人的财产由其配偶、父母、成年子女或者关系密切的其他亲属、朋友代管。对代管有争议的，没有以上规定的人或者以上规定的人无能力代管的，由人民法院指定的人代管。

失踪人的财产代管人经人民法院指定后，代管人申请变更代管的，人民法院应当比照民事诉讼法特别程序的有关规定进行审理。申请理由成立的，裁定撤销申请人的代管人身份，同时另行指定财产代管人；申请理由不成立的，裁定驳回申请。失踪人的其他利害关系人申请变更代管的，人民法院应当告知其以原指定的代管人为被告起诉，并按普通程序进行审理。

财产代管人的职责是管理和保护失踪人的财产。因此，宣告失踪后，对失踪人所欠税款、债务和其他费用，如赡养费、扶养费、抚育费和因代管财产所需的管理费等，由代管人从失踪人的财产中支付。失踪人的财产代管人拒绝支付的，债权人可以以代管人为被告提起诉讼。代管人有权要求失踪人的债务人清偿到期债务，债务人拒绝偿还其对失踪人的债务的，财产代管人可以作为原告提起诉讼，要求其偿还债务。失踪人的财产受到侵害时，财产代管人可以作为原告提起诉讼，请求停止侵害，造成损失的，还可以请求赔偿损失。

公民被宣告为失踪人后，其民事权利能力并不因宣告失踪而消灭，具有民事行为能力的公民在被宣告失踪期间实施的民事法律行为有效。与失踪人人身有关的民事法律关系，如婚姻关系、收养关系等，也不发生变化。

（二）宣告死亡的法律后果

公民被宣告死亡的法律后果与自然死亡相同，即以被宣告死亡人住所地为中心的一切民事法律关系全部消灭。具体而言，该公民的民事权利能力因宣告死亡而终止，与其人身有关的民事权利义务关系随之终结，其与配偶的婚姻关系自宣告死亡之日起消灭，继承因宣告死亡而开始。

但宣告死亡毕竟只是法律上的推定死亡，如果该公民实际还生存于他方，其在当地的法律关系并不因宣告死亡而受影响,他仍然享有民事权利能力,在被宣告死亡期间实施的民事法律行为有效。

四、宣告失踪、宣告死亡判决的撤销

人民法院判决宣告公民失踪或死亡,只是根据法律规定的条件认定该公民下落不明的事实或者推定其死亡,该公民有可能会重新出现或者有人确知其下落。被宣告失踪、宣告死亡的公民重新出现或者确知其下落的,经本人或者利害关系人申请,人民法院应当作出新判决,撤销原判决。

人民法院撤销宣告失踪的判决后,财产代管人的职责终止,应将所代管的财产及其收益归还本人。

人民法院撤销宣告死亡的判决后,该公民的人身关系和财产关系应作如下处理:(1)该公民因宣告死亡而消灭的人身关系可有条件地进行恢复。其配偶尚未再婚的,婚姻关系从撤销死亡宣告之日起自动恢复;配偶已再婚,或者再婚后又离婚,或者再婚后配偶又死亡的,则婚姻关系不得自动恢复。在被宣告死亡期间,子女被他人收养,其合法的收养关系不因死亡宣告被撤销而无效,除收养人和被收养人同意的以外,收养关系不能解除。(2)该公民有权请求返还财产,因继承而取得其财产的人应当返还原物或者给予适当补偿。其原物已被第三人合法取得的,第三人可以不予返还。利害关系人隐瞒真实情况使他人被宣告死亡而取得财产的,除应当返还原物及孳息外,还应当对造成的损失予以赔偿。

第四节 认定公民无民事行为能力、限制民事行为能力案件审理程序

一、认定公民无民事行为能力、限制民事行为能力案件的含义

认定公民无民事行为能力、限制民事行为能力案件,是指人民法院根据利害关系人的申请,对不能辨认或者不能完全辨认自己行为的人,按照法定程序认定并宣告该公民为无民事行为能力人或者限制民事行为能力人的案件。

民事行为能力是指民事主体能以自己的行为取得民事权利、承担民事义务的资格。判断公民是否具有民事行为能力的标准根据主要有两个:一是年龄;二是精神状态。根据我国《民法通则》第11条的规定,18周岁以上的公民为成年人,具有完全民事行为能力,16周岁以上不满18周岁、以自己的劳动收入为主要生活来源的公民,视为完全民事行为能力人;10周岁以上的未成年人、不能完全辨认自己行为的精神病人是限制民事行为能力人;不满10周岁的未成年人、不能辨认自己行为的精神病人是无民事行为能力人。认定公民无民事行为能力或者限制民事行

能力的案件,是由人民法院认定已经成年但智力不健全或精神不正常的公民的民事行为能力状况,并为其指定监护人,以维护该公民的合法权益,并维护其利害关系人、民事活动对方当事人的合法权益。

▶ 二、认定公民无民事行为能力、限制民事行为能力案件的审理程序

人民法院审理认定公民无民事行为能力或者限制民事行为能力案件,一般要经过申请与受理、鉴定与审查、审理与判决等几个阶段。

（一）申请与受理

根据我国《民诉法》第187条的规定,申请人民法院认定公民无民事行为能力或者限制民事行为能力应当具备以下条件:

(1) 由其近亲属或者其他利害关系人提出书面申请。认定公民无民事行为能力或者限制民事行为能力程序的启动,须经利害关系人提出申请,人民法院不能依职权作出认定。利害关系人包括被申请人的近亲属和其他利害关系人。近亲属是指配偶、父母、子女、兄弟、姐妹、祖父母、外祖父母、孙子女、外孙子女。其他利害关系人是指被申请人近亲属以外的、与其关系密切的其他亲属、朋友,愿意承担监护责任,并经精神病人所在单位或所在地居民委员会、村民委员会或者民政部门同意。这两种利害关系人同时存在时,首先由近亲属行使申请权;没有近亲属的,可由其他利害关系人行使申请权;没有其他利害关系人或者其所在单位或者居民委员会、村民委员会不同意其作申请人的,由被申请人住所地的居民委员会或者民政部门行使申请权。申请应当采用书面形式。申请书应当写明申请人以及被申请人的姓名、性别、年龄、住址等事项。

(2) 具有认定公民无民事行为能力、限制民事行为能力的法定事由。利害关系人应该在申请书中载明该公民无民事行为能力或者限制民事行为能力的事实和根据,即被申请人不能辨认自己行为或者不能完全辨认自己行为的事实,如果有医院的诊断证明或者鉴定意见,应当一并提交给人民法院。

(3) 受申请人民法院对案件有管辖权。申请认定公民无民事行为能力或者限制民事行为能力的案件,应当由该公民住所地的基层法院管辖。

对利害关系人的申请,人民法院经审查认为申请不合法或者不具备认定为无民事行为能力或者限制民事行为能力条件的,裁定驳回申请;申请手续完备,符合认定为无民事行为能力或者限制民事行为能力条件的,予以受理。

（二）确定代理人

人民法院审理认定公民无民事行为能力或者限制民事行为能力的案件,应当为被申请人确定代理人,通常由该公民的近亲属为代理人,但申请人除外。代理人可以是一人,也可以是同一顺序中的两人。在确定代理人时,还应注意几种特殊情况:(1)近亲属互相推诿的,由人民法院指定其中一人为代理人。该公民健康情况

许可的,法院还应当征询本人的意见。本人不能到庭的,审判人员应就地询问,把申请书的内容告知本人,征询本人的意见。(2) 被申请人没有近亲属的,人民法院可以指定其他亲属为代理人。(3) 被申请人没有亲属的,人民法院可以指定经被申请人所在单位或者住所地的居民委员会、村民委员会同意,且愿意担任代理人的关系密切的朋友为代理人。(4) 没有前述代理人的,则由被申请人所在单位或者住所地的居民委员会、村民委员会或者民政部门担任代理人。

（三）鉴定与审查

鉴定是审理此类案件的重要程序。精神病人的精神状况,仅凭一般的常识往往难以作出正确的判断,须借助科学鉴定。因而人民法院受理申请后,必要时应当对被申请人进行鉴定。申请人已提供鉴定意见的,应当对鉴定意见进行审查。

（四）审理与判决

法院通过审理查清被申请人的实际情况后,如果认为该公民并未丧失民事行为能力,申请没有事实根据的,应当判决予以驳回。如果认为申请是有事实根据的,应当作出判决,认定该公民为无民事行为能力人或者限制民事行为能力人。一般而言,精神病人如果没有判断能力和自我保护能力,不知其行为后果的,可以认定为无行为能力人;如果对于比较复杂的事物或者比较重大的行为缺乏判断能力和自我保护能力,并对其行为的后果无力预见的,可以认定为限制行为能力人。

（五）指定监护人

判决生效后,根据我国《民法通则》第17条规定,由下列人员担任被申请人的监护人:(1) 配偶;(2) 父母;(3) 成年子女;(4) 其他近亲属;(5) 关系密切的其他亲属、朋友愿意承担监护责任,经精神病人的所在单位或者住所地的居民委员会、村民委员会同意的。如果上述有监护资格的人员对担任监护人存在争议,由该公民所在单位或者住所地的居民委员会、村民委员会从近亲属中指定。

被指定的监护人不服指定的,应当在接到通知之次日起30日内向法院提出异议。法院经审理,认为指定并无不当的,裁定驳回异议;指定不当的,判决撤销指定,同时另行指定监护人。判决书应当送达异议人、原指定单位及判决指定的监护人。

三、认定公民无民事行为能力、限制民事行为能力判决的撤销

被法院审判认定为无民事行为能力或者限制民事行为能力的公民经过治疗,身心恢复健康,能够正确辨认自己的行为,处理自己的事务时,则认定该公民无民事行为能力或限制民事行为能力的原因不复存在。于此情形,人民法院根据该公民本人或者利害关系人的申请,经查证属实后,应当作出新判决,撤销原判决,从法律上恢复该公民的行为能力。监护人的监护权因原判决撤销而消灭,不能再对该公民行使监护权。

第五节　认定财产无主案件审理程序

一、认定财产无主案件的含义

认定财产无主案件,是指人民法院根据公民、法人或者其他组织的申请,按照法定程序将某项归属不明的财产认定为无主财产,并判归国家或者集体组织所有的案件。

一般而言,任何财产都是有主的,但在实际生活中,经常会出现财产与财产所有人相分离的情形,财产占有人不知其为他人的财产,或者财产所有人死亡而又无人继承,从而出现财产无主的情况。对于权属不明的财产,处理办法之一是在通过实体法规定取得实效。如我国《物权法》第113条规定,遗失物自发布招领公告之日起6个月内无人认领的,归国家所有。办法之二就是设立认定财产无主的程序。确定财产无主后就可以收归国有,以助于对该财产的管理和保护,做到物尽其用,发挥该项财产应有的经济价值和效益,维护社会生产和生活的稳定。

二、认定财产无主案件的条件

认定财产无主案件的成立,一般需要具备以下几个条件:

(1) 需要认定的财产必须是有形财产。无形财产或者精神财富,不能成为认定财产无主案件的对象。

(2) 该财产没有所有人或者所有人不明。财产无主的情况主要以下几种情形:其一,所有人不明或者没有所有人的财产;其二,所有人不明的埋藏物、隐藏物;其三,无人认领的遗失物、漂流物、失散的饲养动物;其四,无人继承的财产,包括被继承人死亡后没有继承人、全部继承人放弃继承或者丧失继承权情况下的遗产。

(3) 财产无主的状态持续超过一定期限。

(4) 申请人提出书面申请。认定财产无主,由公民、法人或者其他组织提出申请,申请书应当写明财产的种类、数量以及要求认定财产无主的根据。

(5) 受申请的人民法院有管辖权。认定财产无主的案件,由财产所在地基层人民法院管辖。

三、认定财产无主案件的审理程序

(一) 申请和受理

认定财产无主的审理程序依申请而开启。申请人范围很宽泛,一切公民、法人或不具备法人条件的其他组织都有权提出申请。实践中申请人通常是无主财产的发现人、无继承人的财产的管理人、财产所在地的基层组织或者基层政府等。

法院接受申请后,应进行审查,认为申请不符合条件,裁定驳回申请;申请符合条件的,立案受理。

(二) 公告

人民法院受理申请后,经审查核实财产所有人不明的,应当发出财产认领公告,公告期为1年。公告应写明如下内容:申请人的姓名或名称、住所、财产的种类、数量、形状、公告期间以及寻找财产所有人认领财产的意旨。

在公告期间,如果有人提出财产请求,人民法院应当作出裁定,终结特别程序,告知申请人另行起诉,适用普通程序进行审理。

(三) 判决

公告期满后,无人认领财产的,法院应作出财产无主的判决,并根据财产的不同情况,收归国家或集体所有。判决经送达即发生法律效力。

▶ 四、认定财产无主判决的撤销

法院认定无主财产的判决,仅是根据一定的事实从法律上推定财产无主,并非该财产事实上真正无主,因而判决生效后原财产所有人或者继承人可能会出现。根据我国《民诉法》第193条规定,判决认定财产无主后,原财产所有人或者其继承人出现,在《民法通则》规定的诉讼时效期间可以对财产提出请求。人民法院审查属实后,应当作出新判决,撤销原判决,以保护原财产所有人或者其继承人的合法权益。原判决撤销后,占有财产的单位应当将财产返还原财产所有人或其继承人。原物存在的,返还原物;原物不存在的,应当作价赔偿。

第六节 确认调解协议案件审理程序

▶ 一、确认调解协议案件的含义

确认调解协议案件,是指双方当事人经诉讼外调解达成调解协议后,依法向人民法院申请司法确认,以获得强制执行效力的案件。

在我国,由人民调解组织等主持进行的诉讼外调解在民事纠纷的化解中占有重要地位,不仅有利于民事纠纷的迅速解决,并且有利于节约国家司法资源。然而人民调解达成的调解协议不具有法律上的强制执行力,一方当事人不履行调解协议时,另一方当事人不能以此为依据申请法院强制执行。这对于社会资源来说是一种浪费,同时也不利于充分发挥人民调解在纠纷解决中的作用。

司法确认是我国司法实践中为实现多元纠纷解决机制的相互衔接而逐渐发展起来的,是一种将诉讼和调解两种纠纷解决方式相对接的程序,对克服人民调解协议的效力局限、保障人民调解制度的功能、节约司法资源、提高司法效率具有积极意义。我国《人民调解法》第33条首次对司法确认进行了规定。我国《民诉法》在特别程序中专设一节,对确认调解协议案件程序作了较为明确、完整的规定。

▶ 二、确认调解协议程序的适用范围

确认调解协议程序的适用范围问题,实质是"调解协议"的范围,也即哪些调解协议可以申请法院进行司法确认。在我国,实务中一般都将司法确认作为诉讼与人民调解相衔接的机制,《人民调解法》和《司法确认程序规定》也将司法确认的适用范围局限于人民调解协议。但《民诉法》并未明确将确认调解协议案件限定在"人民调解"的范围,因此,原则上通过诉讼外调解达成的调解协议都可以向人民法院申请司法确认,除人民调解委员会的调解协议外,还包括行政机关、商事调解组织、行业调解组织或者其他具有调解职能的组织进行调解所达成协议。①

根据我国《民诉法解释》第357条,申请确认的调解协议有下列情形之一的,人民法院不予受理:(1)不属于人民法院受理范围的;(2)不属于收到申请的人民法院管辖的;(3)申请确认婚姻关系、亲子关系、收养关系等身份关系无效、有效或者解除的;(4)涉及适用其他特别程序、公示催告程序、破产程序审理的;(5)调解协议内容涉及物权、知识产权确权的。

从司法实践来看,纠纷经人民调解委员会或者其他调解组织调解达成协议后,当事人申请进行司法确认的情形主要有三种情形:(1)当事人在接受调解组织调解并达成解决纠纷的协议后,再到法院申请确认;(2)法院在立案前或立案阶段,将案件分流给人民调解组织进行调解达成的协议,即所谓的"诉前调解""立案调解";(3)人民法院受理当事人起诉之后,在审理中把案件委托给相关调解组织进行调解并达成的协议,即所谓"委托调解"。

▶ 三、确认调解协议案件的审理程序

(一)申请与受理

当事人向人民法院申请确认调解协议应当具备以下条件:

(1)须由双方当事人共同提出申请。双方当事人应当由本人或者符合《民诉法》第58条规定的代理人提出申请。当事人申请确认调解协议,可以采用书面形式或者口头形式,并应当向人民法院提交调解协议、调解组织主持调解的证明,以及与调解协议相关的财产权利证明等材料,并提供双方当事人的身份、住所、联系方式等基本信息。当事人未提交上述材料的,人民法院应当要求当事人限期补交。

(2)申请应当在调解协议生效之日起30内提出。超过期限提出申请的,人民

---

① 王亚新:《民事诉讼法修改与确认调解协议案件程序》,载《人民法院报》2012年1月18日第7版。

法院不予受理和确认。

（3）受申请的人民法院有管辖权。确认调解协议的案件，由调解组织所在地基层人民法院管辖。如果有两个以上调解组织参与调解的，各调解组织所在地的基层人民法院均有管辖权，双方当事人可以共同向其中一个调解组织所在地基层人民法院提出申请。若双方当事人共同向两个以上调解组织所在地基层人民法院提出申请的，由最先立案的人民法院管辖。

对确认调解协议的申请，人民法院经审查，当事人提交的申请材料齐备，符合条件的，应予受理。

（二）申请的撤回

确认调解协议申请的撤回包括申请人主动撤回申请和法院按撤回申请处理两种情况。其一，当事人在确认调解协议的裁定作出前要求撤回申请的，人民法院可以裁定准许。其二，对于当事人无正当理由未在限期内补充陈述、补充证明材料或者拒不接受询问的，人民法院可以按撤回申请处理。

（三）审查

对确认调解协议的案件，人民法院在审查时，应当通知双方当事人共同到场对案件进行核实。经审查，人民法院认为当事人的陈述或者提供的证明材料不充分、不完备或者有疑义的，可以要求当事人限期补充陈述或者补充证明材料。必要时，人民法院可以向调解组织核实有关情况。

（四）裁定

对调解协议的确认，采用裁定的形式进行处理。人民法院经过审查，认为调解协议符合法律规定的，应当裁定调解协议有效。经人民法院司法确认后的调解协议具有强制执行力，一方当事人拒绝履行或者未全部履行的，对方当事人可以向人民法院申请执行。

根据我国《民诉法解释》第360条，人民法院经过审查，对于不符合法律规定的下列调解协议，应裁定驳回申请：(1)违反法律强制性规定的；(2)损害国家利益、社会公共利益、他人合法权益的；(3)违背公序良俗的；(4)违反自愿原则的；(5)内容不明确的；(6)其他不能进行司法确认的情形。人民法院驳回申请后，当事人可以通过调解方式变更原调解协议或者达成新的调解协议，也可以向人民法院提起诉讼。

▶ 四、确认调解协议案件的救济程序

对人民法院作出的确认调解协议的裁定，当事人有异议的，应当自收到裁定之日起15日内，利害关系人有异议的，自知道或者应当知道其民事权益受到侵害之日起6个月内，向作出裁定的人民法院提出异议。当事人和利害关系人不得提起第三人撤销之诉。

人民法院经审查,异议成立或者部分成立的,作出新裁定撤销或者改变原裁定;异议不成立的,裁定驳回。

第七节 实现担保物权案件审理程序

一、实现担保物权案件的含义

实现担保物权的案件,是指担保物权人以及其他有权请求实现担保物权的人,依法请求人民法院拍卖、变卖担保财产以实现担保物权的案件。

为了降低实现担保物权成本,我国《物权法》第195条第2款规定,如果当事人不能就担保物权的实现方式达成协议,可以请求人民法院拍卖或者变卖。但由于我国当时《民诉法》中并无相关程序的规定,而且《民诉法》及相关司法解释所规定的执行根据中也不包括当事人间的担保合同等私权设定文书,因此,在《民诉法》修改前,担保物权人要实现担保物权,只能依循传统的诉讼途径进行,即担保物权人须向人民法院提起诉讼,由法院依法审理后作出判决,确认担保物权人的权利。当债务人不履行法院的生效判决时,担保物权人才可向人民法院申请强制执行。这种实现担保物权的方法,最大的问题在于诉讼的期间较长,成本较大,不利于担保物权的快速实现,同时还给债务人转移、隐匿担保的财产提供了机会,降低了债权受清偿的几率。针对这一问题,为了贯彻《物权法》的相关规定,现行《民诉法》于特别程序中专设实现担保物权案件的审理程序,从而简化了实现担保物权程序。

二、申请实现担保物权的条件

根据我国《物权法》和《民诉法》及司法解释的规定,申请实现担保物权须满足以下条件:

(1) 申请主体是担保物权人或者其他有权请求实现担保物权的人。担保物权人包括抵押权人、质权人、留置权人;其他有权请求实现担保物权的人包括抵押人、出质人、财产被留置的债务人或者所有权人等。《物权法》第220条和第237条规定,质押中的出质人和财产被留置的债务人可以请求质权人、留置权人在债务履行期届满后及时行使质权或留置权,权利人不行使的,可以请求人民法院拍卖或变卖担保财产。根据上述规定,出质人和财产被留置的债务人亦享有请求实现担保物权的权利。

(2) 具备实现担保物权的条件。根据《物权法》第195条的规定,在债务人不履行到期债务,或者发生当事人约定的实现担保物权的情形时,债权人都可以实现担保物权。

(3) 当事人对债权和担保物权不存在实质争议。实现担保物权的程序在性质上属于非讼程序,适用该种程序的条件是不存在民事权益争议,因而须以当事人对债务没有履行以及担保物权本身并无异议为必要,双方只是对如何实现担保物权,即采用何种方式处理抵押财产的问题未能达成一致意见。如果当事人对担保物权的效力、债务是否履行等问题本身有争议,则应由当事人通过诉讼的方式解决,而不适用该种特别程序。

三、实现担保物权案件的审理程序

(一)申请、管辖和受理

1. 申请

实现担保物权案件的审理程序必须依有权请求实现担保物权的人的申请而启动,申请采取书面形式,申请书应当记明申请人、被申请人的姓名或者名称、联系方式等基本信息,具体的请求和事实、理由。除申请书外,申请人还应当提交下列材料:(1)证明担保物权存在的材料,包括主合同、担保合同、抵押登记证明或者他项权利证书,权利质权的权利凭证或者质权出质登记证明等。(2)证明实现担保物权条件已成就的材料。(3)担保财产现状的说明。(4)人民法院认为需要提交的其他材料。

2. 管辖

申请实现担保物权的案件,由担保财产所在地或者担保物权登记地基层人民法院管辖。一般而言,有登记的,由担保物权登记地的法院管辖;没有登记的,由担保财产所在地的法院管辖。但在确定管辖法院时应注意以下特殊情况:(1)同一债权的担保物有多个且所在地不同的,申请人可以分别向有管辖权的人民法院申请实现担保物权,人民法院应当依法受理。(2)权利质权包括有权利凭证和无权利凭证两种类型。实现票据、仓单、提单等有权利凭证的权利质权案件,可以由权利凭证持有人住所地人民法院管辖;无权利凭证的权利质权,则由出质登记地人民法院管辖。(3)实现担保物权案件属于海事法院等专门人民法院管辖的,由专门人民法院管辖。

3. 受理

对实现担保物权的申请,符合申请条件的,人民法院应予受理。法院在决定是否受理时还应注意以下两种情形的处理:(1)对于被担保的债权既有物的担保又有人的担保的情形,如果当事人对担保范围、实现担保物权的顺序等有约定,若实现担保物权的申请不违反该约定,法院应适用实现担保物权的程序;若实现担保物权的申请违反该约定,法院则应裁定不予受理。如果当事人对实现担保物权的顺序没有约定或者约定不明的,人民法院应当受理。(2)对于同一财产上设立多个担保物权的情形,登记在先的担保物权尚未实现的,不影响后顺位的担保物权人向人民法院申请实现担保物权。

（二）送达与被申请人异议

人民法院受理申请后，应当在5日内向被申请人送达申请书副本、异议权利告知书等文书。被申请人如果有异议，应当在收到人民法院通知后的5日内向人民法院提出，同时说明理由并提供相应的证据材料。

（三）诉讼保全

对于实现担保物权案件，在人民法院受理申请后，申请人对担保财产提出保全申请的，按照民诉法关于诉讼保全的规定办理。

（四）审理

(1) 审理组织。实现担保物权案件可以由审判员一人独任审查，但担保财产标的额超过基层人民法院管辖范围的，则应当组成合议庭进行审查。

(2) 审查形式。人民法院审查实现担保物权案件，可以询问申请人、被申请人、利害关系人，必要时可以依职权调查相关事实。

(3) 审查内容。实现担保物权案件的审查内容包括主合同的效力、期限、履行情况，担保物权是否有效设立、担保财产的范围、被担保的债权范围、被担保的债权是否已届清偿期、是否损害他人合法权益等担保物权实现的条件等。被申请人或者利害关系人提出异议的，人民法院应当一并审查。

（五）裁定

实现担保物权案件，采用裁定的形式予以处理，具体包括两种情形：(1) 裁定准许拍卖、变卖担保财产。人民法院审查，当事人对实现担保物权无实质性争议且实现担保物权条件成就的，裁定准许拍卖、变卖担保财产。当事人对实现担保物权有部分实质性争议的，可以就无争议部分裁定准许拍卖、变卖担保财产。(2) 裁定驳回申请。当事人对实现担保物权有实质性争议的，法院裁定驳回申请，申请人可以向人民法院提起诉讼。

▶ 四、实现担保物权案件的救济程序

对人民法院作出的准许实现担保物权的裁定，当事人有异议的，应当自收到裁定之日起15日内，利害关系人有异议的，自知道或者应当知道其民事权益受到侵害之日起6个月内，向作出裁定的人民法院提出异议。当事人和利害关系人不得提起第三人撤销之诉。

人民法院经审查，异议成立或者部分成立的，作出新裁定撤销或者改变原裁定；异议不成立的，裁定驳回。

【经典司考题】

1. 在基层人大代表换届选举中，村民刘某发现选举委员会公布的选民名单中遗漏了同村村民张某的名字，遂向选举委员会提出申诉。选举委员会认为，刘某不

是本案的利害关系人无权提起申诉,故驳回了刘某的申诉,刘某不服诉至法院。下列哪一选项是错误的?(2009-3-49)

A. 张某、刘某和选举委员会的代表都必须参加诉讼

B. 法院应该驳回刘某的起诉,因刘某与案件没有直接利害关系

C. 选民资格案件关系到公民的重要政治权利,只能由审判员组成合议庭进行审理

D. 法院对选民资格案件做出的判决是终审判决,当事人不得对此提起上诉

考点:选民资格案件

2. 甲县法院受理居住在乙县的成某诉居住在甲县的罗某借款纠纷案。诉讼过程中,成某出差归途所乘航班失踪,经全力寻找仍无成某生存的任何信息,主管方宣布机上乘客不可能生还,成妻遂向乙县法院申请宣告成某死亡。对此,下列哪一说法是正确的?(2015-3-43)

A. 乙县法院应当将宣告死亡案移送至甲县法院审理

B. 借款纠纷案与宣告死亡案应当合并审理

C. 甲县法院应当裁定中止诉讼

D. 甲县法院应当裁定终结诉讼

考点:宣告死亡案件

3. 李云将房屋出售给王亮,后因合同履行发生争议,经双方住所地人民调解委员会调解,双方达成调解协议,明确王亮付清房款后,房屋的所有权归属王亮。为确保调解协议的效力,双方约定向法院提出司法确认申请,李云随即长期出差在外。下列哪一说法是正确的?(2015-3-45)

A. 本案系不动产交易,应向房屋所在地法院提出司法确认申请

B. 李云长期出差在外,王亮向法院提出确认申请,法院可受理

C. 李云出差两个月后,双方向法院提出确认申请,法院可受理

D. 本案的调解协议内容涉及物权确权,法院不予受理

考点:确认调解协议案件

第二十四章　督促程序

要点提示

- 督促程序的特点
- 支付令的申请条件
- 人民法院对支付令申请的审查和处理
- 债务人的异议和审查
- 督促程序的终结

第一节　督促程序概述

一、督促程序的含义

督促程序，又称支付令程序，是指人民法院根据债权人的申请，以支付令的方式，催促债务人在法定期间内向债权人履行给付金钱和有价证券的义务，如果债务人在法定期间内未履行义务又不提出书面异议，债权人可以根据支付令向人民法院申请强制执行的程序。

现代意义上的督促程序起源于德国。德国1977年在其《民事诉讼法》中规定了督促程序，其后一些大陆法系国家也先后对督促程序作了规定。我国1991年《民诉法》借鉴大陆法系的立法经验，对督促程序进行了规定。督促程序是为债权债务关系明确的特定案件所设置的程序，其目的在于简化诉讼程序，及时解决债权债务纠纷，加快民事流转，稳定社会经济秩序。从现实生活中存在的大量债务纠纷来看，有一些债权债务关系明确的案件，双方当事人对他们之间的债权债务关系并没有争议，而是由于种种原因债务未能得到履行。这类案件适用督促程序进行处理，通过书面审查即可以支付令的方式催促债务人及时偿还债务，如果债务人在法定期间内不履行债务又没有提出书面异议，债权人即可以支付令为根据向人民法院申请强制执行，从而使债务纠纷得以简便快速地解决；较之通常的诉讼程序，更符合诉讼经济和诉讼效益的原则。

二、督促程序的特点

与其他的审判程序相比，督促程序具有以下特点：

(1) 程序的非讼性。督促程序是经债权人申请后以支付令的方式催促债务人及时偿还债务，并不审理解决当事人之间债权债务关系争议，因而性质上属于一种非讼程序。如果债务人对债务提出异议并成立，人民法院就不再适用督促程序，而应适用通常的诉讼程序处理。

(2) 适用范围的特殊性。根据我国《民诉法》及有关司法解释的规定，督促程序仅适用于特定的债权债务纠纷，即债权人请求债务人给付金钱或者有价证券的案件。其他非以金钱、有价证券为标的物的债权债务关系，不能适用督促程序。

(3) 程序适用的可选择性。督促程序并不是解决债权债务纠纷的必经程序或唯一程序，法律赋予了债权人的程序选择权，债权人可以选择诉讼程序或督促程序来解决。如果债权人选择了诉讼程序，则适用第一审普通程序或者简易程序进行审理。根据我国《民诉法》第133条的规定，人民法院受理债权人提起的诉讼后，当事人没有争议，符合督促程序规定条件的，可以转入督促程序进行审理。

(4) 审理的简捷性。人民法院适用督促程序审理案件时,无须开庭审理,只需审查债权人的请求是否符合法定条件,即可决定是否发出支付令。适用督促程序审理的案件,审判组织采用独任制的形式,由审判员一人审理,并实行一审终审。与诉讼程序相比,督促程序具有简便、快捷的特点,这也是吸引债权人选择该程序的一个重要因素。

第二节 督促程序的程序构造

一、支付令的申请与受理

(一) 支付令的申请

1. 申请支付令的条件

根据我国《民诉法》第 214 条及《民诉法解释》第 429 的规定,债权人提出支付令的申请,必须符合以下条件:

(1) 债权人请求债务人给付的标的物必须是金钱或有价证券。金钱及有价证券以外的其他财产给付请求,不适用于督促程序。有价证券是设立并证明持有人有权取得一定财产权利的书面凭证,包括汇票、本票、支票以及股票、债券、国库券、可转让的存款单等。

(2) 债权人的债权已到期且数额确定。债权尚未到期或者数额不确定的债权,不得请求签发支付令。

(3) 债权人没有对待给付义务,也即债权人与债务人之间没有其他债权债务纠纷。所谓对待给付,是指债权人与债务人之间互负给付义务,须得相互履行。债权人申请支付令,只能是债务人一方负有给付义务,而债权人则并无任何给付对方的义务。否则,债务人就可能对债权债务关系提出争议或者以行使抗辩权为由提出异议,从而导致督促程序终结。

(4) 债务人在我国境内且未下落不明。对于债务人不在我国境内,需要域外送达,或者虽在我国境内,但下落不明,需要公告送达支付令的,不适用督促程序。

(5) 支付令能够送达债务人。能够送达,主要指能够通过法定的送达方式将支付令实际送达债务人。支付令的送达原则上采用直接送达方式,如果债务人拒绝接收的,可以留置送达。

(6) 债权人未向人民法院申请诉前保全。如果债权人已经向人民法院申请了诉前保全,根据《民诉法》第 101 条的规定,债权人应在法院采取保全措施后 30 天内提起诉讼或者申请仲裁,故而不能向法院申请支付令。

2. 申请支付令的程序

(1) 债权人须提出书面申请。债权人向人民法院申请支付令,必须提交申请书,申请书应包括以下内容:债权人、债务人双方的姓名或名称等基本情况;要求债务人给付的金钱或有价证券的种类、数量;债权人请求所依据的事实和证据;要求发出支付令的请求。债权人向人民法院提交申请书的同时,应提交必要的证据材料,如证明债权债务关系存在的合同、收据等。

(2)债权人须向有管辖权的人民法院提出申请。债权人申请支付令的案件,在级别管辖上由基层人民法院管辖,不受债权金额的限制;在地域管辖上适用一般地域管辖,由债务人住所地法院管辖。两个以上人民法院都有管辖权的,债权人可以向其中一个基层人民法院申请支付令;债权人向两个以上有管辖权的人民法院申请支付令的,由最先立案的人民法院管辖。

(二)支付令申请的受理

债权人提出支付令申请后,人民法院应当对债权人的申请进行书面审查,以决定是否受理。审查内容包括:(1)申请人是否具备当事人资格,即审查申请人是否享有债权、是否具有申请资格或民事行为能力;(2)申请是否符合法定条件和方式,包括债权人请求的标的物是否为金钱和有价证券,债权是否已经到期且数额确定,债权人和债务人间是否有其他债权债务关系,支付令是否能够送达,等等;(3)申请是否符合法定程序,如申请书是否符合要求、是否应由本院管辖。

人民法院对支付令申请的审查以申请人的请求及附属文件为基础,进行形式审查,以决定是否受理,并在收到支付令申请书后5日内通知债权人。人民法院认为申请书不符合要求的,可以通知债权人限期补正。补正期间不计入上述期限。

二、支付令的发出与效力

(一)支付令申请的审查

人民法院受理支付令申请后,应对申请进行审查以决定是否发布支付令。在审理阶段对支付令申请的审查不同于受理阶段的审查,具体包括以下内容:

(1)审判组织上,督促程序实行独任制审理,即由1名审判员对申请进行审查。

(2)审查内容上,审理阶段须对支付令申请的内容和证据进行实质审查,具体包括:债权债务关系是否明确、债权债务关系是否合法、债权人提出请求所依据的事实和证据。

(3)审查方式上,人民法院对支付令申请的审理,采取书面审查的方式,不传唤债务人,也不需开庭审查。

根据我国《民诉法解释》第430条的规定,经审查,发现支付令申请有下列情形之一的,人民法院应在15日内裁定驳回债权人的申请:(1)申请人不具备当事人资格的;(2)给付金钱或者有价证券的证明文件没有约定逾期给付利息或者违约金、赔偿金,债权人坚持要求给付利息或者违约金、赔偿金的;(3)要求给付的金钱或者有价证券属于违法所得的;(4)要求给付的金钱或者有价证券尚未到期或者数额不确定的。

(二)支付令的发出

经过审查,人民法院如果认为债权债务关系明确、合法,应当自受理申请之日起15日内向债务人发出支付令。

支付令是根据债权人的申请,督促债务人限期清偿债务的法律文书。支付令应当记明以下事项:(1)债权人、债务人姓名或者名称等基本情况;(2)债务人应当给付的金钱、有价证券的种类、数量;(3)清偿债务或者提出异议的期限。写明债务人应在15日内向债权人清偿债务,或者向人民法院提出异议;(4)债务人在法定期限内不提出异议的法律后果。支付令由审判员、书记员署名,加盖人民法院印章。

人民法院应当及时将支付令送达给债权人和债务人。支付令一般应直接送达。向债务人本人送达支付令,债务人拒绝接收的,人民法院可以留置送达。支付令送达债务人后,人民法院应当将送达的日期及时通知债权人,以便于债权人确定申请执行时间。

(三)支付令的效力

支付令的效力表现为以下两个方面:

(1)督促债务人清偿债务的效力。支付令仅对债务人有约束力,具有督促其在法定期间内清偿债务的效力。对设有担保的债务的主债务人发出的支付令,对担保人没有拘束力。债务人应当自收到支付令之日起15日内向债权人清偿债务,或者向人民法院提出书面异议。

(2)强制执行的效力。支付令生效后,具有与生效的给付判决相同的法律效力,即拘束力、确定力和执行力。债务人自收到支付令之日起15日内,既不提出异议又不清偿债务的,支付令即生效,债权人可以支付令为根据向人民法院申请强制执行。

(四)支付令的撤销

所谓支付令的撤销,是指人民法院在对已经生效的支付令,在发现确有错误时,裁定予以撤销的制度。

由于督促程序仅以债权人的申请为基础而启动,只审查债权人单方提出的事实和证据,因此难免出现发出的支付令与实际情况不符的情况。然而督促程序作为一种非讼程序,不能适用审判监督程序,对错误的支付令如何进行补救呢?对此,最高人民法院1992年7月13日法函(1992)98号《关于支付令生效后发现确有错误应当如何处理给山东省高级人民法院的复函》的第2项规定:"人民法院对本院已发生法律效力的支付令,发现确有错误,认为需要撤销的,应当提交审判委员会讨论通过后,裁定撤销原支付令,驳回债权人的申请。"《督促程序规定》第11条重申了法函(1992)98号复函中关于对生效支付令确有错误的处理意见,由此确立了支付令撤销制度。2015年的《民诉法解释》第433条亦对支付令撤销制度作了明确规定。

根据前述司法解释,撤销支付令应具备以下条件:(1)支付令已经发生法律效力,也即债务人未在法定的期间内提出异议或者其提出的异议未能成立,故支付令已经生效;(2)生效的支付令确有错误,即支付令的内容与债权的实际情况不符,如债权不成立、债权人与债务人存在其他债权债务纠纷等;(3)由本院院长提起,并经审判委员会讨论决定。人民法院院长认为本院已发生法律效力的支付令确有错误,需要撤销的,应当提交审判委员会讨论决定;(4)采用裁定的形式予以撤销。

三、债务人对支付令的异议

(一)债务人异议的条件

债务人对支付令的异议,是指债务人收到支付令后,在法定期间内,向发出支付令的人民法院申明不服支付令所确定的给付义务。

对支付令提出异议是债务人维护自己权益的一项法律手段。债务人的异议权与债权人的支付令申请权相对应,其目的在于反驳、对抗债权人的支付令申请。由于支付令的发出是以债权人一方提出的主张和理由为依据的,并未经传唤债务人,所以法律允许债务人以异议的方式对支付令提出自己的意见。

根据我国《民诉法》第216条和相关司法解释的规定,债务人对支付令提出异议应当满足以下条件:

(1)债务人的异议必须在法定期限内提出。债务人提出异议的法定期间是15日,自债务人收到支付令之日起算。债务人超过法定期间提出异议的,视为未提出异议,不影响支付令的效力。

(2)债务人的异议必须以书面形式提出。债务人应向人民法院提交书面异议,口头异议无效。

(3)债务人的异议必须是针对支付令所确定的债务本身。债务人须是针对债权债务关系是否成立、数额是否确定、履行期间是否届至、债务人与债权人是否存在其他债权债务关系等方面提出异议。如果债务人对债务本身没有异议,只是提出缺乏清偿能力或者要求延缓清偿期限、变更债务清偿方式等意见的,不影响支付令的效力。

对于债务人提出的异议,人民法院应及时将异议内容和时间告知债权人。

(二)债务人异议的审查和处理

对债务人提出的书面异议,人民法院应进行形式审查。审查内容包括是否存在应不予受理或者裁定驳回支付令申请的情形、是否符合发出支付令的条件、是否存在应裁定终结督促程序的情形等。人民法院经审查,认为异议成立的,裁定终结督促程序,支付令自行失效;认为异议不成立,则裁定驳回异议。

根据我国《民诉法解释》第 433 条至第 435 条的规定,债务人异议中的特殊情形按下列规定处理:(1) 债务人在收到支付令后,未在法定期间提出书面异议,而向其他人民法院起诉的,不影响支付令的效力;(2) 债权人基于同一债权债务关系,在同一支付令申请中向债务人提出多项支付请求时,如果债务人仅就其中一项或者几项请求提出异议,其异议对支付令的其他各项请求无效;(3) 如果债权人的债权系可分之债,债权人基于该债权向多个债务人提出支付请求时,多个债务人中的一人或者几人提出异议的,支付令对没有提出异议的债务人有效。

（三）债务人异议的效力

债务人的异议一旦成立,产生以下法律后果：

(1) 终结督促程序。债务人的异议成立,意味着当事人对该债权债务关系存在争议,不能再适用督促程序审理,人民法院应当裁定终结督促程序。债权人不能对该裁定提起上诉。

(2) 支付令自行失效。债务人的异议成立,将发生阻断支付令生效的后果。

(3) 转入诉讼程序进行审理。支付令失效后,除申请支付令的一方当事人(也即债权人)不同意提起诉讼的以外,债权债务纠纷直接转入诉讼程序。债权人提出支付令申请的时间,即为向人民法院起诉的时间。按照我国 1991 年《民诉法》第 194 条的规定,在债务人的异议成立后,支付令自行失效,债权人需另行向有管辖权的法院起诉。我国现行《民诉法》第 217 条对该条规定进行了修改,规定支付令失效的,转入诉讼程序,申请支付令一方的当事人不需要另行起诉,从而实现了督促程序与诉讼程序的对接,有利于提高纠纷解决的效率。

（四）债务人异议的撤回

债务人异议的撤回,是指债务人提出支付令异议后,在人民法院作出终结督促程序或者驳回异议的裁定前,撤回自己所提出的异议。关于债务人能否撤回异议,学理上看法不一。基于处分原则是民事诉讼法的基本原则,从尊重当事人的处分权的角度出发,债务人请求撤回异议的,应当准许。

债务人一旦撤回其异议,支付令就发生法律效力。债务人对撤回异议反悔的,人民法院不予支持。

四、督促程序的终结

督促程序的终结,是指在督促程序中,由于督促程序的任务完成或者发生了法定的情况,而导致督促程序的结束。

根据督促程序终结的原因,督促程序的终结包括自然终结和裁定终结两种情形。

（一）督促程序的自然终结

督促程序的自然终结，是指督促程序的正常结束，主要有两种情况：

(1) 债务人在法定的期间内清偿了债务，督促程序因目的实现而终结。

(2) 支付令因期间届满而生效，督促程序因而结束。债务人收到支付令后，在法定的期间内既未清偿债务，也没有提出异议，则支付令发生法律效力，督促程序终结。债权人获得执行根据，可通过申请人民法院强制执行实现其债权。

（二）督促程序的裁定终结

督促程序裁定终结，是督促程序的非正常结束，即督促程序因特殊原因的发生而被人民法院裁定予以终结。

具体而言，出现下列情况的，人民法院应当裁定终结督促程序，已发出的支付令自行失效：

(1) 人民法院在受理债权人的支付令申请后，经审查申请不成立而裁定予以驳回的。

(2) 在债务人收到支付令前，债权人撤回申请的。

(3) 债务人在法定期间对支付令提出异议并成立的。

(4) 人民法院受理支付令申请后，债权人就同一债权关系又向发出支付令的法院提起诉讼的。

(5) 人民法院作出支付令后，在30日内无法送达债务人的。

(6) 债权人就设有担保关系的债务单独提起诉讼的，人民法院予以受理的。

(7) 人民法院对是否符合发出支付令条件产生合理怀疑的。

第三节 督促程序实务运用问题

一、关于督促程序的适用范围

关于督促程序适用范围的确定，主要涉及"债权人与债务人没有其他债务纠纷"这一条件的理解和把握。司法实践中由于对此条件的理解不同，各地法院把握的可申请支付令的案件范围宽窄不一，使支付令申请的受理范围比较混乱。一些法院仅受理因借贷关系所产生的债权请求，有的甚至只受理基于公民之间的债务关系而提出的支付令申请；有些法院则不论申请人与被申请人之间的法律关系如何，只要已转化为给付金钱或有价证券的请求，其他条件又具备的，就予以受理。这些分歧的产生与《民诉法》与司法解释的表述不一致有关。我们认为，确定督促程序的适用范围，须明确以下几个方面问题：

其一，是否要求债权人与债务人之间仅存在一个债权债务关系。按照我国《民诉法》第214条"债权人与债务人没有其他债务纠纷"的规定，理解上应是排除了其他债权债务关系,即要求申请人和被申请人之间仅存在一个债权债务关系,则督促程序的适用范围很窄。但我国《民诉法适用意见》第215条以及《民诉法解释》第429条均将"债权人与债务人没有其他债务纠纷"的含义解释为"债权人没有对待给付义务",而对待给付义务是指债的双方当事人互负的具有对价意义的债务,一般存在于双务合同中。因而按照最高人民法院的司法解释,仅是要求债权人与债务人不存在基于同一债权债务关系的对待给付即可,并未排除他们之间存在其他债权债务关系。如此,督促程序的适用范围就要宽泛得多,只要债权人在其申请的债权债务关系中不负有对待给付义务,即使他与债务人之间存在其他债权债务关系,也符合受理的条件。

其二,根据司法解释规定的"债权人没有对待给付义务"的要求,在债权人所申请的债权债务关系中,债权人对债务人须不负有先履行的给付义务或者同时履行的给付义务,否则债务人就可能行使先履行抗辩权或同时履行抗辩权,在此情况下,债权人不得申请发出支付令。即使债权人已经提出自己的给付,而债务人尚未受领,债权人仍未解除其对待给付的义务。而且,债权人对于债务人的给付请求,应是不附条件的,如果其给付请求权附有条件,也不能申请支付令。

其三,要求申请人与被申请人间不具有其他债权债务关系,也即要求双方当事人债权债务关系明确,因此在确定是否应受理支付令申请时,还需注意以下两个问题:(1)对设有担保的债权债务关系,债权人对主债务人申请支付令的,可以受理,但只能对主债务人发出支付令。对主债务人发出的支付令,对担保人没有拘束力。(2)债权人请求给付利息的,如果其与债务人间有明确约定利息的按约定利息计算,如果没有约定或者约定不明确的,应不予支持,债权人坚持要求给付利息的,人民法院不予受理。

▶ 二、关于支付令的送达方式

支付令送达后,一旦债务人不提出异议且无履行行为,就会产生与判决一样的效力,对债务人权益的影响很大。因而法律对支付令的送达方式进行了限制,要求支付令能够实际送达给债务人,以保证债务人的异议权。根据最高人民法院的司法解释,支付令原则上应采取直接送达的方式,此外还应注意以下几个方面:

(1)不能采用域外送达的方式。债务人必须在本国境内而能够进行域内送达,不需要经过复杂而漫长的域外送达,这是基于督促程序的简捷性而决定的。

(2)不能采取公告送达的方式。债务人虽在我国境内但下落不明而需要进行公告送达时,不能适用督促程序。

(3)支付令可以采取留置送达的方式。根据《民诉法解释》第431条,债务人拒绝接收支付令的,人民法院可以留置送达。因为债务人不签收支付令,并不等于其提出了异议。债务人对支付令有不同意见,应以书面形式向法院提出异议。但在采取留置送达方式时应注意,必须是债务人本人拒绝接收支付令时才可以适用留置送达,否则可能导致债务人不能在法定期限内提出异议的后果。也即是说,支付令应当送达给债务人本人签收,而不能由其同住成年家属签收,也不能在其同住成年家属签收时进行留置送达。

(4) 至于其他的送达方式,如委托送达、邮寄送达、转交送达等,法律上并未排除。原则上讲,只要能确定能够实际送达给债务人并由其签收,也可以采取上述送达方式。

三、关于支付令申请的审查

人民法院对支付令申请的审查,究竟应是形式审查,还是实质审查,在理论上存在争议,在司法实践的做法也不统一,有些法院进行形式审查,有些法院则进行实质审查,各自把握尺度不一。人民法院对支付令申请的审查,分为两个阶段,一是在受理前的审查,一是受理后的审查,这两个阶段的审查内容、目的各不相同,因此,审查方式也有所差异。

1. 受理前的审查

债权人提出支付令申请后,人民法院必然要对其申请进行审查,其目的是审查是否符合支付令的申请条件,以决定是否受理。这一阶段的审查是形式审查,主要审查申请书是否明确,是否属于本院管辖,申请人有无诉讼行为能力,其请求是否属于给付金钱、有价证券的请求,债权人是否负有对待给付义务、有无证据,支付令能否送达债务人等。

2. 受理后的审查

人民法院受理支付令申请后的审查,实为对支付令案件的审理,其目的是确定债权债务关系是否合法,以决定是否发出支付令。由于督促程序是一种书面审理活动,只需审查申请人提交的申请书和书面证据材料,不需开庭审理,也不需询问债务人,因而受理后的审查具有极为重要的意义。这一阶段对支付令申请的审查不限于形式审查,而是进行有限的实质审查,也即要审查债权人提供的事实、证据,以确定债权债务关系是否明确,请求是否合法,但不能要求证据确实、充分。

四、关于债务人异议的审查

在我国《民诉法》2012年修订前,关于人民法院应否对债务人提出的支付令异议进行审查,以及应当如何进行审查,理论上和实践中一直存在争议。依据1991年《民诉法》及相关司法解释的规定,如果债务人在法定期间提出书面异议,人民法院无需审查异议是否有理由,应直接裁定终结督促程序,支付令自行失效。正是由于债务人对支付令提出异议无需提供相应的事实和证据,实践中债务人可随意提出异议,一些债务人为拖延时间,逃避债务,故意通过提出异议的方式阻断支付令的效力,使得督促程序难以发挥其应有效用,徒增申请人讼累,导致督促程序在司法实践的适用不多。2012年修订的《民诉法》第217条规定:"人民法院收到债务人提出的书面异议后,经审查,异议成立的,应当裁定终结督促程序,支付令自行失效。"根据该规定,人民法院应当对债务人的异议进行审查,以确定其异议是否成立。但是,对于如何把握审查标准,是仅限于形式审查还是进行实质审查,仍然不明确。《民诉法解释》第437条进一步对债务人的异议的审查方式进行了明确规定,即应进行形式审查。审查的主要内容是债务人的异议是否合法,是否针对债权债务本身提出。为防止债务人滥用异议权,还应审查其异议是否附有理由,但不应审查其理由是否成立,也不对债务事实和责任的承担进行审查。

▶ 五、关于督促程序与诉讼程序的转化和对接

在我国的司法实践中,督促程序长期以来遭受冷遇,甚至成为"冬眠程序"。① 其原因主要是债务人异议的随意性,以及督促程序和诉讼程序之间的割裂,使得债权人和债务人存在着风险上的不对等性。一旦债务人提出异议,支付令即告失效,债权人就得重头开始,另行对债务人起诉,此前所经过的督促程序毫无作用。为了避免不必要的诉累和双重交费,实践中,债权人通常都会更理智保险地选择直接起诉,直接选择督促程序的可能性不大。② 为重新"激活"督促程序,强化督促程序的运用,我国《民诉法》一方面建立债务人异议审查制度,另一方面确立了督促程序与通常诉讼程序的对接机制,实现了两种程序之间的直接转化。

1. 督促程序与通常诉讼程序的对接方式

督促程序与通常诉讼程序的对接包括两种情形:一是由诉讼程序转为督促程序;二是由督促程序转为诉讼程序。

(1) 诉讼程序转为督促程序。根据我国《民诉法》第133条的规定,在审前准备程序中,对于债权债务关系明确、当事人没有争议,只是债务人无法及时偿还债务的给付金钱、有价证券的案件,如果符合督促程序规定条件的,可以转入督促程序,以发挥支付令的功能。

(2) 督促程序转为诉讼程序。根据我国《民诉法》第217条的规定,人民法院对债务人提出的书面异议,经审查认为异议成立的,应裁定终结督促程序,支付令自行失效。支付令失效后,除申请支付令的一方当事人不同意提起诉讼的以外,可直接转入诉讼程序。

---

① 据统计,全国法院适用督促程序的案件一度不足民事一审案件总数的2%。参见江必新主编:《新民事诉讼法理解适用与实务指南》,中国法制出版社2012年版,第817页。

② 曹守晔:《民事诉讼法修改若干条文的理解与适用》,载《人民司法》2012年第19期。

2. 督促程序与通常诉讼程序的对接程序

我国《民诉法》并未对督促程序与通常诉讼程序的对接程序作出具体规定，《民诉法解释》对督促程序转为诉讼程序作了一定的补充，但其规定仍然比较简单，因而在实务中两种程序间转化的操作存在着较多问题，仍然需要进一步探索。

（1）关于债权人程序选择权的保障。

关于进行两种程序之间的转化，是依职权进行还是依当事人的申请进行，根据我国《民诉法》的规定，应是采取依职权转入的方式，并不要求当事人提出申请。不过，在具体做法上有所不同。对于诉讼程序转为督促程序的情形，从我国《民诉法》第133条的规定来看，属于法院自由裁量的范畴，有法院依职权直接进行案件分流，并不需要当事人的同意。对督促程序转入诉讼程序的情形，我国《民诉法》第217条和《民诉法解释》第440条、第441条在直接转入的基础上赋予了当事人一定的程序选择权，即如果申请人不同意提起诉讼的话应在7日内向法院提出，否则即视为其向法院提起了诉讼，而无需当事人申请。这种做法在程序的衔接上比较紧凑和明快，避免了程序的迟延和繁琐，同时又兼顾了对当事人处分权的尊重，实堪赞同。我们认为，无论是督促程序转入诉讼程序还是诉讼程序转为督促程序，都应当尊重当事人的意愿，而不能仅仅考虑程序效率，在直接转换的基础上赋予当事人一定的程序选择权无疑是一种比较稳妥的做法。因此，在审前程序中将案件分流转为督促程序时，应当通知起诉的债权人，允许其在一定期限内提出不同意见。如果债权人未明确表示不同意，即推定债权人同意转入督促程序。

（2）关于诉讼费用的处理。

由于案件受理费的计征标准不同，申请支付令的费用仅是财产案件费用的1/3，因此督促程序和诉讼程序的对接还涉及程序转化后诉讼费用的计算和缴纳问题。具体而言，从诉讼程序转为督促程序时，由于案件受理时当事人已经按照财产案件的收费标准预交了诉讼费用，在程序转化时可暂时不必重新计征，如果适用督促程序后债权获得清偿或者支付令生效，则应按照申请支付令的收费标准退回多收的费用。在支付令失效，从督促程序转入诉讼程序时，则应按财产案件的收费标准重新计算诉讼费用，此前预先缴纳的申请费自然转化为诉讼费用的一部分，不足部分由法院通知债权人补缴。

（3）关于诉讼文书的衔接。

由于督促程序具有简便性的特征，目的是使债权人迅速、简便获得执行名义，因而支付令申请书和起诉状不仅文本格式不同，在记载事项上也存在一定的差别。那么，在进行程序时是否需要重新提交相应的诉讼文书呢？民诉法和司法解释对此并无规定。我们认为，鉴于支付令申请书的格式、内容较之于起诉状要更为简单，在诉讼程序转入督促程序时，可以法院作出的裁定为据，不必补交起诉状；在督促程序转入诉讼程序时，申请人另行补交起诉状则往往十分必要。法院可以通知债权人,要求其在一定期限内补交起诉状。

【经典司考题】

1. 对民事诉讼法规定的督促程序,下列哪一选项是正确的?(2007-3-34)

A. 向债务人送达支付令时,债务人拒绝签收的,法院可以留置送达

B. 向债务人送达支付令时法院发现债务人下落不明的,可以公告送达

C. 支付令送达债务人之后,在法律规定的异议期间,支付令不具有法律效力

D. 债务人对支付令提出异议,通常以书面的形式,但书写异议书有困难的,也可以口头提出

考点:支付令的送达

2. 关于支付令,下列哪些说法是正确的?(2010-3-89)

A. 法院送达支付令债务人拒收的,可采取留置送达

B. 债务人提出支付令异议的,法院无需审查异议理由客观上是否属实

C. 债务人收到支付令后不在法定期间提出异议而向法院起诉的,不影响支付令的效力

D. 支付令送达后即具有强制执行力

考点:支付令

3. 甲公司因乙公司拖欠货款向A县法院申请支付令,经审查甲公司的申请符合法律规定,A县法院向乙公司发出支付令。乙公司收到支付令后在法定期间没有履行给付货款的义务,而是向A县法院提起诉讼,要求甲公司承担因其提供的产品存在质量问题的违约责任。关于本案,下列哪些选项是正确的?(2011-3-85)

A. 支付令失效

B. 甲公司可以持支付令申请强制执行

C. A县法院应当受理乙公司的起诉

D. A县法院不应受理乙公司的起诉

考点:对支付令的异议

4. 甲向乙借款20万元,丙是甲的担保人,现已到偿还期限,经多次催讨未果,乙向法院申请支付令。法院受理并审查后,向甲送达支付令。甲在法定期间未提出异议,但以借款不成立为由向另一法院提起诉讼。关于本案,下列哪一说法是正确的?(2015-3-47)

A. 甲向另一法院提起诉讼,视为对支付令提出异议

B. 甲向另一法院提起诉讼,法院应裁定终结督促程序

C. 甲在法定期间未提出书面异议,不影响支付令效力

D. 法院发出的支付令,对丙具有拘束力

考点:支付令的效力

第二十五章　公示催告程序

要点提示

- 公示催告程序
- 公示催告程序的适用范围
- 权利申报的条件
- 除权判决的效力

第一节　公示催告程序概述

一、公示催告程序的概念

公示催告程序,是指人民法院根据申请人的申请,以公示的方法催促利害关系人在一定期限内申报权利。若到期无人申报权利的,则根据申请人的申请依法作出除权判决的程序。

公示催告程序就其性质而言,是一种非讼程序。因为公示催告案件中只存在着申请人一方而无相对方或相对方不明,也不解决民事实体争议,而只是通过公示的方法,解决票据权利人在票据丧失后的权利恢复问题以及其他法定的事项。为适应我国社会经济发展的需要,我国1991年《民诉法》借鉴国外立法经验而设立公示催告程序,其目的是通过法律程序解决票据丧失后的救济问题,从而消除票据权利所处的不稳定状况,以保护失票人以及利害关系人的合法权益,保障票据流通的安全,从而维护社会的稳定和经济的发展。

二、公示催告程序的特点

（1）程序的非讼性。公示催告程序并不解决当事人之间的民事权益纠纷,而只是确认一定的法律事实,并由权利人根据确认的事实主张权利,因而属于非讼程序。在公示催告程序中,一旦利害关系人向法院申报权利而在当事人之间形成明确的争议时,人民法院即应裁定终结公示催告程序。

（2）适用范围的特定性。公示催告程序只适用两类情况:一是可以背书转让的票据被盗、遗失或灭失的,二是依法律规定可以申请公示催告的其他事项。除此之外的其他事项,不得适用公示催告程序。

（3）审判的简便性。适用公示催告程序审判案件,主要是采用书面审查和公示方式,不存在审前准备、开庭审理等阶段,较之通常的诉讼程序而言是一种略式审判程序。另外,公示催告程序实行一审终审,也不适用审判监督程序。无论用判决还是裁定的方式结案,当事人均不得提起上诉,也不得对生效的除权判决或终结公示催告程序的生效裁定申请再审。

（4）程序构造的阶段性。公示催告程序由两个阶段构成,即公示催告阶段和作出除权判决阶段。这两个程序阶段均通过当事人的申请启动,并分别由两个不同的审判组织进行审理。适用公示催告程序审理案件,可由审判员一人独任审理;判决宣告票据无效的,应当组成合议庭审理。

三、公示催告程序的适用范围

尽管许多国家都有关于公示催告程序的规定,但其适用范围却不尽一致。我国民事诉讼法对适用公示催告程序的案件范围作了较为严格的限制,根据《民诉法》以及相关法律和司法解释的规定,公示催告程序主要适用于可以背书转让的票据和其他事项两种类型。

(一)可以背书转让的票据

所谓票据,是指由出票人依据票据法签发的,约定由本人或委托他人于一定期日向收款人或持票人无条件支付一定金额的有价证券。根据我国《票据法》的规定,票据分为支票、本票和汇票三种。票据的特点在于其流通性,而流通的基础又在于票据可以转让。票据的转让形式分为两种:一种是直接交付的简单转让;一种是背书转让。其中,背书转让是票据转让的最常见形式。所谓背书,是指持票人在票据的背面或其粘单上记载有关事项并签章的行为。票据的背书转让,是指持票人以背书方式将票据权利转让给他人的行为。作成背书签章的人,称为背书人;被记名接受票据权利的人,称为被背书人。可申请公示催告的票据,只限于按规定可以背书转让的支票、汇票、本票,出票人记载"不得转让"字样的票据均不得申请公示催告。

(二)依据法律规定可以申请公示催告的其他事项

对公示催告程序的适用范围,我国《民诉法》仅明确规定了可以背书转让的票据这一种,同时规定了"其他事项"作为兜底条款,留待将来的法律进行补充。根据有关法律规定,公示催告程序还可以适用于以下两种情形:

1. 记名股票

股票是一种有价证券,是股份公司在筹集资本时向出资人发行,用以证明投资者股东身份和权益,并据以获得股息和红利的凭证。根据我国《公司法》第144条的规定,记名股票被盗、遗失或者灭失,股东可以依照民事诉讼法规定的公示催告程序,请求人民法院宣告该股票失效。根据该规定,股票中只有记名股票丧失时才可以申请公示催告,不记名股票则不能适用公示催告程序。

2. 提单等提货凭证

提单是指用以证明海上货物运输合同和货物已经由承运人接收或者装船,以及承运人保证据以交付货物的单证。提单是一种代表一定物权的有价证券,对于合法取得提单的持有人,提单具有物权凭证的功能。提单的合法受让人或提单持有人就是提单上所记载货物的合法持有人,凭单可以要求承运人交付货物。我国《海诉法》第100条规定:"提单等提货凭证持有人,因提货凭证失控或者灭失,可以向货物所在地海事法院申请公示催告。"根据该条规定,提单等提货凭证也属于公示催告程序的适用范围,在丢失或者灭失时也可以申请公示催告。

第二节 公示催告的申请和审理

一、公示催告的申请和受理

(一)公示催告的申请

公示催告的申请,是指票据或者其他法定的有价证券的拥有人,在票据或者其他有价证券丧失时,依法向法院提出公示催告的请求,从而引起公示催告程序的行为。

申请公示催告,应当具备以下条件:

(1)申请公示催告的主体,须是可以背书转让的票据持有人,以及法律规定可以申请公示催告的权利凭证的持有人,如记名股票的股东。就票据而言,我国《民诉法》第218条规定申请人必须是票据持有人,我国《民诉法解释》第444条进一步将票据持有人解释为票据被盗、遗失或灭失前的最后持有人,通俗地称为"失票人"。因此,公示催告程序的申请人须为票据最后持有人或失票人,而在该票据流通过程中曾经持有过的其他人不能成为申请人。

(2)申请公示催告的事项,必须属于公示催告程序的适用范围,即可以背书转让的票据或者法律规定可以申请公示催告的其他事项。

(3)申请公示催告的原因,是申请人失去对相关事项的控制。就票据而言,是指票据丧失,即票据被盗、遗失或灭失。它具有以下两个特点:其一,持票人非自愿地失去对票据的占有;其二,利害关系人不明确,这是公示催告程序最显著的特征。因此,对于伪造、变造、涂改等手段所形成的票据纠纷,以及涉及票据中权利义务,又有明确的相对一方当事人的权利争议,都不能适用公示催告程序。

(4)申请公示催告,须向票据支付地的基层法院提出。公示催告程序不同于票据纠纷的诉讼,票据纠纷既可以由票据支付地也可以由被告居所地人民法院管辖,而申请公示催告的案件只能由票据支付地人民法院管辖。所谓票据支付地,是指票据上载明的付款地。如果票据上未载明付款地的,则以票据付款人的住所地或者主要营业地为票据支付地。应注意的是,提单等提货凭证的公示催告案件属于货物所在地海事法院专门管辖。

(5)申请公示催告,须采用书面方式,即申请人应当提交书面申请。申请书应当写明票据种类、票面金额、发票人、持票人、背书人等票据主要内容,申请公示催告的事实和理由。

(二)公示催告申请的审查与受理

人民法院收到当事人的公示催告申请后,应当立即审查其是否具备申请的条件,以决定是否受理。根据我国《民诉法解释》第446条的规定,对于因票据丧失而申请公示催告的,人民法院应结合票据存根、丧失票据的复印件、出票人关于签发票据的证明、申请人合法取得票据的证明、银行挂失止付通知书、报案证明等证据进行审查。

人民法院经审查,认为公示催告申请符合受理条件的,应当受理,并同时通知支付人停止支付;认为不符合受理条件的,应当在7日内裁定驳回申请。

人民法院受理公示催告申请后,应当指派一名审判员进行独任审理。

(三) 公示催告申请的撤回

公示催告申请人有权撤回其申请,但撤回申请应在法院发出公示催告前提出。申请人公示催告期间申请撤回的,人民法院可以径行裁定终结公示催告程序。

二、发出停止支付通知和公示催告公告

(一) 止付通知

人民法院决定受理公示催告申请后,应同时通知支付人停止支付。支付人收到通知后,应当停止支付,直至公示催告程序终结。支付人拒不停止支付的,法院可依照我国《民诉法》第111条、第114条规定采取强制措施。此外,在除权判决作出后,该支付人仍应承担支付义务。

(二) 公示催告公告

公示催告的公告,是指人民法院受理申请人申请后,发布的催促不明确的利害关系人在法定期间申报权利的告示。人民法院受理申请人的公示催告申请后,应当在3日内发出公告,催促利害关系人申报权利。

(1) 公告的内容。公示催告公告的内容包括:公示催告申请人的姓名或名称;票据的种类、号码、票面金额、出票人、背书人、持票人、付款期限等事项以及其他可以申请公示催告的权利凭证的种类、号码、权利范围、权利人、义务人、行权日期等事项;申报权利的期间;在公示催告期间转让票据等权利凭证,以及利害关系人不申报的法律后果。

(2) 公示催告的期间,也即公告催促利害关系人申报权利的期间。我国《民诉法解释》第449条规定,公告期间不得少于60日,且公示催告期间届满日不得早于票据付款日后15日。

(3) 公告发布方式和地点。公告应当在有关报纸或其他媒体上刊登,并于同日公布于人民法院公告栏内。若人民法院所在地有证券交易所的,还应于同日在该交易所公布。

三、利害关系人申报权利和审查处理

(一) 利害关系人申报权利

利害关系人是指除申请人之外,对丧失的票据或法律规定的其他事项主张权

利的人。申报权利,是指利害关系人在公示催告期间内向人民法院主张权利的行为。公示催告发出后,利害关系人为避免因除权判决而失权,可以向人民法院申报权利。

有关利害关系人申报权利,主要涉及以下几个问题:

(1) 申报权利的主体,须是公示催告程序中的利害关系人。具体而言,申报人须具备两个条件:一是与公示催告事项具有利害关系,二是须为票据或者法律规定的其他事项的实际占有人。

(2) 申报权利的期间。利害关系人原则上应当在公示催告期间内申报权利,利害关系人因故未能在公示催告期间内申报的,也可以在申报期届满后、除权判决作出前申报权利。也即是说,利害关系人最迟应在除权判决作出前申报权利。

(3) 申报权利的方式。利害关系人申报权利应当以书面的形式向发出公示催告的人民法院提出,写明申报权利请求、理由和事实等事项,并应当向人民法院出示票据正本或者法律规定的证据。

(二) 对利害关系人申报权利的审查处理

1. 票据的出示和察看

利害关系人申报权利后,人民法院应当对申报进行审查,通知申报人向人民法院出示票据,并通知公示催告申请人在指定的期间察看票据。

2. 利害关系人申报权利的法律后果

利害关系人申报权利的后果有两种情况:(1) 裁定驳回申报。申请人申请公示催告的票据与利害关系人出示的票据不一致的,权利申报不能成立,人民法院应当裁定驳回利害关系人的申报;(2) 裁定终结公示催告程序。利害关系人提出的票据与公示催告的票据一致的,人民法院应当裁定终结公示催告程序,并通知申请人和支付人。支付人收到人民法院公示催告程序终结的通知后,即应恢复支付。公示催告程序因利害关系人申报权利而终结后,申请人或申报人可以向人民法院起诉。

第三节 除权判决

一、除权判决的含义

公示催告期间届满后,无利害关系人申报权利,或者申报被依法驳回的,人民法院应根据申请人的申请,作出宣告票据无效或者有关权利凭证无效的判决,这种判决称为除权判决。

除权判决有两层含义:其一,宣告票据无效并排除申请人以外的人对该票据享有权利,故称之为"除权";其二,通过在指定期间内无人申报权利的事实,推定票据权利属于申请人。就这个意义而言,除权判决也具有确权的性质。

▶ 二、除权判决的作出

作出除权判决是公示催告程序的最后阶段,但并不是必经阶段。除权判决与公示催告是两个相对独立的阶段,从公示催告阶段不能自动过渡到除权判决阶段,须经申请人以申请的方式启动除权判决。因此,公告期间届满,虽无人申报权利,如果申请人没有在法定期间内申请作出除权判决的,人民法院不能主动作出除权判决。

(一)除权判决的申请

申请除权判决,应当具备以下条件:

(1)公示催告期间届满,无人申报权利,或者虽有人申报权利,但申报不成立而被人民法院裁定驳回。这是申请除权判决的实质条件。

(2)申请必须在法定期间提出。公示催告申请人申请人民法院作除权判决的,应自公示催告期间届满之日起1个月内提出。逾期不申请判决的,人民法院应终结公示催告程序。

(3)申请应当向原受理公示催告的人民法院提出。

(二)除权判决的作出

申请人在法定期间提出除权判决申请的,人民法院应当组成合议庭进行审理。合议庭经审查和评议,确信除申请人外没有其他利害关系人的,应当作出判决,宣告票据或有关权利凭证无效。

(三)除权判决的公告

除权判决作出后,应当进行公告,并通知支付人。公告判决可以使利害关系人在知晓判决内容后,另行提起诉讼;也可以使社会众多成员获知其内容,便于维护其合法权益。

▶ 三、除权判决的效力

除权判决自公告之日起发生法律效力,当事人不得提起上诉。除权判决生效后,具有以下法律效力:

(1)票据失去效力。除权判决生效后,被申请公示催告的票据或其他权利凭证失去效力,这是除权判决最直接的效果。

(2)申请人恢复权利。除权判决生效后,公示催告申请人重新恢复享有已经丧失的票据或权利凭证上的权利,有权依据判决向支付人请求付款。

(3)公示催告程序终结。

四、对利害关系人的救济

除权判决的效力具有相对性。人民法院作出除权判决并非依据确凿的事实和证据,而是根据公示催告期间内无人申报权利或者申报被驳回的事实,推定申请人为该票据或权利凭证的合法持有人。这种推定有可能与事实不符,在除权判决作出之前没有申报权利的利害关系人可能在事实上享有票据权利,只是因某些原因而未能申报权利。由于除权判决不能上诉,也不能适用审判监督程序加以救济,为了给利害关系人提供必要的救济渠道,我国《民诉法》第223条规定:因正当理由不能在判决前向人民法院申报的利害关系人,可以自知道或者应当知道判决公告之日起1年内,向作出判决的人民法院另行起诉,请求撤销除权判决。

利害关系人提起撤销之诉必须具备下列条件:

(1) 利害关系人在判决作出前没有向人民法院申报权利。

(2) 利害关系人没有申报权利具有正当理由。根据我国《民诉法解释》第460条的规定,正当理由具体包括以下情形:其一,因发生意外事件或者不可抗力致使利害关系人无法知道公告事实的;其二,利害关系人因被限制人身自由而无法知道公告事实,或者虽然知道公告事实,但无法自己或者委托他人代为申报权利的;其三,不属于法定申请公示催告情形的;其四,未予公告或者未按法定方式公告的;其五,其他导致利害关系人在判决作出前未能向人民法院申报权利的客观事由。

(3) 利害关系人须在知道或者应该知道判决公告之日起1年内提起诉讼,超过1年的,人民法院不予保护。

(4) 利害关系人须向作出除权判决的人民法院提起诉讼。

(5) 利害关系人须以公示催告申请人为被告。

对于利害关系人提起的诉讼,人民法院应按照票据纠纷适用普通程序进行审理,并对是否应该撤销除权判决作出裁判。当事人对所作裁判不服的,可以依一般诉讼程序规定提起上诉。

利害关系人提起撤销之诉的目的在于撤销除权判决的效力,其性质属于形成之诉。在司法实践中,利害关系人所提出的诉讼请求往往并不一致,有的诉请撤销除权判决,有的诉请确认其为合法持票人,还有的既诉请撤销除权判决,又要求确认其为合法持票人。对此,我国《民诉法解释》第461条规定,如果利害关系人没有提出撤销除权判决的请求,而仅诉请确认其为合法持票人的,人民法院应当在裁判文书中写明,"确认利害关系人为票据权利人的判决作出后,除权判决即被撤销"。

【经典司考题】

1. 下列哪一项表述符合公示催告程序的法律规定?(2005-3-40)

A. 公示催告程序只适用于基层人民法院
B. 公示催告程序仅适用于各种票据的公示催告
C. 除权判决应当宣告票据是否无效
D. 当事人不服法院的除权判决,可以提起上诉

考点:公示催告程序

2. 下列关于公示催告程序特点的哪些说法是正确的?(2006-3-76)
A. 公示催告程序仅适用于基层人民法院
B. 公示催告程序实行一审终审
C. 公示催告程序中没有答辩程序
D. 公示催告程序中没有开庭审理程序

考点:公示催告程序

3. 甲公司财务室被盗,遗失金额为80万元的汇票一张。甲公司向法院申请公示催告,法院受理后即通知支付人A银行停止支付,并发出公告,催促利害关系人申报权利。在公示催告期间,甲公司按原计划与材料供应商乙企业签订购货合同,将该汇票权利转让给乙企业作为付款。公告期满,无人申报,法院即组成合议庭作出判决,宣告该汇票无效。关于本案,下列哪些说法是正确的?(2015-3-85)
A. A银行应当停止支付,直至公示催告程序终结
B. 甲公司将该汇票权利转让给乙企业的行为有效
C. 甲公司若未提出申请,法院可以作出宣告该汇票无效的判决
D. 法院若判决宣告汇票无效,应当组成合议庭

考点:公示催告程序

4. 甲公司因遗失一张汇票向A县法院申请公示催告,在公示催告期满后,乙公司向A县法院申报权利。经审查,乙公司的权利申报成立。法院应当如何处理此案?(2008-3-43 四川)
A. 法院应当直接判决汇票权利归乙公司享有
B. 法院应当裁定将公示催告程序转为普通程序审理此案
C. 因乙公司未能在公示催告期间届满前申报权利,法院应当作出除权判决
D. 法院应当裁定终结公示催告程序

考点:权利申报

5. 甲公司因遗失汇票,向A市B区法院申请公示催告。在公示催告期间,乙公司向B区法院申报权利。关于本案,下列哪些说法是正确的?(2009-3-89)
A. 对乙公司的申报,法院只就申报的汇票与甲公司申请公示催告的汇票是否一致进行形式审查,不进行权利归属的实质审查
B. 乙公司申报权利时,法院应当组织双方当事人进行法庭调查与辩论
C. 乙公司申报权利时,法院应当组成合议庭审理

D. 乙公司申报权利成立时,法院应当裁定终结公示催告程序

考点:权利申报

6. 甲的汇票遗失,向法院申请公示催告。公告期满后无人申报权利,甲申请法院作出了除权判决。后乙主张对该票据享有票据权利,只是因为客观原因而没能在判决前向法院申报权利。乙可以采取哪种法律对策?(2007-3-46)

A. 申请法院撤销该除权判决

B. 在知道或者应当知道判决公告之日起 1 年内,向作出除权判决的法院起诉

C. 依照审判监督程序的规定,申请法院对该案件进行再审

D. 在 2 年的诉讼时效期间之内,向作出除权判决的法院起诉

考点:利害关系人的救济

第八编　涉外与涉港、澳、台民事诉讼

第二十六章　涉外民事诉讼概述及一般原则

要点提示

- 涉外民事诉讼
- 涉外民事诉讼的原则

第一节　涉外民事诉讼程序概述

一、涉外民事诉讼

(一)涉外民事诉讼的概念

涉外民事诉讼,就是具有涉外因素的民事诉讼,是指涉外民事争议的当事人向人民法院提出诉讼请求,人民法院在双方当事人和其他诉讼参与人的参加下,依法审理和裁判涉外民事争议的程序和制度。

根据我国《民诉法解释》第522条的规定,具有下列因素之一的,可以认定为涉外民事案件:

(1)当事人一方或者双方是外国人、无国籍人、外国企业或者组织的;
(2)当事人一方或者双方的经常居所地在我国领域外的;
(3)标的物在我国领域外的;
(4)产生、变更或者消灭民事关系的法律事实发生在我国领域外的;
(5)可以认定为涉外民事案件的其他情形。

(二)涉外民事诉讼的特点

(1)涉外民事诉讼往往涉及国家主权。案件所具有的涉外因素,有可能使案件所具有的确定管辖的因素涉及其他国家,从而产生我国和国外的法院都具有管辖权的问题。如果当事人向每一个具有管辖权的法院都提起诉讼,就会产生不同国家之间需要相互承认和执行判决的问题,处理起来比国内诉讼要复杂得多。

(2)涉外民事诉讼,由于涉及不同的国家,所以在文书的送达、当事人的传唤等程序问题上所花的时间要比国内民事诉讼长。送达方式也要考虑我国法律和受送达人所在国法律的规定,因此不能采用国内送达的方式。

(3)涉外民事诉讼在法律适用上,程序法应当适用法院所在地法律,实体法的适用需要依准据法进行选择,这就有可能要选择适用外国的法律。不仅当事人要提供外国法律,审理案件的法官也要对外国法律有较高、较全面的认知理解能力。

二、涉外民事诉讼程序

涉外民事诉讼程序,就是指法院审理具有涉外因素的民事案件所适用的诉讼程序。我国《民诉法》并没有专门设立一个不同于国内诉讼审理程序的涉外民事诉讼程序。对涉外案件的审理,是在国内诉讼审理程序的基础上,对涉外诉讼的某个阶段或某个环节,针对涉外案件的特点,作出了一些特别规定。因此,《民诉法》第259条规定,人民法院在审理涉外民事案件时,应当适用第四编的特别规定。如果第四编没有作出特别规定,那么就适用《民诉法》的其他规定。此外,最高人民法院有关涉外民事诉讼程序的司法解释和我国加入和承认的国际条约、遵守的国际惯例也是审理涉外民事诉讼的法律渊源。

第二节 涉外民事诉讼的一般原则

涉外民事诉讼的一般原则,是指对整个涉外民事诉讼具有指导意义的根本性规则。我国《民诉法》第 4 条、第 5 条以及第 4 编第 23 章规定了我国涉外民事诉讼的一般原则。

▶ 一、适用我国民事诉讼法原则

《民诉法》第 4 条规定:"凡在中华人民共和国领域内进行民事诉讼,必须遵守本法。"《民诉法》第 259 条规定:"在中华人民共和国领域内进行涉外民事诉讼,适用本编规定。本编没有规定的,适用本法其他有关规定。"这表示在我国进行涉外民事诉讼,必须遵守我国的民事诉讼法。

程序法适用法院地法是一项国际惯例。适用我国民事诉讼法原则,主要体现在以下三个方面:

(1) 任何外国人、无国籍人、外国企业和组织,在我国领域内进行民事诉讼,必须遵守我国的民事诉讼法。

(2) 凡属我国人民法院管辖的案件,我国都有司法权,由我国具有管辖权的人民法院管辖。由我国人民法院专属管辖的案件,任何外国法院无权进行审判。

(3) 任何外国法院的判决、裁定和外国仲裁机构的仲裁裁决,未经我国法院的承认,在我国领域内均不发生法律效力。只有经过我国法院的审查并且承认后,才具有法律效力;有执行内容的,需由当事人申请并经我国法院作出裁定,才能按照我国法律规定的执行程序予以执行。

▶ 二、同等和对等原则

《民诉法》第 5 条规定:"外国人、无国籍人、外国企业和组织在人民法院起诉、应诉,同中华人民共和国公民、法人和其他组织有同等的诉讼权利义务。

外国法院对中华人民共和国公民、法人和其他组织的民事诉讼权利加以限制的,中华人民共和国人民法院对该国公民、企业和组织的民事诉讼权利,实行对等原则。"

同等对等原则包括同等原则和对等原则两方面的内容:

(1) 外国人、无国籍人、外国企业和组织在我国法院起诉应诉时,诉讼权利义务与我国公民、法人和其他组织相同。这被称为同等原则。例如,我国公民在国内进行诉讼时需要提交身份证明文件,外国人或外国企业、外国组织参加诉讼也应当遵守此规定。自然人应当提交护照等用以证明自己身份的证件,外国企业或者组织提交的身份证明文件,应当经所在国公证机关公证,并经我国驻该国使领馆认证,或者履行我国与该所在国订立的有关条约中规定的证明手续。代表外国企业或者组织参加诉讼的人,还应当提交其有权作为代表人参加诉讼的证明,该证明应当经所在国公证机关公证,并经我国驻该国使领馆认证,或者履行我国与该所在国订立的有关条约中规定的证明手续。①

(2) 如果我国公民、法人和其他组织在外国法院进行民事诉讼时,民事诉讼权利没有受到限制,那么该国公民、企业和组织在我国进行民事诉讼时,其民事诉讼权利也不受限制。如果外国法院对我国公民、法人和其他组织的民事诉讼权利予以限制,相应的,我国法院对该国公民、企业和组织也加以同样的限制。这被称为对等原则。

三、适用我国缔结或者参加的国际条约原则

条约必须遵守是国际关系中的一项公认准则。《民诉法》第 260 条规定:"我国缔结或者参加的国际条约同本法有不同规定的,适用该国际条约的规定,但我国声明保留的条款除外。"这表明在审理涉外民事案件过程中,如果我国缔结或者参加的国际条约与民事诉讼法的规定不一致,应当优先适用国际条约的规定。对我国已经声明保留的条款,不受国际条约的约束。

四、司法豁免原则

司法豁免权,是指一个国家或者国际组织派驻他国的外交代表免受驻在国司法管辖的权利。《民诉法》第 261 条规定:"对享有外交特权与豁免的外国人、外国组织或者国际组织提起的民事诉讼,应当依照中华人民共和国有关法律和中华人民共和国缔结或者参加的国际条约的规定办理。"我国有关法律,主要是指我国于 1986 年 9 月 5 日制定的《外交特权与豁免条例》,1990 年 10 月 30 日制定的《领事特权与豁免条例》。我国缔结或者参加的国际条约,主要是指我国于 1975 年 11 月 25 日加入的《维也纳外交关系公约》,1979 年 7 月 3 日加入的《维也纳领事公约》。

根据上述法律和国际条约,享有司法豁免权的主体包括:(1) 外交代表与其共同生活的配偶和未成年子女;(2) 使馆行政技术人员、领事官员和领馆行政技术人员;(3) 来中国访问的外国元首、政府首脑、外交部长及其他具有同等身份的官员;(4) 其他依照我国参加或者缔结的国际条约享有司法豁免权的外国人、外国组织或者国际组织。

根据上述法律和国际条约,外交代表虽然享有民事管辖豁免,但下列情形除

---

① 此处的"所在国",是指外国企业或者组织的设立登记地国,也可以是办理了营业登记手续的第三国。

外:(1)派遣国政府明确表示放弃民事管辖(但不包括放弃对判决的执行,因此如果要放弃对判决的执行必须要另行作出明确表示);(2)享有豁免权的外交代表主动提起诉讼,对与本诉直接有关的反诉不享有豁免权;(3)外交代表以私人身份进行的遗产继承诉讼;(4)外交代表因从事公务范围以外的职业或者商业活动而引起的诉讼。

虽然我国《民诉法》没有规定外国国家的主权豁免,但根据"平等者之间无管辖权"的原则,一般认为,不应当受理以外国国家或者政府作为被告的民事诉讼,除非外国政府同意诉讼。即使如此,如果外国国家或者政府败诉,不经过外国政府的同意,不得对其国家财产强制执行。

▶ 五、使用我国通用的语言文字原则

《民诉法》第262条规定:"人民法院审理涉外民事案件,应当使用中华人民共和国通用的语言、文字。当事人要求提供翻译的,可以提供,费用由当事人承担。"使用法院所在国语言文字进行诉讼,是各国的通行原则,也是各国独立行使司法权的内容之一。《民诉法解释》第527条进一步规定:在涉外民事诉讼中,如果外国当事人提出诉讼文书或者外国法院委托我国法院代为送达、协助执行的诉讼文书,必须附有中译本。当事人对中文翻译件有异议的,应当共同委托翻译机构提供翻译文本;当事人对翻译机构的选择不能达成一致的,由人民法院确定。

▶ 六、委托中国律师代理诉讼原则

律师制度是一国司法制度的重要组成部分,外国当事人在中国起诉、应诉或者出席法庭,只能委托中国的律师。外国当事人可以委托本人为诉讼代理人,也可以委托本国律师以非律师身份担任诉讼代理人;外国驻华使、领馆官员,受本国公民的委托,可以以个人名义担任诉讼代理人,但在诉讼中不享有外交特权和豁免权。

委托中国律师必须要签署授权委托书。如果该外国当事人在我国领域内没有住所,那么他从国外寄交或者托交的授权委托书,应当经所在国公证机关证明,并经我国使领馆认证,或者履行我国与该所在国订立的有关条约中规定的证明手续后,才具有效力;如果该所在国与我国没有建立外交关系,可以先经该国公证机关公证,然后经与我国有外交关系的第三国驻该国使领馆认证,再转由我国驻该第三国使领馆认证;外国驻华使、领馆授权其本馆官员,在作为当事人的本国国民不在我国领域内的情况下,可以以外交代表身份为其本国国民在我国聘请中国律师或中国公民代理民事诉讼;外国当事人在人民法院法官的见证下或者经我国公证机构公证签署的授权委托书,人民法院应予认可。

经国务院批准,外国律师事务所可以在我国设立代表机构、派驻代表,但只能

从事以下五种不包括中国法律事务的活动：

（1）向当事人提供该外国律师事务所律师已获准从事执业业务的国家法律咨询，以及有关国际条约、国际惯例的咨询；

（2）接受当事人或者中国律师事务所的委托，办理在该外国律师事务所律师已经获准从事律师执行业务的国家的法律事务；

（3）代表外国当事人，委托中国律师事务所办理中国法律事务；

（4）通过订立合同与中国律师事务所保持长期的委托关系办理法律事务；

（5）提供有关中国法律环境影响的信息。①

【思考题】

1. 为什么涉外民事诉讼的程序法要适用法院所在地法？
2. 依照我国法律规定，外国律师事务所能够开展哪些业务活动？

---

① 参见《外国律师事务所驻华代表机构管理条例》第 15 条。

第二十七章　涉外民事诉讼管辖、送达和期间

要点提示

- 涉外民事诉讼管辖的原则
- 涉外民事诉讼管辖的种类
- 涉外民事诉讼管辖的送达
- 涉外民事诉讼管辖的期间

第一节 涉外民事诉讼管辖

一、涉外民事诉讼管辖的确定原则

涉外民事诉讼的管辖,是指我国人民法院有权受理涉外民事案件的范围以及我国人民法院内部受理第一审涉外民事案件的分工和权限。

管辖权是司法权的重要组成部分,而司法权又是国家主权的重要内容之一,因此,正确确定涉外民事案件的管辖,有利于维护国家的主权和尊严。各国在确定涉外民事案件管辖时,普遍强调国家主权原则,但同时也要求具体案件与本国必须具有某种联接点。综观各国立法,大致形成了以下三种确定涉外民事案件管辖的原则:

(1) 属地管辖原则。属地管辖原则,是指以当事人住所地、居住地和事物的存在地(例如侵权行为地、合同履行地、案件争议标的物所在地)等作为行使管辖权的连接因素而形成的原则。属地管辖原则以国家主权原则为基础,特别强调当事人所在地、居住地和有关国家的地域联系,强调案件事实与有关国家领域的关系。在属于管辖原则中,通常是以被告所在地作为确定管辖的依据。

(2) 属人管辖原则。属人管辖原则,是指以当事人的国籍作为行使管辖权的连接因素而形成的原则。属人管辖原则强调当事人的国籍,强调一国法院对涉及本国国民案件的管辖权,这有利于对本国国民利益的保护,却存在可能不公平对待外国人的问题。

(3) 实际控制管辖原则。实际控制管辖原则,又称为有效原则,是指根据法院是否能够直接对被告或者其财产实施控制,能否做出有效的判决,来确定法院对某一具体的涉外民事案件是否有管辖的原则。这是英美法国家普遍采取的管辖原则。

我国《民诉法》在确定我国法院对涉外民事诉讼的管辖时,主要遵循了以下三项原则:(1) 维护国家主权原则。维护国家主权是我国涉外民事诉讼的重要原则,在确定涉外民事诉讼管辖时体现国家主权原则,能够更好地维护国家尊严。(2) 诉讼与法院所在地实际联系原则。根据这一原则,凡是诉讼与我国法院所在地有一定实际联系,我国法院就有管辖权。(3) 尊重当事人意愿原则。根据这一原则,当事人在不违反级别管辖和专属管辖的前提下,可以选择与争议有实际联系的法院管辖。

二、涉外民事诉讼管辖的种类

根据我国《民诉法》第259条规定,涉外民事诉讼可以适用《民诉法》的相关规定。这样,当涉外民事诉讼对管辖没有作出规定时,就适用国内民事诉讼中关于管辖的基本规定。

涉外民事诉讼管辖的种类主要有以下几种:

(一)实际联系管辖

我国《民诉法》第 265 条规定:"因合同纠纷或者其他财产权益纠纷,对在我国领域内没有住所的被告提起的诉讼,如果合同在我国领域内签订或者履行,或者诉讼标的物在我国领域内,或者被告在我国领域内有可供扣押的财产,或者被告在我国领域内设有代表机构,可以由合同签订地、合同履行地、诉讼标的物所在地、可供扣押财产所在地、侵权行为地或者代表机构住所地人民法院管辖。"对于这一规定,适用时应当注意:

(1)必须是合同纠纷或者其他财产权益纠纷。人身关系的纠纷,不适用本条的规定,而是应当依照《民诉法》第 22 条第 1 款第 1 项"对不在我国领域内居住的人提起的有关身份关系的诉讼"由原告住所地法院管辖的规定来确定管辖。

(2)必须是被告在我国领域内没有住所地。如果被告在我国领域内有住所地,就适用国内诉讼的管辖规定。

(二)协议管辖

我国《民诉法解释》第 531 条规定:"涉外合同或者其他财产权益纠纷的当事人,可以书面协议选择被告住所地、合同履行地、合同签订地、原告住所地、标的物所在地、侵权行为地等与争议有实际联系地点的外国法院管辖。属于我国法院专属管辖的案件,当事人不得协议选择外国法院管辖,但协议选择仲裁的除外。"涉外民事诉讼的协议管辖是我国 1991 年《民诉法》第 244 条的规定,2012 年《民诉法》修改时将该条文删去,并不意味着涉外诉讼不适用协议管辖,而是将国内诉讼与涉外诉讼作了统一规定,避免浪费法条资源。但在适用中出现了不同的理解,因此《民诉法解释》对这个问题再次予以明确。

(三)专属管辖

专属管辖,是指对于特定的涉外民事诉讼案件,只能由我国人民法院管辖,当事人不得以书面协议形式选择其他国家法院管辖。

我国《民诉法》第 266 条规定:" 因在我国履行中外合资经营企业合同、中外合作经营企业合同、中外合作勘探开发自然资源合同发生纠纷提起的诉讼,由我国人民法院管辖。"

由于在我国履行中外合资经营企业合同、中外合作经营企业合同、中外合作勘探开发自然资源合同发生的纠纷,合同履行地、诉讼标的物所在地、纠纷事实都在我国领域内,因此应当由我国法院专属管辖。

属于我国法院专属管辖的案件,尽管当事人不得用书面协议选择其他国家法院管辖,但根据《民诉法解释》第 531 条第 2 款的规定,当事人可以选择通过仲裁裁决。

（四）集中管辖

根据最高人民法院《涉外管辖规定》，以下五类民商事案件实行集中管辖：(1)涉外合同和侵权纠纷案件；(2)信用证纠纷案件；(3)申请撤销、承认与强制执行国际仲裁裁决的案件；(4)审查有关涉外民商事仲裁条款效力的案件；(5)申请承认和强制执行外国法院民商事判决、裁定的案件。不包括发生在边境省份的边境贸易纠纷案件、涉外房地产案件和涉外知识产权案件。

上述民商事案件的第一审管辖法院是：(1)国务院批准设立的经济技术开发区人民法院；(2)省会、自治区首府、直辖市所在地的中级人民法院；(3)经济特区、计划单列市中级人民法院；(4)最高人民法院指定的其他中级人民法院；(5)高级人民法院。

（五）诉讼竞合

诉讼竞合，是指同一当事人对同一争议，基于相同的事实理由和诉讼目的向两个以上法院提起诉讼的现象。涉外案件的诉讼竞合现象由两种原因引起：(1)同一当事人作为原告向两个以上国家法院分别提起诉讼；(2)一方当事人作为原告向一个国家法院提起诉讼以后，另一方当事人也作为原告向另一个国家的法院提起诉讼。

诉讼竞合会引起国家之间在管辖权问题上的冲突，各国对诉讼竞合主要通过缔结国际条约和国内立法来解决。我国《民诉法》没有对诉讼竞合问题作出明确的规定。我国《民诉法解释》中规定了一些对诉讼竞合的解决办法。

(1)立案受理。我国法院和外国法院都有管辖权的案件，一方当事人向外国法院起诉，而另一方当事人向我国法院起诉的，人民法院可予受理。判决后，外国法院申请或者当事人请求人民法院承认和执行外国法院对本案作出的判决、裁定的，不予准许；但双方共同缔结或者参加的国际条约另有规定的除外。

(2)不予受理。我国法院和外国法院都有管辖权的案件，如果外国法院作出生效判决、裁定已经被我国法院承认，当事人就同一争议向人民法院起诉的，人民法院不予受理。在判断是否属于同一争议时，适用《民诉法解释》第247条的规定。

(3)驳回起诉。根据我国《民诉法解释》第532条的规定，涉外民事案件同时符合下列情形的，人民法院可以裁定驳回原告的起诉，告知其向更方便的外国法院提起诉讼：其一，被告提出案件应由更方便外国法院管辖的请求，或者提出管辖异议；其二，当事人之间不存在选择我国法院管辖的协议；其三，案件不属于我国法院专属管辖；其四，案件不涉及我国国家、公民、法人或者其他组织的利益；其五，案件争议的主要事实不是发生在我国境内，且案件不适用我国法律，人民法院审理案件在认定事实和适用法律方面存在重大困难；其六，外国法院对案件享有管辖权，且审理该案件更加方便。

第二节　涉外民事诉讼的送达

涉外民事诉讼送达的对象,是指在我国领域内没有住所的当事人。在涉外民事诉讼中,如果当事人在我国领域内有住所,适用国内送达方式;如果在我国领域内没有住所,适用涉外送达的方式。涉外送达有以下八种方式:

(1) 依照受送达人所在国与我国缔结或者共同参加的国际条约中规定的方式送达。这种送达方式以双方缔结或者共同参加的国际条约为基础。因此,对与我国没有缔结或者共同参加国际条约的国家,不能采用这一送达方式。

(2) 通过外交途径送达。这种送达方式最正规,但由于手续繁杂,非常费时。

(3) 对具有我国国籍的受送达人,可以委托我国驻受送达人所在国的使、领馆代为送达。

(4) 向受送达人委托的有权代其接受送达的诉讼代理人送达。这种送达方式通常是用在受送达人所在国与我国没有外交关系的情况下。

(5) 向受送达人在我国领域内设立的代表机构或者有权接受送达的分支机构、业务代办人送达。就此种送达方式,我国《民诉法解释》第535条将其扩大为:外国人或者外国企业、组织的代表人、主要负责人在我国领域内的,人民法院可以向该自然人或者外国企业、组织的代表人、主要负责人送达。这里的主要负责人包括该企业、组织的董事、监事、高级管理人员等。

(6) 邮寄送达。受送达人所在国的法律允许邮寄送达的,可以邮寄送达。邮寄送达需附有送达回证。受送达人未在送达回证上签收但在邮件回执上签收的,视为送达,签收日期为送达日期;自邮寄之日起满3个月,送达回证没有退回,但根据各种情况足以认定已经送达的,期间届满之日视为送达;如果未收到送达的证明文件,且根据各种情况不足以认定已经送达的,视为不能用邮寄方式送达。

(7) 电子送达。采用传真、电子邮件等能够确认受送达人收悉的方式送达。

(8) 公告送达。不能用上述方式送达的,公告送达,自公告之日起满3个月,即视为送达。对判决书的公告送达,自公告送达满3个月之日起,经过30日的上诉期当事人没有上诉的,一审判决即发生法律效力。人民法院一审时采取公告方式向当事人送达诉讼文书的,二审时可径行采取公告方式向其送达诉讼文书,但人民法院能够采取公告方式之外的其他方式送达的除外。

第三节　涉外民事诉讼的期间

根据我国《民诉法》第268条的规定,被告在我国领域内没有住所的,人民法院应当将起诉状副本送达被告,并通知被告在收到起诉状副本后30日内提出答辩状。被告申请延期的,是否准许,由人民法院决定。

根据我国《民诉法》第269条的规定,在我国领域内没有住所的当事人,不服第一审人民法院判决、裁定的,有权在判决书、裁定书送达之日起30日内提起上诉。被上诉人在收到上诉状副本后,应当在30日内提出答辩状。当事人不能在法定期间提起上诉或者提出答辩状,申请延期的,是否准许,由人民法院决定。

根据我国《民诉法》第270条和《民诉法解释》第539条的规定,涉外民事诉讼的第一审和第二审程序没有审限的要求,当事人申请再审进行审查的期间也不受民事诉讼法对国内再审审查期间的限制。

【经典司考题】

1. 关于涉外民事诉讼,下列哪一选项是正确的?(2007-3-36)

A. 涉外民事诉讼中的司法豁免是无限的

B. 当事人可以就涉外合同纠纷或者涉外财产权益纠纷协议确定管辖法院

C. 涉外民事诉讼中,双方当事人的上诉期无论是不服判决还是不服裁定一律都是30日

D. 对居住在国外的外国当事人,可以通过我国住该国的使领馆代为送达诉讼文书

考点:司法豁免、涉外管辖、涉外上诉期间、涉外送达

2. 下列关于涉外民事诉讼的表述,哪些符合民事诉讼法的规定?(2004-3-78)

A. 被告对人民法院管辖不提出异议,并应诉答辩的,视为承认该人民法院是有管辖权的法院

B. 中外合资经营企业合同的中外双方当事人有权约定外方当事人所在国的法院管辖

C. 财产保全可以依当事人申请进行,也可由法院主动依职权进行

D. 当事人不服一审判决的,有权在判决送达之日起30日内提起上诉

考点:涉外民事诉讼的管辖、涉外财产保全、涉外上诉期间

3. 关于非涉外民事诉讼与涉外民事诉讼的协议管辖,下列哪些说法是正确的?(2009-3-81)

A. 非涉外民事诉讼协议管辖只能就合同纠纷进行协议,涉外民事诉讼可协议管辖的范围不限于合同纠纷

B. 非涉外民事诉讼协议管辖只能书面明示,涉外民事诉讼协议管辖可以口头的方式

C. 涉外民事诉讼协议管辖可以协议选择的法院范围广于非涉外民事诉讼

D. 非涉外民事诉讼协议管辖不可约定房产买卖合同纠纷案件的管辖法院,涉外民事诉讼协议管辖可以约定房产买卖合同纠纷案件的管辖法院

考点：涉外民事诉讼的协议管辖

4. 住所位于我国A市B区的甲公司与美国乙公司在我国M市N区签订了一份买卖合同，美国乙公司在我国C市D区设有代表处。甲公司因乙公司提供的产品质量问题诉至法院。关于本案，下列哪些选项是正确的？（2010-3-85）

　　A. M市N区法院对本案有管辖权

　　B. C市D区法院对本案有管辖权

　　C. 法院向乙公司送达时，可向乙公司设在C市D区的代表处送达

　　D. 如甲公司不服一审判决，应当在一审判决书送达之日起15日内提起上诉

考点：涉外民事诉讼的管辖、涉外民事诉讼的送达、涉外上诉期间

5. 根据我国民事诉讼法规定，涉外民事诉讼中关于期间的特别规定适用于下列哪些当事人？（2002-3-79）

　　A. 居住在我国领域内的外籍当事人

　　B. 居住在我国领域外的外籍当事人

　　C. 居住在我国领域内的中国籍当事人

　　D. 居住在我国领域外的中国籍当事人

考点：涉外民事诉讼的期间

6. 关于涉外民事诉讼管辖的表述，下列哪一选项是正确的？（2013-3-47）

　　A. 凡是涉外诉讼与我国法院所在地存在一定实际联系的，我国法院都有管辖权，体现了诉讼与法院所在地实际联系原则

　　B. 当事人在不违反级别管辖和专属管辖的前提下，可以约定各类涉外民事案件的管辖法院，体现了尊重当事人原则

　　C. 中外合资经营企业与其他民事主体的合同纠纷，专属我国法院管辖，体现了维护国家主权原则

　　D. 重大的涉外案件由中级以上级别的法院管辖，体现了便于当事人诉讼原则

考点：涉外民事诉讼的管辖

7. 根据我国民事诉讼法相关司法解释，下列哪些案件不适用小额诉讼程序？（2013-3-84）

　　A. 人身关系案件　　　　　　B. 涉外民事案件

　　C. 海事案件　　　　　　　　D. 发回重审的案件

考点：涉外民事诉讼的审理程序

第二十八章　司法协助

要点提示

- 司法协助的概念
- 司法协助的原则
- 一般司法协助的内容
- 特殊司法协助的内容

第一节　司法协助概述

司法协助,是指不同国家的法院之间,根据本国缔结或者参加的国际条约,或者根据互惠原则,相互代为实施一定诉讼行为的制度。

一国在审理涉外民事案件的过程中,法院可能需要到他国送达法律文书、调取证据,法院作出的生效法律文书可能需到他国执行,由于司法权是主权的组成部分,一国的主权不能延伸至他国,司法权也不能同样延伸到他国。因此在诉讼文书的送达、证据的收集和生效法律文书的执行等方面需要其他国家的协助。

各国之间提供司法协助,需要满足一定的条件:

(1) 必须存在共同缔结或者参加的国际条约,或者存在互惠关系。

(2) 请求协助的事项不得有损于被请求国的主权、安全或者社会公共利益。

(3) 外国法院请求我国法院提供司法协助的请求书及其所附文件,应当附有中文译本或者国际条约规定的其他文字文本。我国法院请求外国法院提供司法协助的请求书及其所附文件,应当附有该国文字译本或者国际条约规定的其他文字文本。

从内容上看,主要内容两个方面:一是相互代为实施一般的诉讼行为,即一般司法协助;二是相互承认和执行执行法院的判决、裁定和仲裁机构的裁决,即特殊司法协助。

第二节　一般司法协助

一般司法协助,是指根据我国缔结或者参加的国际条约,或者根据互惠原则,我国法院和外国法院之间互相请求,代为送达文书、调查取证等诉讼行为。

一般司法协助的途径有三:(1) 国际公约或双边协定规定的途径。对于与我国签订了司法协助协定的国家,或者与我国共同参加了有关司法协助国际公约的国家,依照与我国缔结的或者共同参加的国际公约所规定的途径进行。前者如《中华人民共和国与法兰西共和国关于民事、商事司法协助协定》。后者如《关于向国外送达民事或商事司法文书和司法外文书公约》《关于从国外调取民事或商事证据的公约》。(2) 外交途径。对于与我国没有双边协定,也未共同参加国际公约的国家,通过外交途径进行。(3) 使领馆途径。该途径只能向本国公民送达文书和调查取证,且不得违反住在国的法律,也不得采取强制措施。

我国法院提供司法协助,依照我国法律规定的程序进行。外国法院请求采用特殊方式的,也可以按照其请求的特殊方式进行,但请求采用的特殊方式不得违反我国法律。

《关于向国外送达民事或商事司法文书和司法外文书公约》《关于从国外调取民事或商事证据的公约》《关于我国法院和外国法院通过外交途径相互委托送达法律文书若干问题的通知》及《关于执行中外司法协助协定的通知》对司法协助程序作了详细规定。与司法协助途径相对应，一般司法协助的程序也分为三种。(1)公约成员国之间的司法协助程序。(2)订有司法协助协定国家之间的司法协助程序。(3)仅有外交关系国家之间的司法协助程序。

第三节　特殊司法协助

特殊司法协助，是指根据我国缔结或者参加的国际条约，或者根据互惠原则，我国法院和外国法院之间互相承认并执行对方法院判决、裁定和仲裁机构的仲裁裁决。

▶ 一、外国法院对中国生效裁判、仲裁裁决的承认和执行

人民法院作出的发生法律效力的判决、裁定，如果被执行人或者其财产不在我国领域内，当事人请求执行的，可以根据我国《民诉法》第 280 条的规定，由当事人直接向有管辖权的外国法院申请承认和执行，也可以由人民法院依照我国缔结或者参加的国际条约的规定，或者按照互惠原则，请求外国法院承认和执行。

当事人在我国领域外使用我国法院的判决书、裁定书，要求我国法院证明其法律效力的，或者外国法院要求我国法院证明判决书、裁定书的法律效力的，作出判决、裁定的人民法院可以本法院的名义出具证明。

中国涉外仲裁机构作出的发生法律效力的仲裁裁决，当事人请求执行的，如果被执行人或者其财产不在中国领域内，应当由当事人直接向有管辖权的外国法院申请承认和执行。由于我国是 1958 年《关于承认及执行外国仲裁裁决公约》的成员国，中国涉外仲裁机构作出的仲裁裁决可以在世界上已加入该公约的国家和地区得到承认和执行。

▶ 二、中国法院对国外生效裁判的承认和执行

外国法院作出的发生法律效力的判决、裁定，需要我国法院承认和执行的，需要依照我国《民诉法》第 281 条、第 282 条和《民诉法解释》第 543 条至第 550 条的规定。

（一）申请承认和执行的途径

外国法院作出的发生法律效力的判决、裁定，需要我国法院承认和执行的，可以由当事人直接向我国有管辖权的中级人民法院申请承认和执行，也可以由外国法院依照该国与我国缔结或者参加的国际条约的规定，或者按照互惠原则，请求人

民法院承认和执行。与我国没有司法协助条约又无互惠关系的国家的法院,未通过外交途径,直接请求人民法院提供司法协助的,人民法院应予退回,并说明理由。

(二)申请承认和执行的前提条件

除两国之间必须要有缔结或者共同参加的国际条约,或者互惠关系之外,如果是当事人自行提出申请的,申请人应当提交申请书,并附外国法院作出的发生法律效力的判决、裁定正本或者经证明无误的副本以及中文译本。如果是缺席判决、裁定的,还应当同时提交该外国法院已经合法传唤的证明文件,但判决、裁定已经对此予以明确说明的除外。我国缔结或者参加的国际条约对提交文件有规定的,按照规定办理。

(三)申请承认和执行的程序

当事人仅申请承认外国法院生效判决、裁定而未同时申请执行的,人民法院仅对应否承认进行审查并作出裁定;当事人向人民法院直接申请执行外国法院生效判决、裁定的,应当先向人民法院申请承认。人民法院经审查,裁定承认后,再根据民诉法的相关规定予以执行。

审查时,人民法院应当组成合议庭,并将申请书送达被申请人。被申请人可以陈述意见。人民法院经审查作出的裁定,一经送达即发生法律效力。

当事人申请承认和执行外国生效判决、裁定的期间,适用国内裁判申请执行的期间,即判决裁定生效后的两年内。当事人仅申请承认而未同时申请执行的,申请执行的期间自人民法院对承认申请作出的裁定生效之日起重新计算。

(四)处理结果

人民法院依照我国缔结或者参加的国际条约,或者按照互惠原则进行审查后,认为外国法院生效的判决、裁定并不违反我国法律的基本原则或者国家主权、安全、社会公共利益的,裁定承认其效力,需要执行的,发出执行令,依照我国《民诉法》的有关规定执行。否则,不予承认和执行。如果该法院所在国与我国没有缔结或者共同参加国际条约,也没有互惠关系的,裁定驳回申请,但当事人生效的离婚判决除外。承认和执行申请被裁定驳回的,当事人可以向人民法院起诉。

三、当事人申请中国法院承认和执行外国的仲裁裁决

根据我国《民诉法》第283条和《民诉法解释》第545条的规定,国外仲裁机构和临时仲裁庭作出的裁决,需要我国法院承认和执行的,应当由当事人直接向被执行人住所地或者其财产所在地的中级人民法院申请,我国法院应当依照我国缔结或者参加的国际条约,或者按照互惠原则办理。审查程序与对外国生效判决和裁定的审查程序相同。

【经典司考题】

1. 关于涉外民事诉讼及仲裁中相关问题的说法,下列哪一选项是错误的?(2008-3-50)

A. 涉外民事诉讼的财产保全,只能依申请开始,法院不能依职权进行

B. 涉外财产保全中的诉前财产保全,法院可以责令申请人提供担保

C. 涉外仲裁裁决在外国的承认与执行,只能由当事人向有关外国法院申请

D. 涉外民事判决的承认与执行,既可以由当事人向有管辖权的外国法院申请,也可以由人民法院请求外国法院承认与执行

考点:涉外民事诉讼的财产保全、涉外判决和仲裁裁决的承认和执行

2. 根据民事诉讼法的规定,我国法院与外国法院可以进行司法协助,互相委托,代为一定的诉讼行为。但是在下列哪些情况下,我国法院应予以驳回或说明理由退回外国法院?(2008-3-81)

A. 委托事项同我国的主权、安全不相容的

B. 不属于我国法院职权范围的

C. 违反我国法律的基本准则或者我国国家利益、社会利益的

D. 外国法院委托我国法院代为送达法律文书,未附中文译本的

考点:司法协助的前提条件

3. 中国公民甲与外国公民乙因合同纠纷诉至某市中级法院,法院判决乙败诉。判决生效后,甲欲请求乙所在国家的法院承认和执行该判决。关于甲可以利用的途径,下列哪些说法是正确的?(2009-3-90)

A. 可以直接向有管辖权的外国法院申请承认和执行

B. 可以向中国法院申请,由法院根据我国缔结或者参加的国际条约,或者按照互惠原则,请求外国法院承认和执行

C. 可以向司法行政部门申请,由司法行政部门根据我国缔结或者参加的国际条约,或者按照互惠原则,请求外国法院承认和执行

D. 可以向外交部门申请,由外交部门向外国中央司法机关请求协助

考点:涉外判决的承认和执行

第二十九章 涉港、澳、台民商事司法协助

要点提示

- 涉香港的民商事司法协助的内容
- 涉澳门的民商事司法协助的内容
- 涉台湾的民商事司法协助的内容

第一节　涉港、澳、台民商事司法协助概述

随着祖国内地与港、澳、台之间的民间交往和经贸活动日益频繁,民商事纠纷也随之增多。内地、香港、澳门、台湾的民事诉讼制度,在"一国两制"的政治框架下分别在各个法域内运行,由此而形成了"一个国家、两种制度、两大法系、四个法域"的状况。涉港、澳、台的民商事诉讼既不属于国内民事诉讼,也不属于涉外民事诉讼,因此在程序法的适用上,既不能适用国内民事诉讼的规定,也不能直接适用涉外民事诉讼的规定。加之港、澳、台分属三地,法域不同,与内地的关系不同,由此增加了处理的多样性和复杂性。

一、涉港、澳、台民商事案件

涉港、澳、台民商事案件,是指当事人一方或者双方在香港、澳门、台湾有住所地,或者双方是居住在内地的中国公民,但争议的财产在港、澳、台,或者他们之间民商事法律关系的发生、变更、消灭发生在港、澳、台,依法应当由人民法院审理的案件。

并非所有具有涉港、澳、台因素的民商事案件都是本章所称的涉港、澳、台民商事案件。如果港、澳、台同胞或者港、澳、台地区企业、其他经济组织在内地成立的独资企业或者投资兴办的合资经营企业、合作经营企业与内地自然人、企业、其他经济组织之间发生民商事纠纷,就不属于涉港、澳、台民事案件,而是国内民事案件。此外,对于那些居住在香港、澳门、台湾地区的外国人,或者港、澳、台同胞在外国登记成立的企业、组织同内地的公民、法人及其分支机构发生的民商事纠纷,也不属于涉港、澳、台民商事案件,而是涉外民商事案件。

二、处理涉港、澳、台民商事案件的程序规定

我国《民诉法》没有规定涉港、澳、台的民事诉讼程序,《民诉法解释》第551条增加了处理港、澳、台案件可以参照涉外案件的审理规定。除此之外,最高人民法院与香港特别行政区和澳门特别行政区根据《香港特别行政区基本法》和《澳门特别行政区基本法》的规定,在协商的基础上分别就送达、取证以及认可和执行民商事判决、仲裁裁决等方面达成了一致意见,也以书面的形式认可并执行台湾地区的裁判和仲裁裁决。这些法律文件为我国区际司法协助实践提供了依据,在构建中国区际司法协助制度方面进行了有益的探索。

三、涉港、澳、台民商事司法协助

涉港、澳、台司法协助属于一个国家不同法域司法机关之间的协助。这种协助

在国际法上被称为区际司法协助。但我国的区际司法协助有别于其他国家。主要体现在以下三个方面：

第一，二者产生的背景存在差异。其他国家，例如，美国、瑞士、澳大利亚等复合法域国家的区际司法协助大多建立在"一国一制"的政治框架下，而我国则是"一国两制"和多元司法并存条件下的产物，其前提是实行不同社会制度的特别行政区享有高度自治权和司法独立权。

第二，二者的国家结构形式存在差异。国际上实行区际司法协助的国家多数是联邦制。除有联邦宪法和法律外，各成员单位还有各自的宪法和法律；除设有全联邦的立法机关、政府和司法系统外，各成员单位还设有各自的立法机关、政府和司法系统。而"一国两制"的实施并未改变中国"单一制"国家结构形式。这为不同法域之间司法协助的建立和有效运行提供了有利的政治保障。

第三，二者解决法律冲突的难度存在差异。复合法域的国家由于实行"一国一制"，各法域的法律性质和基本原则相同，法律体系之间的共同点是主要的，不同点是次要的，出现法律冲突也是浅层的，因而通过司法协助解决各法域之间法律冲突相对简单。我国内地与港、澳、台之间法律性质和法律冲突比较复杂，也决定了区际司法协助比较繁杂。

第二节　涉香港特别行政区的民商事司法协助

一、司法文书的送达

（一）法律依据

《内地与香港送达安排》是两地之间关于送达协助的法律依据。

（二）管辖法院

双方司法文书的送达通过内地各高级人民法院和香港高等法院进行。最高人民法院司法文书可以直接委托香港高等法院送达。

（三）可送达的文书种类

送达的司法文书在内地包括：起诉状副本、上诉状副本、授权委托书、传票、判决书、调解书、裁定书、决定书、通知书、证明书、送达回证；

送达的司法文书在香港包括：起诉状副本、上诉状副本、传票、状词、誓章、判案书、判决书、裁决书、通知书、法庭命令、送达证明。

（四）送达的要求

委托方请求送达司法文书，须出具盖有其印章的委托书，并须在委托书中说明委托机关的名称、受送达人的姓名或者名称、详细地址及案件的性质。委托书应当以中文文本提出。所附司法文书没有中文文本的，应当提供中文译本。以上文件一式两份。受送达人为两人以上的,每人一式两份。受委托方如果认为委托书与《内地与香港送达安排》的规定不符,应当通知委托方,并说明对委托书的异议。必要时可以要求委托方补充材料。

不论司法文书中确定的出庭日期或者期限是否已过,受委托方均应送达。委托方应当尽量在合理期限内提出委托请求。受委托方接到委托书后,应当及时完成送达,最迟不得超过自收到委托书之日起两个月。

司法文书送达后,内地人民法院应当出具送达回证;香港法院应当出具送达证明书。出具送达回证和证明书,应当加盖法院印章。受委托方无法送达的,应当在送达回证或者证明书上注明妨碍送达的原因、拒收事由和日期,并及时退回委托书及所附全部文书。

（五）程序和费用负担

送达司法文书,应当依照受委托方所在地法律规定的程序进行。受委托方对委托方委托送达的司法文书的内容和后果不负法律责任。委托送达司法文书费用互免。但委托方在委托书中请求以特定送达方式送达所产生的费用,由委托方负担。

二、民商事案件中调取证据的协助

目前,祖国内地与香港尚未达成委托调查取证的一致意见,只能依据《香港特别行政区基本法》第95条"香港特别行政区可与全国其他地区的司法机关通过协商依法进行司法方面的联系和相互提供协助"进行。即只能通过应急性的临时协商进行。

在民事诉讼实践中,祖国内地与香港实行当事人或者代理人自行取证的制度。而且,我国《证据规定》第11条第2款规定:"当事人向人民法院提供的证据是在香港、澳门、台湾地区形成的,应当履行相关的证明手续。"

三、民商事判决的认可与执行

（一）法律依据

《内地与香港执行判决安排》是处理执行协助的法律依据。根据该规定,双方法院在具有书面管辖协议的民商事案件中作出的须支付款项的具有执行力的终审判决,当事人可以向内地人民法院或者香港法院申请认可和执行。其中,内地对申请确认和执行香港法院生效判决按一宗案件一次性受理,即确认和执行一次性完成。

（二）管辖法院

当事人申请内地法院承认和执行的,应当向被申请人住所地、经常居住地或者财产所在地的中级人民法院提出申请。该法院还需满足《涉外管辖规定》对涉外案件的管辖要求。当事人申请香港特别行政区法院承认和执行的,向香港特别行政区高等法院提出。

被申请人住所地、经常居住地或者财产所在地在内地不同的中级人民法院辖区的,申请人应当向其中一个人民法院提出申请,不得分别向两个或者两个以上人民法院提出申请。被申请人的住所地、经常居住地或者财产所在地,既在内地又在香港的,申请人可以同时分别向两地法院提出申请,两地法院分别执行判决的总额不得超过判决确定的数额。已经部分或者全部执行判决的法院应当根据对方法院的要求提供已执行判决的情况。

(三) 申请条件

(1) 只能是具有支付款项内容的具有执行力的终审判决。这里的"判决",实际包括内地法院的判决书、裁定书、调解书、支付令和香港法院的判决书、命令和诉讼费评定证明书。而且仅适用于内地和香港法院就"特定法律关系"争议作出的"须支付款项"的判决。"特定法律关系",是指当事人之间的民商事合同,不包括雇佣合同以及自然人因个人消费、家庭事宜或者其他非商业目的而作为协议一方的合同;"须支付款项"的判决,不包括实际履行判决和禁令的认可和执行。

终审判决在内地是指:最高人民法院的判决、高级人民法院、中级人民法院以及经授权管辖第一审涉外、涉港澳台民商事案件的基层人民法院依法不准上诉或者已经超过法定期限没有上诉的第一审判决,第二审判决和依照审判监督程序由上一级人民法院提审后作出的生效判决;在香港是指终审法院、高等法院上诉法庭以及原讼法庭和区域法院作出的生效判决。

(2) 有书面的管辖协议。双方当事人必须在诉讼前达成排他性的"书面管辖协议",以"书面形式"明确约定内地或香港法院具有唯一管辖权。这里的"书面形式"是指合同书、信件和数据电文(包括电报、电传、传真、电子数据交换和电子邮件)等可以有形地表现所载内容、可以调取以备日后查用的形式。

(3) 提交相应的法律文件。申请人应当提供的文件:请求认可和执行的申请书;经作出终审判决的法院盖章的判决书副本;作出终审判决的法院出具的证明书,证明该判决属于终审判决,在判决作出地可以执行;身份证明材料。

(4) 在法定期间内提出申请。我国《民诉法解释》实施后应当适用国内诉讼申请执行的期间。① 其中,内地判决到香港申请执行的,从判决规定履行期间的最后一日起计算,判决规定分期履行的,从规定的每次履行期间的最后一日起计算;香港判决到内地申请执行的,从判决可强制执行之日起计算,该日为判决上注明的判

---

① 《内地与香港执行判决安排》规定的期限是依据我国 1991 年《民诉法》的相关规定制定的。我国《民诉法》已于 2012 年 8 月 31 日修订。修订的现行《民诉法》第 239 条将申请执行的时间规定为判决生效后两年内。既然我国《民诉法解释》明确规定适用于涉港澳台案件,那么应当遵守《民诉法解释》的规定。

决日期,判决对履行期限另有规定的,从规定的履行期限届满后开始计算。

(四)不予认可的情形

原判决的债务人提供证据证明有下列情形之一的,受理申请的法院应当裁定不予认可和执行判决:

(1)根据当事人协议选择的原审法院地的法律,管辖协议属于无效。但选择法院已经判定该管辖协议为有效的除外;(2)判决已获完全履行;(3)根据执行地的法律,执行地法院对该案享有专属管辖权;(4)根据原审法院地的法律,未曾出庭的败诉一方当事人未经合法传唤或者虽经合法传唤但未获依法律规定的答辩时间,但原审法院根据其法律或者有关规定公告送达的,不属于上述情形;(5)判决是以欺诈方法取得的;(6)执行地法院就相同诉讼请求作出判决,或者外国、境外地区法院就相同诉讼请求作出判决,或者有关仲裁机构作出仲裁裁决,已经为执行地法院所认可或者执行的;(7)内地人民法院认为在内地执行香港法院判决违反内地社会公共利益,或者香港法院认为在香港执行内地人民法院判决违反香港公共政策的,不予认可和执行;(8)中止执行的情形。

对于香港法院作出的判决,判决确定的债务人已经提出上诉,或者上诉程序尚未完结的,内地人民法院审查核实后,可以中止认可和执行程序。经上诉,维持全部或者部分原判决的,恢复认可和执行程序;完全改变原判决的,终止认可和执行程序。

祖国内地地方人民法院就已经作出的判决按照审判监督程序作出再审裁定,或者最高人民法院作出再审裁定的,香港法院审查核实后,可以中止认可和执行程序。再审判决维持全部或者部分原判决的,恢复认可和执行程序;再审判决完全改变原判决的,终止认可和执行程序。

(五)当事人的救济途径

当事人对认可和执行与否的裁定不服的,在祖国内地可以向上一级人民法院申请复议,在香港可以根据其法律规定提出上诉。

在法院受理当事人申请认可和执行判决期间,当事人依相同事实再行提起诉讼的,法院不予受理。

已获认可和执行的判决,当事人依相同事实再行提起诉讼的,法院不予受理。

对于不予认可和执行的判决,申请人不得再行提起认可和执行的申请,但是可以按照执行地的法律依相同案件事实向执行地法院提起诉讼。

(六)财产保全

法院受理认可和执行判决的申请之前或者之后,可以按照执行地法律关于财产保全或者禁止资产转移的规定,根据申请人的申请,对被申请人的财产采取保全或强制措施。

四、仲裁裁决的认可与执行

（一）法律依据

在仲裁裁决的承认与执行方面，祖国内地与香港之间按照《内地与香港执行仲裁裁决安排》以及《关于香港仲裁裁决在内地执行的有关问题的通知》的规定处理。

（二）管辖法院

当事人可以向祖国内地被申请人住所地或者财产所在地的中级人民法院和香港高等法院提出申请。被申请人住所地或者财产所在地在祖国内地不同的中级人民法院辖区内的，申请人可以选择其中一个人民法院申请执行裁决，不得分别向两个或者两个以上人民法院提出申请。

被申请人的住所地或者财产所在地，既在祖国内地又在香港的，申请人不得同时分别向两地有关法院提出申请。只有一地法院执行不足以偿还其债务时，才可就不足部分向另一地法院申请执行。两地法院先后执行仲裁裁决的总额，不得超过裁决数额。

（三）可执行的仲裁裁决的范围

香港法院同意执行祖国内地仲裁机构（名单由国务院法制办经国务院港澳事务办公室提供）依据《仲裁法》所作出的裁决，祖国内地人民法院同意执行在香港按《仲裁条例》所作出的裁决。在祖国内地或者香港作出的仲裁裁决，一方当事人不履行仲裁裁决的，另一方当事人可以向被申请人住所地或者财产所在地的有关法院申请执行。

（四）申请

申请人应当提交以下文书：（1）执行申请书；（2）仲裁裁决书；（3）仲裁协议。执行申请书应当以中文文本提出，裁决书或者仲裁协议没有中文文本的，申请人应当提交正式证明的中文译本。有关法院接到申请人申请后，应当按执行地法律程序处理及执行。

（五）不予执行的情形

仲裁裁决的被申请人接到通知后，提出证据证明有下列情形之一的，经审查核实，有关法院可裁定不予执行：

（1）仲裁协议当事人依对其适用的法律属于某种无行为能力的情形；或者该项仲裁协议依约定的准据法无效；或者未指明以何种法律为准时，依仲裁裁决地的法律是无效的；

（2）被申请人未接到指派仲裁员的适当通知，或者因他故未能陈述意见的；

（3）裁决所处理的争议不是交付仲裁的标的或者不在仲裁协议条款之内，或者裁决载有关于交付仲裁范围以外事项的决定的；但交付仲裁事项的决定可与未交付仲裁的事项划分时，裁决中关于交付仲裁事项的决定部分应当予以执行；

（4）仲裁庭的组成或者仲裁庭程序与当事人之间的协议不符，或者在有关当事人没有这种协议时与仲裁地的法律不符的；

（5）裁决对当事人尚无约束力，或者业经仲裁地的法院或者按仲裁地的法律撤消或者停止执行的。

有关法院认定依执行地法律，争议事项不能以仲裁解决的，则可不予执行该裁决。

祖国内地法院认定在内地执行该仲裁裁决违反内地社会公共利益，或者香港法院认为在香港执行该仲裁裁决违反香港的公共政策，则可不予执行该裁决。

（六）申请执行的期限和费用

申请执行的期限和费用依据执行地法律有关时限和诉讼收费的规定。

第三节　涉澳门特别行政区的民商事司法协助

▶ 一、司法文书的送达

（一）法律依据

祖国内地与澳门特别行政区（以下简称澳门）法院之间相互委托送达司法文书的法律依据主要是《内地与澳门送达和取证安排》。

（二）管辖法院

相互委托送达司法文书须通过各高级人民法院和澳门终审法院进行。最高人民法院与澳门终审法院可以直接相互委托送达和调取证据。

各高级人民法院和澳门终审法院相互收到对方法院的委托书后，应当立即将委托书及所附司法文书和相关文件转送根据其本辖区法律规定有权完成该受托事项的法院。如果受委托方法院认为委托书不符合本安排规定，影响其完成受托事项时，应当及时通知委托方法院，并说明对委托书的异议。必要时可以要求委托方法院补充材料。

（三）可送达的文书种类

祖国内地与澳门法院之间可委托送达的司法文书的种类多于香港法院。可代为送达的文书在内地包括：起诉状副本、上诉状副本、反诉状副本、答辩状副本、授权委托书、传票、判决书、调解书、裁定书、支付令、决定书、通知书、证明书、送达回证以及其他司法文书和所附相关文件；在澳门包括：起诉状复本、答辩状复本、反诉状复本、上诉状复本、陈述书、申辩书、声明异议书、反驳书、申请书、撤诉书、认诺书、和解书、财产目录、财产分割表、和解建议书、债权人协议书、传唤书、通知书、法官批示、命令状、法庭许可令状、判决书、合议庭裁判书、送达证明书以及其他司法文书和所附相关文件。

(四) 程序

委托方法院请求送达司法文书,须出具盖有其印章的委托书,并在委托书中说明委托机关的名称、受送达人的姓名或者名称、详细地址及案件性质。如果执行方法院请求按特殊方式送达或者有特别注意的事项的,应当在委托书中注明。委托书应当以中文文本提出。所附司法文书及其他相关文件没有中文文本的,应当提供中文译本。

委托方法院应当在合理的期限内提出委托请求,以保证受委托方法院收到委托书后,及时完成受托事项。受委托方法院送达文书最迟不得超过自收到委托书之日起两个月。受委托方法院应当根据本辖区法律规定送达,委托方法院有特殊要求的,如果受委托方法院认为不违反本辖区的法律规定,可以按照其特殊方式执行。

完成司法文书送达事项后,祖国内地人民法院应当出具送达回证;澳门法院应当出具送达证明书。受委托方法院无法送达的,应当在送达回证或者送达证明书上注明妨碍送达的原因、拒收事由和日期,并及时退回委托书及所附全部文件。

不论委托方法院司法文书中确定的出庭日期或者期限是否已过,受委托方法院均应送达。受委托方法院对送达的司法文书和所附相关文件的内容和后果不负法律责任。

(五) 不予送达的情形

如果委托事项不属于法院职权范围,或者祖国内地人民法院认为在内地执行该事项将违反基本法律原则或社会公共利益,或者澳门法院认为在澳门执行该事项将违反其基本法律原则或公共秩序的,可以不予执行,但应当及时向委托方法院书面说明原因。

▶ 二、民商事案件中调取证据的协助

(一) 法律依据

祖国内地法院与澳门法院就民商事案件(在内地包括劳动争议案件,在澳门包括民事劳工案件)相互委托代为调取证据的主要依据是《内地与澳门送达和取证安排》。

(二) 管辖法院

祖国内地和澳门委托代为调取证据,均须通过内地各高级人民法院和澳门终审法院进行。最高人民法院与澳门终审法院可以直接相互委托调取证据。内地各高级人民法院和澳门终审法院相互收到对方法院的委托书后,应当立即将委托书及所附司法文书和相关文件转送根据其本辖区法律规定有权完成该受托事项的法院。如果受委托方法院认为委托书不符合本安排规定,影响其完成受托事项时,应当及时通知委托方法院,并说明对委托书的异议。必要时可以要求委托方法院补

充材料。

（三）委托调取证据的范围

请求调取的证据只能是用于与诉讼有关的证据。具体包括：代为询问当事人、证人和鉴定人，代为进行鉴定和司法勘验，调取其他与诉讼有关的证据。

（四）委托调取证据的程序

委托方法院应当在合理的期限内提出委托请求，以保证受委托方法院收到委托书后，及时完成受托事项。委托方法院如提出要求，受委托方法院应当将取证的时间、地点通知委托方法院，以便有关当事人及其诉讼代理人能够出席。受委托方法院在执行委托调取证据时，根据委托方法院的请求，可以允许委托方法院派司法人员出席。必要时，经受委托方允许，委托方法院的司法人员可以向证人、鉴定人等发问。

受委托方法院可以根据委托方法院的请求，并经证人、鉴定人同意，协助安排其辖区的证人、鉴定人到对方辖区出庭作证。证人、鉴定人在委托方地域内逗留期间，不得因在其离开受委托方地域之前，在委托方境内所实施的行为或针对他所作的裁决而被刑事起诉、羁押，或者为履行刑罚或者其他处罚而被剥夺财产或者扣留身份证件，或者以任何方式对其人身自由加以限制。证人、鉴定人完成所需诉讼行为，且可自由离开委托方地域后，在委托方境内逗留超过7天，或者已离开委托方地域又自行返回时，前述所指的豁免即行终止。受委托方法院取证时，被调查的当事人、证人、鉴定人等的代理人可以出席。

受委托方法院应优先处理受托事项。完成受托事项的期限，调取证据最迟不得超过自收到委托书之日起3个月。受委托方法院完成委托调取证据的事项后，应当向委托方法院书面说明。如果未能按委托方法院的请求全部或部分完成调取证据事项，受委托方法院应当向委托方法院书面说明妨碍调取证据的原因，并及时退回委托书及所附全部文件。如果当事人、证人根据受委托方的法律规定，拒绝作证或推辞提供证言时，受委托方法院应当以书面通知委托方法院，并退回委托书及所附全部文件。

委托方法院无须支付受委托方法院在调取证据时发生的费用或税项。但受委托方法院根据其本辖区法律规定，有权在调取证据时，要求委托方法院预付鉴定人、证人、翻译人员的费用，以及因采用委托方法院在委托书中请求以特殊方式调取证据所产生的费用。证人、鉴定人到委托方法院出庭而导致的费用及补偿，由委托方法院预付。这里所指出庭作证人员，在澳门还包括当事人。

（五）不予协助调查的情形

受委托方法院收到委托书后，不得以其本辖区法律规定对委托方法院审理的该民商事案件享有专属管辖权或不承认对该请求事项提起诉讼的权利为由，不予执行受托事项。但受委托方法院在执行受托事项时，如果该事项不属于法院职权范围,或者祖国内地人民法院认为在内地执行该受托事项将违反其基本法律原则或社会公共利益,或者澳门法院认为在澳门执行该受托事项将违反其基本法律原则或公共秩序的,可以不予执行,但应当及时向委托方法院书面说明不予执行的原因。

三、民商事判决的认可与执行

（一）法律依据

《内地与澳门执行判决安排》是祖国内地与澳门法院相互认可与执行法院民商事判决的重要法律依据。

（二）管辖法院

祖国内地有权受理认可和执行判决申请的法院为被申请人住所地、经常居住地或者财产所在地的中级人民法院。两个或者两个以上中级人民法院均有管辖权的,申请人应当选择向其中一个中级人民法院提出申请。这里的中级人民法院同样需要满足最高人民法院关于涉外案件集中管辖的规定。澳门有权受理认可判决申请的法院为中级法院,有权执行的法院为初级法院。被申请人在内地和澳门均有可供执行财产的,申请人可以向一地法院提出执行申请。

申请人向一地法院提出执行申请的同时,可以向另一地法院申请查封、扣押或者冻结被执行人的财产。待一地法院执行完毕后,可以根据该地法院出具的执行情况证明,就不足部分向另一地法院申请采取处分财产的执行措施。两地法院执行财产的总额,不得超过依据判决和法律规定所确定的数额。

（三）可申请认可与执行的种类

祖国内地与澳门之间相互认可和执行判决的条件限制没有与香港之间的严格。

第一,"判决"在内地包括:判决、裁定、决定、调解书、支付令;在澳门包括:裁判、判决、确认和解的裁定、法官的决定或者批示。这些"判决"不受当事人之间书面协议管辖的限制。即使争议各方之间没有书面争议管辖的约定,法院受理案件并作出生效判决后,该判决仍可申请认可和执行。

第二,不受判决具有支付款项内容的限制。即使生效判决不具有支付款项的内容,该判决仍然可以申请认可和执行。一方法院作出的具有给付内容的生效判决,当事人可以向对方有管辖权的法院申请认可和执行。没有给付内容,或者不需要执行,但需要通过司法程序予以认可的判决,当事人可以向对方法院单独申请认可,也可以直接以该判决作为证据在对方法院的诉讼程序中使用。

第三,不受案件涉及法律关系须具有"商业目的"的限制。即使案件涉及婚姻、继承、抚养、劳动争议等,该判决仍可申请认可和执行。

(四) 申请程序

祖国内地对澳门法院生效判决的认可和执行按"两宗案件两次受理"处理。先要提出认可判决的申请,当该判决获得认可后,申请人再根据我国《民诉法》的规定向作出认可裁定的法院提出执行申请。申请书应当用中文制作,还应附生效判决书副本,或者经作出生效判决的法院盖章的证明书。所附司法文书及其相关文件未用中文制作的,应当提供中文译本。其中法院判决书未用中文制作的,应当提供由法院出具的中文译本。

法院收到申请人的申请后,应当将申请书送达被申请人。被申请人有权提出答辩。

申请认可澳门法院生效判决的期限,在《内地与澳门执行判决安排》中未作特别规定,适用我国《民诉法》第239条规定的申请执行期限。

(五) 不予认可的情形

被请求方法院应当尽快审查认可和执行的请求,并作出裁定。被请求方法院经审查核实存在下列情形之一的,裁定不予认可:

(1) 根据被请求方的法律,判决所确认的事项属被请求方法院专属管辖;

(2) 在被请求方法院已存在相同诉讼,该诉讼先于待认可判决的诉讼提起,且被请求方法院具有管辖权;

(3) 被请求方法院已认可或者执行被请求方法院以外的法院或仲裁机构就相同诉讼作出的判决或仲裁裁决;

(4) 根据判决作出地的法律规定,败诉的当事人未得到合法传唤,或者无诉讼行为能力人未依法得到代理;

(5) 根据判决作出地的法律规定,申请认可和执行的判决尚未发生法律效力,或者因再审被裁定中止执行;

(6) 在内地认可和执行判决将违反内地法律的基本原则或者社会公共利益;在澳门特别行政区认可和执行判决将违反澳门特别行政区法律的基本原则或者公共秩序。

(六) 救济途径

法院作出裁定后应当及时送达。当事人对裁定不服的,在祖国内地可以向上一级人民法院提请复议,在澳门可以根据其法律规定提起上诉;对执行中作出的裁定不服的,可以根据被请求方法律的规定,向上级法院寻求救济。

在被请求方法院受理认可和执行判决的申请期间,或者判决已获认可和执行,当事人再行提起相同诉讼的,被请求方法院不予受理。

(七) 申请执行

经裁定予以认可的判决,与被请求方法院的判决具有同等效力。判决有给付内容,当事人可以向该方有管辖权的法院申请执行。被请求方法院不能对判决所确认的所有请求予以认可和执行时,可以认可和执行其中的部分请求。

(八)财产保全

法院受理认可和执行判决的申请之前或者之后,可以按照被请求方法律关于财产保全的规定,根据申请人的申请,对被申请人的财产采取保全措施。

(九)费用的交纳

申请人申请认可和执行判决,应当根据被请求方法律规定,交纳诉讼费用、执行费用。申请人在生效判决作出地获准缓交、减交、免交诉讼费用的,在被请求方法院申请认可和执行判决时,应当享有同等待遇。

▶ 四、民商事仲裁裁决的认可与执行

(一)法律依据

《内地与澳门执行判决安排》)是祖国内地与澳门在仲裁裁决的认可与执行方面的法律依据。

(二)管辖法院

当事人在祖国内地可以向被申请人住所地、经常居住地或者财产所在地的中级人民法院,两个或者两个以上中级人民法院均有管辖权的,当事人应选择其中一个提出申请。在澳门有权受理认可申请的法院为被申请人住所地、经常居住地或者财产所在地的中级法院,有权执行的法院为初级法院。

被申请人的住所地、经常居住地或者财产所在地分别在祖国内地和澳门的,申请人可以向一地法院提出认可和执行申请,也可以分别向两地法院提出申请。

当事人分别向两地法院提出申请的,两地法院都应当依法进行审查。予以认可的,采取查封、扣押或者冻结被执行人财产等执行措施。仲裁地法院应当先进行执行清偿;另一地法院在收到仲裁地法院关于经执行债权未获清偿情况的证明后,可以对申请人未获清偿的部分进行执行清偿。两地法院执行财产的总额,不得超过依据裁决和法律规定所确定的数额。

(三)执行仲裁裁决的申请

申请人向有关法院申请执行在祖国内地或者澳门特区作出的仲裁裁决的,应当提交以下文书:(1)执行申请书;(2)申请人身份证明;(3)仲裁裁决书或调解书;(4)仲裁协议。执行申请书应当以中文文本提出,裁决书或者仲裁协议没有中文文本的,申请人应当提交正式证明的中文译本。

有关法院接到申请人申请后,应当按执行地法律程序处理及执行。

(四)不予执行的情形

对申请认可和执行的仲裁裁决,被申请人提出证据证明有下列情形之一的,经审查核实,有关法院可以裁定不予认可:

(1)仲裁协议一方当事人依对其适用的法律在订立仲裁协议时属于无行为能

力的;或者依当事人约定的准据法,或当事人没有约定适用的准据法而依仲裁地法律,该仲裁协议无效的;

(2) 被申请人未接到选任仲裁员或进行仲裁程序的适当通知,或因他故未能陈述意见的;

(3) 裁决所处理的争议不是提交仲裁的争议,或者不在仲裁协议范围之内;或者裁决载有超出当事人提交仲裁范围的事项的决定,但裁决中超出提交仲裁范围的事项的决定与提交仲裁事项的决定可以分开的,裁决中关于提交仲裁事项的决定部分可以予以认可;

(4) 仲裁庭的组成或者仲裁程序违反了当事人的约定,或者在当事人没有约定时与仲裁地的法律不符的;

(5) 裁决对当事人尚无约束力,或者业经仲裁地的法院撤销或者拒绝执行的。

有关法院认定,依执行地法律,争议事项不能以仲裁解决的,不予认可和执行该裁决。祖国内地法院认定在内地认可和执行该仲裁裁决违反内地法律的基本原则或者社会公共利益,澳门法院认定在澳门认可和执行该仲裁裁决违反澳门法律的基本原则或者公共秩序,不予认可和执行该裁决。

(五) 申请执行的期限

申请人向有关法院申请认可和执行祖国内地或者澳门仲裁裁决的期限,依据认可和执行地的法律确定。

(六) 财产保全

法院在受理认可和执行仲裁裁决申请之前或者之后,可以依当事人的申请,按照法院地法律规定,对被申请人的财产采取保全措施。

(七) 费用

申请人申请认可和执行仲裁裁决的,应当根据执行地法律的规定,交纳诉讼费用。

第四节　涉台湾地区的民商事司法协助

自 1998 年起,最高人民法院陆续发布了一些司法解释来解决涉台区际司法协助的问题,但是,随着两岸关系的和平发展和两岸交往的日益密切,两岸法院各自受理和审理的涉对岸民商事纠纷的数量激增,相应地,希望对方能给予更多、更便捷的司法协助的需求也在增加。2015 年 6 月,最高人民法院发布了《认可和执行台湾地区判决规定》和《认可和执行台湾地区仲裁规定》两个司法解释,扩展了可以认可和执行的台湾地区判决和仲裁的范围。

一、司法文书的送达

（一）法律依据

《涉台送达规定》是用来调整祖国大陆人民法院向住所地在台湾地区的当事人送达民事诉讼文书，以及人民法院接受台湾地区法院的委托代为向住所地在祖国大陆的当事人送达民事诉讼文书的法律规定。

（二）可送达的文书种类

人民法院送达或者代为送达的民事诉讼文书包括：起诉状副本、上诉状副本、反诉状副本、答辩状副本、授权委托书、传票、判决书、调解书、裁定书、支付令、决定书、通知书、证明书、送达回证以及与民事诉讼有关的其他文书。

（三）送达方式

其一，人民法院向住所地在台湾地区的当事人送达民事诉讼文书，可以采用下列方式：

（1）受送达人居住在祖国大陆的，直接送达。受送达人是自然人，本人不在的，可以交其同住成年家属签收；受送达人是法人或者其他组织的，应当由法人的法定代表人、其他组织的主要负责人或者该法人、组织负责收件的人签收；受送达人不在大陆居住，但送达时在祖国大陆的，可以直接送达。

（2）受送达人在祖国大陆有诉讼代理人的，向诉讼代理人送达。受送达人在授权委托书中明确表明其诉讼代理人无权代为接收的除外。

（3）受送达人有指定代收人的，向代收人送达。

（4）受送达人在祖国大陆有代表机构、分支机构、业务代办人的，向其代表机构或者经受送达人明确授权接受送达的分支机构、业务代办人送达。

（5）受送达人在台湾地区的地址明确的，可以邮寄送达。

（6）有明确的传真号码、电子信箱地址的，可以通过传真、电子邮件方式向受送达人送达。

（7）按照两岸认可的其他途径送达。

采用上述方式不能送达或者台湾地区的当事人下落不明的，公告送达。

其二，人民法院接受台湾地区法院的委托代为向住所地在祖国大陆的当事人送达民事诉讼文书，可以采用两岸认可的有关途径。

（四）送达的程序

人民法院采用上述第（1）、（2）、（3）、（4）项送达方式向住所地在台湾地区的当事人送达的，由受送达人、诉讼代理人或者有权接受送达的人在送达回证上签收或者盖章，即为送达；拒绝签收或者盖章的，可以依法留置送达。采用上述第（5）项方式送达的，应当附有送达回证。受送达人未在送达回证上签收但在邮件回执上签收的，视为送达，签收日期为送达日期。自邮寄之日起满3个月，如果未能收到送达与否的证明文件,且根据各种情况不足以认定已经送达的,视为未送达。采用上述第(6)项方式送达的,应当注明人民法院的传真号码或者电子信箱地址,并要求受送达人在收到传真件或者电子邮件后及时予以回复。以能够确认受送达人收悉的日期为送达日期。采用上述第(7)项方式送达的,应当由有关的高级人民法院出具盖有本院印章的委托函。委托函应当写明案件各方当事人的姓名或者名称、案由、案号;受送达人姓名或者名称、受送达人的详细地址以及需送达的文书种类。采用公告方式送达的,公告内容应当在境内外公开发行的报刊或者权威网站上刊登。公告送达的,自公告之日起满3个月,即视为送达。

人民法院按照两岸认可的有关途径代为送达台湾地区法院的民事诉讼文书的,应当有台湾地区法院的委托函。人民法院收到台湾地区法院的委托函后,经审查符合条件的,应当在收到委托函之日起2个月内完成送达。民事诉讼文书中确定的出庭日期或者其他期限逾期的,受委托的人民法院亦应予送达。

(五)送达的后果和不能送达的处理

受委托人民法院对台湾地区法院委托送达的诉讼文书的内容和后果不负法律责任。

人民法院按照委托函中的受送达人姓名或者名称、地址不能送达的,应当附函写明情况,将委托送达的民事诉讼文书退回。完成送达的送达回证以及未完成送达的委托材料,可以按照原途径退回。

▶ 二、民商事案件中调取证据的协助

需要在台湾地区进行调查取证的,依据1990年司法部发布的《关于办理涉台法律事务有关事宜的通知》第2条的规定,"办理涉台法律事务,需要在台湾办理的,目前一般可以委托台湾的律师办理",办理委托代理的具体途径有:(1)委托与台湾律师有联系的祖国大陆律师事务所,再转委托台湾的律师代理;(2)委托司法部和贸促会在香港设立的中国法律服务(香港)有限公司代理,再由该公司转委托台湾的律师代理;(3)福建省对外经济律师事务所与台湾律师合办的"蔚理律师事务所",各自办理涉及祖国大陆和台湾的法律事务,当事人可以委托该律师事务所的律师代理;(4)司法部成立的中国国际经济与法律咨询公司与台湾、香港的律师在香港设立的"海峡两岸法律服务公司"签订有合作协议,当事人可以委托中国国际经济与法律咨询公司,再转委托台湾的律师办理。

台湾地区在"台湾地区与大陆地区人民关系条例"第4条、第7条、第8条中对其在祖国大陆地区进行调查取证作了原则规定:"行政院得设立或指定机构或委托民间团体,处理台湾地区与大陆地区人民往来有关之事务。前项受托民间团体之监督,以法律定之";"在大陆地区制作之文书,经行政院设立或指定之机构或委托之民间团体验证者,推定为真正";"应于大陆地区送达司法文书或为必要之调查

者,司法机关得嘱托或委托第四条之机构或民间团体为之"。

▶ 三、法院作出的法律文书的认可和执行

(一) 法律依据

自 1998 年起,就承认和执行台湾地区的判决、裁定问题,最高人民法院先后发布过四个司法解释。① 这些司法解释在对台提供区际司法协助方面发挥了重要的作用。最高人民法院《认可和执行台湾地区判决规定》于 2015 年 7 月 1 日正式实施。祖国大陆对台湾地区法院作出的法律文书的承认和执行有了更广泛、更便捷的法律依据。

(二) 管辖法院

申请认可台湾地区法院民事判决的案件,由申请人住所地、经常居住地或者被申请人住所地、经常居住地、财产所在地中级人民法院或者专门人民法院受理。申请人向两个以上有管辖权的人民法院申请认可的,由最先立案的人民法院管辖。申请人向被申请人财产所在地人民法院申请认可的,应当提供财产存在的相关证据。

(三) 可申请认可与执行的种类

人民法院认可的台湾地区的法律文书包括:生效民事判决、裁定、和解笔录、调解笔录、支付命令、刑事案件中作出的有关民事损害赔偿的生效判决、裁定、和解笔录、乡镇市调解委员会等出具并经地区法院核定,与生效民事判决具有同等效力的调解文书。

人民法院的裁定和判决以及祖国大陆仲裁机构的裁决都可以在台湾地区得到认可和执行,但不包括法院的调解书。其依据是"台湾地区和大陆地区人民关系条例"第 74 条的规定,"在大陆地区作成之民事确定裁判、民事仲裁判断,不违背台湾地区公共秩序或者善良风俗者,得声请法院裁定认可。前项经法院裁定认可之裁判或判断,以给付为内容者,得为执行名义。"

(四) 申请程序

(1) 申请认可和执行的期间为判决生效后两年内,但申请认可有关身份关系的判决除外。申请人仅申请认可而未同时申请执行的,申请执行的期间自人民法院对认可申请作出的裁定生效之日起重新计算。

(2) 申请人同时提出认可和执行申请的,人民法院先按照认可程序进行审查,

---

① 这四个司法解释分别是:《关于人民法院认可台湾地区有关法院民事判决的规定》《关于人民法院认可台湾地区法院民事判决的补充规定》《关于当事人持台湾地区法院民事调解书或者有关机构出具或确认的调解协议书向人民法院申请认可人民法院应否受理的批复》以及《关于当事人持台湾地区法院支付命令向人民法院申请认可人民法院应否受理的批复》。

裁定认可后,由人民法院执行机构执行;申请人直接申请执行的,人民法院应当告知其一并提交认可申请;坚持不申请认可的,裁定驳回其申请;人民法院受理认可申请后,当事人就同一争议起诉的,不予受理;一方当事人起诉后,另一方申请认可的,对于认可的申请不予受理;当事人未申请认可,而是就同一争议向人民法院起诉的,应予受理。

(3) 人民法院审查认可申请的时间、组成合议庭、采取保全措施、撤诉、审限、收费①等制度适用国内民事诉讼的规定。

(4) 经审查,能够确认判决真实并且已经生效,而且不具有不予执行情形的,裁定认可其效力;不能确认该民事判决的真实性或者已经生效的,裁定驳回申请人的申请。裁定驳回申请后,申请人再次申请并符合受理条件的,人民法院应予受理。裁定,一经送达即发生法律效力。当事人不服的,可自裁定送达之日起 10 日内向上一级人民法院申请复议。

(5) 经人民法院裁定认可的台湾地区法院判决,与人民法院生效判决具有同等效力。人民法院在办理案件中作出的法律文书,应当依法送达案件当事人。

(五) 执行与不予执行

台湾地区的民事判决如果符合法定条件,裁定认可其效力。需要执行的,依照我国《民诉法》规定的程序办理。具有下列情形之一的,裁定不予认可:

(1) 申请认可的民事判决,是在被申请人缺席又未经合法传唤或者在被申请人无诉讼行为能力又未得到适当代理的情况下作出的。

(2) 案件系人民法院专属管辖的。

(3) 案件双方当事人订有有效仲裁协议,且无放弃仲裁管辖情形的。

(4) 案件系人民法院已作出判决或者中国大陆的仲裁庭已作出仲裁裁决的。

(5) 香港特别行政区、澳门特别行政区或者外国的法院已就同一争议作出判决且已为人民法院所认可或者承认的。

(6) 台湾地区、香港特别行政区、澳门特别行政区或者外国的仲裁庭已就同一争议作出仲裁裁决且已为人民法院所认可或者承认的。

(7) 认可该民事判决将违反一个中国原则等国家法律的基本原则或者损害社会公共利益的,人民法院应当裁定不予认可。

人民法院裁定不予认可的判决,申请人再次提出申请的,人民法院不予受理,但申请人可以就同一争议向人民法院起诉。

---

① 参见《认可和执行台湾地区判决规定》第 8—22 条。

四、仲裁裁决的承认和执行

（一）法律依据

《认可和执行台湾地区仲裁规定》是祖国大陆与台湾地区在仲裁裁决的认可与执行方面的法律依据。

（二）申请认可和执行的标的

当事人可以申请认可和执行的仲裁裁决是指，有关常设仲裁机构及临时仲裁庭在台湾地区按照台湾地区仲裁规定就有关民商事争议作出的仲裁裁决，包括仲裁判断、仲裁和解和仲裁调解。

（三）管辖法院

由申请人住所地、经常居住地或者被申请人住所地、经常居住地、财产所在地中级人民法院或者专门人民法院受理。申请人向两个以上有管辖权的人民法院申请认可的，由最先立案的人民法院管辖。申请人向被申请人财产所在地人民法院申请认可的，应当提供财产存在的相关证据。

（四）处理

经审查，能够确认裁决真实，且不具有不予执行情形的，裁定认可其效力；不能确认该裁决真实性的，裁定驳回申请。裁定驳回申请的案件，申请人再次申请并符合受理条件的，人民法院应予受理。决定予以认可的，应在立案之日起两个月内作出裁定；决定不予认可或驳回申请的，应当在作出决定前按有关规定自立案之日起两个月内上报最高人民法院。

（五）不予执行的情形

被申请人提出证据证明有下列情形之一的，经审查核实，人民法院裁定不予认可：

（1）仲裁协议一方当事人依对其适用的法律在订立仲裁协议时属于无行为能力的；或者依当事人约定的准据法，或当事人没有约定适用的准据法而依台湾地区仲裁规定，该仲裁协议无效的；或者当事人之间没有达成书面仲裁协议的，但申请认可台湾地区仲裁调解的除外。

（2）被申请人未接到选任仲裁员或进行仲裁程序的适当通知，或者由于其他不可归责于被申请人的原因而未能陈述意见的。

（3）裁决所处理的争议不是提交仲裁的争议，或者不在仲裁协议范围之内；或者裁决载有超出当事人提交仲裁范围的事项的决定，但裁决中超出提交仲裁范围的事项的决定与提交仲裁事项的决定可以分开，裁决中关于提交仲裁事项的决定部分可以予以认可。

（4）仲裁庭的组成或者仲裁程序违反当事人的约定，或者在当事人没有约定时与台湾地区仲裁规定不符的。

（5）裁决对当事人尚无约束力，或者业经台湾地区法院撤销或者驳回执行申请的。

（6）依据国家法律，该争议事项不能以仲裁解决的，或者认可该仲裁裁决将违反一个中国原则等国家法律的基本原则或损害社会公共利益的，人民法院应当裁定不予认可。

对人民法院裁定不予认可的台湾地区仲裁裁决，申请人再次提出申请的，人民法院不予受理。但当事人可以根据双方重新达成的仲裁协议申请仲裁，也可以就同一争议向人民法院起诉。

（六）其他程序规定

申请仲裁裁决的审理程序规定，例如申请顺序、申请材料、合议庭组成、委托书的要求、审查受理的时间、申请的期限、送达、费用、申请保全、裁定生效时间、撤回申请①等，同对台湾地区生效判决的认可和执行。

（七）几种特殊情况的处理

人民法院受理认可仲裁裁决申请后，当事人就同一争议起诉的，不予受理。当事人未申请认可，而是就同一争议向法院起诉的，亦不予受理，但仲裁协议无效的除外。

一方当事人向人民法院申请认可或者执行仲裁裁决，另一方当事人向台湾地区法院起诉撤销该仲裁裁决，被申请人申请中止认可或者执行并且提供充分担保的，人民法院应当中止认可或者执行程序。申请中止认可或者执行的，应当向人民法院提供台湾地区法院已经受理撤销仲裁裁决案件的法律文书。台湾地区法院撤销该仲裁裁决的，人民法院应当裁定不予认可或者裁定终结执行；台湾地区法院驳回撤销仲裁裁决请求的，人民法院应当恢复认可或者执行程序。

【思考题】

1. 若原告不能提供被告在香港、澳门和台湾地区的确切地址，人民法院应当如何送达司法文书？

2. 我国甲公司委托乙海运股份有限公司运输21票提单下价值260多万美元的服装至伊拉克。货物运至目的地后，乙公司无单放货。为此甲公司在我国某海事法院起诉乙公司，要求其赔偿损失。法院经两审作出终审判决，判决乙公司赔偿甲公司260万美元和311万人民币及相应的利息损失。一审判决前夕，乙公司与台湾丙国际储运股份公司合并，乙公司成为续存公司，乙公司的债权债务由丙公司继承。然而在执行中，法院发现丙公司在祖国大陆无财产可供执行；另外，法院两次邮寄执行文书到台湾地区都被退回。请问，甲公司应当通过何种途径实现自己的合法权益？

---

① 参见《认可和执行台湾地区判决规定》第9—21条。

第九编 执行程序

第三十章 民事执行程序概述

要点提示

- 执行与履行的区别
- 执行程序与审判程序的关系
- 执行的分类
- 执行的基本原则

第一节　民事执行和民事执行程序

一、民事执行的概念和特征

民事执行,是指在负有义务的一方当事人拒不履行义务时,执行机关根据权利人的申请或者依职权,按照执行根据,遵循法律规定的程序和方式,运用国家强制力强制义务人实现法律文书所确定的债务的一种诉讼活动。

执行程序中的当事人被称为申请执行人和被申请执行人。一般情况下,申请执行人是生效法律文书所确定的债权人,而被申请执行人是生效法律文书所确定的债务人。

民事执行不同于履行,二者的根本区别在于是否有强制力保障。履行是义务人自己主动实现法律文书所确定义务的行为。履行不需要遵守严格的程序规定,也可以随时进行。因此,民事执行又被称为强制执行,履行也被称为自动履行。

通常认为,民事执行具有如下特征:

(1)执行必须由法定的执行机关进行。执行行为是一种强制实现民事权利的行为,执行主体必须享有合法的、有效的强制力,我国法律将这种强制力赋予了人民法院。因此,在我国行使执行权的国家机关是人民法院。

(2)人民法院进行执行活动必须以生效的法律文书为依据。执行的目的是为了实现生效法律文书所确认的民事权利,因此,只有生效的法律文书才能够为人民法院的执行提供行动的方向。

(3)人民法院的执行活动具有强制性。执行程序是在当事人不愿意自动履行债务的前提下,由权利人申请或者法院依职权移交而开始,运用执行措施强制性地将生效法律文书中确定的权利转化为实有的权利。因此,强制性是民事执行的本质属性。

(4)执行活动必须依照法律规定的程序和方式进行。民事执行活动是运用国家强制力来实施的活动,只有对其进行必要的约束,才能保证执行权不被滥用。因此,立法对执行的程序作出了明确的规定,以保证执行权的规范行使。

二、执行程序

执行程序,是指法律规定的,执行机关在申请执行人、被申请执行人以及协助执行人的参与下,运用执行措施,强制性实现生效法律文书所确定的内容的过程。

执行程序与审判程序都是以国家公权力为基础,实现民事诉讼法任务的法定程序,两者既有一定的联系,又有很大的区别。

（一）执行程序与审判程序的联系

（1）两种程序任务相同，都是以国家公权力为基础，通过公权力的运用来实现保护当事人的合法权利、维护私法秩序的任务。

（2）审判程序是执行程序的前提和基础，执行程序是审判程序的后盾和保障。审判程序是解决民事纠纷的程序。法院通过审判，以调解或判决的形式确定当事人之间争议的实体权利义务关系。执行程序是实现权利的程序，如果义务人不履行生效法律文书确定的义务，就可以申请进入或者法院依职权决定进入执行程序，通过执行措施，实现已为审判程序确定的权利义务关系。

（3）在审判程序和执行程序各自进行的某些诉讼环节上，两者存有交叉关系。如审判程序中的财产保全和先予执行裁定的执行需适用执行程序的有关规定；执行程序中的异议之诉需适用审判程序的有关规定来处理。

（二）执行程序与审判程序的区别

（1）两者的权力基础不同。审判程序以国家审判权和当事人的诉权为基础，而执行程序以国家执行权和当事人的执行申请权为基础。

（2）两者的功能不同。审判程序是为了解决当事人之间的民事权利义务争议，确认当事人之间权利义务的归属，执行程序则是为了保证生效法律文书所确定的民事权利实现、民事义务履行。

（3）程序制度的内容构成不同。审判程序是包括一审、二审和再审等在内的多种程序之概称，而执行程序是由多种执行方式和执行措施构成的单一程序。

（4）审判程序是民事诉讼的必经程序，执行程序不是民事诉讼的必经程序。每一个民事诉讼案件都必须经过民事审判程序，但只有当事人不主动履行生效法律文书时才可能需要进入民事执行程序。

（5）执行程序中的执行根据除审判机关制作的民事生效裁判外，还包括刑事判决、裁定中的财产部分以及其他机构制作的生效法律文书，如仲裁机构的裁决、公证机关依法赋予强制执行效力的债权文书和行政机关可以申请法院强制执行的行政处罚决定等。

三、执行程序的法律渊源

民事执行法可以分为形式意义上的民事执行法和实质意义上的民事执行法。形式意义上的民事执行法，是指法典化的民事执行法。实质意义上的民事执行法，是指各种有关民事执行的法律规定的总和，例如公司法、破产法、公证条例等法律法规中有关民事执行的规定。

民事执行法的立法体例，从世界各国的情况来看，主要分为以下四种：（1）将民事执行的内容规定在民事诉讼法中，例如德国；（2）本国的实体法和程序法中都有民事执行规定，二者相互补充，例如意大利；（3）将民事执行的内容规定在破产法中,例如瑞士;(4)制定单行的民事执行法,例如日本、法国。

我国现行法采用的是第一种立法体例,《民诉法》第三编专门规定了执行程序。除《民诉法》之外,最高人民法院还颁布了多个司法解释进一步规定了民事执行的内容。如《执行规定》《拍卖、变卖规定》《执行程序解释》《查封、扣押、冻结规定》)和《民诉法解释》等。

四、执行的分类

依据不同的标准,民事执行可以分为不同的类别。

(一)终局执行与保全执行

依执行行为所要达到的目的为标准,可以将民事执行分为终局执行和保全执行。通常我们说的执行都是终局执行,是指法院采取执行措施强制性、永久性实现当事人权利和义务的行为。经过终局执行后,双方当事人之间的纠纷彻底解决,债权人的权利得到最终实现。对生效判决书、调解书和支付令的执行就是典型的终局执行。保全执行是指在保全程序中,为了避免申请人遭受难以弥补的损害或者避免判决生效后无法执行,经利害关系人申请由人民法院裁定或者人民法院依职权决定采取临时性的执行措施以保全双方法律关系现状的行为。保全执行与终局执行的区别在于,保全执行仅具有临时性的效果,执行的目的也并非彻底实现当事人的实体权利,而只是维持双方当事人争议的现状,避免损害继续扩大或者转移、隐匿、毁损财产导致判决生效后无法执行。终局执行与保全执行的执行措施种类相同,但适用程序有所不同。

(二)金钱债权执行与非金钱债权执行

以所需要实现的债权性质为标准,可分为金钱债权的执行与非金钱债权的执行。金钱债权的执行是指对以实现金钱给付为内容的生效法律文书的执行。非金钱债权的执行是指对除金钱之外其他给付内容的生效法律文书的执行。这里的"除金钱之外的其他给付"主要指物和行为的给付,因而对非金钱债权的执行又可以进一步划分为物的交付执行与对行为的执行两种。金钱债权和非金钱债权在保全方法、执行方法、执行措施等各方面各有不同。金钱债权的执行相对简单,只要被申请执行人有可供执行的财产就可以实现执行目的,执行方式大多采用直接执行。对物的执行需要原争执标的物存在,原物不存在的只能折价赔偿,这就转化为对金钱债权的执行。对行为的执行最为复杂,很多时候需要适用替代执行或者间接执行的方式。

(三)对财产的执行与对行为的执行

依执行标的性质不同,将执行划分为对财产的执行与对行为的执行。对财产的执行是指以被执行人的财产为执行标的,要求债务人给付一定的金钱或交付争议标的物的行为。对行为执行是指以债务人的行为为执行标的,强制债务人履行某种行为义务的执行。这种划分方法与前述金钱债权执行与非金钱债权执行的划分相似。

(四) 直接执行、间接执行与替代执行

以执行机关的执行方法能否实现债权人的目的为依据，将执行划分为直接执行、替代执行和间接执行。大陆法系的执行理论认为，直接执行是指由执行机关直接对执行标的物采取措施以满足债权人债权的执行方法。间接执行是指当债务人不履行债务时，由执行机关命令债务人限期履行债务，如在一定期间内仍不履行债务的，就会被处以某种使他心理上受到压迫的制裁措施，从而促使他自动履行债务。替代执行是指当债务人不履行债务而执行机关又不宜直接对标的物采取措施的情况下，执行机关可以聘请案外人代为履行，所需费用由债务人负担的执行方式。一般认为，对金钱和物的执行可以采用直接执行的方式，但对行为不能适用直接执行的方式。这是因为行为的实施需要行为人自发自愿，事实上无法采用物理的方式直接强制其实现。同样的，对于可替代性行为的执行采用替代执行的方式，对于不可替代性行为，一般采用间接执行的方式。由于间接执行的方式在一定程度上强迫了债务人的自由意志，与尊重债务人人格的原则相悖，采用间接执行方法时需要满足一定的条件。

(五) 一般执行与个别执行

依执行债务人财产范围为标准，执行可分为一般执行与个别执行。一般执行是指债务人的财产不能清偿所有债权时，以债务人的全部财产对全体债权人的债权进行清偿的执行。如破产程序中的执行。个别执行是指为满足或保全个别人的债权，对债务人的个别财产进行的执行。我们所说的执行通常是指个别执行。

(六) 控制性执行和处分性执行

根据执行措施能否直接达到强制义务人履行义务和实现生效法律文书的目的，可分为控制性执行和处分性执行。控制性执行也称为保全性执行，是指以防止被执行人转移、隐藏、变卖、毁损财产为目的的执行，例如查封、冻结、扣留等措施。处分性执行措施，是指通过将被执行人的财产变价来清偿债务的执行，例如拍卖、变卖等措施。

第二节　民事执行的基本原则

执行的基本原则是指导执行立法以及在执行过程中法院、当事人以及协助执行人必须遵守的基本准则，它贯穿于执行立法和执行活动的整个过程。执行的基本原则包括以下几项：

一、合法执行原则

合法执行原则,是指执行机构在执行活动中必须以生效法律文书为依据,依照法定的程序和方式进行。合法执行原则要求执行机构的执行活动既要符合实体法,又要符合程序法的规定:(1)执行活动应当围绕生效法律文书所确定的内容展开,不能逾越生效法律文书所确定的权利义务关系范围;(2)执行程序的启动、进行以及执行措施的运用,必须严格按照法定的程序和方式进行。

二、执行标的有限原则

执行标的,亦称执行对象、执行客体,是指人民法院执行活动指向的对象。执行标的有限原则是指执行机关所确定的执行对象必须限制在法律规定的范围内,不能超越法律的规定。该原则包括以下两方面内容:(1)执行标的仅限于被执行人的财产和行为。被执行人的人身不得作为执行对象,不得通过羁押被执行人的方式迫使或者代替被执行人履行义务。(2)执行义务人的财产也应限于一定的范围内。被执行人及其所供养家属的生活必需费用和生活必需品、生产经营所必须的财产不得作为执行对象。

三、保护当事人合法权益原则

保护当事人合法权益原则,是指在执行中不仅要保护债权人的合法权益,也要适当考虑债务人的合法权益,保证债务人能够维持其正常的生活与生产经营。但是,适度考虑债务人的合法利益,并不是说债权人和债务人的利益在执行程序中是平等保护的。因为民事执行是在双方权利义务已经确定的情况下,为实现债权人的合法权益而开始的,所以,执行程序首先要保护的是债权人的合法权益,只是基于人道主义要考虑债务人的基本生活。因此,根据此原则的要求,我们在运用执行措施时应当为债务人及其所扶养的家属保留必要的生活费用和生活用品。如果债务人是法人或者其他组织,就应当为他们保留生产经营所必须的物品。

四、及时执行原则

及时执行原则,是指执行案件立案后,执行机关应及时启动执行程序,采取执行措施,实现生效法律文书确定的债权。执行程序的任务是实现债权人的债权,因而效率是执行程序的重要价值目标。在执行中要尽量缩短办案周期,迅速实现债权人的权利。执行及时原则要求:(1)对符合规定的执行案件应及时立案;(2)在执行中严格遵守执行期限的规定,连续、不间断地实施各项执行行为,非依法律规定不得停止执行;(3)在法定的执行期限内,完成执行行为。

五、法院执行与协助执行相结合原则

法院执行与协助执行相结合的原则,是指执行机关在执行案件时,有时需要有关单位的协助、配合才能完成。例如,对账户的查询和冻结。法院采取执行措施时,各有关单位有义务协助,以保证执行工作能够及时顺利完成。附有协助执行义务的单位如果拒绝协助执行的,将会因妨害民事诉讼而受到法律的制裁。

【经典司考题】

关于民事审判程序与民事执行程序的关系,下列哪些说法是错误的?(2009-3-86)

A. 民事审判程序是确认民事权利义务的程序,民事执行程序是实现民事权利义务关系的程序

B. 法院对案件裁定进行再审时,应当裁定终结执行

C. 民事审判程序是民事执行程序的前提

D. 民事执行程序是民事审判程序的继续

考点:审判程序和执行程序的关系

第三十一章　民事执行法律关系

要点提示

- 执行主体
- 执行承担
- 执行标的

第一节　民事执行法律关系的主体

执行法律关系的主体,是指在民事执行过程中,依法享有权利和承担义务的人,包括执行机构、执行当事人、执行参与人和执行见证人。与执行法律关系主体相近的概念是执行主体,执行主体是指能够引起执行程序发生、变更或终结的人。执行主体必定是执行法律关系主体,但执行法律关系主体并不一定就是执行主体,如执行参与人就只是执行法律关系主体而非执行主体。

一、执行机构

（一）执行机构概述

执行机构,是指行使国家执行权,专门负责从事执行工作的职权组织。

各国在设置执行机构时普遍采用审执分立的原则,即执行机构与审判机构分立,由专门的执行机构负责案件的执行,但在机构设置模式上各有特色,有的设在法院内部,有的与行政机关合一,个别国家还设立了专门、独立的执行机关。我国的执行机构设在法院内部,但在与审判庭的关系上,经历了审执分立、审执合一、审执分立的不同阶段。审执分立的结构可以避免法官既是裁判者又是裁决的执行者可能导致的裁决执行不公现象。我国《民诉法》第 228 条第 3 款规定:人民法院根据需要可以设立执行机构。目前,我国各级法院都已经设立了执行机构专门负责生效裁判的执行。[①] 1999 年,《人民法院五年改革纲要》提出建立起"对各级人民法院执行机构统一领导,监督、配合得力,运转高效的执行工作体制"。此后,我国各级法院的执行机构统一更名为执行局。执行局的设立使得执行机构在业务和人事方面实现了垂直管理和监督,能够排除执行过程中的地方保护主义,提高执行效率。[②]

[①] 我国人民法庭审结案件的执行依照《执行规定》第 4 条,即"人民法庭审结的案件,由人民法庭负责执行。其中复杂、疑难或被执行人不在本法院辖区的案件,由执行机构负责执行"。

[②] 为了解决"执行难"、"执行腐败"等问题,我国开始执行体制改革,各地法院创新举措不断推出。其中一个比较普遍的做法是执行局下设不同的庭,但各庭职能可能不同。例如,北京市西城区法院"机构设置"一栏中对执行局的介绍是:负责全局的管理、协调和廉政监察。下设执行一庭、执行二庭、执行三庭。执行一庭:负责普通执行实施案件的执行。执行二庭:负责普通执行实施案件的执行。执行三庭:负责重大涉不动产案件、未实际执结复查案件、刑事附带民事案件的执行、执行信访及督办事项的落实等工作。在浙江省杭州市西湖区法院"部门及职能"部分,对执行局的介绍是:执行局(执行一科)依法执行本院一审发生法律效力的民事、行政判决、裁定、调解书、民事制裁决定、支付令以及刑事附带民事判决、裁定、调解书;执行法律规定由本院执行的其他生效法律文书;办理其他有关的执行工作事项;完成领导交办的其他任务。执行局(执行二科)依法执行上泗法庭裁决生效的民商事案件。执行局(执行三科)依法对执行案件实施审查裁决权和监督管理权,对执行标的物异议进行审查,对变更、追加被执行人主体进行审查;办理执行申诉案件和外地法院委托执行的案件;登记办理和解、中止案件及发放债权凭证的案件;办理其他有关的执行工作事项。执行局(执行综合科)依法进行诉前、诉讼财产保全,诉前证据保全,负责法律文书直接送达和邮寄送达等工作。见北京市西城区法院网站:http://bjxcfyw.chinacourt.org/xcfy/Entering/organize/default.shtml,浙江法院公开网:http://www.zjsfgkw.cn/Judges/CourtInfoDetail/1306,访问日期:2015 年 11 月 19 日。在执行改革中,各地还陆续成立了执行指挥中心。2014 年 12 月 24 日,最高人民法院执行指挥系统正式开通,最高人民法院执行指挥办公室同时挂牌。

(二) 执行机构的组成人员

执行机构是通过具体的工作人员展开执行活动的。执行机构由执行员、书记员和司法警察组成。其中执行员负责执行工作的具体实施,例如采取强制执行措施。在执行工作中,执行人员应当依法实行回避,回避理由和审判人员相同;书记员负责制作执行笔录及其他日常性工作,并协助执行员办理有关执行事项;司法警察受执行员指挥,负责维持执行秩序,保障执行工作的顺利进行。采取重大的执行措施,必须有司法警察参加。必要时可以请求公安机关、武警部队或其他有关机关予以援助。除上述人员之外,法院的院长、负责执行工作的副院长和执行局的局长也属于执行机构的组成人员。院长负责执行程序中拘传、拘留、罚款、中止执行、搜查等措施的批准执行;各级执行局长,除办理执行案件外,还主持重大执行事项的讨论,监督执行人员的工作,处理有关行政事务。

(三) 执行机构的职能与职责

1. 地方各级人民法院执行机构的职能与职责

地方各级法院执行机构的职能与职责包括三个方面:发出执行命令、采取执行实施和进行执行裁判。执行命令是指责令被执行人、协助执行人以及其他有关人员履行法定义务;执行实施是指采取强制性的执行措施迫使被执行人履行实体义务;执行裁判是对在民事执行程序中发生的争议和纠纷进行裁断与判定。执行机构具体的工作包括:

(1) 依法执行生效法律文书,包括法院制作的各种生效法律文书以及其他机关制作的依法应当由民事执行机构执行的各种生效法律文书;

(2) 对仲裁裁决、公证债权文书是否具有不予执行的情形进行审查、裁定;

(3) 对仲裁机构提交法院的财产保全和证据保全申请进行审查、裁定;

(4) 对变更和追加执行债务人进行审查、裁定;

(5) 对案外人异议进行审查、裁定;

(6) 对第三人到期债权的异议进行审查、裁定;

(7) 作出中止和终结执行的裁定;

(8) 对实施妨害民事执行行为的人采取强制措施的审查、决定;

(9) 其他应由执行机构办理的事项。

2. 上级人民法院执行机构的职能与职责

根据《执行规定》第9条的规定,上级人民法院执行机构负责本院对下级人民法院执行工作的监督、指导和协调。因而中级及以上法院的执行机构除了负有发出执行命令、采取执行实施、进行执行裁判的职能与职责外,还负有监督执行、指导执行、协调执行的职能与职责。主要包括以下一些内容:

(1) 指令纠正或者裁定纠正。上级法院发现下级法院在执行中作出的裁定、决定、通知或具体执行行为不当或有错误的,应当及时指令下级法院纠正,并可以通知有关法院暂缓执行。下级法院收到上级法院的指令后必须立即纠正。如果认为上级法院的指令有错误,可以在收到该指令后5日内请求上级法院复议。上级法院认为请求复议的理由不成立,而下级法院仍不纠正的,上级法院可直接作出裁定或决定予以纠正,送达有关法院及当事人,并可直接向有关单位发出协助执行通知书。

(2)裁定不予执行。上级法院发现下级法院执行的非诉讼生效法律文书有不予执行事由,应当依法作出不予执行裁定而不制作的,可以责令下级法院在指定时限内作出裁定,必要时可直接裁定不予执行。

(3)限期执行。上级法院发现下级法院的执行案件(包括受委托执行的案件)在规定的期限内未能执行结案的,应当作出裁定、决定、通知而不制作的,或应当依法实施具体执行行为而不实施的,应当督促下级法院限期执行,及时作出有关裁定等法律文书,或采取相应措施。

(4)共同执行或者指定执行。对下级法院长期未能执结的案件,确有必要的,上级法院可以决定由本院执行或与下级法院共同执行,也可以指定本辖区其他法院执行。

(5)按审判监督程序处理。上级法院在监督、指导、协调下级法院执行案件中,发现据以执行的生效法律文书确有错误的,应当书面通知下级法院暂缓执行,并按照审判监督程序处理。

(6)暂缓执行。除上级法院在监督、指导、协调下级法院执行案件中,发现据以执行的生效法律文书确有错误的,应当书面通知下级法院暂缓执行,并按照审判监督程序处理以外。上级法院在申诉案件复查期间,也可以决定对生效法律文书的暂缓执行,有关审判庭应当将暂缓执行的通知抄送执行机构。上级法院通知暂缓执行的,应同时指定暂缓执行的期限。暂缓执行的期限一般不得超过3个月。有特殊情况需要延长的,应报经院长批准,并及时通知下级法院。暂缓执行的原因消除后,应当及时通知执行法院恢复执行。期满后上级法院未通知继续暂缓执行的,执行法院可以恢复执行。

(7)追究责任。下级法院不按照上级法院的裁定、决定或通知执行,造成严重后果的,按照有关规定追究有关主管人员和直接责任人员的责任。

二、执行当事人

(一)执行当事人的含义

执行当事人,就是执行根据所确定的权利人和义务人。其中,权利人是指根据执行根据享有权利的人,在申请执行中被称为申请执行人。义务人是指根据执行根据负有给付义务的人,义务人也被称为被执行人或者被申请执行人。

（二）执行的承担

执行根据的效力原则上只及于生效法律文书所确定的权利人和义务人，法院也只对生效法律文书所确定的义务人实施执行措施。但有时在执行过程中，案外人会因为客观原因承担执行当事人的地位，享有申请执行人的权利或者承担被执行人的义务，即执行承担。执行承担包括执行程序中权利的继受和义务的承担两个方面。权利的继受比较简单，而义务的承担比较复杂。另外在执行过程中，有时还会出现执行当事人追加的情形。

根据我国《民诉法》第232条和《民诉法解释》第472条至第475条的规定，执行承担的情形主要包括：

（1）作为被执行人的公民死亡的，以其遗产偿还债务。作为被执行人的法人或者其他组织终止的，由其权利义务承受人履行义务。

（2）执行中作为被执行人的法人或者其他组织分立、合并的，其权利义务由变更后的法人或者其他组织承受；被撤销的，如果依有关实体法的规定有权利义务承受人的，可以裁定该权利义务承受人为被执行人。

（3）其他组织在执行中不能履行法律文书确定的义务的，人民法院可以裁定执行对该其他组织依法承担义务的法人或者公民个人的财产。

（4）在执行中，作为被执行人的法人或者其他组织名称变更的，人民法院可以裁定变更后的法人或者其他组织为被执行人。

（5）作为被执行人的公民死亡，其遗产继承人没有放弃继承的，人民法院可以裁定变更被执行人，由该继承人在遗产的范围内偿还债务。继承人放弃继承的，人民法院可以直接执行被执行人的遗产。

根据《执行规定》第76条至第82条，执行当事人变更或者追加的情形主要包括：

（1）被执行人为无法人资格的私营独资企业，无能力履行法律文书确定的义务的，人民法院可以裁定执行该独资企业业主的其他财产。

（2）被执行人为个人合伙组织或合伙型联营企业，无能力履行生效法律文书确定的义务的，人民法院可以裁定追加该合伙组织的合伙人或参加该联营企业的法人为被执行人。

（3）被执行人为企业法人的分支机构不能清偿债务时，可以裁定企业法人为被执行人。企业法人直接经营管理的财产仍不能清偿债务的，人民法院可以裁定执行该企业法人其他分支机构的财产。若必须执行已被承包或租赁的企业法人分支机构的财产时，对承包人或承租人投入及应得的收益应依法保护。

（4）被执行人按法定程序分立为两个或多个具有法人资格的企业，分立后存续的企业按照分立协议确定的比例承担债务；不符合法定程序分立的，裁定由分立后存续的企业按照其从被执行企业分得的资产占原企业总资产的比例对申请执行人承担责任。

（5）被执行人无财产清偿债务,如果其开办单位对其开办时投入的注册资金不实或抽逃注册资金,可以裁定变更或追加其开办单位为被执行人,在注册资金不实或抽逃注册资金的范围内,对申请执行人承担责任。

（6）被执行人被撤销、注销或歇业后,上级主管部门或开办单位无偿接受被执行人的财产,致使被执行人无遗留财产清偿债务或遗留财产不足清偿的,可以裁定由上级主管部门或开办单位在所接受的财产范围内承担责任。

（7）被执行人的开办单位已经在注册资金范围内或接受财产的范围内向其他债权人承担了全部责任的,人民法院不得裁定开办单位重复承担责任。

三、执行参与人

执行参与人是指法院和执行当事人以外的参与执行工作的组织和个人。包括协助执行人、执行见证人、被执行人的家属以及代理人和翻译人员等。

在执行程序中,按照法院的协助执行通知书配合执行机构进行执行工作的单位和个人,称为协助执行人。根据执行案件的需要,金融机构及其管理部门、房地产管理部门、工商管理部门、电信部门、车辆管理部门、税务机关、海关、公安机关、用人单位以及其他有关部门都可能会负有协助执行的义务。

在执行程序中,法院采取某些执行措施时,被邀请到场观察和监督执行活动、证实执行情况的人,称为执行见证人。包括:（1）被执行人为未成年人时他的成年家属;（2）被执行人为公民时,其工作单位或财产所在地基层组织指派参加执行的人;（3）被执行人为单位的,其法定代表人或主要负责人为见证人。

第二节　执 行 标 的

一、执行标的概述

执行标的,又称为执行对象、执行客体,是法院执行行为所针对的对象。在我国,只有财物和行为能作为执行标的。

执行标的与执行标的物、执行内容等概念不同。执行标的物是指作为执行标的的财产,是以物的形式体现出来的执行标的,是执行标的的一种。执行内容是生效法律文书所确定的债务人应为的给付义务,包括支付金钱、交付物和完成行为。这种给付义务是法院对执行标的采取执行措施所要达到的目的。

执行标的也不同于责任财产。责任财产是指债务人用于履行债务及承担民事责任的财产。如果是特定债权,通过债务而指向的特定物就成为责任财产;如果是种类债权,通过债务而指向的债务人的全部财产都是责任财产,即债务人所有的物及具有金钱价值的各种权利的总和。因此,责任财产属于执行标的的一种,是财产执行的执行标的。

二、执行标的的种类

(一) 财物

被执行人的财物,应当是其享有所有权或处分权的物。可以作为执行标的的财物,可以是有体物,也可以是无体物,可以是金钱,也可以是有价证券。

有体物又可分为动产和不动产。动产包括:航空器和船舶、机动车辆、存单、凭证式国库券等有价证券以及其他动产。不动产包括:土地使用权、房屋、林木。其中房屋包括地上建筑物、构筑物、地下室、仓库、停车场、桥梁、水坝、水塔、烟囱等。

无体物也称为无形财产权,是指被执行人所享有的非以实物形态存在的财产权,主要包括存款、债权、工资收入、用益物权、知识产权、股权及其他权利。作为执行标的的无形财产权,必须是债务人独立的财产权利、具有财产价值和可转让性。

并不是所有的财物都可以作为执行标的,根据相关法律的规定,下列物品不能作为执行的标的:

(1) 法律规定的禁止流通物,例如毒品、武器、矿藏、水流等。

(2) 基于公序良俗不可执行的物,例如死者的遗体。

(3) 基于财物本身性质不可执行的物,例如对于金融机构的营业场所不得进行查封。

(4) 外交豁免或者领事豁免的财物,例如使领馆的馆舍。

(5) 维持被执行人及其所扶养家属生活所必须的生活必需品及必须的生活费用。

(6) 未公开的发明或者未发表的著作。

(7) 法律或司法解释规定的其他不得查封、扣押、冻结的财产。

(二) 行为

作为执行标的的行为,可以是要求债务人实施一定的行为,也可以是要求债务人不得实施一定的行为。这种行为义务可能存在于合同纠纷中,也可能出现在侵权纠纷中,还可能出现在物权诉讼中。例如,申请执行人要求被执行人履行生效法律文书确定的排除妨害、继续履行、赔礼道歉、拆除违章建筑、更换不合格产品等义务。

行为可以分为作为和不作为。作为又可以划分为可替代性行为和不可替代性行为。至于不作为,都是不可替代的行为。行为是否可以被替代,取决于该项行为如果由第三人完成是否能够达到同样的效果。如果某项行为由债务人或第三人完成,在经济上或法律效果上并没有什么不同,那么就可以认为这项行为具有可替代性;如果债务人不完成就不能达到债权人请求的目的,那就具有不可替代性。区分可替代性行为和不可替代性行为的意义在于二者需要采取的执行措施不同。

【经典司考题】

执行法院对下列哪些财产不得采取执行措施？（2008-3-89）
A. 被执行人未发表的著作
B. 被执行人及其所扶养家属完成义务教育所必需的物品
C. 金融机构交存在中国人民银行的存款准备金和备付金
D. 金融机构的营业场所
考点：执行标的

第三十二章　民事执行程序

要点提示

- 执行根据和执行管辖
- 变更执行
- 申请执行的条件
- 执行措施
- 执行结束的情形
- 执行中的特殊情形

第一节 执行根据和执行管辖

一、执行根据

（一）执行根据的概念和条件

执行根据，也被称为执行名义，是指执行机关据以采取民事执行措施的各种法律文书。

执行根据是启动执行程序的法律依据。没有执行根据，当事人不得向法院申请执行，法院也不得依职权开始执行程序。在执行过程中，如果执行根据被撤销，执行程序必须终结。

根据我国《民诉法解释》第463条的规定，执行根据须具备以下三个条件：

（1）由法定机关制作。这里的法定机关包括人民法院和其他有权制作具有强制执行效力法律文书的机关，例如仲裁机关、公证机关。

（2）已经生效。尚未生效的法律文书中的权利义务尚处于待定状态，因此不可以执行。

（3）内容明确。这里的明确包含两个内容，一个是权利义务主体明确，另一个是给付内容明确。

（二）执行根据的种类

以法律文书制作的主体为标准，可将执行根据分为两大类：一是法院制作的法律文书；另一类是其他机关制作的法律文书。

1. 法院制作的生效法律文书

（1）人民法院制作的、已经发生法律效力的民事判决书、裁定书、调解书、支付令和决定书。这类法律文书既包括由本院制作的，也包括由上级法院或者其他法院制作的。

（2）人民法院制作的、已经发生法律效力并有财产执行内容的刑事判决书、裁定书和调解书。在刑事诉讼中，如果被害人因为被告人的犯罪行为而受到物质损害，可以提出刑事附带民事诉讼请求赔偿。法院在对刑事附带民事判决或者调解书执行过程中，可能会作出查封扣押被告人财产的裁定。依照我国《刑事裁判财产执行规定》第1条、第7条的规定，刑事附带民事诉讼裁判的执行，由执行部门负责，其他的刑事裁判涉及的财产部分，如罚金、没收财产、责令退赔、处置随案移送的赃款赃物、没收随案移送的供犯罪所用本人财物等事项，由刑事审判庭直接执行。

（3）法院制作的生效的行政判决、裁定书以及行政赔偿调解书。

（4）法院制作的承认和执行外国法院判决或仲裁机构裁决的裁定。

2. 其他机关制作的生效法律文书

（1）仲裁机关制作的、已经发生法律效力并有执行内容的仲裁裁决和调解书。我国《民诉法》第237条规定了法院对仲裁裁决的执行权。仲裁裁决只能由当事人申请法院执行，不能由仲裁机构移交执行。

（2）公证机构制作的、已经发生法律效力并依法赋予强制执行力的债权文书。我国《民诉法》第238条赋予公证债权文书强制执行力，当债务人拒绝履行时，债权人可以根据这些债权文书直接向有管辖权的人民法院申请强制执行。

（3）行政机关制作的依法应当由法院执行的行政处罚决定书和行政处理决定书。

（4）法律规定由法院执行的其他法律文书。

二、执行管辖

执行管辖，是指在法院系统内部，确定各级法院以及同级法院之间受理执行案件的分工和权限。

（一）级别管辖

执行级别管辖，是指上下级法院之间受理执行案件的分工和权限。我国《民诉法》没有规定执行的级别管辖，《执行规定》对执行案件的级别管辖作了明确规定。

1. 基层人民法院管辖的执行案件

（1）基层法院作为第一审法院的执行案件。

（2）国内仲裁裁决、公证债权文书的执行案件，若标的额在当地基层法院受理诉讼案件范围内的，由基层法院执行。

（3）国内仲裁中财产保全和证据保全的执行案件。该类案件由被申请人住所地或被申请保全的财产所在地的基层法院执行。

（4）一般的行政执行案件。行政机关申请法院强制执行的案件，除法律或者司法解释明确规定由中级法院执行的以外，均由被执行人的住所地或者被执行的财产所在地的基层法院执行。

2. 中级人民法院管辖的执行案件

（1）中级法院作为第一审法院的执行案件。

（2）国内仲裁裁决、公证债权文书的执行案件，若标的额达到当地中级法院受理诉讼案件标准的，由中级法院执行。

（3）涉外仲裁裁决的执行案件以及涉外仲裁中财产保全和证据保全的执行案件。在涉外仲裁中，当事人申请财产保全的，由仲裁机构提交被申请人住所地或被申请保全的财产所在地法院执行；申请证据保全的，由证据所在地法院执行。

（4）专利管理机关依法作出的处理决定和处罚决定的执行案件。该执行案件由债务人住所地或财产所在地的省、自治区、直辖市有权受理专利纠纷的案件的中级法院执行。

(5) 国务院各部门、各省、自治区、直辖市人民政府和海关依照法律、法规作出的处理决定和处罚决定的执行案件。上述行政机关作出的处理决定和处罚决定，由债务人住所地和财产所在地的中级法院执行。

3. 高级人民法院管辖的执行案件

(1) 高级法院作为第一审法院的执行案件。

(2) 高级法院函示提级执行的案件。这些案件包括：上级法院指令下级法院限期执结，逾期未执结需要提级执行的；地方各级法院报请高级法院提级执行，高级法院认为应当提级执行的；疑难、重大和复杂的案件，高级法院认为应当提级执行的案件。

(二) 地域管辖

执行地域管辖是指同级法院之间在各自的辖区受理执行案件的分工和权限。

执行案件的地域管辖与法律文书的制作主体相关。我国《民诉法》第224条规定："发生法律效力的民事判决、裁定，以及刑事判决、裁定中的财产部分，由第一审人民法院或者与第一审人民法院同级的被执行的财产所在地人民法院执行。法律规定由人民法院执行的其他法律文书，由被执行人住所地或者被执行的财产所在地人民法院执行。"我国《民诉法解释》第462条进一步明确："发生法律效力的实现担保物权裁定、确认调解协议裁定、支付令，由作出裁定、支付令的人民法院或者与其同级的被执行财产所在地的人民法院执行。认定财产无主的判决，由作出判决的人民法院将无主财产收归国家或者集体所有。"

如果案件在审判程序中已经采取了财产保全措施，由于保全措施通常会持续到执行程序中，因此存在采取保全措施的法院和执行法院不一致的情形。根据我国《执行程序解释》第4条的规定："对人民法院采取财产保全措施的案件，申请执行人向采取保全措施的人民法院以外的其他有管辖权的人民法院申请执行的，采取保全措施的人民法院应当将保全的财产交执行法院处理。"

(三) 变更执行

1. 变更执行的概念

变更执行，是指在执行中，执行法院拖延执行或怠于执行的，申请执行人可向上一级法院申请变更执行法院。我国《民诉法》第226条规定："人民法院自收到申请执行书之日起超过6个月未执行的，申请执行人可以向上一级人民法院申请执行。上一级人民法院经审查，可以责令原人民法院在一定期限内执行，也可以决定由本院执行或者指令其他人民法院执行。"对执行法院进行变更的规定有利于避免地方保护主义，促进执行的进程，保护当事人的合法权益。

2. 变更执行的条件

根据我国《执行程序解释》第11条的规定，上一级人民法院根据申请执行人的申请,责令执行法院限期执行或者变更执行法院的情形有:(1)债权人申请执行时被执行人有可供执行的财产,执行法院自收到申请执行书之日起超过6个月对该财产未执行完结的;(2)执行过程中发现被执行人可供执行的财产,执行法院自发现财产之日起超过6个月对该财产未执行完结的;(3)对法律文书确定的行为义务的执行,执行法院自收到申请执行书之日起超过6个月未依法采取相应执行措施的;(4)其他有条件执行超过6个月未执行的。执行中的公告期间、鉴定评估期间、管辖争议处理期间、执行争议协调期间、暂缓执行期间以及中止执行期间不计算在6个月之内。

3. 变更执行的处理

申请人向上一级法院提出变更执行申请后,上级法院经审查后,作出以下处理:

(1)发出督促执行令,并将有关情况书面通知申请执行人。

(2)责令执行。上级法院对变更执行的申请审查后,认为符合条件的,可以责令原人民法院在一定期限内执行。

(3)提级执行或指令执行。上一级人民法院责令执行法院限期执行,执行法院在指定期间内无正当理由仍未执行完结的,上一级人民法院应当裁定由本院执行或者指令本辖区其他人民法院执行。上一级人民法院决定由本院执行或者指令本辖区其他人民法院执行的,应当作出裁定,送达当事人并通知有关人民法院。

第二节　执行的开始

根据我国《民诉法》第236条至第239条的规定,执行开始有两种方式,一是申请执行,二是移交执行。其中,发生法律效力的民事判决、裁定,既可以申请执行,也可以移交执行。调解书和其他应当由人民法院执行的法律文书,只能由对方当事人申请执行。

一、申请执行

(一)申请执行的概念

申请执行,是指债权人在债务人不履行生效法律文书确定的义务时,向法院请求强制债务人履行义务的行为。执行的目的是实现债权人的债权,是否启动执行程序由债权人决定,申请执行是债权人的一项重要诉讼权利,也是启动执行程序的主要方式。

(二)申请执行的条件

申请执行应当具备以下条件:

(1)具有给付内容的法律文书已经生效。法律文书没有生效,不能申请执行;

生效的法律文书没有给付内容,不需要申请强制执行。

(2) 申请执行人是生效法律文书确定的权利人或其继承人、权利承受人。一般情况下,申请执行人应当是执行根据所确定的权利人。但如果作为权利人的公民死亡或者法人消灭,其权利继承人也可以作为申请执行人。

(3) 义务人逾期不履行法律文书确定的义务。法律文书通常会为义务人确定一个自动履行债务的期间。在这个期间,债务人主动履行债务的,就无需申请执行。

(4) 必须向有管辖权的法院提出申请。

(5) 在法定的期限内提出申请。我国《民诉法》第239条规定:"申请执行的期间为2年。申请执行时效的中止、中断,适用法律有关诉讼时效中止、中断的规定。前款规定的期间,从法律文书规定履行期间的最后一日起计算;法律文书规定分期履行的,从规定的每次履行期间的最后一日起计算;法律文书未规定履行期间的,从法律文书生效之日起计算。"《执行程序解释》第29条规定:"生效法律文书规定债务人负有不作为义务的,申请执行时效期间从债务人违反不作为义务之日起计算。"

我国《民诉法解释》第483条进一步明确了申请执行的期间具有诉讼时效性质:"申请执行人超过申请执行时效期间向人民法院申请强制执行的,人民法院应予受理。被执行人对申请执行时效期间提出异议,人民法院经审查异议成立的,裁定不予执行。"

(三) 申请执行应当提交的材料和证件

(1) 申请执行书。申请执行书应当写明申请执行的理由、事项、执行标的,以及申请执行人所了解的被执行人的财产状况。申请执行人书写申请执行书确有困难的,可以口头提出申请。法院接待人员对口头申请应当制作笔录,由申请执行人签字或盖章。

(2) 申请执行人的身份证明。公民个人申请的,应当出具居民身份证;法人申请的,应当提交法人营业执照副本和法定代表人身份证明;其他组织申请的,应当提交营业执照副本和主要负责人身份证明。继承人或权利承受人申请执行的,应当提交继承或承受权利的证明文件。

(3) 生效法律文书副本。

(4) 其他应当提交的文书或证件。例如,如果是由委托代理人代为申请执行的,委托代理人的身份证明、授权委托书等。

(5) 按规定交纳申请执行的费用。

(四) 受理执行

根据我国《执行规定》第18条的规定,人民法院对符合执行条件的申请,应当在7日内予以立案;不符合上述条件之一的,应当在7日内裁定不予受理。

二、移交执行

(一) 移交执行的概念

移交执行,是指法院审判员依职权将一定范围内的已经发生法律效力的法律文书直接交付执行机构执行,从而启动执行程序的行为。我国《执行程序解释》第19条规定:"生效法律文书的执行,一般应当由当事人依法提出申请。发生法律效力的具有给付赡养费、扶养费、扶育费内容的法律文书、民事制裁决定书,以及刑事附带民事判决、裁定、调解书,由审判庭移送执行机构执行。"

(二) 移交执行案件的范围

(1) 法院已生效的法律文书中具有给付内容的赡养费、扶养费、抚育费、抚恤金、医疗费和劳动报酬的法律文书。此类案件直接与债权人的生活有密切关系,债务人不履行义务,将直接影响债权人的生活;同时,此类案件中的债权人一般属于社会中的弱势群体,国家法律应给予相应的关怀,而移交执行的规定体现了国家对弱势群体的关注和关怀。

(2) 法院已生效的刑事法律文书含有财产执行内容的法律文书。这类案件中,有的没有执行债权人,如刑事判决中的没收财产、罚金、追缴财产上缴国库;有的虽有执行债权人,但也不宜由债权人申请,如刑事附带民事判决、裁定、调解书。

(3) 法院作出的程序性民事裁定书、决定书。根据我国《执行规定》第3条的规定,财产保全和先予执行裁定书由审判庭执行,不再移交到执行庭执行。其他需要执行的法律文书,例如法院对妨碍民事诉讼行为所作的罚款、拘留的决定仍要由执行庭执行。

移交执行要填写移交执行通知书,其内容一般包括:移交执行案件的编号、案由;需要执行事项和具体要求;被执行人经济状况、履行义务的能力、对判决的态度,以及在执行中需要注意的其他事项。移交执行通知书经庭长或院长批准后,连同生效的判决书、裁定、支付令、调解协议书交给执行庭或者执行员。如有必要,也可以将案件一并移交。

第三节 执行的进行

一、执行的准备工作

受理后,法院应当着手准备采取执行措施,执行准备工作包括以下内容:

(一) 发出执行通知和立即执行

根据我国《民诉法》第240条和《执行程序解释》第482条的规定,人民法院应当在收到申请执行书或者移交执行书后10日内发出执行通知,并可以立即采取强制执行措施。执行通知中除应责令被执行人履行法律文书确定的义务外,还应通知其承担迟延履行利息或者迟延履行金。执行通知书的送达,适用民事诉讼法关于送达的规定。① 向被执行人发出执行通知书,可以使被执行人对法院将要采取的执行措施作必要的协助、配合等准备,保证执行工作的顺利进行。被执行人未按执行通知书指定的期限履行生效法律文书确定的义务的,应当及时采取执行措施。②

我国1991年《民诉法》规定执行机关应当在执行通知书中为债务人指定履行期间,逾期不履行的,强制执行。现行《民诉法》将此规定删除,不再局限于"被执行人不履行法律文书确定的义务,并有可能隐匿、转移财产的,执行员可以立即采取强制执行措施"这一情形。③ 之所以这样规定,是因为事先通知被执行人的做法,在实践中有时候反而起到了通风报信的作用,为被执行人隐匿、转移财产提供了时间,许多案件因此丧失了最好的执行时机。为此,修改为送达执行通知后"立即执行",防止被执行人转移、隐匿财产。

(二) 查明被执行人的财产

执行是要求债务人按照法律文书确定的交付义务交付一定的财产,因此债务人有可供执行的财产才能够保证执行程序的进行。这样,对债务人财产状况的调查就是必要的。财产调查制度有利于人民法院更好地掌握被执行人的财产状况,获取关于财产调查的线索,防止被执行人隐匿或转移财产。

1. 财产调查的方式

被执行人财产调查的方法主要有申请执行人提供、被执行人申报和法院调查三种方式。

(1) 申请执行人提供。我国《执行规定》第28条规定:申请执行人应当向法院提供其所了解的被执行人的财产状况或线索。

(2) 被执行人自行申报。我国《民诉法》第241条规定:"被执行人未按执行通知履行法律文书确定的义务,应当报告当前以及收到执行通知之日前一年的财产情况。被执行人拒绝报告或者虚假报告的,人民法院可以根据情节轻重对被执行人或者其法定代理人、有关单位的主要负责人或者直接责任人员予以罚款、拘留。"人民法院责令被执行人报告财产情况的,应当向其发出报告财产令。报告财产令中应当写明报告财产的范围、报告财产的期间、拒绝报告或者虚假报告的法律后果等内容。④

---

① 参见我国《执行规定》第25条。
② 参见我国《执行规定》第26条第1款。
③ 我国现行2007《民诉法》第216条第2款。
④ 《执行程序解释》第31条。

根据我国《执行程序解释》第32条的规定,被执行人书面报告的财产情况包括:收入、银行存款、现金、有价证券;土地使用权、房屋等不动产;交通运输工具、机器设备、产品、原材料等动产;债权、股权、投资权益、基金、知识产权等财产性权利;其他应当报告的财产。被执行人自收到执行通知之日前一年至当前财产发生变动的,应当对该变动情况进行报告。补充报告的时间是应当自财产变动之日起10日内。

(3)法院调查。根据我国《执行规定》第28条至第20条的规定,法院有权向金融机构及其管理部门、房地产管理部门、工商管理部门、税务机关、海关及其他有义务协助调查、执行的单位和个人调查被执行人的财产状况、财产线索等,有关单位和个人不得拒绝。执行法院对被执行人的财产状况进行调查,可以传唤被执行人及其法定代表人、负责人到庭接受询问,也可以依职权向有关机关、社会团体、企事业单位或公民个人了解被执行人的财产状况,对调查所需的材料可以进行复制、抄录或拍照,但应当依法保密。被执行人拒绝按人民法院的要求提供其有关财产状况的证据材料的,人民法院可以采取民事搜查措施。人民法院依法搜查时,对被执行人可能存放隐匿的财物及有关证据材料的处所、箱柜等,经责令被执行人开启而拒不配合的,可以强制开启。

2. 对财产的核实

被执行人在报告财产期间履行全部债务的,人民法院应当裁定终结报告程序。

对被执行人报告的财产情况,申请执行人请求查询的,人民法院应当准许。申请执行人对查询的被执行人财产情况,应当保密。

对被执行人报告的财产情况,执行法院可以依申请执行人的申请或者依职权调查核实。

▶ 二、执行措施的运用

(一)执行措施的概念和特点

民事执行措施,是指人民法院依法强制债务人实现执行根据中所确定义务的各种方法和手段。通常认为执行措施具有以下特点:

(1)执行措施具有强制性。执行措施以国家公权力为基础,是促使义务人履行义务的重要保障。

(2)执行措施具有法定性。不仅执行措施的种类要有法律的明确规定,而且法院在采取具体的执行措施时还必须要严格按照法定的条件和程序。

(3)执行措施具有多样性。权利不同、执行对象不同,所需要采取的执行措施也不同。执行措施的多样性能够保障执行措施与所要实现的权利相适应。

(二)送达执行裁定和协助执行通知书

人民法院采取执行措施,应当制作裁定书,送达被执行人。需要有关单位协助执行的,向有关单位送达协助执行通知书。收到人民法院协助执行通知书的,有关单位必须执行。违者将按照我国《民诉法》第114条的规定予以处罚。

（三）对给付金钱债权的执行

1. 对债务人财产执行的基本顺序

金钱债权的执行对象,既可以是被执行人的金钱,也可以是他的具有金钱价值的非金钱财产。执行顺序上,采用简便原则和对债务人生活影响较小的原则,因而应该先执行现金;现金不够清偿的,执行存款、股息红利收入和债权;仍不足以清偿的,执行债务人的动产,最后执行不动产、知识产权、投资股权等。执行不得超出债务人应当履行义务的范围,并应当保留债务人及其所扶养家属的生活必须费用和生活必需品。

2. 对金钱财产的执行

（1）对存款的执行

根据我国《民诉法》第242条的规定,被执行人未按执行通知履行法律文书确定的义务,人民法院有权向有关单位查询被执行人的存款的财产情况。人民法院有权冻结、划拨被执行人的存款。人民法院查询、冻结、划拨的存款不得超出被执行人应当履行义务的范围。被执行人为金融机构的,对其交存于人民银行的存款准备金和备付金不得冻结和扣划,但对其在本机构、其他金融机构的存款,及其在人民银行的其他存款可以冻结、划拨,并可对被执行人的其他财产采取执行措施,但不得查封其营业场所。①

查询,是指人民法院向银行、信用合作社和其他有储蓄业务的单位通过调查、询问,了解被执行人存款情况的执行措施。

冻结存款,是指人民法院向银行、信用合作社和其他有储蓄业务的单位发出协助执行通知书,不准被执行人在一定期限内提取和转移其存款的执行措施。对于法院的冻结,任何单位不得擅自解冻。金融机构擅自解冻被人民法院冻结的款项,致冻结款项被转移的,人民法院有权责令其限期追回已转移的款项。在限期内未能追回的,应当裁定该金融机构在转移的款项范围内以自己的财产向申请执行人承担责任。

划拨,是指人民法院通过银行、信用合作社和其他有储蓄业务的单位,将被执行人账户上的存款,划入权利人账户的措施。划拨可以在冻结存款的基础上进行,也可以不冻结存款直接进行,但划拨需要双方当事人在金融机构都有账户。

人民法院有权查询被执行人的身份信息与财产信息,掌握相关信息的单位和个人必须按照协助执行通知书办理。冻结、划拨存款,应当作出裁定,并发出协助执行通知书,银行、信用合作社和其他有储蓄业务的单位必须办理。对被执行的财

---

① 参见我国《执行规定》第34条。

产,人民法院非经查封、扣押、冻结不得处分。对银行存款等各类可以直接扣划的财产,人民法院的扣划裁定同时具有冻结的法律效力。

(2) 对收入的执行

根据我国《民诉法》第 243 条第 1 款规定,被执行人未按执行通知履行法律文书确定的义务,人民法院有权扣留、提取被执行人应当履行义务部分的收入。但应当保留被执行人及其所扶养家属的生活必需费用。收入,主要是指被执行人的工资、资金以及其他劳动报酬。

扣留,是指人民法院强制留置被执行人的收入,禁止其支取和处分的执行措施。扣留是一种临时性的执行措施,其目的在于促使被执行人履行义务。

提取,是指人民法院依法支取被执行人的收入,将其转交给权利人的执行措施。提取是一种最终性的执行措施,能够直接实现权利人的权利。提取可以在扣留的基础上进行,也可以不扣留直接进行。

人民法院扣留、提取收入时,应当作出裁定,并发出协助执行通知书,被执行人所在单位、银行、信用合作社和其他有储蓄业务的单位必须办理。有关单位收到人民法院协助执行被执行人收入的通知后,擅自向被执行人或其他人支付的,人民法院有权责令其限期追回;逾期未追回的,应当裁定其在支付的数额内向申请执行人承担责任。

3. 以非金钱财产偿还金钱债权的执行

(1) 基本规则

从性质上看,非金钱财产可包括动产、不动产和其他特殊财产。非金钱财产由于不具有直接流通性,因而只能将其转换为可以流通的货币之后清偿债务。因此,对非金钱财产的执行,一般需要经历控制性执行和处分性执行两个阶段:前一阶段采取的执行措施主要是查封、扣押、冻结等控制性措施。其中,查封、扣押主要是针对动产、不动产;冻结主要是针对动产、不动产以外的其他财产权如债权、股权、知识产权等;后一阶段主要是拍卖、变卖、变价、划拨、以物抵债等执行措施。

(2) 以动产、不动产偿还金钱债权的执行措施

我国《民诉法》第 244 条第 1 款规定:"被执行人未按执行通知履行法律文书确定的义务,人民法院有权查封、扣押、冻结、拍卖、变卖被执行人应当履行义务部分的财产。但应当保留被执行人及其所扶养家属的生活必需品。"

① 查封、扣押、冻结

查封和扣押都属于临时性、控制性的执行措施,其实质都是限制被执行人对执行标的物的处分,为今后可能要采取的变价措施,如拍卖、变卖作准备。查封原本适用于不动产,但随着社会经济的发展,现在法律允许对动产进行查封。对动产的查封,应当采取加贴封条的方式。不便加贴封条的,应当张贴公告。对有产权证照的动产或不动产的查封,应当向有关管理机关发出协助执行通知书,要求其不得办

理查封财产的转移过户手续,同时可以责令被执行人将有关财产权证照交人民法院保管。必要时也可以采取加贴封条或张贴公告的方法查封。既未向有关管理机关发出协助执行通知书,也未采取加贴封条或张贴公告的办法查封的,不得对抗其他人民法院的查封。① 被执行人为金融机构的,不得查封其营业场所。②

查封、扣押财产的价值应当与被执行人履行债务的价值相当。人民法院对被执行人所有的其他人享有抵押权、质押权或留置权的财产,可以采取查封、扣押措施。财产拍卖、变卖后所得价款,应当在抵押权人、质押权人或留置权人优先受偿后,其余额部分用于清偿申请执行人的债权。

根据我国《民诉法》第245条的规定,人民法院查封、扣押财产时,被执行人是公民的,应当通知被执行人或者他的成年家属到场;被执行人是法人或者其他组织的,应当通知其法定代表人或者主要负责人到场。拒不到场的,不影响执行。被执行人是公民的,其工作单位或者财产所在地的基层组织应当派人参加。③ 对被查封、扣押的财产,执行员必须造具清单,由在场人签名或者盖章后,交被执行人一份。被执行人是公民的,也可以交他的成年家属一份。④

人民法院冻结被执行人的银行存款的期限不得超过1年,查封、扣押动产的期限不得超过两年,查封不动产、冻结其他财产权的期限不得超过3年。申请执行人申请延长期限的,人民法院应当在查封、扣押、冻结期限届满前办理续行查封、扣押、冻结手续,续行期限不得超过前款规定的期限。人民法院也可以依职权办理续行查封、扣押、冻结手续。⑤

执行法院依法对被执行人的财产查封、扣押、冻结后,任何单位包括其他法院不得对该标的物再予以查封、扣押、冻结,否则后来的查封、扣押行为无效。但是禁止复查封、扣押、冻结并不排斥轮候查封、扣押、冻结。所谓轮候查封、扣押、冻结,是指法院对债务人的财产采取查封、冻结措施后,其他法院不得再实施查封、扣押、冻结,但可以采取通知或办理登记的方法,当前一顺序的查封、扣押、冻结解除时,已办理通知或者登记的次一顺位的查封、扣押、冻结立即生效。轮候查封、扣押、冻结是我国《查封、扣押、冻结规定》设立的措施。因为如果依照不得重复查封、扣押、冻结的规定,当先查封的法院解封后而其他法院未查封前,如果被执行人转移了解封的财产,将使债权人的合法权益受损。实行轮候制度,在前查封、扣押、冻结措施解除时,登记在先的查封、扣押、冻结自动生效。其他法院对已登记的财产进行轮候查封、扣押、冻结的,应当通知有关登记机关协助进行轮候登记,实施查

---

① 参见我国《执行规定》第41条。
② 参见我国《执行规定》第34条。
③ 参见我国《民诉法》第245条第1款。
④ 参见我国《民诉法》第245条第2款。
⑤ 参见我国《民诉法解释》第487条。

封、扣押、冻结的法院应当允许其他法院查阅有关文书和记录。其他法院对没有登记的财产进行轮候查封、扣押、冻结的，应当制作笔录，并经实施查封、扣押、冻结的法院执行人员签字，或者书面通知实施查封、扣押、冻结的法院。

被执行人的财产经查封、扣押、冻结后，在人民法院指定的期间内履行义务的，人民法院应当及时解除查封、扣押、冻结措施。被执行人或其他人擅自处分已被查封、扣押、冻结财产的，人民法院有权责令责任人限期追回财产或承担相应的赔偿责任。

② 拍卖、变卖

我国《民诉法》第247条规定："财产被查封、扣押后，执行员应当责令被执行人在指定期间履行法律文书确定的义务。被执行人逾期不履行的，人民法院应当拍卖被查封、扣押的财产；不适于拍卖或者当事人双方同意不进行拍卖的，人民法院可以委托有关单位变卖或者自行变卖。国家禁止自由买卖的物品，交有关单位按照国家规定的价格收购。"

拍卖，是指人民法院将查封、扣押的财产以公开竞价方式卖给出价最高者，并将所得价款交给申请执行人的执行措施。由于拍卖采取的是公开竞价方式，既能保护被执行人的合法利益，又能最大程度地满足申请执行人的权利，因此已经被各国民事执行所采用。根据我国《民诉法解释》第488条规定，人民法院在执行中需要拍卖被执行人财产的，可以由人民法院自行组织拍卖，也可以交由具备相应资质的拍卖机构拍卖。交拍卖机构拍卖的，人民法院应当对拍卖活动进行监督。拍卖成交的，标的物所有权自拍卖成交裁定送达买受人或者接受抵债物的债权人时转移。

变卖，是指人民法院将被执行人已经被查封、扣押的财产，不经过拍卖而直接以一定价格卖出。适用变卖的财产，通常是无法拍卖或者双方当事人同意不需要拍卖的财产。人民法院在执行中需要变卖被执行人财产的，可以交有关单位变卖，也可以由人民法院直接变卖。对变卖的财产，人民法院或者其工作人员不得买受。由人民法院直接变卖的，变卖前应就价格问题征求物价等有关部门的意见，作价应当公平合理。被执行人申请对人民法院查封的财产自行变卖的，人民法院可以准许，但应当监督其按照合理价格在指定的期限内进行，并控制变卖的价款。

拍卖、变卖被执行人的财产成交后，必须即时钱物两清。委托拍卖、组织变卖被执行人财产所发生的实际费用，从所得价款中优先扣除。所得价款超出执行标的数额和执行费用的部分，应当退还被执行人。人民法院对被执行人所有的其他人享有抵押权、质押权或留置权的财产，财产拍卖、变卖后所得价款，应当在抵押权人、质押权人或留置权人优先受偿后，其余额部分用于清偿申请执行人的债权。

人民法院对拍卖、变卖被执行人的财产，应当委托依法成立的资产评估机构进行价格评估。拍卖评估需要对现场进行检查、勘验的，人民法院应当责令被执行人、协助义务人予以配合。被执行人、协助义务人不予配合的,人民法院可以强制进行。

③ 以物抵债

以物抵债是一种特殊的变价方式。它不是把财产卖给当事人以外的人,而是直接作价给申请执行人,是将变价和向申请人清偿结合在一起的特殊清偿方式。

以物抵债适用于两种情况:一种是"经申请执行人和被执行人同意,且不损害其他债权人合法权益和社会公共利益的,人民法院可以不经拍卖、变卖,直接将被执行人的财产作价交申请执行人抵偿债务。对剩余债务,被执行人应当继续清偿"①。这种情况属于执行和解,适用我国《民诉法》关于执行和解的规定;另一种是"被执行人的财产无法拍卖或者变卖的,经申请执行人同意,且不损害其他债权人合法权益和社会公共利益的,人民法院可以将该项财产作价后交付申请执行人抵偿债务,或者交付申请执行人管理"②。在这种情况下,法院作出以物抵债裁定并送达买受人或者接受抵债物的债权人的,即发生抵债物所有权转移的效力。③ 申请执行人拒绝接收或者管理的,退回被执行人。

(3) 对特殊非金钱财产的执行措施

对特殊非金钱财产的执行,包括对知识产权、债券、股票、基金份额、对第三人到期债权的执行。我国《民诉法》第242条第1款对债券、股票、基金份额等财产的执行措施作了原则性规定:被执行人未按执行通知履行法律文书确定的义务,人民法院有权向有关单位查询被执行人的存款、债券、股票、基金份额等财产情况。人民法院有权根据不同情形扣押、冻结、划拨、变价被执行人的财产。人民法院查询、扣押、冻结、划拨、变价的财产不得超出被执行人应当履行义务的范围。

① 对知识产权的执行

我国《执行规定》第50条规定了对知识产权的执行措施。被执行人不履行生效法律文书确定的义务,人民法院有权裁定禁止被执行人转让其专利权、注册商标专用权、著作权(财产权部分)等知识产权。上述权利有登记主管部门的,应当同时向有关部门发出协助执行通知书,要求其不得办理财产权转移手续,必要时可以责令被执行人将产权或使用权证照交人民法院保存。采取上述执行措施后,被执行人仍不履行义务的,执行机构有权对被执行人所有的知识产权采取拍卖、变卖等执行措施。

② 对股份凭证的执行

我国《执行规定》第52条规定:对被执行人在其他股份有限公司中持有的股份

---

① 参见我国《民诉法解释》第491条。
② 参见我国《民诉法解释》第492条。
③ 参见我国《民诉法解释》第493条。

凭证(股票),人民法院可以扣押,并强制被执行人按照《公司法》的有关规定转让,也可以直接采取拍卖、变卖的方式进行处分,或直接将股票抵偿给债权人,用于清偿被执行人的债务。

③ 对投资权益的执行

对被执行人从有关企业中应得的已到期的股息或红利等收益,人民法院有权裁定禁止被执行人提取和有关企业向被执行人支付,并要求有关企业直接向申请执行人支付;对于预期股息或红利等收益,可以采取冻结措施,禁止到期后提取和支付。到期后人民法院可从有关企业中提取,并出具提取收据。有关企业收到协助冻结通知后,擅自向被执行人支付股息或红利,应当在所支付的范围内向申请执行人承担责任。

④ 对股权的执行

对被执行人在有限责任公司、其他法人企业中的投资权益或股权,人民法院可以采取冻结措施。冻结应当通知有关企业不得办理被冻结投资权益或股权的转移手续,不得向被执行人支付股息或红利。被冻结的投资权益或股权,被执行人不得自行转让。被执行人在其独资开办的法人企业中拥有的投资权益被冻结后,人民法院可以直接裁定予以转让,以转让所得清偿其对申请执行人的债务。

对被执行人在有限责任公司中被冻结的投资权益或股权,我国人民法院可以依据《公司法》第35条、第36条的规定,征得全体股东过半数同意后,予以拍卖、变卖或以其他方式转让。不同意转让的股东,应当购买该转让的投资权益或股权,不购买的,视为同意转让,不影响执行。人民法院也可允许并监督被执行人自行转让其投资权益或股权,将转让所得收益用于清偿对申请执行人的债务。

对被执行人在中外合资、合作经营企业中的投资权益或股权,在征得合资或合作他方的同意和对外经济贸易主管机关的批准后,可以对冻结的投资权益或股权予以转让。如果被执行人除在中外合资、合作企业中的股权以外别无其他财产可供执行,其他股东又不同意转让的,可以直接强制转让被执行人的股权,但应当保护合资他方的优先购买权。

有关企业收到人民法院发出的协助冻结通知后,擅自为被执行人办理已冻结股权或者投资权益的转移手续,造成已转移的财产无法追回的,应当在所转移的股权或者投资权益价值范围内向申请执行人承担责任。

⑤ 对他人到期债权的执行

对他人到期债权的执行,也称为对第三人到期债权的执行,是指人民法院通过强制转移被执行人向他人实现债权的权利,从而满足权利人权利的执行程序。

对他人到期债权的执行,是以被执行人的到期债权为执行对象的。它以债权人对债务人的实体和程序代位权为理论基础,将申请执行人和被执行人间已经审理过的债权债务关系以及被执行人和他人间没有经过审理的债权债务关系,通过一定的法律程序一并处理。

根据我国《执行规定》第56、61条和第66条至第69条的规定,执行对他人到期债权应当具备以下条件:

第一,被执行人不能清偿债务。被执行人不能清偿债务,是指被执行人在执行根据所确定的履行期届满时,不能清偿执行根据所确定的债务。至于不能清偿的原因,可能是因为被执行人有转移、隐匿财产的行为,也可能是因为被执行人已经丧失了偿还能力。

第二,被执行人对他人有已经到期的合法债权。这要求被执行人对他人的债权,既要合法,又要到期,并且尚未经过审理。已经经过审理的债权,由于法院不得重复受理,法院不能再向他人发出履行通知。

第三,申请执行人和被执行人提出申请。法院不得依职权主动向他人发出履行通知,而只根据申请执行人和被执行人的申请向他人发出冻结债权的裁定,并通知该他人向申请执行人履行。申请执行人和被执行人的申请,通常要求采取书面形式。

第四,他人在履行通知规定的期限内,既不提出异议,又不主动履行。被执行人收到人民法院履行通知后,放弃其对他人债权或延缓第三人履行期限的行为无效,人民法院仍可在第三人无异议又不履行的情况下予以强制执行。

他人按照履行通知向申请执行人履行了债务或已被强制执行后,人民法院应当出具有关证明。[①]

根据我国《执行规定》第62条至第64条、《民诉法解释》第501条的规定,有几种特殊情况需要注意:

第一,他人在收到法院履行通知后,有权提出异议。异议成立的,人民法院不得对他人强制执行。该他人对到期债权有部分异议,申请执行人请求对异议部分强制执行的,人民法院不予支持。利害关系人对到期债权有异议的,人民法院应当按执行异议处理。

第二,他人收到履行通知后,擅自向被执行人履行,造成财产不能追回的,除在已履行的财产范围内与被执行人承担连带清偿责任外,可以追究其妨害执行的责任。

第三,该他人确无财产可供执行的,不得就该债权强制执行。

(四)交付物的执行

交付物的执行,是指为实现申请执行人对被执行人的交付动产或者不动产请求而采取的执行措施,其实质是实现权利人对特定物的交付请求权。

物的交付,以转移占有为直接目的,以交付行为为执行内容,以交付的动产或

---

① 参见我国《执行规定》第69条。

者不动产为执行对象。至于发生物的交付的原因,可以是基于所有权,也可以是基于债权。常见的物的交付,主要是交付双方当事人所争议的物,但有的情况下也包括债务人完成一定工作以后需要交付的工作物。

对交付物的执行与对金钱债权的执行有很大的不同。由于交付物的执行以转移占有为直接目的,因此无需将特定的物货币化,也就不需要采取拍卖、变卖等措施。

根据交付对象的不同,交付物的执行可以分为交付动产的执行和交付不动产的执行。

1. 交付动产的执行

交付指定的财物、票证,是指在执行中,被执行人拒不履行法律文书所指定的财物或者票证时,法院强制被执行人交付的措施。法律文书指定交付的财物,可以是种类物,也可以是特定物;票证,一般是有财产权利内容的凭证,如股票、国库券等。

交付财物或票证可采取当面交付和转交两种方法。当面交付,由执行人员传唤双方当事人到庭或到指定场所,由被执行人将指定的财物或票证直接交付给权利人。转交有执行机构转交和第三人转交两种。执行机构转交是被执行人将指定交付的财物或者票证交给执行人员,再由执行人员转交给权利人。第三人转交是指当财物或票证由第三人持有或保管时,法院应向该第三人发出协助执行通知书,由第三人将财物或票证交给权利人或执行机构。拒不交出的,强制执行,并对拒不协助执行的自然人处以罚款,对拒不协助执行单位的主要负责人或者直接责任人员予以罚款、拘留。他人持有期间财物或者票证毁损、灭失的,经双方当事人同意,可以折价赔偿。不能协商一致的,终结执行程序。申请执行人可以另行起诉。①

生效法律文书确定被执行人交付特定标的物的,应当执行原物。原物确已毁损或灭失的,经双方当事人同意,可以折价赔偿。不能协商一致的,应当终结执行程序。申请执行人可以另行起诉。他人主张合法持有财物或者票证的,可以提出执行异议。②

2. 交付不动产的执行

不动产主要包括:房屋、土地及其附着物、林地。因此,交付不动产的执行,是指法院强制被执行人迁出房屋或者退出土地,并将房屋或者土地交给申请执行人的执行措施。

对房屋拆迁、房屋买卖、宅基地纠纷等案件的执行,可采用强制迁出房屋和退出土地的措施。强制迁出房屋或者强制退出土地,由院长签发公告,责令被执行人

---

① 参见我国《民诉法解释》第495条。
② 参见我国《民诉法解释》第494条。

在指定期间履行。公告要写明强制被执行人强制迁出房屋和退出土地的原因,并再次指定债务人履行义务的期限,说明逾期不履行的法律后果。公告由法院院长署名,并加盖法院印章。公告应张贴在法院公告栏内以及应当迁出的房屋或退出的土地附近。被执行人在指定的履行期间履行义务的,执行程序结束;被执行人逾期不履行的,由执行员强制执行。

强制执行时,被执行人是公民的,应当通知被执行人或者他的成年家属到场;被执行人是法人或者其他组织的,应当通知其法定代表人或者主要负责人到场。拒不到场的,不影响执行。被执行人是公民的,其工作单位或者房屋、土地所在地的基层组织应当派人参加。执行员应当将强制执行情况记入笔录,由在场人签名或者盖章。

强制迁出房屋或退出土地时,对被执行人在占有的房屋内或者土地上存放的财物,执行人员应当造具清单,由在场人签名或者盖章后,将这些财物运至指定处所交给被执行人。被执行人是公民的,也可交给他的成年家属。如果他们拒绝接受,由此造成的损失由被执行人承担。强制执行完毕后,执行人员应将腾出的房屋或退出的土地及时交付权利人,结束执行程序。

3. 办理有关财产权证照转移手续

财产权证照是指证明具有财产内容的各种文书和执照,如房产证、土地使用证、山林所有权证、专利证书、商标证书、车辆所有权证等。我国法律规定有些财产所有权的转移必须同时办理财产权证照转移手续。因此,在对这些财产进行执行时,就应当依据我国《民诉法》第251条的规定:"在执行中,需要办理有关财产权证照转移手续的,人民法院可以向有关单位发出协助执行通知书,有关单位必须办理。"

(五)对行为的执行

对行为的执行,是指义务人有义务实施执行根据所确定的行为而没有实施时,法院所采取的强制其实施该行为的执行措施,可以分为对可替代行为的执行和对不可替代行为的执行。

1. 对可替代行为的执行

如果执行根据所确定的行为是可替代的行为,在被执行人拒不履行相关义务时,人民法院可以选定代履行人,由其代履行。代履行的费用由人民法院根据案件具体情况确定,并由被执行人在指定期限内预先支付。被执行人未预付的,人民法院可以对该费用强制执行。代履行结束后,被执行人可以查阅、复制费用清单以及主要凭证。[①] 法律、行政法规对履行该行为义务有资格限制的,应当从有资格的人中选定。必要时,可以通过招标的方式确定代履行人。申请执行人可以在符合

---

① 参见我国《民诉法解释》第504条。

条件的人中推荐代履行人,也可以申请自己代为履行,是否准许,由人民法院决定。①

2. 对不可替代行为的执行

不可替代的行为,是指执行根据所确定的行为只能由义务人完成,不能由他人代为完成。经教育,被执行人仍拒不履行的,人民法院应当按照妨害执行行为的有关规定处理。对申请执行人由此而受到的损失,被执行人应当进行赔偿。被执行人在人民法院确定的履行期间内仍不履行的,人民法院可以依照拒不履行人民法院已经发生法律效力的判决、裁定的规定再次按妨害执行行为予以处理。②

(六)保障性执行措施

保障性执行措施在性质上属于间接执行范畴,目的在于通过这些措施的运用,给被执行人施加心理压力、生活不便,最终迫使他主动履行义务。根据我国《民诉法》及相关司法解释的规定,这类执行措施主要包括:搜查、限制出境、在征信系统记录、通过媒体公布不履行义务信息、限制消费、强制交付迟延利息或迟延履行金、申请继续执行和对妨害执行行为的强制措施的适用。

1. 搜查

我国《民诉法》第248条规定:"被执行人不履行法律文书确定的义务,并隐匿财产的,人民法院有权发出搜查令,对被执行人及其住所或者财产隐匿地进行搜查。采取前款措施,由院长签发搜查令。"《民诉法解释》第496条将搜查措施扩大至会计账簿等资料。

搜查是为了保障执行完成的重要执行措施,搜查中涉及公民的人身权、住宅权等诸多权利,且社会影响也较大,因此,搜查必须严格依照法定的程序进行。根据我国《民诉法解释》第497条至第500条的规定,搜查时应当由院长签发搜查令。搜查人员必须按规定着装并出示搜查令和身份证件。人民法院搜查时禁止无关人员进入搜查现场;搜查对象是公民的,应通知被执行人或者他的成年家属以及基层组织派员到场;搜查对象是法人或者其他组织的,应通知法定代表人或者主要负责人到场。拒不到场的,不影响搜查。搜查妇女身体,应由女执行人员进行。对被执行人可能存放隐匿财物及有关证据材料的处所、箱柜等,经责令被执行人开启而拒不配合的,法院可以强制开启。搜查中发现应当依法查封、扣押的财产,依照《民诉法》有关查封、扣押财产的规定办理。搜查应当制作搜查笔录,由搜查人员、被搜查人及其他在场人签名、捺印或盖章。拒绝签名、捺印或者盖章的,应在记入搜查笔录。

---

① 参见我国《民诉法解释》第503条。
② 参见我国《民诉法解释》第505条。

2. 限制出境[1]

限制出境,是指执行法院对未履行生效法律文书确定义务的被执行人,限制其出境的强制措施。限制出境的对象包括自然人、法人的法定代表人和其他组织的负责人。限制出境措施的确立,加强了法院的执行力度,并发挥社会各界的力量,形成执行联动机制,对促使当事人履行生效法律文书确定的义务具有积极作用。

我国《执行程序解释》第36条至第38条对限制出境的措施作了进一步规定:限制被执行人出境的,应当由申请执行人向执行法院提出书面申请;必要时,执行法院可以依职权决定。被执行人为单位的,可以对其法定代表人、主要负责人或者影响债务履行的直接责任人员限制出境。被执行人为无民事行为能力人或者限制民事行为能力人的,可以对其法定代理人限制出境。在限制出境期间,被执行人履行法律文书确定的全部债务的,执行法院应当及时解除限制出境措施;被执行人提供充分、有效的担保或者申请执行人同意的,可以解除限制出境措施。

我国《执行异议复议规定》第9条赋予了被限制出境人有申请救济的权利:被限制出境的人认为对其限制出境错误的,可以自收到限制出境决定之日起10日内向上一级人民法院申请复议。上一级人民法院应当自收到复议申请之日起15日内作出决定。复议期间,不停止原决定的执行。

3. 在征信系统记录、通过媒体公布不履行义务信息[2]

在征信系统记录是通过法院的征信系统与金融、工商、房地产、交通、出入境管理等部门以及其他社会信用体系网络相联接,逐步从法律、经济、政治、道德、生活、舆论等各个方面对被执行人进行制约、限制,使其进入交易市场受到严格审查和限制。通过媒体公布不履行义务信息,是指法院将不履行义务的被执行人信息通过电台、电视台、报刊、网络等新闻媒体向社会予以公布的强制措施。该措施的实施,使被执行人不履行义务的情况在一定范围内为社会公众知晓,给其造成一定的社会消极影响和压力,从而促使其自动履行义务。这两种方法都是以诚信机制约束被执行人,使其产生心理上的压力从而愿意配合法院的工作,向申请执行人履行债务。

我国《公布失信名单规定》就向社会公布失信被申请人信息的问题作了具体的规定。根据该《规定》,此项措施适用于以下几种情形:(1)以伪造证据、暴力、威胁等方法妨碍、抗拒执行的;(2)以虚假诉讼、虚假仲裁或者以隐匿、转移财产等方法规避执行的;(3)违反财产报告制度的;(4)违反限制高消费令的;(5)被执行人无正当理由拒不履行执行和解协议的;(6)其他有履行能力而拒不履行生效法律文

---

[1] 参见我国《民诉法》第255条。
[2] 参见我国《民诉法》第255条。

书确定义务的。①

将被执行人纳入失信被执行人名单,既可以由申请执行人申请,也可以由法院依职权决定。② 被执行人认为将其纳入失信被执行人名单错误的,可以向人民法院申请纠正。申请时应当说明理由。人民法院经审查认为理由成立的,应当作出决定予以纠正。③

人民法院决定将被执行人纳入失信被执行人名单的,应当制作决定书,决定书自作出之日起生效。决定书应当送达当事人。各级人民法院应当将失信被执行人名单信息录入最高人民法院失信被执行人名单库,并通过该名单库统一向社会公布。各级人民法院可以将失信被执行人名单通过报纸、广播、电视、网络、法院公告栏等其他方式予以公布,并可以采取新闻发布会或者其他方式对本院及辖区法院实施失信被执行人名单制度的情况定期向社会公布。同时,还应当向政府相关部门、金融监管机构、金融机构、承担行政职能的事业单位及行业协会等通报,供相关单位在政府采购、招标投标、行政审批、政府扶持、融资信贷、市场准入、资质认定等方面,对失信被执行人予以信用惩戒;应当将失信被执行人名单信息向征信机构通报,并由征信机构在其征信系统中记录;失信被执行人是国家工作人员的,应当通报其所在单位;是国家机关、国有企业的,应当通报其上级单位或者主管部门。

公布失信被执行人名单措施具有个案的性质。如果被执行人全部履行了生效法律文书确定义务,或者与申请执行人达成执行和解协议并经申请执行人确认履行完毕,或者人民法院依法裁定终结执行的,人民法院应当将其有关信息从失信被执行人名单库中删除。

4. 限制消费

最高人民法院于2010年颁布《限制高消费规定》,增设了限制高消费的间接执行措施。2015年该《规定》修正为《限制高消费及有关消费规定》,对于那些未按执行通知书指定的期间履行生效给付义务的被执行人,限制消费的范围从高消费扩大至非生活或者经营必需的消费。而且,如果是已经被纳入失信被执行人名单的人,必然会发生限制消费的结果。④

被限制消费的主体是被申请执行人。如果被申请执行人是单位的,限制消费的措施适用于被执行人及其法定代表人、主要负责人、影响债务履行的直接责任人员、实际控制人。但上述人员因生活或者经营必需⑤或者因私消费并以个人财产

---

① 参见我国《公布失信名单规定》第1条。
② 参见我国《公布失信名单规定》第2条第2款。
③ 参见我国《公布失信名单规定》第3条。
④ 参见我国《限制高消费及有关消费规定》第1条。
⑤ 参见我国《限制高消费及有关消费规定》第8条。

实施①被限定的行为的,可以向执行法院申请,法院经审查属实的,应予准许。根据《限制高消费及有关消费规定》第3条第1款的规定,"高消费及非生活和工作必需的消费行为"包括:(1) 乘坐交通工具时,选择飞机、列车软卧、轮船二等以上舱位;(2) 在星级以上宾馆、酒店、夜总会、高尔夫球场等场所进行高消费;(3) 购买不动产或者新建、扩建、高档装修房屋;(4) 租赁高档写字楼、宾馆、公寓等场所办公;(5) 购买非经营必需车辆;(6) 旅游、度假;(7) 子女就读高收费私立学校;(8) 支付高额保费购买保险理财产品;(9) 乘坐G字头动车组列车全部座位、其他动车组列车一等以上座位等其他非生活和工作必需的消费行为。

限制消费因为在一定程度上对被申请人的人身进行了限制,因此需要遵循法定的程序。一般要由申请执行人提出书面申请,必要时人民法院可以依职权决定。限制消费需要有由人民法院院长签发的载明限制消费期间、项目、法律后果等内容的限制消费令。

限制消费通常需要社会的监督和有关单位的协助执行。因此,人民法院可以根据案件需要和被执行人的情况向有义务协助调查、执行的单位送达协助执行通知书,也可以在相关媒体上进行公告。公告费用由被执行人负担。申请执行人申请在媒体公告的,应当垫付公告费用。人民法院还应当设置举报电话或者邮箱,接受申请执行人和社会公众对被执行人违反被限制消费的行为的举报。被申请执行人违反限制消费令、协助执行人拒绝协助执行的,其行为构成妨害民事诉讼的行为,依法应当承担相应的法律责任。

限制消费的目的在于督促有能力履行但不履行生效法律文书所确定义务的被申请执行人尽快履行义务。因此,如果适用的条件不再存在,那么就应当解除限制消费的措施。这些情形主要有:在限制消费期间,被执行人提供确实有效的担保或经申请执行人同意的;被执行人履行完生效法律文书确定的义务的。限制消费令被解除后,人民法院应当在原通知或公告的范围内及时宣告解除。

5. 强制交付迟延利息或迟延履行金

迟延履行,是指在生效法律文书确定的履行期间内,被执行人没有履行义务。对被执行人迟延履行义务的行为,法院既要强制其履行义务,又要追究被执行人迟延履行的法律责任。我国《民诉法》第253条规定:"被执行人未按判决、裁定和其他法律文书指定的期间履行给付金钱义务的,应当加倍支付迟延履行期间的债务利息。被执行人未按判决、裁定和其他法律文书指定的期间履行其他义务的,应当支付迟延履行金。"

责令被执行人支付迟延履行利息,主要适用于金钱给付义务的执行案件。根据我国《迟延履行利息解释》,迟延履行期间的债务利息,包括一般债务利息和加倍

---

① 参见我国《限制高消费及有关消费规定》第3条第2款。

部分债务利息。一般债务利息,根据生效法律文书确定的方法计算;生效法律文书未确定给付该利息的,不予计算。加倍部分债务利息的计算方法为:加倍部分债务利息＝债务人尚未清偿的生效法律文书确定的除一般债务利息之外的金钱债务×日1.75‰×迟延履行期间。① 迟延履行期间自生效法律文书确定的履行期间届满之日起至被执行人履行完毕之日;法律文书确定分期履行的,自每次履行期间届满之日起至每次履行完毕之日;生效法律文书未确定履行期间的,自法律文书生效之日起至被执行人履行完毕之日。② 非因被执行人的申请,对生效法律文书审查而中止或者暂缓执行的期间及再审中止执行的期间,不计算加倍部分债务利息。③

被执行人在生效法律文书指定的期间未履行非金钱给付义务的,无论是否给申请执行人造成损失,都应当支付迟延履行金。已经造成损失的,双倍补偿申请执行人已经受到的损失;没有造成损失的,迟延履行金可以由人民法院根据具体案件情况决定。

6. 申请继续执行

根据我国《民诉法》第254条规定,人民法院采取相应的执行措施后,被执行人仍不能偿还债务的,应当继续履行义务。债权人发现被执行人有其他财产的,可以随时请求人民法院执行。

申请继续执行一般有以下两种情形:

(1) 被执行人暂时无履行能力,待其有履行能力时,可申请继续执行;

(2) 被执行人转移、隐匿财产,抽逃资金或者外出躲债,债权人发现其财产后,可申请继续执行。

申请继续执行不受申请执行期限的限制。执行程序开始后,只要债务人的债务没有履行,债权人就随时可以申请继续执行。该制度为债权人债权的实现提供了实质性的保障,同时被执行人的债务也不会因暂时不能履行而得到豁免。

7. 对妨害执行行为的强制措施的适用

妨害执行的强制措施属于妨害民事诉讼强制措施的范畴,针对妨害民事执行进行的行为适用。根据我国《民诉法》第111、114、241条以及《民诉法解释》第187条至第192条以及第315、521条的规定,为保障执行的顺利进行而采取的强制措施主要有:拘传、罚款、拘留和追究刑事责任。④

---

① 参见我国《迟延履行利息解释》第1条。
② 参见我国《迟延履行利息解释》第2条、第3条。
③ 参见我国《迟延履行利息解释》第3条第3条款。
④ 具体妨害执行的行为以及各自适用的强制措施见本书第十五章"对妨害民事诉讼的强制措施"部分。

第四节　执行的结束

▶ 一、执行结束概述

（一）执行结案的方式

根据我国《执行立案、结案意见》第14的规定,除执行财产保全裁定、恢复执行的案件外,其他执行实施类案件的结案方式包括:

（1）执行完毕。人民法院依据申请执行人的申请或者依职权采取执行措施,或者是当事人达成执行和解协议,且执行和解协议履行完毕,实现了生效法律文书确定的义务,达到了权利人开始执行程序的目的,执行程序自然结束。双方当事人权利义务关系归于消灭。执行完毕应当制作结案通知书并发送当事人。双方当事人书面认可执行完毕或口头认可执行完毕并记入笔录的,无需制作结案通知书。通过执行和解结案的,和解协议应当附卷;没有签订书面执行和解协议的,应当将口头和解协议的内容作成笔录,经当事人签字后附卷。

（2）终结本次执行程序。此种结案方式是我国《民诉法解释》第519条规定的一种新的结案方式;人民法院经过财产调查未发现被申请执行人有可供执行的财产,在申请执行人签字确认或者执行法院组成合议庭审查核实并经院长批准后,可以裁定终结本次执行程序。终结执行后,申请执行人发现被执行人有可供执行财产的,可以再次申请执行。

（3）终结执行。当执行程序不可能也没有必要继续进行的时候,就应当终结执行程序。终结执行是执行程序的非正常结束。

（4）销案。此种结案方式适用于以下情形:其一,被执行人提出管辖异议,经审查异议成立,将案件移送有管辖权的法院或申请执行人撤回申请的;其二,发现其他有管辖权的人民法院已经立案在先的;其三,受托法院报经高级人民法院同意退回委托的。

（5）不予执行。执行实施案件立案后,被执行人对仲裁裁决或公证债权文书提出不予执行申请,经人民法院审查,裁定不予执行的,以"不予执行"方式结案。

（6）驳回申请。执行实施案件立案后,经审查发现不符合我国《执行规定》第18条规定的受理条件,裁定驳回申请的,以"驳回申请"方式结案。

（二）执行结案的期限

根据我国《执行审理期限规定》第5条的规定,执行案件应当在立案之日起6个月内执结,非诉执行案件应当在立案之日起3个月内执结;有特殊情况需要延长的,经本院院长批准,可以延长3个月,还需要延长的,层报高级人民法院备案。

刑事案件没收财产刑应当即时执行。刑事案件罚金刑,应当在判决、裁定发生法律效力后 3 个月内执行完毕,至迟不超过 6 个月。

根据最高人民法院《执行审理期限规定》第 9 条,下列期间不计入执行期限:(1) 由有关专业机构进行审计、评估、资产清理的期间;(2) 中止执行至恢复执行的期间;(3) 当事人达成执行和解或者提供执行担保后,执行法院决定暂缓执行的期间;(4) 上级人民法院通知暂缓执行的期间;(5) 执行中拍卖、变卖被查封、扣押财产的期间。

▶ 二、执行和解

(一) 执行和解的概念

执行和解,是指在执行过程中,双方当事人自愿作出谅解和让步,就如何履行生效法律文书所确定的权利义务达成协议,从而结束执行程序的一种制度。执行和解协议是在双方当事人自愿协商、互谅互让的基础上达成的,尽管当事人通过和解协议改变了生效法律文书确定的权利义务内容,但它不是对执行根据的否定,而是权利人对权利以及权利实现方式的自由处分。执行和解有利于债权人权利的及时实现,降低执行成本,也有利于纠纷的及时解决,能够缓解当事人之间的矛盾。

(二) 执行和解的条件

(1) 和解须双方当事人自愿。执行和解协议是在双方当事人自愿、平等协商的基础上达成的,进行和解是当事人真实意思的表示,而没有受任何外在力量的威胁、欺诈、利诱,也并非由执行员调解形成,而是当事人双方自愿就执行根据中确定的权利义务关系内容进行变更,并达成和解协议。双方当事人自愿达成的和解协议的内容不得违反法律的基本原则和禁止性规定,不得损害社会公共利益和他人的合法权益。我国《民诉法》第 230 条规定了申请执行人因受欺诈、胁迫与被执行人达成和解协议人民法院可以根据当事人的申请,恢复对原生效法律文书的执行。

(2) 和解应当在执行中进行。执行和解只能发生在执行程序中,当事人通过和解,旨在结束执行程序。执行程序开始前,当事人协议变更生效法律文书内容的,不属于执行和解。在执行程序结束后,生效法律文书已得到执行,也不会发生执行和解。

(3) 和解协议应采用书面形式或由执行人员记入笔录。和解协议中反映的是双方当事人变更生效法律文书确定的权利义务的意思表示,因而要求具备一定的法律形式。和解协议一般应当采用书面形式。执行人员应将该协议副本附卷。无书面协议的,执行人员应将协议内容记入笔录,并由双方当事人签名或盖章。没有经过这一程序的,和解协议不具有法律效力。

(三) 执行和解的内容

根据我国《执行规定》第 86 条第 1 款的规定,双方当事人可就以下内容达成和解协议:

(1) 变更生效法律文书所确定的履行义务主体。例如,由案外第三人代为履行被执行人的债务。

(2) 变更标的物及其数额。例如,债权人放弃部分债权或者同意以他物抵债。

(3) 延长履行期限。既可以延长全部债务的履行期限,也可以延长部分债务的履行期限。

(4) 变更履行方式。例如,同意以物抵债或者以劳务抵债,或者由一次性给付变更为分期给付。

(四) 执行和解的效力

执行和解协议是当事人合意变更生效法律文书内容所达成的结果,体现了双方当事人的意愿。和解协议不是执行根据,它没有强制执行的效力。因此,和解协议的实现依靠当事人的自愿。和解协议具有以下效力:

(1) 确定双方当事人之间的权利义务关系。执行和解协议改变了原执行根据确定的权利义务内容,重新确定当事人履行债务的主体、数额、期限和方式等内容。法院应当尊重当事人对私权的处分,由当事人按执行和解协议履行。

(2) 中止或终结本案的执行程序。在执行程序中,当事人双方通过自行协商,达成了和解协议后,由于和解协议系私法协议,并不能直接产生程序法上中止或终结执行程序的效力。考虑到公法需要尊重当事人对私权的处分,如果当事人基于和解协议申请中止执行或者撤回执行申请,法院则可以裁定中止或终结执行程序。因此,我国《民诉法解释》第466条规定:"申请执行人与被执行人达成和解协议后请求中止执行或者撤回执行申请的,人民法院可以裁定中止执行或者终结执行。"

(3) 申请执行人因受欺诈、胁迫与被执行人达成和解协议,或者一方当事人不履行和解协议的,法院可以根据对方当事人的申请,恢复对原生效法律文书的执行,但不履行和解协议的一方当事人无权申请恢复执行原裁判文书。当事人根据和解协议已经履行的部分,法院在恢复执行时应当扣除。和解协议已经全部履行完毕的,民法院不予恢复执行。当事人申请恢复执行原生效法律文书,适用民诉法申请执行期间的规定。申请执行期间因达成执行中的和解协议而中断,其期间自和解协议约定履行期限的最后一日起重新计算。

三、终结本次执行程序

执行终结的法律后果是执行程序不再恢复。查找不到财产和无财产并不相同,本不应终结执行,但继续等待不仅不会实现债权人的权利,还会有更多不必要的投入。为了节约执行成本,暂时终结本次执行,等到发现被申请人有可供执行的财产后再恢复执行。

在我国,除《民诉法解释》第519条规定的情形外,《执行立案、结案意见》增加了终结本次执行程序这种结案方式的适用情形:(1) 被执行人确无财产可供执行,申请执行人书面同意人民法院终结本次执行程序的;(2)因被执行人无财产而中止执行满两年,经查证被执行人确无财产可供执行的;(3)申请执行人明确表示提供不出被执行人的财产或财产线索,并在人民法院穷尽财产调查措施之后,对人民法院认定被执行人无财产可供执行书面表示认可的;(4)被执行人的财产无法拍卖变卖,或者动产经两次拍卖、不动产或其他财产经三次拍卖仍然流拍,申请执行人拒绝接受或者依法不能交付其抵债,经人民法院穷尽财产调查措施,被执行人确无其他财产可供执行的;(5)经人民法院穷尽财产调查措施,被执行人确无财产可供执行或虽有财产但不宜强制执行,当事人达成分期履行和解协议,且未履行完毕的;(6)被执行人确无财产可供执行,申请执行人属于特困群体,执行法院已经给予其适当救助的。

此处所说的"人民法院穷尽财产调查措施",是指至少完成了下列调查事项:(1)被执行人是法人或其他组织的,应当向银行业金融机构查询银行存款,向有关房地产管理部门查询房地产登记,向法人登记机关查询股权,向有关车管部门查询车辆等情况;(2)被执行人是自然人的,应当向被执行人所在单位及居住地周边群众调查了解被执行人的财产状况或财产线索,包括被执行人的经济收入来源、被执行人到期债权等。如果根据财产线索判断被执行人有较高收入,应当按照对法人或其他组织的调查途径进行调查;(3)通过最高人民法院的全国法院网络执行查控系统和执行法院所属高级人民法院的"点对点"网络执行查控系统能够完成的调查事项;(4)法律、司法解释规定必须完成的调查事项。

人民法院裁定终结本次执行程序后,发现被执行人有财产的,可以依申请执行人的申请或依职权恢复执行。申请执行人申请恢复执行的,不受申请执行期限的限制。

▶ 四、执行终结

(一)执行终结的概念

执行终结,又称为执行终止,是指在执行过程中,由于出现了某种法律规定的特殊情况,执行程序无法或无必要继续进行,从而依法结束执行程序的制度。

(二)执行终结的情形

根据我国《民诉法》第257条的规定,有下列情形之一的,人民法院裁定终结执行:

(1)申请人撤销申请的。执行程序的目的在于实现申请人的实体权利。是否启动主要依申请人的意志决定,那么是否继续,也应尊重申请人的意志。撤销申请可能是因为双方达成了执行和解,也可能是其他的原因。只要不违反法律规定,法院就应准予申请人的申请。但撤回申请只是申请人对程序权利的处分,并非放弃实体权利。因此,撤销之后,申请人又在时效期间内再次申请执行的,人民法院应当受理。

(2) 据以执行的法律文书被撤销的。执行根据是法院据以执行的依据,如果执行根据被撤销,执行就失去了依据,执行程序必须结束。

(3) 作为被执行人的公民死亡,无遗产可供执行,又无义务承担人的。在执行中,如果被执行人是公民的,其死亡但有遗产可供执行的,法院可依法执行死者的遗产;虽无遗产但尚有义务承担人的,可由他的义务承担人履行义务。但若无遗产可供执行又无义务承担人的,执行无法进行,法院应裁定终结执行。

(4) 追索赡养费、扶养费、抚育费案件的权利人死亡的。追索赡养费、扶养费、抚育费的权利与权利人的人身密不可分的,只能由权利人本人享有,既不能转让,也不能继承。因此,此类案件的权利人死亡后,权利人所享有的权利即告消灭,被执行人继续履行义务已无必要,法院应裁定终结执行。

(5) 作为被执行人的公民因生活困难无力偿还借款,无收入来源,又丧失劳动能力的。适用这一规定时,应符合以下条件:第一,被执行人与申请人是一种借贷关系,而不能是因其他法律关系如侵权行为产生的债务;第二,被执行人无收入来源,且丧失劳动能力。这两种因素须同时存在,如无收入来源,但有劳动能力属于有潜在的偿还能力,法院不能裁定终结执行。

(6) 人民法院认为应当终结执行的其他情形。这是终结执行的弹性条款,有利于法院处理在实践中出现的特殊情形。如我国《民诉法解释》就规定了两种情形:第一,在对特定物的执行中,如果原物确已毁损或者灭失,双方当事人对折价赔偿又不能协商一致的,人民法院应当终结执行程序。申请执行人可以另行起诉[①]。第二,在执行过程中,如被执行人被人民法院宣告破产的,执行法院就应当裁定终结执行,并解除对被执行人财产的保全措施。申请执行人的债权纳入破产清偿的范围。[②]

(三) 执行终结的效力

终结执行,执行法院应制作裁定书,裁定书应当写明终结执行的理由和法律依据,并由执行员、书记员署名,加盖人民法院印章。由二审人民法院终审的判决、裁定和调解书,需要终结执行的,应当由执行员将终结执行的书面报告和意见,报经二审法院或上级法院执行组织签署意见并备案后,制作裁定书。

执行终结的裁定书送达当事人后立即生效。其效力表现为:执行程序结束,法院不再以强制执行权迫使义务人履行义务。

[①] 参见我国《民诉法解释》第494条。
[②] 参见我国《民诉法解释》第515条。

五、裁定不予执行

（一）裁定不予执行的概念

裁定不予执行，是指人民法院在审查债权人申请执行仲裁裁决和公证债权文书，或者申请承认和执行外国法院判决、裁定以及外国仲裁机构的仲裁裁决时，认为具备法定的情形而裁定不执行的制度。

（二）不予执行的情形

1. 不予执行国内仲裁裁决

仲裁机构没有执行权，一方当事人不履行的，仲裁裁决只能由当事人申请人民法院执行。债权人启动执行程序后，被申请人可以在执行终结前向执行法院请求不予执行仲裁裁决。合议庭经审查核实，认为存在以下情形的，应当裁定不予执行：(1) 当事人在合同中没有订有仲裁条款或者事后没有达成书面仲裁协议的；(2) 裁决的事项不属于仲裁协议的范围或者仲裁机构无权仲裁的；(3) 仲裁庭的组成或者仲裁的程序违反法定程序的；(4) 裁决所根据的证据是伪造的；(5) 对方当事人向仲裁机构隐瞒了足以影响公正裁决的证据的；(6) 仲裁员在仲裁该案时有贪污受贿，徇私舞弊，枉法裁决行为的。此外，人民法院认定执行该裁决违背社会公共利益的，也应当裁定不予执行。

申请不予执行仲裁裁决不适用于仲裁调解书或者根据当事人之间的和解协议作出的仲裁裁决书。同时，当事人向法院申请撤销仲裁裁决被驳回后，又在执行程序中以相同理由提出不予执行抗辩的，法院不予支持。

不予执行的裁定书应当送达双方当事人和仲裁机构。仲裁裁决被人民法院裁定不予执行，当事人对该裁定提出执行异议或者复议的，人民法院不予受理。当事人可以就该民事纠纷重新达成书面仲裁协议申请仲裁，也可以向人民法院起诉。仲裁机构裁决的事项，部分有不予执行情形的，人民法院应当裁定对该部分不予执行。应当不予执行部分与其他部分不可分的，人民法院应当裁定不予执行仲裁裁决。

2. 不予执行涉外仲裁裁决

根据我国《民诉法》第274条的规定，对中华人民共和国涉外仲裁机构作出的裁决，被申请人提出证据证明仲裁裁决有下列情形之一的，经人民法院组成合议庭审查核实，裁定不予执行：(1) 当事人在合同中没有订有仲裁条款或者事后没有达成书面仲裁协议的；(2) 被申请人没有得到指定仲裁员或者进行仲裁程序的通知，或者由于其他不属于被申请人负责的原因未能陈述意见的；(3) 仲裁庭的组成或者仲裁的程序与仲裁规则不符的；(4) 裁决的事项不属于仲裁协议的范围或者仲裁机构无权仲裁的。人民法院认定执行该裁决违背社会公共利益的，裁定不予执行。

仲裁裁决被人民法院裁定不予执行的,当事人可以根据双方达成的书面仲裁协议重新申请仲裁,也可以向人民法院起诉。

3. 不予执行公证债权文书

根据我国《民诉法》第238条第2款的规定,公证债权文书确有错误的,人民法院裁定不予执行,并将裁定书送达双方当事人和公证机关。依据我国《民诉法解释》第480条的解释,"公证债权文书确有错误"是指:(1)公证债权文书属于不得赋予强制执行效力的债权文书的;(2)被执行人一方未亲自或者未委托代理人到场公证等严重违反法律规定的公证程序的;(3)公证债权文书的内容与事实不符或者违反法律强制性规定的;(4)公证债权文书未载明被执行人不履行义务或者不完全履行义务时同意接受强制执行的。此外,人民法院认定执行该公证债权文书违背社会公共利益的,裁定不予执行。

公证债权文书被裁定不予执行后,当事人、公证事项的利害关系人可以就债权争议提起诉讼,也可以依照我国《执行异议复议规定》第10条的规定自收到裁定之日起10日内向上一级人民法院申请复议。上一级人民法院应当自收到复议申请之日起30日内审查,理由成立的,裁定撤销原裁定,不予执行该公证债权文书;理由不成立的,裁定驳回复议申请。复议期间,不停止执行。

4. 不予执行外国法院的判决、裁定

根据我国《民诉法》第276条的规定,人民法院对申请或者请求承认和执行的外国法院作出的发生法律效力的判决、裁定,认为违反中华人民共和国法律的基本原则或者国家主权、安全、社会公共利益的,不予承认和执行。

(三)不予执行的法律效果

不予执行裁定生效后,该执行程序即告结束。原执行依据丧失了执行力,执行行为不得继续,当事人也不得据此申请新的执行程序,已经实施的执行行为也应予以撤销。

第五节 执行中的特殊情况

一、委托执行

(一)委托执行的概念

委托执行,是指由于被执行人或者被执行的财产在外地,受理执行案件的法院委托该外地法院代为执行的一种制度。在委托执行中,被委托代为采取执行措施的法院是受托法院,受理执行案件并发出委托函件的法院是委托法院。

(二)委托执行的条件

委托执行应当具备以下条件:

(1) 被执行人或被执行的财产在外地。由于当事人可以向第一审法院或者被执行财产所在地法院申请执行,而第一审法院很有可能并非被执行人财产所在地法院,即使是财产所在地法院,也存在本辖区内的财产不足以清偿全部义务的可能,那么,当执行法院受理后,经过财产调查,如果发现被执行人在本辖区内已无财产可供执行,且在外地有可供执行财产的,就可以启动委托执行的程序。但是,根据我国《委托执行规定》第1条第2款的规定,当有三个以上被执行人或者三处以上被执行财产在本辖区以外,且分属不同异地的,执行法院可以根据案件具体情况,报经高级人民法院批准后异地执行。这种情形下就不需要委托执行。

(2) 受托法院应当是执行标的物所在地或者执行行为实施地的同级人民法院。有两处以上财产在异地的,可以委托主要财产所在地的人民法院执行。被执行人是现役军人或者军事单位的,可以委托对其有管辖权的军事法院执行。执行标的物是船舶的,可以委托有管辖权的海事法院执行。

(3) 委托的事项是对被执行人的财产采取处分性执行措施。根据我国《委托执行规定》第2条第2款的规定,委托异地法院协助查询、冻结、查封、调查或者送达法律文书等有关事项的,不属于委托执行的案件。

(4) 委托执行案件应当由委托法院直接向受托法院办理委托手续、提供必要的材料,并层报各自所在的高级人民法院备案。根据我国《委托执行规定》第5条的规定,委托法院需要提供的材料包括:委托执行函、申请执行书和委托执行案件审批表;据以执行的生效法律文书副本;有关案件情况的材料或者说明,包括本辖区无财产的调查材料、财产保全情况、被执行人财产状况、生效法律文书的履行情况等;申请执行人地址、联系电话;被执行人身份证件或者营业执照复印件、地址、联系电话;委托法院执行员和联系电话;其他必要的案件材料等。

(三) 委托执行的程序规定

(1) 受托法院收到委托执行函后,应当在7日内立案,并及时将立案通知书通过委托法院送达申请执行人,同时将指定的承办人、联系电话等书面告知委托法院。委托法院收到立案通知书后,应当在7日内书面通知申请执行人案件已经委托执行,并告知申请执行人可以直接与受托法院联系执行相关事宜,本院案件作委托结案处理。

(2) 委托法院已经查封、扣押、冻结的被执行人的异地财产,一并移交受托法院,所采取的保全措施,视为受托法院的措施。需要继续查封、扣押、冻结的,受托法院持委托执行函和立案通知书直接办理相关手续,无需委托法院协助。续封续冻的顺序,为原委托法院查封冻结的顺序。如果上述措施的有效期限在移交受托法院时不足1个月,委托法院应当先行续封或者续冻,再移交受托法院。

(3) 根据我国《民诉法》第229条第1款的规定,受托人民法院收到委托函件后,必须在15日内开始执行。执行完毕后,应当将执行结果及时函复委托人民法院;在30日内如果还未执行完毕,也应当将执行情况函告委托人民法院。

(四)委托执行中的特殊情况

(1)退回委托。受托法院如发现委托执行的手续、材料不全,可以要求委托法院补办。委托法院应当在30日内完成补办事项,在上述期限内未完成的,应当作出书面说明。委托法院既不补办又不说明原因的,视为撤回委托,受托法院应当层报所在辖区高级人民法院批准将委托材料退回委托法院。高级人民法院同意退回后,受托法院应当在15日内将有关委托手续和案卷材料退回委托法院,并作出书面说明。委托案件作销案处理。委托法院在案件退回原因消除之后可以再行委托。确因委托不当被退回的,委托法院应当决定撤销委托并恢复案件执行,报所在的高级人民法院备案。

(2)提级执行或者指定执行。根据我国《民诉法》第229条第2款的规定,受托人民法院自收到委托函件之日起15日内不执行的,委托人民法院可以请求受托人民法院的上级人民法院指令受托人民法院执行。此外,根据我国《委托执行规定》第11条规定,受托法院6个月内未能执结的,申请执行人有权请求受托法院的上级人民法院提级执行或者指定执行。上级人民法院审查后发现无正当理由的,应当限期受托法院执行、裁定提级执行或者指定其他下级法院执行。这里的上级人民法院均指上一级人民法院。

(3)异地执行或再行委托执行。委托法院在委托之后又发现有可供执行财产的,应当及时告知受托法院。受托法院发现被执行人在受托法院辖区外另有可供执行财产的,可以直接异地执行,一般不再行委托执行。根据情况确需再行委托的,应当按照委托执行案件的程序办理,并通知案件当事人。

二、执行担保

(一)执行担保的概念和条件

执行担保,是指在执行程序中,被执行人因经济困难,向人民法院提供担保,经申请执行人同意,由法院决定暂缓执行的制度。

执行担保制度是一项既能够维护被执行人的利益,又能够维护申请执行人利益的制度。因为通过暂缓执行,经济有困难的当事人能够保留必要的用于生活和生产经营的资金,从而恢复自己的经济能力与履行能力,也可以使申请人的债权得到全部的偿还。如果在暂缓执行或者执行担保期限届满时,被执行人仍然没有履行能力,法院将会执行担保财产或者担保人的财产,通常申请执行人的利益也不会受到影响。

根据我国《民诉法》第231条和《民诉法解释》第469条至第471条的规定,执行担保须具备以下条件:

(1)被执行人向法院提出申请。执行担保是申请法院暂缓适用执行措施的制度,这种制度的直接受益人是被申请人,因此只能由被申请人提出申请,法院不能依职权决定。

(2) 被执行人向法院提供担保。提供担保的方式可以由被执行人或者他人提供财产担保,也可以由他人提供保证。担保人应当具有代为履行或代为承担偿还责任的能力。他人提供执行保证的,应当向执行法院出具保证书,并将保证书副本送交申请执行人。被执行人或者他人提供财产担保的,应当参照物权法、担保法的有关规定办理相应手续。

(3) 经申请执行人同意。执行担保成立后,法院将暂缓采取执行措施。这样的结果,不仅会影响申请人权利的及时实现,还可能使申请人面临债务无法受偿或者减少受偿的风险,因为尽管暂停执行的目的是为了给被申请人保留必要的经济能力去生产经营,但能否顺利开展经营及能否盈利存在着不确定性,因此,被执行人的经济状况也就存在继续恶化的可能。所以,执行担保所造成的暂缓执行对申请执行人的利益影响巨大,必须征得申请执行人的同意。

(4) 由法院决定。由人民法院决定是否准许批准执行担保以及决定暂缓执行的期限。如果担保是有期限的,暂缓执行的期限应当与担保期限一致,但最长不得超过一年。

(二) 执行担保的效力

执行担保的效力主要体现为暂缓执行。担保成立后,执行机构暂时停止采取执行措施。除被执行人主动履行外,暂缓执行期间申请执行人不得要求法院强制被执行人履行义务。

在暂缓执行期间内,被执行人或担保人对担保的财产有转移、隐藏、变卖、毁损等行为的,法院可以恢复强制执行。暂缓执行期满后,被执行人仍不履行法律文书确定的义务的,法院可以直接执行担保财产或者裁定执行担保人的财产,但执行担保人的财产以担保人应当履行义务部分的财产为限。

人民法院在审理案件期间,保证人为被执行人提供保证,人民法院据此未对被执行人的财产采取保全措施或解除保全措施的,案件审结后如果被执行人无财产可供执行或其财产不足清偿债务时,即使生效法律文书中未确定保证人承担责任,人民法院有权裁定执行保证人在保证责任范围内的财产。[①]

▶ 三、暂缓执行

(一) 暂缓执行的概念

暂缓执行是指因为执行程序中出现了法定的事由,人民法院决定在一定期限内暂时停止采取执行措施的做法。暂缓执行并不是一项法律制度,而是由于发生

---

① 参见我国《执行规定》第85条。

了特定的原因而产生的一种法律后果。

(二)暂缓执行的事由

(1)被执行人提供担保。在执行中,被执行人向法院提供担保,并经申请执行人同意的,法院可以决定暂缓执行及暂缓执行的期限。

(2)当事人或者其他利害关系人申请。依照我国《缓执规定》第3条的规定,当事人或者其他利害关系人申请暂缓执行的情形包括:第一,执行措施或者执行程序违反法律规定的;第二,执行标的物存在权属争议的;第三,被执行人对申请执行人享有抵销权的。

(3)人民法院依职权决定。此类事由是指我国《缓执规定》第7条规定的两种情形:一是上级人民法院已经受理执行争议案件并正在处理的;二是人民法院发现据以执行的生效法律文书确有错误,并正在按照审判监督程序进行审查的。

(三)暂缓执行的决定

(1)由当事人、其他利害关系人提出申请,或者由法院依职权决定。

(2)需有法定事由。《缓执规定》第2条规定:"执行程序开始后,除法定事由外,人民法院不得决定暂缓执行。"

(3)由合议庭审查。人民法院对暂缓执行的案件,应当组成合议庭进行审查,必要时应当听取当事人或者其他利害关系人的意见。

(4)作出决定。人民法院应当在收到申请后15日内作出暂缓执行决定书,并在作出决定后5日内将决定书发送当事人或者其他利害关系人。法院依职权决定暂缓执行的,如果是因执行争议而决定暂缓的,由上级人民法院作出决定;如果是因审判监督程序而决定暂缓的,审判机构应当向本院执行机构发出暂缓执行建议书,执行机构收到建议书后,应当办理暂缓相关执行措施的手续。

(5)提供担保。人民法院决定暂缓执行的,应当同时责令申请暂缓执行的当事人或者其他利害关系人在指定的期限内提供相应的担保。该担保应当有评估机构出具的评估证明。如果是人民法院依职权决定暂缓执行的,应由申请执行人或者被执行人提供相应的担保。

(四)暂缓执行的效力

暂缓执行的法律效果主要有三个方面:

(1)暂时停止执行程序。暂缓执行后,执行机构不得采取执行措施,不得再为新的执行行为。

(2)维持原有的执行效果。暂缓执行前的执行行为仍然有效。已采取的执行措施非经执行机构裁定解除,当事人不得自行解除。

(3)有条件的恢复执行。暂缓执行期间内或届满时,当事人履行了法律文书确定的义务的,执行程序完结;如逾期仍不履行义务的,人民法院应当立即恢复执行;暂缓执行期限届满前,据以决定暂缓执行的事由消灭的,如果该暂缓执行的决定是由执行法院作出的,立即作出恢复执行的决定;如果是由上级法院作出的,执行法院应当将事由消灭的情况及时报告上级法院,上级法院应当在收到报告后10日内审查核实并作出恢复执行的决定。

(五)暂缓执行的期限

暂缓执行的期限因引起暂缓执行事由的不同而不同。因成立执行担保而决定暂缓执行的,暂缓执行的期限与执行担保的期限一致,但最长不超过1年。因其他事由决定暂缓执行的,根据我国《缓执规定》第10条的规定,暂缓执行的期限一般不超过3个月,有特殊情况需要延长的,延长的期限不得超过3个月。暂缓执行的期限从执行法院作出暂缓执行决定之日起计算。暂缓执行的决定由上级人民法院作出的,从执行法院收到暂缓执行决定之日起计算。

▶ 四、执行中止

(一)执行中止的概念和情形

执行中止,是指在执行过程中,由于出现了某种特殊情况而使执行程序暂时停止,待特殊情况消失后恢复执行程序的制度。

我国《民诉法》《执行规定》和《民诉法解释》中都有关于执行中止法定事由的规定。这些事由包括:

其一,申请人表示可以延期执行。执行程序是否开始主要由权利人决定。开始以后,是否继续向前推进也应考虑申请人的意愿。申请人表示可以延期执行,法院应尊重他对自身权利的处分,裁定中止执行程序。

其二,案外人对执行标的物提出确有理由的异议。这里的案外人是指申请执行人、被执行人以外的他人。案外人提出执行异议,认为执行可能损害自己的实体权利,并提供相应的证据,执行员应当按照法定程序进行审查。经审查,如果认为案外人对执行标的享有足以排除强制执行的权益的,由院长批准中止执行。[①]

其三,作为一方当事人的公民死亡,需要等待继承人继承权利或者承担义务的。在执行中,一方当事人死亡,执行程序将因缺少一方主体而无法进行。有继承人的,就需要等待继承人对是否继承权利或承担义务作出表态。在等待期间,执行程序应当中止。

其四,作为一方当事人的法人或者其他组织终止,尚未确定权利义务承受人的。法人或者其他组织发生依法被撤销、解散、宣告破产以及合并、分立等情况,如果尚未确定权利义务承受人的,应当中止执行程序。

其五,人民法院认为应当中止执行的其他情形。这部分内容主要包括:(1)按

---

① 参见我国《民诉法解释》第465条。

照审判监督程序决定再审的案件①;(2)人民法院已受理以被执行人为债务人的破产申请的;(3)被执行人确无财产可供执行的;(4)执行的标的物是其他法院或仲裁机构正在审理的案件争议标的物,需要等待该案件审理完毕确定权属的;(5)一方当事人申请执行仲裁裁决,另一方当事人申请撤销仲裁裁决的;(6)仲裁裁决的被申请执行人向人民法院提出不予执行请求,并提供适当担保的②;(7)人民法院受理第三人撤销之诉后,第三人撤销之诉的原告提供相应担保,请求中止执行的③;(8)申请执行人与被执行人达成和解协议后请求中止执行的④;执行中发现被执行人具有可申请破产的情形,经申请执行人之一或者被执行人同意,执行法院可以裁定中止对该被执行人的执行,将案件相关材料移送被执行人住所地人民法院审查是否启动破产程序。⑤

(二)执行中止的效力

发生中止执行的情形以后,法院应当依职权裁定中止执行。裁定书应当写明中止执行的理由和法律依据,由执行员和书记员署名,并加盖人民法院印章。

执行中止的裁定送达当事人后立即生效。在中止执行期间,执行法院不得进行执行活动,当事人和其他执行参与人不得实施与执行中止相悖的行为。

中止执行的情形消失后,依照我国《民诉法》第256条第2款规定应当恢复执行。但应该怎样恢复执行,我国《民诉法》并没有规定。《执行规定》第104条第1款规定执行法院可以根据当事人申请或者依职权恢复执行。《民诉法解释》有关执行部分并没有明确规定,只是在审判监督程序中规定:再审程序终结后,人民法院裁定中止执行的原生效判决自动恢复执行⑥;人民法院裁定中止执行的调解书需要继续执行的,自动恢复执行。⑦ 因此,究竟是自动恢复,还是要依当事人申请或是依法院职权,还是需要区分具体情形来决定,立法应当进一步明确。中止执行的裁定,自执行程序恢复时自行失效。

五、参与分配

(一)参与分配的概念和条件

我国现行的破产制度仅适用于企业法人,那么,当公民和其他组织不能全部清偿所有债务时,如何实现所有债权人公平受偿的问题?这就是我国《民诉法》规定

---

① 参见我国《民诉法》第206条。
② 第(2)至(6)项均为我国《执行规定》第102条的内容。
③ 参见我国《民诉法解释》第299条。
④ 参见我国《民诉法解释》第466条。
⑤ 参见我国《民诉法解释》第513条。
⑥ 参见我国《民诉法解释》第406条第3款。
⑦ 参见我国《民诉法解释》第409条第2款。

的参与分配制度。

参与分配,是指在执行程序中,因债务人的财产不能清偿所有债权人的全部债权,申请执行人以外的其他债权人依据有效的执行根据申请加入已经开始的执行程序中,致使全体债权人就执行标的物的变价所得公平受偿的制度。可以说,参与分配制度在一定范围上弥补了现行破产程序适用范围上的缺陷。

（二）参与分配的条件

(1) 被执行人必须是公民或者其他组织。被执行人是企业法人的,不适用参与分配程序,可告知当事人依法申请被执行人破产。

(2) 必须有两个或者两个以上取得执行根据的金钱债权人对同一债务人的财产申请执行。这种情形既包括多个债权人依据不同的执行根据,也包括多个债权人根据一份生效法律文书,请求对同一债务人的财产强制执行。参与分配仅适用于金钱债权或者已经转换为金钱债权的情形。对人民法院查封、扣押、冻结的财产有优先权、担保物权的债权人,可以直接申请参与分配,主张优先受偿权。①

(3) 被执行人的财产不能清偿全部债权。债权人发现在他人已经开始的执行程序中,债务人的全部财产已经被查封、扣押或被冻结或其他财产不足清偿全部债务,待该执行程序结束,债务人很有可能再无财产清偿自己债权的,可以向法院申请加入已经开始的执行程序参与财产的分配。如果被执行人还有其他财产可供执行,取得执行根据的其他债权人可另行申请执行,已起诉的其他债权人可以在取得执行根据后再申请执行。

(4) 参与分配应当在执行程序开始后、被执行人财产执行终结前提出。如果债务人并未处于任何一个执行程序之中,那么债权人直接以其为被申请人申请开始对自己债权的执行程序即可,而不需要参加他人的执行程序。如果他人的执行程序已经结束,债务人已再无任何财产,申请参与分配已无实际意义。

（三）参与分配的程序

(1) 申请。债权人申请参与分配,应当向法院提交参与分配申请书,申请书应写明参与分配和被执行人不能清偿自身债权的事实和理由,并附有执行依据。

(2) 制作分配表。多个债权人对执行财产申请参与分配的,执行法院应当制作财产分配方案,并送达各债权人和被执行人。

(3) 异议分配方案。债权人或者被执行人对分配方案有异议的,应当自收到分配方案之日起15日内向执行法院提出书面异议。执行法院应当将此情况通知未提出异议的债权人、被执行人。未提出异议的债权人、被执行人自收到通知之日起15日内未提出反对意见的,执行法院依异议人的意见对分配方案审查修正后进行分配;提出反对意见的,应当通知异议人。异议人可以自收到通知之日起15日

---

① 参见我国《民诉法解释》第508条。

内,以提出反对意见的债权人、被执行人为被告,向执行法院提起诉讼,诉讼期间,由法院提存与争议债权数额相应的款项;异议人逾期未提起诉讼的,执行法院按照原分配方案进行分配。

(4) 实施分配。各债权人和债务人对分配表没有异议的,法院应当依照我国《民诉法解释》第510条规定的顺序分配执行财产;参与分配执行中,执行所得价款扣除执行费用,并清偿应当优先受偿的债权后,对于普通债权,原则上按照其占全部申请参与分配债权数额的比例受偿。此处的清偿顺序不同于《民诉法解释》第516条针对企业法人的分配方案。依照该分配方案,就执行变价所得财产,在扣除执行费用及清偿优先受偿的债权后,对于普通债权,按照财产保全和执行中查封、扣押、冻结财产的先后顺序清偿。清偿后的剩余债务,被执行人应当继续清偿。债权人发现被执行人有其他财产的,可以随时请求人民法院执行。

六、执行竞合

(一) 执行竞合的概念

执行竞合,是指在民事执行程序中,金钱债权与非金钱债权之间,或者是两个以上的非金钱债权人之间,根据不同的执行根据,针对同一债务人的特定财产,申请法院强制执行,导致各债权人请求之间相互排斥、权利难以同时得到满足的情形。执行竞合有广义和狭义之分。狭义的执行竞合不包括参与分配。因为执行竞合的发生是指多个债权人的请求相互排斥、权利难以同时得到满足的情形。对于多个金钱债权之间的执行,各权利人可以通过参与分配、破产程序获得受偿,并不存在完全相互排斥的情形。因此,我们在谈论执行竞合的时候,通常指狭义,指的是金钱债权与特定物交付执行的竞合,或是特定物与特定物交付执行之间的竞合,但不能是金钱债权与金钱债权执行的竞合。

(二) 执行竞合的类型

由于民事执行既包括对已经生效的终局法律文书的执行(通常称为终局执行),又包括对案件审理中所采取的保全措施的执行(通常称为保全执行),因此执行竞合的具体类型就有三种,即终局执行之间的竞合、保全执行之间的竞合、终局执行与保全执行之间的竞合。其中,终局执行之间的竞合,是指多个终局执行名义之间形成的竞合状态。保全执行之间的竞合,是指在案件审理中因采取多个保全措施而形成的竞合状态。终局执行与保全执行之间的竞合,是指因执行已经生效的终局执行根据以及采取的保全措施而形成的竞合状态。

(三) 执行竞合的条件

我国《民诉法》及司法解释均未规定执行竞合的问题。但该问题在现实中客观存在。例如,债权人起诉债务人,要求交付不动产及转移所有权。同时为保全将来判决的执行,请求法院对该不动产予以查封。法院采取查封措施后,债务人的其他债权人以交付该不动产转移所有权为内容的判决为执行依据,就同一不动产为强制执行。这就是一种执行竞合的情形。通常认为,构成民事执行竞合,应具备以下条件:

(1) 有两个或者两个以上权利人存在。如果债权人是单一主体,即使有数个执行根据,且债务人的特定财产无法满足债权人的全部要求,所涉及的也只是债务人的履行能力,对债权人来说并不发生执行请求之间相互排斥的问题,因而不构成执行竞合。

(2) 有两个或者两个以上独立的执行根据。数个债权人之执行根据各自独立,各债权人据此同时或先后向法院提出了给付请求,使数个执行共存于某段时期。数个债权人各自拥有独立的执行根据,表明各债权人之间无共同的利益;各债权人在某段时期内同时或先后提出了执行申请,才会产生此执行根据能否排斥彼执行根据的问题。如果一个给付已经完成,另一个给付请求才提出,就不会构成执行竞合。

(3) 执行对象是同一债务人的同一特定财产。执行标的是债务人的同一特定财产。如果数个债权人对同一债务人申请强制执行,但执行标的不重合,各债权人的债权都能通过执行得到满足,自然不会形成执行竞合。所以,只有在数个债权人申请执行的内容虽不相同,但却均指向债务人的同一特定财产时,才会出现执行竞合。

(四) 执行竞合的处理

1. 保全执行之间的竞合

保全执行之间的竞合的本质实际上就是数个债权人对债务人的同一财产能否申请法院重复采取保全措施的问题。我国《民诉法》第 103 条第 2 款规定:财产已被查封、冻结的,不得重复查封、冻结。按照这一规定,在我国实际上不可能存在保全执行之间的竞合的问题,因为只要有一个债权人申请了保全执行,其他债权人即无权对同一债务人的同一财产再提出保全申请。

2. 终局执行之间的竞合

对于此问题,理论界有不同的观点。主要有先行执行优先原则、设立了保全的终局执行优先于未设立保全的终局执行原则、物权优先于债权原则等。

先行执行优先原则,也叫申请优先原则,是指先申请终局执行的债权人优先于后申请终局执行的债权人受偿。设立了保全的终局执行优先于未设立保全的终局执行原则,是指当数个终局执行均无所有权和担保物权存在时,在审判程序中先申请保全的债权人在终局执行中享有优先清偿的权利,而不管其他债权人是否先申请执行。物权优先于债权原则包括:物权与债权并存时,物权优先于债权;同一物上有数个物权并存时,先设立的物权优先于后设立的物权。

3. 终局执行与保全执行之间的竞合

关于保全执行与终局执行之间的竞合之解决,理论界主要有三种学说,即终局执行优先说、保全执行优先说和折衷说。

终局执行优先说认为,对于债务人的特定财产,即使先有保全执行,其他的债权人可以对同一特定财产进行终局执行,终局执行有优先于保全执行的效力。已申请保全执行的债权人不得以其保全执行在先为理由,排斥其他债权人的终局执行。

保全执行优先说认为,保全执行的目的在于禁止对特定的财产进行处分,以此来保全申请人的权利将来能够得以强制执行。禁止处分的效力具有不特定的排他性,不能说保全执行只具有排除义务人任意处分的效力,对其他执行权利人同样具有拘束力,包括以终局执行名义进行的处分,也同样被排斥。

折衷说认为,保全执行所禁止的处分,不包括强制执行机关的执行行为。但是法律既然承认保全制度存在的价值,那么,强制执行机关就应该尊重保全执行的效力。所以,终局执行的债权人只能对已进行保全执行的标的物采取查封措施,但不得将该物拍卖、变卖。终局执行如有拍卖、变卖的处分行为时,保全执行的债权人可对于终局执行的债权人提起执行方法的异议或第三人异议之诉,以阻止终局执行的进行。

【经典司考题】

1. 拓海公司系私营独资企业,因欠债被诉诸法院,后被判令履行金钱给付义务。履行期限届满后,拓海公司仍未还债。经债权人申请,人民法院对其予以强制执行。经查,该公司无偿还能力。在下列后续措施中何种是正确的?(2003-3-23)

A. 裁定中止执行,待被执行人有履行能力时再恢复执行
B. 裁定终结执行
C. 裁定宣告该公司破产
D. 裁定执行该公司投资人的其他财产

考点:执行中止、执行终结

2. 甲乙两公司因贸易合同纠纷进行仲裁,裁决后甲公司申请执行仲裁裁决,乙公司申请撤销仲裁裁决,此时受理申请的人民法院应如何处理?(2003-3-28)

A. 裁定撤销裁决　　　　　　B. 裁定终结执行
C. 裁定中止执行　　　　　　D. 将案件移交上级人民法院处理

考点:仲裁裁决的执行

3. 甲公司根据生效判决书向法院申请强制执行。执行开始后,甲公司与乙公司达成和解协议。和解协议约定:将80万元债务减少为70万,协议生效之日起1个月内还清。协议生效1个月后,乙公司并未履行协议的约定。下列做法哪一个

是正确的？（2004-3-48）

A. 甲就乙违反协议的行为，向乙住所地法院提起民事诉讼
B. 由法院执行和解协议
C. 由法院依职权恢复原判决的执行
D. 甲向法院申请恢复原判决的执行

考点：执行和解

4. 甲诉乙侵权一案经某市东区法院一审终结，判决乙赔偿甲6万元。乙向该市中级法院提出上诉，二审法院驳回了乙的上诉请求。乙居住在该市南区，家中没有什么值钱的财产，但其在该市西区集贸市场存有价值5万元的货物。甲应当向下列哪一个法院申请执行？（   ）(2005-3-44)

A. 该市东区法院　　　　　　　　B. 该市南区法院
C. 该市西区法院　　　　　　　　D. 该市中级法院

考点：执行管辖

5. 中国甲公司与某国乙公司发生买卖合同纠纷，在中国仲裁过程中，乙公司申请财产保全，即要求扣押甲公司在某港口的一批机器设备。仲裁委员会对此申请应如何处理？（2005-3-47）

A. 不予受理，告知当事人直接向有关法院提出申请
B. 审查后直接作出财产保全裁定，由有关法院执行
C. 将乙公司的申请提交甲公司所在地的中级法院裁定
D. 将乙公司的申请提交机器设备所在地的基层法院裁定

考点：仲裁中的财产保全

6. 某仲裁机构对甲公司与乙公司之间的合同纠纷进行裁决后，乙公司不履行仲裁裁决。甲公司向法院申请强制执行，乙公司申请法院裁定不予执行。经审查，法院认为乙公司的申请理由成立，裁定不予执行该仲裁裁决。对此，下列哪一种说法是正确的？（2005-3-49）

A. 甲公司可以就法院的裁定提请复议一次
B. 甲公司与乙公司可以重新达成仲裁协议申请仲裁
C. 甲公司与乙公司可以按原仲裁协议申请仲裁
D. 当事人不可以再就该纠纷重新达成仲裁协议，此案只能向法院起诉

考点：不予执行仲裁裁决

7. 在执行程序中，甲和乙自愿达成和解协议：将判决中确定的乙向甲偿还1万元人民币改为给付价值相当的化肥、农药。和解协议履行完毕后，甲以化肥质量不好向法院提出恢复执行程序。下列哪一选项是正确的？（2007-3-42）

A. 和解协议无效，应恢复执行原判决
B. 和解协议有效，但甲反悔后应恢复执行原判决

C. 和解协议已履行完毕,应执行回转

D. 和解协议已履行完毕,法院应作执行结案处理

考点:执行和解

8. 张某根据与刘某达成的仲裁协议,向某仲裁委员会申请仲裁。在仲裁审理中,双方达成和解协议并申请依和解协议作出裁决。裁决作出后,刘某拒不履行其义务,张某向法院申请强制执行,而刘某则向法院申请裁定不予执行该仲裁裁决。法院应当如何处理?(2007-3-49)

A. 裁定中止执行,审查是否具有不予执行仲裁裁决的情形

B. 终结执行,审查是否具有不予执行仲裁裁决的情形

C. 继续执行,不予审查是否具有不予执行仲裁裁决的情形

D. 先审查是否具有不予执行仲裁裁决的情形,然后决定后续执行程序是否进行

考点:仲裁裁决的执行

9. 在民事执行中,被执行人朱某申请暂缓执行,提出由吴某以自有房屋为其提供担保,申请执行人刘某同意。法院作出暂缓执行裁定,期限为6个月。对于暂缓执行期限届满后朱某仍不履行义务的情形,下列哪一选项是正确的?(2009-3-50)

A. 刘某应起诉吴某,取得执行依据可申请执行吴某的担保房产

B. 朱某财产不能清偿全部债务时刘某方能起诉吴某,取得执行依据可申请执行吴某的担保房产

C. 朱某财产不能清偿刘某债权时法院方能执行吴某的担保房产

D. 法院可以直接裁定执行吴某的担保房产

考点:执行担保

10. 法院受理甲出版社、乙报社著作权纠纷案,判决乙赔偿甲10万元,并登报赔礼道歉。判决生效后,乙交付10万元,但未按期赔礼道歉,甲申请强制执行。执行中,甲、乙自行达成口头协议,约定乙免于赔礼道歉,但另付甲1万元。关于法院的做法,下列哪一选项是正确的?(2010-3-45)

A. 不允许,因协议内容超出判决范围,应当继续执行生效判决

B. 允许,法院视为申请人撤销执行申请

C. 允许,将当事人协议内容记入笔录,由甲、乙签字或盖章

D. 允许,根据当事人协议内容制作调解书

考点:执行和解

11. 执行程序的参与分配制度对适用条件作了规定。下列哪一选项不属于参与分配适用的条件?(2010-3-46)

A. 被执行人的财产无法清偿所有的债权

B. 被执行人为法人或其他组织而非自然人

C. 有多个申请人对同一被申请人享有债权

D. 参与分配的债权只限于金钱债权

考点：参与分配

12. 张中阳因房屋出租与王辉发生纠纷并诉至法院，法院判决王辉1个月内迁出张中阳的房屋。1个月后王辉拒不腾房，张中阳向法院申请强制执行，在执行过程中张中阳欲与王辉和解，将房子卖给王辉，他就有关事宜询问了法院的执行人员。执行人员的下列解答，哪些是正确的？（2002-3-66）

A. 判决已经生效，当事人要和解就必须先撤回执行申请

B. 双方当事人应在执行完毕后签订新合同而不应在执行过程中和解

C. 双方当事人可以在执行中自愿达成和解协议

D. 如果王辉不履行和解协议的内容，张中阳可以申请恢复执行

考点：执行和解

13. 甲公司诉乙公司支付货款一案，乙公司在判决生效后未履行判决书所确定的义务，甲公司向法院申请强制执行。在执行过程中，乙公司提出目前暂时没有偿付能力，申请提供担保，对此，下列说法哪些是正确的？（2003-3-69）

A. 乙公司的执行担保申请须经甲公司同意，并由人民法院决定

B. 人民法院批准申请后，乙公司应当向人民法院提供财产担保，不能由第三人作担保

C. 乙公司提供担保后，可以在人民法院决定的暂缓执行期间内与甲公司达成执行和解的协议

D. 在暂缓执行期间，甲公司发现乙公司有转移担保财产的行为，人民法院可以恢复执行

考点：执行担保

14. 法院制作的生效法律文书的执行，一般应当由当事人依法提出申请，但有些情况下法院也可依职权进行。下列哪些生效法律文书可以由审判庭直接移交执行机构执行？（2003-3-75）

A. 具有给付赡养费、扶养费、抚育费内容的法律文书

B. 具有强制执行内容的民事制裁决定书

C. 刑事附带民事判决、裁定、调解书

D. 以撤销或变更已执行完毕的法律文书为内容的新判决书

考点：移交执行

15. 下列哪些文书可以作为民事执行根据？（2005-3-72）

A. 法院按督促程序发出的支付令

B. 行政判决书

C. 刑事附带民事判决书

D. 公证机关依法赋予强制执行效力的关于追偿债款的债权文书

考点：执行根据

16. 甲在网上发表文章指责某大学教授乙编造虚假的学术经历，乙为此起诉。经审理，甲被判决赔礼道歉，但甲拒绝履行该义务。对此，法院可采取下列哪些措施？(2005-3-73)

A. 由甲支付迟延履行金

B. 采取公告、登报等方式，将判决的主要内容公布于众，费用由甲负担

C. 决定罚款

D. 决定拘留

考点：执行措施

17. 甲向法院申请执行乙的财产，乙除对案外人丙享有到期债权外，并无其他财产可供执行。法院根据甲的申请，通知丙向甲履行债务。但丙提出其与乙之间的债权债务关系存在争议，拒不履行。法院对此如何处理？(2006-3-78)

A. 强制执行丙的财产　　　　B. 不得对丙强制执行

C. 中止对乙的执行　　　　　D. 裁定驳回甲对乙的执行申请

考点：对第三人债权的执行

18. 根据民事诉讼法的规定，下列哪些情况下，法院应当裁定终结执行？(2006-3-87)

A. 申请执行人撤销申请

B. 据以执行的法律文书被撤销

C. 追索赡养费案件的权利人死亡

D. 案外人对执行标的提出了确有理由的异议

考点：执行终结

19. 甲公司对乙公司的50万元债权经法院裁判后进入到强制执行程序，被执行人乙公司不能清偿债务，但对第三人（即丙公司）享有30万元的到期债权。甲公司欲申请法院对被执行人的到期债权予以执行。关于该执行程序，下列哪些选项是错误的？(2007-3-84)

A. 丙公司应在接到法院发出的履行到期债务通知后的30日内，向甲公司履行债务或提出异议

B. 丙公司如果对法院的履行通知提出异议，必须采取书面方式

C. 丙公司在履行通知指定的期间内提出异议的，法院应当对提出的异议进行审查

D. 在对丙公司作出强制执行裁定后，丙公司确无财产可供执行的，法院可以就丙公司对他人享有的到期债权强制执行

考点：对第三人债权的执行

20. 关于现行民事执行制度,下列哪些选项是正确的?(2008-3-85)

A. 发生法律效力的判决的执行法院,包括案件的第一审法院和与第一审法院同级的被执行财产所在地的法院

B. 案外人对执行标的异议的裁定不服的,可以根据执行标的的不同情况,选择提起诉讼或通过审判监督程序进行救济

C. 申请执行人与被申请执行人达成和解协议的,在和解协议履行期间,执行程序终结

D. 申请执行的期限因申请人与被申请人为自然人或法人而不同

考点：执行管辖、执行期限、执行异议、执行和解

21. 某纺织公司诉某服装公司欠款20万元,法院判决纺织公司胜诉,执行过程中法院发现服装公司无力偿还,但某商场欠服装公司货款10万元,早已到期,一直未还。请回答以下题；(2004-3-(94—97))

(1) 此种情况下,谁可以提出执行商场的到期债务?(　　)

A. 纺织公司　　　　　　　　B. 服装公司
C. 法院依职权主动执行　　　D. 法院征得商场同意予以执行

考点：对第三人债权的执行

(2) 法院如果执行商场对服装公司的到期债务,应当通知商场向谁履行?(　　)

A. 纺织公司　　　　　　　　B. 服装公司
C. 纺织公司或服装公司　　　D. 向法院交付,然后再由法院转交

考点：对第三人债权的执行

(3) 商场在履行通知指定的期间内提出异议的,法院应当如何处理?(　　)

A. 对异议进行审查,异议成立的,停止执行
B. 对异议进行审查,异议不成立的,予以强制执行
C. 对异议不进行审查,但也不得强制执行
D. 商场对债务部分承认、部分有异议的,可以对其承认的部分强制执行

考点：案外人异议

(4) 商场如提出下列意见,何者不构成异议?(　　)

A. 商场与纺织公司之间不存在债权债务关系
B. 商场没有偿还能力
C. 商场与服装公司之间互有债务拖欠,债务抵消后,商场不欠服装公司款项
D. 服装公司的服装不合格,商场对所欠服装公司10万元的货款不同意支付

考点：案外人异议

22. 甲诉乙返还10万元借款。胜诉后进入执行程序,乙表示自己没有现金,

只有一枚祖传玉石可抵债。法院经过调解,说服甲接受玉石抵债,双方达成和解协议并当即交付了玉石。后甲发现此玉石为赝品,价值不足千元,遂申请法院恢复执行。关于执行和解,下列哪些说法是正确的?(2014-3-85)

A. 法院不应在执行中劝说甲接受玉石抵债
B. 由于和解协议已经即时履行,法院无须再将和解协议记入笔录
C. 由于和解协议已经即时履行,法院可裁定执行中止
D. 法院应恢复执行

考点:执行和解

23. 甲乙双方合同纠纷,经仲裁裁决,乙须偿付甲货款 100 万元,利息 5 万元,分 5 期偿还。乙未履行该裁决。甲据此向法院申请执行,在执行过程中,双方达成和解协议,约定乙一次性支付货款 100 万元,甲放弃利息 5 万元并撤回执行申请。和解协议生效后,乙反悔,未履行和解协议。关于本案,下列哪一说法是正确的?(2015-3-49)

A. 对甲撤回执行的申请,法院裁定中止执行
B. 甲可向法院申请执行和解协议
C. 甲可以乙违反和解协议为由提起诉讼
D. 甲可向法院申请执行原仲裁裁决,法院恢复执行

考点:执行和解

第三十三章　民事执行救济

要点提示

- 程序性救济制度和实体性救济制度
- 执行行为异议
- 案外人异议
- 案外人异议之诉
- 许可执行之诉
- 分配方案异议之诉

第一节　程序性救济制度

我国1991年《民诉法》规定的执行救济有两种方式:案外人异议和执行回转。从内容上看,这两种制度都属于实体性质救济,即都是因生效法律文书所确定的权利义务关系给当事人或案外人造成了实体利益的损害而设置的救济性规定,对于法律文书本身没有错误而是因为违法执行给当事人造成的损害却未能给予救济,导致程序性救济措施缺失。由于没有法律的规定,实践中遭受法院非法执行的当事人只能通过申诉、信访等渠道向法院或者有关机关反映问题,不仅当事人和利害关系人的合法权益难以得到及时和有效的保障,而且还引发了很多社会问题,影响了社会的稳定。为了规范人民法院的执行行为,2007年《民诉法》明确赋予当事人、利害关系人对违法执行行为提出异议的权利,并对原有的案外人异议制度进行了改造。现行《民诉法》《民诉法解释》和《执行异议复议决定》对执行救济问题作了进一步的细化规定。

一、执行行为异议的概念和特点

执行行为异议,又称对违法执行行为的异议或者对执行方法的异议,是指在执行过程中,执行当事人或利害关系人认为执行机关的执行行为不当或违法,且损害了自己的合法权益,要求执行机关排除不当或违法的执行行为,保护其程序利益的一种法律制度。

执行行为异议制度是我国2007年《民诉法》第202条增加的一种制度:"当事人、利害关系人认为执行行为违反法律规定的,可以向负责执行的人民法院提出书面异议。当事人、利害关系人提出书面异议的,人民法院应当自收到书面异议之日起15日内审查,理由成立的,裁定撤销或者改正;理由不成立的,裁定驳回。当事人、利害关系人对裁定不服的,可以自裁定送达之日起10日内向上一级人民法院申请复议。"我国现行《民诉法》第225条对此规定加以保留。

执行行为异议制度有以下几个特点:

(1) 执行行为异议只能由当事人或者利害关系人提出。这里的"当事人"是指申请执行人和被执行人。执行过程中,被人民法院依法变更、追加为当事人的公民、法人或其他组织,也属于该条规定的当事人的范畴。"利害关系人"是指除当事人以外的公民、法人和其他组织。利害关系人对执行行为提出异议必须符合以下法定的情形:认为人民法院的执行行为违法,妨碍其轮候查封、扣押、冻结的债权受偿的;认为人民法院的拍卖措施违法,妨碍其参与公平竞价的;认为人民法院的拍卖、变卖或者以物抵债措施违法,侵害其对执行标的的优先购买权的;认为人民法院要求协助执行的事项超出其协助范围或者违反法律规定的;认为其他合法权益受到人民法院违法执行行为侵害的。①

（2）执行行为异议是对违反法律规定的执行行为提出异议。这里的"违反法律规定"，系指违反程序法上对执行行为的各项要求，不涉及生效法律文书对实体权利义务认定的争议问题。例如执行时应当邀请而没有邀请见证人。

（3）审查执行行为异议的主体是执行法院而并非执行员。

（4）法院审查对执行行为异议需在收到书面异议之日起15日内完成审查。

（5）在审查结果方面，人民法院经审查认为异议理由成立的，应当作出裁定撤销或者改正已经实施的执行行为；理由不成立的，裁定驳回当事人、利害关系人的异议。

（6）在救济措施方面，执行行为异议的当事人、利害关系人对法院作出的有关执行行为异议的裁定不服的，可以自裁定送达之日起10日内向上一级人民法院申请复议。

二、执行行为异议的条件

（1）执行行为异议必须在执行开始后提出。执行机关的违法或不当执行行为只能发生在执行程序开始之后，因此执行行为异议只能在违法行为发生之后才可以提出。那么，执行程序结束之后，是否可以提出执行行为异议？我国《民诉法》和《执行程序解释》均没有规定。我国《执行异议复议决定》第6条规定，对执行行为异议"应当在执行程序终结之前提出，但对终结执行措施提出异议的除外"。

（2）提出异议的主体是当事人或利害关系人。因执行机关的违法执行行为给当事人或利害关系人的合法权益造成了损害，所以他们有权向法院提出异议。

（3）提出异议的内容是执行行为不当或者违法。根据我国《执行异议复议决定》第5条的规定，利害关系人可以提出执行行为异议的情形包括：认为人民法院的执行行为违法，妨碍其就轮候查封、扣押、冻结的债权受偿的；认为人民法院的拍卖措施违法，妨碍其参与公平竞价的；认为人民法院的拍卖、变卖或者以物抵债措施违法，侵害其对执行标的的优先购买权的；认为人民法院要求协助执行的事项超出其协助范围或者违反法律规定的；认为其他合法权益受到人民法院违法执行行为侵害的。

除此之外，我国《执行异议复议决定》第7条还明确规定在执行过程或者执行保全、先予执行裁定过程中，当事人、利害关系人可以对下列违法执行行为提出异议，人民法院应当进行审查：查封、扣押、冻结、拍卖、变卖、以物抵债、暂缓执行、中止执行、终结执行等执行措施；执行的期间、顺序等应当遵守的法定程序；人民法院作出的侵害当事人、利害关系人合法权益的其他行为。其中，针对拍卖和变卖中

---

① 参见我国《执行异议复议决定》第5条。

的违法行为,依据《执行异议复议决定》第21条的规定,当事人、利害关系人可以直接请求撤销下列拍卖、变卖:竞买人之间、竞买人与拍卖机构之间恶意串通,损害当事人或者其他竞买人利益的;买受人不具备法律规定的竞买资格的;违法限制竞买人参加竞买或者对不同的竞买人规定不同竞买条件的;未按照法律、司法解释的规定对拍卖标的物进行公告的;其他严重违反拍卖程序且损害当事人或竞买人利益的情形。

(4)异议必须以书面的形式向执行法院提出。根据我国《执行异议复议决定》第1条和第4条的规定,申请书应当载明具体的异议或者复议请求、事实、理由等内容,并附下列材料:异议人或者复议申请人的身份证明;相关证据材料;送达地址和联系方式。执行案件被指定执行、提级执行、委托执行后,当事人、利害关系人对原执行法院的执行行为提出异议的,由提出异议时负责该案件执行的人民法院审查处理;受指定或者受委托的人民法院是原执行法院的下级人民法院的,仍由原执行法院审查处理。

三、对执行行为异议的审查程序

依据我国《执行异议复议决定》第2、3条和第11、12、14条的规定,人民法院审查执行行为异议应当遵循以下的程序规定:

(1)受理。执行机关审查立案的期间是3日。经审查,认为符合条件的,应当在立案后3日内通知异议人和相关当事人;不符合受理条件的,裁定不予受理;立案后发现不符合受理条件的,裁定驳回申请;申请材料不齐备的,一次性告知异议人在3日内补足,逾期未补足的,不予受理。

异议人对不予受理或者驳回申请裁定不服的,可以自裁定送达之日起10日内向上一级人民法院申请复议。上一级人民法院审查后认为符合受理条件的,应当裁定撤销原裁定,指令执行法院立案或者对执行异议进行审查。

法院收到执行异议申请后3日内既不立案又不裁定不予受理,或者受理后无正当理由超过法定期限不作出异议裁定的,异议人可以向上一级人民法院提出异议。上一级人民法院审查后认为理由成立的,应当指令执行法院在3日内立案或者在15日内作出异议裁定。

(2)审查。执行机关受理异议申请后,应当组成合议庭在15日内对该申请进行书面审查,并作出裁定。案情复杂、争议较大的,应当进行听证。异议人或者复议申请人经合法传唤,无正当理由拒不参加听证,或者未经法庭许可中途退出听证,致使人民法院无法查清相关事实的,由其自行承担不利后果。

指令重新审查的执行行为异议案件,应当另行组成合议庭。办理执行实施案件的人员不得参与相关执行行为异议和复议案件的审查。对于审查的时间,我国《民诉法》只规定"人民法院应当自收到书面异议之日起15日内审查",但未明确作出裁定的时间,不利于及时审查和纠正违法行为,因此,在《执行程序解释》中,最高人民法院规定:"执行法院审查处理执行行为异议,应当自收到书面异议之日起15日内作出裁定。"①

四、对执行行为异议的处理

根据我国《执行异议复议决定》第17条的规定,对执行行为的异议经审查后,按照不同的情形,分别处理:(1)异议不成立的,裁定驳回异议;(2)异议成立的,裁定撤销相关执行行为;(3)异议部分成立的,裁定变更相关执行行为;(4)异议成立或者部分成立,但执行行为无撤销、变更内容的,裁定异议成立或者相应部分异议成立。

人民法院对执行行为异议的申请作出裁定时,应当告知相关权利人申请复议的权利和期限。当事人、利害关系人对裁定不服的,可以自裁定送达之日起10日内向上一级法院申请复议。

五、对执行行为异议裁定的复议

我国《民诉法》第225条仅规定了当事人和利害关系人有权对法院就执行行为异议作出的裁定提出复议,但并没有规定复议的具体程序。《执行程序解释》第6条至第10条对执行行为异议的复议程序作出了较为明确的规定。《执行异议复议决定》第23条规定了对复议申请的处理结果。

1. 复议程序

(1)申请复议必须采取书面形式。申请书应当载明具体的异议或者复议请求、事实、理由等内容,并附异议人或者复议申请人的身份证明、相关证据材料、送达地址和联系方式。

(2)申请复议的材料既可以通过执行法院转交,也可以直接向执行法院的上一级法院提交。

(3)上一级人民法院应当组成合议庭对复议申请进行审查。

(4)上一级人民法院应当在30日作出复议裁定,有特殊情况的,经本院院长批准,可以再延长30日。

2. 复议处理结果

上一级人民法院对不服异议裁定的复议申请审查后,应当按照下列情形,分别处理:

(1)异议裁定认定事实清楚,适用法律正确,结果应予维持的,裁定驳回复议申请,维持异议裁定;

---

① 参见我国《执行程序解释》第5条第2款。

（2）异议裁定认定事实错误，或者适用法律错误，结果应予纠正的，裁定撤销或者变更异议裁定；

（3）异议裁定认定基本事实不清、证据不足的，裁定撤销异议裁定，发回作出裁定的人民法院重新审查，或者查清事实后作出相应裁定；

（4）异议裁定遗漏异议请求或者存在其他严重违反法定程序的情形，裁定撤销异议裁定，发回作出裁定的人民法院重新审查；

（5）异议裁定对应当适用《民诉法》第227条规定审查处理的异议，错误适用《民诉法》第225条规定审查处理的，裁定撤销异议裁定，发回作出裁定的人民法院重新作出裁定。

复议法院裁定撤销或者变更异议裁定且执行行为可撤销、变更的，应当同时撤销或者变更该裁定维持的执行行为。

人民法院对发回重新审查的案件作出裁定后，当事人、利害关系人申请复议的，上一级人民法院复议后不得再次发回重新审查。

六、执行行为异议的法律效果

我国现行法律并没有规定申请并审查执行异议期间原执行行为是否中止执行。我们认为，由于执行行为异议和申请复议的范围较宽，复议的原因也仅要求"对裁定不服"，所以如果异议审查和复议期间一律停止执行，必然影响正常的执行程序，也难以防止滥用异议和申请复议权。因此，在审查异议和复议期间不宜停止执行。但是，如果一概不停止执行，一旦执行完毕，某些违法行为又将无从纠正，当事人、利害关系人也可能因此遭受无法挽回的损害。权衡之下，有必要赋予审查法院一定的裁量权，使其可以根据案情在某些特殊情况下停止某些执行行为。如果当事人、利害关系人提供了充分、有效的担保之后，就应当继续执行。因为执行程序最根本的目的还是尽快实现债权，此外，提供担保的做法也可以防止当事人、利害关系人滥用权利。

当事人、利害关系人对同一执行行为有多个异议事由，但未在审查过程中一并提出，撤回异议或者被裁定驳回异议后，再次就该执行行为提出异议的，人民法院不予受理。案外人撤回异议或者被裁定驳回异议后，再次就同一执行标的提出异议的，人民法院不予受理。[①]

第二节 实体性救济制度

执行程序在性质上属于非讼事件，其对可供执行财产权属的判定只能根据占

---

① 参见我国《执行异议复议决定》第15条。

有状态、登记状况等表面证据进行形式审查,但在现实生活中由于借用、租赁、恶意转移财产等原因,被执行人占有的动产、登记在被执行人名下的不动产、特定动产或者其他财产权不一定为被执行人所有。如果这些财产因被执行人未自觉履行债务而被查封、扣押、冻结时,真正所有权人的权益便受到了威胁,就有必要为其提供救济途径。

一、案外人异议

(一)案外人异议的概念

案外人异议,是指在执行过程中,案外人对执行标的提出不同意见,并主张全部或部分的权利,人民法院根据不同的情况作出不同处理结果的一种法律制度。这里的案外人是指除本案当事人以外的第三人。案外人提出异议的内容,是主张自己对执行标的享有实体权利,目的在于维护自己的实体权益。因此,案外人异议是当案外人认为执行根据本身存在错误损害其实体权利时而给其提供的救济手段。我国《民诉法》第227条规定:"执行过程中,案外人对执行标的提出书面异议的,人民法院应当自收到书面异议之日起15日内审查,理由成立的,裁定中止对该标的的执行;理由不成立的,裁定驳回。案外人、当事人对裁定不服,认为原判决、裁定错误的,依照审判监督程序办理;与原判决、裁定无关的,可以自裁定送达之日起15日内向人民法院提起诉讼。"《民诉法解释》第479条规定:"在执行中,被执行人通过仲裁程序将人民法院查封、扣押、冻结的财产确权或者分割给案外人的,不影响人民法院执行程序的进行。案外人不服的,可以根据民事诉讼法第227条规定提出异议。"

案外人异议制度在我国1991年《民诉法》中就有规定:"执行过程,案外人对执行标的提出异议的,执行员应当按照法定程序进行审查,理由不成立的,予以驳回;理由成立的,由院长批准中止执行。如果发现判决裁定确有错误,按照审判监督程序处理。"但在适用过程中,逐渐暴露出一些缺陷:(1)原案外人异议制度适用范围较窄,对于一些不涉及原判决、裁定的案外人异议权利,没有相应的救济程序予以保护;(2)原案外人异议制度中,对执行员审查异议的"法定程序"没有明确规定,致使案外人异议权的实现缺乏相应的程序保障;(3)原案外人异议制度由执行员对异议进行书面审查。书面审查具有无需传唤、质证、辩论的特点,更多的适用于仅依书面证据材料即可做出判断的事实认定。案外人异议中的异议本质上属于权属争议,是案外人对被查封、扣押、冻结的财产主张所有权,因而是一种实体性的权利义务关系争议。对此实体性异议的解决应当符合纠纷解决的基本要求,给予争议双方充分陈述和辩论的机会。基于上述原因,我国现行《民诉法》对案外人异议制度进行了修订,《民诉法解释》进一步作了明确而具体的规定。

（二）案外人异议的条件

根据我国《民诉法》第227条、《民诉法解释》第464条和《执行异议复议决定》第6条第2款的规定，案外人提出异议须符合以下五个条件：

（1）案外人异议应当在异议指向的执行标的执行终结之前提出。执行标的由当事人受让的，应当在执行程序终结之前提出。执行程序结束后，案外人提出异议也无法达到其目的，案外人只能另行起诉。

（2）异议主体只能是案外人。在执行中，执行当事人对执行标的提出不同意见不是案外人异议。

（3）案外人异议的理由须是能够排除对执行标的予以执行的实体权利。案外人异议是案外人对执行标的主张具有全部或部分实体权利，希望能够排除对执行标的的执行。依据《执行程序解释》第15条的规定：案外人对执行标的主张所有权或者有其他足以阻止执行标的转让、交付的实体权利的，可以依法向执行法院提出异议。具体而言，主要是指以下三种情形：第一，对生效判决、裁定指向的执行标的的权利归属有异议；第二，对判决、裁定并未涉及的但在执行过程中被作为执行标的执行而提出异议；第三，认为执行行为影响了自己对执行标的物的使用权而提出异议。

（4）案外人异议须以书面形式提出，并提供相应的证据。《执行规定》第70条允许案外人在以书面形式提出确有困难的情况下提出口头异议。《民诉法》并未明确否定口头的形式，但第227条的语言表述上，强调了"书面异议"："执行过程中，案外人对执行标的提出书面异议的，人民法院应当自收到书面异议之日起15日内审查"。由此可以推知，目前对于案外人异议的形式必须是书面。

（5）案外人异议需向执行法院提出。如果执行案件被指定执行、提级执行、委托执行后，案外人对原执行法院的执行标的提出异议的，由提出异议时负责该案件执行的人民法院审查处理；但受指定或者受委托的人民法院是原执行法院的下级人民法院的，仍由原执行法院审查处理。[①]

（三）案外人异议的审查和处理

1. 审查

根据我国《执行异议复议规定》第24条和第25条的规定，对案外人异议，人民法院应当审查下列内容：（1）案外人是否系权利人；（2）该权利的合法性与真实性；（3）该权利能否排除执行。其中，对案外人是否系权利人的审查，人民法院应当按照下列标准判断其是否系权利人：① 已登记的不动产，按照不动产登记簿判断；未登记的建筑物、构筑物及其附属设施，按照土地使用权登记簿、建设工程规划许可、施工许可等相关证据判断；② 已登记的机动车、船舶、航空器等特定动产，按照相

[①] 参见我国《执行异议复议规定》第4条第2款。

关管理部门的登记判断;未登记的特定动产和其他动产,按照实际占有情况判断;③ 银行存款和存管在金融机构的有价证券,按照金融机构和登记结算机构登记的账户名称判断;有价证券由具备合法经营资质的托管机构名义持有的,按照该机构登记的实际投资人账户名称判断;④ 股权按照工商行政管理机关的登记和企业信用信息公示系统公示的信息判断;⑤ 其他财产和权利,有登记的,按照登记机构的登记判断;无登记的,按照合同等证明财产权属或者权利人的证据判断。

根据我国《执行程序解释》第 16 条的规定,执行机关依法对案外人异议是否成立进行审查的期限为 15 日。审查期间可以对财产采取查封、扣押、冻结等保全措施,但不得进行处分,正在实施的处分措施应当停止。案外人向人民法院提供充分、有效的担保请求解除对异议标的的查封、扣押、冻结的,人民法院可以准许;申请执行人提供充分、有效的担保请求继续执行的,应当继续执行。异议审查结束后,因案外人提供担保解除查封、扣押、冻结有错误,致使该标的无法执行的,人民法院可以直接执行担保财产;申请执行人提供担保请求继续执行有错误,给对方造成损失的,应当予以赔偿。

2. 初步的处理

(1) 经审查,案外人对执行标的所主张的权利不存在、证据不足,"案外人对执行标的不享有足以排除强制执行的权益的",视为异议不成立,裁定驳回异议①,驳回异议的裁定送达案外人之日起 15 日内,人民法院不得对执行标的进行处分。②

(2) 经审查,案外人对执行标的所主张的权利存在,但执行标的物不属生效法律文书指定交付的特定物,视为异议成立,报经院长批准,停止对该标的物的执行,并且应当裁定解除或撤销已经采取的执行措施,并将该标的物交还案外人。③ 执行的财产是上级人民法院裁定保全的财产时遇有此情形的,需报经上级人民法院批准。④ 此种情形主要是由于执行机关确定执行对象的错误,案外人与当事人之间不存在实质性的权利争议,因此无需再启动诉讼程序确认权利归属,可以直接归还案外人。

执行过程中,第三人因书面承诺自愿代被执行人偿还债务而被追加为被执行人后,无正当理由反悔并提出异议的,人民法院不予支持。⑤

(3) 经审查,案外人对执行标的所主张的权利存在,且执行标的物是法律文书指定交付的特定物,即"案外人对执行标的享有足以排除强制执行的权益的",视为

---

① 参见我国《民诉法》第 227 条、《执行规定》第 71 条第 3 款、《民诉法解释》第 465 条第 1 款 1 项。
② 参见我国《民诉法解释》第 465 条第 2 款第 1 项。
③ 参见我国《执行规定》第 73 条。
④ 参见我国《执行规定》第 75 条。
⑤ 参见我国《执行异议复议规定》第 18 条。

异议成立,报经院长批准,裁定对生效法律文书中该项内容中止执行①;执行上级人民法院的法律文书遇有此情形的,需报经上级人民法院批准。②

(4)经审查,对案外人提出的异议一时难以确定的,如果案外人已提供确实有效的担保,可以解除查封、扣押措施;申请执行人提供确实有效的担保,可以继续执行。因提供担保而解除查封扣押或继续执行有错误,给对方造成损失的,应裁定以担保的财产予以赔偿。③ 如果执行的财产是上级人民法院裁定保全的财产,需报经上级人民法院批准。④

3. 进一步的处理

经法院审查,初步认定案外人异议成立并裁定中止执行后,当事人不服该裁定,认为是原判决、裁定的错误导致此结果的,可以申请审判监督程序;如果与原判决、裁定无关的,可以提起执行异议之诉。

经法院审查,初步认定案外人异议不成立并裁定驳回申请后,案外人不服该裁定,认为是原判决、裁定的错误导致此结果的,可以申请审判监督程序;如果与原判决、裁定无关的,可以提起执行异议之诉。

依照我国《执行异议复议规定》第 16 条第 2 款的规定:人民法院对案外人异议作出裁定时,应当告知相关权利人提起执行异议之诉的权利和期限。

▶ 二、执行异议之诉

我国《民诉法》第 227 条对人民法院审查案外人异议并作出异议裁定之后,案外人、当事人又提起诉讼的规定是不具体、不清晰的。立法不仅没有规定这种诉讼的具体审理程序,即使是提起主体的问题,也是有争论的。很多人认为执行异议之诉就是案外人异议之诉,至于当事人提起的,应当叫做许可执行之诉。2011 年我国最高人民法院修正的《案由规定》中第 43 类案由"执行异议之诉"包含了三个小的案由:案外人执行异议之诉、申请执行人执行异议之诉和执行分配方案异议之诉。但是,在我国《民诉法解释》中,"执行异议之诉"的版块中只明确规定了案外人执行异议之诉和申请执行人执行异议之诉的提起条件、审理程序和处理结果,并没有执行分配方案异议之诉的规定。因此,我国目前的执行异议之诉包含两种类型:案外人异议之诉和申请执行人异议之诉。

(一)执行异议之诉的概念

执行异议之诉,是指在执行过程中,案外人因主张对执行标的物的实体权利而

---

① 参见我国《执行规定》第 72 条、《民诉法解释》第 465 条第 1 款第 2 项。
② 参见我国《执行规定》第 75 条。
③ 参见我国《执行规定》第 74 条。
④ 参见我国《执行规定》第 75 条。

提出执行异议,虽经法院裁定仍未能解决,案外人或申请执行人向法院起诉要求认定本案执行是否可以继续进行的诉讼。

执行异议之诉是一种特殊类型的诉讼。这种诉讼虽然存在实体权利的争议,但它最终的目的不是单纯地确定执行异议标的物的权属,而是通过对权属的确认来判断本案的执行是否应该继续进行。案外人提起执行异议之诉的目的是为了从根本上排除对争议标的物的执行,申请执行人提起执行异议之诉的目的是为了让中止的执行得以继续。执行异议之诉因此被纳入执行救济的范畴。执行异议之诉与普通诉讼的另一个区别在于,提起执行异议之诉必须满足前置程序,即案外人必须先对执行标的提出异议,经法院裁定后不服的,才可以提起异议之诉,同时还要受15日起诉期间的限制。

执行异议之诉与确权诉讼不同。主要表现为:执行异议之诉旨在为案外人和申请执行人提供相应的救济途径以决定对标的物的执行是否应该继续,性质上属于制约、监督和矫治执行行为的执行救济制度的一种。尽管在审理过程中,法院会对标的物的权属状态进行确认,但这并非诉讼的最终目的。而确权诉讼旨在确定系争标的物的所有权状态,并不涉及执行问题。如果将执行异议之诉等同于确权诉讼,那么它仅能起到确认案外人对执行标的物是否享有实体权利的作用,而无法达到对执行标的的执行是否应予以排除的目的。

执行异议之诉与申请再审不同。申请再审原本是当事人的权利,但我国《审监解释》第5条赋予案外人提起审判监督程序的权利:"案外人对原判决、裁定、调解书确定的执行标的物主张权利,且无法提起新的诉讼解决争议的,可以在判决、裁定、调解书发生法律效力后2年内,或者自知道或应当知道利益被损害之日起3个月内,向作出原判决、裁定、调解书的人民法院的上一级人民法院申请再审。在执行过程中,案外人对执行标的提出书面异议的,按照《民事诉讼法》第204条(现行《民诉法》第227条)的规定处理。"这样,就案外人而言,对执行标的主张权利的救济途径就有三种:

(1) 如果执行程序尚未开始或者已经结束,案外人可以另行提起要求标的物占有人返还不当得利的诉讼;

(2) 如果不能提起新的诉讼,例如,标的物经拍卖程序已经为善意第三人合法占有,案外人可以向法院申请对原生效法律文书进行再审;

(3) 如果案外人是在执行过程中对执行标的主张权利,就按照案外人异议处理。这样的处理又会产生四种结果:第一,异议成立的,原执行程序中止,申请执行人不服并认为原判决、裁定错误的,依照审判监督程序办理;第二,异议成立的,原执行程序中止,执行标的物与原判决裁定没有关系的,案外人提起执行异议之诉;第三,异议不成立的,裁定驳回异议,案外人对裁定不服并认为原判决、裁定错误的,依照审判监督程序办理;第四,异议不成立的,裁定驳回异议,案外人对裁定不服,且标的物与原判决、裁定无关的,提起案外人异议之诉。

根据以上规定可知,无论何时案外人均可以申请审判监督程序,但案外人异议之诉只能在执行程序中提出。

(二) 执行异议之诉与相关制度的区别

执行异议之诉与执行行为异议不同。第一,执行异议之诉属于实体性救济措施,而执行行为异议属于程序性救济措施;第二,执行异议之诉旨在通过对实体权利的确认以决定是否需排除本案的执行,而执行行为异议旨在纠正执行程序和执行措施上的违法,执行仍需要继续;第三,执行异议之诉的原告是案外人和申请执行人,执行行为异议的主体是当事人或利害关系人;第四,执行异议之诉的客体是执行标的物,而执行行为异议的客体是法院的执行行为。

案外人执行异议之诉与第三人撤销之诉具有一定的联系,表现为二者都是对案外人的权益进行救济的诉讼制度,均属于事后救济措施,而且救济的方式都是赋予案外人提起特定诉讼的权利。但第三人撤销之诉不同于案外人执行异议之诉,二者的主要区别在于:

(1) 提起诉讼的主体不同。案外人执行异议之诉的原告,为对执行标的物主张实体权利的案外人;而第三人撤销之诉的原告,包括对本案的诉讼标的主张独立请求权的案外第三人和与案件的处理结果有法律上的利害关系的案外第三人。

(2) 诉讼目不同。案外人执行异议之诉的目的是排除对其主张权利的标的物的强制执行;而案外人提起第三人撤销之诉的目的,是请求法院撤销或者改变生效裁判中对其不利的部分。

(3) 起诉的实质条件不同。案外人提起执行异议之诉的实质要件,是对执行标的物主张足以排除强制执行的实体权利,并非原生效裁判有错误;而案外人提起第三人撤销之诉的实质要件是生效裁判部分或者全部内容错误,并使其民事权益受到损害。

(4) 起诉的前置条件和期限不同。案外人提起执行异议之诉,以执行异议为前置程序,在对法院对其执行异议所作裁定不服时,才能在 15 日内提起诉讼;而第三人撤销之诉无此前置程序,案外人可以在知道或者应当知道其民事权益受到损害之日起 6 个月内起诉。

(5) 案件的管辖不同。案外人执行异议之诉由执行法院管辖;而第三人撤销之诉由作出生效裁判的法院管辖。

(三) 执行异议之诉的提起条件

在我国,提起执行异议之诉,除符合《民诉法》第 119 条规定的起诉条件之外,还应当具备《民诉法解释》第 304 条至第 310 条规定的下列提起执行异议之诉的条件:

(1) 主体要件。《民诉法》和《民诉法解释》均允许案外人和当事人提起执行异议之诉,因此,执行异议之诉的原告就是案外人或者本案的申请执行人。被告则根据原告主体的不同而有所不同。案外人提起执行异议之诉的,以申请执行人为被告。被执行人反对案外人异议的,被执行人为共同被告;被执行人不反对案外人异议的,可以列被执行人为第三人;申请执行人提起执行异议之诉的,以案外人为被告。被执行人反对申请执行人主张的,以案外人和被执行人为共同被告;被执行人不反对申请执行人主张的,可以列被执行人为第三人。

(2) 前置要件。提起执行异议之诉必须满足前置条件,即先向执行机关申请执行异议,并且执行机关作出的执行异议裁定对自己不利:案外人的书面异议被裁定驳回,或因案外人的异议导致申请人启动的执行被裁定中止。

(3) 时间要件。为了敦促争议双方及时启动诉讼救济程序,促进执行效率,执行异议之诉应在法院有关执行异议的裁定送达之日起 15 日内提起。该期间是法定期间、不变期间。一旦经过,案外人便无法提起异议之诉。人民法院对执行标的裁定中止执行后,申请执行人在法律规定的期间内未提起执行异议之诉的,人民法院应当自起诉期限届满之日起 7 日内解除对该执行标的采取的执行措施。对于超过起诉期限无法提起案外人异议之诉的,可以标的物的持有者为被告另行提起诉讼解决争议。

(4) 管辖要件。有权受理执行异议之诉的法院是本案的执行法院。① 之所以由执行法院管辖,主要有两方面的原因。其一,执行异议之诉作出的裁判关涉到对执行措施、执行机关先行审查裁定效力的认定,如果不由采取执行措施和作出先行审查裁定的执行法院管辖,便会出现其他法院甚至是下级法院通过裁判确定执行法院执行措施和先行审查裁定是否合法、适当的现象;其二,执行异议之诉是由执行案件衍生而来的,由执行法院有关审判庭进行审理,更有利于沟通信息,提高效率,也有利于方便当事人和案外人诉讼,减少诉累。符合民事诉讼便于诉讼便于审理的管辖原则。

(5) 诉讼请求。执行异议之诉虽然是有关实体权利的归属提起的诉讼,但该诉讼的目的是为了解决本案的执行程序是否应该继续。因此,执行异议之诉的诉讼请求不同于普通诉讼,且因诉讼的目的和提起的主体不同而有所不同。案外人执行异议之诉的目的在于排除申请人判决的执行,因此诉讼请求为"排除对执行标的执行"②,申请人执行异议的目的是要求法院撤销中止执行的裁定,从而实现继续履行,因此诉讼请求为"对执行标的继续执行"③,而且,上述两种诉讼请求必须与原判决、裁定无关。

---

① 参见我国《民诉法解释》第 304 条。
② 参见我国《民诉法解释》第 305 条第 1 款第 2 项。
③ 参见我国《民诉法解释》第 306 条第 1 款第 2 项。

（四）执行异议之诉的审理

（1）法院应当在收到起诉状之日起15日内决定是否立案。这种审查是一种程序性审查，主要审查原告提起的执行异议之诉是否符合法律规定的条件。目前我国的法律不允许被执行人提起执行异议之诉，因此，依照《民诉法解释》第309条的规定，申请执行人对中止执行裁定未提起执行异议之诉，被执行人提起执行异议之诉的，人民法院告知其另行起诉。[①]

（2）人民法院审理执行异议之诉案件，适用普通程序。案外人异议之诉虽然并非普通的民事纠纷，但本质上仍属于对实体权利归属的争议，因此执行法院应当依照诉讼程序审理。所作判决，当事人不服的，可以提起上诉。

（3）案外人或者申请执行人提起执行异议之诉的，案外人应当就其对执行标的享有足以排除强制执行的民事权益承担举证证明责任。[②] 根据《民诉法解释》第91条规定的证明责任负担的基本原则："主张法律关系存在的当事人，应当对产生该法律关系的基本事实承担举证证明责任；主张法律关系变更、消灭或者权利受到妨害的当事人，应当对该法律关系变更、消灭或者权利受到妨害的基本事实承担举证证明责任"，此种诉讼中，案外人主张对标的物所享有的实体权利可以排除申请人的强制执行，那么就应当对此举证证明。

（五）执行异议之诉的处理

根据我国《民诉法解释》第312条至第314条的规定，执行异议之诉的处理结果包括以下几种情形：

1. 对案外人执行异议之诉的处理

（1）经审理，法院认为案外人异议成立，即案外人就执行标的享有足以排除强制执行的民事权益的，判决不得执行该执行标的；原执行部门作出的驳回执行异议的裁定失效。

（2）经审理，法院认为案外人异议不成立，即案外人就执行标的不享有足以排除强制执行的民事权益的，判决驳回案外人的诉讼请求。

（3）案外人在提出执行异议诉讼请求时，同时提出要求确认其实体权利的，法院可以在判决中一并作出裁判。

2. 对申请执行人执行异议之诉的处理

（1）经审理，法院认为申请人异议成立，即案外人就执行标的不享有足以排除强制执行的民事权益的，判决准许执行该执行标的；原执行部门作出的中止执行的执行异议裁定失效，执行法院可以根据申请执行人的申请或者依职权恢复执行。

---

① 参见我国《民诉法解释》第309条。
② 参见我国《民诉法解释》第311条。

(2) 经审理,法院认为申请人异议不成立,即案外人就执行标的享有足以排除强制执行的民事权益的,判决驳回申请人的异议请求。

(六) 保障措施

1. 审理期间,不得对执行标的进行处分

由于执行异议之诉涉及案外人与当事人之间对标的物的权属争议,在最终的审理结果作出之前,不宜对其进行处分,否则就可能会给真正的权利人造成损害。所以,我国《民诉法解释》第 315 条第 1 款规定:案外人执行异议之诉审理期间,人民法院不得对执行标的进行处分。但如果申请执行人请求人民法院继续执行并提供相应担保的,人民法院可以准许。因为如果继续执行给案外人造成损害的,申请人提供的担保财产可以赔偿他的损失,这样,就可以基于早日实现申请人权利的考虑而继续执行。

2. 滥用执行异议之诉的法律责任

被执行人为了逃避执行,可能会与案外人相互串通,通过执行异议之诉规避执行,损害申请执行人的利益。为了打击这种违反诚信原则的行为,我国《民诉法解释》第 315 条第 2 款规定:被执行人与案外人恶意串通,通过执行异议、执行异议之诉妨害执行的,人民法院应当依照法律规定对他们处以罚款、拘留的强制措施,情节严重的,可以追究刑事责任。申请执行人因此受到损害的,可以提起诉讼要求被执行人、案外人赔偿。

三、执行分配方案异议之诉

在司法实践中,在执行法院作出分配方案后,债权人或者被执行人对分配方案中所确定的债权是否存在、数额多少、受偿顺序等问题可能存有异议,认为法院制作的分配方案不公平甚至有错误,这种异议不单纯属于一种程序上的异议,而涉及实体争议,因此应当通过诉讼程序解决。

(一) 执行分配方案异议之诉的概念

执行分配方案异议之诉,也叫做参与分配异议之诉、分配方案异议之诉,是指在多个债权人对同一被执行人申请执行或者参与分配的案件中,债权人或者被执行人对分配方案提出了书面异议,如果原本未提出异议的被执行人或其他债权人因认同该分配方案而对该异议持反对意见,那么异议人就可以以对其异议持反对意见的被执行人或其他债权人为被告向法院提起重新制定分配方案的诉讼。

我国《执行规定》规定了多个债权人对同一个被执行人申请执行或对被执行财产申请参与分配的制度,但并没有规定对参与分配的救济方式。《执行程序解释》继承了这一制度,并增加了救济规定。《民诉法解释》对此问题没有新的规定。执行分配方案异议之诉并非参与分配的必经阶段,它只是为各债权人申请参与分配之后认为分配方案不公平或有错误而提供的一种救济方式。

（二）提起执行分配方案异议之诉的条件

执行分配方案异议之诉是认为分配方案有错误而提起的诉讼，但这种诉讼并非在分配方案作出时形成的，是否会产生执行分配方案异议之诉取决于：(1) 债权人或被执行人是否对分配方案存有异议；(2) 被执行人或其他债权人对该异议是否持有反对意见；(3) 如果持有反对意见，异议人是否愿意提起诉讼进一步主张该异议。根据我国《民诉法解释》第 511 条和第 512 条的规定，执行分配方案异议之诉的提起需要满足以下程序：

（1）法院制作财产分配方案后，应当送达各债权人和被执行人。

（2）债权人或者被执行人对分配方案有异议的，应当自收到分配方案之日起 15 日内向执行法院提出书面异议。

（3）债权人或者被执行人对分配方案提出书面异议的，执行法院应当通知未提出异议的债权人或被执行人。

（4）未提出异议的债权人、被执行人收到通知之日起 15 日内对异议人的异议提出反对意见的，人民法院应当通知异议人。

（5）异议人可以自收到通知之日起 15 日内，以提出反对意见的债权人、被执行人为被告，向执行法院提起诉讼。异议人逾期未提起诉讼的，执行法院依原分配方案进行分配。

在我国，无论是《执行程序解释》还是《民诉法解释》均未对执行分配方案异议之诉的审理程序作出规定。执行异议之诉的审理程序也并不包括此种诉讼。因此，此种诉讼被提起后，采用何种程序审理，尚需立法或司法解释作出明确规定。

▶ 四、执行回转

（一）执行回转的概念和原因

执行回转，是指在执行中或者执行完毕后，因原执行根据被依法撤销，由法院采重新采取执行措施，强制依原执行根据取得财产的当事人将财产交还给对方当事人，恢复到原执行程序开始前状况的一种制度。执行回转是法院所作裁判文书或者其他机关所作的法律文书被撤销后必需经过的配套程序。

执行回转发生的原因主要有以下几种：

（1）法院制作的先予执行的裁定，在执行完毕后，被生效判决撤销。

（2）法院制作的判决书、裁定书、调解书，在执行完毕后，被审判监督程序再审后撤销。

（3）法律规定由人民法院执行的其他法律文书执行完毕后，该法律文书被有关机关或者组织依法撤销的。如仲裁裁决书、公证债权文书等，由法院执行完毕，又被有关仲裁机构、公证机构依法撤销。

(二)执行回转的条件

根据我国《民诉法》第233条、《执行规定》第109条和《民诉法解释》第483条的规定,执行回转必须具备以下三个条件:

(1) 在执行中或执行完毕后,据以执行的判决、裁定和其他法律文书被依法撤销或变更。执行根据有错误,依法定程序被撤销或变更,债权人依该执行根据取得的民事权益便失去了合法依据,该债权人应当返还据此取得的财产,如果不还,就会产生执行回转的问题。如果执行程序尚未结束,财产尚未转移,执行根据被撤销的,就应该终结执行程序,不发生执行回转的问题;如果在执行中或者执行程序虽然已经结束,原执行根据虽然有错误,但尚未被撤销或变更,也不发生执行回转的问题。被执行人履行全部或者部分义务后,又以不知道申请执行时效期间届满为由请求执行回转的,人民法院不予支持。

(2) 法院或者有关机关作出了新的执行根据。执行回转也称为再执行,是一次新的执行。只是在这次执行中,申请执行人与被申请执行人位置互换,但仍需要满足执行的基本条件:必须要有执行根据。原执行根据被撤销,只是表明原申请执行人丧失取得财产的根据,并不必然具有返还财产和将财产返还给谁的根据。因此,必须要有新的执行根据。

(3) 在新的执行根据中,原来的申请执行人丧失了取得财产的根据,而原来的被申请执行人获得了取得财产的根据。《民诉法》第233条规定返还财产的主体为"取得财产的人",但《执行规定》第109条限缩为"原申请执行人"。相比较而言,《执行规定》的规定更加有利于保护基于拍卖、变卖程序而取得财产的善意第三人的利益。

(三)执行回转的程序

根据我国《执行规定》第109条、第110条和《民诉法解释》第476条的规定,执行回转适用以下程序规定:

(1) 程序的启动。法院错误的生效法律文书造成的执行回转,可以由当事人申请,也可以由法院依职权发动。法院依职权启动回转程序,是法院纠正自身错误的表现。其他机关错误的生效法律文书所引起的执行回转只能由当事人申请。

(2) 管辖法院。执行回转由原执行法院管辖。

(3) 重新立案。执行回转实质上是一个新的执行案件,因此需要重新立案。

(4) 作出执行回转的裁定。裁定中应责令申请执行人返还已取得的财产及其孳息,拒不返还的,强制执行。

(5) 执行回转的实施。已执行的标的物系特定物的,应退还原物。不能退换的,可折价抵偿。

【经典司考题】

1. 甲公司因侵犯乙公司的商标权被法院判决赔偿乙公司损失 10 万元。该生效判决强制执行完毕后不久,乙公司的注册商标因不具有显著性被依法定程序撤销。下列说法哪一个是正确的?(2004-3-49)

   A. 甲公司有权直接申请法院执行回转

   B. 甲公司有权在原判决生效之日起 6 个月内申请再审撤销原判决

   C. 甲公司无权直接要求乙公司返还 10 万元

   D. 甲公司有权要求乙公司赔偿损失

   考点:执行回转

2. 甲诉乙侵权赔偿一案,经 A 市 B 区法院一审、A 市中级法院二审,判决乙赔偿甲损失。乙拒不履行生效判决所确定的义务,甲向 B 区法院申请强制执行,B 区法院受理后委托乙的财产所在地 C 市 D 区法院执行,在执行中,案外人丙向 D 区法院提出执行异议。对于丙的执行异议,D 区法院应当采取下列哪种处理方式?(2008-3-47)

   A. 应当对异议进行审查,异议不成立的,应当裁定驳回;异议成立的,应当裁定中止执行,并函告 B 区法院

   B. 应当函告 B 区法院,由 B 区法院作出处理

   C. 应当报请 C 市中级法院处理

   D. 应当报请 A 市中级法院处理

   考点:案外人异议

3. 张某诉江某财产所有权纠纷案经判决进入执行程序,案外人李某向法院主张对该项财产享有部分权利。关于本案,下列哪一说法是错误的?(2009-3-48)

   A. 李某有权向法院申请再审

   B. 李某有权向法院起诉

   C. 如法院启动了再审程序,应当追加李某为当事人

   D. 李某有权向法院提出执行异议

   考点:案外人异议

4. 甲公司申请强制执行乙公司的财产,法院将乙公司的一处房产列为执行标的。执行中,丙银行向法院主张,乙公司已将该房产抵押贷款,并以自己享有抵押权为由提出异议。乙公司否认将房产抵押给丙银行。经审查,法院驳回丙银行的异议。丙银行拟向法院起诉,关于本案被告的确定,下列哪一选项是正确的?(   )(2010-3-49)

   A. 丙银行只能以乙公司为被告起诉

   B. 丙银行只能以甲公司为被告起诉

C. 丙银行可选择甲公司为被告起诉,也可选择乙公司为被告起诉
D. 丙银行应当以甲公司和乙公司为共同被告起诉

考点:执行异议之诉

5. 关于执行行为异议与案外人对诉讼标的异议的比较,下列哪一选项是错误的?(2010-3-47)

A. 异议都是在执行过程中提出
B. 异议都应当向执行法院提出
C. 申请异议当事人有部分相同
D. 申请异议人对法院针对异议所作裁定不服,可采取的救济手段相同

考点:执行行为异议与案外人异议

6. 根据民事诉讼法和相关司法解释规定,关于执行程序中的当事人,对下列哪些事项可享有异议权?(2010-3-90)

A. 法院对某案件的执行管辖权
B. 执行法院的执行行为的合法性
C. 执行标的的所有权归属
D. 执行法院作出的执行中止的裁定

考点:当事人诉讼权利

7. 兴源公司与郭某签订钢材买卖合同,并书面约定本合同一切争议由中国国际经济贸易仲裁委员会仲裁。兴源公司支付100万元预付款后,因郭某未履约依法解除了合同。郭某一直未将预付款返还,兴源公司遂提出返还货款的仲裁请求,仲裁庭适用简易程序审理,并作出裁决,支持该请求。由于郭某拒不履行裁决,兴源公司申请执行。郭某无力归还100万元现金,但可以收藏的多幅字画提供执行担保。担保期满后郭某仍无力还款,法院在准备执行该批字画时,朱某向法院提出异议,主张自己才是这些字画的所有权人,郭某只是代为保管。

请回答下列问题;(2013-3-(97-100))

(1)假设在执行过程中,郭某向法院提出异议,认为本案并非合同纠纷,不属于仲裁协议约定的纠纷范围。法院对该异议正确的处理方式是:

A. 裁定执行中止
B. 经过审理,裁定不予执行仲裁裁决的,同时裁定终结执行
C. 经过审理,可以通知仲裁委员会重新仲裁
D. 不予支持该异议

考点:案外人异议

(2)针对本案中郭某拒不履行债务的行为,法院采取的正确的执行措施是:

A. 依职权决定限制郭某乘坐飞机
B. 要求郭某报告当前的财产情况
C. 强制郭某加倍支付迟延履行期间的债务利息
D. 根据郭某的申请,对拖欠郭某货款的金康公司发出履行通知

考点:执行措施

(3) 如果法院批准了郭某的执行担保申请,驳回了朱某的异议,关于执行担保的效力和救济,下列选项正确的是:

A. 批准执行担保后,应当裁定终结执行

B. 担保期满后郭某仍无力偿债,法院根据兴源公司申请方可恢复执行

C. 恢复执行后,可以执行作为担保财产的字画

D. 恢复执行后,既可以执行字画,也可以执行郭某的其他财产

考点:执行担保

(4) 关于朱某的异议和处理,下列选项正确的是:

A. 朱某应当以书面方式提出异议

B. 法院在审查异议期间,不停止执行活动,可以对字画采取保全措施和处分措施

C. 如果朱某对驳回异议的裁定不服,可以提出执行标的异议之诉

D. 如果朱某对驳回异议的裁定不服,可以申请再审

考点:案外人异议

8. 对于甲和乙的借款纠纷,法院判决乙应归还甲借款。进入执行程序后,由于乙无现金,法院扣押了乙住所处的一架钢琴准备拍卖。乙提出钢琴是其父亲的遗物,申请用一台价值与钢琴相当的相机替换钢琴。法院认为相机不足以抵偿乙的债务,未予同意。乙认为扣押行为错误,提出异议。法院经过审查,驳回该异议。关于乙的救济渠道,下列哪一表述是正确的?(2014-3-49)

A. 向执行法院申请复议 B. 向执行法院的上一级法院申请复议

C. 向执行法院提起异议之诉 D. 向原审法院申请再审

考点:执行行为异议

9. 张山承租林海的商铺经营饭店,因拖欠房租被诉至饭店所在地甲法院,法院判决张山偿付林海房租及利息,张山未履行判决。经律师调查发现,张山除所居住房以外,其名下另有一套房屋,林海遂向该房屋所在地乙法院申请执行。乙法院对该套房屋进行查封拍卖。执行过程中,张山前妻宁虹向乙法院提出书面异议,称两人离婚后该房屋已由丙法院判决归其所有,目前尚未办理房屋变更登记手续。请回答下列问题:(2015-3-(98-100))

(1) 对于宁虹的异议,乙法院的正确处理是:

A. 应当自收到异议之日起 15 日内审查

B. 若异议理由成立,裁定撤销对该房屋的执行

C. 若异议理由不成立,裁定驳回

D. 应当告知宁虹直接另案起诉

考点：案外人异议

（2）如乙法院裁定支持宁虹的请求，林海不服提出执行异议之诉，有关当事人的诉讼地位是：

A. 林海是原告，张山是被告，宁虹是第三人

B. 林海和张山是共同原告，宁虹是被告

C. 林海是原告，张山和宁虹是共同被告

D. 林海是原告，宁虹是被告，张山视其态度而定

考点：执行异议之诉

（3）乙法院裁定支持宁虹的请求，林海提出执行异议之诉，下列说法可成立的是：

A. 林海可向甲法院提起执行异议之诉

B. 如乙法院审理该案，应适用普通程序

C. 宁虹应对自己享有涉案房屋所有权承担证明责任

D. 如林海未对执行异议裁定提出诉讼，张山可以提出执行异议之诉

考点：执行异议之诉

参 考 答 案

第一章

1. C 2. A 3. D 4. D 5. ABC 6. D 7. D 8. C

第二章

1. AB 2. C 3. A 4. D 5. C

第三章

1. D 2. B 3. C 4. C 5. C

第四章

1. ABC 2. B 3. C 4. C

第五章

由北京市第二中级人民法院管辖。铁路运输法院仅受理与铁路运输有关的运输合同纠纷和侵权纠纷案件。本案属于建设工程施工合同纠纷,不在铁路运输法院的管辖范围之内,故应当由人民法院管辖。

第六章

1. D 2. A 3. A 4. ABCD 5. D 6. C 7. A 8. B 9. ABC
10. ABCD 11. ABD 12. AB 13. ABC 14. ABCD 15. C

第七章

1. D 2. C 3. D 4. B 5. BC

第八章

1. C 2. AB 3. BD 4. C 5. B 6. D 7. C 8. BC 9. A

第九章

1. AB 2. AD 3. ABCD 4. BCD

第十一章

1. BD 2. C 3. AD 4. A 5. ACD 6. C 7. A 8. D

第十二章

ABD 2. C 3. A 4. A 5. ABC 6. ABD 7. C 8. B 9. ABD 10. A 11. ACD 12. ABCD 13. A 14. A 15. A 16. C 17. ABD

第十三章

1. D 2. C 3. ABD 4. D 5. CD 6. CD

第十四章

1. B 2. D 3. C 4. A 5. A

第十五章

BCD

第十六章

1. 150+30万(50−20)×0.5％＝1650元
2. 300+5万(10−5)×1％+55万(65−10)×0.5％＝3550元

第十七章

1. D 2. C 3. CD 4. D 5. BCD 6. C 7. D 8. ABCD 9. C 10. D 11. A 12. BD 13. D 14. BCD 15. ABCD 16. C 17. A 18. AB 19. B 20. B 21. D 22. C

第十八章

1. C 2. BCD

第十九章

1. ABCD 2. ABCD 3. ABD 4. ABC 5. C 6. C 7. B

第二十章

1. B 2. A 3. ACD 4. A 5. ACD 6. D 7. C 8. (1) D (2) CD (3) D 9. D 10. BD 11. A

第二十一章

1. ABC 2. D 3. C 4. AD 5. BD 6. CD 7. D 8. D 9. C 10. C 11. ABC 12. ACD 13. CD 14. D 15. CD

第二十二章

D

第二十三章

1. B 2. C 3. D

第二十四章

1. A 2. AB 3. AC 4. C

第二十五章

1. A 2. ABCD 3. AD 4. D 5. AD 6. B

第二十七章

1. B 2. AD 3. AC 4. ABCD 5. BD 6. A 7. BD

第二十八章

1. B 2. ABCD 3. AB

第三十章

BCD

第三十一章

ABCD

第三十二章

1. D 2. C 3. D 4. AC 5. C 6. B 7. D 8. C 9. D 10. C

11. B 12. CD 13. ACD 14. ABCD 15. ABCD 16. ABCD 17. BC
18. ABC 19. ABCD 20. AB 21.（1）AB （2）A （3）CD （4）AB
22. AD 23. D

第三十三章

1. C 2. B 3. B 4. D 5. D 6. AB 7.（1）D （2）ABCD
（3）CD （4）AC 8. B 9.（1）AC （2）D （3）BC